全过程工程咨询实践与案例丛书

城市轨道交通工程
全过程工程咨询实践与案例

浙江江南工程管理股份有限公司 编著

吴 俊 胡新赞 程宝龙 主编

中国建筑工业出版社

图书在版编目（CIP）数据

城市轨道交通工程全过程工程咨询实践与案例/浙江江南工程管理股份有限公司编著；吴俊，胡新赞，程宝龙主编. —北京：中国建筑工业出版社，2023.10

（全过程工程咨询实践与案例丛书）

ISBN 978-7-112-29094-9

Ⅰ.①城…　Ⅱ.①浙…②吴…③胡…④程…　Ⅲ.①城市铁路－铁路工程－咨询服务－案例　Ⅳ.①F407.9

中国国家版本馆 CIP 数据核字（2023）第 167179 号

随着我国城市轨道交通项目建设规模逐渐扩大，精细化、科学化管理的要求逐步提高，传统的建设管理模式已经不能满足项目建设实施需要。本书详细叙述了全过程工程咨询服务在城市轨道交通工程建设各阶段的管理思路、工作重点及问题分析，梳理出工程建设各阶段的风险管理内容与常见事故应对策略，佐证了全过程工程咨询建设组织模式的全面性、系统性、安全性和专业性；最后通过 8 个国内和 2 个国际轨道交通工程案例的咨询服务范围、管理创新举措和成效，以及管理经验分享等内容，使得理论与实践结合，以便更好地指导工程实践。本书适合城市轨道交通工程相关管理人员和技术人员借鉴参考。

责任编辑：毕凤鸣

责任校对：张　颖

全过程工程咨询实践与案例丛书

城市轨道交通工程全过程工程咨询实践与案例

浙江江南工程管理股份有限公司　编著

吴　俊　胡新赞　程宝龙　主编

*

中国建筑工业出版社出版、发行（北京海淀三里河路 9 号）

各地新华书店、建筑书店经销

北京建筑工业印刷有限公司制版

北京君升印刷有限公司印刷

*

开本：787 毫米×1092 毫米　1/16　印张：29¾　字数：685 千字

2023 年 12 月第一版　2023 年 12 月第一次印刷

定价：**90.00** 元

ISBN 978-7-112-29094-9

（41821）

本书编委会

总 策 划：李建军

技术顾问：Yukio Tamura（田村幸雄）

主　　编：吴　俊　胡新赞　程宝龙

副 主 编：李文秋　罗齐鸣　周　婷　时　岩

编　　委：范洪旺　郭军平　廖兆森　崔军祥

　　　　　杨　婧　相光祖　赵红艳　方纪平

　　　　　郁海飞　李移山　刘醒予　潘浩鹏

　　　　　姚建锋　李　柯　王　润　徐金志

　　　　　韩宇琪　周成跃　夏桂花　夏　勇

　　　　　张晓林　蒲　挺　徐思杰　沈　磊

　　　　　鞠　然　周志强

文字统筹：杨　婧　周　婷　蒲　挺　骆文婷

序

　　城市轨道交通是满足城市经济、社会民生需要的一种高效的城市交通发展模式，城市轨道交通的发展充分程度是衡量一个宜居幸福的现代化国际城市的重要标准之一。例如，贯通 28 条地铁线路的世界金融中心纽约、囊括所有轨道交通系统的东京、建设地铁 100 多年的伦敦、地铁交通无比发达的莫斯科、地铁之都巴黎、创造了独特地铁运作模式的中国香港，以及轨道交通系统较为完善的北京、上海等，这些城市的轨道交通发达程度都与现代化城市发展进程相辅相成。

　　城市轨道交通是我国交通强国建设中的重要板块，在我国公共交通服务体系建设中占有重要位置。我国城市轨道交通的建设发展始终保持着快速发展的态势，截至 2022 年底，中国大陆地区共有 55 个城市开通城市轨道交通的运营线路 308 条，运营线路总长度已经超过一万公里，达到 10287.45 公里；其中，地铁运营线路 8008.17 公里，占比 77.84%；其他制式城轨交通运营线路 2279.28 公里，占比 22.16%。结合住房和城乡建设部、国家发展和改革委印发的《“十四五”全国城市基础设施建设规划》，针对城市轨道交通的建设提出了新的要求，强调要落实“全生命周期管理”理念，构建城市基础设施规划、建设、运行维护、更新等各环节的统筹建设发展机制，促进提升城市的整体性、系统性、生长性；优化超大、特大城市轨道交通功能层次，合理布局城市轨道交通快线，强化重点区域轨道交通建设与多网衔接。通过区域综合规划、统筹发展，运用轨道交通与城市发展相辅相依的模式，将城市规划、地铁建设、地铁综合开发及运营，整合为网络型、走廊型的良性循环整体。

　　城市轨道交通工程的高质量建设将成为城市运行发展的主要任务。城市轨道交通工程在实际建设过程中实施科学的建设管理和组织模式，能够实现对前期决策、设计方案、资金预算、工程进度、技术运用、项目风险、运营维护等方面进行合理管控，通过对城市轨道交通工程建设的全过程管理控制，实现对工程建设质量和效益的保障，起到提升轨道交通工程价值与作用的目的。结合其他工程建设领域的发展经验，全过程工程咨询模式自 2017 年推广以来，以清单式、全产业链式、全生命周期式、专业集成式的高质量、高标准的工程咨询服务赢得了市场的认可，通过市场竞争和企业对卓越绩效的追求，全过程工程咨询的供给质量和能力不断提高，能够有效填补目前城市轨道交通工程建设管理和组织模式的不足。因此，全过程工程咨询模式是助力城市轨道交通工程高质量建设和发展的重要一环。

　　本书由浙江江南工程管理股份有限公司编著，作为全过程工程咨询服务模式推广、实践与研究的先驱者，其在国内各大城市的轨道交通工程咨询业务也均有布局。本书是在积累的房屋建筑、基础设施工程、水利项目等专业领域全过程工程咨询实践经验的基础上，不断探索和研究在城市轨道交通工程领域推广全过程工程咨询模式而形成的技术成果。书中涵盖了城市轨道交通工程的规划、设计、建设、运营等全生命周期的工程咨询服务内容，将为城市轨道交通工程的全过程工程咨询模式发展提供有益的参考和指导，为国家轨道交通事业的建设和发展做出更大的贡献！

首批国家"万人计划"百千万工程领军人才

国家杰出青年科学基金获得者

前　言

　　未来五年，交通运输行业将进入快速发展的新阶段，奋力加快建设交通强国，当好中国现代化的开路先锋。交通运输部、国家铁路局等部门于2023年3月31日联合印发了《加快建设交通强国五年行动计划（2023—2027年）》，文件中提出"十大行动"，分别为现代化综合交通基础设施建设行动、运输服务质量提升行动、交通运输服务乡村振兴和区域协调发展行动、交通运输科技创新驱动行动、交通运输绿色低碳转型行动、交通运输安全生产强化行动、交通运输开放合作提升行动、交通运输人才队伍建设行动、交通运输深化改革提升管理能力行动以及加强党的建设。文件将党中央关于交通运输的战略部署贯彻落实到各项行动任务之中，确保在全面建设社会主义现代化国家开局起步的关键时期，加快建设交通强国各项工作取得新的成效，是全面贯彻党的二十大精神的具体行动。

　　城市轨道交通是一种独立、封闭、自成体系的有轨交通系统，其运行不受其他因素的影响，能够按设计的能力正常运行，完成快捷、安全、舒适地运送乘客的任务。城市轨道交通采用电力牵引，能够实现大运量运输的要求且效率高，具有良好的社会和经济效应。尽管城市轨道交通的建设周期长、投资大、技术要求高，但其优越性也是目前其他交通模式所无法比拟的，因此受到人们的青睐，成为市民出行的首选交通工具之一。城市轨道交通作为城市公共客运交通方式，对市域经济、社会、环境的可持续发展作出了卓越贡献。

　　随着我国城市轨道交通项目建设规模逐渐扩大，精细化、科学化管理的要求逐步提高，传统的建设管理模式已经不能满足项目建设实施需要。自2017年以来，国内关于全过程工程咨询的指导政策及标准、指南相继发布，全过程工程咨询建设组织模式在房屋建筑工程、市政公用工程、水利工程等工程建设领域已经得到推广应用。从应用效果看，全过程工程咨询模式能够有效地应用价值工程方法，通过全寿命周期理念对工程方案进行深入和全局性的优化，历经资源汇集、分析、创新、评估和发展等阶段，全面评估投资方案、设计方案、施工方案和运营维护等的性能和成本，创造或提炼出性价比最优的解决方案。城市轨道交通工程全过程工程咨询的探索和推广，有助于改善碎片化的产业结构，培育综合性的专业团队，激发行业的创新活力。浙江江南工程管理股份有限公司作为住房和城乡建设部批准的首批全过程工程咨询试点企业之一，在各个专业领域的全过程工程咨询项目均有实践和研究，已达到数百项工程，通过实践总结与创新研发，为城市轨道交通工程全过程工程咨询的服务理论体系和服务模式的规范化建言献策。

　　本书以全过程工程咨询理论体系的研究与实践为依托，首先，对城市轨道交通工程特点与政策发展沿革、城市轨道交通工程全过程工程咨询服务内容及推进情况进行介绍，其次，按照前期投资决策、建设实施、运营维护等覆盖工程项目全生命周期，分别阐述全过程工程咨询服务在城市轨道交通工程建设各阶段的管理思路、工作重点及问题分析，梳理出工程建设各阶段的风险管理内容与常见事故应对策略，佐证了全过程工程咨询建设组织模式的全面性、系统性、安全性和专业性。最后，通过 8 个国内和 2 个国外轨道交通工程案例的咨询服务范围、管理创新举措和成效，以及管理经验分享等内容，理论与实践相结合，使本书更具有实际指导意义。

本书由浙江江南工程管理股份有限公司编著，公司董事长李建军总策划，田村幸雄院士担任技术顾问，江南研究院技术研发主任吴俊、公司副总裁兼江南研究院院长胡新赞、公司副总工程师兼江南研究院副院长程宝龙担任主编。本书共 6 篇、29 章，其中第 1~2 章由吴俊、程宝龙编写；第 3~7 章由周婷、潘浩鹏编写；第 8~10 章由范洪旺、胡新赞编写；第 11 章由胡新赞、吴俊编写；第 12 章由王润、姚建锋编写；第 13 章由郭军平编写；第 14 章由赵红艳、徐金志编写；第 15 章由廖兆森编写；第 16 章由崔军祥编写；第 17 章由相光祖、吴俊编写；第 18 章由杨婧、刘醒予编写；第 19 章由胡新赞、吴俊编写；第 20~25 章由吴俊、罗齐鸣、韩宇琪、张晓林（中铁十一局集团有限公司）编写；第 26~27 章由相光祖编写；第 28 章为国内工程案例，由李文秋、周成跃、夏桂花、夏勇（铁四院〈湖北〉工程监理咨询有限公司）、郁海飞、李移山、胡新赞、吴俊、程宝龙等编写；第 29 章为国际工程案例，由方纪平、杨婧编写。全书由吴俊、胡新赞统筹定稿。

在本书编写过程中，参考了许多城市轨道交通工程相关的文献和研究成果，得到了项目各建设单位与参建单位（特别是杭州市地铁集团有限责任公司、深圳市地铁集团有限公司、徐州地铁集团有限公司、昆明轨道交通集团有限公司等）的鼎力支持，在此谨向有关专家、领导与同仁们致以衷心的感谢！本书立足于全过程工程咨询建设组织模式在城市轨道交通工程建设领域的咨询内容研究、实践案例分析与管理经验分享，以期为全国范围内推广城市轨道交通全过程工程咨询提供理论依据。限于编写人员水平、资料搜集和实践经验的局限，书中内容安排和学术观点难免存在不足之处，恳请读者批评指正。

编者

2023 年 5 月

目　　录

序 ··· iv

前言 ·· vi

第1篇　绪论 ·· 1

第1章　城市轨道交通工程概述 ··· 2

1.1　城市轨道交通有关概念 ··· 2

1.2　国内城市轨道交通政策发展沿革 ·· 4

1.3　城市轨道交通分类与系统构成 ·· 7

第2章　城市轨道交通工程与全过程工程咨询 ····································· 19

2.1　城市轨道交通工程全过程工程咨询服务内容 ························ 19

2.2　城市轨道交通工程推进全过程工程咨询建设组织模式的必要性 ···· 21

第2篇　投资决策综合性咨询 ··· 27

第3章　项目策划咨询 ·· 28

3.1　项目策划概述 ··· 28

3.2　项目策划特征及原则 ·· 28

3.3　项目策划内容及要点 ·· 30

第4章　线网规划咨询 ·· 33

4.1　线网规划概述 ··· 33

4.2　线网规划主要内容 ·· 36

4.3　线网规划的影响因素 ·· 36

4.4　线网规划的要点总结 ·· 38

第5章　近期建设规划咨询 ·· 39

5.1　编制思路及内容 ·· 39

5.2　近期建设时序安排 ·· 44

5.3　近期建设影响因素 ·· 45

第6章　可行性研究咨询 ··· 52

6.1　可行性研究概述 ·· 52

6.2　城市轨道交通工程可行性研究分类 ·· 52

6.3　编制内容及步骤 ·· 54

第7章　建设条件单项咨询 ··58

　　7.1　建设项目选址论证 ··58

　　7.2　建设项目压覆重要矿产资源评估 ··61

　　7.3　建设项目环境影响评价 ··62

　　7.4　节能评估 ···63

　　7.5　防洪影响评价 ···65

　　7.6　生产建设项目水土保持方案 ··67

　　7.7　水资源论证 ···69

　　7.8　建设工程文物保护 ··70

　　7.9　社会稳定风险评估 ··71

第3篇　工程建设阶段管理与咨询 ··73

第8章　组织管理 ··74

　　8.1　管理原则 ···74

　　8.2　组织架构 ···75

第9章　招标采购与合同管理 ··77

　　9.1　招标采购管理 ···77

　　9.2　合同管理 ···83

第10章　报批报建管理 ··86

　　10.1　立项及前期阶段 ··87

　　10.2　选址及用地规划许可阶段 ··90

　　10.3　建设工程规划许可阶段 ··90

　　10.4　施工许可阶段 ··91

　　10.5　竣工验收阶段 ··93

第11章　勘察设计管理 ··94

　　11.1　勘察管理 ···94

　　11.2　设计管理 ···98

第12章　土建工程 ··105

　　12.1　土建工程分类 ··105

　　12.2　土建管理内容与要求 ··106

　　12.3　土建工程保护 ··110

　　12.4　土建工程常见问题处理 ··111

第13章　铺轨工程 ··114

　　13.1　铺轨管理内容与要求 ··114

　　13.2　铺轨设计管理 ··120

　　13.3　铺轨施工管理 ··124

　　13.4　铺轨验收管理 ··131

　　13.5　铺轨运维管理 ··132

　　13.6　铺轨工程常见问题处理 ··133

第 14 章　牵引供电工程 ·········· 137

14.1　供电系统概述 ·········· 137

14.2　集成管理及设备材料招标采购 ·········· 139

14.3　牵引供电工程特点及管理要点 ·········· 142

14.4　试验、调试、联调管理 ·········· 145

14.5　项目管理重难点及对策 ·········· 148

第 15 章　机电设备工程 ·········· 151

15.1　机电设备工程概述 ·········· 151

15.2　设备集成管理 ·········· 154

15.3　机电设备安装管理 ·········· 154

15.4　设备调试管理 ·········· 164

15.5　运营维护衔接 ·········· 169

第 16 章　通信信号工程 ·········· 171

16.1　通信信号系统设计管理 ·········· 171

16.2　通信信号系统出厂验收、到货管理 ·········· 180

16.3　通信信号系统施工管理 ·········· 184

16.4　通信信号系统调试管理 ·········· 189

16.5　通信信号系统其他管理内容与要求 ·········· 195

第 17 章　绿色建造 ·········· 202

17.1　绿色城市轨道交通工程 ·········· 202

17.2　绿色建造各层面探索 ·········· 204

第 18 章　信息技术咨询 ·········· 207

18.1　BIM 技术咨询 ·········· 207

18.2　数字化咨询 ·········· 216

18.3　基于 BIM 技术的模块化建造 ·········· 226

第 19 章　验收与移交管理 ·········· 235

19.1　工程验收管理 ·········· 235

19.2　工程移交管理 ·········· 238

第 4 篇　风险管理与咨询 ·········· 241

第 20 章　风险管理概述 ·········· 242

20.1　风险及风险管理 ·········· 242

20.2　风险形成机理 ·········· 242

20.3　风险管理流程 ·········· 243

第 21 章　风险致因分析 ·········· 245

21.1　前期阶段风险分析 ·········· 245

21.2　建造阶段风险分析 ·········· 246

21.3　运营阶段风险分析 ·········· 250

第 22 章　城市轨道交通工程各阶段风险管理 ·········· 254

22.1　规划阶段风险管理 ························254

22.2　可行性研究风险管理 ····················255

22.3　勘察与设计风险管理 ····················258

22.4　招标、投标与合同签订风险管理 ··········264

22.5　施工风险管理 ··························265

22.6　运营阶段风险管理 ······················270

第23章　风险事故案例分析及应对 ··············274

23.1　前期阶段风险事故分析及应对 ············274

23.2　建造阶段风险事故分析及应对 ············277

23.3　运营阶段风险事故分析及应对 ············287

第5篇　运营管理与咨询 ···················295

第24章　运营管理 ··························296

24.1　运营组织 ····························296

24.2　运营模式 ····························299

第25章　运营综合效能提升 ····················303

25.1　运营现状分析 ··························303

25.2　重点提升方向 ··························304

25.3　对策与建议 ····························306

第26章　项目后评价 ························308

26.1　项目后评价内容 ························308

26.2　项目后评价机制 ························315

第27章　资产管理与咨询 ······················316

27.1　全生命周期资产管理 ····················316

27.2　资产管理重难点分析 ····················317

27.3　车辆与设备维护管理 ····················321

27.4　设备管理模式与机制 ····················322

27.5　资产管理与咨询提升策略 ················323

第6篇　工程案例 ·························329

第28章　国内工程案例 ························330

28.1　某城市轨道交通9号线工程 ··············330

28.2　某城市轨道交通14号线工程 ·············339

28.3　某地铁12号线项目 ····················354

28.4　某城市轨道交通11号线二期工程 ·········366

28.5　某地铁7号线项目 ······················375

28.6　某城市轨道交通工程6号线CZ车辆段工程 ···386

28.7　某轨道交通3号线一期机电安装及装饰装修01标工程 ···396

28.8　某轨道交通4号线PPP工程 ··············402

第 29 章　国外工程案例 ·· 422

29.1　英国伦敦大都会铁路一期工程 ·· 422

29.2　俄罗斯莫斯科地铁 ·· 431

附录 ·· 445

附录 1　城市轨道交通工程划分 ··· 446

附录 2　全过程工程咨询用表 ··· 450

第1篇

绪　论

全过程工程咨询建设组织模式的提出，顺应工程建设组织模式优化提升、高质量发展的需要，在产业政策的推动下，未来工程建设咨询服务的主要方式将是全过程工程咨询，城市轨道交通工程领域也不例外。本篇主要介绍了城市轨道交通的概念、分类、政策发展沿革、系统构成等基本情况，以及城市轨道交通工程开展全过程工程咨询的主要服务内容和推进策略。

第1章 城市轨道交通工程概述

1.1 城市轨道交通有关概念

城市公共交通是城市服务水平及能力的重要体现，它与城市居民生活息息相关，并且对城市的经济发展有着重要的影响。发展城市公共交通，有利于满足城市居民出行需求，满足人民对美好生活的向往递进，加快城市化建设、带动城市绿色发展，是实现城市可持续、高质量发展的重要抓手。

轨道交通很早就作为公共交通方式在城市中出现，并随着城市的不断发展更新，发挥着越来越重要的作用。经济发达国家城市的交通发展历史启示着我们，只有采用大客运量的城市轨道交通，才能从根本上改善城市公共交通的状况。城市轨道交通具有运量大、速度快、安全、准点、保护环境、节约能源和用地等特点。世界各国都普遍认识到：解决城市交通问题的根本出路在于优先发展以轨道交通为骨干的城市公共交通系统。

1.1.1 城市轨道交通的定义

城市中使用车辆在固定导轨上运行并主要用于城市客运的交通系统称为城市轨道交通。在中国国家标准《城市轨道交通工程基本术语标准》GB/T 50833 中，将"城市轨道交通 urban rail transit"定义为"采用专用轨道导向运行的城市公共客运交通系统，包括地铁、轻轨、单轨、有轨电车、磁浮、自动导向轨道、市域快速轨道系统"。

一般而言，广义的城市轨道交通是指以轨道运输方式为主要技术特征，主要分布在城市内（有别于城际铁路）但也可涵盖郊区及城市圈范围，具有中等以上的运输体量，是一种在城市公共客运交通中起骨干作用的现代化立体交通系统。

1.1.2 城市轨道交通在城市公共交通的地位与作用

1）城市轨道交通是城市公共交通的主干线，客流运送的大动脉，是城市的生命线工程。建成运营后，将直接关系到城市居民的出行、工作、购物和生活。

2）城市轨道交通是世界公认的低能耗、少污染的"绿色交通"，是解决"城市病"的一把金钥匙，对于实现城市的可持续发展具有非常重要的意义。

3）城市轨道交通是城市建设史上最大的公益性基础设施，对城市的全局和发展模式将产生深远的影响。为了建设生态城市，应把摊大饼式的城市发展模式改变为伸开的手掌状模式，而手掌状城市发展的骨架就是城市轨道交通。城市轨道交通的建设可以带动城市沿着已建、在建轨道线路的发展，促进城市繁荣，形成郊区卫星城和多个副部中心，从而缓解城市中心人口密集、住房紧张、绿化面积小、空气污染严重等城市通病。

4）城市轨道交通的建设与发展有利于提高市民出行的效率，节省时间，改善生活质量。国际知名的大都市由于轨道交通事业十分发达方便，人们出行很少乘私人车辆，主要依靠地铁、轻轨等轨道交通，故城市交通秩序井然，市民出行方便、省时。

1.1.3　城市轨道交通的主要技术特性

1. 城市轨道交通有较大的运输能力

城市轨道交通由于高密度运转，列车行车时间间隔短，行车速度高，列车编组辆数多而具有较大的运输能力。市郊铁道单向高峰每小时的运输能力最大可达到 6 万～8 万人次；地铁达到 3 万～6 万人次，甚至达到 8 万人次；轻轨 1 万～3 万人次；有轨电车能达到 1 万人次，城市轨道交通的运输能力远远超过公共汽车。据 2022 年中国城市轨道交通协会出具的《城市轨道交通 2022 年统计和分析报告》可知，近年随着城市轨道交通运营线路长度的快速增长、线网的密织，城市轨道交通客运量占全国公共交通客运量的比例分别为 2020 年 38.72%、2021 年 43.37%、2022 年 45.82%。2022 年国内城市轨道交通完成客运量 193.02 亿次，国内城市日均客运总量达到 5505.72 万人次，客运量排名前五的城市为：广州、上海、北京、深圳和成都。而且，城市轨道交通能在短时间内输送较大的客流，据统计，地铁在早高峰时 1h 能通过全日客流的 17%～20%，3h 能通过全日客流的 31%。

2. 城市轨道交通具有较高的准时性

城市轨道交通由于在专用行车道上运行，不受其他交通工具干扰，不产生线路堵塞现象并且不受气候影响，是全天候的交通工具，列车能按运行图运行，具有可信赖的准时性。

3. 城市轨道交通具有较高的速达性

与常规公共交通相比，城市轨道交通由于运行在专用行车道上，不受其他交通工具干扰，车辆有较高的运行速度，有较高的启、制动加速度，多数采用高站台，列车停站时间短，上下车迅速方便，而且换乘方便，从而可以使乘客较快地到达目的地，缩短了出行时间。

4. 城市轨道交通具有较高的舒适性

与常规公共交通相比，城市轨道交通由于运行在不受其他交通工具干扰的线路上，城市轨道车辆具有较好的运行特性，车辆、车站等装有空调、引导装置、自动售票等直接为乘客服务的设备，城市轨道交通具有较好的乘车条件，其舒适性优于公共电车、公共汽车。

5. 城市轨道交通具有较高的安全性

城市轨道交通由于运行在专用轨道上，没有平交道口，不受其他交通工具干扰，并且有先进的通信信号设备，极少发生交通事故。

6. 城市轨道交通能充分利用地下和地上空间

大城市地面拥挤、土地费用昂贵。城市轨道交通由于充分利用了地下和地上空间的开发，不占用地面街道，能有效缓解由于汽车大量普及而造成道路拥挤、堵塞的问题，有利于城市空间合理利用，特别有利于缓解大城市中心区过于拥挤的局面，提高了土地利用价值，并能改善城市景观。

7. 城市轨道交通的系统运营费用较低

城市轨道交通由于主要采用电气牵引，而且轮轨摩擦阻力较小，与公共电车、公共汽车相比节省能源，运营费用较低。

8. 城市轨道交通对环境影响小

城市轨道交通由于采用电气牵引，与公共汽车相比不产生废气污染。由于城市轨道交通的发展，还能减少公共汽车的数量，进一步减少了汽车的废气污染。由于在线路和车辆上采用了各种降噪措施，一般不会对城市环境产生严重的噪声污染。

1.2　国内城市轨道交通政策发展沿革

1.2.1　缓慢起步阶段

从 20 世纪 80 年代末开始，我国城市轨道交通才逐步开始建设，主要解决特大城市中心区的交通问题，开始了我国城市轨道交通 20 多年的建设积累过程。

进入 20 世纪 90 年代，随着上海、广州地铁项目的建设，大批城市包括沈阳、天津、南京、重庆、武汉、深圳、成都、青岛等陆续开始上报轨道交通项目。由于地铁建设发展迅猛、工程造价较高、设备大量引进等问题，1995 年 12 月，国务院办公厅发布《关于暂停审批城市地下快速轨道交通项目的通知》（国办发〔1995〕60 号），提出需要结合我国城市现有经济发展水平和国家财力状况，严格控制城市快速轨道交通的发展，除北京、广州两个在建地铁项目和上海地铁 2 号线外，今后一段时间内暂停审批城市地下快速轨道项目。通知要求组织制订我国城市快速轨道交通的发展规划和地铁设备国产化规划，今后城市快速轨道交通项目的审批，均以国家轨道交通发展规划为依据。因此至 20 世纪 90 年代末约 10 年的时间，新建完成的地铁只有北京地铁复八线、上海地铁 1 号线和广州地铁 1 号线 3 条线路，长约 54km。[①]

1.2.2　加快发展阶段

20 世纪 90 年代末，国家计委先后颁布了《城市轨道交通设备国产化实施方案的通知》（计产业〔1999〕428 号）、《关于印发加快城市轨道交通设备制造业发展的若干意见的通知》（计产业〔2002〕913 号），对城市轨道交通国产化作出相应要求，着力缓解当时上海、广州、北京等城市轨道交通建设造价居高不下的情况。1999 年 3 月，国务院办公厅颁发《关于城市轨道交通设备国产化实施意见的通知》（国办发〔1999〕20 号），规定城市轨道交通项目无论使用何种建设资金，其全部轨道车辆和机电设备的平均国产化率要确保不低

[①] 杨永平，赵东，边颜东. 我国城市轨道交通发展的政策变迁［J］. 都市快轨交通，2019，32（1）：4-8.

于 70%，之后城市轨道交通一直在国产化政策指导下建设。当时提出以深圳 1 号线、上海明珠线、广州 2 号线等工程作为国产化依托项目，先后批复上述 3 个项目立项，轨道交通项目开始启动。随着积极的财政政策和扩大内需政策的实施，国家从 1999 年开始陆续批准北京、上海、广州、重庆、深圳、武汉等 10 个城市的轨道交通项目开工建设，并投入 40 亿元国债资金予以支持。

2003 年 9 月，国务院办公厅发布《关于加强城市快速轨道交通建设管理的通知》（国办发〔2003〕81 号，以下简称《通知》），提出发展城市轨道交通应当坚持量力而行、规范管理、稳步发展的方针，合理控制建设规模和发展速度，确保与城市经济发展水平相适应，防止盲目发展或过分超前。《通知》提出申报地铁和轻轨的城市，地方财政一般预算收入分别在 100 亿元、60 亿元以上，国内生产总值（GDP）分别在 1000 亿元、600 亿元以上，城区人口分别在 300 万人、150 万人以上，规划线路单向高峰小时客流分别在 3 万人次、1 万人次以上等。同时规范了申报和审批程序，要求在城市总体规划及城市交通发展规划的基础上，组织制订轨道交通建设规划，规划由国家发展和改革委会同原建设部组织审核后报国务院审批。项目审批要依据批准的建设规划进行，项目资金须达到总投资的 40% 以上。《通知》对轨道交通的建设标准、安全管理、经营体制和国产化等也提出了具体要求。《通知》规定的发展条件较好地体现了"量力而行，有序发展"的方针，避免了城市盲目发展城市轨道交通的局面，成为指导我国城市轨道交通发展的纲领性政策文件。城市轨道交通的发展更加规范有序，宏观调控力度显著加强。2003 年后，根据审批要求，全国陆续有 15 个城市上报了城市快速轨道交通建设规划，其中有 14 个城市得到国家的批准。我国轨道交通开始进入了加快发展的阶段。

1.2.3　快速发展阶段

2005 年 9 月，国务院办公厅转发了原建设部、国家发展和改革委等六部委《关于优先发展城市公共交通的意见》（国办发〔2005〕46 号），要求城市轨道交通建设要加强换乘枢纽建设，实现公共汽（电）车、大容量快速公共汽车与轨道交通之间的方便快捷换乘。城市轨道交通建设要严格按照城市轨道交通建设规划组织实施，做到有序健康发展。2006 年 12 月，原建设部等四部委依据国办发〔2005〕46 号文联合颁布了《关于优先发展城市公共交通若干经济政策的意见》（建城〔2006〕288 号），明确提出城市公共交通的投入要坚持以政府投入为主，城市公共交通发展要纳入公共财政体系，建立健全城市公共交通投入、补贴和补偿机制。

为应对国际金融危机，扩大国内需求，促进结构调整，有效防范金融风险，保持国民经济平稳较快增长，2009 年 5 月国务院发布《关于调整固定资产投资项目资本金比例的通知》（国发〔2009〕27 号），提出对固定资产投资项目资本金比例进行适当调整，并规定城市轨道交通行业固定资产投资项目的最低资本金比例为 25%。同时要求金融机构在提供信贷支持和服务时，要坚持独立审贷，切实防范金融风险。

2013 年 5 月，《国务院关于取消和下放一批行政审批项目等事项的决定》（国发

〔2013〕19号），将城市轨道交通项目的核准权限下放至省级投资主管部门，明确提出做好城市轨道交通项目审批权限下放后的落实和衔接工作，切实加强后续监管，确保地方接得住、管得好，促进城市轨道交通持续健康发展。

2013年9月，国务院出台《关于加强城市基础设施建设的意见》（国发〔2013〕36号），鼓励符合条件的城市按照"量力而行、有序发展"的原则，推进地铁、轻轨等城市轨道交通系统建设，发挥地铁等公共交通的骨干作用，带动城市公共交通和相关产业发展。

2015年1月，国家发展和改革委发布《关于加强城市轨道交通规划建设管理的通知》（发改基础〔2015〕49号），要求拟建地铁线路初期负荷强度不低于0.7万人次/d·km，拟建轻轨线路初期负荷强度不低于0.4万人次/d·km。项目资本金比例不低于40%，政府资本金占当年城市公共财政预算收入的比例一般不超过5%。同时对于受城市规划、工程条件等因素影响，线路基本走向、敷设方式发生重大变化，线路长度、车站数量、直接工程投资（扣除物价上涨因素）超过建设规划批准规模15%，或提前开工规划项目，以及投资模式发生重大变化，须将规划调整方案报国家发展和改革委审批。同时还提出要适时开展城市轨道交通建设规划的中期评估。49号文出台后，城市轨道交通项目审批节奏加快，建设运营稳步开展，行业发展总体健康有序。

2015年6月，为增加合理有效投资，从改善城市交通状况、稳定经济增长、促进产业调整、转变发展方式等方面考虑，国家发展和改革委新增（设立）城市轨道交通重大工程包。在城市轨道交通重大工程包项目推进过程中，为了尽快使投资及时到位、项目落地，国家发展和改革委协调有关金融机构加大对重大工程的支持力度，由国家开发银行和农业发展银行作为发债主体、中央财政贴息90%（后来批次资金贴息幅度降低）的专项建设基金，直接注入项目资本金，解决了部分城市筹集资本金难的问题。

2015年9月，结合国家促投资稳增长要求，为放大投资效应、提高投资能力、增加有效投资、加快补上城市轨道交通的发展短板，国务院出台《国务院关于调整和完善固定资产投资项目资本金制度的通知》（国发〔2015〕51号），将城市轨道交通的资本金比例调整至20%。

按照简政放权、放管结合、转变职能、优化服务的总体部署，国家有关部门主动定位转型，不断探索简政放权，释放城市轨道交通的发展活力。2015年5月，国家发展和改革委会同住房和城乡建设部向国务院报送了《关于适当调整城市轨道交通建设规划审批程序的请示》，对已实施首轮建设规划的城市，其后续建设规划不再报国务院审批，改由国家发展和改革委会同住房和城乡建设部审批并报国务院备案；初次申报的城市首轮建设规划需报国务院审批。为进一步优化完善建设规划上报程序，提高工作效率，2015年11月，国家发展和改革委联合住房和城乡建设部印发《关于优化完善城市轨道交通建设规划审批程序的通知》（发改基础〔2015〕2506号），将建设规划分头审核上报方式调整为由省级发展和改革委会同省级住房和城乡建设（规划）等部门进行审核，形成统一的审核上报意见。省级发展和改革委向国家发展和改革委报送建设规划，同时抄报住房和城乡建设部。2017年7月，国家发展和改革委出台《关于开展城市轨道交通建设规划中期评估工作的通知》(发改办基础〔2017〕1151 号),要求各个已经批复城市轨道交通建设规划的城市就规划实施执行情况开展中期评估,并将中期评估报告作为各个城市批复新一轮轨道交通建设规划的前提条件之一。

2018 年 6 月,针对部分城市对城市轨道交通发展的客观规律认识不足,对实际需求和自身实力把握不到位,存在规划过度超前、建设规模过于集中、资金落实不到位等问题,为贯彻落实党中央、国务院坚决打好防范化解重大风险攻坚战,防范地方债务风险,促进城市轨道交通规范有序发展,国务院出台《关于进一步加强城市轨道交通规划建设管理的意见》(国办发〔2018〕52 号),将建设地铁和轻轨的条件作了修订,要求申报建设地铁和轻轨的城市一般公共财政预算收入分别在 300 亿元、150 亿元以上,地区生产总值分别在 3000 亿元、1500 亿元以上,市区常住人口分别在 300 万人、150 万人以上;明确有轨电车项目由省级发展和改革部门审批;除城市轨道交通建设规划中明确采用特许经营模式的项目外,项目总投资中财政资金投入不得低于 40%,强调了政府对轨道交通全生命周期的财政承受能力;同时严格了建设规划报批和审核程序,规定本轮建设规划实施最后一年或规划项目总投资完成 70% 以上的,方可开展新一轮建设规划报批工作,强化了建设规划的导向和约束作用。

1.2.4　高质量发展阶段

2021 年 3 月,国家在"十四五"规划纲要中,明确提出打造城市智能交通、绿色交通等相关主题,加快交通传统基础设施数字化改造,推进新型城市建设,提升城市智慧化水平,优先发展城市公共交通。我国近几年发布了多个推动和规范智能交通的政策;2018 年 9 月,交通运输部颁发《交通运输行业研发中心管理办法》(交科技发〔2011〕437 号)促进交通运输行业规范、科学、高质量发展;2019 年 9 月,中共中央国务院发布《交通强国建设纲要》(中发〔2019〕39 号)统筹推进交通强国建设;2019 年 12 月,交通运输部颁布《推进综合交通运输大数据发展行动纲要(2020—2025 年)》推进交通治理能力与治理体系现代化建设;2021 年,交通运输部出台《交通运输"十四五"立法规划》,计划到 2035 年,基本建成交通强国,到 21 世纪中叶建成交通水平位居世界前列;为加快建设交通强国,构建现代综合交通运输体系;国务院于 2022 年 1 月发布了《"十四五"现代综合交通运输体系发展规划》,预计到 2025 年,我国综合交通运输基本实现一体化融合发展,智能化、绿色化取得实质性突破,综合能力、服务品质、运行效率和整体效益显著提升,交通运输发展向世界一流水平迈进;其中,城市轨道交通运营里程将达到 10000km。

1.3　城市轨道交通分类与系统构成

1.3.1　城市轨道交通分类

城市轨道交通种类繁多,技术指标差异较大,国际上评价标准不一,并无严格的分类。由于城市轨道交通在世界范围内发展较快，发展的国家、地区、服务对象的不同等，使城市轨道交通发展趋向多元化、多业态。按照不同的分类依据，能够划分出不同的结果。

按照容量运送能力，可分为高容量、大容量、中容量和小容量；

按照导向方式，可分为轮轨导向和导向轨导向；

按照线路架设方式，可分为地下、高架和地面；

按照线路隔离程度，可分为全隔离、半隔离和不隔离；

按照轨道材料，可分为钢轮钢轨系统和橡胶轮混凝土轨道梁系统；

按照牵引方式，可分为旋转式直流、交流电机牵引和直线电机牵引；

按照运营组织方式，可分为传统城市轨道交通、区域快速轨道交通和城市市郊铁路；

按照运能范围、车辆类型及主要技术特征，可分为有轨电车、地下铁道、轻轨道交通、市郊铁路、单轨道交通、新交通系统、磁悬浮交通七类。

1. 国外

美国、日本、德国、英国、法国、俄罗斯等是城市轨道交通发展较早、制式较多的国家。不同国家和地区因城市规划和客流需求各异，其轨道交通制式的形成发展和分类标准呈现出不同特点。

美国城市都市圈的轨道交通系统十分发达，按照服务范围和运量，可分为通勤铁路、轻轨铁路和重轨铁路3类，此外还有少量的轨道缆车和轨道导向车。其中，通勤铁路连接市中心与市郊，线路长度在几公里至数十公里不等；轻轨铁路则与我国"有轨电车"相似，主要指运行在市区街道上的电气化轨道车辆，可为一节或多节车厢，与路面其他交通方式共用路权；重轨铁路是指在城市内运行的、由一节或多节车辆组成的使用信号系统和高站台的大能力电气化快速铁路，美国的地铁系统就是其中的代表之一。

日本的城市轨道交通系统依据运量分为大量运输能力和中量运输能力两类；根据运营速度、牵引方式等因素将其分为8种类型，其中"大量运输能力"包括日本国有铁路和地下铁道。此外，日本针对城市轨道交通系统的分类方法中对"轻轨"的定义与其他国家稍有不同。日本将在城市郊区及市区内运行，采用混合路面、隔离式轨道或专用轨道的系统称为"街道电车"，而只有采用现代新技术的车辆所形成的系统，才称之为"轻轨交通"。在城市轨道交通发展初期，日本曾将轻轨交通分为有轨电车、市郊有轨电车、地下铁道、铁路电车和新交通系统等5种形式。此分类方法混淆了轻轨交通与其他几类系统制式的界限，很难有效区分各交通方式。

德国针对城市轨道交通系统的分类仅限于轻轨交通，该分类方法将有轨电车改造的不同阶段分为4个等级，并将线路的专用程度、系统的运输能力作为分级条件，而对于系统整体尚未提出严格的分类标准。

伦敦、巴黎、莫斯科等城市也都建有较为发达的城市轨道交通系统，并根据服务地区、运行速度、线路形式等加以分类。国外部分国家城市轨道交通的分类情况如表1-1所示。

国外部分国家城市轨道交通的分类情况　　表 1-1

国家	分类名称
美国	通勤铁路、轻轨铁路和重轨铁路
日本	新干线、日本国有铁路、地下铁道、线性电机地铁、单轨交通、新交通系统（AGT）、轻轨交通和街道电车
英国	地下铁道、快速轻轨、高架单轨和市郊铁路
俄罗斯	地铁、轻轨、单轨、高速轻轨和城市轻轨
法国	地铁、区域快线、市郊铁路和城市轻轨
德国	地铁、有轨电车、市郊铁路和高速铁路

2. 国内

中国城市轨道交通经过 60 多年的发展，在发展速度和建设规模上已经成为世界第一。我国目前拥有轨道交通系统制式的全部形式，在中低速磁悬浮、中低运量跨座式单轨等新兴制式领域也有长足进步。随着大城市路网规模的进一步扩大和大量中小城市的参与，为了满足不同的需求，轨道交通制式问题重新成为关注的重点之一。

我国具有国土面积大、人口多、城市化进程快、经济发展迅速、地区发展不均衡等特点，为不同制式轨道交通系统的发展提供了难得的机遇。

交通拥堵、环境恶化已经影响到了二、三线城市，这些城市也已经启动轨道交通系统研究工作。根据《国家发展和改革委关于加强城市轨道交通规划建设管理的通知》（发改基础〔2015〕49 号），进一步放宽了轨道交通建设的要求。但这些城市轨道交通客流断面相对较小，传统轮轨 A、B 型车不再适应新的发展需求。

不同城市以及大城市的不同区域的交通需求均存在差异性，不同的轨道交通制式能满足不同城市和不同区域的个性化交通需求。特别是不同城市的地理特性和城市结构多样性，为各种制式的发展都提供了空间。

我国已经是全球城市轨道交通最大的市场，在轨道交通建设、运营、装备制造方面都具有强大的实力，并且已经建立了完整的轨道交通产业体系，几乎具备所有常用制式轨道交通系统的产业能力和实践经验，可以为世界其他国家提供全面和多样性的产业服务。

目前，《城市公共交通分类标准》（CJJ/T 114—2007）将城市轨道交通分为地铁系统、轻轨系统、有轨电车、单轨系统、自动导向轨道系统、磁浮系统和市域快速轨道系统 7 类。城市轨道交通系统制式优缺点及适用地区对比，如表 1-2 所示。

城市轨道交通系统制式优缺点及适用地区对比　　表 1-2

系统分类	优点	缺点	适用地区
地铁系统	运量大、能耗低、技术成熟	噪声大、造价高	特大、大城市中心区域
轻轨系统	能耗低、技术成熟	振动噪声大	大、中城市
有轨电车	噪声低、爬坡能力强、转弯半径小	胶轮易老化	大、中城市，专用线路
单轨系统	介于轨道交通和公交之间，布线灵活，造价低	噪声大，运量与路权关系大	中、小城市，专用线路

续表

系统分类	优点	缺点	适用地区
自动导向轨道系统	噪声低、爬坡能力强，转弯半径小，可实现全自动和无人驾驶	胶轮易老化	城市机场专用线或客流相对集中的点对点线路
磁浮系统	爬坡能力强、转弯半径小、振动噪声低、综合造价低	能耗略高，车辆造价较高	大、中城市，大城市开发区，山地城市，江河城市或旅游区
市域快速轨道系统	能耗低、技术成熟	振动噪声大	城市长距离郊区

1.3.2　城市轨道交通系统构成

城市轨道交通系统的主要技术系统，包括线路、车辆及车辆基地、车站三大基础设备和电气、运行和信号等控制系统。

轨道交通线路按其在运营中的地位和作用分类，可划分为：① 正线（用于运营线路，即乘客搭乘的线路）；② 辅助线（用于辅助正线运营的线路，例如，渡线、临时停车线、折返线等）；③ 车场线（主要在车辆段和停车库的线路，例如，检修线、出入库线、试车线、洗车线等）。

1. 线路

1）线路的种类。按其在运营中的作用，轨道交通线路分为正线、辅助线和车场线三类。

（1）正线：连接两个车站并从区间伸入或贯穿车站、行驶载客列车（载客列车行驶速度快，对线路道岔技术要求高）的线路。包括区间正线和车站正线。

（2）辅助线：指车站内进行列车到发、通过折返作业的线路，停放列车的线路，列车进出车辆段（停车场）的线路，以及将线网中的不同线路、车辆段与铁路连接起来的线路。一般不行驶载客列车（一般作业速度偏慢，可采用更低技术标准的线路道岔）包括车站侧线、折返线、渡线、存车线、出入段线、安全线和联络线等。

（3）车场线：是车辆段（停车场）内进行车辆停放、编组、列检、检修、清洗和调试等作业的线路。包括停车线、列检线、洗车线、牵出线和试车线等。

2）线路的敷设方式：轨道交通线路敷设有地下、高架和地面三种方式。

（1）地下线路敷设：按埋设深度有浅埋、中埋和深埋等情形。隧道横断面形式有单跨矩形、双跨矩形、圆形和马蹄形等。采用无渣轨道结构和"高站位、低区间"的节能纵坡纵断面设计。

（2）高架线路敷设：敷设在高架桥上，大多采用混凝土结构，其墩柱应具有足够的强度和稳定性，造型设计还应与城市景观协调。

（3）地面线路敷设：有路权共用和路权专用两类。路权共用的地面线路通常敷设在街道上，有布置在道路两侧、道路一侧、道路中央等情形。

3）线路的主要技术标准：按远期高峰小时单向运输能力，大运量轨道交通通常采用

A 型车或 B 型车，中运量轨道交通通常采用 C 型车。由于小半径曲线有许多缺点，例如，轮轨磨损大、噪声大等，实践中应尽量避免采用小半径曲线。车站应尽可能设置在直线上，高架车站与地面车站的线路一般应采用平坡，地下车站的线路考虑排水需要，需设置 2‰～3‰ 的坡度等。

4）限界：指为了保证列车在线路上的运行安全，防止车辆与沿线设备、建筑物发生碰撞而规定的车辆、设备和建筑物不得超出或侵入的轮廓尺寸线，是工程建设、设备和管线安装等必须遵守的依据。其中，车辆限界是车辆在正常状态下的最大动态轮廓尺寸线。设备限界介于车辆限界与建筑限界之间，是安装沿线设备不得侵入的轮廓尺寸线。建筑限界是线路必须具有的最小有效断面的轮廓尺寸线。所有限界均按列车以计算速度在直线段运行条件进行确定。

2. 车站

轨道交通车站是乘客上下车、换乘的场所，也是列车到发、通过、折返或临时停车的地点。

1）车站的分类：可以从不同的角度进行分类。

（1）按运营功能分为终点站、中间站、折返站和换乘站。

（2）按是否具有站控功能分为集中控制站和非集中控制站。

（3）按站台形式分为岛式站台车站、侧式站台车站和岛侧混合式车站。

（4）按客流量大小分为不同等级的车站。

（5）按是否有人管理分为有人管理站和无人管理站。

（6）按线路敷设方式分为地下站、高架站和地面站。

2）车站的选址：车站选址应考虑沿线土地利用规划，将车站设置在大型客流集散点，并尽可能与附近的交通枢纽、商业中心融为一体，以吸引客流，缓解地面交通拥挤。站间距的合理确定要基于对乘客出行时间、车站造价和运营费用的综合考虑。延长站间距会增加乘客到站距离，从而增加到站时间，但能提高列车运行速度，从而减少乘车时间，还能减少车站数量和列车停站次数，从而降低车站造价和运营费用。站间距确定的原则：在市区客流较大区段，站间距可适当较短，约为 1000m；在郊区客流较少的区段，站间距宜适当延长，为 1500～2000m。此外，车站选址还应考虑地质、地形、景观、施工难易程度、拆迁工作量等因素。

3）车站基本构成：车站一般由出入口、站厅、站台和生产用房等组成，通道、扶梯和自动扶梯将出入口、站厅和站台连接起来。在决定车站规模和设备容量的各项因素中，最重要的是车站远期高峰小时最大客流量。

（1）出入口：是乘客由地面进入站厅或由站厅到达地面的通道。出入口的位置应满足城市规划、交通功能的要求，与客流进出主要方向一致，并尽可能与换乘枢纽、商场、办公楼、停车场等相连通。

（2）站厅：站厅区域可分为非收费区、收费区、作业管理区、机电设备区等。

（3）站台：站台供列车停靠和乘客候车、上下车使用。站台长度按远期列车长度加上停车预留距离确定站台宽度，根据类型、高峰客流量、列车间隔时间和楼梯位置等因素决定。站台高度有高站台和低站台两种。

（4）车站生产用房主要有作业用房、管理用房和设备用房三类。

（5）行车、客运作业用房包括车站控制室、售票室、广播室、问讯处和休息室等。

（6）车站管理用房包括站长室、站务室、票务室、警务室和储存室等。

（7）各种设备用房包括通信、信号、自动售检票、变电、环控、屏蔽门、防灾和给水排水等设备用房。

3. 车辆及车辆基地

1）车辆：车辆是输送乘客的运载工具，不但应保证安全、快速、大容量等功能，而且应具有良好、舒适的乘车环境，还应节能，并在外观设计方面有助于美化城市景观、环境。轨道车辆大多采用电力牵引，但市郊铁路也有采用内燃机车牵引的情形。车辆通常是编组成列车运行，并且大多采用动拖组合、全列贯通的编组形式。

2）车辆分类：

（1）按技术特征的不同分为地铁车辆、轻轨车辆、单轨车辆等。

（2）按支承、导向制式的不同分为钢轮车辆、胶轮车辆。

（3）按容量的不同分为大容量车辆、中容量车辆、小容量车辆。

（4）按车辆质量不同分为重型车辆、轻型车辆。

（5）按牵引动力配置的不同分为动车、拖车。

（6）按牵引电机种类不同分为旋转电机车辆、直线电机车辆。

3）车辆基本构造：车辆的基本构造包括车体及附属设备、走行部（转向架）牵引动力装置、制动装置、车钩缓冲装置和电气系统等。

（1）车体及附属设备：车体是车辆中乘坐乘客、司机驾驶的部分，分有司机室车体和无司机室车体两种。车体由底架、侧墙、端墙、顶板、车门与车窗等组成。车休一般采用轻质合金材料，以降低车辆自重。附属设备有两类：一类是与乘车环境有关的设备，包括座椅、拉手、照明、空调、通风设备等；另一类是与车辆运行、控制有关的设备，包括蓄电池、继电器箱、主控制器箱、空气压缩机、牵引箱等。

（2）走行部：又称为转向架，是引导车辆沿钢轨或轨道（梁）运行，将荷载、冲击力等传递给轨道的装置。分为动车转向架和拖车转向架、钢轮转向架和胶轮转向架。转向架一般由构架、轮对轴箱装置和弹簧减振装置等组成，动车转向架还装有牵引电动机及传动装置。

（3）牵引动力装置：主要是受流器与牵引电动机。受流器是从接触网或导电轨将牵引电流引入动车的装置，有受电弓受流器和第三轨受流器。牵引电动机是动车上产生驱动力的装置，有旋转电机和直线电机两大类。

（4）制动装置：制动装置的作用是产生制动力，使列车减速或在规定的地点前停车，制动装置的性能对列车运行安全、提高运行速度及通过能力有直接影响。车辆制动主要有电气制动（动力制动）与机械制动（摩擦制动）两类，一般制动时优先采用电气制动，制动力不足时辅以机械制动，车辆的机械制动装置采用空气制动机。通常情况下，列车的制动有以下几种模式：

① 常用制动：正常运行时使用的制动方式。在常用制动时，优先使用电制动，电制动中优先使用再生制动。电制动不能满足要求时，空气制动能够迅速平滑地补充，实现混合制动。

② 保压制动：列车运行低速时，电制动退出，空气制动接替。列车停止时仍保持一定的空气制动，使列车在超载情况下，保持在 3.8‰ 的坡度上不会溜车。

③ 紧急制动：紧急情况下使用，列车以最大制动力制动并落下受电弓，紧急制动为空气制动。

④ 快速制动：是一种特殊的制动，是常用制动的属性，但具有紧急制动的最大制动力。与紧急制动不同，快速制动不落下受电弓。

⑤ 停放制动：是被动制动。

（5）车钩缓冲装置：车钩缓冲装置由车钩、缓冲器、电路与气路连接设备组成。其作用首先，实现车辆与车辆的机械、电路与气路的连接，使车辆编组成列车，并传递动车牵引力；其次，吸收与缓和因列车加减速而引起的车辆间纵向冲击力，延长车辆使用寿命。

（6）电气系统：包括车辆上的各种电气设备及其控制电路，可分为主电路、辅助电路和控制电路三个子系统。

① 主电路是车辆上高电压、大电流、大功率的动力回路。主电路的作用是将电能转变为动能，驱动车辆运行，或通过电气制动将车辆的动能转变为电能，使车辆减速制动。

② 辅助电路是为车辆上的空气压缩机、通风机、空调装置和照明设备等提供用电的子系统。

③ 控制电路是实现司机或列车自动驾驶（ATO）系统对主电路与辅助电路中各种电气设备的控制。

4）车辆基地，车辆基地是车辆段与停车场的统称。

（1）车辆段：是车辆运用、停放、检修，以及进行列车技术检查、车辆清扫洗刷等日常保养维修作业的场所。车辆段基本构成：车辆段的设施从使用功能上分为生产设施、辅助生产设施和办公生活设施三部分。其中生产设施又分为运用设施和检修设施两类，运用设施包括停车库、列检库、停车线、列检线、洗车线、出入段线、牵出线和信号楼等；检修设施包括定修库、架修库、定修线、架修线、临修线、静调线和试车线等。

（2）停车场：除不承担车辆定期检修作业外，其余功能与车辆段相同。

（3）在轨道交通线网多线运营的情况下，从控制轨道交通建设投资、车辆检修设备的资源共享，以及减少车辆基地用地的目的出发，两条以上线路优先选择合用车辆基地检修设施。段场合建是指将不同线路的两个车辆基地合建在一起，通过段、场之间的地面联络线，实现不同线路之间的连通，从而实现两个车辆基地运用、检修设施的资源共享。

（4）车辆基地选址应遵循以下原则：符合城市总体规划与轨道交通线网规划；避开地质不良地区，具有良好的自然排水条件；便于几条线路合用车辆基地；尽量靠近正线，缩短列车出入段距离；留有远期发展余地。车辆基地的设置，原则上每条线路设置一个车辆段，在线路长度超过20km时，按"一段一场"设置。车辆基地有贯通式和尽端式两种。如果停车库、列检库的两端通过出入段线与正线连接，称为贯通式车辆基地；通过一端连接则称为尽端式车辆基地。

4. 控制系统

控制系统的作用是保障列车运行安全、提高线路通过能力、保证作业协调与提高运营效率，控制系统主要由信号系统、通信系统和控制中心构成。

1）信号系统

广义的信号设备是信号、联锁和闭塞设备的总称。

（1）信号设备：为了适应列车速度的提高与列车间隔的缩短，新建轨道交通线路大都采用列车自动控制（ATC）系统。ATC系统是在传统的信联闭设备（即信号、联锁、闭塞设备）与调度集中系统基础上，应用信息、通信、计算机、自动控制等先进技术，以列车速度自动控制为核心的新型信号系统。信号设备主要是指视觉信号设备，包括车载信号设备、色灯信号机、信号灯和信号旗等。

① 车载信号设备是安装在车辆上的信号设备，通过轨道电路等接收来自地面的信息，控制列车安全地追踪运行，以速度码显示。

② 色灯信号机设置在正线、车站和车辆段的特定位置，用于指示列车运行或车辆调移的命令。有出站信号机、防护信号机、进场信号机、出场信号机、阻拦信号机等。

③ 信号灯和信号旗在显示手信号时采用，一般昼间使用信号旗、夜间使用信号灯，地下站按夜间办理。

④ 信号表示器不具有防护功能，侧重于指示行车设备的位置、状态和信号显示的某种附加含义。有发车表示器、进路表示器、道岔表示器和车挡表示器等。

⑤ 信号标志设置在线路一侧，用来表示所在位置的某些状态或要求。有停车位置标、警冲标、站界标和司机鸣笛标等。

（2）联锁设备：联锁设备设置在有道岔车站和车场范围内，在道岔、信号机、进路之间建立起一种相互制约的联锁关系，保证列车运行与调车作业的安全。主要有电气集中联锁设备和微机联锁设备两种。

① 采用电气集中联锁设备时，道岔、信号机的控制、进路的排列均集中在控制中心及车站控制室和车辆段信号楼。

② 微机联锁设备包括硬件和软件两部分。微机联锁设备具有排列进路速度快、可靠性与安全性高、便于增加新功能、能降低投资费用与减少维护工作量等优点。

（3）闭塞设备：为防止同向列车追尾或对向列车冲撞，正常情况下，在线路上运行的列车通过行车闭塞来实现按空间间隔法行车，实现行车闭塞的设备称为闭塞设备。有固定闭塞设备和移动闭塞设备两类。

① 采用固定闭塞设备时，区间线路划分为若干个固定的闭塞分区，闭塞分区内设有轨道电路。追踪运行列车的间隔为若干个固定的闭塞分区或轨道电路区段。地对车的信

息传输通过轨道电路实现。有三显示带防护区段自动闭塞设备和四显示自动闭塞设备等类型。

②在采用移动闭塞设备时，区间线路不划分固定的闭塞分区，不设置固定的制动减速点。追踪运行列车的间隔为后行列车制动距离加上安全防护距离。车地间双向信息传输通过交叉感应环线或无线通信技术实现。由于移动闭塞设备能实现连续、双向信息传输和列车运行控制，并在确保安全前提下提高通过能力，所以是闭塞方式的发展优势。

（4）列车自动控制（ATC）系统由列车自动防护（ATP）、列车自动监控（ATS）、列车自动驾驶（ATO）三个子系统组成。ATP 和 ATO 完成列车运行自动化的功能，ATS 完成行车指挥自动化功能。

①ATP 子系统是保证行车安全、防止列车进入前方列车占用区段和防止超速运行的设备。ATP 负责全部的列车运行保护。ATP 系统执行以下安全功能：限制速度的接收和解码、超速防护、车门管理、自动和手动模式的运行、司机控制台接口、车辆方向保证、永久车辆标识。

②ATS 子系统是一套集现代化数据通信、计算机、网络和信号技术于一体的、分布式的实时监督、控制系统，ATS 子系统通过与 ATC 系统中的其他子系统的协调配合，共同完成对地铁运营列车和信号设备的管理和控制。其核心设备位于信号系统的中央层，用于实现对高密度、大流量的城市轨道交通运输进行自动化管理和调度，是一个综合的行车指挥调度控制系统。

③ATO 子系统是地铁车站列车集中控制系统的一个子系统，是列车自动控制系统 ATC 中必不可少的一个重要子系统。它能模拟完成驾驶列车的任务，通过利用地面信息实现对列车牵引、制动、自动折返等运行控制，使列车经常处于最佳运行状态，提高乘客的乘坐舒适度和列车的准点率，节约能源。另外，它还提供定点停车、车门控制和给车站反馈列车定位信息等功能。

2）通信系统

通信系统由光纤数字传输、专用通信、公务通信、无线通信、闭路电视监控和有线广播等子系统组成。是轨道交通实现安全高效的调动指挥与运营管理，确保各部门、各单位间公务联系，以及向乘客提供信息、提高服务水平的必备手段。

（1）光纤数字传输系统：由光缆、电端机和光端机组成。为程控交换网、无线通信、闭路电视监控和车站广播等系统提供信道，为电力、环控、防灾报警和自动售检票等设备的数据传输提供信道。

（2）调度指挥通信系统：系统为专用通信系统，它为列车运行组织有关的作业联系提供通信手段，包括有线调度电话、站间行车电话、站内直通电话和区间轨旁电话。

（3）有线调度电话：根据城市轨道交通列车运行和业务管理要求，设置列车调度电话、电力调度电话、防灾环控调度电话。

（4）站间行车电话：又称闭塞电话，是相邻车站值班员间办理行车业务时使用的直通电话。由总机、分机和传输通道三部分组成。

（5）区间轨旁电话：供区间列车司机和维修人员与相邻行车值班员及相关部门紧急联系或通话使用。由电话机箱、便携式电话机和传输线路组成。

（6）公务通信系统：为轨道交通各单位、各部门之间以及轨道交通与外部的公务联系提供通信手段，能直接接入市内电话网。

（7）无线通信系统：为流动作业人员（例如，列车司机、设备维修人员和抢险救灾人员等）提供通信手段。它是双向无线通信，通常采用几个不同的频率对，分别服务于不同覆盖范围内的业务联系。

（8）闭路电视监控系统：设置闭路电视监控系统是为了向行车、安全有关人员提供列车和车站的各种监控画面，以便行车与安全有关人员及时发现，并处理可能危及行车安全与乘客安全的突发事件。

（9）有线广播系统：主要用于控制中心和车站对乘客和工作人员进行广播。

3）控制中心

控制中心是行车组织、电力监控、车站设备监控和防灾报警监控的调度指挥中枢，同时也是通信枢纽与信息交换处理中心。控制中心具有行车调度、电力调度、环控调度和维修调度等调度指挥职能。在事故、灾害情况下，控制中心还是突发事件处理指挥中心。

（1）正常情况下，列车运行由 ATC 系统自动监控。列车按 ATS 指令，在 ATP 的防护下，由 ATO 实现列车自动驾驶，列车进路按 ATS 的指令、由车站联锁设备自动排列，列车调度员监控列车的运行。在列车运行秩序紊乱不能进行列车运行自动调整或者发生其他系统不能进行自动处理的特殊情况时，列车调度员可人工介入。

（2）电力调度系统对变电所、接触网进行实时监控和数据采集，掌握和处理供电设备的各种故障，保证供电的可靠性与安全性。

（3）环控调度系统负责监控全线各站典型区域的温度、湿度、CO_2 等环境参数和各区间的危险水位报警信号；监控全线车站的通风、空调和给水排水设备，以及屏蔽门、自动扶梯和防淹门的运行；并根据具体情况下的环控要求，向车站下达区间隧道通风设备的运行模式。

（4）在轨道交通线网多线运营的情况下，合用控制中心有助于资源共享、提高轨道交通投资建设与运营管理的效率。控制中心的资源共享包括土地与空间、人力与物力、信息管理三方面的资源共享。

5. 其他重要的设备系统

1）供电系统

供电系统由外部电源、主变电所、牵引供电系统、动力照明供电系统和电力监控系统组成。

（1）外部电源：城市电源经轨道交通主变电所降压后分别以不同的电压等级对牵引和降压变电所供电，这种供电方式称为集中式供电。由城市电源直接对轨道交通牵引变电所和降压变电所供电，这种供电方式叫分散式供电。供电电源取自城市电网，通过城市电网一次电力系统和轨道交通供电系统实现输送或变换，然后以适当的电压等级供给轨道交通各类用电设备。城市轨道交通供电属于城市电网一级负荷，由两路独立的电源供电。

（2）主变电所：是由城市电网获得高压电源（一般为 110kV），经降压后以中压电压等级供给牵引变电所和降压变电所的一种变电所。

（3）牵引供电系统：由牵引变电所、接触网、馈电线、回流线和电分段组成。

① 牵引变电所：供给轨道交通一定区域内牵引电能的变电所。牵引变电所从城市电源或轨道交通主变电所获得电能，经过降压和整流变成 750V 或 1500V 的直流电流。牵引变电所的容量和设置距离根据牵引供电计算结果得来，一般设置在沿线车站及车辆段附近。相邻牵引变电所间距 2km～4km，一般市区线路两站设一个牵引变电所，郊区的大区间、长线路还需设置区间牵引变电所。每个牵引变电所按其所需容量设置两组整流机组并列运行，任一牵引变电所故障，由两侧相邻的牵引变电所承担该区段的全部牵引负荷。牵引变电所通过接触网向电动列车供电，分为单边供电和双边供电。接触网在每个牵引变电所附近断开，分成两个供电分区，如果每个供电分区仅从一个牵引变电所获得电能称为单边供电；如果一个供电分区同时从相邻两个牵引变电所获得电能，则称为双边供电。

② 接触网：经过电动列车的受电弓向列车供给电能的导电网。接触网按结构分为接触轨式和架空式。接触轨式的优点是隧道净空高度要求低，结构简单，造价低；缺点是人身和防火方面安全性差。接触网的电分段是保证供电可靠性和灵活性的有效措施。分段的接触网既可以通过联络闸刀连接起来，又可在故障或检修时缩小故障影响及检修停电范围。

③ 馈电线：从牵引变电所向接触网输送牵引电能的导线。

④ 回流线：供牵引电流返回牵引变电所的导线。

⑤ 电分段：为便于检修和缩小事故范围，而将接触网分成若干段，称为电分段。

（4）动力照明供电系统：动力照明系统提供车站和区间各类照明、自动扶梯、风机、水泵等动力机械设备以及通信、信号、自动化等设备的电源，由降压变电所和动力照明配电线路组成。

① 每个车站应设变电所，由于地下车站负荷较大，一般需设在站台两端，其中一端可以和牵引变电所合建为混合变电所；而地面车站负荷较小，通常只设一个变电所。

② 降压变电所的作用是将从城市电网或主变电站获得的电能降压为低压三相 380V 或 220V 交流电，供车站设备使用。

③ 动力照明设备大部分集中在车站，仅有少部分分散在区间隧道内，所以降压变电所一般设置在车站附近，此外，车辆段和控制中心专设降压变电所。动力照明等设备根据其重要性分为一级、二级和三级负荷。

（5）电力监控系统（SCADA）：保证控制中心对供电系统的主变电所、牵引变电所、降压变电所用电设备的运行状态进行监视、控制和数据采集。由控制中心主机、设在各变电所的远程控制终端和连接终端与中心的通信网络三部分组成。

2）环控系统

设置环控系统是为了改善地下车站与区间隧道内的空气质量、温度和湿度环境，以及在发生火灾事故时排烟送风，使乘客能够安全撤离。环控系统包括车站通风空调和隧道通风两个子系统。

（1）车站通风空调除了为乘客、作业人员提供舒适的候车环境与工作环境，还为车站设备提供所需要的运行环境。站台屏蔽门将站台与隧道隔开，降低热交换，使车站空调负荷降低，节省运营费用。此外，还有助于发挥列车在隧道内运行时的活塞通风作用，提高乘客在站台候车时的舒适度与安全性。

（2）区间隧道通风系统在运营开始前、结束后进行机械通风，排除隧道内的余热、余湿；在运营开始后，区间隧道通风系统停止运行，车站隧道通风系统投入运行。

（3）环控系统设中央、车站和就地三级控制。对于高架线和地面线车站，站厅和站台一般采用自然通风，必要时也可设置机械通风或空调系统。

3）防灾报警系统

轨道交通可能发生的灾害包括火灾、水灾、大风、雷击和地震等。在各种灾害中，火灾所占比例最高，因此，防灾报警的重点是火灾报警。火灾报警系统（FAS）由监控工作站、火灾报警控制器、各种火灾探测器、手动报警按钮、报警电话和光纤环网等组成，实行中央和车站两级监控。

（1）中央监控设在中央控制室，主要功能为：对全线所有报警、消防设备进行监控，接收火灾报警，并向车站控制室发出防火救灾和安全疏散的指令。

（2）车站监控设在车站控制室，主要功能为：对车站报警、消防设备进行监控，接收火灾自动报警，并将信息上传至控制中心，接收控制中心发出的相关指令，通过火灾报警控制器向机电设备监控系统发出模式指令，并由该系统启动消防设备。

城市轨道交通工程的划分情况详见附录1。

第2章 城市轨道交通工程与全过程工程咨询

2.1 城市轨道交通工程全过程工程咨询服务内容

全过程工程咨询是指工程咨询单位采用多种组织模式，以提高投资效益、工程建设质量和运营效率为目的，为项目决策、实施和运营持续提供基于项目全生命周期最优、符合行业发展阶段和项目特征要求的局部性或整体性解决方案以及管理服务。全过程工程咨询服务范围能够涵盖项目全生命周期工程咨询服务，也可根据工程咨询单位介入、退出时点不同分为投资决策阶段综合性咨询、工程建设全过程咨询，以及这两种咨询范围与运营咨询的组合。

依据国家近期发布的政策和规范文件，城市轨道交通工程建设总流程，可依序分为线网规划、近期建设规划、工程可行性研究、工程勘察、总体设计、初步设计、招标设计、施工图设计、工程施工、工程质量验收、工程专项验收、全线系统联调联试、试运行、初期运营、竣工验收、正式运营和项目后评价等若干个阶段。

城市轨道交通工程全过程工程咨询按照服务阶段，可分为投资决策综合性咨询、工程建设阶段管理与咨询，以及运营阶段管理与咨询。城市轨道交通工程全过程工程咨询服务内容示意，如图2-1所示。

2.1.1 投资决策综合性咨询

城市轨道交通工程投资决策综合性咨询指全过程工程咨询单位结合前期资料收集与考察调研，将建设项目与当地财政状况、城市发展规划等因素进行综合性分析，形成项目策划报告；并根据城市实际客流需求及用地情况，确定线网规模并进行线网规划方案的编制与评审工作，研究确定近期的线网建设规划方案和实施顺序，形成线网规划报告和近期建设规划报告；对拟建工程进行全方位的经济技术分析和科学论证，形成工程可行性研究报告；结合项目实际需要，开展各类建设条件单项咨询研究工作，并同步推进行政审批手续办理工作，确保建设阶段衔接有序。

2.1.2 工程建设阶段管理与咨询

城市轨道交通工程建设阶段管理与咨询主要涵盖勘察设计、招标采购、建造实施以及竣工移交等环节。其中，勘察设计环节包括了工程勘察、总体设计、初步设计、招标设

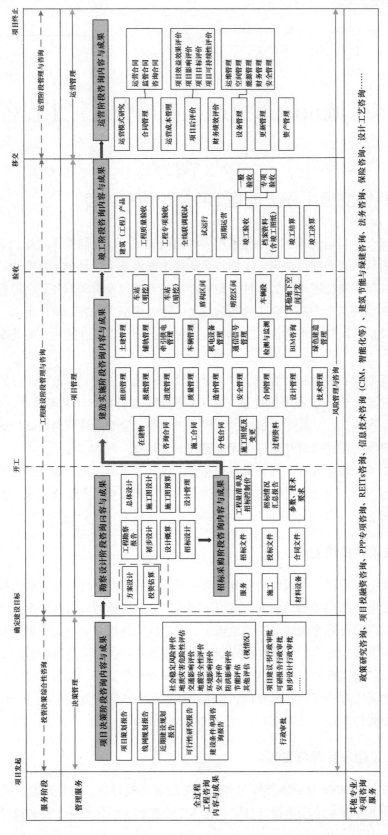

图 2-1 城市轨道交通工程全过程工程咨询服务示意图

计以及施工图设计等咨询内容及相应的勘察设计管理工作；招标采购环节需要结合招标图纸和工程批文开展施工、材料设备及服务等内容的招标及管理工作，保障招标的准确性和时效性；建造实施环节则需要按照专业类别（土建、铺轨、牵引供电、机电安装、通信信号、车辆等专业）、咨询内容（组织、报批报建、设计、进度、质量、造价、安全、合同、绿色建造、检测监测、BIM 等管理）、标段划分（车站、区间、车辆段等）等进行统筹管理和咨询力量分配；城市轨道交通工程竣工移交环节相较于房屋建筑，周期更长、流程更复杂，结合最新的国家政策文件和相关规范要求，需要做好包括分部分项单位工程质量验收、工程专项验收、全线系统联调联试、三权移交、试运行、初期运营前安全评估、初期运营及竣工验收等方面的管理协调工作，并为正式运营做好铺垫。

2.1.3　运营阶段管理与咨询

城市轨道交通工程运营阶段管理与咨询是指全过程工程咨询单位协助运营单位开展运营模式研究、合同管理、运营成本管理、项目后评价（效益、影响、目标、可持续性等方面）、财务绩效评估、设备与资产管理，以及更新管理等咨询内容。

2.1.4　风险管理与咨询

城市轨道交通工程风险管理与咨询是覆盖项目全生命周期的咨询管理工作，尤为重要。全过程工程咨询单位需要注重从规划、可行性研究、勘察与设计、招标投标与合同签订、施工、运营等重点建设阶段，开展项目风险管理策划、风险应对研究和风险管理工作，确保项目能够平稳、安全、顺利地推进。

2.1.5　其他咨询服务

城市轨道交通工程其他专业 / 专项咨询服务还包括了政策研究咨询、项目投融资咨询、REITs 咨询（基础设施领域不动产投资信托基金）、PPP 专项咨询、信息技术咨询（CIM、智能化等）、建筑节能与绿建咨询、法务咨询、保险咨询以及设计工艺咨询等方面。

2.2　城市轨道交通工程推进全过程工程咨询建设组织模式的必要性

2.2.1　城市轨道交通高质量发展

城市轨道交通在我国公共交通体系中占据重要位置，我国城市轨道交通运营规模长期位于世界第一，并且客流规模和开通城市数量也在逐年持续增加。根据我国近些年《国民经济和社会发展五年规划》中关于"城市轨道交通发展"的指导精神，从"十三五"的"加快发展城市轨道交通"到"十四五"的"有序推进城市轨道交通发展"，奠定了当前我国城市轨道交通从高速发展阶段调整为高质量发展阶段的重要转折。城市轨道交通行业的发展重心逐步向建设管理能力和效率提升，建造过程绿色化智能化，向运营可靠性提高以及服务质量提升等方面转移。2022年3月，中国工程咨询协会印发了《关于加快推进工程咨询业高质量发展的指导意见》，以高质量服务供给适应和满足新发展阶段的新特征、新需求，发挥重大建设项目对全过程工程咨询的示范作用，发挥全过程工程咨询在提高投资效益、建设质量和运营效率中的综合效应。全过程工程咨询是技术密集、智力密集型咨询服务，要匹配行业及市场的需求来实现高质量发展，在理念、技术、组织、模式和生态等方面进行创新，与城市轨道交通工程的高质量发展不谋而合、相辅相成。

2.2.2　落实全生命周期管理

2022年7月，住房和城乡建设部、国家发展和改革委印发的《"十四五"全国城市基础设施建设规划》，针对城市轨道交通建设提出了新的要求，强调要落实"全生命周期管理"理念，构建城市基础设施规划、建设、运行维护、更新等各环节的统筹建设发展机制。目前，城市轨道交通工程领域的勘察、设计、监理、项目管理、造价、运营等企业在提供工程咨询服务时各有优势，但多为阶段式、独立式委托合同，会在建设过程中增加接口管理、信息管理以及协调管理等方面问题，对业主管理团队力量提出严峻考验；因此，只有在梳理专业、专项工程咨询服务特点和各阶段相互关系的基础上，融合全面发展才是出路，实现横向业务的集成，从碎片化到集成化的转变。同年，国家住房和城乡建设部发布的《"十四五"建筑业发展规划》，提出要发展涵盖投资决策、工程建设、运营等环节的全过程工程咨询服务模式，培养一批具有国际竞争力的全过程工程咨询企业和领军人才。全过程工程咨询与城市轨道交通的发展方向是一致的，均要落实全生命周期管理，一方面是工程咨询服务的横向融合与延伸，另一方面是管理能效在项目全生命周期得以实现，确保管理与建设并重。因此，全过程工程咨询模式是适应和助力城市轨道交通未来发展的重要拼图。

2.2.3　投资决策与工程建设衔接

依据《国务院办公厅关于进一步加强城市轨道交通规划建设管理的意见》（国办发〔2018〕52号），针对城市轨道交通工程的科学规划、建设审批、资金保障、风险管控以及监管机制等方面提出了规范化要求，这也是为了提高对城市轨道交通项目投资决策阶段和工程建设阶段衔接的严格把控。2019年3月，国家发展和改革委联合住房和城乡建设部印发的《关于推进全过程工程咨询服务发展的指导意见》（发改投资规〔2019〕515号），提出在项目决策阶段和建设实施阶段，着力破除制度性障碍，重点培育发展投资决策综合性咨询和工程建设全过程咨询。投资决策综合咨询工作是服务于项目建设全过程的，与工程建设全过程咨询息息相关，需要全过程工程咨询单位运用战略性的眼光，把握建设项目全生命周期的整体效益。一般情况下，全过程工程咨询单位以项目管理角色或专业咨询角色提前介入投资决策阶段，参与投资决策、可行性研究以及方案设计等咨询或管理工作，明确业主方的建设意图和实际需求，结合前瞻性策划、组织协调、专业人员配备以及管理经验，促进建设程序审批顺利办理，确保专业、专项咨询之间工作衔接，实现跨阶段管理意图和效能的完全发挥。因此，全过程工程咨询模式能够在城市轨道交通工程的投资决策和工程建设阶段间发挥重要的衔接作用。

2.2.4　政府引导

城市轨道交通工程是由国家审批、政府拨款类的准公益性基础设施项目，与房屋建筑项目相比，政府的宏观调控与助推作用更为明显。目前，政府针对城市轨道交通领域还未发布与全过程工程咨询相配套的政策文件，并且相关的合同示范也未出台，城市轨道交通工程全过程工程咨询委托合同的签订存在诸多不确定性，往往会参照市政基础、水利工程或房屋建筑等相关招标或合同模板来进行调整。近两年已经能在部分省份的公共资源交易平台搜索到关于城市轨道交通工程全过程工程咨询或专项咨询的招标公告，例如，济南、石家庄、广州、武汉等城市，说明城市轨道交通与全过程工程咨询之间的壁垒在逐步被打破，融合发展、各取所长，才能有效提升项目建设质量。

因此，要发挥政府的引导作用，规范全过程工程咨询和专项咨询的资格准入要求，制定适宜的政府监管制度，合理突破工程咨询专业之间的回避性，鼓励不同咨询专长的企业横向产业链联合或综合性发展，突出工程咨询的专业性和智力性，而非只是简单的管理动作，来更好地适应城市轨道交通这类复杂性、综合性极强的工程服务需要，逐步将全过程工程咨询引入到城市轨道交通行业中。针对工程监理、造价咨询等企业和相关从业人员将会在全过程工程咨询推进过程中，被重点冲击或是被迫转型，政府需要给予一定关注和指导。

2.2.5　配套标准

近些年，国家针对城市轨道交通的配套标准和管理办法进行了升级，例如，2022 年国家住房和城乡建设部发布了《城市轨道交通工程项目规范》GB 55033，主要从城市轨道交通工程的建设目标、规模、布局、功能、性能及关键技术要求等统一要求进行规定。但是关于全过程工程咨询方面的配套标准未曾制定。

因此，需要鼓励行业各级社团组织以及头部企业积极发挥行业引领作用，牵头组织编制相关导则、规范和指南等团体标准为城市轨道交通全过程工程咨询健康规范发展打下基础，也与国家、地方政府引导作用形成合力，推动更高级别的配套标准落地。

2.2.6　技术能力

考虑到城市轨道交通工程涉及的专业繁多、技术复杂、规模巨大，这就要求全过程工程咨询单位具备该类项目所涉及土建、机电、通信信号、供电及车辆等专业的全部或者部分技术能力以及管理协调能力，所带来的挑战是前所未有的，目前行业内咨询单位能达到如此咨询能力和水准的非常少。将城市轨道交通行业内的投资决策、勘察、设计、监理、项目管理、造价咨询、BIM 咨询等工程咨询单位进行简单联合，看似具备全专业技术能力，往往并不能胜任全过程工程咨询的工作。

因此，培育综合性的全过程工程咨询技术人才，提升全过程工程咨询单位的技术能力是城市轨道交通工程中推广应用高质量全过程工程咨询模式的关键。另外，可以借助群体决策形式克服个体技术问题，例如，在工程咨询企业内部或行业之间实施"精前端＋强后台"的模式，在培育全过程工程咨询综合型人才实现项目组织机构"精前端"的同时，需要集聚行业内涉及城市轨道交通工程全流程、全专业领域的专家团队，提供强大的技术力量作为支撑。

2.2.7 管理能力

在不同区域、类型的城市轨道交通项目中推行应用全过程工程咨询模式，考虑到管理模式、规划设计、承发包模式以及运营管理等方面可能都会存在差异，若没有建立统一的全过程工程咨询管理体系和管理标准，则会导致管理水准在各个项目上表现得参差不齐。

因此，可以借助模块化管理方法，建立完善的技术标准、管理标准，以及质量管理体系、职业健康安全和环境管理体系，准确、高效地分析各类城市轨道交通项目的异同点，提前做好各阶段的管理策划，在管理过程中进行动态调整，采取针对性的管理措施。另外，可以建立针对投资效益、工程质量和运营成效等方面的激励制度，将未来行业发展方向、业主和运营单位的建设需求同全过程工程咨询单位的服务目标相统一，充分发挥工程咨询服务的精准性和正向性。

2.2.8 运营咨询能力

运营咨询是城市轨道交通工程全过程工程咨询的重要组成部分。《国务院办公厅关于保障城市轨道交通安全运行的意见》（国办发〔2018〕13号）文件中提出：城市轨道交通建设规划要树立"规划建设为运营，运营服务为乘客"的理念，将安全和服务要求贯穿于规划、建设、运营全过程。

因此，城市轨道交通工程全过程工程咨询要重视将运营服务的理念提前植入到项目线路的规划和建设中去。需要着力改变以往工程咨询服务中"看重过程管理、轻视后期运营"的管理逻辑，往横向产业链的末端延伸，涉足项目后期的运营管理，提升运营咨询能力。在城市轨道交通工程建设过程中，要明确运营咨询的管理界面及服务内容，并与项目其他阶段做好接口和协调管理，避免在运营中遗留或整改建设阶段的问题。

2.2.9 企业合作

工程咨询行业中很难做到某个企业将整个产业链的上下游业务全覆盖，尤其在产业发展初期。国家对城市轨道交通工程的行政审批流程非常严格，而且考虑到全过程工程咨询在不同地区城市轨道交通工程的推行力度也不尽相同。所以，在全过程工程咨询推广初期即要求工程咨询单位结合项目特点和建设规律，因地制宜地组建从项目投资决策到运营维护阶段的全过程工程咨询团队及完备的技术管理力量，显然有些激进和不符合产业发展规律，并且投入的人力成本会非常大。

因此，全过程工程咨询单位在承接城市轨道交通业务时，可以适当选择与行业内或本地区某专业咨询领域能力突出的规划、勘察、设计以及运营咨询等单位深度合作，以快速达到全过程工程咨询业务的准入门槛，补充咨询服务的专业短板，培养一批咨询管理人才，拓展"强后台"的专业技术力量，熟悉各地区城市轨道交通工程的管理规律和监管模式，以实现企业间合作共赢、行业高质量发展的目标。

第2篇

投资决策综合性咨询

2019年3月，国家发展和改革委联合住房和城乡建设部印发《关于推进全过程工程咨询服务发展的指导意见》（发改投资规〔2019〕515号），提出在项目决策阶段和建设实施阶段，重点培育发展投资决策综合性咨询和工程建设全过程咨询。

投资决策综合性咨询是全过程工程咨询单位在投资决策环节，就投资项目的市场、技术、经济、生态环境、能源、资源、安全等影响可行性的要素，结合国家、地区、行业发展规划及相关重大专项建设规划、产业政策、技术标准及相关审批要求进行分析研究和论证，为建设单位提供综合性、一体化、便利化的咨询服务。本篇将从项目策划咨询、线网规划咨询、近期建设规划咨询、可行性研究咨询以及建设条件单项咨询五个方面，介绍城市轨道交通工程投资决策综合性咨询的具体内容。

第3章 项目策划咨询

3.1 项目策划概述

工程咨询单位根据建设单位的委托，结合项目所在地规划、产业政策、投资条件、市场状况等开展投资策划咨询，提供投资机会研究成果。投资机会研究是进行可行性研究前的准备性调查研究，通过对政治、环境的分析来寻找投资机会、识别投资方向、选定投资项目，作为建设单位内部决策使用。

项目策划应在投资机会研究和建设需求提出的基础上，对项目进行定义、研究，为建设单位的项目决策提供依据和建议。应在项目规划、可行性研究等阶段之前进行，咨询成果以《项目策划报告》的形式提交。

项目策划指在全过程工程咨询单位根据建设单位总的目标要求，从不同的角度出发，通过对建设项目进行系统分析，对建设活动的总体战略进行运筹规划，对建设活动的全过程作预先的考虑和设想，以便在建设活动的时间、空间、结构三维关系中选择最佳的结合点，重组资源和展开项目运作，为保证项目在完成后获得满意可靠的经济效益、环境效益和社会效益而提供科学的依据。

由于工程项目涉及政策调控、市场竞争、施工工期、建设环节、资金调配等方面，外界制约因素多且复杂多变，存在较多的不确定性因素和较高的风险。在面对这些未知风险时，需要在项目开发前期进行全方位的统筹兼顾，对未知的风险进行管控，完善的项目策划可为后续工作的开展保驾护航。项目策划对于整个项目全生命周期管理上的突发情况的处理都有着重要的作用，同时有效的项目策划还对项目的上层系统有着重要的影响。因此，做好项目开发前期的策划工作对整个项目的成功起着至关重要的作用。

3.2 项目策划特征及原则

城市轨道交通建设的主要目的就是降低当前城市的交通压力，满足人们的出行需求。因此，项目管理人员应当将其作为项目建设的第一要义，对工程建设合理分析与科学控制，在满足工程建设项目定位的同时，节约工程投资及资源，提高投资的收益。要做好城市轨道交通工程的策划工作，首先需要对当前城市轨道交通的整体特征及工程建设条件进行分析。

3.2.1　城市轨道交通的特征

1. 投资所需资金和资源的有限性

我国城市轨道交通工程与其他城市公共基础设施建设工程相比，通常覆盖城市较大范围，施工建设规模大，这是轨道交通工程成本居高不下的重要因素。经过对大量资料研究分析发现，很多城市的轨道交通造价成本都已经突破数百亿元。再加上轨道交通在规划之初的最低施工规模就是以几十公里为单位的，对于项目资金的需求非常大。部分城市对城市轨道交通发展的客观规律认识不足，对实际需求和自身实力把握不到位，存在规划过度超前、建设规模过于集中、资金落实不到位等问题，一定程度上加重了地方债务负担。

2. 投资项目的复杂性和效益的不确定性

从城市轨道交通工程的本质上来看，其本身属于城市基础设施建设的一部分，再加上轨道交通建设成本较大，在之后的经营中很难得到较高的经济收益。也就是说，城市轨道交通的沉没成本过大，当轨道交通工程建成并投入使用之后就很难更改其所需的成本，尤其是在规划建设阶段，各项目投入的资金无法应用于其他用途。对于城市来说，轨道交通工程建设一方面能够缓解城市拥挤的现状为居民提供出行方便；另一方面还能够保障沿线商业链持续发展。但是从实际的收益情况来看，城市轨道交通产生的经济效益相对较低。

3.2.2　项目策划原则

城市轨道交通是城市公共交通系统的骨干，近年来发展总体有序，但部分城市也存在规划过度超前、建设规模过于集中、资金落实不到位等问题。为促进城市轨道交通规范有序发展，《关于进一步加强城市轨道交通规划建设管理的意见》（国办发〔2018〕52 号）提出坚持"量力而行，有序推进""因地制宜，经济适用""衔接协调，集约高效"和"严控风险，持续发展"的基本原则，以持续深化城市交通供给侧结构性改革、坚持补短板、调结构、控节奏、保安全为指导思想，科学编制城市轨道交通规划，严格落实建设条件，有序推进项目建设，着力加强全过程监管，严控地方政府债务风险，确保城市轨道交通发展规模与实际需求相匹配、建设节奏与支撑能力相适应，规范有序、持续健康发展城市轨道交通事业。

1. 量力而行，有序推进

坚持实事求是，从实际出发科学开展前瞻性规划研究工作，以城市财力和建设运营管理能力为实施条件，合理把握建设规模和节奏，切实提高城市轨道交通发展质量，确保与城市发展水平相适应。

2. 因地制宜，经济适用

坚持近远期结合，统筹考虑交通、环境、工程等各方面因素，选择适宜的轨道交通系统制式和敷设方式，宜地面则地面、宜地下则地下，合理确定建设标准，着力提高综合效益。

3. 衔接协调，集约高效

坚持多规衔接，加强城市轨道交通规划与城市规划、综合交通体系规划等的相互协调，集约节约做好沿线土地、空间等统筹利用，发挥轨道交通对城市交通运输发展的支撑引导作用。

4. 严控风险，持续发展

坚持底线思维，牢固树立安全发展理念，强化城市政府主体责任，加强安全生产和运营管理，加大防范化解地方政府债务风险工作力度，进一步推动城市轨道交通建设、运营模式创新，增强可持续发展能力。

3.3　项目策划内容及要点

3.3.1　项目策划的要素维度

城市轨道交通投资项目策划的要素主要在于以下七个维度：

1）建设必要性：战略规划需求、区域发展需求、行业发展需求、企业战略需求、项目市场需求、项目社会需求及项目产出方案等；

2）要素保障性：例如，土地（项目选址、土地利用、征地安置）、资源、环境、通信、用水及用能等；

3）工程可行性：项目技术方案、项目设备方案、工程承发包方案、资源开发方案、实施进度计划、项目招标方案、施工组织方案及竣工验收方案等；

4）运营有效性：运营机构方案、商业模式方案、生产保障方案、运营服务方案、安全保障方案、人力资源方案、工程退役方案及运营绩效管理等；

5）财务合理性：投资需求方案、项目融资方案、收入成本方案、财务盈利能力、债务清偿能力、财务持续能力、物有所值评价及财政承受能力等；

6）影响持续性：资源节约利用、项目节能效果、生态环境影响、碳排放影响、经济费用效益、经济费用效果、区域/产业经济、宏观经济影响、社会影响及就业效果等；

7）风险可控性：需求风险、建设风险、运营风险、财务风险、生态环境风险、经济风险、社会风险、社会稳定风险及重大风险管控应急预案等。

3.3.2　项目决策阶段策划内容

城市轨道交通工程决策阶段策划的主要任务是定义项目开发或建设的任务和意义。城市轨道交通工程项目决策阶段策划的基本内容如下：

1. 项目环境和条件的调查与分析

2. 项目定义和项目目标论证

1）确定项目建设的目的、宗旨和指导思想；

2）项目的规模、组成、功能和标准的定义；

3）项目总投资规划和论证；

4）建设周期规划和论证。

3. 组织策划

1）决策期的组织结构；

2）决策期的任务分工；

3）决策期管理职能分工；

4）决策期工作流程；

5）实施期组织总体方案；

6）项目编码体系分析。

4. 管理策划

1）项目实施期管理总体方案；

2）生产运营期设施管理总体方案；

3）生产运营期经营管理总体方案。

5. 合同策划

1）决策期的合同结构；

2）决策期的合同内容和文本；

3）实施期合同结构总体方案。

6. 经济策划

1）项目建设成本分析；

2）项目效益分析；

3）融资方案；

4）编制资金需求量计划。

7. 技术策划

1）技术方案分析和论证；

2）关键技术分析和论证；

3）技术标准、规范的应用和制定。

3.3.3　项目策划要点

项目策划需要以法律法规和有关方针政策为依据，结合实际建设条件和社会经济的发展趋势，围绕项目定位、总工期、投资成本等要点开展具体策划。

1）项目定位指的是项目的建设方案，主要涉及建设规模、建筑功能、建设标准三方面内容。建设规模需结合工程实际，例如，轨道交通工程项目的规模主要表现为建筑面积、线路长度、接待能力、服务能力。建筑功能指的是项目的总体功能，包括项目内外部系统的协调和配套，以及各单位／单项工程的相互关系及功能。建设标准可细分为管理标准和技术标准，前者包括生产经营管理标准、行政管理标准、经济管理标准、技术管理标准、管理基础标准，后者包括信息技术标准、检验／试验和评定标准、卫生／安全和环境保护的标准、质量标准。

2）总工期指的是项目进度，基于积累相关经验数据，全过程工程咨询单位可基于建设单位进度需求，策划整体项目的进度并完成总控进度计划设计，各单位或单项工作、关键工作的实施可由此得到约束和指导，具体可从建设进度总体策划报告编制、建设开发关键线路及里程碑节点、建立三级进度计划和控制体系入手。

3）投资成本指的是项目的建设投资，按拟定建设规模的技术方案所需投入资金，全过程工程咨询单位需基于自身积累的经验数据，估算整个项目投资，并开展针对性的经济性评价。

第4章　线网规划咨询

线网规划主要是协调总体规划和综合交通规划对城市轨道交通的总体要求。通过统筹城市人口分布、交通需求、空间布局、土地利用、交通枢纽衔接等情况，以确定城市轨道交通的发展目标、发展模式、功能定位以及线路走向、主要换乘节点、资源共享和用地控制要求的宏观规划。

4.1　线网规划概述

城市轨道交通线网规划影响城市发展、土地使用、交通发展、生态环境保护和工程建设投资等多个方面，是城市轨道交通工程项目立项审批的主要依据之一。目前，我国城市轨道交通线网规划存在的技术问题较多，一些城市交通需求分析弱，规划线网层次不清晰，客流预测结果的可信度低，缺乏与城市空间、沿线土地使用功能的协调，缺乏与历史文化、生态保护范围的空间协调；一些城市将大运量系统的规划布局方法移植到中运量系统中，线网方案不尽合理；一些既有运营线网的城市，线网运能严重不足，车厢内乘客拥挤不堪；大部分城市缺少城市轨道交通系统的服务水平指标，导致居民出行时耗过长，城市时空效率低下等，影响了线网规划的科学性。

4.1.1　线网规划的含义

由于城市轨道交通的造价较高，在进行轨道交通线网规划时线网规模一直是研究的重点。如果线网规模过小，那么城市轨道交通将不能满足城市交通需求，增加社会拥挤成本，其引发的交通问题可能很难从根本上得到解决；反之，如果线网规模过大，不仅需要大量的资金的投入，而且也会造成运能的浪费。合理的线网规模既能保证资源的不浪费，又能充分地满足居民出行的需求，减少城市交通拥堵，实现绿色出行。[①]

根据城市轨道交通的规划流程，城市轨道交通线网规模是线网规划前期的控制变量，具有重要的研究意义。首先，根据城市的实际情况确定线网的合理规模；其次，根据城市的地理环境和用地布局，形成轨道交通网络，确定线网的形态规模；最后，将不同的线网方案进行对比评价，形成具体的线网规划方案，确定线网的方案规模。

---

① 张文莉. 城市轨道交通线网合理规模研究［D］. 西南交通大学，2020.

具体含义如下：

1. 合理规模

实际上，合理规模是指合理的城市轨道交通供给水平，是对城市轨道交通线网的长度进行宏观的控制，而不是城市轨道交通线网的实际规模值。在进行方案构架研究之前，需要确定线网建设的合理规模，以此作为制定方案的定量参考。由于城市交通需求和交通供给是一个动态平衡过程，合理是一个相对的概念，是在一定的条件下达到预期目标所得到的一种结果。因此，线网规模是否合理需要城市交通需求和交通供给的动态检验。

如何确定线网的合理规模是投资者和轨道交通运营单位都关心的问题，其应是权衡了投资者、运营单位和出行者三方利益的量值。从投资者、运营单位和出行者三个不同的角度出发，会有不同的期望值：

1）投资者期望的合理规模

投资建设轨道交通所能获得的利润和所承担风险的大小是投资者最关心的问题，所以，城市轨道交通线网规模能使投资者获得的投资收益最大，且承担的风险最小是满足投资者期望的合理规模。

2）经营者期望的合理规模

由于城市轨道交通的建造成本和运营成本较高，我国绝大部分城市的轨道交通运营都是亏损的，需要依靠政府的财政补贴。城市轨道交通具有社会公益性质，但也不能完全依靠政府的财政补贴。所以，如果在城市轨道交通开通 10～15 年内，线网规模能尽快达到吸引客流的合理规模，即城市轨道交通的客流分担率占 40% 以上，这样就能够让运营支出和运营收入达到平衡。也就是说，为避免政府在巨额投资修建轨道交通之后又长期背负财政补贴的负担，经营者的目标是"收支平衡经营规模"。

3）出行者期望的合理规模

出行者期望的线网规模是能满足方便、快捷、准时、舒适、安全和经济实惠等出行需求的，其中最重要的是方便。相关调查资料表明，因为短距离乘坐轨道交通在时间和经济上的不利，出行者在出行距离大于等于 3km 时才会考虑乘坐轨道交通；期望步行到达轨道交通站点的时间小于等于 15 分钟；期望乘坐时间小于 30 分钟；期望能不换乘直接到达目的地。所以，出行者期望的合理规模是实现线网的覆盖率较高，可达性较好的城市轨道交通线网规模。

2. 形态规模

形态规模是指在分析了城市的客流空间分布、客流走廊等的基础上，将城市轨道交通的网络构架形态与城市的主客流方向、城市的发展方向相结合而确定轨道交通路网形态方案的规模。

在轨道交通线网的合理规模确定之后，要依据城市地形、城市发展规划等因素确定线网的形态规模，这是城市轨道交通建设的前置研究。不同的轨道交通线网形态有着不同的运营效果，且对城市发展的影响也是不同的。因此，在确定城市的轨道交通线网形态规模之前，要对多个方案进行定性和定量方法相结合的分析比选。

3. 方案规模

方案规模是指在线网形态规模方案的基础上结合城市用地布局、城市交通实际的情况而得到轨道交通线网的多个初始方案，通过对多个初始方案进行比选，得到最终推荐线网方案的规模。不同于合理规模是连续的区间，方案规模是一个离散值，是城市轨道交通线路长度的总和。当推荐线网方案进行优化调整时，方案规模值又会进行动态的调整，使其符合规划的实际需要。最终的方案规模是近期轨道交通修建规划的基础，也是政府编制投资预算计划的依据，因此其意义更为重要。

4.1.2　线网规划的必要性

由于城市轨道交通的建设具有非可逆性，且工程量复杂、庞大，因此，线网规划布局的合理性和规模的适当程度直接影响了城市交通结构的合理性和社会的效益。

因此，在城市轨道交通建设的前期，需要对轨道交通线网进行规划设计。主要体现在以下几点：

1）城市在进行土地利用规划和交通规划时都将其自身的轨道交通路网布局作为各自的核心；

2）城市的客运交通线网已随着轨道交通线网的构成而形成了其基础和骨架；

3）城市居民的日常出行和城市的社会效益情况受到城市轨道交通线路中的车站分布的影响，在城市结构规划中占有了重要地位。

4.1.3　线网规划的特点

在进行城市轨道交通总体规划时需要对交通线网进行专项规划，线网规划处于综合交通规划之后、专项详细控制性规划之前，需要灵活、稳定且连续而统一地进行，是一项具有指导性质和长远意义的宏观规划。

城市轨道交通线网规划的主要特点有：

1）城市轨道交通线网的规划有相对的独立性，但又需要与城市的总体规划有机地融合；

2）城市轨道交通线网规划既要重视自身的建设运营机制，又要关注与外部环境的协调情况，不能单独作为一个独立的系统进行规划设计；

3）城市轨道交通线网规划研究的内容涉及范围较广，需要交通工程、城市规划、建筑工程等专业的协调和联系；

4）城市轨道交通线网规划有较强的探索性。

4.1.4　线网规划设计的基本思路

城市轨道交通线网规划需要在限定的期限内进行多方面内容的设计，包括整个轨道交通线网的结构、线网大致走向、用地控制、线网中的车辆段和换乘站配置等，其主要的规划思路如下：

　　1）选择了轨道交通的发展模式后，需拟定线网的规模；

　　2）分析交通路网的客流特征；

　　3）设计初始轨道交通线网方案，并进行分析；

　　4）建立线网评价指标体系，并进行线网方案评价、比选和筛选；

　　5）线网方案的更新和优化；

　　6）对线网方案进行综合评价，并确定近期和远期分阶段的实施方案。

4.2　线网规划主要内容

　　线网规划涉及的专业面较广、综合性较强，从实践方面来看，规划的主要内容包括对城市背景（人文、自然和城市发展背景等）的研究、线网构架（规模合理性和方案构思等）的研究和实施规划（线路铺设、基地选址和换乘方案等）的研究。

　　1. 城市背景研究

　　城市背景研究的目的是要总结出线网规划过程中应遵循的政策和原则，主要是通过对其自身的发展背景、自然背景及人文背景研究而得出的。具体包括城市的发展现况和未来的规划、交通的发展现状和规划以及城市的工程地质情况分析和已修建的轨道交通利用状况分析等。

　　2. 线网构架研究

　　研究线网规划最核心的部分就是线网构架的研究，其主要的研究过程包括了对线网规模进行控制、规划方案的构思、对已提出的规划方案进行评价以及对选定的方案进行优化，从而获得较优的方案。线网架构研究的主要内容包括线网方案的构思、规模的合理性研究、线网方案中的客流预测和线网方案的综合评价。

　　3. 实施规划研究

　　城市轨道交通规划是否可行、是否能投入实施，其关键在于对实施规划的研究，这一过程是轨道交通专业性的表现。实施规划研究的工作包括研究工程条件、安排建设顺序和规划轨道交通线网的附属设施。具体而言有轨道交通系统中的车辆段以及其他站场和基地的选址及规模研究、铺设线路的形式和一些主要换乘节点的方案、轨道交通线网如何运营规划、轨道交通线网建设情况与城市发展的适应度、轨道交通线网与城市环境要求的协调度、轨道交通与地面交通的衔接情况，以及线网实施建设时的顺序规划等内容。

4.3　线网规划的影响因素

　　城市轨道交通线网是多元的系统，会受到很多外部因素的影响，例如，城市的经济行政定位、道路的规划布局、城市交通和公共交通的供需、政策引导的交通发展模式等。因此，在对城市轨道交通进行线网规划之前，需要对其影响因素进行综合研究，理解各种影响因素对线路长度造成何种程度的影响，分清优先主次关系，对各种因素影响线网发展的重要程度有清晰的认识，同时为之后的投资决策奠定基础。

因此，城市形态及规模、未来年城市交通发展战略、城市公共交通政策、城市远景年土地利用规划、居民出行特征、城市交通总需求以及国家政策等因素对合理规模指标有显著影响。

1. 城市形态及规模

城市的形态有圈层发展型（团状）、分散组团型、狭长带型等多种形式。与城市形态对应，轨道交通的线网布局也有其空间形态分布。一般来说，"圈层发展类型"的城市，即以城市中心区域为核心，"摊大饼"式的城市发展模式，对应的城市轨道交通多为放射状。在山区、沿河之类的典型"带状分布"的城市，一般客流都是沿河跨江，此时城市轨道交通线路应该与主要的客流方向一致。"多中心组团型"城市，一般是经济或政治性质的大城市，人口较多，形成多个中心，或者城市轨道交通引导土地开发和城市重新布局，此时，就需要各中心之间要能够有很好的连接性。在覆盖范围以及客运总量相同的情况下，线网结构的不同对城市轨道交通的线网规模有显著影响。城市的规模简单地说，可以根据城市用地面积、人口规模或者政治经济特性划分，为大中小型城市。人口规模及其出行特征直接决定了居民使用轨道交通的强度、次数，决定了城市轨道交通的出行总量。城区用地规模决定了城市轨道交通的覆盖区域和线路延伸长度，土地的利用性质决定了轨道交通站点周边的土地概况，直接决定了居民乘坐轨道交通的出行目的，用地规模和城市轨道交通或者交通方式共同决定了居民的出行时耗和出行目的。可以看到，城市规模的确定使城市交通需求的分布得以确定，这是决定网络规模的主要因素，两者的影响是相互关联的正相关性。

2. 道路网布局

城市道路网是指城市规划范围内快速路、干道、支路等组成的网络结构，不同道路的等级和形式具有不同的行驶特征和不同的交通承担作用。因为快速路一般沿着城市主要发展轴铺设，城市发展轴的格局和延伸方向为城市轨道交通的建设指明了方向和范围。

3. 城市交通需求

城市交通需求的主要任务之一是满足客流与轨道之间的供需平衡，为了满足人们日益增长的出行需求，不断提高交通供给，尤其是城市公共交通，城市轨道交通的修建正是解决这一问题的良好途径。城市轨道交通工程规划中要专门进行客流预测的分析，通过分析出行总量、居民出行时空分布特征、平均换乘次数、公交出行总量、公交分担率以及城市轨道交通占公交的分担率等，进行城市交通需求的剖析。交通需求的大小和特征直接影响着城市轨道交通的线网长度和布局。

4. 城市的社会经济发展水平

城市化的发展进程与其经济水平的高低直接相关。经济的发展是城市基础设施建设的资金来源保障。同时，一个城市的人均收入，间接影响着居民的出行习惯和出行特征。合理控制建设规模和发展速度，确保与城市经济发展水平相适应，防止盲目发展或过分发展。

5. 国家政策

随着我国城市轨道交通建设最近几年的大力推进，国家也出台了相应政策为我国城市轨道交通建设提供强有力的保证。我国城市化进程逐渐加快，城市规模越来越大，大型城市越来越多，城市人口也急剧增加，导致城市交通拥堵现象愈演愈烈，同时交通现象导致的环保问题也愈加尖锐。国家出台城市轨道交通建设规范和政策，规范城市申报建设轨道交通相关流程显得相当有必要。清晰明朗的国家政策对于我国城市轨道交通建设起着极为有利的作用。

4.4　线网规划的要点总结

城市轨道交通线网规划任务应在明确城市轨道交通功能定位、发展目标的基础上，确定城市轨道交通线网的功能层次、规模和布局，提出城市轨道交通设施用地的规划控制要求。

1）城市轨道交通线网规划的规划范围应与城市总体规划的规划范围一致。

2）城市轨道交通线网规划的年限应与城市总体规划的年限一致，同时应对远景城市轨道交通线网布局提出总体框架性方案，并应预留可扩展性和发展弹性。

3）城市轨道交通线网方案应以交通需求分析为依据，经多方案综合评价确定。城市轨道交通线网规划修改或修编应以既有线网规划实施评估为基础。

4）在中心城区，规划人口规模 500 万人及以上的城市，城市轨道交通应在城市公共交通体系中发挥主体作用；规划人口规模 150 万人至 500 万人的城市，城市轨道交通宜在城市公共交通体系中发挥骨干作用；对于规划人口规模不满 150 万人、确有必要发展建设轨道交通的城市，可在城市总体规划中预先安排轨道交通线路，规划预留相关设施建设用地。

5）城市轨道交通线网规模、服务水平应与城市规模和经济社会发展水平相适应，并应符合城市综合交通体系规划的目标要求。

6）城市轨道交通线网规划应对不同空间范围内的线网进行功能组织与布局，并应与城市总体规划用地布局协同、相互反馈，实现城市轨道交通建设与沿线用地及地下空间使用功能、开发强度相匹配，促进城市集约节约发展。

7）城市轨道交通线网规划应与区域城际轨道交通网络规划、城市综合交通相关专项规划相衔接，应与城市客运及对外客运枢纽相衔接。

8）城市轨道交通线网规划应满足风景名胜区、自然保护区、历史文化遗产、饮用水源保护区、湿地公园、森林公园等保护规划的要求。

9）城市轨道交通线网规划应落实工程实施条件，尤其是与地形地貌、地质条件、沿线大型建筑物和构筑物等的关系，确保规划具有可实施性。

10）城市轨道交通线网规划应满足网络化运营和资源共享的要求。

11）编制城市轨道交通线网规划应收集经济社会、城市规划、交通、环境、管线、构筑物、工程地质等基础资料，基础资料应准确、可靠，具有时效性。

第5章　近期建设规划咨询

近期建设规划就是在轨道交通线网规划的基础上，结合城市近期建设发展目标和城市化进程及轨道交通项目建设的特点，确定近期 10～15 年内的轨道交通建设规划方案以及相应的资金平衡，并做好沿线土地利用和控制规划，支持城市总体规划协调发展，实现城市近期交通战略目标，初步构建轨道交通线网基本骨架。中期建设规划、远期建设规划则分别侧重于中期 20～25 年内、远期 25 年以后的轨道交通建设方案。近期建设规划是轨道交通建设规划的重点和核心，而中期建设规划、远期建设规划是轨道交通建设规划的补充和完善，三者共同组成完整的轨道交通建设规划。全过程工程咨询重点参与近期建设规划阶段。

5.1　编制思路及内容

5.1.1　工作思路

根据城市规划和城市交通发展战略，轨道交通建设规划对城市的发展方向、出行需求、交通水平、财政状况进行相应的预测与分析，制定相应资金筹措与回收方案，从而确定科学的规划发展方案与论证，进而进行组织实施。

城市轨道交通的发展与城市的发展和布局有着直接关系，在规划中应该采取统筹规划和分阶段实施的策略，主要涉及以下几个方面的内容：

1）确定近期建设任务、建设规模；

2）提出近期建设项目方案；

3）提出方案确定各建设项目工程范围；

4）进行敷设方式和系统比选，初步确定每个项目总体的建设方案和技术指标；

5）优化建设项目的实施顺序和建设时机；

6）对建设项目的投资水平进行概算，确定资金筹集的方案；

7）社会与经济评价：对项目可能带来的社会效益和负面影响进行相应的评价和预测；

8）考虑近期线网建设规划与区域城际轨道交通线网的衔接设置和远景年线网规划发展的延续性。

轨道交通项目建设规划的主要思路，见图 5-1 轨道交通项目建设规划流程图。

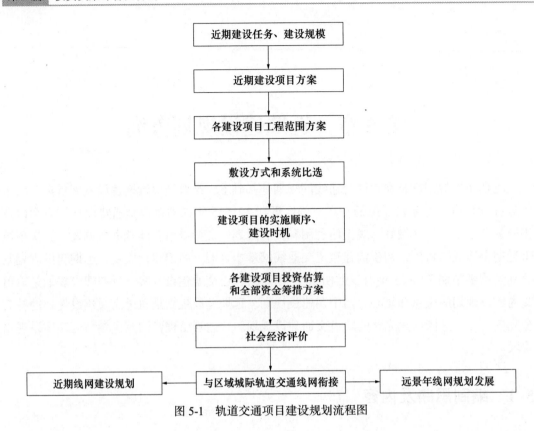

图 5-1　轨道交通项目建设规划流程图

5.1.2　技术路线

　　轨道交通涉及面广、技术难度大，是一项长期的、复杂的系统工程，只有轨道交通各个工作合理分工、有机结合、密切联系，才能使各个系统的功能安全、有效、合理地发挥出来，从而使得轨道交通建设系统的协调性、有效性和完整性得到发挥，保证了轨道交通工程项目的功能发挥，有助于控制成本、提高效益。轨道交通线网建设规划技术路线图，[①]如图 5-2 所示。

5.1.3　研究内容

　　1. 城市背景研究

　　城市背景的研究主要是研究城市总体规划、社会经济的发展目标，城市交通的发展现状和发展水平，土地的利用现状和轨道交通网的建设水平。

　　2. 建设城市轨道交通必要性分析

　　从城市总体规划、经济发展水平、交通需求等方面出发，研究交通主要流向、通道，对规划轨道交通线路的可行性、必要性进行分析。

---

① 成华. 城市轨道交通近期建设时序研究［D］. 西南交通大学，2010.

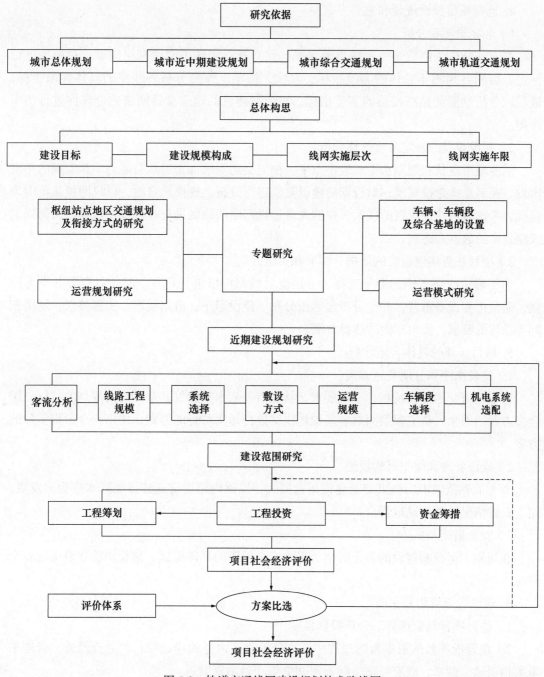

图 5-2　轨道交通线网建设规划技术路线图

3. 制定城市轨道交通线网规划方案，确定建设任务

通过研究城市的总体规划和城市的轨道交通网规划的要求，分析研究最终确定近期城市轨道交通网的实施方法和技术线路。

分析线网骨架结构及建设时序，根据建设项目的优先顺序，优先建设线路，从而提高轨道运营水平，制定近期建设项目序列。

4. 近期项目建设规划和主要方案

1）客流预测和分析

首先，分析预测轨道线网的客流水平，建立基准年轨道交通网络模型，对模型进行标定，得到各预测年总体的客流指标；其次，按年度预测分析各线路的具体客流指标；最后，分析预测线路枢纽站的客流指标，对近期建设的轨道交通网络的合理性进行初步评判。

2）建设规划的确定及可行性分析

借鉴城市现状和规划水平、经济水平，根据交通需求和交通承载能力，从宏观的角度出发，控制总体建设规模，对近期的建设规模进行分析。规模确定后，以线网覆盖范围为基础，考虑城市建设规划的联系，按照先骨架再网络的原则进行建设线路选择，从而规划线路建设的起点和终点。

3）项目在近期建设时的依据、标准和实施方案

为了确定线路车辆的型号选择、分层次对线路网络进行规划，必须以资源共享为原则，避免工程设备重置，并充分考虑客流分布、建设顺序、道路线形、工程特点、网络布局等条件的要求，提出车辆的选择方案。

5. 项目新建的具体实施计划

1）建设次序和分期实施方案

考虑轨道交通建设特点、工期要求，从城市规划水平出发，基于线网规划的目标，综合多方面的因素，从工程层面对各条拟建线路进行切实可行的筹划，提出符合工程实际的方案。

2）建设管理和组织机构设想

参考世界范围内的轨道交通建设运营模式，以国内轨道交通建设实际水平为出发点，结合具体情况管理建设运营。

3）安全措施及保障

在规划、运营和建设的各个时期，提出安全保障的具体措施，确保消除建设中的安全隐患。

6. 建设资金筹集及平衡

1）进行项目投资预算，分析投资强度。

2）在筹措项目的资本金的过程中，充分吸收国内外的建设项目的融资经验，合理采取筹措渠道，例如，政府补贴、融资和PPP等项目融资渠道。

3）债务资金的安排与筹措中，合理安排债务资金的筹措方式，采取多种方式，例如，贷款、国债、出口信贷、租赁融资、政府贷款等。

4）对于资金平衡方案和构思，综合平衡各条线路、年度资产的投入，使得经济效益达到最大化的发挥。

7. 项目建设社会经济评价

1）经济效益评价

主要包括：投资乘数效益；提升工作生产率；时间效率；降低交通事故影响；公交车替代率；沿线土地价值提升；有利于增加社会岗位；有利于居民居住环境提高及生活质量改善等。

2）资源消耗及负面影响评价

项目的建设和运营主要消耗的资源为投资费用与运营费用，同时会产生相应的负面影响。例如，施工期间的震动、噪声、扬尘等，施工期间对城市交通运行水平的影响，还有建成后项目运营产生的噪声、辐射、排水等对周边环境的影响。

3）综合评价

以项目带来的经济效益为基础，考虑资源消耗等影响，从社会经济的角度对建设项目从各方面进行评价。

轨道交通建设规划的研究内容与流程，如图 5-3 所示。

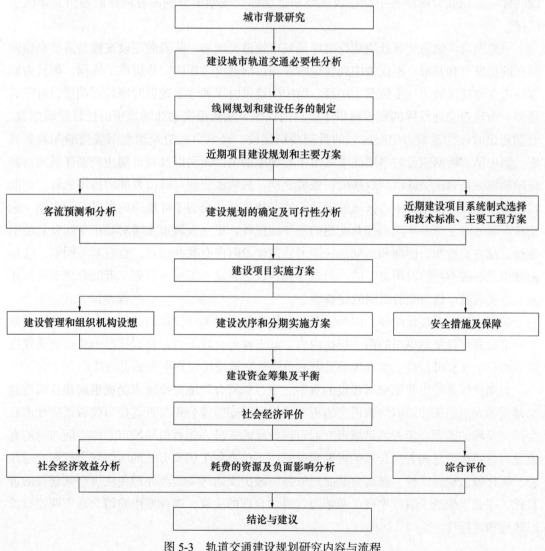

图 5-3　轨道交通建设规划研究内容与流程

5.2　近期建设时序安排

5.2.1　重要性

近期、中期、远期三个不同时期的轨道交通建设规划的重点是确定不同时期的轨道交通建设线网方案，即各自的轨道交通建设时序。城市轨道交通近期建设时序是根据城市的现状及发展规划、城市的交通需求、城市经济的发展水平、城市交通和环境的承受力等因素，对城市近期轨道交通的建设时机做出合理的判断、对建设规模做出宏观的控制、对建设线路做出合理的排序，从而满足城市近期的发展要求，实现城市近期的交通战略目标。它不仅是轨道交通近期建设规划的重点，也是其首要任务和目标。同样，轨道交通中期建设时序、远期建设时序在中期建设规划和远期建设规划中分别占有同样的地位必须给予重视。

一般而言，轨道交通近期建设时序是城市轨道交通第一阶段的建设安排，是整个建设时序的出发点和基础，不仅为中期建设时序和远期建设时序的安排提供了依据，而且为城市轨道交通建设的第一步拉开了序幕。而中期建设时序和远期建设时序是近期建设时序的延伸，为轨道交通线网的完善提供了最后的保障。从轨道交通线网规模的建设阶段来看，近期建设时序注重城市中心区域的骨架线网建设，是城市轨道交通线网规模的初始形成期，而中期、远期建设时序则注重城市中心区域的辅助线网以及城市周边外围区域的延伸线网建设，是轨道交通线网规模的扩张成熟期。从轨道交通对城市发展的作用来看，近期建设时序重点解决城市中心区域的交通矛盾，注重公共交通主导地位的提升，而中期、远期建设时序除了进一步巩固公共交通的主导地位外，更注重轨道交通对城市空间发展的引导性。总之，近期、中期和远期这三期的轨道建设时序有其共通点，也有其不同点，这是由城市发展的不同阶段所决定的，但总体而言，三者缺一不可，只有三者的合理安排，才能最终实现城市轨道交通线网的完整性。

轨道交通近期建设时序，因为它不仅是轨道交通近期建设规划的核心内容，而且是整个轨道交通建设规划申报的第一层次内容，其安排得合理与否，将直接影响轨道交通建设规划的科学性和可行性，也直接关系着城市轨道交通建设规划申报的可批性。

近期建设是城市轨道交通建设的重中之重，如何合理地安排轨道交通近期建设时序越来越受到人们的关注。因为轨道交通近期建设时序安排得合理与否直接与能否适应城市社会经济发展的需要、能否满足城市交通近期发展的需求、能否引导城市总体空间布局的有效发展等问题息息相关。合理的近期建设时序不仅有利于切实有效地缓解城市近期交通压力、优化城市交通结构、提高公共交通效益、减少交通污染而且能避免轨道交通建设的盲目性。因此，应给予高度重视。必须通过科学合理的决策，确保城市轨道交通近期建设的时效性和可行性。

5.2.2　基本内容

城市轨道交通近期建设时序是线网规划的具体实现步骤，必须具有较强的可实施性，一方面要结合城市交通现状和发展，满足城市居民出行需求；另一方面又要适应轨道交通线网规划的目标，考虑轨道交通引导城市发展的作用。

轨道交通近期建设时序安排重点应解决建设时机、建设规模、建设方案等问题，即解决轨道交通近期建设从何时开建、建设多少、先建哪些线路等问题，概括起来包括以下三个方面的内容：

1）轨道交通近期建设的时机和年限；

2）轨道交通近期建设的合理规模；

3）轨道交通近期建设的合理线路。

5.3　近期建设影响因素

5.3.1　近期建设时机的影响因素

《国务院办公厅关于加强城市快速轨道交通建设管理的通知》（国办发〔2003〕81 号）印发以来，我国城市轨道交通总体保持有序发展，对提升城市公共交通供给质量和效率、缓解城市交通拥堵、引导优化城市空间结构布局、改善城市环境起到了重要作用。但同时，由于城市轨道交通投资巨大、公益性特征明显，部分城市对城市轨道交通发展的客观规律认识不足，对实际需求和自身实力把握不到位，存在规划过度超前、建设规模过于集中、资金落实不到位等问题，一定程度上加重了地方债务负担。为促进城市轨道交通规范有序发展，《国务院办公厅关于进一步加强城市轨道交通规划建设管理的意见》（国办发〔2018〕52 号）指出："城市轨道交通是现代城市交通系统的重要组成部分，是城市公共交通系统的骨干。"并提出"量力而行，有序推进；因地制宜，经济适用；衔接协调，集约高效；严控风险，持续发展"的基本原则。明确规定了"地铁主要服务于城市中心城区和城市总体规划确定的重点地区，申报建设地铁的城市一般公共财政预算收入应在 300 亿元以上，地区生产总值在 3000 亿元以上，市区常住人口在 300 万人以上。引导轻轨有序发展，申报建设轻轨的城市一般公共财政预算收入应在 150 亿元以上，地区生产总值在1500 亿元以上，市区常住人口在 150 万人以上。拟建地铁、轻轨线路初期客运强度分别不低于每日每公里 0.7 万人次、0.4 万人次，远期客流规模分别达到单向高峰小时 3 万人次以上、1 万人次以上。"

上述规定实际上包含了以下三个影响轨道交通近期建设时机的基本因素：城市经济发展水平；城市人口规模；城市交通需求。在选择轨道交通近期建设时机时，除了必须考虑上述三个基本因素之外，还应考虑以下因素：

1）城市近期发展目标，主要包括城市近期经济发展目标和近期交通发展目标。考虑城市近期经济发展目标是为了衡量城市在选定的轨道交通近期建设时机的近期建设期限内，其经济是否能跟上轨道交通建设的投资需求，若经济发展跟不上轨道交通建设的资金需求，则应重新考虑推迟近期建设时机。考虑城市近期交通发展目标是为了衡量轨道交通近期建设时机的选择是否能在近期期限内实现交通发展的目标，若建设时机滞后，则有可能无法实现城市近期交通发展的目标。

2）轨道交通近期建设的投资价值，可以将其分为经营型价值与引导型价值两种。经营型价值反映城市轨道交通项目的经济效益，主要包括运营收入的增加、运营补贴的减少、交通社会环境成本的降低、常规公交设施投入成本的节约等；引导型价值反映轨道交通项目产生的交通效益，主要包括乘客出行速度的提高、乘客出行时间的节约、乘客出行的通达度、城市交通拥挤度的降低以及城市交通事故的减少等。在选择城市轨道交通近期建设时机时，尽量要保证运营后的轨道交通能够获得最大的经营型价值和引导型价值。

3）城市交通基础设施规模。城市交通基础设施主要是指城市中为满足社会生产和居民生活而产生的交通需求所需要的建筑物或构筑物，以及相应的机构，一般包括城市道路、城市桥梁、城市停车场（库）、交通枢纽等。它与社会经济息息相关，一方面，城市交通基础设施规模的发展可以为城市经济的持续稳定增长与社会的发展提供保障；另一方面，城市社会经济的发展刺激了城市交通基础设施的建设，并为它们提供了发展所需的资金和技术支持，二者相互促进，相互影响。若交通基础设施的发展速度大于社会经济的发展速度，则轨道交通建设时机为主导型；若交通基础设施的发展速度小于社会经济的发展速度，则轨道交通建设时机为追随型或饥渴型；若交通基础设施的发展速度等于或接近于社会经济的发展速度，则轨道交通建设时机为满足型。

总之，轨道交通近期建设时机的选择必须综合考虑以上因素，首先，确定近期建设第一条轨道线路的合理建设时机，其次，在近期建设年限范围内考虑其他待建线路的建设时机，尽量保证轨道交通建设的整体效益最大。

5.3.2　近期建设合理规模的影响因素

所谓合理规模，实际上就是合理的轨道交通方式供给水平，是轨道交通线路总长度的宏观控制，是轨道交通系统所能提供服务水平的宏观体现。由于城市交通需求和交通供给是动态的平衡过程，因此合理规模是一个相对概念，是在一定条件下达到预期目标的一种结果。线网规模是否真正合理，最终应放入交通模型中进行需求和供给的动态检验。

城市轨道交通线网规划合理规模的影响因素错综复杂，呈现多元化的趋势。归纳起来主要有城市规模、城市形态和用地布局、城市交通需求、城市经济实力、居民出行特征、城市交通发展战略与政策、国家政策等。其中城市规模又包括城市人口规模、城市土地利用规模、城市经济规模、城市基础设施规模等。城市轨道交通近期建设合理规模与线网规划合理规模的内涵有所不同，线网规划合理规模是以城市总体规划及其远景控制规模为基础确定的，必须符合城市远景发展战略目标，更多考虑的是远景的轨道交通线网规模效应；而近期建设合理规模是以城市近期总体发展战略、交通发展目标以及城市近期交通基础设施投入为基础确定的，更多地考虑的是近期轨道交通建设的必要性、可行性及其交通效益，其建设的规模应符合线网规划合理规模的要求。因此，轨道交通近期建设合理规模的影响因素考虑的侧重点与线网规划有所不同，除了要考虑上述线网规划合理规模的影响因素之外，还应考虑其自身的敏感因素，诸如城市近期交通需求、城市近期轨道交通建设的资金投入、城市近期轨道交通建设对城市交通的影响等。因此，轨道交通近期建设合理规模应根据城市近期发展目标，从建设总量、投资需求、客运需求、经济承受能力及对城市交通与环境的影响等角度确定其建设范围。图 5-4 表示了轨道交通近期建设合理规模影响因素的递阶层次结构。

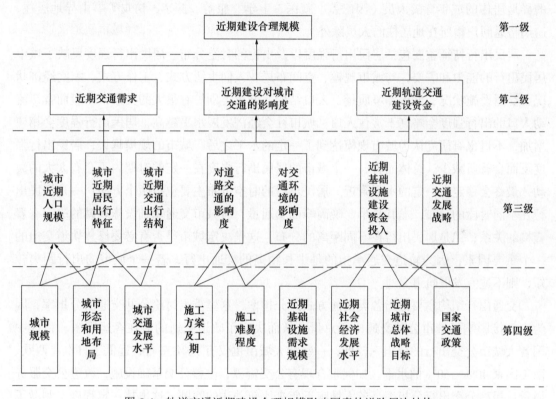

图 5-4　轨道交通近期建设合理规模影响因素的递阶层次结构

　　城市近期交通需求、轨道交通近期建设对城市交通的影响度以及轨道交通近期建设资金投入是轨道交通近期建设合理规模最直接的影响因素。在四级递阶层次结构中，每一级都对其上一级产生递阶控制作用，只有充分考虑各个影响因素的这种递阶控制作用，才能得到轨道交通近期建设最合理的建设规模。下面从城市近期交通需求、轨道交通近期建设对城市交通的影响度以及轨道交通近期建设资金投入这三个基本因素来进一步论述各自对近期建设合理规模的影响。

　　1. 城市近期交通需求

　　城市近期交通需求，反映了居民对交通基础设施的需要程度。近期交通需求的大小，尤其是居民对近期公共交通需求的大小，直接决定了城市近期公共交通基础设施需求规模的大小，因此，它是决定轨道交通近期建设合理规模最直接和最具决定意义的因素。

城市近期交通需求跟城市近期的人口规模、居民出行特征以及交通出行结构息息相关，而城市的总体规模、城市的形态和用地布局以及城市的交通发展水平又各自影响着城市近期的人口规模、居民出行特征以及交通出行结构。

城市近期的人口规模包括常住人口规模和流动人口规模，而常住人口又包括户籍人口和暂住人口。目前，关于暂住人口和流动人口的划分比较模糊，没有统一的界定，一般认为暂住人口是指离开常住户口所在地，到其他的城市、乡镇暂住三日以上的，并且办理了暂住证的人口。而流动人口是指离开户籍所在地的县、市或者市辖区，以工作、生活为目的异地居住的成年育龄人员（因出差、就医、上学、旅游、探亲、访友等事由异地居住、逾期将返回户籍所在地居住的人员除外）。

居民出行特征主要包括居民出行强度以及出行的时空分布。居民出行强度反映了城市居民出行的能力和需要，与城市规模、空间布局、人们生活方式、工作方式、家庭经济状况、交通设施状况、城市环境质量、人口结构、城市类别等有很大的关系，一般而言，流动人口的出行强度会略高于常住人口。城市社会经济发展水平越高，居民出行强度会相应增加；不过也有研究认为城市规模达到了一定的水平之后，城市的规模越大，居民出行强度反而会有所减少。总体而言，一个城市的居民出行强度在一定的时期内不会有太大的波动，最终会稳定在一定的水平附近。居民出行的时空分布主要包括两个方面：一是居民出行在不同时段的分布，尤其是早、晚高峰的交通量，对城市交通基础设施规模的决定有着直接的关系；二是居民出行在不同距离的分布，这是决定城市是否有必要修建轨道交通的一个重要因素，因为轨道交通承担的是中长距离的交通出行，若一个城市的出行距离较短，则不适宜发展轨道交通。

交通出行结构主要是指各类交通方式的分担率，这里重点讨论公共交通的分担率，因为它直接影响了城市公共交通出行总量，从而决定了轨道交通的潜在客运需求。目前中国各大城市公交出行的分担率较低，一些特大城市也仅有20%左右，远低于日本、西欧、南美国家40%~60%的水平，如何整合现有公交资源，改善公交基础设施，改进公交服务质量，提高公交出行分担率是各大城市近年来比较关注的问题，这也从一定程度上刺激了城市轨道交通的建设和发展。

2. 轨道交通近期建设对城市交通的影响度

轨道交通项目施工期间会对城市交通产生一定的影响，表5-1列出了轨道交通项目建设对行人交通、道路设施、私人小汽车交通、公共交通以及环境的影响。

轨道交通项目建设对城市交通的影响　　　　　　　　　　表 5-1

影响对象	影响内容
行人交通	轨道交通建设占用一部分人行通道，给行人交通的组织带来不便，增加城市中心区行人疏导的压力
道路设施	造成施工场地的道路出现不同程度的路面破坏，例如，路面突出明显、路面标志标线以及隔离带的破坏施工道路沿线公交站台的改造、出租车停车位置的变更

影响对象	影响内容
私人小汽车交通	占用道路，减少私人小汽车的通行空间，增加施工道路及邻近道路的交通拥堵，尤其在交叉口表现更为突出，增加出行时间、出行费用，降低出行的可达性
公共交通	占用施工道路沿线的公交专用道，公交线路绕道而行，增加运行距离，给已运营的轨道线路带来诱增的客流量，增加相应轨道车站的交通压力，例如，车站的出入口设置是否满足诱增的交通需求、乘客的疏导组织能否及时地实现等
环境	道路的拆迁工程、道路的破碎作业以及各种运输车辆和各种施工机械会产生大量的噪声、振动以及二次扬尘，增加环境的承载力

由此可知，轨道交通建设对城市道路交通及城市环境会产生较明显的影响，若影响的程度超出了城市道路交通及环境所能承载的能力，则需对城市轨道交通建设的规模有所限制。因此，为了避免出现上述情况，在确定轨道近期建设合理规模时适当地事先考虑其城市交通的影响度，从而对其进行修正，具有十分重要的意义。

3. 轨道交通近期建设资金投入

轨道交通近期建设资金投入是从轨道交通近期建设合理规模"可能"层面上来考虑的，直接关系到轨道交通建设的可行性，与城市近期交通基础设施资金投入以及城市近期交通发展战略有关，而这二者又直接受国家交通政策、城市近期总体战略目标、城市近期社会经济发展水平以及城市近期交通基础设施需求规模的影响。

一般来说，城市基础设施投资宜占城市 GDP 的 3%～5%，城市公共交通（含轨道交通）投资占其中的 14%～18%，若将公交投资的 80% 用于城市轨道交通建设，则城市轨道交通建设的投资应占城市市区 GDP 的份额为 3.36‰～7.2‰ 左右。只有充分把握了轨道交通的建设资金及其来源，才能保证轨道交通建设的顺利开展，避免出现轨道交通建设的盲目性和攀比性。

5.3.3　近期建设合理线路的影响因素

在一定的近期建设合理规模下，如何选择近期建设合理线路并安排其分期实施计划，实现轨道交通效益最大化，是近期急需解决的问题。同样的建设规模，不同的线网建设方案、不同的站点布置，其规模效应有可能不同。因此，在安排近期建设线路时，应充分考虑其各自的影响因素及可行性，进而保证近期建设时序的可实施性、可操作性。

选择近期建设线路时，可以重点考虑两个影响因素：线路重要度和线路可行度。线路重要度反映了线路在整个轨道交通线网中的地位，是近期实施该线路必要性和紧迫性的体现。线路重要度越大，则近期应优先考虑建设。影响线路重要度的因素一般包括线网规划中关于线路的功能定位、线路沿线的交通需求量以及线路建设的综合效益性等。线路可行度则反映了线路建设落地的可实施性，是近期能不能建设此线路、该不该建设此线路的标定，影响它的因素一般可以分为线路建设工程的难易程度、线路建设资金的投入及其来源以及城市近期在线路沿线的重大建设规划等。

1. 线路功能定位

城市轨道交通线路按其功能定位可以分三级：骨干线、次干线和辅助线。骨干线一般贯穿于城市中心区与中心区、中心区与副中心区之间，连接城市大型交通枢纽、交通集散点等主要客流发生吸引源，其线路走向一般与城市主要流量道路保持一致。次干线一般贯穿于城市副中心区与副中心区之间，满足城市次客流通道的交通需求。辅助线是为了满足城市发展的进一步需要，强化轨道交通线网的规模效应而对骨干线、次干线的有效补充，一般视为加密线，实现骨干线与骨干线之间、骨干线与次干线之间以及次干线与次干线之间的客流快速转换。另外，随着城市规模的拓展，许多城市都朝着以一个大城市为主、多个中小城市一起联合构成产业结构和功能互补的"一核多心的生态城市群"的模式发展，这种模式的发展需要轨道交通的支撑和引导，这类连接城市主城区与卫星城市之间的轨道交通线路也可以称为辅助线或者发展线，一般以城市骨干线或次干线的端点作为线路起点。选择轨道交通近期建设线路时，一般按照骨干线、次干线、辅助线的顺序逐步建设，对于城市中心区客流大、交通拥堵的线路区段更应重点考虑。另外，必须结合实际的需求，注重线路选择的灵活性，充分把握线路的等级功能及服务功能。

2. 线路交通需求

线路交通需求是反映线路建设必要性和紧迫性的最直接的因素。线路沿线的现状交通量，尤其是公共交通量的大小，决定了线路是否具备修建的条件。而线路规划年的客流量则直接决定了轨道交通的效益和对城市交通的改善程度。一般而言，线路沿线不同时期的人口和岗位分布决定了沿线的交通发生量和吸引量，而这又直接影响轨道线路的客运量。因此，必须根据线路沿线的现状客流调查和不同时期的人口岗位分布，合理地选择轨道交通近期建设线路及其建设区段，一般选择客流量大、人口岗位分布密集的区段。

3. 线路综合效益

城市近期建设轨道交通不能仅重视数量的增长，更重要的是重视保证其质量，要求近期建设的线路要耗资少、见效快、运营效率高、真正能解决城市交通的拥堵，具备实效性，使市民深受其益。线路综合效益主要表现在对城市的交通、环境、就业、消费等各方面质量的提高，一方面线路的建成能大大提高城市中心区交通疏散的能力，缩短市区与郊区的空间距离，促进城市规划的实现及城市经济的发展；另一方面将加快线路沿线的土地开发，提高沿线土地价值，实现土地的高密度开发及集约型发展，有利于居民居住环境和生活质量的提高。

影响线路综合效益的因素主要有线路的客流量、线路的票制票价、线路沿线的公交接驳水平以及线路的服务水平等。线路的客流量和票制票价决定了轨道交通的运营效果，而线路沿线的公交接驳及服务水平则反映了轨道交通对居民出行的吸引范围和吸引程度，从侧面体现了轨道交通对于缓解城市交通拥堵、提高城市交通效益的改善力度。

4. 线路工程难易程度

不同的线路走向，其征地拆迁、施工条件、施工单位、施工工期、交通流线组织等有所不同，而这些都直接关系着建设线路的工程难易程度。在选择近期建设线路时，要充分考虑以上因素，尤其是在中心区同时建设几条线路时，更应考虑建设线路之间的相互影响，合理错开建设工期，降低建设工程造价及施工难度。此外，在具体实施过程中还必须同时考虑车场的配置以及相关的配套线路工程，例如，与已建或在建的轨道工程的配合、与快速路工程、地下隧道工程、立交工程等重大工程的配合。综合考虑上述因素的影响，最终选择合理的建设线路，保证工程技术上的经济性和合理性，同时保证线路能够做到修建一段、运营一段。

5. 线路建设资金来源

轨道交通的建设是一项长期的工程，需要有充足的资金不断地投入，才能保证建设有序的进行。国内外轨道交通建设的融资模式有多种，主要的途径有政府投资、民间投资、土地拍卖、银行和政府贷款、主体公司投资等。在选择近期建设线路时，首先必须合理考虑其融资来源，科学判断融资资金能否满足施工建设期内的资金需求，若满足不了，则需重新考虑线路的建设规模。一般可以由政府牵头，尽量采用多种融资方式有机结合，从而保证建设资金的来源，使轨道交通的建设顺利开展。

6. 线路沿线城市近期建设规划

城市近期建设规划的重点一般有两个方面：旧城改造和新区发展。

旧城改造主要是针对城市现有中心区，主要解决中心区地面交通拥堵、乘客出行困难的问题。在选择近期建设线路时，可以在市中心区客流量大的线路区段，采用客流疏导型SOD 模式，建立轨道交通的基本线网骨架，然后根据需要和城市经济发展状况逐步提高线路覆盖率及线网密度，尽快形成中心线网。

城市新区的发展主要是针对城市边缘区域或者周边组团区域，主要是为了调整城市人口和经济活动的空间布局及功能分区，这需要发挥轨道交通在调整空间结构和完善功能分区方面的作用。因此，在选择近期建设线路时，应优先在城市中心区与快速发展的新区之间、在中心区与希望发展的边缘区之间修建，可以采用规划导向型即 TOD 模式，建立轨道交通的延伸线，从而引导城市的扩张发展。TOD 模式的轨道交通建设一般适度超前于沿线的土地开发建设，因此线路运营初期的客流量可能较小，一旦轨道交通的引导功能未能实现，沿线土地开发不能实现同步，则将会进一步导致客流水平过低，造成巨大的资金和资源浪费和运营负担，进而导致城市交通发展失衡。因此，选择 TOD 模式近期建设的轨道交通线路时，首先应对其初期承担的客流量进行评价，要使客运量和线路开通量呈现正比例增长，保证其运营能进入良性循环和有序的持续发展，不至于造成建成后没有足够客流给予支撑的问题。此外，还应对 TOD 模式近期建设线路的沿线地块，尤其是车站周边一定范围内的土地使用性质及开发强度进行研究落实，并要做好地下空间利用规划，从而保证工程的可实施性，同时为客流预测提供可靠的依据。

第6章 可行性研究咨询

可行性研究是投资决策综合性咨询服务的核心内容，是在项目建议书批准后，对项目在技术上和经济上是否可行所进行的科学分析和论证。工程咨询单位根据建设单位的委托，分析论述影响项目落地、实施、运营的各项因素，为建设单位投资决策提供依据。

6.1 可行性研究概述

可行性研究是在调查的基础上，通过市场分析、技术分析、财务分析和国民经济分析，对各种投资项目的技术可行性与经济合理性进行的综合评价。可行性研究的基本任务，是对新建或改建项目的主要问题，从技术经济角度进行全面的分析研究，并对其投产后的经济效果进行预测，在既定的范围内进行方案论证的选择，以便最合理地利用资源，达到预定的社会效益和经济效益。可行性研究必须从系统总体出发，对技术、经济、财务、商业以至环境保护、法律等多个方面进行分析和论证，以确定建设项目是否可行，为正确进行投资决策提供科学依据。项目的可行性研究是对多因素、多目标系统进行不断的分析研究、评价和决策的过程。

6.2 城市轨道交通工程可行性研究分类

6.2.1 工程预可行性研究报告

根据建设规划的线路建设顺序，选择需要进行工程预可行性研究的线路。一般城市轨道交通建设项目的立项都是一期工程的立项，这是工程预可行性研究的重点。目前的通常做法是，城市轨道交通建设规划和工程预可行性研究同时进行。对建设规划确定的近期建设项目均做预可行性研究。

预可行性研究重点是阐明项目建设的必要性，提出工程建设范围和规模、系统运能和水平，进行投资估算、资金筹措和经济分析，对项目建议书的编制、报批、项目立项提供依据和技术支持。根据预可行性研究要达到的目的，一般其研究的主要内容有：

1）工程建设必要性分析，包括交通功能分析、网络功能分析、城市发展功能分析；

2）工程规模分析，包括交通制式及运营规模分析、土建规模分析；

3）设备系统分析，包括通信信号系统、环境控制系统、供电等设备系统分析；

4）工程实施性研究，包括工程实施方案研究、工程进度计划；

5）经济分析，包括工程投资估算、项目资金筹措分析、经济效果分析。

根据工程预可行性研究的内容分析，一般可按照以下思路开展预可行性研究工作，如图 6-1 所示。

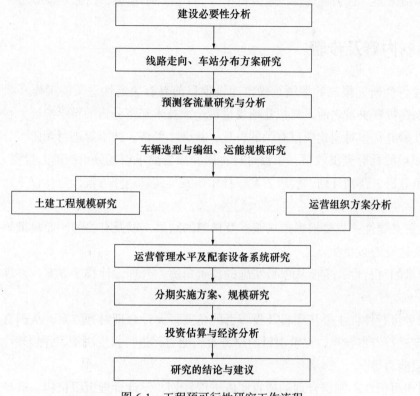

图 6-1　工程预可行性研究工作流程

6.2.2　工程可行性研究

工程可行性研究是根据国家政策、法规，结合城市具体情况，研究项目实施的必要性和可行性。其报告的编制内容和深度可依据国家相应的管理文件。内容大致有以下几方面：

1）重大设计原则和技术标准；

2）根据客流预测结果，框定系统设计规模；

3）选定线路走向、三维空间位置以及车站位置和基本形式；

4）选择土建结构形式和施工方法；

5）制定行车组织和运营方案；

6）车辆选型、机电系统，以及对应的国产化率；

7）车辆基地选址、功能分配和布局；

8）环境影响分析和保护；

9）工程筹划、资金筹措和经济评价。

工程可行性研究是确定工程规模和主要技术方案的重要依据，是国家发展和改革委审批工程投资概算，进行项目决策的重要依据。编制报告，一般需以下文件作为主体报告的技术支持性文件：客流预测报告、环境影响评价报告、地质灾害评估报告、矿产压覆报告、水土保持方案、社会稳定性风险分析报告、节能评估报告、招标方案等。

6.3　编制内容及步骤

项目可行性研究报告的编制是确定建设项目前具有决定性意义的工作，项目可行性研究报告是在投资决策之前，对拟建项目进行全面技术经济分析的科学论证，在投资管理中，可行性研究是指对拟建项目有关的自然、社会、经济、技术等进行调研、分析比较以及预测建成后的社会经济效益。项目可行性研究报告要求市场分析准确、投资方案合理、并提供竞争分析、营销计划、管理方案、技术研发等实际运作方案，应从以下六个方面进行阐述：

1）投资必要性：主要根据市场调查及预测的结果，以及有关的产业政策等因素，论证项目投资建设的必要性。

2）技术的可行性：主要从项目实施的技术角度，合理设计技术方案，并进行比选和评价。

3）财务可行性：主要从项目及投资者的角度，设计合理财务方案，从国有投资及公益性的角度进行资本预算，评价项目的财务盈利能力，进行投资决策，评价现金流量计划及债务清偿能力等。

4）组织可行性：制定合理的项目实施进度计划、设计合理组织机构、选择经验丰富的管理人员、建立良好的协作关系、制定合适的培训计划等，保证项目顺利执行。

5）经济可行性：主要是从资源配置的角度衡量项目的价值，评价项目在实现区域经济发展目标、有效配置经济资源、增加供应、创造就业、改善环境、提高人民生活等方面的效益。

6）社会可行性：主要分析项目对社会的影响，包括政治体制、方针政策、经济结构、法律道德、宗教民族、妇女儿童及社会稳定性等。

6.3.1　项目可行性研究编制内容

项目可行性研究报告的内容主要包括：

1）项目摘要。项目内容的摘要性说明，包括项目名称、建设单位、建设地点、建设年限、建设规模与产品方案、投资估算、运行费用与效益分析等。

2）项目建设的必要性和可行性。

3）市场（产品或服务）供求分析及预测（量化分析）。主要包括本项目、本行业（或主导产品）发展现状与前景分析、现有生产（业务）能力调查与分析、市场需求调查与预测等。

4）项目建设单位的基本情况。包括人员状况、固定资产状况、现有建筑设施与配套仪器设备状况、专业技术水平和管理体制等。

5）项目地点选择分析。项目建设地点选址要直观准确，要落实具体地块位置并对与项目建设内容相关的基础状况、建设条件加以描述，不能以项目所在区域代替项目建设地点。具体内容包括项目具体地址位置（要有平面图）、项目占地范围、项目资源、交通、通信、运输以及水文地质、供水、供电、供热、供气等条件，其他公用设施情况，地点比较选择等。

6）生产（操作、检测）等工艺技术方案分析。主要包括项目技术来源及技术水平、主要技术工艺流程与技术工艺参数、技术工艺和主要设备选型方案比较等。

7）项目建设目标（包括项目建成后要达到的生产能力目标或业务能力目标，项目建设的工程技术、工艺技术、质量水平、功能结构等目标）、任务、总体布局及总体规模。

8）项目建设内容。须逐项详细列明各项建设内容及相应规模（分类量化）。

9）投资估算和资金筹措。依据建设内容及有关建设标准或规范，分类详细估算项目固定资产投资并汇总，明确投资筹措方案。

10）建设期限和实施的进度安排。根据确定的建设工期和勘察设计、仪器设备采购（或研制）、工程施工、安装、试运行所需时间与进度要求，选择整个工程项目最佳实施计划方案和进度。

11）环境保护。对项目污染物进行无害化处理，提出处理方案和工程措施及造价。

12）项目组织管理与运行。主要包括项目建设期组织管理机构与职能，项目建成后组织管理机构与职能、运行管理模式与运行机制、人员配置等；同时要对运行费用进行分析，估算项目建成后维持项目正常运行的成本费用，并提出解决所需费用的合理方式方法。

6.3.2 可行性研究报告编写的步骤

1. 签订委托协议

可行性研究报告编制单位与委托单位，就项目可行性研究报告编制工作的范围、重点、深度要求、完成时间、费用预算和质量要求交换意见，并签订委托协议，据此开展可行性研究各阶段的工作。

2. 组建工作小组

根据委托项目可行性研究的工作量、内容、范围、技术难度、时间要求等组建可行性研究报告编制小组。一般交通运输项目可分为市场组、工艺技术组、设备组、工程组、总图运输及公用工程组、环保组、技术经济组等专业组。为使各专业组协调工作，保证可行性研究报告总体质量，一般应由总咨询师、总经济师负责统筹协调。

3. 制定工作计划

内容包括研究工作的范围、重点、深度、进度安排、人员配置、费用预算及可行性研究报告编制大纲，并与委托单位交换意见。

4. 调查研究收集资料

各专业组根据可行性研究报告编制大纲进行实地调查，收集整理有关资料，包括：向市场和社会调查，向行政建设单位管理部门调查，向项目所在地区调查，向项目涉及的有关企业、单位调查，收集项目建设、生产运营等各方面所必需的信息资料和数据。

5. 方案设计与优选

在前期调查研究收集资料的基础上，对项目的建设规模与产品方案、厂址方案、技术方案、设备方案、工程方案、原材料供应方案、总图布置与运输方案、公用工程与辅助工程方案、环境保护方案、组织机构设置方案、实施进度方案以及项目投资与资金筹措方案等，提出备选方案，进行论证比选优化，得出项目的整体推荐方案。

6. 项目评价

对推荐的建设方案进行环境评价、财务评价、国民经济评价、社会评价及风险分析，以判别项目的环境可行性、经济可行性、社会可行性和抗风险能力。当有关评价指标结论不足以支持项目方案成立时，应对原设计方案进行调整或重新设计。

7. 编写可行性研究报告

项目可行性研究各专业方案，经过技术经济论证和优化之后，由各专业组分工编写。经项目负责人衔接协调综合汇总，提出可行性研究报告初稿。

8. 与委托单位交换意见

可行性研究报告初稿形成后，与委托单位交换意见，修改完善，形成正式可行性研究报告。

6.3.3 可行性研究报告评估要点

1）可行性研究报告应重点分析项目的技术经济可行性、社会效益以及项目资金等主要建设条件的落实情况，应提供多种建设方案比选，提出项目建设必要性、可行性和合理性的研究结论。

2）可行性研究报告编制应满足下列要求：

（1）全过程工程咨询单位负责编制项目可行性研究报告任务书，明确提出可行性研究报告编制工作的范围、重点、深度要求、完成时间、费用预算和质量要求。

（2）可行性研究报告编制工作由其他咨询服务机构承担时，全过程工程咨询单位按项目可行性研究报告任务书的规定，与被委托单位签订委托合同。

（3）全过程工程咨询单位应监督可行性研究报告编制单位组建专业齐全、技术资格合格、工作能力匹配、组织有序的团队承担编制任务。

（4）全过程工程咨询单位根据项目特点和工程进度的总体要求，对可行性研究报告编制团队制定的工作计划和可行性研究报告编制大纲提出意见，并以双方认定的工作计划和编制大纲为依据开展工作。

（5）可行性研究报告的编制格式、内容和深度应达到规定要求。

（6）全过程工程咨询单位对可行性研究报告编制实施全过程管理监督，在报告初稿形成后，提出修改完善意见。

（7）全过程工程咨询单位组织可行性研究报告成果的评审和验收，并按照国家、地方和行业的相关规定，完成论证和报审工作。

（8）可行性研究报告编制应包括调查收集资料、制定技术路线、编制方案及评价、撰写研究报告、成果验收报审、评审修改完善等工作阶段。

3）可行性研究报告编制应注意下列事项：

（1）依据国家、地方、行业的相关规划及重大项目建设计划，符合相关法律、法规和产业政策，符合有关技术标准、规范和审批要求等规定。

（2）在调查研究的基础上，按照客观情况进行论证和评价。

（3）在对历史、现状资料研究分析的基础上，对未来的市场需求、投资效益或效果进行预测和评估。

（4）统筹考虑影响项目可行性的各种因素，做好与单独开展的专项评价评估的协调、衔接，以及方案的比选优化。

（5）投资估算、成本测算、财务评价数据要精确有效，利率、汇率要精确预估，项目收益率、折现率、涨价费率等指标要具有依据性和前瞻性，确保经济、财务分析有效和实用。

（6）全面分析、预测、规避各类风险，提出切实可行、合理有效的风险规避策略及方法。

第7章 建设条件单项咨询

建设条件单项咨询可一并纳入可行性研究统筹论证。根据项目建设规模、复杂程度、资金来源和建设方式等，为满足前期投资决策和项目审批需要，在编制可行性研究报告的基础上，根据项目特点和需求，工程咨询单位可提供建设项目选址论证、建设项目压覆重要矿产资源评估、建设项目环境影响评价、节能评估、防洪影响评价、生产建设项目水土保持方案、水资源论证、建设工程文物保护以及社会风险评估等专项咨询服务。

7.1 建设项目选址论证

7.1.1 概念

建设项目的选址事关城乡规划的实施，是城乡规划管理的核心手段，重大建设项目更是对城市和区域发展产生深远影响。而科学合理的规划选址则是保证项目建设顺利进行，并取得良好的经济效益、社会效益和环境效益的重要条件。

工程咨询单位应当依据土地管理等相关法律法规的规定，全面掌握国家供地政策、项目所在地的土地利用规划、土地使用标准、拟选地点状况等，开展建设项目选址论证。

建设项目选址论证主要内容包括项目的基本情况、选址占地情况、用地是否符合土地利用总体规划、用地面积是否符合土地使用标准、用地是否符合供地政策等。

工程咨询单位应当根据建设项目选址论证结论，形成建设项目用地预审和选址意见书的申报材料，协助建设单位向有权限的自然资源主管部门报批。

7.1.2 建设项目规划选址论证的工作流程

1. 选址论证报告编制技术流程

建设项目规划选址论证报告编制首先要求掌握相关资料，包括现状基础资料及相关规划资料；同时通过场地实地调研，分析项目的自身建设要求和外部条件，核实选址方案是否符合相关城乡规划。在此基础上，就场地工程条件、用地条件、配套设施条件以及项目建设对景观环境、交通、公共安全、社会效应等方面可能会造成的影响进行选址合理性分析；并就此进行选址方案比选、论证，最终提出项目选址的合理方案、建设条件及其他建设性意见；例如，项目建设确需修改城乡规划的，须提出具体修改与完善建议和意见，并且必须先修改城乡规划，之后再重新进行论证报告编制。

在论证报告编制过程中，项目条件分析、规划符合性分析、选址合理性分析、选址方案的比较及结论四大内容应作为报告编制的重点。建设项目规划选址论证的核心目的，是明确建设项目选址是否可行、合理；可行的前提条件是选址方案与相关规划相符合，选址方案场地条件与外部配套条件能够满足工程建设要求；而合理与否需要通过选址方案的比较予以明确。

论证报告编制完成后应进行专家论证评审，评审通过后须进行公示。依法经过论证、审查、公示并通过的选址论证报告，可以作为各级城乡规划主管部门作出行政许可的依据。对于因项目建设确需修改城乡规划的，各级城乡规划主管部门应及时依法开展修改相关城乡规划工作。

2. 选址合理性分析

重点分析场地工程地质、水文地质条件及地震、洪水、地质灾害等情况是否适宜项目建设。具体分析包括地震设防烈度、岩土类型、地基承载力、地下水埋深、地下水腐蚀性、洪水淹没程度等内容以及是否压覆重要矿产资源。参照《城乡用地评定标准》CJJ 132，将建设项目工程地质适宜性条件划分为"不适宜""适宜性差""较适宜""适宜"四类。

1）设施配套分析

重点分析场地交通、供水、排水、供电、供热、供气等外部条件，以及生活服务设施配套情况能否满足建设项目所需的设施配套规模与布局要求，并应当符合城乡规划有关规定以及相关技术标准；对于不符合的重大建设工程，应先依法修改城乡规划再审核项目选址。

2）景观环境影响分析

重点分析建设项目对自然生态环境、景观和周边日照采光环境可能造成的影响；及项目建成后，为保障项目的权益，对周边后续建设项目的项目性质、开发强度等内容控制要求。

3）社会影响分析

重点分析项目建设过程中及建成后对社会公共利益、人民群众及直接关系人利益的影响，并就可能产生的社会问题提出防范和化解措施。涉及民生、社会发展的重大建设项目以及有可能在较大范围内对人民群众生产、生活造成影响的建设项目应另行委托咨询专题进行社会影响分析。

4）交通影响分析

重点分析项目建设期间及建成后，对城市或区域交通可能造成的影响程度。具体分析包括对建设项目产生的交通量进行初步预测；分析影响范围内建设项目的交通需求对各相关交通系统设施的影响；提出为减少交通影响项目自身改进措施以及可接受的外部交通设施改进建议。

5）历史文化影响分析

重点分析项目建设对历史文化名城（名镇、名村）、历史文化街区及文物保护单位、历史建筑、历史地段保护造成的影响。

原则上，选址应符合历史文化保护规划要求，项目建设不得影响历史文化名城、历史文化保护区的传统风貌与格局，不得破坏历史地段的完整。建设项目选址应当尽可能避开不可移动文物，因特殊情况不能避开的，对文物保护单位应当尽可能实施原址保护。

6）项目安全性分析

重点分析项目对城乡公共安全的影响，分析项目建设期间和建成后若遇紧急情况，是否会对环境安全产生不可逆转的危害。主要分析内容：建设项目对城乡公共服务、城市防灾、土地安全、生态安全、人身安全等公共安全可能存在的威胁；建设项目对机场净空、微波通道、军事设施保护及国家安全等特殊要求的影响；建设项目一旦发生事故对生态环境安全造成的危害程度。

7）建设用地需求分析

重点分析建设项目所需要的用地规模，确定拟选址地块的面积能否满足项目各项工程建设要求。同时，各类建设项目所需用地规模必须符合国家及各省规定的建设项目用地定额指标。

7.1.3　建设项目规划选址论证的要求

1）建设项目规划选址论证应依据城乡规划有关法律法规、标准规范的要求，分析建设项目与城市长远发展、城市总体规划、专项规划的关系，论证项目选址是否符合风景名胜、历史文化和环境保护、公共安全和防灾减灾，坚持生态优先，保护耕地和永久基本农田，节约集约用地等要求。

2）建设项目涉及新增建设用地的，工程咨询单位应开展用地论证，编制建设项目用地预审申请报告，并协助建设单位申请办理建设项目用地预审与选址意见书。建设项目用地预审申请报告内容包括：拟建项目的基本情况、拟选址占地情况、拟用地是否符合土地利用总体规划、拟用地面积是否符合土地使用标准、拟用地是否符合供地政策等。

3）建设项目规划选址论证工作总体要求：既要综合考察项目拟建地区的资源环境、经济社会、城乡建设、土地利用、基础设施等建设条件及同类项目的建设情况，尽量做到使建设项目选址与区域经济社会发展阶段与水平、资源环境与基础设施条件相适应；又要考虑项目自身基本情况及选址要求，综合考量其建设过程及建成后可能对城市社会经济发展、功能布局、景观环境、城市交通、公共安全等方面产生的影响，以实现经济、社会、环境综合效益的最优化。

4）建设项目规划选址和用地预审论证报告，应以国土空间规划（包括现行土地利用总体规划、城乡规划）为依据，强化底线约束，坚持生态优先，保护耕地，节约集约用地，统筹考虑各类国土空间要素协同，注重建设项目的科学性、协同性和可实施性，并遵循以下原则：

（1）依法依规，严守底线；

（2）突出重点，注重实效；

（3）因地制宜，分类指导；

（4）多方参与，科学决策。

7.2　建设项目压覆重要矿产资源评估

7.2.1　压覆矿产资源评估的概念

压覆矿产资源是指因建设项目实施后导致矿产资源不能开发利用，但是建设项目与矿区范围重叠而不影响矿产资源正常开采的，不作压覆处理。

重要矿产资源指国家规划矿区、对国民经济具有重要价值的矿区和国务院《矿产资源开采登记管理办法》附录中的 34 个矿种的矿产资源储量规模在中型以上的矿产资源。除以上情形以外的矿产资源为非重要矿产资源。

根据我国《中华人民共和国矿产资源法》以及《国土资源部关于进一步做好建设项目压覆重要矿产资源审批管理工作的通知》（国土资发〔2010〕137 号）的有关规定，在建设项目选址前，建设单位应向省级国土资源行政主管部门查询拟建项目所在地区的矿产资源规划、矿产资源分布和矿业权设置情况。对不压覆重要矿产资源的建设项目，由省级国土资源行政主管部门出具未压覆重要矿产资源的证明；对确需压覆重要矿产资源的建设项目，建设单位应根据确定的建设项目压覆重要矿产资源的范围，委托具有相应地质勘查资质的单位开展建设项目压覆重要矿产资源评估工作。

压覆矿产资源评估就是通过野外地质调查、地质填图、调查访问、收集有关地质资料，基本查明建设用地范围内是否压覆矿产资源，对有矿权设置的按照国家规定进行矿权分割及压覆矿产资源储量登记，并对其经济意义和潜在价值作出评估，为建设单位征地选址及政府部门决策提供依据。

在压覆矿产资源评估中，建设用地范围是评估基础和主要依据；保护范围是确定压覆范围的关键，与项目重要等级有关。评估范围又与评估区影响和压覆的矿产种类有关，一般根据各地区的实际情况来确定；压覆范围则根据实际压覆情况或影响确定的，需利用实际压覆矿区的矿种和基本参数计算得出。

7.2.2　压覆矿产资源评估的工作流程

1）了解并掌握建设项目位置、方案、范围、项目来源等概况。

2）调查并了解建设项目所在区域的地质及矿产概况，重点查明项目建设影响区内的地质和矿产特征。

3）确定建设项目建设用地范围（征地范围、选址范围）、评估区范围（项目建设和运行的安全范围，需要查明是否压覆矿产资源储量的空间范围、可能受到矿产勘查和开采影响的范围等）、压矿范围（实际压覆矿产资源的范围）。

4）查明评估区范围内矿业权（包括探矿权、采矿权）设置及占用矿产资源储量登记情况。

5）计算压覆范围内的矿产资源储量、确定资源储量类型。

6）论述重要、较重要项目压覆重要矿产资源的必然性及不可避免性，简称压覆理由论证。

7）提交建设项目用地压覆矿产资源调查评估报告。

7.2.3　压覆矿产资源评估的要求

1）工程咨询单位应当依据矿产资源等相关法律法规的规定，全面掌握建设项目所在地的矿产资源规划、矿产资源分布、矿业权设置情况等，开展建设项目压覆重要矿产资源评估。

2）建设项目压覆重要矿产资源评估主要内容包括项目基本情况、项目选址工作区地质矿产情况，主要确定压覆矿产的矿种、种类、面积及压覆矿产资源储量的类型、质量、数量、经济价值、矿业权归属情况等。

3）工程咨询单位应根据建设项目压覆重要矿产资源评估结论，协助建设单位向有权限的自然资源主管部门报批。

7.3　建设项目环境影响评价

7.3.1　概念

环境是指影响人类生存和发展的各种天然的和经过人工改造的自然因素的总体，包括大气、水、海洋、土地、矿藏、森林、草原、野生生物、自然遗迹、人文遗迹、自然保护区、风景名胜区、城市和乡村等。环境有自然环境和社会环境之分。自然环境是社会环境的基础，社会环境又是自然环境的发展。

环境影响评价简称环评，是指对规划和建设项目实施后可能造成的环境影响进行分析、预测和评估，提出预防或者减轻不良环境影响的对策和措施，进行跟踪监测的方法与制度。通俗说就是分析项目建成投产后可能对环境产生的影响，并提出污染防治对策和措施。

7.3.2　环境影响评价的工作流程

环境影响评价工作一般分为三个阶段，即前期准备、调研和工作方案阶段，分析论证和预测评价阶段，环境影响评价文件编制阶段。

1. 前期准备、调研和工作方案

环境影响评价第一阶段，主要完成以下工作内容：接受环境影响评价委托后，首先是研究国家和地方有关环境保护的法律法规、政策、标准及相关规划等文件，确定环境影响评价文件类型。在研究相关技术文件和其他有关文件的基础上，进行初步的工程分析，同时开展初步的环境状况调查及公众意见调查。结合初步工程分析结果和环境现状资料，可以识别建设项目的环境影响因素，筛选主要的环境影响评价因子，明确评价重点和环境保护目标，确定环境影响评价的范围、评价工作等级和评价标准，最后制订工作方案。

2. 分析论证和预测评价阶段

环境影响评价第二阶段，主要工作是作进一步的工程分析，进行充分的环境现状调查、监测并开展环境质量现状评价，之后根据污染源和环境现状资料进行建设项目的环境影响预测，评价建设项目的环境影响，并开展公众意见调查。若建设项目需要进行多个建设地址的比选，则需要对各个建设地址分别进行预测和评价，并从环境保护角度推荐最佳建设地址方案；如果对原选建设地址得出了否定的结论，则需要对新选建设地址重新进行环境影响评价。

3. 环境影响评价文件编制阶段

环境影响评价第三阶段，其主要工作是汇总、分析第二阶段工作所得的各种资料、数据，根据建设项目的环境影响、法律法规和标准等的要求以及公众的意愿，提出减少环境污染和生态影响的环境管理措施和工程措施。从环境保护的角度确定项目建设的可行性，给出评价结论和提出进一步减缓环境影响的建议，并最终完成环境影响报告书或报告表的编制。

7.3.3　环境影响评价的要求

1）工程咨询单位应当依据环境保护等相关法律法规的规定，全面掌握有关环境影响评价标准和技术规范等，开展建设项目环境影响评价。

2）建设项目环境影响评价主要内容包括项目概况、项目周围环境现状、项目对环境可能造成影响的分析、预测和评估，项目环境保护措施及其技术、经济论证，项目对环境影响的经济损益分析、对项目实施环境监测的建议、环境影响评价的结论等。

3）工程咨询单位应根据项目对环境的影响程度不同，编制环境影响报告书、环境影响报告表或填报环境影响登记表。

4）工程咨询单位应根据建设项目环境影响评价结论，协助建设单位向有权限的生态环境主管部门报批。

7.4　节能评估

7.4.1　概念

节能评估，是指根据节能法规、标准，对投资项目的能源利用是否科学合理进行分析评估。

节能评估的主要内容包括：评估依据；项目概况；能源供应情况评估（包括项目所在地能源资源条件以及项目对所在地能源消费的影响评估）；项目建设方案节能评估（包括项目选址、总平面布置、生产工艺、用能工艺和用能设备等方面的节能评估）；项目能源消耗和能效水平评估（包括能源消费量、能源消费结构、能源利用效率等方面的分析评估）；节能措施评估（包括技术措施和管理措施评估）；存在问题及建议等。

7.4.2　节能评估的工作流程

节能评估工作程序主要包括：前期准备、选择评估方法、项目节能评估、形成评估结论、编制节能评估文件、根据评审意见对评估文件进行修改完善等。

1. 实地走访，为撰写节能评估报告作准备

前期准备需要收集项目的基本情况及用能方面的相关资料，主要包括：

1）建设单位基本情况，例如，建设单位名称、性质、地址、邮编、法人代表、项目联系人及联系方式，企业运营总体情况等。

2）项目基本情况，例如，项目名称、建设地点（包括位于或接近的主要交通线）、项目性质、投资规模及建设内容、项目工艺方案、总平面布置、主要经济技术指标、项目进度计划，改、扩建项目原项目的基本情况，改、扩建项目的评估范围等。

3）项目用能情况，例如，项目主要供、用能系统与设备的选择，项目所采用的工艺技术、设备方案和工程方案等的能源消耗种类、数量及能源使用分布情况，改、扩建项目原项目用能情况及存在的问题等。

4）项目所在地的气候区属及其主要特征，例如，年平均气温（最冷月和最热月）、制冷度日数、采暖度日数、极端气温与月平均气温、日照率等。

5）项目所在地的社会经济概况，例如，经济发展现状、节能目标、能源供应和消费现状、重点耗能企业分布及其能源供应消费特点、交通运输概况等。当现有资料无法完整准确反映项目概况时，可进行现场勘查、调查和测试。现状调查中，对与节能评估工作密切相关的内容（例如，能源供应、消费、加工转换和运输等），收集信息应全面详细，并尽可能提供定量数据和图表。如需采用类比分析法，应按上述要求全面获取类比工程相关信息。

每一个项目的情况都是不同的，服务机构会进行实地考察，进行一个初步的诊断和判断。

2. 根据实际情况选择评估方法

固定资产投资项目节能评估方法主要有：政策导向判断法、标准规范对照法、专家经验判断法、产品单耗对比法、单位面积指标法、能量平衡分析法。

以上评估方法都是节能评估通用的主要方法，具体选用哪个方法需要结合项目的特点选择使用。在具体的用能方案评估、能耗数据确定、节能措施评价方面还可以根据需要选择使用其他评估方法。

3. 进行项目节能评估报告或者节能表的撰写

一份完整的节能评估报告或者节能评估表包含以下的内容：

1）评估依据，包括有关法律、法规、标准、规范等；

2）项目概况，包括项目工艺技术及用能方案；

3）项目所在地能源资源条件及其供应状况；

4）项目能源消耗品种和数量；

5）采用的工艺技术、设备及附属设施的节能设计分析；

6）能源管理措施；

7）合理用能评价，包括能耗指标和能效水平，节能效果及经济性分析；

8）结论和建议。

4. 送审

将撰写好的项目节能评估报告或者节能表报送给相关部门进行评审。

5. 组织评审

相关主管部门将会组织人员进行现场评审。接受委托的工程咨询单位也应参与现场评审。

6. 出具审查意见

在评审通过后，相关部门将会出具节能报告评审意见，出具项目节能审查意见，进行批复。

7.4.3 节能评估的要求

1）工程咨询单位应当根据节能审查等相关法律法规的规定，全面掌握国家节能相关政策、标准和技术规范等，开展固定资产投资项目节能评估。

2）固定资产投资项目节能评估主要内容包括：分析评价依据；项目建设方案的节能分析和比选；选取节能效果好、技术经济可行的节能技术和管理措施；项目能源消费量、能源消费结构、能源效率等方面的分析；对所在地完成能源消耗总量和强度目标、煤炭消费减量替代目标的影响等方面的分析评价等。

3）工程咨询单位应根据固定资产投资项目节能评估结论，协助建设单位向有权限的节能审查主管部门报批。

7.5 防洪影响评价

7.5.1 概念

防洪影响评价是分析工程河段近期演变情况及其演变趋势，计算分析正常蓄水后的运行初期和实施近期阶段及竣工后，工程对河道洪水水位、蓄水期水位以及流速的影响大小和范围，分析工程实施对现有的水位、蓄水期水位以及流速的影响大小和范围，分析工程实施对现有的防洪堤等水利工程以及涉水工程设施影响程度，进行工程对防洪和河势影响评价。

根据《中华人民共和国水法》第三十八条、《中华人民共和国防洪法》第二十七条和三十三条，以及《中华人民共和国河道管理条例》第十一条等要求规定：跨越河道的管道、渡槽、线路的净空高度，以及穿越河道的管道和在两堤之间埋设管道的深度，必须符合防洪和航运的要求，应当就建设项目对防洪可能产生的影响作出评价，编制防洪影响报告，提出防御措施；在洪泛区、蓄滞洪区内建设非防洪建设项目，其可行性研究报告报申请批准时，工程建设方案应当经有关水行政主管部门审查同意，并附有关水行政主管部门审查批准的洪水影响评价报告书。防洪评价报告编制导则适用于涉河建设项目，洪水影响评价报告编制导则主要适用于蓄滞洪区。

7.5.2　防洪影响评价的工作流程

在经过实地调查、全面了解项目工程穿越江河位置及设计情况的基础上，收集相关资料，吸收已有防洪规划成果，按照水利部发布的《河道管理范围内建设项目防洪评价报告编制导则》的要求编制项目防洪评价报告。工作流程如下：

1. 收集资料

根据建设项目所在河段位置，进行实地勘测和相关资料收集，资料包括可行性研究、初步设计、施工图、竣工图、地质勘察报告、流域资料、水利规划、上下游工程概况。

2. 分析计算

根据河道断面和实测暴雨资料，计算洪峰流量、洪水位、冲刷深度、壅水、允许最低梁底高程。

3. 评价

根据建设项目的基本情况、所在河段的防洪任务与防洪要求、防洪工程与河道整治工程布局及其他国民经济设施的分布情况等，以及河道演变分析成果、防洪评价计算或试验研究结果，对建设项目的防洪影响进行综合评价。防洪综合评价的主要内容有：

1）项目建设与有关规划的关系及影响分析；

2）项目建设是否符合防洪标准、有关技术和管理要求；

3）项目建设对河道泄洪的影响分析；

4）项目建设对河势稳定的影响分析；

5）项目建设对堤防、护岸及其他水利工程和设施的影响分析；

6）项目建设对防汛抢险的影响分析；

7）建设项目防御洪涝的设防标准与措施是否适当；

8）项目建设对第三人合法水事权益的影响分析。

4. 补救措施

1）对水利规划的实施有较大影响的建设项目，应对建设项目的总体布局、方案、建设规模、有关设计、施工组织设计等提出调整意见，并提出有关补救措施；

2）对河道防洪水位、行洪能力、行洪安全、引排能力有较大影响的建设项目，应对其布置、结构形式与尺寸、施工组织设计等提出调整意见，并提出有关的补救措施；

3）对现有堤防、护岸工程安全影响较大的建设项目，应对其布置、结构形式与尺寸、施工组织设计等提出调整意见，并提出有关的补救措施；

4）对防汛抢险、工程管理有较大影响的建设项目，应对其工程布置、施工组织、工期安排等提出调整意见，并提出有关补救措施；

5）对河势稳定有较大影响的建设项目，应对其工程布置、结构形式、施工方案及施工临时建筑物设计等提出调整意见，并提出有关补救措施；

6）对其他水利工程及运用有较大影响的建设项目，应对其工程布置、结构形式及施工组织设计等提出调整意见，并提出有关补救措施；

7）其他影响补救措施，包括对第三人的合法水事权益影响的补救措施等。

5. 结论建议

总结归纳防洪评价的主要结论，对存在的主要问题提出有关建议。其主要内容应包括：

1）河道演变规律、发展趋势及河势稳定性的分析结论；

2）建设项目对各方面影响的评价结论；

3）须采取的防治补救措施；

4）对存在的主要问题的有关建议。

7.5.3　防洪影响评价的要求

工程咨询单位应当依据防洪等相关法律法规的规定，全面掌握防洪影响评价标准和规范性文件要求，开展防洪影响评价。

防洪评价报告中的各项基础资料应使用最新数据，并具有可靠性、合理性和一致性，水文资料要经相关水文部门认可。建设项目所在地区缺乏基础资料时，建设单位应根据防洪评价需要，委托具有相应资质的勘测、水文等部门进行基础资料的测量和收集。

在编制防洪评价报告时，应根据流域或所在地区的河道特点和具体情况，采用合适的评价手段和技术路线。对防洪可能有较大影响、所在河段有重要防洪任务或重要防洪工程的建设项目，应进行专题研究（数学模型计算、物理模型试验或其他试验等）。

防洪影响评价主要内容包括项目概况、项目对防洪的影响、洪水对建设项目的影响、消除或减轻洪水影响的措施、结论与建议等。

河道管理范围内建设项目工程建设方案的审批，须编制防洪评价报告。非防洪建设项目防洪影响评价报告的审批，须编制防洪影响评价报告。国家基本水文测站上下游建设影响水文监测工程的审批，须编制建设工程对水文监测影响程度的分析评价报告。

工程咨询单位应根据防洪影响评价结论，协助建设单位向有权限的水行政主管部门报批。

7.6　生产建设项目水土保持方案

7.6.1　水土保持的概念

水土保持是防治水土流失，保护、改良和合理利用水土资源，建立良好生态环境的工作。运用农、林、牧、水利等综合措施，例如，修筑梯田，实行等高耕作、带状种植，进行封山育林、植树种草，以及修筑谷坊、塘坝和开挖环山沟等，借以涵养水源，减少地表径流，增加地面覆盖，防止土壤侵蚀，促进农、林、牧等的全面发展。对于发展山丘区和风沙区的生产和建设、减免下游河床淤积、削减洪峰、保障水利设施的正常运行和保证交通运输、工矿建设、城镇安全，具有重大意义。

为了规范和加强生产建设项目水土保持方案管理，预防和治理生产建设项目可能造成的水土流失，水利部修订出台了《生产建设项目水土保持方案管理办法》（水利部令第 53 号）。

7.6.2　生产建设项目水土保持方案的工作流程

1. 收集资料

根据建设单位或设计单位提供的有关资料（包括选址或选线报告、可行性研究报告、可行性研究资料及相关的协议），了解项目基本情况，补充资料，作出简单的工作大纲。

2. 现场踏勘

对项目及周边地区进行拍照和调查，分析项目特点和项目区环境及水土流失特点。重点针对边坡、去弃土场所及相关水利设施等进行踏勘。收集项目所在地气候水文等资料。

3. 方案编制

在编制水土保持方案时，要依照国家有关法律条例和技术规范来严格编写，并结合项目本身的情况，在对实际地类进行详细考察分析的基础上进行水土保持综合评价，有侧重地优化配置水土流失防治措施；根据水土保持治理措施面积规模与措施设计，进行水土保持治理工程投资概算和预期效益分析评估；再提出水土保持方案实施的保证措施。水土保持方案分为水土保持方案报告书和水土保持方案报告表。

1）水土保持方案报告书

征占地面积 5hm² 以上或者挖填土石方总量 5 万 m³ 以上的生产建设项目，应当编制水土保持方案报告书。由水行政主管部门组织专家对该水土保持方案报告书（送审稿）进行技术审查。

2）水土保持方案报告表

征占地面积 0.5hm² 以上、不足 5hm² 或者挖填土石方总量 1000m³ 以上、不足 5 万 m³ 的生产建设项目，应当编制水土保持方案报告表。

若征占地面积不足 0.5hm² 并且挖填土石方总量不足 1000m³ 的生产建设项目，不需要编制水土保持方案，但应当按照水土保持有关技术标准做好水土流失防治工作。

4. 方案批复：水行政主管部门以正式文件对水土保持方案进行批复。

5. 缴纳水土保持补偿费。

6. 组织开展水保监测和水保监理。

7. 水土保持设施验收。

7.6.3　生产建设项目水土保持方案的要求

工程咨询单位应当依据水土保持等相关法律法规的规定，全面掌握国家水土保持政策标准、技术规范等，编制生产建设项目水土保持方案。

生产建设项目水土保持方案主要内容包括生产建设项目概况及项目所在地区域概况、主体工程水土保持评价与水土流失预测，水土流失防治责任范围及防治分区，水土流失防治目标及防治措施布局，水土保持方案投资估算与效益分析等。

工程咨询单位应根据生产建设项目水土保持方案结论，协助建设单位向有权限的水行政主管部门报批。

7.7　水资源论证

7.7.1　概念

水资源论证是指依据江河流域或者区域综合规划以及水资源专项规划，对新建、改建、扩建的建设项目的取水、用水、退水的合理性以及对水环境和他人合法权益的影响进行综合分析论证的专业活动。水资源论证包括地表水水资源论证和地下水资源论证。水资源论证报告分为：地表水资源论证报告和地下水资源论证报告。

7.7.2　水资源论证的工作流程

在全面调查分析论证范围内水资源开发利用现状和水资源规划等的基础上，对建设项目取用水合理性、取水水量、水质、取退水影响等方面进行论证评价，分析论证建设项目取水的合理性、可行性和可靠性，以及建设项目取、退水对水环境和周边各方面的影响，提出水资源保护的措施与建议。

1）分析项目所在区域水资源状况及其开发利用现状，提出水资源开发利用中存在的主要问题；

2）对项目取水和用水的合理性进行分析论证，提出节水潜力和措施；

3）对拟用水源进行可供水量分析，分析论证项目取水的可行性、可靠性；

4）对拟取用水的水质进行评价，分析其水质作为项目用水的适应性；

5）论证项目取、退水对区域水资源、其他用水户和当地水环境的影响，提出水资源保护措施。

7.7.3　水资源论证的要求

工程咨询单位应当依据取水许可等相关法律法规的规定，开展建设项目水资源论证。

建设项目水资源论证主要内容包括拟建项目概况、取水水源论证、用水合理性论证、退（排）水情况及其对水环境影响分析、对其他用水户权益的影响分析、其他事项等。

工程咨询单位应根据项目取水量以及对周边环境影响程度等情况，按规定要求编制水资源论证报告书（表）。

工程咨询单位应根据建设项目水资源论证结论，协助建设单位向有权限的水行政主管部门报批。

7.8　建设工程文物保护

7.8.1　概念

建设工程文物保护是指在建设工程范围内，进行文物考古调查、勘探、发掘以及对不可移动文物实施原址保护、迁移异地保护等活动。

随着现代化建设进程的不断加快，我国各种类型的工程建设以惊人的速度发展。这些工程建设项目为人民生活水平的提高提供了保障，同时造成的负面影响也在逐渐扩大，文物保护与工程建设的矛盾十分突出。文物资源具有稀缺性、脆弱性和不可再生性，一旦破坏就无法复原。在工程建设中保护、管理和利用好文物，对于维系中华民族血脉，弘扬优秀文化传统，推动人类文明进步和维护全球文化多样性，具有重要作用。

7.8.2　建设工程文物保护的工作流程

1）进行大型基本建设工程，建设单位应当事先报请省、自治区、直辖市人民政府文物行政部门组织从事考古发掘的单位在工程范围内有可能埋藏文物的地方进行考古调查、勘探。

2）文物行政部门回函，明确用地范围是否涉及已知文物点、是否属于 2 万 m^2 大型基本建设工程、地下文物保护区、历史文化名城范围，明确告知是否需要联系考古资质单位进行考古调查、勘探并办理考古调查勘探申请。如根据当前政策不需要进行考古调查勘探，鉴于地下文物分布的复杂性，需明确告知如果发现文物必须第一时间停工并告知文物主管部门，待进行考古发掘等相关文物保护工作后才能施工。

3）建设单位委托考古资质单位制定考古勘探工作方案并作为附件，通过地方文物行政部门逐级转报考古调查勘探申请至主管部门。

4）取得调查勘探许可后，建设单位要依据获批工作方案，组织实施考古调查勘探，编制考古调查勘探工作报告（如涉及文物点，还要编制涉及文物点的文物保护方案和文物影响评估报告）等，考古勘探报告按程序报文物行政部门备案，并逐级履行建设工程文物保护行政许可申报手续。

5）审批部门根据调查勘探报告等出具相关许可意见。如涉及新发现文物点或未公布为文物保护单位的不可移动文物，无法避让，须依法保留待进行考古发掘等文物保护工作后才能施工。审批部门出具意见要求避让相关文物点的，建设单位须重新设计线路或用地选址，并组织有关资质单位对新线路或新用地区域进行考古勘探，形成新的系列报告并重新履行报批程序。选址意见要求对相关文物点进行考古发掘等文物保护工作的，建设单位应委托考古发掘资质单位进行考古发掘。考古发掘单位履行申报、验收等相关手续。发掘结束后，提报相关考古完工报告给建设单位，并同时报送区县或相应级别的文物行政部门备案。

7.8.3　建设工程文化保护要求

1）工程咨询单位应当依据文物保护等相关法律法规的规定，全面掌握拟建项目建设地点、工程规划和设计方案、文物保护单位的具体情况等，开展建设工程对文物可能产生破坏或影响的评估。

2）建设工程对文物可能产生破坏或影响的评估主要内容包括项目概况、涉及文物保护单位概况、项目与文物保护单位的关系、项目对文物保护单位的影响分析、评估结论等。

3）工程咨询单位应根据建设工程对文物可能产生破坏或影响的评估结论，协助建设单位向有权限的文物行政主管部门报批。

4）建设工程选址若涉及不可移动文物，须采取以下保护措施：

（1）应当尽可能避开不可移动文物；因特殊情况不能避开的，对文物保护单位应当尽可能实施原址保护。

（2）依法必须实施原址保护的建设单位事先确定保护措施，根据文物保护单位的级别报相应的文物行政部门批准，并将保护措施列入可行性研究报告或者设计任务书。

（3）无法实施原址保护，必须迁移异地保护或者拆除的，应当报省人民政府批准：迁移或者拆除省级文物保护单位的，批准前须征得国务院文物行政部门同意。

（4）对因建设工程需要，依法批准拆除的国有不可移动文物中具有收藏价值的壁画、雕塑、建筑构件等的处理，应当由文物行政部门指定的文物收藏单位收藏保存。

（5）依法批准实施原址保护、迁移、拆除所需费用，由建设单位列入建设工程预算。

7.9　社会稳定风险评估

7.9.1　稳定性风险评估的概念

社会稳定风险评估，是指与人民群众利益密切相关的重大决策、重要政策、重大改革措施、重大工程建设项目、与社会公共秩序相关的重大活动等重大事项在制定出台、组织实施或审批审核前，对可能影响社会稳定的因素开展系统的调查，科学地预测、分析和评估，制定风险应对策略和预案。为有效规避、预防、控制重大事项实施过程中可能产生的社会稳定风险，为更好地确保重大事项顺利实施。

1）粗放阶段的社会稳定风险评估，指仅评估项目或政策等待评事项，是否具有可能引发群体事件的风险。

2）规范阶段的社会稳定风险评估，指在政策、项目、活动的制定或实施之前，通过全面科学地分析可能影响社会稳定的因素，预测其损害程度，预估责任主体的承受能力，进而综合评定风险等级。

3）精细阶段的社会稳定风险评估，指系统应用风险评估的科学方法，全面评估待评事项可能引发的社会稳定风险，客观预估责任主体和管理部门对社会稳定风险的内部控制和外部合作能力，科学预测相关利益群体的容忍度和社会负面影响，提前预设风险防范和矛盾化解的措施，进而确定该待评事项的当前风险等级，并形成循环。

7.9.2　稳定性风险评估的工作流程

1. 制定评估方案

由评估主体对已确定的评估事项制定评估方案，明确具体要求和工作目标。

2. 组织调查论证

评估主体根据实际情况，将拟决策事项通过公告公示、走访群众、问卷调查、座谈会、听证会等多种形式，广泛征求意见，科学论证，预测、分析可能出现的不稳定因素。

3. 确定风险等级

对重大事项社会稳定风险划分为 A、B、C 三个等级。人民群众反映强烈，可能引发重大群体性事件的，评估为 A 级；人民群众反映较大，可能引发一般群体性事件的，评估为 B 级；部分人民群众意见有分歧的，可能引发个体矛盾纠纷的，评估为 C 级。评估为 A 级和 B 级的，评估主体要制定化解风险的工作预案。

4. 形成评估报告

在充分论证评估的基础上，评估主体就评估的事项、风险的分析、评估的结论、应对的措施编制社会稳定风险评估报告。

5. 集体研究审定

重大事项实施前必须经集体研究审定。评估主体将评估报告、化解风险工作预案提交至集体经会议审批，由会议集体研究视情况作出实施、暂缓实施或不实施的决定。对已批准实施的重大事项，评估主体要密切监控运行情况，及时调控风险、化解矛盾，确保重大事项顺利实施。

7.9.3　稳定性风险评估的要点

1）工程咨询单位应当依据重大固定资产投资项目社会稳定风险评估暂行办法等相关法规的规定，开展社会风险评估。

2）社会风险评估主要内容包括项目概况、社会风险调查分析、相关群众意见、风险点、风险发生的可能性及影响程度、防范和化解风险的方案措施、提出采取相关措施后的社会风险等级建议等。

3）工程咨询单位应根据社会风险评估结论，协助建设单位向有权限的行政主管部门报批。

第3篇

工程建设阶段管理与咨询

城市轨道交通工程属于集多工种、多专业于一体的复杂工程，其项目管理与咨询涉及的单元要素繁杂，包括项目组成的各种资源（人、财、物、信息）、组织形态（单元、部门、单位）以及技术（智能、设计、施工、制造、运营）等。针对复杂工程的管理咨询，需要考虑集成化服务模式——全过程工程咨询，将项目策划、建设面向运营，整合资源、组织、技术、过程一体化以实现项目的整体优化性、功能倍增性、相互协同性、结构层次性、效益创造性等。

本篇结合城市轨道交通工程在建设阶段涉及的组织管理、招标采购与合同管理、报批报建管理、勘察设计管理、土建工程、铺轨工程、牵引供电工程、机电设备工程、通信信号工程、绿色建造、信息技术咨询以及验收与移交管理等工作内容，分别论述全过程工程咨询服务机构在开展具体咨询工作时，根据项目特点针对性地策划并组织实施。

第8章 组织管理

8.1 管理原则

随着市场经济的逐步完善，轨道交通建设项目已经形成了投资主体多元化、融资渠道多样化、建设管理创新化、建设项目市场化的局面，这进一步要求项目管理者、参与者在整个项目的融资、策划、设计、施工、运维等方面相较传统建设项目具备更高的专业能力和管理能力。城市轨道交通项目的实施是建立在分工明确的基础上，目前项目的组织架构是由建设单位、设计单位、项目管理单位、监理单位、施工单位、设备供应单位等构成的多层级垂直型管理组织。通过对过往项目的研究分析，类似组织架构存在诸多弊端，如项目管理层级较多、信息传递路径长，各参建单位相对独立且沟通协调较为困难，过于强调自身利益、管理效率低下，不利于项目目标的统一和实现。

项目管理贯穿于工程项目从拟定规划、确定项目规划、工程设计、工程施工，直至建成投产为止的全过程，涉及建设单位、工程咨询单位、设计单位、施工单位、材料设备供应单位和行政主管部门等，他们在项目管理中有着密切的联系，但随着项目管理组织形式的不同，各单位在不同阶段又承担着不同的任务。除以上项目直接参与方之外，轨道交通建设项目还涉及其他间接参与方，这些参与方的利益也会受到项目的影响，同时他们的行为也会影响到项目的产出效益。这些利益相关者包括居民、政府有关部门、社区公众、新闻媒体、市场中潜在的竞争对手和合作伙伴等。由于不同利益相关方对项目有不同的期望和需求，如：建设单位重视项目进度，设计人员注重技术，政府部门更多地从城市布局、公共利益等方面考虑问题，居民从出行便利角度考虑等。因此，明确这些利益相关方及其需求，协调和处理好这些关系成为项目管理的重要内容，是确保项目取得成功的关键。

全过程工程咨询单位通常要对项目从立项到设计、施工、验收以及质量保证期服务的整个过程进行有效的管理，前提是做好组织管理工作。不仅需要建立一个完善的组织机构，依据项目特点对项目部人员进行合理分工，使项目部能够高效运转；还需要制定明确的工作进度计划及质量方针，并将各承包单位的工作计划、进度控制、质量标准纳入自身管理范围，同时需要充分发挥好项目管理的作用，协调好各参建单位之间的关系；所有管理工作都须以合同方式加以规定，使之能有效的管理，同时处理好与政府、与周边单位或群众的关系，使项目能顺利进行。

8.2 组织架构

根据《城市轨道交通建设项目管理规范》GB 50722 的要求，城市轨道交通项目全过程工程咨询单位的组织架构应满足项目的前期决策、报批报建、勘察设计、施工监理、调试验收等咨询服务内容的需要，满足项目质量、安全、进度、投资等目标控制的总体要求。全过程工程咨询单位项目组织机构图，如图 8-1 所示。

图 8-1 全过程工程咨询单位项目组织机构图

1. 综合管理部

综合管理部主要负责项目前期手续办理，项目总控计划和策划方案编制工作，项目各项重大事务的组织协调，项目信息资料的收集及日常管理，针对项目部内部诸如人力资源、制度及形象建设、办公纪律等各项综合事务的管理，以及围绕项目建设需落实的项目报批报建手续办理、信息档案、项目参建单位关系协调、驻场办公参建单位办公纪律、廉政纪律、维稳、项目形象宣传及展示等各类综合事务的管理。综合管理的重点以组织协调、贯彻落实为主，有效衔接其他各项专项管理工作，促进项目各项管理工作有序进行。

2. 设计技术部

设计技术部具体负责设计管理制度及流程的建立并控制执行，落实各项设计过程进度、质量、投资的控制，组织设计文件的审核、优化，协调设计配合现场或采购需要出图或出具设计变更，负责组织图纸会审和设计交底工作，协调建设单位及设计单位落实工程变更及各专项设计的审批，协调建设单位及设计单位参与现场质量问题的处理，协调建设单位及设计单位针对现场施工质量定期或不定期巡查，负责设计图纸及资料的日常保管及最终归档管理，负责协助建设单位落实对设计单位的履约质量的检查及绩效考核，负责设计费支付的初步审核等。

3. 招采合约部

招采合约部主要负责造价咨询、招标管理及合同管理等管理制度的建立并控制执行，落实对项目造价、招标、合约工作的日常管理，项目招标方案、招标计划、招标文件、招标公告的审核，招标文件计价、计量、支付、结算等条款的编制及审查，组织开标、评标，负责审核合同以及进行合同谈判和修订，组织造价咨询单位跟随工程进展同步落实相关造价及招标合约工作，针对造价咨询单位提交的各项造价、招标投标成果文件落实审查审核工作，工程进度款审核及支付办理，现场签证及变更价款审核，索赔处理，材料及设备询价定价，项目建设年度月度资金计划的编制，协助建设单位组织、审核办理工程竣工结算等，组织竣工图及竣工结算编制报审工作，处理工程现场的各类责任事件、定损等，合同变更、补充协议办理等日常合同管理工作，以及协助相关管理部门落实参建单位合同履约检查和处罚建议。

4. 工程监理部

工程监理部主要负责项目实施、保修期间的各项监理审查、审核、巡视、旁站及验收工作，落实工程管理的各项计划、建设单位指令，具体工程管理制度的建立并控制执行，协调现场各参建单位的关系，落实对各参建施工单位合同履约情况的检查、督促、处罚，工程变更及合同外项目的实施、落实，施工组织设计及专项施工方案的备案审查，主持或参加各类现场专题会、协调会，现场签证、工程索赔、进度款支付的初步审核，各阶段工程计量审核，现场的安全文明施工管理，组织并参与分部工程及单位工程竣工验收，落实各专业分包单位进场、退场的管理，组织甲供设备进场验收，组织工程竣工结算及归档资料的整理，协助落实项目移交，落实对施工单位、供货单位及主要参建人员的履约评价，协助完成各参建施工单位及主要负责人的后评价等。

5. BIM 技术部

BIM 技术部主要负责审核项目 BIM 总体实施方案和各专项实施方案，规范 BIM 实施的软硬件环境，审核招标投标文件 BIM 专项条款，审核项目的 BIM 实施管理细则与实施标准，组织审查 BIM 相关模型文件，包括建筑、结构、机电专业模型、各专业的综合模型及相关文档、数据、模型深度等应符合各阶段设计深度要求；负责组织审查 BIM 可视化汇报资料、管线综合 BIM 模型成果、BIM 工程量清单、BIM 模型检测报告等工作。

第9章 招标采购与合同管理

9.1 招标采购管理

9.1.1 管理特点及原则

招标采购是项目管理实施的重要环节。若招标采购管理工作做不好，不仅会阻碍项目的正常推进，而且还会影响到项目的预期效益，甚至会导致项目失败。招标采购工作具有目标唯一性、一次性、渐进性、风险与不确定性等项目属性，整个管理过程涉及工程范围、时间、质量、费用、人力、沟通、风险等内容。因此，有必要把每次的招标采购工作视为一个"项目"进行管理，并借助项目管理的方法和工具更高效地完成招标采购任务。

1. 招标采购管理的特点

1）质量特点。服务能力与效果应当满足建设单位的需求。当建设单位需要招标采购服务时，往往无法对其质量和价值预先作出一个准确、定量、标准统一的判断。又由于服务的提供与使用具有同步性，很难做到将服务质量经检查合格后才交付给建设单位。面对招标采购服务内容的复杂多变性，也使得质量管理复杂化。因此，需要从时间性、经济性、功能性三方面来评价招标采购服务的质量。

2）进度特点。招标采购是整体项目管理的一部分，其进度计划必须服从于整体项目的进度要求。城市轨道交通项目招标采购工作一般会持续数年，其进度计划需要满足合理性和紧凑性的要求。

3）成本特点。城市轨道交通项目招标采购成本是指招标采购工作所发生的费用，与一般项目的成本不同，其费用组成主要由人力资源费、市场费、资料费、开标的场地租用费、评标专家咨询费、办公及设施费、企业管理费与税金组成，其中人力资源费用占较大的比例。因此，合理组建招标采购团队及确定适当的组织模式是招标采购成本控制的关键。

4）组织特点。城市轨道交通项目的单项招标采购工作较为复杂且组织结构不稳定。要充分发挥人力资源的优势，项目招标采购管理团队可以同时对若干个项目进行项目群式管理，并结合项目集成管理的方法，协调处理各项目之间的矛盾和冲突。

2. 招标采购管理的开展原则

1）制定适当的质量标准。质量安全问题应放在招标采购工作的首位。招标采购活动的根本目的就是最终采购到符合项目质量要求的标的（服务、施工和货物等），质量要求可分解为招标采购标的质量与招标采购工作的质量。招标采购管理方案中对质量标准的制定是保证项目质量水平的基础，因此要合理制定质量标准，不仅要充分满足项目质量特性的要求，还要适应建筑行业市场的实际情况。

2）经济性原则。经济性原则分解为招标采购标的的经济性和招标采购活动的经济性。招标采购成本的高低将直接影响城市轨道交通整体项目的经济性，因此需要严格把控。

3）工作效率与工作质量应均衡。工作效率将直接影响项目管理成本和进度，这就需要在制定招标采购管理方案时充分考虑采取提高效率和确保工作质量的有效措施。

4）风险责任分配。城市轨道交通项目的建设周期内存在各种风险与不确定性，需要合理分配风险以确保采购合同的顺利执行，而确定风险责任分担是招标采购管理的重要内容。风险责任分配包括可预见性风险、可管理性风险和经济性风险。

5）反欺诈及腐败。公开、公平、公正是招标采购工作的基本原则，也是各参与方应遵守的工作规则和道德标准。在制定招标采购管理方案时，需要充分考虑反欺诈与反腐败的要求。

6）利益回避。项目招标采购过程中的各参与者都应避免利益冲突。

9.1.2　招标策划依据及要点

1. 招标策划依据及内容

招标策划是招标工作的酝酿阶段，是招标调研、方案研讨和方案拟定的总称。

1）项目概况：包括城市轨道交通工程的立项批复、规划批复、线位布置、车站车场设置、施工工法、建设投资等。

2）法律法规：招标投标工作必须遵守建设工程相关法规，例如，《中华人民共和国民法典》《中华人民共和国建筑法》《建设工程勘察设计管理条例》《建设工程质量管理条例》《中华人民共和国招标投标法》等，以及国家、地方颁布的各类规范、标准等。

3）项目管理：包括招标人拟采取的建设管理模式、标段划分、工程筹划、质量安全及文明施工要求、环境保护要求、前期工作要求等，应在符合相关法规前提下最大化满足招标人的管理需求。

4）市场竞争：对城市轨道交通项目施工承包单位进行摸底调研，深入了解市场竞争情况，例如，具备承揽资格的潜在投标人的实际作业能力、专业特长优势、经营战略及区域分布、企业规模及从属关系，本区域的市场价格，本区域承揽项目及信誉评价等内容。

5）项目经验：参照已有类似项目的经验，合理进行建设模式选定、标段划分、资格设定、评标定标办法选定、项目进展计划排布以及应对可能出现的问题等。

2. 招标策划要点

结合以往城市轨道交通项目招标方案的主要关注点，总结招标策划要点如下：

1）施工承包模式：目前，各大城市轨道交通建设单位主要推行大标段总承包模式；这种模式既减轻了建设管理的压力，又能确保建设目标的实现，优势较大，因此得到广泛采用。

2）施工承包范围：以大标段总承包模式为例，施工承包范围一般为前期管线迁改、交通导改、绿化移栽恢复、临时租地、文物勘探、土建施工以及轨道施工等。或者采用全专业总承包，除了前期工程、土建施工和轨道施工外，还包括安装装修、四电系统和辅助设施等。

3）施工标段划分：应综合考虑施工承包范围、施工工法、水文地质、工点位置、投资等要素，以便于施工管理和节约资源。随着城市轨道交通投资加大，建设速度和建设规模不断扩大，建设单位的管理任务越来越重。因此，大标段总承包模式受青睐，一般一条线路划分为 2 至 3 个大标段。

4）资格条件：城市轨道交通项目的投标人资格条件应满足一定限度的竞争数量，避免以不合理的条件排斥、限制潜在投标人。企业资质应包括施工总承包资质和轨道交通工程施工专业资质。类似业绩，一般是指与招标项目在专业、结构形式、使用功能、建设规模等方面相似的建设项目。类似业绩设置时，注意禁止设定限制特定行业或者特定行政区域的条件，另需注意合理设置业绩数量。

5）资格审查：城市轨道交通工程施工业务竞争异常激烈，潜在投标人众多，为减少评标工作量，一般要进行资格预审，但缺点是增加了评标时间。也可选择资格后审方式，能够大幅缩减评标时间。选用资格预审方式时，推荐评审方式采用合格制，可增强投标的竞争性。

6）招标限价：合理设置招标限价，是建设项目投资控制的关键。需要合理设置报价清单及报价，并纳入评标打分，确保投资可控。

7）市场调研：市场调研、收集信息是投标策划和决策的重要依据。需要安排专人搜集、整理包括项目概况、承发包模式、标段划分、承包范围、投标资格、潜在投标人、评标方法和分值设置、控制价设置、成交价格和合同价款等方面信息，以供招标策划、决策参考。

8）评标方法：城市轨道交通项目招标大多选用综合评标法定标，这种方法的优点是纳入了资质、业绩、人员配置、技术方案、质量、安全、进度、文明施工和报价等多项评分指标，能客观全面地反映投标人的综合实力。

9.1.3　招标采购管理方案及计划

1. 制定招标采购管理方案

围绕管理目标制定管理方案是城市轨道交通项目招标采购管理的基础。全过程工程咨询单位在开展项目招标工作之前，通过分析每批／次招标采购项目的需求、招标采购目标以及经济特性、技术特点、管理特征等因素，并依据国家规范和相关技术标准，科学、合理地设定项目招标采购工作的总体规划，相应详细地编制招标采购工作计划和管理方案。依据招标内容的不同，招标采购管理方案的侧重点也各有不同，主要包括：

1）招标采购项目的目标和范围；

2）实现目标的工作要求；

　　3）标段划分和投标人资格条件；

　　4）每批／次招标采购标的和顺序；

　　5）质量、费用、进度需求目标分解；

　　6）招标方式（公开或邀请）、组织形式（委托招标）、评标办法（一般采用综合评估法）、合同计价（一般采用固定单价）形式；

　　7）招标采购的任务和保障措施；

　　8）招标采购团队的组织机构管理、制度及人员配备；

　　9）招标采购项目风险管理；

　　10）其他注意事项等。

　　2. 招标采购管理方案的特点及作用

　　城市轨道交通项目招标采购管理方案为实现风险防控的核心目标，还需具备层次性、基础性、集成性的特点，主要体现在以下几方面：

　　1）根据总体目标构思分项目目标结构；

　　2）指导采购项目管理实施的具体工作；

　　3）拟定项目招标策略。

　　应用科学的招标采购实施方式，制定恰当有效的招标策略，预备充实合理的防范措施，是充分降低招标采购风险的基础。

　　3. 招标采购工作进度规划

　　全过程工程咨询单位应将招标采购工作的责任主体、目标任务、工作方法与相应的起止时间进行统一规划，按照标段划分原则对各批次的招标项目规定起始时间并用横道图表示，以便执行和控制。进度规划的内容一般包括以下几项：

　　1）服务类项目（前期咨询、勘察、设计、监理、第三方监测、桩基检测、工程结算、后评价等）：服务目标、内容、需求特点、时间安排和相关责任主体等；

　　2）施工类项目（土建、设备安装、装饰装修等）：划分标段、建设顺序、工期筹划和相关责任主体等；

　　3）货物类项目（系统设备、车辆、材料等）：货物种类、名称、数量、技术指标、供货顺序、生产制造周期和相关责任主体等。

　　对于城市轨道交通这类综合性的大型工程来说，招标采购管理方案和招标工作进度规划不可一概而论，二者均应得到建设单位的审核、批准后方可实施。如遇到在实施过程中发生变化，修改后应再次得到建设单位批准后实施。

　　4. 招标采购进度计划的编制

　　确定招标采购工作顺序，是编制城市轨道交通项目招标采购进度计划的前提条件。招标采购工作应首先确定工作的逻辑关系，从而制定项目进度管理任务。由于城市轨道交通项目招标采购工作需遵守先后制约关系的限制，因此每项工作的执行均须依赖于其紧前工作的完成，即工作先后依赖关系。工作先后依赖关系有两种：一种是工作之间本身存在的且无法改变的工艺关系，例如，先设计后施工的关系；另一种是人为确定的、两项工作可先可后的组织关系。一般而言，确定工作先后关系时首先应识别工作本身存在的工艺关系，在此基础上再确定各工作之间的组织关系。

招标采购的进度计划制定应依据招标采购的时间要求、特点、技术经济条件、各项工作持续时间以及其他限制和约束条件。城市轨道交通项目建设周期控制较严，其对于每项工作的持续时间都有严格的限制，还要考虑竞争机制的存在及其他制约条件，即存在所谓的强制日期或时限。此外，城市轨道交通项目招标采购过程中必然会存在一些关键事件或者里程碑事件，这些都是编制进度计划中所必须考虑的重要因素。在编制招标采购进度计划时，还应注意招标采购活动中各项工作开展顺序、持续时间以及相互衔接关系，具体编制步骤如下：

1）分解工作内容，确定工作顺序；

2）估算各项工作的持续时间；

3）确定时间进度；

4）平衡管理因素之间的相互关系；

5）应用相关工具（例如，关键路径法、横道图等）编制进度计划。

5. 项目各阶段的标段划分管理

《城市轨道交通建设项目管理规范》GB 50722 中规定了"城市轨道交通工程勘察、设计、施工、监理以及重要物资、设备等采购，应依法进行招标投标。任何单位和个人不得将依法必须招标的城市轨道交通项目以任何理由或形式规避招标"。这说明城市轨道交通工程的招标采购活动是有法可依且有法必依。GB 50722 中对于如何制定招标计划、标段划分原则以及明确招标方式等内容作了进一步说明。

根据采购标的的起始时间、工作间的工艺关系还有整体项目的进度安排，首先需要对设计总体单位进行招标。总体设计是指在可行性研究报告基础上，对城市轨道交通项目全线控制性方案进行全面研究设计，其具体目标是落实外部条件、稳定线路站位；明确功能定位，确定运营规模；理顺纵向系统，明确横向接口；统一技术标准，分割工程单元；筹划合理工期，控制投资总额，并最终形成总体设计文件，作为指导轨道交通工程各单项工程初步设计的依据。

在确定设计总体单位后，通过招标方式确定分项设计单位。分项设计内容包括土建工程（车站、区间、轨道、车辆基地等）、系统工程（供电、通信、信号等）、专项设计（标志标识、装修等）、综合性工程（线路、限界、行车组织等）。

当设计单位完成初步设计后，全过程工程咨询单位应制定招标采购计划，确定每阶段、每批次的采购任务。土建施工是工程实体形成的直接途径，因此在划分土建施工项目标段时，应按如下原则进行：

1）标段划分宜大不宜小，有利于集中力量和施工资源；

2）按照施工组织设计工期安排、工程特点，统筹兼顾、系统策划，有利于各工程的施工在工序、时间、空间和管理等各环节的统筹安排和合理衔接，有利于资源合理配置和均衡利用，有利于工程质量、施工安全和进度控制；

3）大力推行工程总承包模式，合理利用和充分发挥专业装备优势，减少管理协调，有利于施工技术管理、施工队伍、工装设备等资源的合理调配，发挥出规模效益；

4）结合行政区域、设计单位设计里程碑分界、场地平面布置，有利于土石方调配、合理组织材料运输，有利于大型临时设施、过渡工程和辅助工程的合理配置；

5）有利于分段施工、分期投产，尽早发挥投资效益；

6）有利于减少招标工作量，控制招标成本。

城市轨道交通工程设备各专业系统标段／批次划分应充分考虑与土建接口相配合、各系统搭接顺序、制造集成时限等因素，具体如下：

1）供电专业：根据设备种类及供货商的资质条件将划分为多个标段；

2）通信专业：分为传输系统、无线系统、其他子系统集成和公安安防系统四个批次；

3）空调与供暖系统、给水排水及消防系统：可根据土建施工进度、设备供货时间以及市场情况，分为系统设备采购和设备安装两个标段；

4）信号专业：分为系统设备和设备安装两个标段；

5）车辆专业：分为牵引制动系统和牵引制动系统外整车两个标段；

6）FAS、环境与设备监控系统（BAS）及综合监控系统：分为三个标段；

7）城市轨道交通自动售检票系统（AFC）：一个标段；

8）屏蔽门系统：一个标段；

9）电梯专业：分为自动扶梯设备采购及安装、垂直电梯设备采购及安装两个标段。

城市轨道交通工程招标采购工作总体任务，如图 9-1 所示。

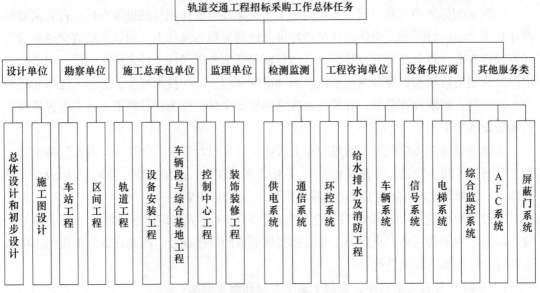

图 9-1　城市轨道交通工程招标采购工作总体任务

城市轨道交通工程施工／材料设备开标情况及现场原始测量单应按附表 2-1～附表 2-2执行。

9.2　合同管理

9.2.1　合同管理特点及原则

合同管理贯穿于工程项目管理的全过程，是实现工程项目目标的前提条件，是降低企业风险、提高经济效益的重要手段。只有做好项目各阶段的合同管理工作，规范合同双方履约行为，才能确保项目目标的实现。

城市轨道交通工程涉及的专业繁多，导致相应的专业承包合同也多，因此在拟定合同时相应的难度就会加大，需要协调好各专业承包单位之间的关系，进而造成合同管理的工作难度加大，对管理人员的专业技术要求也更高。由于建设周期较长，相应的合同时效长、管理周期长，这对合同管理人员的工作标准化和延续性提出更高的挑战，若不能严格按照合同要求对工程项目进行监察和管理，则无法保障轨道交通工程的建设质量，增加建设风险。城市轨道交通工程项目所涉及的合同金额大，合同主体素质参差不齐，违约风险较高。

合同管理的原则主要包括：① 合理建立城市轨道交通工程合同管理制度并严格按照制度程序进行管理动作；② 依法签订合同，保证合同内容合法、公平、公正；③ 认真起草合同条款，增强预见性、尽可能规避风险；④ 严密跟踪管理，正确行使合同权利、履行合同义务，提高合同双方的履约率；⑤ 专人管理，多方参与，综合约束，互相监督。

9.2.2　各阶段合同管理内容

全过程工程咨询单位需要协助建设单位管理项目合同的编制、签订、实施、变更、索赔和终止等相关事项。项目建设各阶段合同管理的主要内容和要点如下：

1. 合同订立阶段的管理内容

全过程工程咨询单位需要协助建设单位进行合同的订立，主要包括合同体系的策划及范围的选择、承发包模式选择、合同种类选择、招标方式选择、合同条件选择、合同风险策划、重要合同条款的确定、合同体系协调等内容。具体内容如下：

1）合同体系的策划及范围的选择。在项目分解结构（WBS）的基础上，首先决定项目应分解成几个独立合同，确定每个合同的工程范围；一个个独立合同进而形成项目的合同体系；标段划分的大小主要从委托方、承包商、工程、环境四个方面统筹考虑。

2）承发包模式选择。可采用的承发包模式有分阶段分专业工程平行发包模式、EPC施工总承包模式以及其他工程承包模式等。

3）合同种类选择。根据项目特点和实际情况，来选择不同的合同类别，例如，单价或综合单价合同、总价合同、成本加酬金合同、目标合同等。

4）招标方式选择。招标可选择的方式有公开招标、邀请招标、竞争性谈判、竞争性磋商以及单一来源采购等方式。

5）合同条款选择。建设单位可以选择再委托专业咨询单位来起草合同条款，也可以由全过程工程咨询单位选择标准合同条款。

6）合同风险策划。全过程工程咨询单位要协助建设单位进行合同风险识别、风险分析、风险评定和风险处理等工作。

7）重要合同条款的确定。全过程工程咨询单位要协助建设单位对合同中涉及的重要条款进行商定，包括付款方式，合同价格的调整、范围、方法，对承包商的激励措施，确保双方诚信的条款，合同发生分歧时仲裁的地点、程序，以及对工期、投资、质量、安全、环保、沟通、资料等工作的限定条件。

8）合同体系协调。全过程工程咨询单位要协助建设单位在招标前对项目进行系统分析，确定工程项目的实施范围，分析项目结构及项目任务间的界面，形成书面文档。

2. 合同履行阶段的管理内容

1）合同分析与交底

合同分析是从执行的角度解读合同，将合同目标和合同规定落实到具体问题上，用以指导合同执行的具体工作。而合同交底工作以合同分析为基础，是向合同执行部门和执行人员介绍合同重点及执行计划。全过程工程咨询单位需要协助建设单位进行合同交底工作，合同交底内容主要包括：

（1）承包单位的主要合同责任、工程范围和权利；

（2）建设单位的主要责任和权利；

（3）合同价格、计价方法、补偿条件；

（4）工期要求和补偿条件；

（5）工程中的一些问题的处理方法和流程，如工程变更、付款程序、验收方法、质量、进度、投资、安全、环保控制等；

（6）争执的解决方法；

（7）双方的违约责任；

（8）在投标和合同签订过程中的情况；

（9）合同履行时应注意的问题、可能的风险和对策等；

（10）合同要求与相关方期望、法律规定、社会责任等的相关注意事项。

2）合同实施的管理内容

全过程工程咨询单位需要协助建设单位对合同实施过程进行监督和管理，主要内容为：

（1）围绕部门职能及管理对象划分，明确单项合同履约管理责任部门及责任人；向项目经理、各职能人员、所属承（分）包单位的工程负责人宣讲合同精神，解释合同；

（2）对来往信件、会谈纪要、指令等进行合同法律方面的审查；

（3）对工程项目的各个合同执行进行协调；

（4）将合同归档管理，记录合同范围变更和因变更导致的成本、进度计划和任何商务及法律条款变更；记录对合同的修订，收集、记录和存档承包单位等申报的各种文件、谈判纪要和来往信件；

（5）对合同实施过程进行监督，做好协调和管理工作，应定期进行验证，以确保项目组、承包单位、建设单位等的工作都满足合同要求；确保每个承包单位都正确履行合同；

（6）追踪对承包单位履约状况，主要分为日常性追踪和集中的考核评价；

（7）合同诊断。在合同追踪的基础上对履约情况的评价、判断和趋向分析、预测；

（8）调解合同争执，包括各个合同争执以及合同界面之间的争执；

（9）合同变更管理；

（10）处理索赔与反索赔事务。

3. 合同的修正、补充、变更和解除

1）在合同执行过程中，建设单位提出需要修正、补充、变更或解除时，由全过程工程咨询单位招采合约部提出相关建议，列明理由、内容，按合同签订程序办理审批手续。

2）当承包单位提出修正、补充、变更或解除合同时，由全过程工程咨询单位招采合约部提出初步审核意见，按合同签订程序办理审批手续。

3）新增原合同内容以外的委托项目时，须有建设单位发出的书面通知。

4）出现下列情况之一时，可签订补充协议：

（1）新增减工程项目或新增减货物引起费用增减，超过原合同金额的5%；

（2）合同中工程数量或货物数量变化引起费用增减，超过原合同金额的5%；

（3）原合同条款欠完善，或存在歧义时；

（4）因其他原因需合同双方重新协商时。

5）发生合同纠纷时，全过程工程咨询单位须协助建设单位组织成立合同纠纷处理小组，收集准备资料，按照合同约定的程序和办法来处理合同纠纷。纠纷经处理后达成一致意见的，需要签订书面协议。

4. 合同后评价阶段的管理内容

合同的履行过程和履行完毕，需要按照合同约定的履约评价办法组织过程及全部履约评价，全过程工程咨询单位需要协助建设单位进行合同后评价，总结合同签订和执行过程中的经验教训。全过程工程咨询单位应指派专门验收人员对合同履行情况进行验收总结，填写合同履行情况总结书，应标注履行合同的编号、单位名称、合同内容、合同履行的时间、企业收益、履行期间的困难、合同履行的启示、合同履约总体评价等情况，为后期类似合同风险的防范提供借鉴。合同后评价的主要内容包括：

1）合同签订情况评价；

2）合同执行情况评价；

3）合同管理工作评价；

4）合同条款分析；

5）合同体系分析；

6）其他。

第10章 报批报建管理

前期报批报建是项目管理的重要组成部分。报批报建工作涉及的审批部门多、周期长、内容繁琐，其进度的快慢将直接影响工程能否按期实施。以某市的市政交通类项目报批报建流程为例，报批报建流程主要分为5个阶段，具体包括立项及前期阶段、选址及用地规划许可阶段、建设工程规划许可阶段、施工许可阶段及竣工验收阶段。轨道交通建设项目主要通过投资项目在线审批监管平台及其子平台实行在线申报和审批。市政交通类项目报批报建流程情况，如图10-1所示。

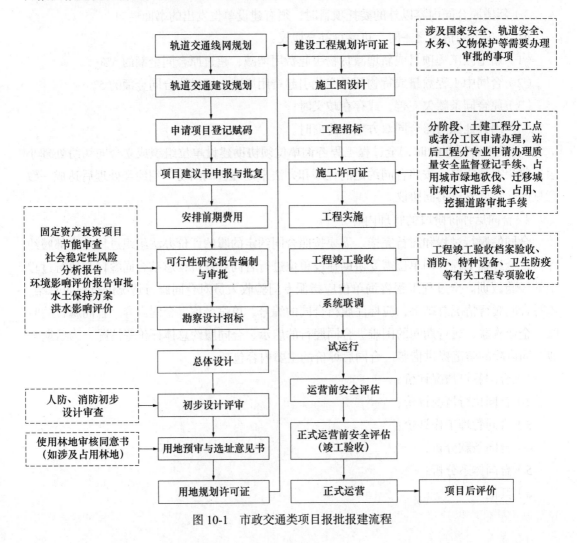

图 10-1 市政交通类项目报批报建流程

86

2019 年 5 月，国家相关部门发布了《中共中央、国务院关于建立国土空间规划体系并监督实施的若干意见》和《自然资源部关于全面开展国土空间规划工作的通知》（自然资发〔2019〕87 号）。两份文件均规定：今后所有城市不再编制总体规划，而以国土空间总体规划代替总体规划，作为编制城市轨道交通线网规划的上位依据。城市轨道交通线网规划作为国土空间总体规划的专项规划，其规划线路应在城镇开发边界范围内布设，且线网规划成果应纳入国土空间总体规划。对于线路和车站的设置方案、主变电站和车辆基地选址，应纳入控制性详细规划进行用地控制，预留城市轨道交通线路后期实施条件。

地方轨道交通主管部门负责统筹协调地方轨道交通线网规划、近期建设规划、轨道交通项目及配套工程的设计、建设、运营、综合开发及投融资等工作，组织开展项目工程可行性研究、社会稳定风险评估、初步设计审查及初期运营安全评估，监督和检查轨道交通建设工作，对轨道交通项目的建设审批进度进行统筹和协调。

10.1　立项及前期阶段

10.1.1　线网规划

线网规划一般委托规划单位或专业咨询单位来实施，确定城市线网的规模、线网的形态、系统的制式、线路大致走行方向、车站布设、车辆、车辆段选址、联络线及工程总体投资。确定后上报政府审批，但无须国家发展和改革委审批。城市轨道交通线网规划报批流程，如图 10-2 所示。

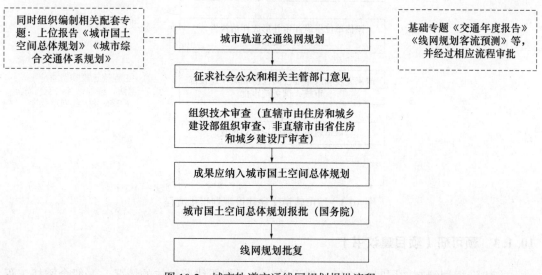

图 10-2　城市轨道交通线网规划报批流程

10.1.2　建设规划

城市轨道交通建设规划由建设单位组织编制。编制目的是明确远期目标和近期建设任务，以及相应的资金筹措方案，控制好轨道交通建设的节奏，依据城市的发展和财力情况量力而行，有序发展。

轨道交通建设规划编制的主要内容是确定近期建设的线路以及线路建设的时序，线路修建的必要性、建设线路的路由、敷设方式、车站布设、车辆段选址、工程筹划、工程投资及资金筹措等方面。已批复建设规划是城市轨道交通项目立项的依据，也是落实线网规划的重要举措。国家发展和改革部门下发的近期建设规划批复作为轨道交通项目立项文件。建设单位根据国家发展和改革部门近期建设规划批复向地方发展和改革部门申请项目登记赋码。

城市轨道交通建设规划报批流程情况，如图 10-3 所示。

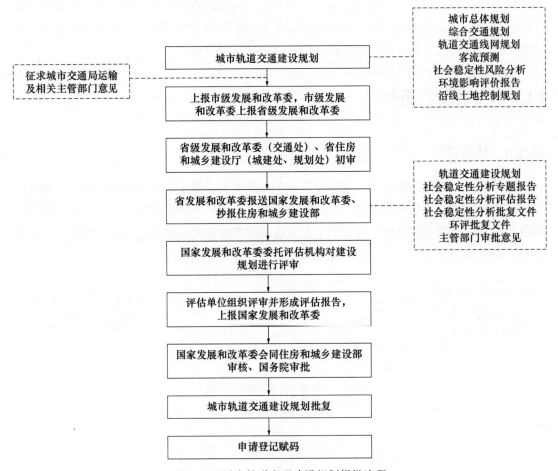

图 10-3 城市轨道交通建设规划报批流程

10.1.3 预可研（项目建议书）

在建设规划编制的同时或之后，建设单位为了把握线路整体的情况，一般会委托工程咨询单位来做线路的预可行性研究报告，主要是研究线路的路由方案、车站的布置、车辆段的选址和重难点工程的初步研究与工程投资，给出推荐的整体方案供建设单位参考。在某些城市，预可行性研究报告也可作为项目建议书上报政府审批。

近期建设规划外的轨道交通项目按照政府投资建设项目的相关规定进行前期研究论证，编制项目建议书。经地方政府审批的轨道交通项目，建设单位可以以地方政府常务会议纪要作为项目立项文件向市发展和改革部门申请项目登记赋码。

根据轨道交通项目的特点，政府的在线平台报建审批模块中会预留开发接口，在轨道交通项目分工点（车站、区间、场段、主所等）规划审批时，规划和自然资源部门可以增设编码分支。

10.1.4　可行性研究报告

在建设规划由国务院审批通过后，每条线路就可以开展可行性研究工作。可行性研究阶段算得上是承上启下，是线路前期工作的最后一环，也是设计阶段开始的依据。可行性研究报告一般由建设单位直接委托或者通过竞标的形式来确定编制单位，同步开展的还有线路的客流预测工作、环境影响报告、地质灾害危险性评估、场地地震安全性评价报告以及安全预评价等工作，每项工作均需进行评审，形成评审意见后的可行性研究报告须上报发展和改革部门审批。

因城市规划、工程条件、交通枢纽布局、地下空间开发等因素影响，导致车辆选型和编组、车站数量、敷设方式、线位调整、车辆基地选址、地下空间发生变化涉及详细规划调整的，经地方政府审议决定后，详细规划编制部门须在规定的工作日内按照相关程序完成相应的详细规划调整编制工作。

城市轨道交通可行性研究报告报批流程情况，如图 10-4 所示。

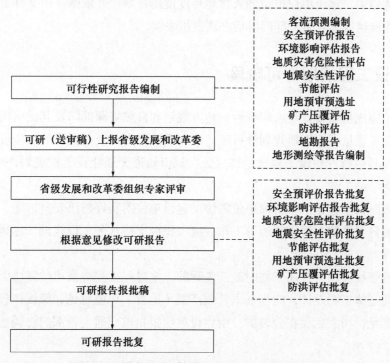

图 10-4　城市轨道交通可行性研究报告报批流程

10.2 选址及用地规划许可阶段

可行性研究报告完成后，全过程工程咨询单位须协助建设单位按时完成初步设计工作，向轨道交通主管部门申请初步设计专家评审和政府审查，政府审查由轨道交通主管部门会同相关行政批部门开展。待专家评审会和政府审查会结束后，须及时完成专家评审意见和政府审查意见落实情况报告报轨道交通主管部门。轨道交通主管部门根据专家评审意见和政府审查意见完成初步设计批复。取得批复后，建设单位可以分工点（车站、区间、场段、主所等）补充申报项目用地预审与选址意见书。地方规划和自然资源部门及其派出机构在受理后一定工作日内依次办理批复各工点的项目用地预审与选址意见书、用地规划许可（或者规划设计要点）等手续。

对于占用周边权属用地的工点，地方规划和自然资源部门可以核发项目用地预审与选址意见书，用地预审与选址意见书作为土地整备的依据。

对于涉及土地整备、用地批准及国家、省事权的审批等原因暂时无法办理用地规划许可证的，由地方规划和自然资源部门在在线平台征询相关主管部门意见后，先行出具规划设计要点，建设单位应当在主体结构施工许可办理前完成用地审批、用地规划许可等相关行政审批工作。

用地预审与选址意见书作为使用土地证明文件。地方规划和自然资源部门及其派出机构可依据用地预审与选址意见书核发建设用地规划许可证（或者规划设计要点）。

对占用林地的，建设单位申请纳入林地年度使用计划，并依据立项文件、用地预审与选址意见书等向辖区林业主管部门申请办理占用手续。

10.3 建设工程规划许可阶段

建设单位完成初步设计政府审查后，地方规划和自然资源部门及其派出机构依据项目用地预审与选址意见书、用地规划许可证（规划设计要点）及经批复的初步设计文件在受理后一定工作日内核发建设工程规划许可证。城市轨道交通建设工程规划许可报批流程，如图 10-5 所示。

工程实施时，全过程工程咨询单位需协助建设单位落实好防汛安全措施、配合水务工程运营单位的日常维护、清淤整治等工作。应当积极支持水务工程建设，尽量预留后续河道改造的条件。

涉及市政管线类项目，属于临时改迁工程的，全过程工程咨询单位需协助建设单位组织编制临时改迁施工图设计，应当征求管线产权（运营）单位意见，管线产权（运营）单位及时回复意见；当意见存在分歧的，由建设单位报轨道交通主管部门协调达成一致后组织实施。

涉及市政管线类项目，属于永久改迁工程的，地方规划和自然资源部门及其派出机构对建设单位申报的设计方案进行核查，在一定工作日内核发设计方案审查意见书。取得设计方案审查意见书后，建设单位应当及时申报市政管线的建设工程规划许可手续，地方规划和自然资源部门及其派出机构应当在一定工作日内核发建设工程规划许可证。

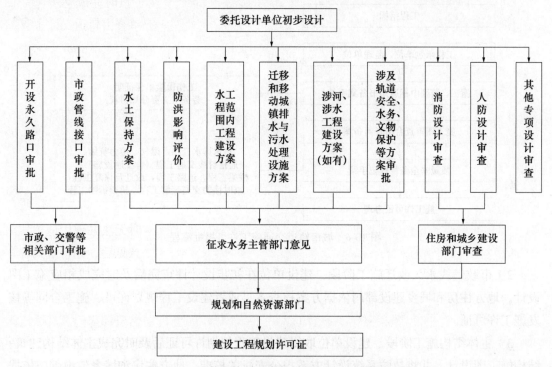

图 10-5　城市轨道交通建设工程规划许可报批流程

永久改迁工程涉及规划调整的，由轨道交通主管部门协调明确方案，建设单位按照前款规定申报设计方案核查手续、市政管线的建设工程规划许可手续，地方规划和自然资源部门及其派出机构应当在一定工作日内出具建设工程规划审查意见，核发建设工程规划许可证。

10.4　施工许可阶段

轨道交通项目的初步设计或施工图设计完成后，建设单位即可按照相关程序开展工程招标工作。施工许可证由建设单位分阶段、分工点（土建工程）或者分工区申请办理，地方住房和城乡建设部门在一定工作日内完成审批。城市轨道交通施工许可报批流程情况，如图 10-6 所示。

1）围护结构（含桩基础、基坑支护、土石方等基础工程）施工阶段，建设单位在初步设计评审结束后及时完成相应施工图设计，地方住房和城乡建设部门依据用地预审与选址意见书、施工合同及监理合同关键页、安全生产承诺书、建筑工程质量终身责任承诺书等核发施工许可证。

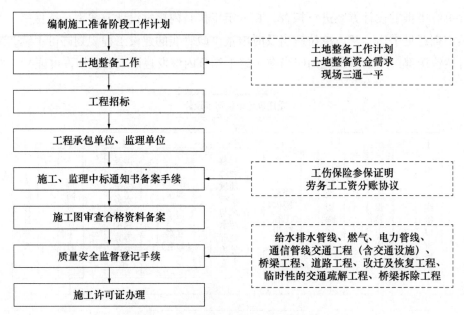

图 10-6　城市轨道交通施工许可报批流程

2）市政管线永久改迁施工阶段，建设单位在初步设计评审完后及时完成相应施工图设计，地方住房和城乡建设部门依据方案核查意见或者建设工程规划许可、施工合同等核发施工许可证。

3）主体结构施工阶段，建设单位取得建设工程规划许可证后及时完成主体结构建筑、结构施工图设计，并将技防系统设计方案报公安机关核准，地方住房和城乡建设部门依据用地预审与选址意见书、建设工程规划许可、施工合同等核发施工许可证。

4）站后工程（附属工程、装修、常规设备安装、系统设备安装、轨道工程）施工阶段，地方住房和城乡建设部门依据用地预审与选址意见书、工程规划许可、施工合同等核发施工许可证。

5）施工许可核发可根据土地整备完成情况分批进行，完成土地整备范围的部分先行核发施工许可。

6）需要占用挖掘道路、开设临时路口、穿越道路架设、增设管线设施的，建设单位应当编制交通组织方案，并将方案通过在线平台同步报交通运输部门和交通警察部门，由交通运输部门和交通警察部门从产权管理和交通秩序管理方面分别办理，统一出证。

7）涉及城市管理部门的绿化树木，建设单位依照管理权限向地方城市管理部门申请办理占用城市绿地和砍伐、迁移城市树木审批手续。私有产权、私人用地的绿化树木，可采用货币补偿和原标准恢复方式，补偿、迁移及恢复费用纳入轨道交通土地整备或者迁移费用，由建设单位负责实施。

8）建设单位根据工程需要对临时用地进行选址并取得相关单位同意使用的意见后，按照有关规定办理审批手续。涉及永久道路红线的临时施工用地，按规定办理占用、挖掘道路审批手续，不再办理临时用地手续。建设单位完成工程竣工验收后，应当在临时用地使用期限内完成临时设施的拆除、恢复、重建及移交工作。

10.5　竣工验收阶段

建设单位向各主管部门提交工程专项验收申请后，由各主管部门成立验收机构，制定验收实施方案，并根据建设单位的需要，实行联合验收或者分项验收。采取分项验收的，由各专项验收主管部门单独验收。工程验收合格后，建设单位组织编制工程结算报有关部门进行审计。

轨道交通工程系统联调结束，试运行时间不少于 3 个月，且关键指标达到要求，按规定通过专项验收并经竣工验收合格后，建设单位向轨道交通主管部门申请初期运营前安全评估。通过初期运营前安全评估并按照评估意见整改后，轨道交通主管部门在第三方安全评估机构出具初期运营前安全评估报告之日起一定工作日内，向地方政府报告评估情况，申请办理初期运营手续。经政府批准后，轨道交通项目按公告时间投入初期运营。轨道交通项目初期运营期满一年，运营单位向轨道交通主管部门报送初期运营报告，轨道交通主管部门组织正式运营前安全评估。初期运营期间通过安全评估，工程按规定验收合格并通过安全评估投入使用或者履行设计变更手续后，方可依法办理正式运营手续。

建设项目取得土地权属证明、建设工程规划验收合格证明、竣工验收合格证明以及竣工测绘报告后，可向不动产登记机构申请办理不动产登记。不动产登记证件作为在线平台建设项目审批办结信息。

城市轨道交通工程竣工验收报批流程，如图 10-7 所示。

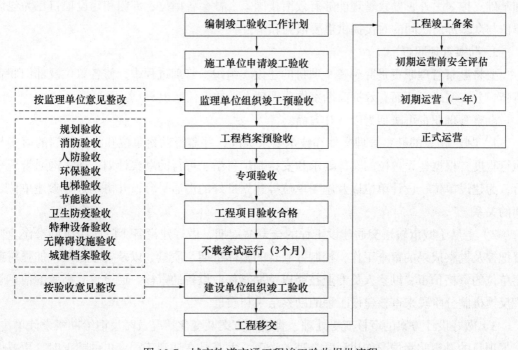

图 10-7　城市轨道交通工程竣工验收报批流程

第 11 章　勘察设计管理

11.1　勘察管理

作为重要的基础性工作，城市轨道交通工程勘察管理必须要有清晰的定位以及明确的目标，要站在建设工程全寿命周期的角度来明确具体的管理职责，采用科学的管理方法来厘清思路，抓住勘察管理的重难点，有针对性地把控关键步骤和环节，同时，在工作过程中要注重归纳总结，以便提升勘察管理能力和水平。

11.1.1　目标与职责

1. 勘察管理目标

轨道交通建设工程的建设规模和整体要求要高于一般工程，明确、合理的勘察管理目标定位能够提高轨道交通工程的建设效率和进度。因此在勘察管理过程中，要根据项目定位来树立高效优质的勘察管理理念，为后续的设计管理以及建设投资过程提供清晰的思路和基础支撑。另外，勘察管理能够有效衔接国家、社会各单位、部门和建设项目，为建设单位与众多部门之间的对接提供重要依据和平台。

2. 勘察管理职责

要将勘察管理职责贯穿到整个项目的建设、组织、管理过程中，使各单位及部门职责清晰、分工明确，从而有效提高勘察作业管理人员的责任意识。

勘察管理职责可概括为以下几方面：

1）制定相关的勘察管理文件和技术要求标准，并监督勘察单位和相关部门的落实与执行程度，根据建设单位的具体要求和安排制定科学、可行的勘察计划，建立沟通管理平台，为建设单位、设计单位以及施工单位等建立良好的沟通平台，并协调好各参建单位之间的关系。

2）立足于城市轨道交通建设工程的全寿命周期，做好建设各个阶段相应勘察作业监督把控及勘察成果的审查工作，控制好项目的整体工期、质量，以及资金投入，加强对勘察单位的资格预审、勘察人员专业技能以及勘察作业设备的审核。通过建立高效的信息管理反馈机制分阶段来审核建设工程的勘察结果和质量。

3）做好设计方案的审核变更处理，将设计方案及变化情况及时反馈给勘察设计单位，根据项目的勘察实际情况作出科学合理的调整，尤其是在遇到工程变更的情况时，更要做好相关专业的审核管理工作。

11.1.2　方法和原则

要明确勘察管理思路、厘清管理步骤，采用科学合理的管理方法将建设单位、设计单位和勘察单位等资源进行有机整合，从而提高勘察管理的质量和效率。

1. 按阶段性管理程序的思路和方法

城市轨道交通工程的勘察管理可以分为四个阶段，分别为组建阶段、准备阶段、执行阶段、结束阶段。其中，组建阶段可以包括确定初勘单位选择方式、编制招标文件与初勘任务书、招标采购、合同签订以及确定工程勘察团队人员；准备阶段可以分为大纲管理和计划管理，其主要是根据规划大纲和制定计划来实施勘察管理；执行阶段可分为信息管理和质量管理，其主要工作是根据整个执行过程中的信息整合来落实具体的勘察工作，从而保证和提高整体勘察质量；结束阶段的管理内容主要是变更管理和归档管理，根据勘察工作的具体情况，作出适当的调整，勘察结束后，要对相关的文件和档案进行整理、归纳和总结。

2. 勘察管理的基本原则

1）实时性原则

针对工程勘察的管理应当与各个阶段的勘察工作实时同步，对勘察设计、标准选取、进度情况以及成果质量等方面进行实时动态管理，做到管理与进度同步，及时发现并解决问题。

2）标准化管理原则

应对工程勘察阶段进行标准化管理，需要在前期做好勘察管理策划方案，制定和完善各项规章制度，对项目的每个环节、工作流程运用标准化管理手段，从根本上解决工程勘察的质量问题。另外，要强化计划管理和责任意识，加大培训力度，从根本上提高人员的素质，更好地落实标准化管理举措。

3）前后延伸原则

为了有效保证工程勘察质量，要加强勘察过程中的质量控制，以减少勘察质量的隐患。在勘察工作前期要加强选址、规划和某些重要参数的研究工作；在建设项目的施工过程中要加强项目招标投标、现场踏勘、设计书编写、野外作业、工程验收、竣工验收等各个环节的质量管理和把关。

11.1.3　各阶段勘察管理

1. 可行性研究勘察管理

全过程工程咨询单位要监督勘察单位在城市轨道交通工程建设范围内，依据勘察规范进行布孔钻探，并对场地的工程建设适宜性作初步的判断。

1）了解工程区域构造背景，初步确定所属大地构造单元及地震动参数，分析其构造形迹特征及对工程的影响。

2）调查工程区分布的主要不良地质条件，查明其性状、规律，分析断层的活动性。

3）调查区域地质构造和地震活动情况，对工程区的区域构造稳定性作出初步评价。

4）初步查明拟建工程范围内的地质条件，对影响方案选择的主要工程地质问题做出初步评价。

5）调查本工程的水文情况，如历史最高水位，最低水位以及水面的通航情况等。

2. 初步勘察管理

全过程工程咨询单位要监督勘察单位在可研阶段勘察成果的基础上开展初步设计阶段的地质勘察，依据工程的专业特点，获取初步设计所需的工程地质信息。工程重点应查明场地内各土层、岩层的物理力学性质、岩层构造情况、裂隙发育情况、不良地质情况、地下水特征等。

1）该阶段勘察工作应查明线路工程适宜性，若场地地质条件不宜直接进行工程建设，那么勘察专业应提供可选的处理方案建议。

2）区域构造稳定性分析。在可研阶段的基础上进一步查明区域地质条件，论述可行性研究阶段的研究成果及其结论。对于本阶段在区域构造稳定性、地震活动性方面有新增资料的，应对区域构造稳定性作进一步的论述和复核。

3）不良地质勘察。查明工程主体及其附属建筑物区域的土层特性、岩性与结构、主要地质结构、岩体风化情况、卸荷与岩土体特性、地下水埋藏情况，对其稳定性和可能带来的破坏作出评价和预估，并提出治理措施和建议。

3. 详细勘察管理

全过程工程咨询单位要督促勘察单位做好以下工作：

1）配合设计招标；对拟建工程相关的特殊地质问题进行专题研究。

2）针对初步设计阶段未查明地质问题的补充勘察、施工地质配合与地质资料复核、编录，并作好施工期地质预测与预报。

3）对于隧暗挖工程、基坑明挖工程，施工期尚需进行地质资料复核，并结合开挖地质条件的变化，对相应工程地质问题作出准确的分析和判断，配合各方对施工方案进行及时调整和完善，并就有关地质问题作出及时的预测和预报，必要时进行补充地质勘察工作（施工勘察）。

4）必要时，可要求勘察单位对包括临时道路、建设单位及施工单位的施工、生活营地等临建设施进行选址调查。

5）依据工程具体情况，对特殊不良地质问题专题研究，如地质灾害评估。

11.1.4　勘察管理重点

1. 充分重视城市环境勘察工作

针对城市轨道交通工程影响范围内的城市环境勘察工作应给予同地质勘察一样的重视。在地质勘察中，应对断层、岩溶、液化砂层等不良地质体给予相当多的重视；在城市轨道交通工程勘察中，有必要对邻近的道路、管线、桥涵、房屋等建构筑物给予同等程度的重视。

因此，需要在初步设计概算和施工图预算中，预留足够的环境勘察费用，使得这项工作的开展有足够的资金保障；城市环境勘察的工作量应结合本城市轨道交通建设的经验和地质条件确定，工作深度应等同于地质勘察；建立环境勘察的技术要求或规范性文件，使环境勘察的范围、深度、分析方法、成果表达方式等技术细节及管理有据可依；建立环境勘察工作的过程监督、监理机制。

2. 加强工程勘察管理与设计之间的联系

全过程工程咨询单位应协调设计单位参与勘察大纲、勘察实施方案的审查工作，并理顺勘察人员与设计人员之间的信息交流通道，使得阶段性勘察结果和各阶段设计方案的调整等信息能迅速快捷地在勘察和设计人员之间交流；最后，工程勘察成果的分析工作应由勘察单位、全过程工程咨询单位和设计单位共同完成。

3. 因地制宜调整勘察工作精度和工作量

在城市轨道交通工程勘察管理和城市建设勘察经验的基础上，因地制宜地调整勘察工作精度和工作量。针对区域地层基岩起伏较大等情况，初勘精度和工作量、详勘精度和工作量都需要加大，且应超过规范规定值；根据线网规划的稳定程度，适当增加可研阶段、初步设计阶段的勘察精度和工作量。

4. 重视现场情况的复测工作

在现场勘查工作开始前，全过程工程咨询单位应督促勘察单位对建设单位所提供的前期测绘图纸做好现场情况的复测工作，确保其有效性。并结合施工现场具体地理环境特征，评估工程施工期间可能发生的施工风险问题，结合项目安全管理体系制定专项应急预案，确保工程施工期间的安全管理职责能够落实到位。

5. 合理布置勘探点

城市轨道交通工程对于地基基础的承载力要求更加严苛，通过合理设置勘探点的位置，为工程后续设计方案的制定提供重要数据依据，进一步增强轨道交通工程建设的安全性，确保后期建设工作有效开展。在勘察作业环节，需要结合地基复杂等级并结合当地工程经验及地方规定，合理设置勘探点间距。根据拟建建筑场地现场实际情况，了解结构单元不同地貌单元跨越特征，合理布置勘探点。

6. 控制勘探孔深度

通常情况下，勘探孔的深度需要着重考虑场地相邻工程地质情况、建筑物结构特点及荷载情况，满足设计和荷载要求等。若地层起伏较大，相邻勘探点所揭露桩端持力层层面坡度超过 10%，勘探点应适当加密。

7. 选择适宜勘察技术

全过程工程咨询单位需要督促和把控勘察单位选择适宜的勘察技术手段，以获得更为精准的勘察数据，主要结合工程所在地区地质条件、地理环境特征、建筑物结构特点以及设计要求来进行选择。工程勘察过程持续时间短则数周、长则逾年，具有流程复杂、战线漫长、相关方多、工作量大的特点。目前，信息化技术迎来了高速发展，其与行业结合形成"互联网＋"概念。通信基站的建立、通信设备的普及、实时数据传输等便利条件，都为信息化技术与勘察结合提供了便利。

8. 培养勘察管理人才

近年来我国的城市轨道交通行业在高速发展和提高，虽然工程咨询单位众多，但具备高素质的综合性技术管理人才也极其短缺。另外，随着城市化的不断加快，轨道交通工程的建设周期在缩短，而整体工程质量要求却不断提高，因此，要不断的发展和完善勘察管理技术和方法，提升整体勘察管理水平和能力。

11.2　设计管理

11.2.1　管理方法

1. 边界管理

由于城市轨道交通工程规模巨大、系统复杂，在开展设计管理工作前不得不把它们按照一定的划分原则拆分开来，分配给不同的单位去承担。因此就会产生一系列的项目边界，而如何设定和管理这些项目边界，是设计管理首先要做的工作。

1）通过设置合理的边界可以减少管理方的工作量。在进行项目拆分时，如果项目具有潜在的成熟市场，那便要尽量大地整合项目，通过成熟市场来削减管理方的工作量；如果项目拆分得过小，就会把承包单位的管理协调工作量转移到建设单位或全过程工程咨询单位这里。

2）边界划分要与管理者的整合能力相适应。在进行设计任务的边界划分时应结合设计管理对象的实际情况，并根据建设单位和运营单位的要求，合理设置管理边界。

2. 标准化管理

标准化管理可以规定执行任务的具体步骤，大大提高任务的可控性和可复制性。其应用将极大地提高工作的效率和效果，能够让设计管理最大化地达到预期效果。标准化管理包括管理流程标准化、信息传递标准化等。

3. 集中专业资源

城市轨道交通工程设计涉及多个专业，是综合性非常强的系统设计工程，不同地方对城市轨道交通工程的具体要求也不同，具有各自的特殊性及地域性，设计过程中常会遇到跨专业或突破先例的疑难杂症，如何有效地解决问题，需要群策群力，组织技术攻关，汇集各专业会商研讨，集中专业资源，借助各参建单位专业资源、外部专家力量来获得最终的方案并予以验证。

4. 风险管理

设计管理的风险是指工程项目在设计咨询、设计管理过程中可能遭遇的损失和可能给将来的项目实施和运营带来的损失。不仅是要考虑设计过程中的风险，而且在工程施工和运行中可能遇到的风险都要考虑到。特别是有技术创新时，风险总是存在的。设计管理中的风险管理就是运用各种手段将上述风险消除或控制在可接受范围之内。

11.2.2　主要设计内容和特征

1. 设计内容

城市轨道交通工程建设初期需要进行系统的分析，在符合城市发展规划总体目标的前提下对轨道交通的线网进行规划：分析城市的交通需求，对客流量做出预测；确定轨道交通建设的服务水平；对车辆途经的线路、车站、换乘点、线路敷设方式等进行规划；城市轨道交通建设以及车辆基地用地规划等。具体到设计工作，主要包括土建设计、系统设计与装饰装修设计三大部分。

1）土建设计。重点涉及轨道交通车站的数量、分布、结构、通风空调系统、给水排水系统、电力系统等。土建工程设计一般比较复杂，涉及的专业项目比较多，需要多个学科之间相互配合，一旦实施不宜再进行更改，因此需要详细的、专业的可行性研究报告以及建设区域的地质水文资料，同样对设计的完整性、准确性要求非常高。

2）系统设计。主要内容是轨道交通的供配电系统、通信系统、交通信号系统、综合监控系统、人防系统等。随着科学技术的发展，系统设计大多具有模块化的特点，对新技术的应用要求非常高。

3）装饰装修设计。在轨道交通设计中装饰装修设计具有专业性、系统性的特征，涵盖了相当广泛的内容，例如，车站的公共区域、设备区域的装饰装修，既要使设计在地域文化的体现、艺术性的表达方面与时代接轨，还要考虑轨道交通建设的经济性。

2. 设计特征

城市轨道交通建设项目的施工线路动辄几十公里，且大部分在市区内施工，面临着占地、拆迁、文物保护、民生等多部门协调工作，设计管理方面则需要综合多方面考虑，其主要特征包括以下几方面。

1）文件、专题论证报告多。在城市轨道交通项目设计初期，为设计单位提供技术与政策支持的相关文件与专题类论证报告非常多，比如建设用地评价报告、环评报告以及对重点文物、古建筑、古树木的专题报告等，一般会超过几十项，还面临着较长的审批时间，全部完成大约需要 6～12 个月的时间。

2）需要多部门协调。城市轨道交通属于基础性建设，施工规模大，影响着城市的长远发展，必须和发展改革、规划、国土、消防、环保、城管、电力、给水排水、交通等部门进行协调，轨道线路可能穿过建筑区、高速公路、桥梁、铁路、地下管网等，设计管理协调工作非常繁重，设计受限影响因素众多。

3）复杂的接口问题与技术问题。城市轨道交通建设必须与城市的长期规划发展相辅相成，轨道交通建设要融入城市机场、铁路、公路枢纽建设，拟建轨道项目要与轨道在建、已开通项目完成对接，还包括轨道各系统、各专业之间的技术衔接问题，这些都需要在轨道交通项目设计时考虑在内，并进行协调解决。

4）不稳定因素多。城市轨道交通从设计招标投标开始一直到通车运营，大概需要

4～6年的时间，在这期间，国家政策、建设规范等都有可能发生变化，设计边界、施工条件也会随之改变，并存在许多不可抗力因素，最终均会引起工程设计变更。

11.2.3　设计管理体系和设计咨询模式

1. 设计管理体系

包括与工程项目相关的所有设计活动以及政府、建设、全过程工程咨询、设计等相关参建主体及其相互关系。各方主体在城市轨道交通项目设计管理中的角色各不相同：政府是主要的投资人，履行立法、设计审批、跨部门协调和监管等职能；建设单位是工程项目的建设管理单位，负责项目策划、外部协调以及设计与建设目标控制等工作；设计单位作为专业服务机构，提供合同与法律、法规规定的设计成果及相关服务，并对所承担的设计工作进行全面管理；全过程工程咨询单位受建设单位委托对设计单位的设计活动与成果进行咨询、监督和审查，为政府的审批、建设单位的管理和设计单位的设计工作提供专业支持。

当然，全过程工程咨询单位的咨询服务范围可以根据建设单位的需求，在满足专业设计资质要求和范围内通过招标投标形式承接具体的设计业务，即设计咨询工作，并在设计活动中做好相应的设计管理工作。

2. 设计咨询模式

目前，国内城市轨道交通工程的设计咨询模式主要有三种：设计总承包模式、设计总体总包管理模式和设计总体模式。有些城市将工程勘察也纳入设计总体统一管理，施工图阶段还有设计施工总承包管理模式，由建设单位根据承担的建设管理任务、自身的管理能力和资源情况确定。

1）设计总承包模式

（1）合同关系：建设单位选择一家综合实力强的设计单位与之签订勘察设计总承包合同，由总承包单位选择分包单位并与之签订勘察设计分包合同。设计总承包单位与分包单位之间是合同关系。

（2）角色定位：设计总承包单位就合同范围内的全部勘察设计对建设单位负总责，对全部勘察设计工作进行全面策划、组织、协调和管理，对全部勘察设计交付成果（含分包单位的交付成果）负总责。分包单位对承担的工点、系统设计和勘察负责，并对总承包单位负责。

（3）工作阶段：贯穿于勘察设计和工程建设全过程，包括总体设计、初步设计、施工图设计、招标采购，以及施工、安装调试、验收等阶段。如果建设单位在项目前期阶段就引入设计总承包单位，也可要求设计总承包单位参与项目可行性研究评审、报批的配合工作。

2）设计总体总包管理模式

（1）合同关系：建设单位选择一家综合实力强的单位与之签订勘察设计总体总包管理合同，并选择若干专业单位承担分项勘察设计任务，与之签订分项设计合同及勘察合同。

设计总体总包管理单位与设计分项单位均受建设单位委托，二者没有合同关系。设计总体总包管理单位取得建设单位授权对分项单位进行技术统筹和管理协调，技术上是总体与工点、总体与系统的关系，管理上是建设单位授权下的设计总包管理与分项设计的关系。

（2）角色定位：设计总体总包管理对合同范围内的全部勘察设计负总体技术和设计管理责任，确保设计的总体性、完整性、系统性、统一性、经济性和先进性，达到国家规定的设计深度，并对总体设计所承担的分项设计负责；根据建设单位委托负责勘察设计的策划、组织、协调、控制等设计管理，建设单位的授权下对分项单位进行考核和管理，对分项设计单位的交付成果负总体审定职责。

（3）工作阶段：贯穿于勘察设计和工程建设全过程。

3）设计总体模式

（1）合同关系：建设单位选择一家综合技术实力强的单位与之签订设计总体合同，并选择若干专业单位承担分项勘察设计任务，并与之签订分项设计合同及勘察合同。设计总体单位与设计分项单位均受建设单位委托，二者没有合同关系。设计总体单位与设计分项单位是技术上的总体与工点、总体与系统的关系。

（2）角色定位：设计总体对合同范围内的全部设计负总体技术责任，并对总体设计和所承担的分项设计负责；在建设单位的授权下对分项单位设计技术标准进行控制，对分项设计单位的交付成果负总体审定职责。

（3）工作阶段：贯穿于勘察设计和工程建设全过程。

11.2.4　各阶段设计管理

1. 设计阶段设计管理

1）按设计管理计划内容，对设计输入、设计实施、设计输出、设计评审、设计验证、设计更改等设计重要过程的要求及方法予以明确。

2）在项目总体构思和定位的基础上，充分研究分析已批准的项目前期文件和建设目标及意图，并以其为依据，策划和编制设计要求文件、设计指标书、设计竞赛文件等。

3）根据项目设计特点，策划项目设计质量、投资、进度目标，编制控制计划及实施措施，拟定控制要点等。

4）参与和设计相关的科研、勘察、外部协作、评价论证及谈判等管理工作。

5）组织设计方案招标或竞赛（征集），实施设计方案评选，确定中选方案并送审报批，落实设计方案修改优化。

6）组织总体设计、初步设计及施工图设计招标、签订设计合同，实施设计合同管理。

7）向设计单位提交设计各阶段所需的依据性文件、政府批文、工程设计基础资料、外部协作单位的供应协议、技术条件等工程数据等。

8）设计过程的跟踪控制。在设计合同中或单独形成对设计单位的"设计管理配合要求"，在初步设计及施工图设计进行过程中，组织设计管理人员前往设计单位，及时对设计人员资格、专业配合、设计活动、设计输出文件等进行跟踪检查。

9）实施设计过程设计质量控制。对设计进行有效的质量跟踪，及时发现不符合质量要求的设计质量缺陷，审查各阶段设计文件，保证设计成果质量，实现设计质量控制目标。

10）审核概、预算，所含费用及其计算方法的合理性，实施各阶段设计投资控制。

11）控制设计进度，包括各设计阶段以及各专项设计的进度管理，满足工程项目报建、招标、采购和施工进度的要求。

12）做好设计过程的接口管理包括各设计专业、各专项设计的技术协调，设计前期总体设计与后期的专业深化设计的协调配合，设计计划与采购、施工等的有序衔接及其接口关系处理工作。

13）对参与设计的设计单位进行配合沟通协调管理，协调包括中、外设计机构的相关设计单位的协作关系。

14）根据满足功能要求、经济合理的原则，向各设计专业提供所掌握的主要设备、材料的有关信息，并参与选型工作，审核主要设备及材料清单，对设计采用的设备、材料提出反馈意见。

15）与外部环保、人防、消防、地震、节能、卫生以及供水、供电、供气、供热、通信等有关部门的协调工作，配合设计单位按设计进度完成项目专项设计和设施配套。

16）向设计单位预付和结算设计费用。

2. 施工阶段设计管理

1）建立合理、高效的信息管理机制，组织和控制施工过程中对项目设计有关的信息传达、沟通及备案，形成有效的信息渠道（图纸信息管理、设计变更信息管理、往来函件信息管理等）。

2）准确、齐全地向施工、监理等有关单位提供施工图设计文件和有关工程施工的资料（保证及时有效和版本一致）。

3）组织设计、监理、施工等单位进行施工图设计会审和设计交底。

4）参与对施工单位施工组织设计的审查，对实现设计意图的主要施工技术方案、质量、进度及费用保证措施作必要的论证。

5）跟进设计单位（勘察单位）现场技术支持和服务质量，督促设计单位配合现场，参与监理例会、技术专题会、专家会等会议，协同设计单位，参加施工中主要技术问题的设计校核与处理等。

6）协同施工管理部门做好施工过程中的相关设计接口工作，及时处理施工联系单等需设计回复的文件，督促施工单位完成必要的图纸深化工作并安排设计复核，组织处理设计与施工质量、进度、费用之间的接口关系。

7）建立设计巡场制度和现场问题（设计相关）销项制度，进行有关设计的施工质量跟踪检查，发现偏差时，及时与相关单位沟通，处理并解决现场问题。

8）参与或协助材料设备等货物采购工作，协同采购部门做好采购过程中的设计接口工作，包括材料设备选型和定样等，制定施工送样、选样、封样管理制度。

9）严格控制工程变更，及时审核提出变更的意见与理由，及时办理设计变更手续，完成变更内容审核及确认，并签发设计变更，对于重大变更及时召开专题会进行方案比选并向建设单位汇报。工程变更造成合同工程的工程量发生变化，施工进度和费用亦随之发生变化，未有效管理可能引起的施工进度和成本失控，因此设计变更管理工作是施工阶段设计管理的重点工作。

10）制定日常工作汇报机制，编写完成工作完成情况及后续计划等，定期参加全过程工程咨询工作例会，对施工阶段图纸、重大变更下发情况，重大事项进展（设计相关）情况进行汇报跟进，以及及时同全过程工程咨询单位各部门密切沟通，提出需要的配合和所要产生的变化，保证信息的畅通。

11）参与处理工程质量事故，包括事故分析，提出处理的技术措施，或对处理措施组织技术鉴定等。

12）参与重要隐蔽工程、单位、单项工程的中间验收，整理工程技术档案等。协同有关部门做好项目竣工收尾准备的相关管理工作。

13）明确与政府相关管理部门、施工、采购和有直接关系的市政配套单位（水务、电力、燃气等）之间在设计工作方面的关系，全面及时地做好设计沟通协调工作。

14）参与有关施工过程中的投资控制工作，除变更费用控制外，同时对设计合同进行有效管理，监督设计单位在施工阶段的工作配合情况，提供设计履约评价等。此外，协助合同管理部门（或建设单位）合理确定工程结算价款，控制工程款支付的条件，工程进度款的支付以及索赔等。

15）参与工程项目建后复盘相关工作，组织设计、施工对工程建筑完成度、施工过程中的设计问题、当前依旧存在的未尽事宜进行复盘，优化设计，避免其余项目、单体出现类似问题。组织设计、施工单位完成建筑使用说明书。

城市轨道交通工程设计单位过程履约质量考核表、工程变更报审表以及深化设计修改／调整内容审批单应按附表 2-3～2-5 执行。

11.2.5　设计管理重点

1. 注重人性化设计

城市轨道交通工程建设需摒弃以往只注重轨道交通工程自身的设计观念，把更多的目光转移到轨道交通的使用者，即乘客，设计出更符合人性化、更方便乘客使用、更能满足乘客安全的设计方案才是轨道交通工程的根本目标。

2. 推进精细化设计

我国城市轨道交通建设项目亟须重视以需求为导向的精细化设计。通过设计技术指导书、施工图实施细则、用户需求书范本、总图专项设计、通用图深化设计、车站标准化设计、车站一体化装修标准、车站相关专题的研究等，提升城市轨道交通项目精细化设计水平。

3. 开展文化创意设计

城市轨道交通工程在形成城市群和打造城市品牌方面发挥着不可替代的作用，将轨道交通出入口、风亭、冷却塔等出地面附属设施打造为城市建筑景观小品，将车站装修融入城市景观，为城市增添色彩。加强车站文化艺术设计打造，充分挖掘车站公共区建筑空间，"一体化"打造更具特色的车站，使广大乘客出行便利、安全、舒适的同时，更能感受到当地轨道交通的文化与品质。

4. 确定合理的车站形式和埋深

在项目前期阶段，要针对客流数据和线路周边进行详细调查和研究，根据建设单位关于车站功能的要求，结合各站位的地质条件确定合理的车站形式和车站的埋深。重点关注与各管线使用单位的配合和协调，项目建设与运营应密切结合起来，以及充分研究施工方法等。

5. 加强市政工程统筹，确定合理的结构设计

轨道交通工程属于市政工程的一部分。由于城市地下空间有限，故在轨道交通设计中应与其他市政工程统筹考虑，避免发生空间冲突；在设计过程中应充分掌握城市的规划情况和轨道交通沿线既有管线、管廊、隧道等设施，并编制沿线市政工程统筹的实施方案，合理加大轨道交通埋深，为后续市政工程的实施预留条件或避开既有市政管线、地下隧道等。

6. 做好轨道交通与 TOD 协同设计

TOD 模式的核心是满足公共交通的便利，其目的是尽可能缩短乘客的出行时间，以及打造适宜步行的街道空间。城市轨道交通工程设计属于城市系统和 TOD 设计中的大系统，轨道交通设计单位应抛弃以往轨道交通设计独立于其他城市设计的理念，建立轨道交通设计与城市设计的共同协调思维。在设计中应尽量与地块同步设计、同步实施，不具备同步设计的项目，应做好设计方案协调，预留接口条件，确保轨道交通车站出入口与周边建筑及人行设施有良好的衔接。轨道车站尽量设置在建筑物的地下，利用平台、天桥及隧道，实现人车分离、无缝衔接，做好轨道车站出入口与周边建筑、公交、出租车、小汽车停车场的便捷换乘设计，提高轨道交通出行效率。

7. 研究应用智慧轨道交通技术

未来城市轨道交通发展将逐步向轨道交通信息化、智能化迈进，城市轨道交通设计管理应更加注重全自动运行技术、智慧机电技术、基于 5G 通信的信号传输技术等的研究应用，实现对乘客、设施、环境等深度互联和智能融合。

第12章 土建工程

12.1 土建工程分类

12.1.1 地铁车站土建工程

地铁车站是供旅客乘降、换乘和候车的场所，是城市轨道交通的重要组成部分，也是连接其他交通方式的枢纽。地铁车站主要由车站主体（站厅、站台、设备与管理用房）、出入口及通道、通风道与地面风亭等三大部分组成。根据客流要求，按照保证乘降安全、疏导迅速、布置紧凑、便于管理的原则，设置良好的通风、照明、卫生、防灾等设施，为乘客出行提供舒适、清洁的乘车环境。

12.1.2 线路区间土建工程

城市轨道交通线路区间土建工程是指连接地下铁道车站之间的建（构）筑物。区间土建工程根据城市规划和地形地貌，主要采用隧道和高架桥梁两种形式，穿过居民区、城市道路、管线、河沟等较多，周边环境复杂，具有市政工程施工的特点。区间土建工程一般包含区间主体、联络通道及泵站、疏散平台和人防门四部分。区间土建工程平、纵线型和结构限界须满足设计使用要求，施工过程中除了要严格控制结构质量外，还需采取有效措施确保周边建（构）筑物的安全。

12.1.3 车辆基地土建工程

车辆基地作为城市轨道交通的配套系统，承担车辆清洗、停放、整备、运用、检修及各种运营设备的保养维修和物资保障等任务，是列车编组及车辆试验等作业的整备场所，是保证城市轨道交通正常运营的后勤基地。车辆基地主要包括车辆段、综合维修中心、物资总库、培训中心、生活设施及上盖物业。国内某些城市还将调度指挥中心、地铁公安分局或运营单位部分职能处室整合在地铁车辆基地内。

12.2　土建管理内容与要求

12.2.1　招标阶段的管理重点

1. 甲招乙供材料招标

在甲招乙供材料（例如，防水材料、水泥、钢筋）招标时，项目管理的重点是招标进度控制。通常在土建工程施工招标完成前完成主要材料的招标工作比较合适。如果招标过早，可能出现市场原材料价格波动，影响厂家的生产及供货；如果招标过晚，可能导致不能在工程开始施工前完成，从而影响工程进度。

2. 工程施工招标

在工程施工招标时，项目管理的重点是招标工程数量及设计概算。发出施工招标文件之前，要协助设计单位再次核实工程数量统计及工程概算是否有遗漏、概算是否合理等事项。设计工程数量远少于实际工程数量及工程概算严重偏低时，可能导致施工单位为了保证经济标书的有效性，采用远低于合理价格的投标价进行投标，甚至可能出现以低于成本价的价格进行投标。承包单位以超低价中标后，必然对整个工程的安全、质量及进度等方面的管理控制造成不利影响。

12.2.2　施工阶段的管理重点

1）要协调落实施工场地的进场条件，施工现场征地拆迁情况，施工用电、施工用水、绿化迁移、地下管线迁移情况等施工需要的条件。

2）施工单位进场后，全过程工程咨询单位须及时组织施工单位细致地作好工程施工前期调查，将现场及周围条件摸查清楚。在土建工程施工中，混凝土浇筑量大、线路长，是重要的施工控制点。因此，还应该对商品混凝土供应单位的运距、运输能力、产量、订单进行详细调研，同时对线路周边在建且混凝土用量较大的项目进行摸排，确保混凝土供给顺畅，才会使得工期有保障。

3）对施工人员的技术交底。全过程工程咨询单位应督促施工单位及时完成各工序施工作业指导书的编制以及对工班施工人员的技术交底（特别是在开始新工艺施工前）。如果技术管理人员没有在开工前将各工序施工作业指导书编制完成，也没有将设计意图及施工注意事项对现场施工人员交代清楚，则施工人员会仅凭经验进行施工作业，从而可能导致返工，甚至会出现重大的技术事故等问题，严重影响工程质量和工程进度。

4）施工材料供给及时。在施工过程中保证材料及时供给相当关键。临到施工时才发现没有材料而影响工程进度是施工单位常犯的错误（特别是工期非常紧张而管理人员不够，都把精力集中到了施工现场的情况下）。无论是甲供还是乙供材料的供给，都须统筹做到超前计划和进场时间可控，这样才能有力地保证工程顺利进行。否则，可能发生在工期紧张情形下，因材料不能及时供给而被迫停工的问题。

5）施工安全、质量的有效控制。必须始终把安全和质量放在第一位，要在保证工程施工安全和施工质量的前提下，充分利用现有条件，优化工序和施工方法来争取工期。工程质量是百年大计，不能以牺牲质量或冒安全风险来换取工程进度，否则，可能出现重大安全、质量事故，严重影响工程建设，甚至使整个工程建设陷于瘫痪。

6）城市轨道交通工程大多在市区施工，作好文明施工工作事关整个城市的形象。否则，可能会给市容市貌造成负面影响或造成市民投诉、阻工等情况。严重时若被政府部门勒令停工整顿，将对工程工期的保证造成危害。可参照相关法律法规、管理办法及文件等，编制适合工程的安全、质量及文明施工的管理办法，并通过相应的考核确保管理办法得以有效实施。

7）协调工作。协调工作是项目管理的重点难点之一，需要有项目大局观，能做到换位思考、尊重他人。在各参建单位之间营造和谐的工作氛围更有利于解决问题、提高协调效果，从而提升为一线施工服务的效率。否则，可能因为协调工作不力，造成现场施工受阻的情况。

8）管线保护。在场内便道施工前，要根据管线位置、埋深及走向，在管线处采用人工挖槽。当管线暴露后，对于管径较大的管线，在两侧浇筑混凝土支墩，支墩上架设钢筋混凝土盖板；对管径较小管线采用加槽盖法保护。围护结构所遇管线保护措施：车站围护结构采用连续墙施工，因此围护结构施工前，根据地下管线位置和走向，采用挖沟槽方法进一步探明，人工将地下管线挖出，进行改移或保护。基坑开挖过程中分层施作，每次施工高度不超过 3.0m，采用放坡开挖，保持开挖过程的稳定。加强管线现场监测，特别是对基坑周边的煤气管线应采取重点保护，一旦出现异常情况及时通知管线主管部门，作妥善处理。同时要严防火灾事故发生，避免发生燃气管线爆炸事故。

12.2.3 验收阶段的管理重点

土建工程作为单位工程，其验收内容主要包括关键节点验收、分部分项验收、首件验收、竣工验收等。分部分项验收应以经建设单位审批同意的分部分项划分方案为基础进行；关键节点验收包括开工条件验收、土方开挖等；首件验收是根据工艺特点，对重点工序首次开展进行的验收，起到规范和样板引导的作用。

1. 首件（样板）验收

首件（样板）是指单位工程开工之后施工过程中每一道施工工序的第一个产品（包括检验批、分项工程、分部工程）。长时间停工后或施工队伍更换后均应重新进行首件（样板）验收。

1）首件（样板）验收程序

全过程工程咨询单位应要求施工单位根据工程特点制定《首件（样板）验收工作方案》，明确需进行首件（样板）验收的项目内容，确定具体验收条件，经全过程工程咨询单位工程监理部审查签字后提交建设单位审核同意；检验批、分项工程、分部工程的首件（样板）工程应由施工单位（含分包单位）进行自检。经自检合格后提请施工总承包单位验收（亦可与施工单位自检一起实施），验收合格后方可向全过程工程咨询单位工程监理部提交验收资料；全过程工程咨询单位应按施工质量验收标准的规定，组织建设、设计、施工、监理单位有关人员进行验收，按规定需勘察单位参加的应提请建设单位通知勘察单位参加验收，按规定需监督机构参加验收的应通知其参加验收；首件（样板）工程经验收合格后，除按施工质量验收统一标准的规定填写有关验收表格外，还应填写《首件（样板）工程验收记录》，由参加验收各方代表共同签字，方可进行该部分的下一道工序或该道工序的其他部分工程施工，该道工序其他部分工程应按照验收合格的首件（样板）标准进行施工生产。

对于验收时发现的问题，全过程工程咨询单位工程监理部应限期施工单位按规定整改，并在完成整改时限后提请相关方进行复验，经复验合格后方可进行该部分的下一道工序和该道工序的其他部分工程施工；首件（样板）工程验收应具备权威性，该工序的其他部分均应以验收合格后的首件（样板）为标准进行施工，以确保该工序的所有部分均达到样板的要求。未经首件（样板）验收合格的工程，不得组织大面积施工。

2）应进行首件（样板）验收的项目

（1）地下连续墙钢筋笼。

（2）钢支撑架设。

（3）防水施工质量。

（4）主体结构钢筋施工质量。

2. 关键节点施工前条件验收

1）关键节点是指容易引发较大或严重的质量安全事故的危险性较大分部（或分项）工程，主要包括：

（1）深基坑开挖施工；

（2）盾构始发、接收施工；

（3）盾构／暗挖下穿（或近距离侧穿）既有重要建（构）筑物的施工条件；

（4）盾构／暗挖下穿既有轨道线路（含铁路）施工；

（5）盾构过矿山法隧道（空推掘进）施工；

（6）联络通道开挖施工。

2）关键节点条件验收的内容

（1）深基坑开挖施工条件。施工现场已完成了设计、勘察及管线交底；基坑围护结构完成节点验收已通过，评审意见已予整改并回复；围护结构施工阶段遗留问题已按要求解决或已制定相应方案；基坑施工方案已组织专家组评审，专家评审意见已落实并回复；基坑开挖方案施工技术交底、安全技术交底已完成；监理实施细则、旁站方案已编制并按程序完成审批；围护、冠梁已施工完成并满足设计强度要求；地基加固处理完成，并满足设计强度要求；立柱桩施工已完成；降水方案已组织专家评审，专家意见已落实，降水井已按设计要求完成并开始降水，满足开挖要求；施工现场排水设施已落实；对本工程的潜在风险进行了辨识和分析，相邻建（构）筑物、道路、地下管线等设施已制定好切实可行的保护措施；施工监测及第三方监测已经组织专家评审，专家意见已落实，已按监测方案对周围环境及基坑布置监测点，且已测取初始值；分包单位资质及有关人员的执业资格条件已由全过程工程咨询单位工程监理部审查；人员、机械、支撑已到位，并已报工程监理部审批同意；工程监理部签发的整改通知书已落实并回复。

（2）盾构始发、接收施工条件。盾构始发（接收）洞施工专项方案已组织专家论证并已补充完善；盾构始发（接收）方案安全、技术交底已完成；工作井验收资料；设计要求的加固防水措施（端头加固、降水、冷冻等）已经完成，对洞门段土体的加固体强度、抗渗指标已经过现场试验确定，满足设计并有检测报告；处于砂性土或有承压水层时，已采取降水、堵漏等防止涌水、涌沙措施，且资料齐全；盾构始发／接收架已经设计验算资料；洞门处围护结构混凝土凿除和洞圈密封装置安装的外观检查合格，通过全过程工程咨询单位工程监理部验收合格；洞门探孔及监测资料无发现异常情况，满足始发／接收要求；突发性事故的应急预案已编制，应急救援人员、设备、物资已队伍落实，并已开展应急演练；盾构机现场验收；盾构始发前主要管理人员、专业人员配置已报全过程工程咨询单位工程监理部审核并已到位；大型设备（门吊等）已拼装到位并已经专业检测机构检测合格，并经监理验收合格，已报安全监督机构备案；始发后盾构系统安装完好，已报监理验收合格；盾构施工涉及的材料已报监理验收合格；区间监测单位资质，监测人员资格与监测仪器已报监理验收合格；测量、监测方案已编制并经全过程工程咨询单位工程监理部审批，测点已组织验收并已测取初始值数据；对相邻建（构）筑物、道路、地下管线等设施已组织交底，并已落实相应的监护措施；双路供电已落实；监理实施细则编制并已组织交底；全过程工程咨询单位工程监理部签发的整改通知单已整改并回复；其他有关质量安全保证资料完整；满足设计及规范要求的其他条件。

（3）盾构／暗挖下穿（或近距离侧穿）既有重要建（构）筑物的施工条件。施工现场已完成勘察、设计交底，施工方案通过专家组评审，专家评审意见已予落实；施工方案已经施工单位技术负责人及总监理工程师审批，并组织了各方讨论和技术交底，相应监理实施细则已编制并经审批；已完成重要建（构）筑物地段的详细调查，评估施工对建（构）筑物的影响，采取了相应的保护措施，控制地表变形；设计要求的加固或托换施工等已经完成，效果已满足设计要求并有检测报告；施工监测及第三方监测已按监测方案对周围环境布置监测控制点，且已测取初始值；人员到位、机械设备到位；对工程潜在的风险进行辨识和分析，已编制完成有针对性、可操作性的应急预案，落实了抢险设备、材料、人员；满足设计及规范规定的其他要求。

（4）盾构／暗挖下穿既有轨道线路（含铁路）施工条件。已收集既有轨道线路的地质勘察、施工、环境调查等资料，有重大危险源辨识分析，有针对性措施；已有专项施工方案、安全方案，方案经施工单位审核、全过程工程咨询单位工程监理部审批，并通过专家评审；相应监理细则已编制审批；盾构／暗挖施工准备及实施策划已完成，施工设施、设备安装检修完成，质量安全技术交底完成；监测工作已经开展，监测单位资质、方案、仪器、人员符合现场要求，监测方案、各项初始值已确认、监测预警机制及报警值、控制值指标已确定；建立各级应急组织，施工和运营应急方案、人员、物资已经落实；满足设计及规范规定的其他要求。

（5）盾构过矿山法隧道（空推掘进）施工条件。施工方案通过专家评审，评审意见已落实，相应监理细则已编制审批；矿山法隧道限界测量已完成，侵限部位（欠挖、超挖）的整改方案经过审批，现场完成了整改，回填质量符合规范和设计要求；盾构机导台的高度、弧度、轴线等参数的精度满足要求，导台结构强度满足要求；根据施工测量方案，距矿山法隧道起始里程200m前进行联系测量，距矿山法隧道50m加强盾构机姿态人工复测，确保盾构机姿态正常，符合要求；矿山法隧道内洞门加固措施按设计方案施工完成，并达到设计要求；根据施工环境和地质条件，针对盾构由正常掘进进入空推施工过程中存在的施工风险制定针对性的应急预案，确保应急物资、设备、人员到位；满足设计及规范规定的其他要求。

（6）联络通道开挖施工条件。联络通道施工专项方案已组织专家论证并已补充完善；联络通道施工安全、技术交底（含勘察及设计交底情况）已完成；相邻近建（构）筑物、道路、地下管线等设施已组织交底，并已落实相应的监护措施；冷冻机组设备已经过检测机构检测合格，并经全过程工程咨询单位工程监理部验收合格，报安全监督机构备案；冻结孔施工质量经全过程工程咨询单位工程监理部验收合格；冻结系统运转与冻土墙壁形成质量满足设计要求；地层冻涨的控制和土层溶沉补偿控制措施已落实；冻土帷幕强度、冻土帷幕与隧道管片间的密封情况满足设计要求；监测方案已组织专家论证、测点已验收并已采取初始值；开挖通道前管片支撑已安装，经监理验收合格；钢管片处已安装安全应急门；双路供电已落实；已编制突发性事故的应急预案，应急救援人员、设备、物资已落实，并已开展应急演练；监理实施细则已编制并已组织交底；全过程工程咨询单位工程监理部签发的整改通知单已整改并回复；其他有关质量安全保证资料完整；满足设计及规范要求的其他条件。

3. 竣工验收

土建工程竣工验收前，由全过程工程咨询单位工程监理部组织竣工预验收，将形成竣工预验收记录及整改回复记录，再提请建设单位组织竣工验收，并邀请质量监督部门监督，五方责任主体对工程资料档案、工程实体质量及工程观感进行验收，验收后对存在的问题进行整改销项。各方将相关资料按当地城建档案馆管理要求，汇编存档，竣工验收后及时完成竣工备案。

12.3　土建工程保护

12.3.1　保护区域

依据《城市轨道交通运营管理规定》（中华人民共和国交通运输部令2018年第8号），对轨道交通安全/控制保护区的范围规定如下：

1）地下车站和隧道结构外边线外侧 50m 内；

2）地面车站和地面线路、高架车站和高架线路结构外边线外侧 30m 内；

3）出入口、风亭、冷却塔、主变电所、残疾人直升电梯等建筑物、构筑物结构外边线和车辆段及停车场用地范围外侧 10m 内；

4）轨道交通过江河、湖泊等水域的隧道结构外边线外侧 100m 内。

12.3.2 保护区内注意事项

在地铁保护区边界上，都设有"轨道交通保护区界"的标识牌和标志桩，用于提醒此范围内是地铁保护控制区，内有地铁结构设施设备，施工请注意。

1）禁止未经许可新建、改建、扩建或者拆除建（构）筑物；

2）禁止未经许可挖掘、爆破、地基加固、打井、基坑施工、桩基础施工、钻探、灌浆、喷锚、地下顶进作业；

3）禁止未经许可敷设或者搭架管线、吊装等架空作业；

4）禁止未经许可取土、采石、挖沙、疏浚河道；

5）禁止未经许可大面积增加或者减少建（构）筑物载荷的活动；

6）禁止未经许可电焊、气焊或者使用明火等具有火灾危险作业；

7）禁止未经许可其他在保护区内可能影响运营安全的作业活动。

12.3.3 日常巡查保护措施

1）加大宣传力度。应积极主动与轨道交通沿线，特别是盾构区间沿线镇（社区）、村（街道）建立联络机制，通过张贴告示等方式宣传城市轨道交通工程建设的重要意义及地铁保护的重要性，提前告知在建线路的平面走向、人员联系方式等。

2）设置警示标志。对已完工程设施应制定具体保护办法，在地面设立警示标志，特别是盾构区间穿越空置土地区域，并对警示标志开展日常维护。

3）加强沿线巡查。应建立日常巡查机制，指定专人开展沿线巡查工作，重点关注盾构区间穿越空置土地；要将保护巡查作为安全管理的内容之一。巡查过程中如果发现外部作业施工可能影响轨道交通安全的应当予以制止。

4）落实应急处置。接到外部违规作业施工报告后，由地铁集团书面要求建设单位停止作业并整改，整改不力的报告建设行政主管部门处理。

12.4 土建工程常见问题处理

12.4.1 施工类

1. 结构工程施工的主要问题

城市轨道交通项目土建工程施工过程中，结构工程的安全尤为重要。结构工程主要包括混凝土施工、构件安装、模板施工及钢筋施工等。结构工程质量不达标会导致设备损坏，甚至是人员伤亡。主要产生风险的原因有：

1）施工过程中使用不达标的劣质材料；

2）气候变化的影响；

3）基础数据的调查不科学、失真；

4）过早加荷、堆重超载等错误的施工方法。

2. 土建施工中常见问题分析

1）施工材料

目前，城市轨道交通项目土建工程的施工材料质量经常出现问题并导致事故频发，主要原因包括：

（1）采购的材料质量不达标；

（2）材料运输过程的不当放置导致材料的性能改变；

（3）施工人员在施工过程中有意或无意改变材料的物理结构；

（4）施工单位为节省成本，偷工减料。

2）施工技术

（1）混凝土施工问题，主要因为供应运输方案不合理或施工技术人员的专业性不够导致的混凝土浇筑质量和成型效果不佳等问题。另外，养护工作不到位也会导致水量变化、温差变化等出现裂缝问题；

（2）回填土技术问题，主要因为回填土的含水量控制不当影响土建工程的施工质量；

（3）土建施工过程中的衔接性施工技术出现问题导致的质量事故；

（4）参数性施工设置的问题，主要是由于施工单位没有对土建工程项目的参数做精细化处理，例如，制作抗震功能的弯钩及箍筋等就需要精细化的参数设置。

3）施工管理

城市轨道交通项目土建工程施工会涉及复杂的工艺以及较长的施工周期，需要参与施工的人员种类较多，同时还会受到环境的影响，这对施工管理提出较高的要求。施工管理的问题主要因为没有事先做好规划工作，施工中的材料管理、安全管理都不科学合理，例如，施工材料堆放不当就会引起材料的质变造成安全隐患，有时还会影响施工周期。

4）施工环保

绿色环保是当今社会高质量发展的主旋律，在城市轨道交通项目土建工程施工中往往会出现一些环保问题，例如粉尘污染、噪声污染和土壤污染等。

3. 土建施工问题的对策

1）加强施工材料管理

首先，要严格把控施工材料的质量问题，确保从正规厂家采购相关材料。其次，采购时需要严格核实材料的型号、规格以及质量保证书。在材料的运输与入库过程中，采取科学的方法作好材料的保护工作。材料保管过程中，要注意材料的保养与维护，保证材料的物理性能。最后，还要做好施工现场管理，防止施工单位或者人员偷工减料，或是以次充好。

2）改善施工技术

首先，要控制好混凝土的质量问题，施工单位需要根据具体的施工条件以及各方面因素做好事前准备，合理设置混凝土供应运输方案；在施工过程中，施工人员要时刻关注和严格控制所用混凝土的质量；针对现场拌和的混凝土，要结合科学实验研制最佳的配料比例；还要做好日常养护工作、定期检查混凝土施工的成品，防止出现裂缝和曲翘等问题。其次，是做好回填土的质量，施工时不能使用黏性大、含水率高的土壤；另外对于回填土还需要多次碾压和分层碾压，这样能有效控制回填土的含水量，降低安全风险的产生。最后，是做好衔接处的质量控制。比如出现少量的衔接缝隙可使用抹灰的方式进行处理，之后还要做好防水处理，一旦水体进入就会出现疏漏。

3）应用环保理念施工

在项目建设的全过程都需要采用绿色环保理念。项目的全部参与人员都要有环保意识，采用科学环保的施工方式有效控制施工环境。这也需要管理者做好现场管理，让土建施工能够从功能和外观上满足人们的需要，进而在环保节能上满足社会的需要。

12.4.2 管理类

1. 检验批划分

目前，城市轨道交通工程现有的规范未充分明确分部分项工程的划分。因此在工程开工前，需要工程参建各方对项目的检验批进行划分报审，经过各方审批同意后，方可作为工程检验批划分的依据，相关资料也在此基础上同步报审，施工单位也以此为基础进行流水作业。

2. 方案报审

方案报审滞后一直是困扰工程管理的问题，其原因是施工单位不重视、认识不到位，仅注重实体工程推进，而对方案及资料的重视程度不足。在施工组织报审阶段，要求在施工组织设计中列明方案编制清单和编制计划，将编制工作前置。另一方面，由于方案的审批流程较长，也会出现方案滞后的情况，因此在工程实施中，作为项目管理人员，需要预判各种不利因素，提前谋划。

3. 信息流转

城市轨道交通工程实施过程中，各类信息的流转时间较长，如设计文件的变更，往往是口头传到参建人员，而正式的设计联系单签署下发时间较长，快则一个月，慢则三个月，导致施工单位不知按哪条指令施工，也会给管理带来困扰。

第13章 铺 轨 工 程

13.1 铺轨管理内容与要求

13.1.1 铺轨重难点

1. 轨道系统的特点

城市轨道交通具有城市道路交通无可比拟的优势：运行准时、快捷、舒适、安全、能耗低、低污染、占地少、不破坏地面景观，能实现大运量的要求，具有良好的社会效益。轨道系统作为城市轨道交通的有机组成部分，具有线路占用地面空间小、设计坡度大、轨道延伸长、类型和制式灵活多样、技术集成、承上启下、建设周期短等特点。

1）线路占用地面小

城市轨道交通常采用地下线和高架线，采用地下线时，线路全部在地下，不占用地面空间，当采用高架线时，因线路总体全部架空并与城市既有道路结合设置，占用地面的用地面积较少，一定程度上调高了土地的集约化利用。

2）设计坡度大

相较于高速铁路，城市轨道交通运力小、运量轻，整车的质量也较轻，因此城市轨道交通线路的设计坡度较大，当采用直线电机车辆时，坡度最高可达到50‰。

3）轨道延伸长

轨道沿着既定线路延伸，从起点站到终点站，通过折返线的方式来实现，因此轨道延伸长，不仅包括正线长度，还包括折返线和渡线等。

4）类型和制式灵活多样

按系统制式划分，城市轨道交通可分为地铁系统、轻轨系统、有轨电车系统、市域轨道系统、跨座式单轨系统、悬挂式单轨系统、自动导向轨道系统（AGT 或 APM）、导轨式胶轮电车系统、中低速磁浮系统、高速磁浮系统。在系统制式的基础上按服务层次、运能能力、走行形式三种方式划分轨道系统的分类，从各种分类来看轨道系统的类型和制式可以灵活多变。

5）技术集成度高

轨道系统不仅包含钢轨、扣件、轨枕、道岔、减振垫、钢弹簧等产品加工制造技术，还包括测量、调坡调线、轨排组装、道岔安装、大型设备吊运、基地选址、混凝土浇捣、养护、维护等技术，由此可见轨道系统是各项技术和管理高度集成的产品。

6）承上启下，建设周期短

在城市轨道交通系统建设过程中，轨道系统是一项承上启下的工程，城市轨道交通铺轨工程的开始，标志着前期土建工作告一段落，至少说明了"洞通"或"桥通"，轨道铺设完成即"轨通"后，后续工程如供电、机电、通信、信号、车辆等专业将陆续跟进。通常在建设阶段，由于隧道工程或高架等土建前期工程建设的不确定性，给予铺轨工程的工期往往很紧张，铺轨完成后还涉及进料口的封闭以及后续的安装工程压力，因此铺轨周期往往较短，是一项高强度作业的工程。

2. 铺轨管理的重点

根据铺轨工程的不同阶段，其管理的重点不同，铺轨管理的重点主要包括设计阶段、招标阶段和施工阶段等。

1）设计阶段的管理重点

设计工作是整个工程建设的关键，抓好了设计工作的及时性和设计文件的质量，为工程项目招标及现场施工等工作按总策划工期的要求有序推进奠定了基础。

（1）初步设计阶段

① 轨道减振方案。在制定减振方案时，应充分调查研究已建线路中各种减振方式的优、缺点及合理化建议反馈给设计单位，提醒设计单位既要考虑减振效果、建设投资及是否便于养护维修等，还要综合考虑施工工期、现场施工单位方便执行等因素。否则，可能导致某些施工难度大、施工进度慢的减振方式被采用，从而不利于建设工期。

② 铺轨基地的设置。设计单位须根据总工期要求，按照合理的铺轨施工进度指标综合考虑设置铺轨基地的数量及位置，否则可能导致因铺轨基地数量不够或设置位置不合理，影响标段的划分，不能保证施工工期，甚至发生铺轨关键工期无法满足总工期要求的情况。

（2）施工图设计阶段

在施工图设计阶段，铺轨管理的重点是专业接口设计。轨道专业施工图完成后，设计人员在统计工程数量前，必须在设计文件中明确轨道与其他专业接口位置工程量的划分界面，并将正式的确认文件递交设计总包单位统一知会相关各专业。否则，可能导致铺轨施工过程中，因工程量统计界面不清楚，在相关专业接口位置出现不同专业的施工单位相互推诿，影响工程施工正常推进等情况。

2）招标阶段的管理重点

在甲招乙供材料（如减振垫、钢轨扣件、钢轨）招标时，项目管理的重点是招标进度控制。通常在轨道工程施工开始前一年左右完成主要材料的招标工作较为合适。如招标过早，可能出现市场原材料价格大幅度上升，影响厂家的生产及供货；如招标过晚，可能导致某些扣配件的设计性能试验不能在开始施工前完成，从而影响工程进度。

在主要材料招标时，应做好相关企业产能的调研工作，尤其是钢轨、轨枕、扣件和道岔这种在国内生产企业较为固定的产品，每家企业的排产期较长，部分厂家订单过多，将会导致铺轨工程材料供应不及时，从而影响到铺轨的进度，甚至影响整个项目的建设目标。

3）施工阶段的管理重点

在施工管理阶段，项目管理的重点是关注、督促各参建单位，配合工程监理部和施工单位。在此阶段要重点抓好以下几项工作：

（1）各铺轨基地（或临时施工场地）的进场条件。提前调查施工现场需要的水、电接口及临时施工场地情况，并及时将铺轨施工需要的条件协调落实到位。例如，不提前协调落实，其他专业完成施工时，如果报停水、电或报退临时施工场地并移交主管部门，就需要重新办理相关手续，可能会严重影响铺轨施工的开工时间或造成被迫停工。

（2）铺轨施工前期调查。施工承包单位进场后，全过程工程咨询单位须及时组织施工单位细致地做好全线铺轨施工前期调查，将土建施工进度情况及现场具备混凝土下料条件但需要土建预留孔洞的位置摸查清楚，并在土建完成施工前做好预留孔洞协调工作。

（3）各参建单位的有关人员和施工单位的机具设备及时到场。如设计单位、全过程工程咨询单位及施工单位的有关人员不能及时到场，工程施工前期的准备工作（如施工图会审、实施性施工组织审批、开工报告审批及工程施工报监等）会不同程度地受到限制；施工单位的大型机具设备（如龙门起重机、移动起重机、轨道车、焊轨机、叉车等）如不能及时到场，具备了开工条件的工程也无法及时启动。

（4）对施工人员的技术交底。全过程工程咨询单位应督促施工单位及时完成各工序施工作业指导书的编制以及对工班施工人员的技术交底（特别是在开始新工艺施工前）。必要时，可先针对新工艺进行试验、摸索和总结，成功后再实施。例如，杭州地铁杭富线项目浮置板道床轨道施工工艺，就是先在铺轨基地制作样板，经验收组对样板验收后并明确技术要点及质量控制点后，才在线路上开始浮置板道床轨道施工。

（5）施工材料供给及时。在施工过程中保证材料及时供给相当关键。临到施工时才发现没有材料而影响工程进度是各施工承包单位（特别是工期非常紧张而管理人员不够，都把精力集中到了施工现场的情况下）常犯的毛病。无论是甲供还是乙供材料的供给，都必须在宏观上做到超前计划和进场时间可控，这样才能有力地保证工程顺利进行。否则，可能出现在工期非常紧张的情况下，因材料不能及时供给而出现被迫停工的情况。

（6）施工现场进度情况及存在的问题。铺轨施工展开后，全过程工程咨询单位要定期（可每周一次或两周一次）组织相关人员深入全线土建施工现场调查，全面了解各工点的进度情况及存在的问题，再根据土建工期的变化情况动态调整轨道施工计划；对土建工期滞后严重的区段要制定应对措施，必要时充分利用现有条件，采取超常规铺轨工法争取工期，以保证实现总工期目标。例如，杭州地铁杭富线项目，因土建专业在施工过程中碰到巨石导致洞通时间滞后，无法按期移交铺轨作业面，且铺轨基地下料口作为盾构接受井，土建使用频率高，造成下料困难；经过现场调查，确认沿线站点具备下料后，将轨道、轨枕、钢筋等运至已通区间，将原先机铺计划调整为散铺，在解决巨石问题前，就已将轨排组装完成，只待洞通后架设轨排，浇筑道床混凝土，最终圆满完成了节点目标。如果不主动深入土建施工现场及时了解情况，被动等待铺轨施工需要的条件，可能会错失利用现有条件争取工期的时机，使土建阶段本已经滞后的工期，直至铺轨施工时发展到异常紧迫的地步，对铺轨工期的保证带来巨大风险。

（7）轨排井及轨行区使用的统筹管理。土建后续专业进场施工后，轨排井及轨行区成为各专业材料运输供给的重要通道，因此统筹安排好各专业对轨排井及轨行区的使用分配极为重要。为确保在工程施工期间各相关专业对轨排井及轨行区使用得安全、高效、公平合理，杭州地铁杭富线项目的建设参照既有线的运营管理模式，成立了"轨行区联合调度办公室"，由土建施工承包单位、铺轨施工承包单位及其他施工承包单位和工程监理部人员共同组成。在铺轨阶段，轨行区联合调度由铺轨施工承包单位的调度中心统一指挥，"长轨通"后，指挥权由铺轨施工承包单位移交至供电单位。不同阶段分单位统筹安排轨行区内所有施工作业的轨排井吊装使用、轨行区的请点和销点、工程车辆的统一调度、施工作业时间分配等调度工作。

"轨行区联合调度办公室"应遵循的基本调度原则：各参建单位的各项施工安排须服从调度办公室统一指挥；在时间和空间占用上，确保轨排井及轨行区的使用满足各专业的施工作业关系顺畅、无相互干扰的交叉作业；做到工程运输与工程施工兼顾，重点施工与一般作业兼顾；确保单专业的工期和总工期满足目标要求。

3. 铺轨管理的难点

1）增设辅助铺轨基地

在实际工程建设过程中，经常会遇到铺轨工期被压缩的现象，因此需要增设铺轨基地，所以需要调整原设计的铺轨筹划方案，增加铺轨作业面。基地长度一般≥200m，宽度一般≥25m，特殊情况除外。辅助铺轨基地一般为长方形，需要包括生产办公区、25m钢轨堆放场、轨枕堆放场、钢筋堆放及加工区、轨排组装区等。

辅助铺轨基地的设置需要在合适的地点进行。一般来说，铺轨基地多设置在车辆段和停车场等可以进行较大面积作业的地方，辅助铺轨基地的设置较为灵活，可设置在高架区间部分，可设置在明挖车站或埋深较浅的明挖区间，位置可以选择在线路的起点、中点或者终点。进行设置时，要确保其处于比较平整的环境中，保证设备正常工作，周围道路的畅通度，以及水、电系统能够有效的使用。

2）钢轨性能与焊接

合理掌握和运用钢轨的性能与型号，可以保证轨道工程的施工质量。一般来说地铁工程的正线采用60kg/m钢轨。60kg/m钢轨分为U71Mn、U75V和U76NbRE三种规格，其中U71Mn热轧轨与U75V热轧轨的价格适中、与车轮匹配度较好，所以被经常用到地铁项目中。钢轨依据每米的标准重量划分可以分为重轨和轻轨，可承受列车重量和列车行驶产生的动荷载，由此可见，钢轨的性能必须达标。

钢轨的焊接在轨道施工中是一项重要的环节。钢轨的焊接一般分为接触焊、气压焊和铝热焊三种形式。其中接触焊法的焊接质量和焊接效率较高，所以轨道交通工程较多采取接触焊法。

在轨道工程施工过程中，会出现钢轨断裂和钢轨折断等问题，需要采取相关措施来应对。焊工需要熟悉岗位职责，熟练掌握焊接技术，严格规范焊接作业。另外需要配置专业的设备进行轨检，控制焊头的外观，保证焊接的质量。

3）铺设轨枕

轨枕可以支撑钢轨，控制钢轨的位置和方向，并且可以将钢轨所承受的荷载传给道床，轨枕需要具有一定的弹性、刚度和柔韧性。现阶段，我国用得最多的是钢筋混凝土轨枕，混凝土枕轨结构可以分为两种，一种是整体式，另一种是双块式。枕轨在铺设过程中会出现断裂、弹性不好等问题。

准确把握施工要点，严格控制枕轨铺设的施工工艺，规范枕轨铺设施工的工艺流程，保证工艺流程的合理性。

4）铺设道床

道床位于轨枕和路基之间，可以对轨枕起支撑作用，可将列车重量、轨枕重量和列车运行的动荷载传递给路基。一般情况下，道床可以分为有砟道床、沥青道床和混凝土道床三类。道床和轨枕之间的摩擦力可稳固轨枕的位置，避免产生轨道偏移和胀轨的情况。目前，城市轨道交通正线多采用混凝土整体道床。

整体道床存在一定的弊端，在混凝土浇筑时，如果整体道床预留缝隙的位置不对，那么整体结构不均匀沉降就可能会导致道床开裂。搭设或者拆除脚手架时，如果与钢轨发生碰撞，那么整体结构就有可能会变形，这会严重影响施工质量。在施工过程中，将预留缝隙与隧道结构缝控制在同一平面上。要适当的分层，采用特殊的方法分台阶浇筑，提升其承载力。

5）基标测设与施工复测

基标的测设与保护是铺设地铁轨道的基础，提升基标测设的精确度可以提高轨道铺设的质量，保证基标测设和线路复测的精确度是地铁轨道施工的重点。

选择有保障性的测量单位，并且选择有丰富测量经验的技术人员。此外，还需要配备先进的、精确度高的仪器设备。尽可能提前移交测量桩点，严格按照相关程序进行测设和报验，在必要时，可以增加一些人力、物力和财力。

6）控制轨底坡

一般来说，车轮的塌面呈圆锥状，经常与钢轨顶面接触的车轮塌面是 1/20 坡度的圆锥面，所以不应该竖直铺设钢轨，并设置一定的坡度。合理地设置轨底坡可以延长轮轨寿命，控制和检测轨底坡可以控制施工质量。重点检查轨底坡的设置，选择合适的监测工具进行必要的检查与调整。

13.1.2 铺轨要求

1. 线路工程

线路工程技术情况详见表 13-1。

2. 钢轮钢轨系统

1）轨道结构应具有足够的强度、良好的稳定性、耐久性和适当的弹性，应有利于养护维修，确保列车安全、快速、平稳运行。在新建的路基、隧道、桥梁上铺设轨道，应考虑工程沉降、徐变的时间要求。

线路工程技术表　　　　　　　　　　　　表 13-1

基本车型		A	B	C/D	L	单轨
		一般地段 / 困难地段				
最小曲线半径（m）	正线	350/300	300/250	100/50	150	100
	联络线	250/200	200/150	80/25	100	50
	车场线	150	110/80	80/25	65	50
最大坡度（‰）	正线	30/35	30/35	60	50	60
	联络线	40	40	60	70	60
	车场线	1.5	1.5	1.5	1.5	3
竖曲线半径（m）	正线	5000/3000	5000/2500	1000	5000/3000	2000～3000
	联络线	2000	2000	1000	2000	1000
钢轨（kg/m）	正线	60	60	60	60	轨道梁
	联络线	50	50	50	50	轨道梁
	车场线	50	50	50	50	轨道梁
道岔（No/V0）	正线	单开 9/35	单开 9/35	单开 9/35	单开 9/35	关节可绕型道岔
	车场	单开 7/25	单开 7/25 或单开 6/20	—	单开 5/15	关节型道岔 /15

注：1. 正线包括支线范围，联络线包括车辆出入线；
　　2. No 系道岔号，V0 系至道岔侧向通过速度（km/h）。

2）轨道应采用 1435mm 标准轨距。轨道结构及主要部件应符合城市轨道交通列车运行技术要求。区间曲线最大超高为 120mm，车站内曲线超高为 15mm，允许未被平衡横向加速度分别为 $0.4m/s^2$ 和 $0.3m/s^2$。

3）在隧道内和高架桥上宜铺设无缝线路和混凝土整体道床，并应具有良好绝缘性能和对杂散电流的防护措施。在道岔铺设地段应避开结构沉降缝（或施工缝）。在振动超标地段，应采取有效的减振、降噪措施。

4）高架桥跨越铁路、河流、重要路口或小半径曲线地段应采取防脱轨措施。

5）在轨道末端应设车挡，其结构强度应按列车 15km/h 撞击速度设计。

6）在区间线路的轨道中心或轨旁的道床面，应设有逃生、救援的应急通道，应急通道的宽度不应小于 0.55m。

3. 轨道与路基工程

1）轨道结构应保证列车运行平稳、安全，并应满足减振、降噪的要求。

2）钢轮、钢轨系统轨道的标准轨距应采用 1435mm。

3）钢轮、钢轨系统钢轨的断面及轨底坡应与轮缘踏面相匹配，并应保证对运行列车具有足够的支承强度、刚度和良好的导向作用。

4）跨座式单轨系统的轨道梁应具有足够的竖向、横向和抗扭刚度，应保证结构的整体性和稳定性，并应满足列车走行轮、导向轮和稳定轮的走行要求以及其他相关系统的安装要求。

5）钢轮、钢轨系统正线曲线段轨道应根据列车运行速度设置超高，允许未被平衡横向加速度不应超过 0.4m/s^2，且最大超高应满足列车静止状态下的横向稳定要求。车站内曲线超高不应超过 15mm，允许未被平衡横向加速度不应超过 0.3m/s^2。

6）轨道尽端应设置车挡。设在正线、折返线和车辆试车线的车挡应能承受列车以 15km/h 速度撞击时的冲击荷载。

7）轨道道岔结构应安全可靠，并应与列车运行安全相适应。

8）区间线路的轨道中心道床面或轨道旁，应设有逃生、救援的应急通道，应急通道的最小宽度不应小于 550mm。

9）当利用走行轨做牵引网回流时，轨道应进行绝缘处理，并应防止杂散电流扩散。

10）轨道路基应具有足够的强度、稳定性和耐久性，并应满足防洪、防涝的要求。

13.1.3　铺轨技术

铺轨工程所涉及的技术主要包括：

1）吊装技术，包括铺轨基地内材料吊装、区间内材料转运；

2）轨排组装技术；

3）测量技术，包括基标测设、导线测设、调坡调线、轨道精调；

4）区间走行轨安装技术；

5）铺轨过渡技术，包括联络通道铺轨过渡、轨排井过渡、道岔过渡、调坡调线过渡、不同标段界面过渡、人防门及防淹门过渡；

6）减振垫铺设技术；

7）高等减振道床成套技术；

8）铺轨车在线监测技术；

9）轨行区调度技术；

10）钢轨焊接、打磨、探伤技术；

11）混凝土浇筑、养护技术；

12）细部处理技术，包括伸缩缝灌注、排水板固定、水沟修理、扣件清理等；

13）其他。

13.2　铺轨设计管理

13.2.1　组织管理

1. 组织集成理念

对于建设工程过程而言，一般以项目部作为管理对象来进行建设过程的组织，项目部不仅是指代各单位派驻到工程建设现场的临时人员组织，也包括了各参建单位围绕工程本身投入人力以及整体的组织模式。众所周知，城市轨道交通工程具有规模大、站线长、投资高、参建单位众多及影响因素多等特点。因此，轨道交通工程的组织机构存在一系列复杂的管理问题，传统的松散式项目管理方法已无法满足目前的管理需求，需要创新管理方法来应对工程复杂性的管理。

从建设单位本身来说，项目的管理组织往往是以完成特定建设目标而形成的，组织内成员来自不同部门或单位，专业背景及工作水平也不尽相同，组织既不受既定的职能组织部门约束，也不能代替各种职能组织的活动。轨道项目实施过程中，对内有建设单位各职能部门等组织，对外有政府主管审批部门、监督管理等众多单位，项目部层面有参建的施工单位、设计单位、全过程工程咨询单位、招标代理单位、跟踪审计单位、勘察单位、测量单位等，每个单位有各自的组织形式，而对于建设项目的建设目标而言，各组织内部、组织之间管理层级多、交叉关系复杂，因各自利益的出发点不同，需要跨组织地进行相关利益方的博弈，因此建设单位协调沟通的工作量巨大，需要开展大量的组织协调和管理工作，甚至可以说沟通协调工作构成了目前建设单位的主要工作内容之一。

项目部形式的管理模式因其开放性、临时性及团队性等特点，相较于日常组织运营管理，项目组织的管理更具复杂性且要求更高，而铺轨设计管理同样需依托于整体的组织形式才能发挥作用，整体组织的精益模式是必要载体，因此研究项目组织管理具有重要意义。

随着大数据、物联网等新技术在管理领域的兴起与实践，一些创新管理理念在建设工程也随之出现，例如，集成管理就是项目管理理论和实践发展的新趋势、新方法之一。通过综合集成管理，充分发挥组织内共识，从而有效提升应对工程所处复杂环境的能力。

2. 建设单位主导下组织集成模式构建

管理是指一定组织中的管理者，通过实施计划、组织、领导、协调、控制等职能来协调他人的活动，使他人同自己一起实现既定目标的活动过程。组织管理的最终目标和对象是对人的管理。针对以上组织集成的模式、维度和框架，都是首先认定各参建单位组织的客观存在，继而讨论各组织在利益博弈的前提下各专业成员之间的组织结构，而这种先认定身份再讨论技术问题的思想与 BIM 协同、优化、共享的理念是相违背的。

在项目技术管理环节中，协同、沟通、确定方案等工作都是在单位与单位之间进行的，其组织形式是基于合同、职责、规范、管理规定等的显性结构。而在工程实施过程中，还有隐形结构的存在，即出现技术问题时，各单位的同专业相关人员会先行非正式沟通，例如，与合同、职责等无冲突时，会选择对参与沟通方有利的方案直接实施。特别是班组长一级的实际技术负责人，往往会从自身的直接利益出发，提供局限性的方案，又因管理人员专业分工不同等因素，会在实施完成后才发现对其他专业或后期使用功能和装饰性效果带来不利影响，引起变更返工。轨道交通建设项目的功能需求、使用习惯等与公共建筑有巨大的差异，因此，轨道交通建设项目的组织管理在技术的辅助下，应该让隐性结构关系显性化。首先在组织关系方面进行技术方案的优化集成，再由各方有权限的项目负责人以专题讨论会或方案论证会的形式进行综合决策。

从管理权责的角度来看，在建设单位主导下的组织集成模式中，应建立双层管理模式完成城市轨道工程建设全过程的管理任务。

双层管理模式：① 建立以建设单位为代表的管理小组，小组成员必须包括各相关参建单位具有决策权的项目技术代表，且必须在讨论过程中邀请具有决定权的建设单位代表；② 建立临时性的专业小组，针对具体技术问题进行实时讨论。

在实施环节中，具体问题具体解决，由各相关单位建立的专业技术联络小组对专业成果进行讨论优化，讨论优化的对象可以是某一个具体实施方案、局部的技术要点甚至工法工序等。从技术角度提供方案给管理小组进行决策，管理小组利用各专业的方案信息后进行技术上的优化比选，避免技术问题落入复杂的流程中，从而建立科学的决策管理体系。

13.2.2　集成管理

城市轨道交通项目是一个复杂的系统工程，其建设管理需要打破常规流程，建立基于按时出图的联动机制。

轨道工程作为城市轨道交通工程的有机组成部分，不仅要满足总体出图目标的要求，还要立足自身的专业特点，按时完成出图任务，并及时协调处理工程实施过程出现的各类问题，这就需要设计单位内部进行集成管理，还需要进行外部集成管理。

在以建设单位为核心的管理组织架构基础上，实行并行联动机制，将会大大提高工作效率。

1. 跨单位联动

在常规的建设管理组织架构中，设计单位与建设单位设计管理部直接联系所有关于设计类的问题，而施工单位提出的现场施工与设计冲突的问题则需要通过监理单位转建设单位后才能与设计单位对接，整个信息传递环节和过程繁多冗长；而若存在全过程工程咨询单位则可以减少对接环节，由全过程工程咨询单位作为中转轴，牵头组织设计单位、施工单位共同协商设计与现场施工的冲突问题，并向建设单位汇报变更情况并决策，有助于提高工作效率。

2. 跨部门联动

轨道交通工程建设过程中，建设单位、施工单位、全过程工程咨询单位等参建单位内部所涉及的部门较多，往往一个单位就涉及多个部门，例如，某市地铁集团就有工程部、质安部、设计部、财务部、综合部、机电部、审计部等部门，每个部门均有相应的岗位职责，跨部门联动将会提高解决及处理问题的效率，有利于工程建设的高效推进。

3. 靠制度带动

无论是跨单位联动、还是跨部门联动，都必须要依靠相应的工作制度和工作机制作为保证，最终将跨单位、跨部门联动的工作成果化成可执行落地的指令文件或书面文件。

1）设计文件签发制度。可以有效贯彻落实设计跨单位、跨部门联动的成果，使得联动后有依据可以执行。

2）工作联系单制度。工程建设过程中，可通过工作联系单或确认函的方式，将联动成果转变为可执行的依据。

3）工程会议。项目管理例会、监理例会、建设单位专题会、党组会议，均是跨部门、跨单位联动的较好方式，会后形成的会议纪要，对各方均有效。

13.2.3　综合管理

建设单位对于工程建设项目的综合管理必须要依赖于管理目标的准确识别。做好工程项目的综合管理是建设单位实现建设目标的重要抓手，其管理工作包括对于工程项目的安全、质量、进度、投资、档案信息管理等方面的目标与实施路径的把控。

在实际项目的操作层面，建设单位对于工程目标的综合管理难以建立根本性的把控能力，在体系层面上缺乏具体的制度，管理细节上必须依赖于各参建单位的自觉性。原因是显而易见的，在我国建设工程管理行业中，建设工程管理以项目的形式进行管控，而各参建单位各有立场诉求，建设单位对于管理目标的实现大多数都是以节点的验收监督作为主要控制手段，但是建设工程是一个步步为营的过程，最终建筑的完成度取决于过程中每一步管理目标的落实结果。在轨道工程设计阶段，综合管理就显得尤为重要，主要包括不同设计阶段的进度管理、文件质量管理和信息管理。

1. 设计进度管理

设计文件作为基础性资料，其完成进度与工程其他各项工作互相牵制，设计文件本身也对设计工作有着较大影响，例如，方案设计、初步设计、技术设计、施工图设计是影响与被影响的关系。因此轨道工程的设计进度必须不影响施工招标、不影响工程实体进度的原则下进行，需要提前谋划，制定设计出图计划，按天或按周检查设计各项任务的完成情况，必要时可以实现清单化管理，将设计工作分成各个子项，细化设计任务颗粒度，责任到人，这样有利于设计任务的完成和管理。

2. 设计质量管理

设计质量管理从设计单位内部管理及外部管理两个维度来讲，首先，设计单位内部要建立审查审核审批机制，不仅工点设计单位要完成设计文件的自查，总体设计单位更要对设计文件质量进行审查，并完成各专业的会签，尤其是建筑、结构、供电、给水排水、通信和信号等专业的会签；其次，从全过程工程咨询单位的角度来说，设计过程中要做好设计单位设计文件检查审批程序落实情况的检查，及时指出设计环节中不合理的程序性问题，并主动检查设计文件所包含的范围和具体内容是否合理，重要节点施工方案及安全措施是否妥当，图纸会审及设计交底是否执行落实到位等。

3. 信息流转管理

轨道工程设计管理过程中涉及的信息管理较为关键，尤其是各类信息在流转过程保证真实有效并具有追溯性和落地性，均应该建立明确的制度，每家单位要明确固定对接人员和资料接收邮箱，这样在信息管理过程中能充分达到有效沟通对接，提高信息流转的速度和价值。设计文件下发做好登记和交接手续，设计变更文件形成书面记录，并检查施工现场贯彻落实情况，避免出现变更之后"打折"落实的情况。

13.3 铺轨施工管理

铺轨工程具有"一长两紧三多"的特点，即站线长、工期紧、任务重、作业面多、交叉施工多、协调多，因此要做好铺轨施工管理，需要从质量、进度、投资、安全、协调全方面综合管理。铺轨施工管理也需要各参建单位齐心协力，共同参与。施工管理过程中，可通过技术创新手段，提高管理效率，将施工管理过程中出现的各类问题及时解决处理，使得铺轨工程建设高效推进。

13.3.1 质量管理

1. 基本检查内容

1）轨道控制网基标测设

轨道控制网基础控制网或控制基标测量成果须经第三方测量单位复核后方能使用，（控制、加密、道岔铺轨）基标测设位置和精度应符合规范和设计要求，基桩标志设置牢固，或标识齐全、清晰、完整。

2）道床及轨道铺设

（1）道床基底。基底清理干净，（矿山法或明挖地段）基底凿毛符合规范要求，浮置板道床基底外形尺寸、标高、平整度、排水横坡符合规范和设计要求，矿山法隧道地段道床基底与结构底之间的连接螺栓设置（如有）符合设计要求。

（2）道床钢筋。钢筋材质、品种、规格，防迷流钢筋焊接、埋入式端子或铜排与钢筋网连接，钢筋网的防迷流测试，钢筋保护层厚度符合规范和设计要求。

（3）普通道床。混凝土配合比、强度等级，道砟级配，伸缩缝的设置及填充、施工缝的位置及处理，混凝土外形尺寸、养护，道床排水符合规范和设计要求。

（4）浮置板道床。隔振元件材质、规格、品种、外观，混凝土配合比、强度等级，隔振元件安装位置或标高符合规范和设计要求；满铺式隔振垫在施工过程中按要求进行保护，发现有破损应及时进行修复（更换），点式支承浮置板道床顶升应到位，避免出现隔振元件出现"空吊"现象，过渡水沟或板底中心水沟未按要求施工，板底有杂物应清理并清理彻底，施工缝的位置和处理、板缝密封符合规范和设计要求，混凝土外形尺寸、养护符合规范和设计要求。

（5）轨道铺设。钢轨、轨枕、扣件及连接配件，扣件的扣压力和疲劳强度符合设计要求；轨道中心线、几何尺寸（轨面高程、轨道正矢、轨距等），轨缝设置、接头处轨面高差、错槎，轨底坡设置符合规范和设计要求；扣件及其配件污染、缺失的，应及时清理或补充，轨枕间距、偏斜、轨距块离缝符合规范和设计要求。

3）无缝线路

（1）钢轨焊接。钢轨焊接接头的型式检验或周期性生产检验，钢轨焊接接头探伤检查，钢轨焊接接头外观质量，焊接接头平直度符合规范要求。

（2）线路锁定。无缝线路应力放散、线路锁定，位移观测桩设置或位移量，缓冲区钢轨接头的钢轨面高低、错槎、轨缝预留符合规范和设计要求。

4）道岔

道岔钢轨、岔枕及扣配件的类型、规格，道砟级配，道岔几何尺寸，道岔滑床板、尖轨密贴、尖轨动程、尖轨尖端相错量，道岔护轨安装及轮缘槽宽度，钢轨绝缘接头轨缝设置，岔枕间距、偏斜、轨距块离缝符合规范和设计要求。

5）附属设施

安全设施及线路标志，防脱护轨安装"K"值，护轨扣件的规格、型号、绝缘设置，车挡材质、规格、型号、安装位置，标志的材质、规格、图案、安装位置符合设计要求。

2. 巡视

1）巡视工作主要内容

（1）工程是否按工程设计文件、建设标准和全过程工程咨询单位工程监理部审查签字的施工组织设计、施工方案施工；

（2）进场使用的原材料或混合料、构配件或设备的质量是否合格，是否已经全过程工程咨询单位工程监理部的使用审批；

（3）进场使用的主要施工机械、设备是否与全过程工程咨询单位工程监理部审查认定的相一致；

（4）主要施工管理人员，特别是专职质检员是否到岗履职，是否与全过程工程咨询单位工程监理部审查认定的相一致；

（5）施工现场特种作业人员是否持证上岗，是否与全过程工程咨询单位工程监理部审查认定的相一致；

（6）现场作业通道及空间是否满足主要机械设备的施工、运输、吊装作业需求；

（7）涉及工程施工质量的标准化措施是否落实到位；

（8）质量控制点；

① 基底凿毛、基底清理、底板是否渗漏水等；

② 钢筋的分布、绑扎、焊接、防迷流端子焊接及安装等；

③ 道床模板及伸缩缝板等；

④ 轨枕的外观，扣件安装、间距、方正等；

⑤ 轨道几何尺寸，包括轨距、高程、水平、方向、高低等。

（9）重点控制内容、环节及要求；

① 基底凿毛除盾构隧道和浮置板道床外，其他隧道基底及 U 形槽底板都必须凿毛，间距不能大于 150mm，深 10~20mm，并且要清理干净；

② 钢筋不得漏绑，钢筋布置尺寸应满足工程设计要求，电焊焊点应焊牢，搭接焊长度不得小于钢筋直径的 6 倍，且应双面焊，焊缝高度不小于 6mm，同一断面钢筋接头不得超过 50%；

③ 钢筋保护层厚度应符合工程设计要求，钢弹簧浮置板底部保护层垫块应用标准垫块；

④ 整体道床端头扁钢应按要求与所有纵向钢筋焊接；

⑤ 每条钢轨下应选两根纵向钢筋和所有横向交叉的纵向交叉钢筋焊接；

⑥ 每隔5m左右应选一根横向钢筋和所有交叉的纵向钢筋焊接；

⑦ 伸缩缝模板厚度应为20mm，设立加固应牢固；

⑧ 排水沟断面尺寸应满足设计要求，模板应涂隔离剂，加固牢靠，其他道床模板也应加固牢靠；

⑨ 浇筑混凝土前应对基标进行保护。

2）普通整体道床

（1）质量控制点主要包括：基标复核、轨排铺轨小车定位、轨排组装、轨排安装、钢筋网制作和安装、基标保护、轨行区安全管理的监控情况等。

（2）巡视关注点；

① 机铺走行轨投入使用前应对走轨中心线及高程、支腿间距及固定、接头连接（宜采用夹板和螺栓）等进行检查；

② 工程设计轨面至底板顶面大于轨道工程设计结构高度时，应先进行回填，凿毛后凹凸面深度应符合工程设计图纸要求，并彻底清除基底面上的浮浆、杂物、脏水；

③ 轨排组装后，特别注意检查轨距、轨枕位置及间距、扣件与轨枕是否密贴、轨距块位置、铁垫板方向是否符合工程设计要求；

④ 道床钢筋加工尺寸应符合《混凝土结构工程施工质量验收规范》GB 50204的要求，整体道床内钢筋网焊接，还应满足防杂散电流的工程设计要求；

⑤ 轨排铺设及轨道几何尺寸初调阶段应注意轨排运输过程中轨排存放不得大于两层，且加设木枕防止轨排损坏，轨道车、平板车上应设置转向架，严禁在运输轨排时同时运输钢筋、钢模、周转料等重型材料；轨排架设时严禁使用已变形的钢轨支撑架，采用短枕或双块式轨枕时，应采用带轨底坡的钢轨支撑架；

⑥ 模板安装尺寸位置应准确牢固，安装允许偏差应符合《地下铁道工程施工质量验收标准》GB/T 50299中规定；

⑦ 模板安装完成后应进行精调，宜采用人工使用直角道尺、万能道尺和弦线调整配合轨检小车的方式调整至合格状态；

⑧ 散枕、轨排架设、钢筋绑扎、基底施工前重点检查基底凿毛及清理；道床浇筑前重点检查轨道几何尺寸、模板安装偏差、扣件组装及保护、预埋件及预留孔洞等内容，浇筑时不得冲击钢轨支撑腿、钢轨及混凝土轨枕，随时检查钢轨与轨枕的位置、轨距、水平高程，一旦超标，立即调整轨道几何状态；

⑨ 高架段普通整体道床施工工艺与地下普通整体道床施工工艺一致。由于所处施工环境差异，应充分考虑夏期施工温差较大因素，计算预留轨缝宽度，轨排铺设完成后轨枕边缘和梁缝之间的距离应满足《地下铁道工程施工质量验收标准》GB/T 50299的规定，

弹条与模板支架应同时拆除，以利于钢轨自由伸缩、避免拉裂道床。

3）减振垫浮置板道床

（1）质量控制点主要包括：加密基标复核、钢筋制作和安装、道床浇筑、减振垫铺设、轨排组装、轨排铺设、轨行区安全管理的监控情况等。

（2）巡视关注点

① 减振垫浮置板道床的地段基标设置以及两侧挡墙顶面，在直线上每 120m，曲线上每 60m 及曲线五大桩需要设置线路中心控制桩及高程控制桩，加密基标宜设置于水沟范围内。如采用基桩控制网（CPⅢ）控制点应根据工程设计《国家一、二等水准测量规范》GB/T 12897 要求布置；

② 减振垫浮置道床的基底标高允许偏差、平整度允许偏差、限位凸台（凹槽）允许偏差应符合《地下铁道工程施工质量验收标准》GB/T 50299 的规定；

③ 曲线地段由于基础道床中心与轨道中心存在扇形偏心，应加强检查绑扎钢筋网的中心位置是否满足工程设计要求，道床板宜采用集中加工、现场焊接的方法；

④ 马蹄形隧道地段除需支立中心水沟外，还需支立两侧模板和两侧排水沟模板，减振垫浮置板道床基底水沟模板安装应平顺，位置正确，并连接牢固；

⑤ 混凝土施工完毕后，对基础道床的高程、水平度进行检查，道床混凝土浇筑质量、外形尺寸应符合《地下铁道工程施工质量验收标准》GB/T 50299 的规定；

⑥ 减振垫上铺设前，确保基底平顺、干净、无渗水，隔离式减振垫横向铺设时垫间留不大于 15mm 间隙，重叠条铆连，两边用 Z 型封边条固定。在遇到截面改变或过渡、隔离墙、人防门等特殊结构铺设情况时，橡胶隔振垫切割成相应的形状，用三排铆钉钉连；

⑦ 当隔离式减振垫整体道床与普通道床连接时，设置 15～20m 刚度过渡段，过渡段设置由厂家通过改变橡胶隔振垫刚度来实现；

⑧ 轨排组装后，检查验收轨距、短轨枕位置及间距尺寸、扣件与轨枕的密贴情况、接头相错量等技术指标，根据现场铺设的实际情况进行修正；

⑨ 道床混凝土浇筑由一次浇筑完成，严禁二次浇筑，防止道床板裂缝，道床板内的检查孔下部减振垫根据现场情况采取先开或后开孔的方式，并采取有效措施的密封措施；

⑩ 道床板伸缩缝应与基础道床伸缩缝重合，使用沥青模板或设计要求的其他材料填充；

⑪ 减振垫浮置板道床起、始终点基底排水两端所有检查孔在施工完毕后应立即用土工布、海绵或纱布塞死，防止灰尘及杂物（被水带入）挤入减振垫下部引起淤泥，影响减振效果。填充措施在线路开通使用前、道床表面完成最后清洁、排水系统设施投入使用后方可撤除，并在减振垫道床起终点处水沟内增设钢格栅，防止运营期间杂物进入水沟内。

4）钢弹簧浮置板道床

（1）钢弹簧浮置板道床质量点主要包括加密基标复核、钢筋制作和安装、道床浇筑、钢弹簧安装、浮板顶升、轨排铺设、轨行区安全管理的监控情况等。

（2）巡视关注点

① 按直线上每120m，曲线上每60m及曲线五大桩设置线路中心控制桩及高程控制桩，现场施工测量的伸缩缝位置、基底高程控制线、轨顶高程控制线、线路中心线、混凝土高程、隔离器位置标识清楚；

② 马蹄形隧道及矩形隧道应凿毛并清理，圆形隧道应将盾构管片底板螺栓孔内的淤泥等杂物清理干净；

③ 严禁采用在基础垫层表面局部垫高或挖深方法放置隔离器，隔离器套管基础环应使用胶凝材料密封；

④ 基础垫层与浮置板之间铺设隔离层，接缝处应进行重叠搭接，搭接宽度应符合工程设计要求，与道床结构缝错开布置，并做好成品保护；

⑤ 道床板钢筋笼采用集中加工、整体运输、安装，纵向钢筋接头位置应分散布置，在浮置板道床中选择2根以上纵向钢筋作为防迷流钢筋，设置明显标记，并每隔5m焊接闭合，确保纵横钢筋的电路流通，防迷流筋严禁与锚固板相连接；

⑥ 钢筋笼安装过程主要检查项目包括钢轨型号、扣件类型、隔振器位置、钢筋种类、各编号钢筋尺寸及位置、钢筋搭接与焊接、排流钢筋焊接、板端扁钢焊接、剪力铰，以及"线路中心线、浮置道床钢筋笼中心线、隔振器中心线"三心是否重合等；

⑦ 轨道调整。混凝土浇筑前采用轨检小车与"0"级道尺互检配合进行轨道精调，轨检小车检测的轨道几何尺寸各项指标误差均应符合工程设计要求；

⑧ 浮置板的混凝土应一次浇筑成型，以避免削弱浮置板的强度，采取可靠控高措施，上表面要比工程设计表面低（预留出顶升的高度），混凝土浇筑后湿水养护不低于14d。

（3）钢弹簧浮置道床的顶升作业直接影响道床系统的质量和运营状态，是浮置道床施工的关键环节。巡视关注点主要包括：

① 浮置板顶升作业前要拆除、清理浮置道床周围所有模板、多余隔离膜等杂物，板与结构壁间缝隙、板间缝隙隔离密封的密封条固牢，线型顺直平整；

② 在每块浮置板道床两侧，按加密基标位置每5m布设一对测量点，布置在钢轨外侧不受影响的部位，以测量浮置道床水平和静变形，并与浮置道床外的控制基标联测；

③ 隔离膜沿内套筒筒壁边缘切下并取出，筒内基底平整度偏差为±2mm/m，不得残留粉尘、碎屑等垃圾，隔振器基础中心专业工具钻孔，严格控制孔位及锚固指标；

④ 顶升过程中应考虑到浮置道床和剪力铰的受力，顶升应按照从浮置板一端向另一端依次进行的顺序，浮置道床分4个循环进行顶升，最后达到工程设计顶升高度。前3循环分别放入厚度5mm、12mm、12mm垫片，结束后即进行板面标高量测，第4循环应根据测量结果由钢弹簧厂家技术人员确定放入垫片高度。4个循环顶升作业结束后应实测浮置板上每个测量点的高程并与初始高程复核，此测量数据作为轨道精调及日后运营维护的参考依据；

⑤ 顶升作业完成后要检查安装锁紧板，并拧紧定位螺栓，盖上外套筒顶盖，上紧顶

盖紧固螺栓，螺孔拧上橡胶塞密封，避免杂物进入，破坏弹簧隔振器。

5）轨道架设与轨枕或短轨（岔）枕安装

（1）质量控制点主要包括：加密基标复核、铺轨基地建设、轨排组装、钢轨架设（焊接）、线路锁定（监测）、隔离层、防水层、轨行区安全管理的监控情况等。

（2）巡视关注点

① 审核配轨计算书、硫磺砂浆配合比、焊接条件等内容；

② 轨排组装相关控制指标；

③ 螺旋道钉锚固抗拔力、螺旋道钉偏离预留孔中心距离、轨枕应方正、轨距施工偏差、轨排接头相错量偏差、扣件扭矩、各种扣件安装不良率等均应符合施工验收标准要求；

④ 钢轨焊接应按相关规定进行型式检验，当出现钢轨焊头试生产、调试工艺参数、采用新轨型、新钢轨品种、周期性生产检验结果不合格、钢轨生产厂家变更时，应重新进行型式检验；未经型式检验合格，严禁施焊；

⑤ 钢轨胶接绝缘接头焊接前应按规定测定电绝缘性能；

⑥ 轨排组装架设偏差应符合《地下铁道工程施工质量验收标准》GB/T 50299 的规定；

⑦ 隔离层的基底应平整清洁、干燥，不得有空鼓、空洞、蜂窝、麻面、浮渣、浮土和油污。应铺贴平整，与底座表面、凹槽表面及侧面粘贴牢固，隔离层无破损，搭接处及周边无翘起、空鼓、皱折、脱层或封口不严等缺陷；

⑧ 底座伸缩缝与道床伸缩缝应上下对齐、宽度一致，防水层基底处理、铺贴质量的偏差和检验方法应符合《铁路轨道工程施工质量验收标准》TB 10413 规定；

⑨ 混凝土保护层强度、厚度、排水坡度、伸缩缝间隔及嵌缝应符合工程设计要求，表面平整度允许偏差不超过 3mm/m；

⑩ 无缝线路轨道施工主要包括长钢轨铺设、铺砟整道、钢轨焊接、线路锁定、轨道整理等；

⑪ 有缝轨道铺轨宜选择在最佳铺轨轨温范围内进行，并根据计算预留轨，动态质量检查主要包括有缝线路轨道动态质量应检查局部不平顺（峰值管理），其施工偏差应符合《地下铁道工程施工质量验收标准》GB/T 50299 的规定。

6）道岔及钢轨伸缩调节器

（1）钢轨伸缩调节器、12 号及以上可动心轨辙叉道岔应在工厂内试组装合格后投入现场使用；

（2）道岔位置严禁私自改变；

（3）道岔轨面高程应与连接的主要线一致，与另一线的轨面高差，应自道岔后普通轨枕起向站内顺接，顺接坡度不应大于该线最大工程设计限坡；

（4）交叉渡线铺设时，单开道岔与主要连接线应在一个平面上，次要连接线上的道岔与前后连接线轨面高差，按规定顺坡，并兼顾相邻道岔；

（5）在用道岔前后应铺设与道岔磨耗程度相近的钢轨，否则应在接头1m范围内打磨接头处轨面高低差及轨距线错牙，更换新道岔时应同时更换前后引轨；

（6）道岔各类螺栓丝扣均应涂有效期不少于二年的油脂，混凝土岔枕螺旋道钉锚固抗拉力不得小于60kN，查照间隔（辙叉心作用面至护轨头部外侧的距离）不得小于1391mm，护背距离（翼轨作用面至护轨头部外侧的距离）不得大于1348mm，道岔紧固螺栓扭矩应为100～120N·m；

（7）无缝道岔与相邻轨条的锁定轨温相差不得超过5℃，且处于工程设计锁定温度区间内，道岔铺设应使限位器子母块居中，两侧间隙允许偏差1mm；

（8）有缝道岔铺设绝缘接头轨缝不得小于6mm。道岔铺砟应满足铺设前道床应达到初期稳定状态、导曲线不得有反超高、道岔转辙器（或可动心轨辙叉）可扳动灵活；道岔整道后允许偏差和结构允许偏差应符合《铁路轨道工程施工质量验收标准》TB 10413规定；

（9）铺设钢轨伸缩调节器时，应根据铺设时的轨温预留伸缩量，铺设后应做好伸缩起点标志，钢轨伸缩调节器的尖轨刨切范围内应与基本轨密贴，钢轨伸缩调节器铺设调整后，应达到基本轨伸缩无障碍，尖轨锁定不爬行。

7）附属设备

（1）质量控制点主要包括：护轨、标识标志、轨道加强设备施工等。

（2）巡视关注点

① 道口位置应符合工程设计规定；

② 防护设施及标志应方向准确、齐全、无损伤、涂料均匀、图案完整清晰，预留高度符合工程设计要求；

③ 栅栏埋设位置正确、连接可靠、预留高度，栅栏涂料均匀、涂层厚度应符合工程设计规定；

④ 护轨应在轨道基本稳定后铺设，护轨梭头连接处应设置绝缘接头（带电时），护轨与基本轨头部间距允许偏差不应大于5mm；

⑤ 线路、信号标志的材质、规格、数量、位置、高度、图案字样、方向、稳定性均应符合工程设计要求；

⑥ 安装防爬设备应作用良好，防爬支撑和防爬器的类型、规格、质量、安装位置、数量、制动方向均应符合工程设计规定；

⑦ 轨距杆、轨撑的安装位置、数量应符合工程设计规定，轨道电路区段的轨距杆应绝缘。

8）梯形轨枕整体道床

（1）珍珠棉裁剪应放在平整稳定的木板上进行；

（2）裁剪尺寸误差−0，＋5mm；

（3）珍珠棉上胶应涂抹均匀，粘贴应牢固，对损坏严重的珍珠棉不得使用；

（4）珍珠棉接槎处应用胶带缠绕，防止混凝土浇筑时进灰；

（5）垫木应支垫在减振垫下，垫木宽度与减振垫一致，严禁包装完的珍珠棉受到外力挤压，垫木不少于 8 块，前后左右应对称支垫；

（6）梯形轨枕摆放时应注意凸台位置，凸台前后朝向应以梯形轨枕布置图为准。

13.3.2　轨行区管理

1. 轨行区管理制度

一般情况下，铺轨施工单位应根据建设单位的相关管理办法制定轨行区管理方案，报全过程工程咨询单位审批，并组织相关参建单位对轨行区管理方案进行宣贯，成立轨行区管理工作小组。在铺轨阶段，所有参建单位均应服从轨行区管理工作小组的管理。

2. 联合检查

由于在区间内作业的人员众多，交叉施工较为频繁，因此需要定期组织轨行区联合检查，将检查结果及时通报，对存在的各项问题督促相关单位整改落实，尤其是作业产生的垃圾，要做到"工完料尽场清"，在巡视检查过程中，尤其要强调场清。从实践经验来看，轨道工程最后阶段垃圾清运量巨大，均是平时将垃圾积攒在区间内的原因导致，若垃圾不能及时清运，不仅污染了工作和环境，也给后期竣工验收带来巨大负面影响。

13.4　铺轨验收管理

轨道工程作为单位工程，其验收内容主要包括关键节点验收、分部分项验收、首件验收、竣工验收等。分部分项验收应以经建设单位审批同意的分部分项划分方案为基础进行，关键节点验收包括开工条件验收、土建条件移交验收等，首件验收是根据工艺特点，对重点工序首次开展进行的验收，起到规范和样板引导的作用。

13.4.1　首件（样板）验收

首件（样板）是指单位工程开工之后施工过程中每一道施工工序的第一个产品（包括检验批、分项工程、分部工程）。长时间停工后或施工队伍更换后均应重新进行首件（样板）验收。应进行首件（样板）验收的项目主要有以下：

1. 轨道应进行首件（样板）验收的项目为预制隔离式减振垫道床。

2. 预制隔离式减振垫道床首件（样板）验收的项目内容应包括：

1）自密实混凝土填充层钢筋网片铺设（样板工序代表数量为 50m）。

2）预制隔离式减振道床板铺设（样板工序代表数量为 50m）。

3）扣配件安装（样板工序代表数量为 50m）。

4）60kg/m 钢轨铺设（样板工序代表数量为 50m）。

13.4.2　关键节点施工前条件验收

关键节点施工前条件验收的项目内容及要求应按附表 2-6～附表 2-9 执行。

13. 5 铺轨运维管理

线路设备不间断地受到列车动荷载作用和气候的影响会逐渐产生变形与损坏，轨道系统几何尺寸难以保持不变，因此运营维修部门要按照"预防为主、防治结合、修养并重"的原则加强线路的维修养护工作，以达到保持线路设备的完整与质量均衡良好，确保列车能以规定的最高速度安全、平稳、不间断地运行，以及延长线路轨道系统各部件的使用寿命，延缓或防止病害的发生。

13. 5. 1 运维方案

铺轨工程完成竣工验收后，在试运营前，需要完成 3 个月试运行，试运行是对城市轨道交通各项内容的综合检验，对于轨道工程而言，试运行主要检测轨道的平稳性和可靠性。此阶段需要做好运维方案的编制和审查工作，运维工作应按批准的方案执行。

1）运营组织设计应以服务乘客、确保安全为主要目标，以城市轨道交通线网规划、建设规划、预测客流为主要依据，明确系统的运营规模、运营方案和运营管理。

2）运营规模的确定，应在满足预测客流需求的基础上，适当为发展留有余地。

3）计算系统运输能力时，车厢有效空余地板面积上站立乘客标准宜按 5 人 $/m^2$ 计算。

4）运营方案的研究应兼顾合理性、经济性与可行性，明确全线运行模式、运行交路、行车计划、旅行速度、车站配线等，运营方案应兼顾灵活性。

5）运营管理应明确列车运行、调度指挥、辅助系统、维修保障系统和组织机构、明确在各种运营状态下的管理方式等。

6）运营管理宜遵循集中分级管理的模式，在设计时充分研究和考虑未来网络化运营管理的需求。

7）运营机构应满足系统运营管理任务的要求，通过科学的管理方式、合理的人员安排和组织机构设置，实现城市轨道交通系统的安全、可靠、高效。

8）列车乘务制度应采用轮乘制，相关车站应配置轮值折返司机及相应的设施。

9）车站应设置客运服务中心、无障碍等服务设施。

10）在正常运营时间内，任何人不得进入轨行区，在站台两端应设有阻挡标志或设施。

13. 5. 2 运维内容

1. 日常维护与紧急补修

坚持预防为主的原则对轨道系统按计划进行全面的巡检、维修与保养工作。

1）定期巡道。巡道工作的任务是巡视钢轨、道岔及其联结零件有无缺损，隧道结构与道床和路基有无病害的发展，线路标志是否完好，线路有无侵限的障碍物，同时还需要进行相关小补修工作。地铁线路根据其运营特点，应安排每天的全线巡道工作，特殊情况宜安排两天一次的巡道工作。

2）钢轨探伤。定期进行钢轨探伤可以发现钢轨内部的裂纹与隐伤，预防钢轨因突然断裂而导致车辆脱轨、倾覆等重大事故的发生。地铁线路正线均铺设无缝线路，因此对钢轨与焊缝的探伤工作尤其重要。一般正线钢轨每月进行一次探伤，车场线钢轨可适当延长探伤周期，无缝线路焊缝探伤应安排半年至一年进行一次，同时按要求进行伤损部位现场标记、完善伤损台账、定期进行观察与跟踪检查。

3）日常养护。根据线路维修工班结合月度检查结果，安排重点维护与全面的养护工作。养护工作必须执行有关规范与作业标准，并严格进行当天作业后的质量回检与验收，对无缝线路养护还必须在规定的锁定轨温条件下进行。养护工作必须抓好"检查、计划、作业、验收"四个环节的管理。

4）紧急补修（故障维修）是指在日常巡检与保养中，针对个别地点线路质量超过允许误差而进行的维修工作。目的是及时克服超限点，确保轨道系统始终状态良好。

2. 综合维修

综合维修要求按计划对系统设备进行重点病害的综合整治，要求全面改善轨道弹性、全面调整轨道几何状态、全面整修和部分更换设备零部件，使轨道系统恢复完好的技术状态。

城市轨道一般设在地下，大多数为整体道床，车场线往往行驶速度低，且作业量除少数线路外都比较小，因此综合维修周期除地面正线与顺繁使用的车场线考虑每年进行一次。其他线路可考虑适当延长综合维修周期。

3. 定期与不定期维修相结合

在定期对轨道系统进行静态检查的同时。定期与不定期地进行轨检车的动态检查，并将检查结果及时反馈以指导线路维修工班开展相关维修工作。同时利用轨道打磨车定期与不定期对钢轨进行保养与修复性打磨，及时消除轨面波磨并修正钢轨廓型能有效改善轮轨接触关系，保持良好的轮轨运行状态，延长轮轨的使用寿命。

13.6 铺轨工程常见问题处理

13.6.1 设计类

1. 调线调坡设计

城市轨道交通调线调坡设计，主要是在土建（车站、区间）施工中或结束后，根据实测断面数据对施工误差进行修正的一项补救措施。城市轨道交通建设过程中，由于内部和外部因素造成线路平面中线或纵断面轨顶标高线产生重大偏移误差，使车站或区间各设备系统严重侵入限界，对后期运营造成严重的安全隐患。为了降低误差造成的影响，通过对线路平、纵断面、轨道、设备系统占用空间等进行调整，减小施工误差来满足限界要求，进而保证轨道交通建成后的运营安全。通常，由于调线调坡按照两站一区间标准条件进行，而现场常出现非标条件，例如，仅车站范围有测量数据，且轨道道岔、人防门等需要先行施工，迫切需要调线调坡设计数据。

调线的主要方法有改变曲线要素、旋转夹直线方位角、增减交点等，均是对线路平面要素进行微调，进而达到线路设计中线整体移动来拟合实际施工线路中线来满足限界要求。调坡的主要方法有，修正竖曲线半径、改变竖曲线交点位置、改变坡度、改变坡长等，均是对线路纵断面要素进行微调，进而达到线路设计轨顶标高线整体移动来拟合实际施工线路轨顶标高线以满足限界要求。需要线路设计考虑现场进度和实际特殊情况，研究调线调坡办法。

2. 铺轨基地选择

通常，铺轨基地设置需要在线路上方的结构板开设 30m×5m 双孔轨排井，需要考虑结构加固措施等，同时还需要考虑其他因素，例如，土建施工工法、土建工程进度、基地辐射范围、地面交通及场地周边情况等。因此，铺轨基地设置和轨排井开设需要在初步设计时就要综合考虑，并在土建施工图设计前确定，在土建施工图中明确，由土建设计单位完成轨排井的预留。

轨排基地设计原则：

1）有条件时，不设于场地布置受限、交通繁忙的道路下方，避免影响社会交通；

2）不设于低洼地带有防汛隐患处，防止汛期雨水通过轨排井倒灌入区间；

3）不设于机电关键设备房上方，以免铺轨完成后轨排井封孔占用关键设备房直线工期；

4）不设置大于 2 层的地下车站、风井，避免增加吊装难度和风险；

5）选择位置应考虑 25m 长度轨排的地面运输条件，保证运输顺畅；

6）将轨排孔与盾构出土孔合建，减少封孔数量；

7）利用盾构孔做散铺下料孔，灵活增加散铺基地等。

如果实施过程中，特别是土建进度出现较大调整或土建工法、周围地质出现较大变化时，则需要调整铺轨基地和轨排井，否则，旧的铺轨基地和轨排井会受阻、出现"出门卡点"等，轨排井预留除考虑与车站、风井、盾构收发井合用，还应分析与其合用带来的风险，合用和分设应兼顾。

3. 人防门、土建、轨道接口

人防门附近结构，一般由人防门设计单位提资给土建设计单位和轨道设计单位，并由土建、轨道施工配合实施。实施过程中，人防门闸洞口的标高、位置等与轨道道床形式、水沟形式容易出现偏差。总体设计单位应提前组织人防门、土建、轨道会审，复查人防门闸洞等的标高和位置。

4. 道床到泵房的明沟

道床到泵房的明沟和沉沙井等部分是在土建结构底板中的，需要在土建结构图中进行体现。由于土建结构图出图较早，很多都未能改进为明沟，而是保持暗埋管道方式，后续再出具联系单纠正，就很难能引起土建施工单位的重视。

5. 过轨管线

一般由各机电专业将过轨管线提资给轨道设计单位，统一绘制于轨道施工图中，由铺轨施工单位实施。实施过程中，常遇到：各专业提资不全、不及时，待到铺轨施工图阶段还有较多管线未能列入；已确定的过轨管线，有不少管线在后来都用不上，造成浪费等问题。因此，在轨道施工图出图前，汇集各专业集中梳理并更新过轨管线情况。

6. 混凝土回填

明挖区间大断面道床两边、存车线、支线、联络线、正线尽头等处，轨道道床外常有大量空缺区域，是否采用混凝土回填，在建筑专业、结构专业和铺轨等专业设计中未能考虑，容易积水，滋生蚊蝇。因此，由设计总体单位组织土建专业和轨道专业设计单位进行专项梳理，并将类似区域划到轨道施工图设计中。

13.6.2 施工类

1. 基标测设

基标测量分内业和外业，通过内业对外业测量数据的整理和分析，来指导现场施工，在此过程中，往往会出现数据整理失误从而引起现场施工错误，轨道尺寸超标。因此，测量专业工程师不仅要对外业进行复测，还要对内业整理数据进行仔细分析审核。

2. 基底处理

整体道床基底处理主要包括混凝土结构地底处理和区间隧道段基底处理，对于混凝土结构，需要进行凿毛处理，混凝土管片区段则需要清理积水杂物等，确保基底干净无积水及杂物。然而在铺轨施工过程中，基底处理往往管控不到位，凿毛间距大于 150mm，深度不足，积水及杂物清理不干净；因此，需要做好过程巡视检查和工序验收管理工作。

3. 整体道床

道床施工涉及钢筋绑扎、轨排组装、模板安装、杂散电流钢筋网焊接、铜端子焊接、伸缩缝设置、混凝土浇筑、道床养护、水沟回填等工序，每道工序都会因管理不到位出现质量问题或留下质量隐患。常见的问题主要有：钢筋规格与图纸不相符，搭接过于集中、轨枕间距超过允许偏差、轨枕倾斜，模板安装不顺直、固定不牢固，杂散电流防治钢筋网焊接点不足，铜端子焊接及长度不足、铜端子规格不满足设计文件要求，伸缩缝变形严重、封堵不规范，扣件污染，道床出现裂缝裂纹，养护措施不到位，水沟回填时变形等。道床施工过程中出现的各类问题，都可以通过施工技术措施及管理措施做到消除，因此需要管理人员施工过程中加强管理和检查，做到事前、事中和事后控制。

4. 钢轨安装

常见的问题主要有轨缝偏大，轨底坡不符合设计要求，通过测量手段及时纠正，轨底坡的控制，可以通过以下几方面进行：

1）进行专项交底，加强对施工人员技能培训、考核等；

2）采用检测精度高的专用检测仪器量测；

3）根据设计主要技术标准，在钢轨支撑架上设置相应的轨底坡，可适当加大轨底坡的设置；

4）提高钢轨支撑架的整体刚度，减小支撑架变形引起的控制误差；并保证支承架承轨槽与轨底紧密结合。

5. 焊接处理

无缝线路焊接时，由于钢轨打磨过度，焊轨未完成前遭到重物打击，导致焊头出现伤损，接头相错，焊接接头无损探伤检测不达标等原因，往往会出现钢轨接头伤损现象，焊接接头尺寸超标等焊接质量问题。

钢轨焊接前，采用手摸方式检查接头是否对正，焊接完成，在没有达到强度前应由专人在接头处看管。钢轨打磨时，在粗打磨剩余 3mm 时就开始精打磨，当肉眼无法识别打磨平整度时，每打磨一次后，借助仪器检查一次。对焊接头进行 100% 无损探伤检测，检测不达标的进行切割重新焊接。

6. 行车安全

道床浇筑完混凝土后强度未达到 75% 设计强度前，不允许车辆在轨道上通行。大多数项目由于工期紧、任务重，往往忽视这一点，造成轨道参数超标，甚至给道床带来永久性伤害。管理人员应根据气候环境和混凝土浇捣时间，严格按照作业标准进行作业。

13.6.3　管理类

1. 界面移交

铺轨过程中，需要办理界面移交，主要有站台轨行区土建移交、盾构收发井轨行区土建移交、区间土建移交、联络通处轨行区土建移交、铺轨基地土建移交、铺轨完成后向其他单位移交，在办理这些界面移交过程中容易忽视细节，例如，对土建区间的渗漏情况疏忽、联络通道集水坑、道岔处集水坑等容易忽略等。因此在界面移交时，移交双方所涉及的施工单位、全过程工程咨询单位、建设单位均应参加现场移交工作，对移交界面仔细检查。例如，某铺轨项目在办理隧道区间移交时，接收单位没有仔细检查联络通道集水坑内垃圾清理情况，将联络通道内的集水坑及整个区间都移交给了铺轨单位，铺轨过程中需要排水及铺轨后需要清理淤泥时，才发现当初移交时没有厘清移交范围，更没有检查清楚集水坑内的淤泥堆积情况，后续通过多次协商和协调才得以将集水坑内淤泥清理干净，无形中给建设单位带来更多的协调工作。

2. 交叉管理

铺轨工程作为承上启下的枢纽性工程，交叉施工随处可见，其相应会带来交叉管理；铺轨施工阶段，轨行区的管理是重中之重，也是交叉管理的薄弱环节。交叉管理涉及轨行区管理、属地管理、区间管理以及在轨行区作业的各类单位和人员，管理过程中应制定轨行区管理办法、属地管理办法，以消除交叉管理带来的不利因素。

第14章　牵引供电工程

城市轨道交通供电系统是为轨道运营提供所需电能的系统，不仅为电动列车提供牵引用电，而且还为城市轨道交通运营服务的其他设施提供电能，例如，照明、通风、空调、给水排水、通信、信号、防灾报警、自动扶梯等，应具备安全可靠、技术先进、功能齐全、调度方便和经济合理等特点。在城市轨道交通运营中，供电一旦中断，不仅会造成城市轨道交通运输系统的瘫痪，还会危及乘客生命与财产安全。因此，高度安全可靠而又经济合理的电力供给是城市轨道交通正常运营的重要保证和前提。城市轨道交通的用电负荷按其功能不同可分为两大用电群体：一是电动客车运行所需要的牵引负荷；二是车站、区间、车辆段、控制中心等其他建筑物所需要的动力照明用电，诸如：通风机、空调、自动扶梯、电梯、水泵、照明、AFC、FAS、BAS、通信系统、信号系统等。

14.1　供电系统概述

14.1.1　城市轨道交通供电系统的组成

城市轨道交通供电系统由主变电所、中压环网系统、车站（含车辆段、停车场）牵引降压混合变电所、降压变电所、跟随式降压变电所、牵引网系统、电力监控系统（SCADA）、杂散电流腐蚀防护系统和动力照明配电系统组成。

1）主变电所的功能是通过设置在主变电所内的两台主变压器将地方供电公司的110kV高压电变成35kV的中压电。

2）中压环网系统的功能是将主变电所的35kV中压电输送到各地铁车站（含车辆段、停车场）变电所，其中分为若干个供电分区。

3）牵引降压变电所的功能是将环网电缆送进来的35kV中压电源经两台不同接线组别的整流变压器（通常为环氧树脂绝缘干式变压器）降压后再经两台整流器变成DC1500V直流电供电客车做牵引用。

4）降压变电所、跟随式降压变电所的功能是将环网电缆送进来的35kV中压电源经两台配电变压器降压后，变成两路0.4kV低压电供车站及区间隧道动力照明设备使用（跟随式降压变电所内一般不设35kV开关柜，35kV开关柜设在降压变电所内，所以叫跟随式降压变电所）。

5）牵引网系统的功能是将来自于牵引降压变电所的DC1500V直流电通过架空接触网

或者是接触轨（也称"三轨"）及回流轨（走行轨）为地铁电客车提供牵引电能。

6）低压动力照明配电系统的功能是将来自于降压变电所或跟随式降压变电所的 0.4kV 低压电通过低压配电系统（0.4kV 低压开关柜）供给车站和区间隧道动力及照明设备使用。

7）电力监控系统（SCADA）的功能是由设置在地铁运营控制中心（OCC）的电力监控调度系统通过设置在各变电所的综合自动化系统实现对全线各变电所、牵引网等供电设备的运行情况进行实时监控和数据、图像采集（遥信、遥测、遥控、遥调、遥视）等功能，完成对变电所、牵引网电气事故分析和供电设备按状态维护、维修的调度管理。

14.1.2　供电系统常用设备

1. 126kV（146kV）GIS 气体绝缘金属全封闭开关设备

主变电所 126kV（146kV）GIS 气体绝缘金属全封闭开关设备是连接 110kV 进线电缆与主变压器的开关设备。在设备的断路器室和母线室充有六氟化硫气体。设备为组合电器，它将断路器、隔离开关、接地开关、电压互感器、电流互感器、避雷器、套管、电缆终端筒等主要电器部件灵活组装并封闭于接地的金属外壳中。具有体积小、占地面积少、不受外界环境影响、运行安全可靠、维护简单且周期长等优点。

2. 主变压器

主变压器为三相有载调压油冷却变压器。主变压器的容量根据线路的长短及所带负荷的大小，从 25MW 到 63MW 不等。主变压器的任务是将从地方变电站引入的 110kV 电源降压到 35kV 中压，通过环网电缆将 35kV 中压送到地铁车站变电所。每个主变电所设置两台同容量的主变压器，同时并列运行。

3. 35kV GIS 开关柜

目前地铁变电所 35kV 开关柜都采用的是金属全封闭式气体绝缘 GIS 开关柜（组合电器）。额定工作电压为 40.5kV。该型开关柜将电流互感器、隔离开关、接地刀闸和断路器组装在一个金属柜体内，断路器室和母线室充入六氟化硫气体绝缘，做到柜体体积小，绝缘水平高，采用先进的微机测控保护装置，安全可靠。35kV 开关柜分为"进线柜""出线柜""馈线柜"和"母联柜"等。

4. 牵引变压器

目前地铁牵引变电所牵引变压器普遍采用的是 35kV 环氧树脂绝缘干式变压器。牵引变压器有一个一次绕组，电压为 35kV，三角形接法。有两个二次绕组，一个是三角形接法，一个是星形接法，电压均为 1180V。二次绕组接入整流器后，可以产生 12 脉波的直流输出，输出的直流电压约为 1670V。现在的牵引变压器普遍采用两台变压器在一段母线上并列运行，其中一台牵引变压器采用 −7.5° 接线组别，另一台牵引变压器采用＋7.5° 接线组别，两台并联运行，形成等效 24 脉波电压为 1500V 的直流输出电压。

5. 整流器

目前地铁牵引变电所整流器普遍采用的是三相全波整流桥电路，一台整流变压器匹配一台整流器。一台整流器内对应整流变压器的两个次级绕组安装两套三相全波整流桥电路，输出 12 脉波直流电压。三相全波整流桥的每个桥臂由三个硅整流二极管并联组成。单个硅整流二极管的额定工作电流为 2000A，额定工作电压为 4400V。每个硅整流二极管都串联一个快速熔断器作为硅整流二极管的保护单元。

6. DC1500V 开关柜

目前地铁牵引变电所的 DC1500V（DC750V）开关柜普遍采用的是手车式断路器金属外壳开关柜。直流快速断路器安装在活动手车上，可以方便从开关柜内拉出来检修，也方便断路器互换。直流开关柜一般分为"进线柜"和"馈线柜"两种型号，安装方式通常为直线排列。

7. 配电变压器

目前地铁降压变电所的配电变压器全部采用的是环氧树脂干式变压器。变压器的容量根据各个地铁车站的负荷情况从 800kVA 到 2000kVA 不等。硅钢片铁心一般采用"日"字型结构。

8. 400V 交流低压开关柜

目前地铁降压变电所的 400V 低压开关柜普遍采用"抽屉式"开关柜。

9. 综合自动化系统设备（控制信号屏）

目前地铁变电所已经全部采用 35kV 变电所综合自动化系统对全所所有设备进行监控。综合自动化系统的智能综合测控装置、通信控制器、以太网交换机、一体式计算机、光电转换器等设备组装在一个控制信号屏内。控制信号屏安装在变电所控制室内，一般与交直流屏和电能质量监视装置并列安装在一起。

10. 交直流屏

交直流屏为地铁变电所内各种设备的操作提供交直流电源。交直流屏一般由交流屏、直流屏、充电屏和蓄电池屏组成。

11. 钢轨电位限制装置

在地铁车站变电所内都安装有钢轨电位限制装置。其作用是当走行钢轨对地电位达到一定程度时（一般最高设定为 100V），钢轨电位限制装置内的接触器就会动作，将走行钢轨直接接地，使走行钢轨对地电压降到零伏，以保证运营维修人员的人身安全。

12. 排流柜

在地铁车站牵引变电所里都安装有排流柜。其作用是将泄漏到道床和隧道壁的杂散电流返回到负极柜。排流柜的一端接到杂散电流收集网上，另一端接到负极柜上。排流柜是杂散电流腐蚀防护系统中的主要设备。排流柜只安装在牵引变电所内。

14.2　集成管理及设备材料招标采购

14.2.1　设备集成管理

城市轨道交通供电系统中的牵引降压混合变电所和降压变电所中的关键设备 35kV

GIS 开关柜、DC1500V 开关柜、整流变压器、整流器柜、配电变压器、交直流屏、变电所综合自动化设备等一般是由建设单位通过招标采购的（俗称甲供设备）。建设单位为了便于管理，将甲供设备的管理委托给一家有资质的设备管理单位进行管理，即设备集成管理服务商。设备集成管理服务委托合同签订后，设备集成管理单位应在现场成立设备集成管理服务项目部。设备集成管理服务项目部在合同执行期间要完成以下工作：

1）首先项目经理要组织设备集成管理服务人员编制《设备集成管理服务大纲》报建设单位。《设备集成管理服务大纲》是设备集成管理服务的纲领性文件。

2）协助建设单位开展与甲供设备厂商的合同谈判。

3）甲供设备合同签订以后，参加由建设单位组织召开的投标澄清会，对甲供设备厂商的投标书部分内容进行答疑澄清并编写会议纪要。

4）参加由建设单位组织召开的第一次设计联络会，对甲供设备的外形尺寸、设备基础形式及尺寸进行确认；对设备的主要功能和元器件进行确认。

5）参加由建设单位组织召开的第二次设计联络会，对甲供设备厂家设计的生产图纸进行确认，确定样机生产时间。

6）参加由建设单位组织召开的第三次设计联络会（如有），对甲供设备厂家深化设计的生产图纸进行确认。

7）设备集成管理服务项目部安排设备集成管理服务人员到甲供设备生产厂家进行样机驻厂监造。

8）甲供设备样机生产完成后组织建设单位、设计单位、全过程工程咨询单位、运营单位等相关单位人员到甲供设备生产厂家进行样机验收。

9）样机通过验收以后，根据工程进展情况及施工单位的设备需求计划，给甲供设备厂家下发生产通知单，通知甲供设备厂家开始生产设备。在甲供设备厂家开始组织设备生产前，安排设备集成服务人员到生产厂家进行驻厂监造。

10）甲供设备厂家批量生产完成后，设备集成管理服务项目部组织建设单位、全过程工程咨询单位、设计单位、运营单位、施工单位等到甲供设备厂家进行出厂验收。

11）根据施工单位的设备进场计划工作联系单，给甲供设备厂家签发甲供设备发货通知单，通知设备应运达的详细地址和设备达到现场具体时间。

12）甲供设备运达现场后，设备集成管理服务项目部组织建设单位、全过程工程咨询单位、施工单位和甲供设备厂家共同对设备进行开箱检查移交。

13）甲供设备安装阶段，督促甲供设备厂家安排满足现场施工需要的技术服务人员到施工现场进行技术指导及属于厂家自身须进行的安装施工（如柜内接线、灌装程序等）。

14）在设备调试和综合联调联试阶段，督促甲供设备厂家安排技术熟练的售后服务人员到现场配合调试。

15）在城市轨道交通线路试运营初期，督促设备厂家在当地安排技术过硬的服务人员进行"保驾护航"。

14.2.2　设备材料的采购招标

供电系统主要采购的产品为变压器、整流器、开关柜、电缆等，产品的质量直接影响项目的最终质量，因此采购项目管理重点将予以质量控制，来确保建设单位采购的大宗设备和材料符合项目质量要求，主要包括以下几项内容。

1）建立完善的质量保证体系，在质量控制过程中应以合同、技术规范为依据，坚持高标准，严要求，在事前、事中、事后三个方面分析对质量构成影响的人、材料、机械、方法和环境等要素（4MIE）抓好质量控制工作，确保质量控制目标的实现。

2）对大宗设备和材料采购招标工作来说，由于招标方与投标方存在着信息不对称的问题，也缺乏专业人才。为解决这一问题，宜聘请有关行业的专家到招标小组中，建立三维的组织管理体系。招标小组成员中具有设备和材料行业的专家，消除了招标工作中的招标方和投标方不对等的状态，为有效地控制采购质量提供了保障。

3）选择合格供应商的条件，合格供应商的基本条件是：供方提供的产品通过质量认证组织的质量认证，确认符合使用要求；确认供方的质量保证能力；价格合理，服务良好。

4）加强对产品的验收控制，设备及材料是否按规定进行检查，对不合格品是否加以标记，未经检查或检验不过关的物资是否予以扣留，供方是否保存了按标准验收并已通过记录等；检测设备是否运行正常、可靠；包括标记、标签、标牌、印章、履约卡等是否齐全、准确、清楚，与实际情况是否相符等。

5）设备的进场检验措施：

（1）箱号、箱数是否正确，包装是否良好；

（2）设备名称、型式、规格及外形尺寸是否正确；

（3）零部件表面有无锈蚀和损伤，孔、口保护是否完整；

（4）附件、备件是否齐全完好；

（5）随机技术文件是否齐全完好。

上述检查经供货方、订货方、安装（有些需商检部门）监理、全过程工程咨询等单位派代表参加验收手续、验收并办理。

6）材料、设备的检查验收：工地交货的材料及设备，应有出厂合格证和质量检验证书。设备到场后，订货方应及时通知监理工程师，在规定的索赔期限内开箱检查，按供货方提供的技术说明书和质量保证文件进行检查验收，检查人员对质量检查确认合格后，予以签署验收单。若发现质量保证文件与实物不符，或对质量保证文件的正确性有怀疑时，或设计和验收规程规定必须复检合格后才能使用时，还应由有关部门进行复检。对工地交货的大型设备，通常由厂家负责运至工地进行组装、调试和试验，经过自检合格，再由订货方复检，复检合格后予以验收。

14.3　牵引供电工程特点及管理要点

14.3.1　主变电所设计

如果把城市轨道交通系统比作生命机体，那么主变电所就是它的心脏。供电系统设计的最初目标是要预计和估算完整的轨道交通用电负荷需求，随后结合技术方法和经济性两方面，找出最科学合理的电源实施方案和系统设计方案，将其作为供电系统设计的根本性依据，并且大致推算出供电系统的工程预算。

城市轨道交通主变电站负责整条轨道线路的电力负荷用电，将城市电网的高压 110kV（或 220kV）降压至 35kV 后分别提供给牵引变电所和降压变电所。为了确保供电的可靠性，主变电站由两条独立的电源进线供电，互为备用。大概的工作原理是：城市电网高压电通过 110kV 配电装置室进入主变压器降压，再通过 35kV 配电装置室分发给各个地铁车站，控制室和静止无功补偿装置（SVG）阀室保障其运行。正常运行时主变电站的两路 110kV 电源和 2 台主变压器分列运行，通过 35kV 馈出电缆分别向各自供电区域的负荷和动力照明负荷供电。供电系统的安全性、可靠性是轨道交通正常运行的重要保证。

主变电所选址应在满足地铁供电系统安全可靠运行的前提下尽量减少主变电所设置的数量，实现多条线路的共享，减少对城市土地资源和能源的消耗。主变电所位置选择满足安全可靠性要求，靠近负荷中心，邻近轨道交通线路布置，满足中压网络线路压降、线路损耗等经济技术指标要求。主变电所选址靠近城市电源变电站、多条线路换乘车站附近且交通方便的位置，减少高压电力线路建设费用，方便设备运输和电力线路进出，减少中压线路建设费用，方便中压电缆接入。

14.3.2　牵引网系统

地铁牵引接触网目前主要有两种模式：一是采用架空接触网；二是采用接触轨。

1. 架空接触网

地铁架空接触网目前有两种形式：一是柔性接触网；二是刚性接触网。地铁柔性接触网一般用在高架区段和车辆段及停车场。地铁刚性接触网一般用在地下区段。柔性接触网由支柱、悬挂支持装置（由平腕臂、斜腕臂、棒式绝缘子、定位管、定位器等组成）、承力索、接触导线、下锚补偿装置、中心锚结等组成。刚性接触网一般由汇流排、接触导线、支持装置（悬吊槽钢、绝缘子）、中心锚结等组成。

2. 接触轨

地铁接触轨通常也叫"第三轨"。地铁接触轨是在走行轨旁边，沿着走行轨设置的。接触轨距走行轨中心距离约为 1.4m，距轨面高度约为 0.44m（具体数据要根据电客车集电靴设置参数确定）。地铁接触轨由接触导电轨、端部弯头、膨胀接头、防爬器、防护罩和隔离开关等组成，用绝缘子支撑，电客车采用集电靴受流。

根据电客车集电靴与导电轨的接触受流方式的不同，集电靴接触受流方式分为上接触式、侧接触式和下接触式，对应的第三轨也就称为"上接触式第三轨""侧接触式第三轨"和"下接触式第三轨"。

14.3.3　设备安装管理要点

需要针对施工单位进场的原材料、构配件、设备进行外观和质量检查，同时检查产品合格证和质量证明文件。对于关键的、具有功能性的材料，要求施工单位在监理人员的见证取样下送有资质的第三方检测机构进行检测。如各种电线、电缆、接触网零配件等。对部分变电所电缆支架、环网电缆支架、接触网零配件的镀锌层厚度在施工单位自检的基础上，要求工程监理部进行平行检验，并采用巡视的方式深入施工现场对施工质量进行检查，发现有不按工艺施工、存在质量隐患的，及时要求整改；对施工中的关键部位和关键工序进行旁站监理并做好旁站记录；对隐蔽工程在隐蔽前进行检查验收，验收合格后方准许进入下道工序施工。

1. 变电所设备安装管理要点

1）对施工单位预埋的设备基础进行复测检查，复测检查合格后，留"白板"影像资料，签署设备基础预埋件《隐蔽工程报审表》和《设备基础预埋件检验批报审表》。

2）检查配电变压器和牵引变压器的安装是否符合设计要求，母线相间及对地的安全距离是否大于 300mm。检查配电变压器的外壳是否安装牢固并接地，检查整流变压器的网栅安装是否符合设计要求。检查温控器安装是否正确，检查温控器温度指示是否正确。

3）检查 35kV 开关柜、DC1500V 直流开关柜、0.4kV 开关柜、交直流盘安装的平直度、水平度、平行度是否符合规范要求。

4）检查 DC1500V 直流开关柜、整流器柜和负极柜应采用绝缘安装，绝缘板外露应不小于 5mm。柜体的整体框架对地绝缘电阻不得小于 $1M\Omega$。

5）检查电缆支架的型号及安装是否符合设计要求，电缆支架应接地良好。

6）检查电缆敷设及二次配线是否正确、牢固、整齐美观，电缆的屏蔽层是否接地良好，电缆的弯曲半径是否符合规范要求。电缆终端头制作完成后，应进行绝缘电阻测量、耐压试验及泄漏电流的测量，其数值应符合国家标准的规定。电缆标牌应清晰明了，排列整齐。配线号码管应字迹清晰、正确，排列整齐。

7）检查所有开关柜的孔洞防火、防鼠封堵是否符合设计要求。

8）检查接地扁钢安装是否符合设计要求，水平连接时的连接面应确保 2 倍扁钢宽度、3 面焊接，水平扁钢与垂直扁钢连接时，垂直扁钢应采用母线煨弯机做弧状过渡。

2. 环网电缆安装管理要点

1）对施工单位环网电缆支架安装过程进行巡视检查。环网电缆支架的型号和安装位置应符合设计要求。对固定环网电缆支架的后扩底锚栓的安装质量进行检查，钻孔位置应距离管片边缘不小于100mm。对施工单位开展的锚栓拉拔力试验和第三方检测单位开展的拉拔力试验进行见证。

2）对环网电缆的敷设过程进行巡视检查，特别是采用人工敷设时，要求施工单位配足施工人员，杜绝发生电缆拖地现象，避免损坏电缆保护层。

3）施工单位在制作环网电缆中间头时，监理人员应对制作过程进行全程旁站监理，并填写旁站记录。

4）区间环网电缆敷设完成后，要求施工单位将电缆及时上架固定，避免环网电缆放在轨旁受到损坏。

3. 接触网安装管理要点

接触网安装工程含刚性接触网和柔性接触网两部分，地下段采用刚性接触网，出入段线地面段和车辆段、停车场采用柔性接触网。地下段刚性接触网采用汇流排＋1*CTAH150＋1*JT120型式，出入段线地面段和试车线柔性接触网采用2*JT150＋2*CTAH150＋1*JT120型式。

1）巡视检查刚性接触网M16、M20、M24化学锚栓的安装质量，对施工单位做的锚栓拉拔力试验和第三方检测单位做的锚栓拉拔力试验进行见证。

2）巡视检查悬吊槽钢、吊柱等悬挂支持装置的安装是否符合设计要求。汇流排安装和接触线敷设要符合相关规定。

3）重点检查汇流排中间接头的安装质量，中间接头的连接要紧密，连接锚栓的紧固力矩要符合汇流排厂家的规定。全过程工程咨询单位工程监理部应采用自购的扭矩扳手对汇流排中间接头连接螺栓的紧固力矩进行平行检验。

4）巡视检查柔性接触网吊柱、平腕臂、斜腕臂的安装质量，各种螺栓应连接紧固。

5）承力索、接触线、架空地线敷设应符合相关规定，尽量采用施工作业车架设，避免人工架设，保证施工质量。

6）巡视检查吊弦、坠砣、棘轮的安装质量，应保证承力索和接触线的张力符合设计要求。

7）检查电连接线和上网隔开的安装质量，上网隔开的隔刀应开合灵活并接触良好。

4. 综合自动化与电力监控系统工程

1）检查变电所内设备与控制信号屏的连接情况，做到控制信号屏的显示与设备的位置信号、工作状态、各种测试数据保持一致，并可以对开关进行遥控。

2）参与编制电力监控系统总联调联试大纲。首先在变电所内对每一台监控对象进行"遥信""遥测""遥控"等传动试验，要求100%正确无误并在变电所内可以进行各种数据的统计和处理。

3）配合综合监控专业在控制中心（OCC）对所控制的每一台监控对象进行"遥信""遥测""遥控"等传动试验，要求100%正确无误。对全线所有变电所的各种数据进行统计和处理并生成调度表格。

14.4　试验、调试、联调管理

试验、测试及调试之前，调试单位应向建设单位代表、全过程工程咨询单位代表、监理工程师提交试验、测试及调试计划（包括与接口承包商系统），详列各项内容、程序及时间，并在完成后做出相应的报告，报告需经相关部门的人员确认。所有试验或检验所使用的测试仪器和仪表，性能稳定可靠，其精度等级满足测定的要求，并符合国家有关计量法规及检定规程的规定。

所有的型式试验、材料测试、设备单体调试、系统联调等，由施工单位负责，全过程工程咨询单位各部门、设计单位与建设单位代表参与和配合，完成后按有关规定出具相应的文件。配合其他系统承包商进行系统联调前，确保所属接口的完好，并确认联调程序的一致性。

14.4.1　设备单体调试

调试工作在设备安装就位，具备稳定可靠试验电源，且现场环境达到试验要求后开展。针对不同设备，使用专用试验仪器，按规定的试验方法对设备的电气参数、电气性能、机械性能等进行调试，符合有关标准或满足厂家技术要求。

14.4.2　变电所内联调

1）变电所 35kV 母联开关自投条件检查及功能试验；

2）对进线断路器与母联断路器的闭锁关系，以及自投的设置条件，动作条件进行检查，并进行自投功能的试验；

3）框架保护联跳试验；

4）模拟框架保护跳闸，根据设计图纸有关开关均可靠跳闸，同时各种信号显示、音响正确；

5）整流机组 35kV 断路器、直流进线断路器、负极隔离开关间联锁条件检查；负极隔离开关的操作联锁条件检查；直流 1500V 进线断路器的操作联锁条件检查；

6）整流机组交、直流断路器联跳及两套机组联跳试验。

14.4.3　供电系统联调

1）变电所与 0.4kV 开关柜进线开关、母联开关、三级负荷总开关及其之间的联调；

2）0.4kV 低压开关柜下位监控单元单体调试；

3）控制信号屏与 0.4kV 开关柜进线开关、母联开关、三级负荷总开关的联调；

4）牵引降压混合所与接触网隔离开关联调；

5）所间联调；

6）直流短路试验。

14.4.4 电力监控（SCADA）系统要求

1）分部、分系统调试阶段，包括控制中心电力监控主站设备调试、通信通道测试、变电所综合自动化系统调试。即对分部、分系统设备进行单体调试和分系统功能调试。控制中心电力监控主站设备调试和通信通道测试可单独进行并与变电所设备单体调试同步进行。变电所设备单体调试完毕后即可进行变电所综合自动化系统调试。

2）系统联调阶段，此时牵引供电设备整组试验全部结束，通道和通信畅通，控制中心电力监控主站设备和变电所综合自动化系统调试完毕。联调采用逐站进行的方式，通过实际操作和施加模拟量，对遥控、遥信、遥测、遥调等系统功能进行对位联调，并对系统在线自检功能、系统切换功能、调度管理功能等各种系统功能进行检查，满足设计要求。

14.4.5 控制中心电力监控主站设备调试

控制中心电力监控主站设备调试的内容主要包括：服务器的单体调试、工作站的单体调试、单体调试、网络通信调试、电力调度调试（含主所）、大屏幕系统调试、功能调试（遥控、遥信、遥测、遥调及主要控制闭锁功能在系统联调时进行）、接地电阻测试、参数校验、不停电电源装置UPS调试（输入/输出电压测量、装置本体及二次回路的调整试验、功能调试、参数整定及校验）、交流配电屏、蓄电池充放电试验。

14.4.6 通信通道测试

1）对接、发、送电平和通道环阻进行测试，应满足设计要求；

2）控制中心主站内部通信通道测试（与控制中心调试一起进行）；

3）变电所内部通信通道测试（与变电所综合自动化系统调试一起进行）；

4）控制中心与被控站通信通道（在车站通信设备室相接）测试；

5）控制中心与复示系统通信通道测试；

6）控制中心与信号系统通信通道测试。

14.4.7 变电所综合自动化系统调试

1）变电所控制信号屏单体调试：单元调试、开关控制调试、功能调试、参数校验、时钟调试等；

2）变电所控制信号屏与供电设备联调：模拟单体试验、整组调试、通信调试、网络调试、功能调试、参数校验、时钟与站内各子系统联调。

14.4.8 电力监控系统联调

1）控制中心主站与变电所（含主所）联调：模拟调试，对遥控、遥信、遥测对位联调，功能调试，参数校验等；

2）控制中心主站与供电复示系统联调：单机调试，整组调试，与主站网络联调，功能调试；

3）控制中心主站与信号系统联调。

14.4.9　变电所内整组联调

变电所一次设备、二次设备单体试验合格后，为了确保变电所系统功能的可靠性、协调性，应进行全所整组联调，以保证测量回路、控制回路、信号回路以及继电保护回路正确显示、可靠动作。

14.4.10　系统大联调调试

1. 系统大联调需要具备的条件

1）牵引降压混合变电所、降压变电所等设备和子系统已通过单体调试，设备功能试验完毕，就设备本体而言已经可以投入运行；

2）电力监控主站所有设备、各被控站（牵引降压混合变电所、降压变电所）的所有设备单体调试工作已经完成，可以正常工作；监控主站、各被控站所需的工作电源可靠、稳定；

3）电力监控系统数据传输通信通道（通信系统提供）已经调通，满足监控系统数据可靠传输的要求；

4）控制中心与每个被控站有可靠的通信联络手段；

5）35kV、1500V电缆以及其他相关控制电缆已经施工完毕，电缆的耐压、绝缘、导通试验全部正常，可以投入运行。

2. 供电系统联调

1）变电所与电源点间交流侧联调

（1）变电所差动保护的极性校验和稳定性试验；

（2）电源点馈线与35kV直接电气连接的变电所间差动保护极性校验。

2）牵引变电所与接触网系统联调

3. 供电系统配合地铁系统联调

1）配合通信系统联调；

2）配合多列车负荷试验。

14.4.11　冷滑试验、送电开通及热滑试验

1）限界检测：冷滑试验前应进行限界检测，一般采用限界检测车以5km/h的速度对所有线路（包括正线、折返线、渡线、联络线、停车线、车场线等）、车站站台、停车库的设备限界（包括轨旁设备）、车辆限界进行检查和测量。对侵限的部位和设备，由相关责任单位进行整改。

2）冷滑试验：在接触网未送电的情况下，用带有受电弓的轨道作业车对所有接触网

线路以低速（5～15km/h）、中速（25～30km/h）和正常速度对接触网的安装质量进行动态检测。检测的内容包括导高、拉出值、有无不允许的硬点；检查吊弦线夹、定位器线夹、接触线接头线夹、分段绝缘器、线岔的安装状态，有无碰弓、刮弓和脱弓的危险。冷滑试验结束后应出具《冷滑试验报告》。对冷滑试验中发现的缺陷必须在送电开通前处理完毕。

3）送电开通：在冷滑试验完成，发现的缺陷处理完毕后，对接触网进行绝缘测试，符合要求后即可对接触网送电。送电后应保持接触网带电24小时无异常。

4）热滑试验：在接触网带电的情况下，用安装有摄像机的电客车分别以低速、中速和正常速度对接触网的安装质量进行检测并记录检测数据。检测内容为导高、拉出值等，及有无不允许的硬点，检查吊弦线夹、定位器线夹、接触线接头线夹、分段绝缘器、线岔的安装状态，运行中有无产生电火花，有无碰弓、刮弓现象发生。热滑试验完成后应出具《热滑试验报告》。

14.5　项目管理重难点及对策

14.5.1　前期准备阶段

1. 质保、安保体系形同虚设，未搭建良好的体系给后续工作带来不利因素

对策：全过程工程咨询单位需组织各承包单位熟悉有关的法规、规范、标准、合同、图纸等资料文件，尤其对当地监督部门及建设单位的规章制度进行任务分解，明确各相关单位、部门、人员的职责分工及考核机制，为后续质保、安保体系良好运作提供监督依据。督促工程监理部认真做好监理工作交底，明确监理的组织架构、人员分工、工作方法、制度及流程，要求施工单位编制项目验收划分表并明确验收程序及相应用表。

2. 土建预留工程的验收、检查和局部处理

对策：全过程工程咨询单位前期提前介入，组织供电施工单位现场踏勘，及时了解土建（轨道）工程的施工计划、实际进度，并联合土建（轨道）专业施工单位、工程监理部对与本项目有关的土建（轨道）预留工程及基标进行检查、复核、验收，对于不满足要求的土建预留工程，要求土建工区在指定时间内完成整改，并再次进行跟踪检查、验收。所有的交接工序均形成书面记录报各相关部门。

14.5.2　施工过程阶段

1. 供电系统内部专业性强、设备接口众多，接口管理工作任务重

对策：全过程工程咨询单位组织建设单位、工程监理部等成立设备集成管理小组，明确各系统设备用户需求和接口，组织设计联络会议，并根据施工计划，审核各系统设备到货计划表，确定各批次系统设备到货时间；并安排组织参建各方主体参加设备监造、样机出厂试验及验收等相关工作，将设备接口协议及现场安装配合在进场前完善协调工作。

2. 供电系统设备、材料种类多，质量把控难度大

对策：全过程工程咨询单位组织监理人员、施工技术人员学习解读招标文件、设计文件及合同文件要求，对供电系统甲供、（甲控）乙供设备材料的技术规格书进行逐项、逐件梳理，明确进场要求，严格把关审核质量证明文件的齐全完整，确保进场质量关。

3. 大件设备、材料运输及就位安全风险大

对策：建议施工单位委托经验丰富的本地大中型运输起重公司进行大件运输吊装，并与专业队伍签订安全协议和安全交底，督促施工单位编制设备进场方案和应急预案（包括运输方案、吊装方案等），组织工程监理部进行现场踏勘、审核施工单位编制的吊装方案是否合理可行。吊装作业前参与施工安全技术交底，检查施工单位是否按照批准的方案实施，安全防护措施是否到位、特种作业人员的资格证是否合格有效、进场吊装机械的检验记录是否完好，对吊装现场进行检查，符合要求的由全过程工程咨询单位工程监理部签发"吊装令"，过程中坚持落实"一站一方案、一机一台账"。

4. 关键工序和关键部位的质量控制

对策：全过程工程咨询单位组织、监督工程监理部对杂散电流防护系统参比电极隐蔽、排流端子和测试端子的引出、接触轨膨胀接头的安装和调整、接触轨绝缘支架化学锚栓在整体道床上的安装及拉拔试验等关键工序和关键部位均采取旁站、见证、平行检验的方法进行质量控制，尤其对首个变电所的受电启动、限界检测、冷滑、热滑设立关键节点验收制度。

5. 供电系统安装工程受土建工程、轨道工程、一类用房装饰机电及安装工程等多专业制约，现场组织和协调难度大

对策：全过程工程咨询单位牵头组织项目部成立专职协调机构，负责对项目供电系统安装工程整体进行策划，要求工程监理部根据洞通、轨通、电通、热滑节点要求，审核施工单位编制的供电专业的工筹计划，对系统进场时间和施工顺序，组织前置条件排查分析，通过例会、专题会、现场沟通会、书面往来等多种组织协调方式，安排好各工序之间的合理穿插和有效衔接，保证工程项目有序推进，减少交叉干扰。

6. 进入轨行区工作是本项目安全工作的重点

对策：全过程工程咨询单位牵头或组织对施工单位做好轨行区专项交底，要求各方严格遵守"轨行区管理办公室"的管理工作。编制"轨行区施工专项方案"，对进入轨行区的施工作业人员和监理人员进行安全交底。严格执行作业票管理制度，按照轨行区作业票申请时间、申请作业区域内完成作业，并及时完成清场销点。在轨行区内施工作业时要按照规定做好安全防护工作，设立监护人员、红闪灯、梯车和工程车防溜装置等。现场坚持"谁防护、谁撤除"的原则，防护一旦设置，其他人员不得擅自挪移、更改防护装置。

14.5.3 调试验收阶段

设备系统综合联调是一个非常复杂的测试、分析和调整过程，各单位系统之间既有相关联锁，互联关系，又具有相对独立性和整体性。这些因素决定了设备系统综合联调是工

程实现运营功能的重要环节。全过程工程咨询单位协助建设单位组织设计单位向调试、安装、运营等单位进行设计交底，解释设计思想和意图，要求施工单位成立联调配合组织机构，综合联调开始前做好安全培训工作，遵守建设单位制定的综合联调安全规章制度。试机送电过程中，严格履行工作票制度、工作许可制度、工作监护制度、工作间断和转移及终结制度。各联调小组人员按建设单位综合联调指挥部的分工配合协作，试机过程发现异常情况立即报告，并迅速处理。明确各系统参与调试的具体内容，由联调配合领导小组将当天联调联试的工作内容对各联调小组进行交底，并监督实施。定期参加联调例会，对联调中发现的问题，及时上报建设单位综合联调指挥部，并按建设单位综合联调指挥部的安排督促联调小组及时处理。

缺陷消除验收阶段（简称验收消缺）阶段人员不足，消缺力度不足也是工程的难点之一。需要全过程工程咨询单位牵头建立缺陷处理动态管理台账，对缺陷问题逐条逐项、分门别类地进行整改复查反馈，必要时采取经济手段进行督促落实，为试运行、试运营的顺利实施保驾护航。

14.5.4　试运行及试运营管理

试运行期间各参建单位需跟进设备安装、调试、测试情况，查找存在问题并持续跟进问题消缺，确保设施设备正常投入使用，并满足试运行、安全评估要求；并负责跟进设备设施的运行质量状况，做好设备运行质量的评估；负责对供电系统专业试运行情况进行自评，并反馈结果。

针对试运行中反馈的设施设备问题，建设单位、全过程工程咨询单位需代表运营单位，与施工单位、集成单位、供货商进行协调沟通，及时反馈系统设备问题。

试运行期间，全过程工程咨询单位需要督促供电专业人员跟轨道车巡视，主要针对：接触网有无晃动、脱落等异常现象；专用回流轨有无破损、弯曲等异常现象；专用回流轨上是否有异物等方面状况。运行期间，供电专业单位需要按运营单位要求，按计划开展设备检修。

第15章 机电设备工程

15.1 机电设备工程概述

为满足地铁车站安全运行，保证设备正常工作，并提供舒适运营条件和旅客乘坐条件，地铁车站机电设备主要包含通风与空调设备、给水排水与消防设备、动力与照明设备。

1）通风与空调系统包括：隧道通风系统、车站公共区通风空调和防排烟系统、车站管理及设备用房的通风空调和防排烟系统、车站空调水系统、备用冷源系统。

（1）隧道通风系统：隧道通风系统分为区间隧道通风系统及车站隧道排风系统（排热系统）。

① 车站隧道排风系统由排风道、排热风机、消声器、风阀等组成。针对轨道交通列车的主要发热部位，在站台层设置列车顶部通风风道，列车顶部风口正对列车空调冷凝器，以便及时散热。排风道与车站大小系统排风道共用。排热风机设置变频控制柜，根据行车对数调整运行频率。

② 区间隧道通风系统是由活塞/机械风道、隧道风机、射流风机、消声器、风阀等组成。车站的每端均设置两条活塞风道，活塞风口对应每条轨道出站端设置，并设置电动组合风阀，满足正常、事故工况模式要求。活塞风道（含风阀）的净面积一般不小于 $16m^2$。隧道风机、射流风机为可逆转轴流风机，风机平时不投入运行。根据事故工况模式正、反向运转或在早晚间纵向通风。

（2）车站公共区通风空调和防排烟系统：公共区通风空调系统采用全空气一次回风系统，均采用变风量系统，系统由新风机、回排风机、组合式空调机组、风阀、风管、风口等组成。空调机房一般位于车站两端，气流组织形式为上送上回。

（3）设备和管理用房通风空调系统包括变电所通风空调系统、设备和管理用房通风空调系统、厕所排风系统等。

① 会议室、站长室等管理用房采用多联机＋新风方式，并设置满足防排烟要求。

② 车站控制室、通信信号机房、变电所房间等车站设备用房采用全空气空调系统。在空调机房内设置柜式空调机组和回排风机，根据室外气温的不同，采用小新风空调、全新风空调和通风模式。

③ 车站控制室、信号设备室及电源室、专用通信设备及电源室、综合监控室、变电所控制室、民用通信设备室、警用通信设备室、警用通信电源室和站台门设备室等重要设

备用房设置备用冷源系统，备用冷源采用多联机空调系统，多联式空调机组由室外主机、室内机、铜管、保温和控制器等组成。

④ 厕所采用独立的排风系统、风机盘管，防止异味扩散至其他房间。

⑤ 气瓶间、空调机房等房间设置机械通风系统。

⑥ 设有气体灭火系统的房间，通风空调系统风管上靠墙设置火灾时可自动关闭的阀门，回/排风系统兼作火灾后的排气系统。

⑦ 车站设备和管理用房空调系统冷源采用螺杆式冷水机组，冷冻水供回水温度为7/12℃，冷却水供回水温度32/37℃。同时配置冷冻水泵、冷却水泵、冷却塔等，除冷却塔外，其他设备设于冷水机房内。

2）车站给水排水与消防系统包括给水系统、排水系统、局部自动喷淋系统、其他消防设施。

（1）给水系统分为消防给水和生活给水，按区域位置又分为室外给水和室内给水（含区间）。

① 地下区间消防给水系统：地下区间隧道设两根DN150的消防给水管，区间消防管在车站端部和车站消防环状管网相接，在站厅层设置手、电两用蝶阀。车站及区间消防过轨管线采用DN100不锈钢管，区间DN150的消防给水管道和车站DN150消防给水管道的接口位置及区间消火栓设置，车站DN150的消防给水管道设置到车站土建设计的范围，区间DN150的管道和车站DN150的管道在车站两端相接，在接口处车站DN150的管道服从区间DN150给水管道设计的位置。

② 车站给水系统：车站采用生产、生活与消防相对独立的给水系统。车站由城市自来水管引出两路DN200的给水管，在引出室外消火栓后变径为DN150进入车站。由给水引入管分别接出消防给水管、生活给水管进入车站，站内卫生间、盥洗间等生活给水系统，站内冲洗、冷却塔补水、膨胀水箱补水等生产给水系统等用水均由生产生活给水管直接接出供给，生产生活给水系统为枝状管网；消防给水管供水经过消防泵房加压后，接至站厅及站台区域，区间消防给水管由站台层两端进入区间。消防给水引入管、消防水泵出水管上设倒流防止器。车站站厅站台公共区两端设冲洗用给水栓，给水栓出生产生活给水管接出。

③ 消火栓、水泵接合器设置：车站室外消火栓需要设置在不少于两个出入口的位置，且距离各出入口口部5~40m；车站室内消火栓间距应按计算确定，单口消火栓一般不大于30m，双口消火栓一般不大于40m。车站设大型消火栓箱，上部设DN65的单口单阀或双口双阀双立管消火栓，并设自救式软管卷盘一套，下部设干粉灭火器（磷酸铵盐干粉灭火器，5kg/具，公共区灭火器水基型（水雾）灭火器与磷酸铵盐干粉灭火器混合配置）。长度超过30m的通道应设置消火栓箱，环控机房内需设消火栓箱。车站公共区、出入口通道消火栓箱均应暗装，设备区走道应暗装，当暗装存在困难时可采用明装，但不得影响通行与疏散，环控机房为明装。消火栓箱附近设报警按钮，由FAS系统负责设计安装。在车站外设水泵接合器，在水泵接合器井15~40m范围内应有相应数量的室外消火栓。

④ 消防泵房：车站消防泵房设消火栓泵组一套，主泵两台、一主一备、稳压泵一套。当工作泵发生故障时，备用泵应自动投入运行，消防泵设低频自动巡检。平时由稳压设备满足消火栓系统静水压力。

（2）排水系统分为地下区间排水、车站排水。

① 地下区间隧道的结构渗漏水、消防废水和不定期冲洗废水，通过线路排水沟集中到区间主排水泵站集水池或内置泵房，通过排水泵或排水设备、压力排水管排至车站主废水池，由车站排水系统排到室外地面泄压井，最终自流接入市政排水管道。区间洞口处设置雨水集水池，再通过雨水泵、压力排水管接入室外压力释放井，最终自流接入市政排水管道。

② 车站排水系统包括：车站污水排水系统、车站废水系统、车站雨水系统及车站局部排水系统。

a. 地下车站卫生间附近设污水泵房。污水泵房主要排除公共卫生间污水和工作人员卫生间的生活污水。全线正线车站均设密闭提升装置，密闭提升装置包含密闭污水箱、排污泵及相应接管、阀门和控制箱等。车站的各项生活污水均通过管道集中到密闭提升装置密闭污水箱内排至室外。污水泵房设冲洗水栓，密闭提升装置安装的地面附近设小型集水坑。

b. 车站废水泵房设在车站线路坡度最低点。主要排除结构渗水及隧道冲洗和消防废水。设两台排水泵，平时一台工作、一台备用，必要时根据液位控制两台同时使用。每台泵的排水能力按不小于消防时最大小时排水量加结构渗漏水量的 1/2 计算。排水泵选用潜水泵。

c. 车站出入口扶梯基坑附近及敞开风口底部适当地点设雨水泵房。排水泵采用潜水泵，平时一台工作，一台备用，必要时根据水位控制两台泵同时工作。

d. 局部排水设施一般设下跨线通道、风道等废水不能自流排放处。设两台小型潜水排污泵，一台工作，一台备用，必要时同时启动。

3）根据用电设备的重要程度，低压配电负荷划分为三级，一级负荷包括：应急照明、变电所操作电源、消防系统设备、事故疏散用自动扶梯、站厅及站台公共区照明、地下区间照明、隧道风机、排热风机、射流风机、排烟风机、排烟兼排风风机、空调机组、送风机及相关阀门、通信、信号、FAS、BAS、ISCS[1]、AFC、站台门、人防门、废水泵、雨水泵等重要负荷设备；二级负荷包括设备管理用房照明、不参与疏散的自动扶梯、垂直电梯、污水泵、一般风机；三级负荷包括区间检修设备、广告照明、冷水机组及配套设备、清扫机械及其他不属于一、二级负荷的用电设备，且停电后不影响轨道交通正常运行的负荷设备。

（1）低压配电负荷采用电压级：交流 220/380V；应急照明（备用照明）采用正常交—交旁路，应急直—交逆变的供电模式，输出电压为 220/380V，容量应满足额定负载下 90min 的供电要求；应急照明（疏散照明、疏散指示）采用 DC36V 直流电，容量应满足额定负载下 90min 的供电要求；非应急照明电源为 DC220V 直流电，安全特低电压照明采

---

[1] ISCS，城市轨道交通综合监控系统。

用直流 24V。

（2）动力与照明系统主要设备和材料：双电源切换箱、应急 EPS 备用电源、环控电控柜及智能就地控制箱、动力配电箱、照明配电箱、检修插座箱、消防应急照明和疏散指示、电线、电缆、开关、插座等。

4）综合支吊架设置：为配合装配式施工方案，车站一般设置综合支吊架，安装部位为车站内：站厅层公共区（含出入口通道）、站厅设备及管理用房、环控机房、冷水机房及其走道、风道；站台层公共区、站台设备区用房、走道及轨行区走道；设备层（若有）设备及管理用房区、环控机房、冷水机房及其走道、风道。综合支吊架系统在公共区、出入口及设备区走道位置需结合装修吊顶、导向、广播、灯具、摄像机等悬挂物安装，作为综合承载系统使用。

15.2　设备集成管理

空调机组、风机、组合式风阀、环控电控柜等大型设备一般采用甲供集成管理模式，由建设单位直接与设备厂家签订合同，通过招标投标方式确定集成管理单位。集成单位负责组织相关设备的设计联络会，解决技术参数和接口问题，组织设备监造和出厂验收，集成单位统一编制甲供设备要货计划、甲供设备要货申请、甲供设备进场通知单、甲供设备到货验收移交记录、设备开箱检查记录等表格，明确各类设备的生产周期，以便施工单位编制要货单。

甲供材料管理流程：

1）承包商根据进度计划制定要货计划；

2）承包商提出要货申请和进场通知单；

3）现场货物移交，办理移交手续，将管理责任移交到施工单位；

4）设备开箱验收，由全过程工程咨询单位组织，工程监理部、厂家、施工单位、建设单位、集成商代表共同见证开箱，并签署开箱记录；

5）安装调试配合，集成商通知各厂家配合联调联试。

15.3　机电设备安装管理

15.3.1　目标管理

全过程工程咨询单位协助建设单位制定项目安全、质量、工期等具体目标，并督促施工单位和工程监理部在施工组织设计和监理规划中制定明确目标和保证措施。

15.3.2　合同管理

在合同中明确施工单位和工程监理部项目经理、总监、技术、安全、质量、BIM 人员的要求，项目实施中全过程工程咨询单位协助建设单位定期检查合同履约人员到岗履职情况，作为各类支付的依据。

15.3.3　进度管理

全过程工程咨询单位协助建设单位统筹全线工程做好各项施工作业的衔接而设立的"控制节点"任务，施工单位在施工组织中采取一切有效的措施，确保节点任务的完成。为加强对项目进度的管理，由全过程工程咨询单位协助建设单位制定《工程进度控制节点考核管理办法》，工程进度控制节点采取分类考核模式，分为Ⅰ类节点、Ⅱ类节点和Ⅲ类节点，对施工单位"控制节点"的执行情况，进行考核，确保进度按计划完成。施工合同签订后，施工单位应结合现场条件和关键节点要求编写总施工进度计划。施工单位除递交按期完成承包工程项目的详细施工总进度表报批外，施工单位还需及时向全过程工程咨询单位递交工程的总体、年度、季度、月和周的进度计划。施工实施过程中，全过程工程咨询单位要组织施工单位和工程监理部定期进行进度分析，当进度滞后时必须采取措施加快施工进度，确保控制节点按时完成。

施工单位每月末定期向全过程工程咨询单位递交的当月施工进度实施报告应附有适当的说明以及形象进度示意图和照片，工程进度实施报告应包括以下内容：

1）包括临时工程在内的完成工程量和累计完成工程量；

2）材料的实际进货、消耗和储存量；

3）以上两项按项目逐项统计的总计、逐月累计和计算百分比；

4）设备、材料的进货和使用安排；

5）实施的形象进度；

6）记述已经延误或可能延误施工进度的影响因素和排除这些因素的影响重新达到原设计进度所采取的措施等；

7）财务收支报表。

15.3.4　质量管理

1）建立质量保证体系：施工单位按照合同规定进行全面质量管理，应以《质量管理体系、基础和术语》GB/T 19000 为标准，建立运行质量保证体系，保持第三方认证证书处于有效期，并接受全过程工程咨询单位工程监理部的监督和审核。

2）成立质量管理机构：施工单位组建项目经理部成立以项目经理为组长的质量管理组织机构，配备专职质量检查人员，建立完善的质量检查制度，明确各部门和人员的质量责任。质量检查机构的组织和岗位责任、质检人员的组成、质量检查程序和实施细则等，报送全过程工程咨询单位审批。

3）材料和设备质量管理：机电安装和装修工程材料和设备种类、规格型号很多，材料管理难度很大，做好材料质量控制是工程成功的关键。

（1）编制材料送检计划，材料取样品种、试验指标和检测频率应符合国家有关规范的规定，试验计划报全过程工程咨询单位工程监理部审核后实施，见证取样送检在监理的见证下进行，并封样送至第三方检测单位，需见证取样的材料需提前进场，避免未检先用。

（2）样品封样，施工单位采购的材料应在用于工程之前至少28天；如是工厂制造产品，应在批量加工或订货前至少56天，将样品及任何必要的说明书、证书、出厂报告、性能介绍、使用说明、业绩证明等相关资料，报全过程工程咨询单位工程监理部检验，监理确认后，组织样品封样会，建设单位、全过程工程咨询单位、设计单位、厂家、施工单位参加，工程监理部负责作会议纪要，填写样品封样单和样品封存，并承担保管责任。

（3）建立材料进场台账、见证取样台账、不合格品台账，当有不合格材料时及时拆除或退场，做到材料要追溯，避免不合格材料用于实体工程。

（4）进场验收和设备开箱做好记录，不符合样品封样要求、设计要求、合同要求的设备和材料不得进入施工现场。

4）按照合同、设计图纸、相关规范，组织样板工程、工序首件施工和验收，工程实体、使用功能及外观质量必须验收合格，施工中严格按样板和工序首件进行施工，禁止样板一套，实际施工又一套的做法，必要时对施工单位采取处罚措施。

5）施工过程质量控制

（1）提高施工单位质量自控能力，做好技术交底、落实"三检"制的同时，在施工中建立健全高效、灵敏的质量信息反馈体系，专职质检员、工程技术人员和班组长及时整理和反馈质量问题信息给项目部，项目部对异常情况迅速分析解决，及时调整施工部署，将解决方案反馈给每个班级，避免将小问题积累成大问题。关键工序和隐蔽验收未能达到要求，均立即返工，直至合格为止。

（2）埋入地下、水下或者混凝土中的安装部件、装修需封板的吊顶、干挂石材、烤瓷铝板、离壁墙等装饰的墙面龙骨、构造柱钢筋等隐蔽工程，全过程工程咨询单位工程监理部需组织隐蔽工程验收，验收人员进行举牌验收，留存影像资料。合同中规定的任何隐蔽工程或中间验收部位在被覆盖、包装或隐蔽之前，必须经过检验并得到工程监理部的批准。

（3）建设单位对隐蔽工程的未经验收或其他弄虚作假行为采取处罚措施。

（4）后锚固螺栓拉拔试验、钢筋植筋拉拔试验、风量平衡检测、防雷接地测试等由第三方检查单位实施的现场检测，全过程工程咨询单位工程监理部做好旁站见证。

（5）阀门、管道系统压力试验、排水管通球、灌水试验、风管系统严密性试验、电缆绝缘测试、电线电缆的电阻测试等施工单位自行检测的功能性试验，全过程工程咨询单位工程监理部作旁站记录。

6）质量保证技术措施

通风空调工程质量保证技术措施表，详见表15-1；

给水排水及水消防工程质量保证技术措施表，详见表15-2；

动力照明工程质量保证技术措施表，详见表15-3。

通风空调工程质量保证技术措施表　　　　表 15-1

质量问题	防治措施
风管安装不平整，中心偏移，标高不一致，法兰连接处漏风	按标准调整风管支架、托架的位置，保证风管受力均匀。调整圆形风管法兰的同心度和矩形风管法兰的对角线，控制风管表面平整度。控制风管翻边宽度、垫片厚度、垫片搭接方式、打胶、连接螺栓和铆钉间距消除法兰连接处漏风
空调冷冻水管保温后，保温材料与保温材料及木托接合处结合不严	空调冷冻保温时，保温材料与保温材料及木托接合处应涂黏结剂。保温完毕后验收时应逐个进行检查，如果存在没有涂黏结剂的现象应返工
风管法兰与风阀法兰尺寸不匹配，螺栓间距不一致，造成螺栓孔不对齐，后开孔较多造成法兰强度降低或螺栓无法拧紧	统一全线同规格风管的法兰尺寸和螺栓孔间距，对于复合风管要考虑防火层和保温层的厚度，协调风阀厂家按统一标准加工风阀法兰，或选择风阀法兰后开法兰螺栓孔
法兰互换性差，法兰表面不平整，螺栓不重合，圆形法兰圆度差，矩形法兰对角线不相等	法兰角钢采用数控机床加工，法兰组对采用标准模具，法兰口缝焊接应先点焊，后满焊，消除应力变形。圆形法兰直径偏差不得大于 0.5mm。矩形法兰四边的垂直度、四边收缩量应相等，对角线偏差不得大于 1mm
防火阀动作不灵活	按气流方向，正确安装；按设计要求对易熔片作熔断试验，在使用过程中应定期更换；调整阀体轴孔同心度
风管穿墙、穿楼板未设置套管，或套管尺寸、位置与风管不匹配，造成风管与墙体硬接触，或防火封堵质量差	根据 BIM 深化图，墙体砌筑时准确留置套管，当不能准确设置套管时可预留比套管大 2 个规格的孔洞，以便套管位置调整。套管尺寸与风管外径（保温外径）间距不大于 50mm，便于防火封堵施工
风管保温效果差，风管表面结露，风管系统冷、热损失大	选用合适的保温材料，保温材料应表面平整、均匀。在风管表面四周须均匀粘保温钉，将保温材料均匀铺设，纵横接缝错开。拼接缝用黏合剂密封。支吊架处的木垫与隔热层接缝要严密
VRV 室内机与装修配合不到位影响感官效果	VRV 室内机安装前与装修专业现场定位，确保天花收口效果
风机减振器安装不平衡、不合理，造成振动过大	不得私自更换厂家配备的减振器，基础或支架水平度符合要求，且每个减振器承受的重量要一致（压缩量一致）
风口和 VRV 室内机安装在带电设备正上方，凝结水造成带电设备损坏	BIM 深化考虑风口和 VRV 室内机与带电设备的距离，施工中发现距离过近时及时调整，保证垂直距离大于 300mm
防火封堵不到位，造成窜烟	风管套管与风管四周间隙要均匀，设备区走道、风室等风管密集的部位，安装风管时同步完成防火封堵，避免后续施工时无操作空间，防火封堵做好隐蔽验收

给水排水及水消防工程质量保证技术措施表　　　　表 15-2

质量问题	防治措施
管道支架安装间距过大，标高不准，接触不紧密不牢固，管道投入使用后，有局部"塌腰"现象	支架安装前应根据管道设计坡度和起点标高，算出中间点、终点标高，弹好线，根据管径、管道保温情况，按"墙不作架、托稳转角，中间等分，不超最大"原则，并参照设计图纸及规范关于管道支架安装最大间距要求，定出各支架安装点及标高进行安装。支架安装必须保证标高、坡度正确，平正牢固，与管道接触紧密，不得有扭斜、翘曲现象；弯曲的管道，安装前需调直。安装后管道产生"塌腰"，应拆除"塌腰"管道，增设支架，使其符合设计要求
管道水平段长度超长、管道在结构沉降缝处的敷设无处理措施	水平段管道长度超过 30m 或设计明确位置需设伸缩节，管道经过沉降缝时，需设金属软管

续表

质量问题	防治措施
支架配置不合理，且采用电焊、气割形式开孔	严格按设计和规范要求支架的间距和规格配置支吊架；支架螺栓孔必须采用机械加工方式，严禁采用气割、电焊开孔，支架螺栓孔的直径比螺杆直径大2mm
管道穿越楼板的套管埋设长度过多或不够	穿越楼板的套管为土建阶段预留，土建图纸应明确套管高度，或注明装修完成面标高，套管上部应高出普通地面完成面20mm，卫生间等有水地面完成面50mm
管道穿越楼板时位于离壁沟内，造成渗漏水	管道穿越楼板在设计阶段应尽量避开离壁沟位置；在离壁沟内的管道防水套管留置高度应高于离壁沟水面
阀门安装位置和标高不便操作和维修，影响使用；阀门方向装反、倒装、手轮朝下	止回阀、减压阀等均有方向性，若装反，拆下后按阀体箭头所示方向与介质流向一致重新安装。在走道上和靠墙、靠设备安装的阀门，不得碰头、踢脚或妨碍搬运工作；阀门安装过高，需经常启闭时，应设操作平台（梯）；安装时阀门手轮要朝上或侧向安装，手轮不得朝下。明杆阀门不得直接安装在地下；升降式止回阀应水平安装；旋启式止回阀要保证摇板的旋转枢轴呈水平；减压阀要直立地安装在水平管上，不得倾斜。立管上阀门安装高度，当设计未明确时，可安装成阀门中心与胸口齐平，距地面1.2m为宜
阀门安装后，经强度试验或使用后，关闭不严，有泄漏	各类阀门按规范要求压力试验和密封试验合格后才能安装，安装前注意清除阀内杂物，安装后管网及时冲洗。阀门关不严，应缓慢用力启闭阀门数次止漏，或拆下泄漏阀解体检查，清除阀芯杂物后安装。选用的阀门材质和结构必须与输送介质相适应，不得用截止阀、闸阀代替节流阀
给水管道流水不畅或堵塞	管道安装前，必须除净管内杂物、断口毛刺；螺纹接口用的白漆、麻丝等缠绕要适当，不得堵塞管口或挤入管内；用割刀断管时，用螺纹锉消除管口毛刺。管道在施工时须及时封堵管口。管道施工完毕后应按规范要求对系统进行压力试验和冲洗
水管施工随意变换位置：在城市轨道交通工程中，水管常因方案改变或与通风空调管、电缆桥架等"碰架"后，拆改现象严重	做好管线综合的BIM深化，BIM深化设计由各专业会审后实施。加强施工管理，强化总体安排和协调，安排好各工种交叉施工工序，当施工中发现碰撞时，应按管道避让原则及时调整BIM图，消除各专业其他管线的影响，并通知各专业进行调整
水管、喷头螺纹接口泄漏，水管水压试验或做喷水灭火试验时螺纹接口有返潮、滴水、泄漏现象	管系统中所用辅材、附配件、设备、仪表等应符合设计要求，经检验核定后使用；喷头、报警阀、压力开关、水力警铃、水流指示器等主要系统组件，应采用国家消防产品质量监督检测中心检验合格的产品。管螺纹必须加工成1:16的圆锥形，螺纹表面光滑端正，无毛刺，无断丝、缺丝现象。管道连接后，将露出的白漆、麻丝清除干净，并在接口外露丝处涂上防锈漆，管道安装完毕，应按设计和施工规范，分区、分不同压力进行强度和严密性试验，最后做全系统试验。接口有漏水应及时修补，直至试压符合要求为止。管道支吊架、滑动支架、防晃支架间距应符合施工验收规范规定，安装牢固，接触紧密，坡度、标高正确。喷头必须在系统试压和管道冲洗合格后用专用扳手安装，喷头不得随意拆装、改动
水泵运转后，不吸水，压力表和真空表指针剧烈摆动，机组和出水管振动严重，噪声大	安装吸水管时，应大于或等于0.005的坡度坡向水泵吸水侧，并用偏心大小头与之连接；检查排气阀，排出管内和水泵内空气；紧固地脚螺栓或增减振器。调整泵和电机轴线，使其同心或更换轴承；检查属于水泵质量问题应整体更换
道卡箍连接给水管压槽处断裂造成漏水	严格控制水管压槽深度，避免现场加工压槽，现场加工压槽时要全部检查，避免压槽过深，给水系统长期运行后出现破损断裂情况

动力照明工程质量保证技术措施表　　　　　　　　表 15-3

质量问题	防治措施
明装电线管排列不整齐美观，支吊架、固定卡设置不合理，固定点间距不均匀	多条电线管并排安装时，固定卡的排列必须按照统一的顺序编排，同时固定卡之间距离应该考虑接线盒的因素，避免因接线盒而影响电线管的平直度
配电箱外壳与建筑结构钢筋有直接或间接接触	采用具有绝缘性质的固定膨胀螺栓，箱柜与墙面间采用绝缘橡皮隔离
型钢、桥架等镀锌层和保护层破坏，造成钢材锈蚀	将破损处打磨平滑，涂两遍红丹，待红丹干后再用手喷漆喷涂，手喷漆的颜色与底色一致
电缆桥架（线槽）在穿过建筑物的变形缝时未作处理	桥架（线槽）穿过建筑物的变形缝时应加装伸缩节作为补偿措施
电缆桥架安装时，桥架弯头处半径达不到线缆要求的弯曲半径	对 90° 转弯、三通等常用配件，全部采用厂家定做；个别比较特别的角弯，绘制相应图纸向厂家订货。对于起坡等常规性造型而又不能准确定做的，则采用现场制作的形式
成排灯具的中心偏差超出允许范围；开关插座的面板不平整，与建筑物表面有间隔	确定成排灯具的位置时，拉十字线控制安装位置；开关、插座安装时应调整好面板后再拧紧固定螺丝，使其紧贴建筑物表面
配电箱、盘、柜体接地不可靠	在配电箱、盘、柜体订货时，应明确要求在柜底或（其他合适位置）设置专门的接地母排，接地应牢固可靠，各回路接地点应分别与接地母排相连接，不得采用"垒接"方式
接地扁铁或圆钢搭接长度不够，没有按要求焊接	扁钢搭接长度应是宽度的 2 倍，三面施焊。圆钢搭接长度为其直径的 6 倍，且至少两面焊接。圆钢与扁钢连接时，其搭接长度为圆钢直径的 6 倍。钢与钢管、角钢焊接时，除应在其接触部位两侧焊接外，还应由扁钢弯成的弧形（直角形）卡子或直接由扁钢本身弯成弧形（直角形）与钢管或角钢焊接
墙面成排布设的开关、门禁等各类控制面板排列不整齐、间距不一致，观感质量差	各专业不同开关等控制面板统一协调间距和标高，由设计和建设单位制定统一标准。根据砌筑的基准线确定预埋接线盒的高度和位置，开关、插座底盒相接安装时应调整，保证开关高差不大于 0.5mm；面板垂直度偏差不大于 0.5mm；同一场所安装的开关高度差不大于 5mm
电气设备接地不符合要求，电气设备接地不可靠，电阻大，松动	电气设备上的接地线，应用镀锌螺栓连接，并应加平垫片和弹簧垫；软铜线接地时应做线鼻子连接。每个设备接地应以单独的接地线与接地干线相连接

　7）竣工验收的质量管理

（1）当单位工程达到竣工验收条件后，施工单位应在自审、自查、自评工作完成后，填写工程竣工报验单，并将全部竣工资料报送全过程工程咨询单位工程监理部，申请竣工验收。

（2）全过程工程咨询单位工程监理部对竣工资料和专业工程的质量情况进行全面检查，对检查出的问题，就督促承包单位及时整改。

（3）对需要进行功能试验的工程项目，全过程工程咨询单位工程监理部应督促承包单位及时进行试验，并对重要项目进行现场监督、检查，必要时请建设单位和设计单位参加；监理工程师认真审查试验报告单。

（4）全过程工程咨询单位工程监理部应督促施工单位做好成品保护和现场清理工作。

（5）经工程监理部对竣工资料及实物全面检查、验收合格后，由总监理工程师签署工程竣工报验单，并向建设单位提出质量评估报告。

（6）单位工程（子单位工程）预验收，预验收由总监理工程师主持，建设、设计、全过程工程咨询、施工、供货等有关单位参加验收，并邀请市质监、档案等相关部门参加。由建设单位、全过程工程咨询单位等组成的验收组按照承包合同所规定的技术标准对工程实体进行检查，并对竣工档案进行检查，提出整改意见要求施工单位限期整改。全过程工程咨询单位工程监理部应在项目均通过预验收且验收组复查合格后14天内组织向施工单位签发"工程预验收证书"，并送建设单位备案，作为工程预验收完成的依据。

（7）单位工程验收由建设单位组织，勘察、设计、施工、全过程工程咨询等各相关参加，并邀请市质监、档案等相关部门参加，对验收中提出的整改问题，由全过程工程咨询单位工程监理部督促责任单位整改。

（8）竣工验收由建设单位组织，各参建单位项目负责人以及运营单位、负责规划条件核实和专项验收的城市政府有关部门代表参加，组成验收委员会。政府各主管部门应按照国家及地方的有关的法律法规及有关技术规范，并根据验收委员会的要求，组织规划、质量、消防、环境保护、卫生防疫、安全等专项验收。

（9）合同范围内的工程内容全部完成、经过试运行验证合格，并通过了由建设单位组织的竣工初步验收合格后，可进行工程移交。施工单位在单位工程质量验收通过后，向建设单位建设部门移交单位实体，并由建设部门组织向下道工序单位移交。施工单位应在档案资料验收后，分别向建设单位及城市建设档案管理部门移交。建设单位以各单位工程作为整体向运营单位移交，施工单位办理完工程竣工档案移交和产权属于建设单位的设施（含备品备件、专用工具等）移交后，全过程工程咨询单位工程监理部组织向施工单位签发"工程移交证书"。因专业之间需交叉作业的，可签发永久工程中部分工程的移交证书。

（10）由轨道交通所在地的城市交通运输主管部门组织第三方安全评估机构进行初期运营前安全评估。在初期运营前安全评估前，施工单位应配合完成各专项验收工作，完成对不影响运营安全及使用功能的甩项项目的申请及审批手续。

（11）施工单位应在建设单位签发竣工验收文件后28日内向建设单位提交所有竣工文件，包括但不限于：竣工图（同时提供电子文件）；变更通知汇编；由施工单位负责提供的设备材料合格证、产地证明、检测报告等；安装过程质量记录；隐蔽工程记录；缺陷处理记录；设备调试报告；竣工检验报告；试运转记录；竣工工程量清单；固定资产设备移交清单。竣工文件的内容和格式应符合《科学技术档案案卷构成的一般要求》GB/T 11822和《技术制图　复制图的折叠方法》GB/T 10609.3。竣工图描述与安装实物相符，竣工图须加盖施工单位竣工图章，工程技术负责人签名并由全过程工程咨询单位工程监理部审核签名。同时施工单位还应向建设单位提供完整的设备供货资料包括：设计联络资料、会议纪要、设备设计图纸、设备安装手册、设备使用手册、设备维修手册、设备型式试验报告、设备出厂试验报告。

15.3.5　安全、环保、文明施工管理

1）施工总平图优化：在施工前准备阶段，督促施工单位借助 BIM 软件在土建一次结构模型以及阶段性的机电管线模型基础上，进行"三临"设施布置以及大型设备运输路径规划。建立施工场地布置子模型，提前规划现场施工标牌、临边防护、临水临电等布置，通过场景漫游，提前发现安全隐患或者事故易发点，减少不安全因素。场地布置好后进行临时工程与正式工程（管线综合）的对比，提前规划临时工程安装路径及安装标高，尽量避免正式工程施工过程中对临时工程的反复拆装。

基于大型设备通用族和场地布置模型，建立大型设备吊装、运输方案子模型，对大型机电设备吊装、运输等方案应用 BIM 技术进行模拟和预演，确定设备吊装口和运输路径。在设备招标选型完成后，施工单位应利用厂家提供的设备族对模型中的通用设备族进行替换，并对设备吊装方式及运输路径进行复核，指导现场设备运输通道的预留，减少二次砌筑对大型设备运输的影响，确保大型设备顺利运输至指定安装位置。

2）安全生产责任制的落实，建设单位与施工单位、全过程工程咨询单位签订安全生产责任书，同时组织各专业施工单位签订安全协议。

3）"三临"验收，施工单位完成施工现场临边防护、临时用电、临时水消防后，由全过程工程咨询单位工程监理部按 BIM 深化的平面布置图组织验收，验收合格后签署开工令后允许施工。

4）建设标准化工地、智慧工地、信息工地，由施工单位建设集成现场安全隐患排查、人员信息动态管理、扬尘管控视频监控、高处作业防护预警、危险性较大分部分项工程（简称危大工程）监测预警等功能的工程项目信息系统平台，实时监控现场危险状态，提醒管理人员和作业人员做好安全防护措施。建设单位建造的项目管理统一管理平台，施工单位和工程监理部根据建设单位要实时上传现场状态，建设单位能及时了解现场安全、质量、进度施工情况。

5）安全检查，施工单位和工程监理部制定安全检查制度并落实，做到日常巡查、定期检查、专项安全检查、节前节后安全检查相结合，重点检查施工现场的临边防护、临时用电、高处作业、起重吊装、消防设施、生活区的临时用电、消防安全等。全过程工程咨询单位协助建设单位每月组织一次安全检查，检查结果进行评分，作为对施工单位、工程监理部的考核评比依据。

15.3.6　施工造价管理

1. 变更的管理

由全过程工程咨询单位协助建设单位编制工程变更管理办法并实施，建设单位定期组织召开设计变更会，相关的设计单位、全过程工程咨询单位和施工单位参加，由设计单位汇报相关变更的原因、变更的范围、对造价的影响，经参会各方确认后实施。当变更费用超过一定规模的，根据建设单位的管理办法进行管理。所有变更原则上都应先完成变更手

续，再实施变更。

工程建设过程中控制变更范围，减少变更的发生。变更可以由施工单位、设计单位、全过程工程咨询单位或建设单位提出，但都需建设单位批准后执行。变更价格确定的方法：

1）已标价工程量清单中有适用于变更工程项目的，应采用项目的单价。

2）已标价工程量清单中没有适用但有类似于变更工程项目的，可在合理范围内参照类似项目的单价；按照类似项目的综合单价对相应子目、消耗量、材料价格等进行调整，原管理费、利润水平不变；如果类似项目综合单价的子目消耗量高于定额水平，则按照定额消耗量调整换算。如已标价的工程量清单类似的综合单价有两个以上的，则由招标人按照消耗量少、管理费和利润取费最低的优先顺序选择类似项目综合单价进行换算。

3）已标价工程量清单中没有适用也没有类似于变更工程项目的，新增项目单价应由承包单位根据变更工程资料、计量规则和计价办法、当地工程造价管理机构发布的信息指导价（信息指导价中没有，则通过市场调查等取得的有合法依据的市场价格）和采用合同文件"工程量清单使用说明"中的参考定额考虑承包单位报价浮动率提出变更工程项目的单价，并报建设单位确认后调整。

4）新增项目单价应按照以下报价水平重新确定：

（1）新增项目的材料价格，如合同中有相同材料价格的，则按照合同已有的价格取用，材料价格不再考虑下浮。新增项目的材料合同中没有相同材料价格的，按照新增项目施工期的价格取用，材料价格考虑承包单位报价浮动率。

（2）"施工期"指：① 施工图设计时的清单新增项目施工期以施工图设计出图日期的下一个月为基准；② 工程变更中新增项目的施工期以专题会议纪要、建设单位工作联系单或变更设计图纸出图日期的下一个月为基准。

（3）承包单位报价浮动率＝［1－（中标价－招标时规定不下浮部分价格）/（标底价－招标时规定不下浮部分价格）］

5）当双方意见不一致时，监理工程师应给出合适的暂定费率或价格，并相应地通知承包单位，同时报建设单位批准。

2. 计量的管理

建设单位在合同中明确计量支付的规则、计量的程序，并按合同执行，有特殊情况的要在专用条款中明确。建设单位、全过程工程咨询单位按合同审核施工单位报送的计量申请，并进行批复，给施工单位支付预付款、进度款、竣工结算款等。有的城市严格落实零号清单管理制度，要求施工、全过程工程咨询单位在计量前对招标工程量清单进行核对，明确工程量清单数量，计量时以零号清单控制进度计量，避免出现超计量的情况。

15.3.7　协调管理

1）场地移交的协调，地铁项目涉及土建、风水电安装、装修、专用通信、公安、民用、AFC、气体灭火系统、FAS、信号、供电、综合监控以及站台门等多个专业，承包单位也较多。从土建移交场地、机电进场施工、机电移交设备房、系统单位进场施工，直到机电单位收边收口，施工场地需进行多次移交，建设单位应通过文件形式明确各车站在场地移交条件、移交时间、卫生清理要求，各站确定的移交节点作为建设单位对施工和监理工作成效的考核依据，以确保各项工作顺利开展。

（1）土建场地移交给机电和装修施工单位。土建施工单位完成主体结构分部验收，完成现场垃圾清理，机电施工单位、电扶梯施工单位、供电施工单位对照各自设计图纸，核对现场预留预埋孔洞，预埋套管的数量、位置、尺寸，基坑位置、尺寸，混凝土完成面标高等，编制遗留问题清单，建设单位组织场地移交会，施工、设计、全过程工程咨询单位参加，各单位对问题清单进行确认，明确责任人、整改完成时间，涉及的问题，由设计单位明确整改方案。

（2）车站设备房墙体二次结构砌筑的协调。综合监控、FAS、AFC、通信等专业有预埋管线在砌体结构上，需要开槽预埋，为避免开槽破坏圈梁，门禁、FAS 等专业需在圈梁和门梁混凝土浇筑前预埋线管，由机电、装修单位组织将施工计划宣贯，各系统单位按各自图纸及时安排做好预埋工作。为避免二次开槽影响装修质量，机电、装修施工单位在挂网抹灰前提前 10 天通知各系统单位完成开槽预埋工作，各系统单位签订预埋管线完成确认书后，机电施工单位开始抹灰、刮白等后续工作，后期系统单位还需开孔开槽时，一切修复工作由系统单位完成。

（3）一、二类设备房移交的协调。机电装修单位负责一、二类设备房二次砌体结构和装修，为满足系统单位施工条件，须及时将一、二类房移交给各系统单位，建设单位统一协调明确移交的时间和条件，一般采取分批移交的方式，先移交一类房满足供电单位设备安装的要求，再移交二类房。移交条件一般应满足：完成墙体粉刷（留最后一道乳胶漆），综合接地箱完成，地砖铺设完成（有防静电地板房间垫层施工完成），防火门安装完成（或临时门），房间内风水电专业全部完成，经系统单位和机电施工单位与全过程工程咨询单位工程监理部现场确认后，签署移交单。

（4）系统单位设备、管线、电缆等完成后，机电、装修单位再进场施工最后一遍乳胶漆和收边收口，房间管理权仍在系统单位，直至移交给运营单位。

（5）轨行区管理的协调，机电、装修单位进入区间作业严格履行作业票制度，按照属地管理办法进行现场管理，建设单位协调各单位安全协议的签署工作，制定属地管理办法，督促各单位遵照执行。

2）与市政道路、供水、供电、通信、燃气等部门的协调。当市政道路恢复时，市政水务与供电部门、通信、燃气部位同步施工，全过程工程咨询单位协助建设单位主动做好与各部门的协调，与市政道路恢复协调场地占用和工地周边围挡，机电单位尽量借用土建和市政单位工地围挡，与市政水务协调同步完成车站给水和污水废水的接驳，不能及时完成的要留好接驳口，同步了解新布设的通信和燃气管道在地面的分面情况，室外施工冷却塔基础、埋地水管、打接地极时可正确避开，避免破坏各类管线，造成不必要的损失。全过程工程咨询单位和建设单位积极参加各部门的协调会议，了解其规划和施工动态，当市政部门影响到地铁项目施工时也要及时组织协调会解决。

15.4　设备调试管理

15.4.1　调试工作组织

建设单位牵头成立调试工作领导小组和调试工作实施小组两级管理组织机构。调试工作领导小组下设三个调试工作实施小组。

1）动车调试组，以信号专业牵头，由建设单位信号部门负责人担任组长，组员由建设单位通号、机电、供电、车辆、机电装修等相关设备部门及集成单位、全过程工程咨询单位、设计单位、施工单位以及设备厂家等相关人员组成，信号专业承包单位为动车调试组牵头单位。

2）消防联调组，以 FAS 专业牵头，由建设单位 FAS 部门负责人担任组长，组员由建设单位通号、机电、机电装修等相关设备部、全过程工程咨询单位、设计单位、施工单位、设备厂家的相关人员组成，FAS 专业承包单位为消防联调组牵头单位。

3）综合调试组，以综合监控专业牵头，由建设单位综合监控主管部门负责人担任组长，组员由建设单位通号、机电、车辆、机电装修等相关设备部、全过程工程咨询单位、设计与施工单位（含设备房）相关人员组成，综合监控专业承包单位为综合调试组牵头单位。

15.4.2　各方职责

1）调试工作领导小组的职责：① 负责明确各工作实施小组人员；② 负责制定、调整调试计划；③ 负责定期组织专题会议；④ 负责审批调试方案。

2）调试工作实施小组的职责：① 负责审核调试方案；② 参与制定调试计划；③ 按调试计划实施相关工作。

3）调试牵头单位在调试期间应履行的职责：① 牵头负责调试计划的具体落实；② 负责调试过程中的协调工作，牵头组织相关协调会议；③ 落实合同、图纸、设计联络技术及接口文件的要求；④ 及时申报调试大纲、调试计划、调试进度报告等；⑤ 按计划完成单机调试和系统调试任务，配合系统外接口调试及联合调试工作，发现问题及时整改。

4）调试配合单位在调试期间应履行的职责：① 配合牵头单位进行调试相关工作；② 落实合同、图纸、设计联络技术及接口文件的要求；③ 及时申报调试大纲、调试计划、调试进度报告等；④ 按计划完成单机调试和系统调试任务，配合系统外接口调试及联合调试工作，发现问题及时整改。

5）供货单位在调试期间应履行的职责：① 向承包单位进行设备调试交底；② 配合承包单位的调试工作，对自身设备问题及时整改。

6）全过程工程咨询单位在调试期间应履行的职责：① 审核承包单位申报的调试大纲；

② 组织调试例会，跟踪承包单位的调试进度及整改落实情况；③ 发现问题及时与承包单位、设计单位、供货单位和工程监理部沟通解决。

15.4.3　调试方案和计划

各专业施工单位负责编制本专业的调试大纲和调试计划，调试计划按周或月进行编制，调试计划需包含调试时间、调试内容、形象进度、人员安排等由全过程工程咨询单位审核批准后实施。机电、装修单位编制单机调试计划，系统单位编制系统调试和综合联调计划，机电、装修单位根据系统单位调试要求调整单机调试计划，并按规定时间完成相关设备的单机调试。各专业调试计划发生变化或进度滞后时须重新修订调试计划并进行重新申报。

15.4.4　单机调试的要求

1）单机调试须具备的条件：① 单机设备已经全部安装完毕；② 设备房及机柜内部清理完毕，设备房内温湿度满足要求；③ 设备接线已经校线完毕，电缆绝缘和电阻测试合格，具备送电条件；④ 与设备相连的管道系统安装完成，压力试验合格。

2）各专业调试内容：① 单体设备上电；② 单机功能测试、性能测试。

3）组合式空调机组单机调试

（1）开机前检查：① 机房内不得有可导致过滤网的污染和堵塞的灰尘和杂物等；② 将风道和风口的调节阀放在全开位置，空气处理室中的各种阀门也放在实际运行位置；③ 机内风机的调试内容与通风机相同，电机与风机皮带轮端面在同一平面上，皮带松紧适中。

（2）启动运行：① 空调机组先点动试验，检查运转方向是否与机壳标注方向一致，否则调换电源接线再次试验；② 空调机组正式启动时，机内不得有异物杂音，运转正常后，应用钳形电流表检测起动电流，运行电流、振动、转速及噪声，并在可能的情况下，试运行 30min 后检测轴承温度，其值需达到设备说明书的文件要求；③ 经上述检查确认无误后，应连续运转 8h，如果未产生其他问题，即为合格，并将测试结果按表填写。

4）通风机及空调机组中的轴流风机单机调试

（1）开机前检查：① 核对风机、电动机型号、规格是否与设计相符；② 检查风机、电动机地脚螺栓是否已拧紧；③ 检查风机出口处柔性短管是否严密，不存在拉扯扭曲的受力情况；检查风机调节阀门的灵活性，定位装置的可靠性；检查风管路上和阀门和风口启闭状态正确；④ 检查电机、风机、风管接地线连接的可靠性。

（2）启动运行：① 点动风机检查叶轮运转方向是否正确，运转是否平稳，叶轮与机壳有无摩擦和不正常声响；② 消除不利因素后正确运行 30min 后检测轴承温度，温度值不超过 70℃或设计值；③ 启动时，应用钳形电流表测量电机的启动电流，待风机运转正常后再测量电动机运转电流，应符合设备技术文件的规定；④ 应连续运转 2h，无异常声响、轴温和电流等超过规定值等情况，即为合格，并将测试结果按表填写。

5）风机盘管组单机调试：① 检查风机盘管的电气接线应正确，启动风机盘管时应先点动看运转是否正常；② 测定风机盘管名义风量及运行噪声应符合设计要求；③ 检查风机盘管机组的三速、温控开关的运行动作应正确，并与风机盘管运行状态相对应。

6）组合风阀、电动防火阀通电试验：① 检查所有阀门是否安装正确，并做好标记；② 手动调试风阀全开和全闭，操作方向和状态反馈正确一致，开启灵活；③ 通电后就地和远程操作电动调节阀（包括带联动）、电动防火阀、组合阀，开关方向与反馈方向一致，如果存在异常，调整至符合要求；④ 检查后把所有阀门处于全开状态，并把检查结果列表记录。

7）冷冻冷却泵等卧式水泵的单机调试

（1）试机前应具备的条件：① 水泵进出口管道及管道仪表（如压力表、温度计等）安装完毕，电机接线安装完毕，满足规范及设备技术文件的要求；② 机泵各润滑部位加入技术文件规定的润滑油；③ 必须把机泵上的杂物及现场清理干净；④ 电器、仪表经校验合格，连锁保护灵敏、准确；⑤ 机泵入口管段清洗干净，加临时过滤网，连接泵的入口管；⑥ 机泵的安装记录必须齐全。

（2）电机空运转：① 脱开联轴节，用手盘动电机轴，应转动灵活，电缆接线正确、完好；② 接好电源后，点动开关按钮，确认运转方向无误后，检查有无异常声音、振动、转子轴向乱窜等；③ 再次启动电机 5min，再检查其电流、电压及轴承温度，电机试运转应连续运转 2h，电机启动时记录一次轴承及电机温度，以后每隔 30min 记录一次；④ 对于带基础整体到货、出厂已完成测试的水泵组，可在检测电机和水泵固定情况无变化，电机绝缘无破损的情况下直接做电机带泵试运转。

（3）机泵试运转：① 电机试运转合格后，重新装好联轴节，联轴节对中值应符合要求；② 手动盘车，转动应灵活、轻便；③ 若是离心泵则需先关闭泵出水管路阀门，全开泵进水管路阀门，用水将泵灌满并驱除干净泵内的空气。若是管道泵或轴流泵则进、出水口的阀均需打开后方可运行；④ 在额定负荷下连续运转 2h 无异常为试验合格；⑤ 机泵单机试运转应达到的条件：试运转中，轴承的温升、滚动轴承的温升应符合技术文件规定；⑥ 转子及各运动部件不得有异常声响和摩擦；泵的附属设备运行正常，管道连接可靠无渗漏；⑦ 作好试机记录。

15.4.5 单系统调试

1. 单系统调试需具备的条件
1）现场施工安装已全部结束，设备安装完成，管道系统完成；
2）设备房及机柜内部已完成清扫；
3）系统调试涉及系统设备单机调试已完成。
2. 调试内容
1）以车站为单位的系统内各类设备联合调试；
2）以线路为单位的系统内各类设备联合调试；

3）从线路到中心的系统内各类设备联合调试；

4）不同线路间的系统内各类设备联合调试。机电安装的调试内容主要是以车站为单位的通风与空调系统、给水排水与消防系统、动力与照明系统调试。

3. 通风与空调系统调试

1）准备工作：空调系统调试前，调试人员首先应熟悉空调系统全部设计资料，包括图纸和设计说明，充分领会设计意图，了解各种设计参数、系统的全貌、空调设备性能及使用方法等。调试前必须查清施工方法与设计要求不符合及加工安装质量不合格的地方，并且提出意见整改。配置好经鉴定合格的试验调整所需仪器和工具，安排好调试人员及配合人员。机组运行前应清理好现场及机组内的杂物。空调系统所有电气及其控制回路的检查。试调人员进入现场后指派部分电气试调人员配合，按照有关规程要求，对电气设备及其控制回路检查和调试，以配合空调设备的试运转。

2）空调机组、新风机组的试运转：启动机组前应先检查风道系统的调节阀、防火阀的动作状态应正确，且应在开启位置；送、回风口内的调节阀板、叶片应在开启的工作状态。检查总风管及分支管预留测试孔位置是否正确，如果预留测孔位置不合格或没有预留，则需在测试前选择、安装好测试孔，测定机组运行噪声及机房门外噪声应符合设计要求。调整系统风阀和风口开度，通风系统做风量平衡测试，总风量和各风口的风量符合设计要求，空调系统机组试运行时间不少于 8h，运行状况应无异常。

15.4.6 联合联动调试

联动调试阶段是考验整个工程的最后一关，它直接关系到产品、设备功能和安装质量是否能满足地铁车站的使用功能，是否达到设计功能的要求，为日后设备能否处于最佳运行状态创造先决条件。

1. 联合调试应具备下列条件

1）车站联动调试必须在各系统单元件、分部、分系统单体试验正常后进行；

2）电气装置的校验调试已符合设计部门对电网和回路的各种参数和保护特性要求，控制回路及继电保护装置，系统整组试验符合设计要求实际整定值，有关元件完好无损，所有测量表计检验合格；

3）配电装置、照明回路、电缆母线槽绝缘试验合格，各电机已检查并已受电运行；

4）各柜盘、电源箱、控制二次回路以做模拟运行试验，受电试运行正常；

5）事故照明电源成套设备的受电调试，包括正常供电、充电（均充电、浮充电）停电、来电自动切换投入等已进行模拟调试；

6）各种防火阀、电动蝶阀、电动风阀已调试，校验及通电试运行已正常；

7）冷冻循环系统机泵、空调柜机及盘管风机、单机运转正常；

8）各种水泵、污水泵、废水泵单体试运转正常；

9）消防自动报警系统，气体灭火系统已单系统调试正常；

10）车站及冷站电力监控设备安装完毕，单元件调试正常；

11）空调系统带冷源的联合试运转完成，设备房内温度、湿度达到要求。

2. 联动调试内容

1）环控室主开关失压互投试验，先采用正常工作电压，接着用调压器降压，主开关和母联开关应能正常动作。

2）环控控制室 1 类、2 类负荷双回路自动切换联锁关系，模拟动作试验。模拟进线主开关，低电压跳闸试验。

3）系统二次接线回路中，继电器的相互动作检验及开关和信号装置的检验。用一次电流和工作电压检验继电保护装置及系统自动装置。

4）继电保护装置及系统自动装置整组检验。利用继电保护装置或系统装置跳开或投入开关的动作试验。

5）继电器检验时的整定值，根据设计部门对电网和回路的各种参数和保护特性来确定。控制回路及继电保护装置系统整组试验，必须符合设计要求实际整定值，符合设计值，有关元件应完整无损，所有测量表检验合格。

6）事故照明成套设备的试验：包括交流电源投入操作试验，充电装置启动，运行操作试验，恒压充电转恒流状态（或手动状态）操作试验，自动启动操作试验。禁止在恒流或手动状态采用自动启动。

7）电气回路三地控制的联调。先断开车控部分的 BAS 接口，进行就地、环控的两地控制试验，再接上 BAS 接口、进行三地控制联调，如果 BAS 线路未有接上，可测量接口的电压显示是否正常及符合要求。

3. 通风防排烟系统与 FAS、BAS 联动调试

1）车站空调通风系统，正常运行时为乘客及营运管理人员提供过渡性舒适环境，在火灾事故下空调系统停止运行，防排烟通风系统投入运行，排除烟气保证乘客和工作人员和设备的安全。

2）区间隧道排烟系统消防联动控制。近车站的区间隧道位置发生火灾事故时，活塞通风组合风阀关闭，对应的隧道排烟组合风阀开启，启动隧道风机运行送风状态。站远的区间隧道位置发生火灾事故时，活塞通风组合风阀关闭，对应的隧道排烟组合风阀开启，启动隧道风机运行排烟状态。

3）车站隧道排烟系统消防联动控制，当车站隧道发生火灾时，没有火灾的另一侧轨顶风管，站台底风道电动风阀关闭，关闭其中一台排烟风机电动风阀，启动另一台排烟风机进行排烟状态运行。

4）站台公共区排烟系统消防联动控制。当站台公共区发生火灾时，停止送风系统，关闭站厅层排风管电动阀门，并关闭回风电动风阀及排风机联动电动风阀，开启排烟风机联动电动风阀，启动排烟风机，进行排烟状态运行。

5）站厅公共区消防联动控制。当站厅公共区发生火灾时，停止送风系统，关闭站台层排风管电动阀门，关闭回风电动风阀及排风机联动电动风阀，开启排烟风机联动电动风阀，启动排烟风机进行排烟状态运行。

6）小系统排烟系统消防联动控制。当未设气体保护没有排烟系统的房间、走道火灾时，停止送风系统，关闭系统非火灾区域及回风电动阀门，启动双速风机进行高速排烟状态运行。

4. 排水系统监控联调

1）集池水位高于启泵水位时，自动启泵，排水水位低于停泵水位时则自动停泵。

2）集池水位出现超高水位时，启动备用泵。BAS 可控制消防泵、污水泵、废水泵起停，显示水泵开停状态、故障，以及水位报警等信号。

5. 消防给水系统电动蝶阀的联动控制：车站进水管上的电动蝶阀，平时依次轮流开启，互为备用。在进入区间的消防管道上的电动蝶阀平时关闭，当区间发生火灾时，电动阀门由 BAS 自动开启，同时屏蔽门也打开，值班人员（消防员）应检查确认阀门是否在打开状态。

15.5 运营维护衔接

1. 运营单位提前介入

运营单位的提前介入，可以提前明确运营需求，从运营单位的角度考虑施工成果与运营需求的差距，在施工过程中提前解决设计和施工问题，避免移交运营后再返工处理，从而减少相关的工程费用。运营单位安排各专业的工班提前进入现场，施工单位全力配合，对运营单位提出的问题要及时整改，涉及设计问题则由建设单位组织协调会，设计、施工、运营、全过程工程咨询等单位参加，会议要明确施工方案和图纸，需要进行变更的，同步完成变更手续。运营单位主要从设备的检修操作空间、施工与图纸的符合性、运营环境的舒适性、办公环境的友好性以及以往线路在运营过程中存在的同类问题，设计单位是否有了更新替代，施工单位的施工工序是否有改善，例如，结构防水问题的处理、风阀检修操作空间不足、支吊架缺失、车站内排水不通畅、区间内的积水排水问题等应在设计和施工过程中进行完善。

2. 产权移交的管理

1）建设运营"三权"移交：指对建设单位的建设管理部门向运营管理部门移交管理权、使用权、指挥权的所有活动。

2）各参建单位产权移交的责任：建设单位建设管理部门负责主持各方向运营部门进行系统"三权"移交工作，包括设备及资料的移交。设计单位配合根据需要，配合完成系统"三权"移交工作。甲供设备厂家配合提交与本系统有关的图纸、技术文件和管理资料给建设单位。施工单位配合提交与本系统有关的竣工图和管理资料给建设单位。全过程工程咨询单位和设备集成管理单位配合提交与系统有关的所有管理资料给建设单位。

3. 保修期管理

竣工验收后，施工单位与建设单位签署的工程质量保修书应当约定保修期、保修范围、质保金、承包单位未履行保修义务的后果与责任、缺陷原因调查、保修责任终止等内容。一般情况下，竣工验收时对工程实体和竣工文件材料检查中提出的问题和缺陷，经建设单位同意和施工单位确认，需要修补完善的工作内容（不涉及结构、安全和使用的），可以留在保修期内完成。在保修范围和保修期限内发生质量问题的，施工单位应当履行保修义务，并对造成的损失承担赔偿责任，施工单位不能及时修复的，建设单位可以请专业施工队修复，费用由责任施工单位承担。

第16章　通信信号工程

通信信号系统是城市轨道交通系统的神经网络及神经中枢，直接服务于城市轨道交通的运营管理，担负着指挥列车运行、保证行车安全、提高运输效率的重要任务，与城市轨道交通系统的安全、速度、运输能力及效率密切相关。因此，全过程工程咨询单位须从项目设计阶段至开通运营，协同建设单位、运营单位及其他参建单位做好充分沟通、协调工作，从建设项目各个阶段及不同单位需求出发，结合相关标准及规范做好咨询管理工作，避免出现因需求不明确导致的返工。

16.1　通信信号系统设计管理

16.1.1　设计阶段管理内容

1. 概述

通信信号系统设计是设计单位把土建、线路、轨道、车辆、机电等相关专业图纸和数据提供给通信信号系统集成商，检查、核对、验证集成商的产品设计，并把通信信号产品安装在车站、线路、场段、控制中心及车辆等特定位置上，输出为施工图，并最终满足建设要求和运营需求的设计过程。

通信信号系统设计管理的目标是通过贯彻落实国家有关建设法律法规、技术规程、标准及地方政府有关城市轨道交通建设的规定，落实工程可行性研究报告的指导成果和审批意见，落实经审查批准的工程设计技术要求，落实建设要求、运营需求经营战略规划及轨道公司的管理理念。通过对设计工作的全面把控，来保证城市轨道交通工程通信信号系统项目的投资、进度和质量等目标在设计阶段得以实现。

全过程工程咨询单位的设计管理工作可以分为四个方面。一是对设计单位的管理，包括协调通信信号系统设计与接口专业设计工作，控制工程投资、设计进度及质量目标，审查设计内容的符合性；二是提供设计所需的外部资料；三是协调设计所需的外部协作条件；四是组织设计文件的上报和审批，按出图计划出具施工蓝图，以便通信信号施工单位的招标和施工。

2. 设计管理主要内容

通信信号系统的设计特点是安全性、可靠性、可用性、可操作性要求高，涉及接口专业数量庞大，另外与其他专业设计进程环环相扣，因此必须重视设计管理工作，避免在设计阶段出现差错。通信信号系统的设计工作通常划分为总体设计、初步设计、招标设计和施工图设计等阶段。全过程工程咨询单位在设计各阶段的设计管理主要职责，详见表 16-1。

全过程工程咨询单位在设计各阶段的设计管理主要职责　　　　　　　　表 16-1

管理阶段	主要职责
总体设计	研究、落实通信信号系统设计方案，稳定设计条件，协调与通信信号接口专业设计间的配合工作；根据可行性研究成果及审批意见，组织通信信号设计单位编写与本线路相适应的工程设计技术要求，作为开展初步设计的依据；明确通信信号系统的基本架构、技术指标、功能需求及主要设备选型调研工作
初步设计	依据总体设计方案，组织通信信号设计单位编制初步设计说明文件、初步设计图纸、初步设计概算及编制说明书、主要工程数量表、主要设备材料表等文件，满足其在总体设计的基础上，逐步深入，保证设计文件质量；同时协助设计单位解决通信与信号系统内部及通信信号系统外部接口重大问题，如土建、装修、线路、轨道、行车、车辆、供电、站台门、防淹门及综合监控等接口专业，保证通信信号系统设计的稳定性
招标设计	依据初步设计方案，组织通信信号设计单位编制用户需求书，用户需求书需在满足法律法规和设计规范的基础上，尽可能以国内平均技术水准和使用状况为基准，最大限度地满足建设要求和运营需求；作好通信信号系统集成商近五年供货情况调研，同设计单位做好与优秀集成商及主要设备供货商的技术交流工作，保证设计工作的稳定性和可靠性；组织设计单位落实集成商与施工单位供货设备和材料清单
施工图设计	督促设计单位贯彻落实初步设计文件，加强设计复核和审查工作，确保设计文件达到设计深度要求；复核设计单位编制的投资预算或修正概算；协助作好设计变更及设计回访，同时参加图纸会审和设计交底，保证设计图纸的准确性及设计意图被施工单位充分理解；督促设计单位按出图计划出具施工图纸，且保证图纸的完整性。信号系统图纸包括但不限于车站联锁区室内外图册、场段联锁区室内外图册、培训中心及维修中心施工图、分布式控制系统（DCS）施工图、控制中心施工图、试车线施工图及电动转辙机安装图册等；通信系统施工图纸包括但不限于车站通信设备布置及管路 / 管线图、场段专用通信设备布置及管路 / 管线图、控制中心专用通信设备布置及管路 / 管线图、派出所通信设备布置及管路 / 管线图、区间风井、跟随所、混合所通信设备布置及管路 / 管线图、干线通信线路图、通信干线光缆径路图、车站公安通信设备平面布置及管路 / 管线图、通信设备室设备平面布置图、车站通信设备布置及管路 / 管线图及各子系统系统图纸等

3. 设计阶段管理重难点

城市轨道交通通信信号系统在设计过程中不可避免地会遇到各类设计质量缺陷问题，作为全过程工程咨询单位，在工程设计过程中应结合国家法律法规、设计规范、建设要求、运营需求及自身经验，协助解决设计质量缺陷，进一步提高设计质量。与此同时，做好设计问题产生原因的分析，提出改善设计的建议，才能保证通信信号系统在建设过程中将设计质量缺陷问题闭环，避免后续出现类似问题，也使通信信号系统的各参建方在设计阶段不断积累经验，对后续工作进行更加有效的全过程质量控制。

1）设计接口管理难度大

从设计管理角度来看，通信信号系统的接口管理难度巨大，不仅是通信系统与信号系统存在接口，而且通信系统、信号系统分别与土建、线路、轨道、装修等专业间存在大量接口，造成了设计接口数量多，管理难度大的结果。下面以信号专业为例，简述信号专业与其他专业的接口设计，详见表 16-2。

信号专业与其他专业的接口设计　　　　　　　　　　　　　表 16-2

相关专业	子系统	接口内容	配合阶段	配合形式
通信	ATS 与无线	ATS 子系统向无线通信子系统提供的列车位置信息如下所列：列车车组号、列车车次号、目的地号、终点站、乘务组号、列车位置信息（包括列车位置，列车运行位置，轨道名称，车站身份标识 ID 号）、快慢车标识等	初步设计、施工图设计	互提资料
	ATS 与广播	ATS 子系统向广播子系统发送列车接近车站信息、列车到站信息及列车离站信息等广播子系统所需的信息	初步设计、施工图设计	互提资料
	ATS 与乘客信息	ATS 子系统向乘客信息子系统发送每个站台预计的至多下 4 班列车（0~4 班）到站时间、列车跳停信息以及末班车信息等乘客信息子系统所需的信息	初步设计、施工图设计	互提资料
	ATS 与时钟	时钟子系统为信号系统提供实时的标准时间信息；信号系统接收时间信号，并根据时间信号校准信号系统时钟	初步设计、施工图设计	互提资料
车辆	—	静态调试的目的主要为检查车载设备的安装、配线是否满足技术规格书及安装督导的要求，确保信号与车辆信息的传递正确	施工图设计	信号专业与车辆专业协商
	车载机柜 / ATO/ATP 与车辆	动态调试的主要目的为检查接口功能的实现，确保信号与车辆信息的传递正确、控制正确及信号 ATO/ATP 子系统功能的完整性，实现车辆牵引、制动及门控与 ATO/ATP 子系统的接口功能	施工图设计	
站台门	联锁子系统与站台门	站台门尺寸、位置及控制模式	初步设计、施工图设计	互提资料
		站台门控制条件、状态信息		协商
		控制接口条件		互提资料
防淹门	联锁子系统与站台门	防淹门专业与信号专业的联锁关系及硬件接口要求	初步设计、施工图设计	协商
综合监控	联锁与综合后备 IBP 盘	IBP盘面布置与硬件接口要求	初步设计、施工图设计	协商
	ATS 与 SCADA	综合监控向信号 ATS 子系统提供供电分区供电状态信息，信号 ATS 子系统接受综合监控系统提供的供电分区供电状态信息		互提资料
	ATS 与综合监控	信号 ATS 子系统将发送列车运行信息及区间的阻塞信息给综合监控系统，综合监控接收信号 ATS 子系统发出的列车运行信息及区间阻塞信息		互提资料
	ATS 与大屏	信号系统将通过该接口发送信息到大屏幕系统，大屏幕系统根据预先配置，在其指定的区域上实时显示信号系统的相关界面信息		互提资料
车站建筑	—	信号系统设备用房要求、预留管线要求及站台公共区设备安装要求	初步设计、施工图设计	互提资料
机电装修	—	信号系统用电要求、设备房接地电阻要求、设备房照明、风口、空调口及室内温湿度设置要求	初步设计、施工图设计	互提资料
轨道	—	信号系统转辙机及基坑要求及计轴设备安装要求	初步设计、施工图设计	互提资料

续表

相关专业	子系统	接口内容	配合阶段	配合形式
牵引供电	—	信号系统轨旁设备安装位置资料	初步设计、施工图设计	互提资料
限界	—	信号系统轨旁设备安装轮廓尺寸及布置	初步设计、施工图设计	互提资料

2）设计单位与集成商系统设计不协调

通信信号系统设计与其集成商系统设计互为前提条件又彼此影响。集成商系统设备需要设计单位提供建设工程土建、线路、限界及轨道等专业的输入资料，以满足系统功能设计需求，设计单位的施工图纸受集成商设备参数、尺寸及布置规则的影响，需要集成商提供相关设计图纸，以满足设计单位出具施工图纸的要求。由于城市轨道交通建设项目设计任务重、工期紧的特点，经常出现前序专业提资至通信信号设计单位资料反复修改的情况，导致通信信号设计单位提资给系统集成商的输入资料变动，导致系统集成商也需要修改系统设计。近几年通信信号系统集成商设计团队趋于年轻化，导致系统设计的质量逐步降低，经常出现光电缆及网线遗漏、机柜接线端子布置错误、机柜布置不合理等技术问题，同时年轻的系统设计人员容易出现与设计单位负责人沟通不顺畅等问题。因此，在设计阶段容易出现设计单位与集成商推诿扯皮的现象。

4. 设计阶段管理思路

设计管理人员在设计阶段的管理工作，应遵循下列原则：

1）充分了解建设单位的目标和期望，了解运营单位的真实需求，才能明确管理目标，避免仅限于建设单位和运营单位的描述以及自身的猜测；

2）明确可行性研究成果和审批意见，明确设计原则和设计标准，选择适合建设单位的标准，防止出现设计质量不足和质量过剩的情况；

3）确认好所执行的规范、标准及规程，防止出现随意更换执行规范、标准和规程的事项；

4）协助建设单位落实通信信号系统设计输入资料，确保输入资料的稳定性；

5）参与重大设计方案的比选及做好设计关键节点的控制工作。

针对通信信号设计接口管理难度大的问题，首先要重点审查设计接口的开展情况，避免出现设计接口遗漏或沟通存在信息孤岛的情况。全过程工程咨询单位应要求设计单位在进行设计接口资料提资时以工作联系单形式进行沟通，同时将工作联系单连续编号，将工作留痕规范化。全过程工程咨询单位需要定期向建设单位汇报设计工作进度执行情况以及纠偏工作的开展情况等，同时做好对设计单位的设计进度及设计质量的考核工作。

另外，设计管理单位可在设计阶段引入"接口管理矩阵"理念，在建设单位牵头下，由专业设计单位根据各方定制的接口管理矩阵表进行机电专业内部管理，机电以外的专业再进行单独沟通，可大幅度降低设计管理单位的协调工作量，提高接口管理的效率。表16-3为某城市轨道交通6号线机电工程接口管理矩阵。

接口管理矩阵表

表 16-3

项目内容	信号	车辆	综合监控	通信	站台门
信号	—	信号	信号	信号	信号
车辆	信号	—	车辆	车辆	—
综合监控	信号	车辆	—	综合监控	综合监控
通信	信号	车辆	综合监控	—	—
站台门	信号	—	综合监控	—	—

注：系统内与信号相关的接口由信号牵头，其余与车辆相关的接口由车辆牵头，其余与综合监控相关的接口由综合监控牵头。

针对设计单位与集成商系统设计不协调的问题，全过程工程咨询单位应遵循城市轨道交通建设的基本程序，协助建设单位尽早确定通信信号系统集成商并开展设计联络工作，稳定落实通信信号系统的基础输入资料，如电源供电方案、电缆的技术规格参数及系统组网方案等，以便为施工图出具创造有利条件。另外，全过程工程咨询单位应及时与建设单位和线路、土建、限界及轨道专业设计进行沟通，确保提资准确、及时，减少推诿扯皮事件的发生。

16.1.2　设计联络管理

1. 设计联络管理内容

设计联络是指由建设单位主持，系统集成商与建设单位、运营单位、设计单位及全过程工程咨询单位之间所进行的技术澄清、方案优化与深化、文件确认等需要各方会议讨论的工作。设计联络的目的是依据供货合同，完成系统的深化设计、生产、试验、安装调试和验收等技术条件，同时确保设计深度达到可配合建设单位开展施工招标的程度。设计联络是合同实施的重要步骤之一，通过设计联络会的召开，将合同中的功能要求落实为可操作的设备布置、设备安装等工程内容，通过模拟仿真检查合同中定义的系统功能指标能否实现，通过细化系统与各专业接口内容实现接口功能。

在设计联络阶段，会将招标投标文件中规定的系统结构和功能等落实到具体工程中。因此，全过程工程咨询单位要根据招标投标文件、建设要求及运营需求等方面考虑各类问题，并及时与通信信号系统集成商进行沟通，要求其答疑解惑，将系统设计与功能进行澄清。同时要求系统集成商将落实的方案及未闭合的重要问题及时、如实地记录在会议纪要中，并在后续工程中闭合问题和落实内容。在通信信号系统设计联络阶段的设计管理内容可参考表 16-4。

2. 设计联络各阶段管理内容

城市轨道交通通信信号系统集成商在设计联络文件的编制过程中，需要满足不同阶段的编制深度要求，随着设计联络会的推进，设计深度应逐步加深。另外，设计联络文件编制内容的格式应符合建设单位相关文件编制规定要求。

下面以某城市轨道交通 6 号线通信信号系统设计联络工作为例，介绍通信信号系统设计联络各阶段重点管理工作，详见表 16-5。

通信信号系统设计联络阶段的设计管理内容 表 16-4

信号系统	1. 闭合合同谈判阶段遗留问题开口项、确定系统结构、协助提供和确认工程基础数据、校核牵引计算、确认信号平面图、审核联锁表、确定联锁、ATS、ATO/ATP 子系统主要功能、确定系统的降级模式、确定试车线功能、确认计轴、电源、转辙机、信号机光电缆等主要配套设备及材料的规格、型号及布置原则等； 2. 确定与信号相关的车辆、站台门、防淹门、综合监控、通信、土建、轨道和低压配电与动力照明等专业间的接口技术条件； 3. 确认设备生产、测试、出厂验收和供货等事宜
专用通信系统	1. 闭合合同谈判阶段遗留问题开口项、确认传输、无线通信、视频监视、乘客信息、广播、时钟、办公自动化、公务电话、专用电话、集中告警、集中录音、电源子系统及设备防雷等系统功能、技术方案、设备组成、主要技术指标、机柜配置等、确认各子系统设计图、清单及内部接口文件、确认传输端口分配及电源回路分配文件、确认机柜、配电箱、光缆交接箱、设备箱及电池架等设备型式； 2. 确认与专用通信相关的综合监控、自动火灾报警、门禁、信号、自动售检票、电扶梯、车辆、低压配电与动力照明、公安通信、民用通信、人防、通风空调、站台门及装修等专业间的接口技术条件； 3. 确认设备生产、测试、出厂验收和供货等事宜
公安通信系统	1. 闭合合同谈判阶段遗留问题开口项、确认公安传输、公安计算机网络、公安视频监控、公安电话、公安消防无线、公安视频会议等系统功能、技术方案、设备组成、主要技术指标、机柜配置等、确认各子系统设计图、清单及内部接口文件； 2. 确认与公安通信相关的专用通信、低压配电与动力照明及公安分局内无线覆盖、计算机网络、视频监控、电话、高清可视指挥等专业间的接口技术条件； 3. 确认设备生产、测试、出厂验收和供货等事宜

通信信号系统设计联络各阶段重点管理工作 表 16-5

专业	名称	重点工作	输出文件
信号系统	第一次设计联络会	1. 信号集成商向建设单位进行系统设计技术交底； 2. 信号集成商细化系统功能需求书，需求书应按照建设单位的提纲进行编写； 3. 确认系统设计所需的有关工程信息； 4. 讨论系统功能需求； 5. 讨论系统设计和设备配置方案； 6. 讨论所有接口文件； 7. 协助建设单位向信号集成商提供主要基础资料	1. 系统功能需求书； 2. 系统设计和设备配置方案； 3. 接口设计文件； 4. 协助建设单位向信号集成商提供主要基础资料； 5. 第一次设计联络会会议纪要
	第二次设计联络会	1. 详勘现场； 2. 讨论系统技术规格书； 3. 讨论系统设计方案； 4. 讨论系统设备的总配置图； 5. 讨论所有接口文件； 6. 讨论人机界面的设计文件； 7. 讨论显示图文符号、格式、设备编号等； 8. 讨论时刻表编制和调整的有关要求、生成信息报表内容及格式要求； 9. 讨论联锁表； 10. 讨论牵引计算和能力分析文件； 11. 讨论主/备控制中心室内设备布置； 12. 讨论车站、车辆基地、维修中心、培训中心室内设备布置； 13. 讨论轨旁设备的布置；	1. 系统技术规格书； 2. 系统设计方案； 3. 系统设备的总配置图； 4. 所有接口文件； 5. 人机界面的设计文件； 6. 显示图文符号、格式、设备编号等； 7. 时刻表编制和调整的有关要求、生成信息报表内容及格式要求； 8. 联锁表； 9. 牵引计算和能力分析文件； 10. 主/备控制中心室内设备布置； 11. 车站、车辆基地、维修中心、培训中心室内设备布置； 12. 轨旁设备的布置； 13. 列车位置检测设备对牵引供电回流点和均流点的设置要求；

续表

专业	名称	重点工作	输出文件
信号系统	第二次设计联络会	14. 讨论列车位置检测设备对牵引供电回流点和均流点的设置要求； 15. 讨论试车线试车模式； 16. 接口会议，确定有关接口标准和协议，完成接口设计文件； 17. 讨论系统内部接口； 18. 讨论系统外部接口； 19. 对系统的初步设计进行评审等	14. 试车线试车模式； 15. 接口会议，确定有关接口标准和协议，完成接口设计文件； 16. 系统内部接口； 17. 系统外部接口； 18. 对系统的初步设计进行评审； 19. 第二次设计联络会会议纪要等
	第三次设计联络会	1. 确定联锁表； 2. 确定详细的系统结构和设备配置； 3. ATP 信息定义及应用数据编写原则； 4. 讨论进度、供货、安装计划； 5. 讨论调试、试验、培训、开通计划； 6. 确定各类人机界面等	1. 联锁进路表； 2. 详细的系统结构和设备配置； 3. ATP 信息定义及应用数据编写原则； 4. 进度、供货计划、安装计划； 5. 调试、试验、培训、开通计划； 6. 各类人机界面； 7. 第三次设计联络会会议纪要等
	第四次设计联络会	1. 详勘工程现场； 2. 确定进度、交货计划； 3. 确定设备的施工安装计划； 4. 确定调试、试验及开通计划； 5. 讨论并确定现场培训计划； 6. 解决前三次设计联络遗留的问题； 7. 对系统的最终设计进行评审，确定提交修正后的最终设计文件的计划时间等	1. 进度、交货计划； 2. 设备的施工安装计划； 3. 调试、试验及开通计划； 4. 现场培训计划； 5. 第四次设计联络会会议纪要； 6. 信号系统技术规格书定稿
专用通信系统	第一次设计联络会	1. 讨论专用通信各子系统的主要电源要求和功耗； 2. 讨论专用通信所有设备的尺寸、机柜重量和柜门位置； 3. 讨论专用通信所有设备的空调要求； 4. 讨论专用通信所有设备的电缆入口和地面电缆槽的要求； 5. 讨论专用通信设备（包括轨旁设备）的建筑和基本布置要求； 6. 讨论专用通信各种设备的详细说明书，包含详细的技术指标、功能说明、工作原理及附图、机架尺寸、重量、功耗和详细的设备布线图等； 7. 讨论专用通信系统设备与其他设备之间的接口及标准； 8. 讨论专用通信各种设备的安装方法； 9. 讨论专用通信子系统的构成图、机架盘面布置图、接口板的端口配线图、光纤配线架（ODF）配线图、数字配线架（DDF）配线图、总配线架（MDF）配线图、音频配线单元（VDF）配线图及设备工具说明书； 10. 讨论专用通信所有设备的外部接线端子图和外部线、缆的规格、型号； 11. 检查和确认集成商提供的系统设计文件、标准、图纸和资料	1. 第一次设计联络会会议纪要； 2. 以招标文件为基础编制的系统功能规范书； 3. 产品的技术参数，采用的技术标准，相关的技术标准符合中国国家标准和国际标准； 4. 系统设计技术说明，各相关设备的接口方案细则； 5. 产品、系统设计图纸文件； 6. 集成商在各阶段的各项测试检验规范和测试检验报告； 7. 文件管理规范； 8. 工厂检测、单机测试、系统测试等的内容、标准、程序和试验大纲； 9. 详细的培训计划； 10. 设备的电源功耗要求； 11. 所有设备的尺寸、机柜参数； 12. 所有设备的电缆入口和地面电缆槽的要求； 13. 设备的安装方法、要求

专业	名称	重点工作	输出文件
专用通信系统	第二次设计联络会	1. 最终确认系统和设备功能规范书； 2. 对其他接口承包商有关系统的最终接口设计； 3. 测试、检验规范书和技术标准的补充； 4. 确认第一次设计联络会遗留问题； 5. 确认最终测试、检验规范书和技术标准； 6. 确认二次开发部分最终设计方案； 7. 确认系统和设备的详细说明书，包含技术指标、功能说明、工作原理及附图； 8. 确认本系统内外部接口及标准； 9. 确认设备的尺寸、机柜参数和柜门位置； 10. 确认机柜内部布置图、各机架盘面布置图、接口板的端口配线图、机柜内配线图； 11. 确认设备内、外部的连线以及走线要求； 12. 确认设备的供电、功耗、接地要求； 13. 确认第三次设计联络会议时间地点； 14. 集成商向建设单位汇报工作的进展情况和存在问题； 15. 和建设单位共同商议问题的解决方案； 16. 向建设单位提交规定的文件、图纸资料及电子版（光盘）； 17. 了解建设单位新的用户需求和需求变更	1. 第二次设计联络会会议纪要； 2. 设备的最终功能规范书； 3. 以第一次设计联络会确认功能规范书和产品、系统设计图、标准为基础，完成优化后的整个专用通信（子）系统最终设计，以及报警系统、综合监控等有关系统的接口设计； 4. 测试、检验规范书和技术标准的补充
	第三次设计联络会	1. 设计、接口、测试、安装、调试等阶段必要资料的补充； 2. 确认第二次设计联络会遗留问题； 3. 供货时间、地点、方式的确认； 4. 设计方案未尽事宜的协商	1. 第三次设计联络会会议纪要； 2. 专用通信系统技术规格书定稿
公安通信系统	第一次设计联络会	1. 公安通信各子系统的主要电源要求和功耗； 2. 公安通信所有设备的尺寸、机柜重量和柜门位置； 3. 公安通信所有设备的空调要求； 4. 公安通信所有设备的电缆入口和地面电缆槽的要求； 5. 公安通信设备（包括轨旁设备）的建筑和基本布置要求； 6. 公安通信各种设备的详细说明书，包含详细的技术指标、功能说明、工作原理及附图、机架尺寸、重量、功耗和详细的设备布线图等； 7. 公安通信系统设备与其他设备之间的接口及标准； 8. 公安通信各种设备的安装方法； 9. 公安通信子系统的构成图、机架盘面布置图、接口板的端口配线图、ODF配线图、DDF配线图、MDF配线图、VDF配线图及设备工具说明书； 10. 公安通信所有设备的外部接线端子图和外部线、缆的规格、型号； 11. 建设单位检查和确认投标人提供的系统设计文件、标准、图纸和资料	1. 第一次设计联络会会议纪要； 2. 以招标文件为基础编制的系统功能规范书； 3. 产品的技术参数，采用的技术标准，相关的技术标准符合中国国家标准和国际标准； 4. 系统设计技术说明，各相关设备的接口方案细则； 5. 产品、系统设计图纸文件； 6. 投标方在各阶段的各项测试检验规范书和测试检验报告； 7. 文件管理规范； 8. 工厂检测、单机测试、系统测试等的内容、标准、程序和试验大纲； 9. 详细的培训计划； 10. 设备的电源功耗要求； 11. 所有设备的尺寸、机柜参数； 12. 所有设备的电缆入口和地面电缆槽的要求； 13. 设备的安装方法、要求

专业	名称	重点工作	输出文件
公安通信系统	第二次设计联络会	1. 最终确认系统和设备功能规范书； 2. 对其他接口承包商有关系统的最终接口设计； 3. 测试、检验规范书和技术标准的补充； 4. 确认第一次设计联络会遗留问题； 5. 确认最终测试、检验规范书和技术标准； 6. 确认二次开发部分最终设计方案； 7. 确认系统和设备的详细说明书，包含技术指标、功能说明、工作原理及附图； 8. 确认本系统内外部接口及标准； 9. 确认设备的尺寸、机柜参数和柜门位置； 10. 确认机柜内部布置图、各机架盘面布置图、接口板的端口配线图、机柜内配线图； 11. 确认设备内、外部的连线以及走线要求； 12. 确认设备的供电、功耗、接地要求； 13. 确认第三次设计联络会议时间地点； 14. 投标方向建设单位汇报工作的进展情况和存在问题； 15. 和建设单位共同商议问题的解决方案； 16. 向建设单位提交规定的文件、图纸资料及电子版（光盘）； 17. 了解建设单位新的用户需求和需求变更	1. 第二次设计联络会会议纪要； 2. 设备的最终功能规范书； 3. 以第一次设计联络会确认功能规范书和产品、系统设计图、标准为基础，完成优化后的整个通信（子）系统最终设计，以及报警系统、综合监控等有关系统的接口设计； 4. 测试、检验规范书和技术标准的补充
	第三次设计联络会	1. 设计、接口、测试、安装、调试等阶段必要资料的补充； 2. 确认第二次设计联络会遗留问题； 3. 供货时间、地点、方式的确认； 4. 设计方案未尽事宜的协商	1. 第三次设计联络会会议纪要； 2. 公安通信系统技术规格书定稿

3. 设计联络阶段管理重难点

设计联络阶段是通信信号系统从设计方案向实施方案转化的关键环节，也是通信信号系统后期施工安装、调试及开通的基础。由于城市轨道交通通信信号系统的复杂性和特殊性，实际管理过程中往往面临更多的挑战。

1）设计联络阶段外部接口管理难度大

在城市轨道交通通信信号系统设计联络阶段容易出现接口专业遗漏、接口内容讨论不透彻、接口专业通知不到位及接口专业准备不充分等问题。因此，通信信号系统设计联络阶段外部接口管理工作，是对全过程工程咨询单位的专业技术水平及专项协调能力的重要考验。

2）非标件需根据工程特性进行定制

城市轨道交通通信信号系统的非标件数量庞大，如通信信号机柜底座、电池架、轨旁设备支架、摄像机吊杆、电源箱及区间设备箱等。非标件的技术规格随着外部因素的变化而改变。不同车站通信信号设备室防静电地板高度不尽相同，因此导致设备机柜底座高度需根据机电安装单位敷设的防静电地板高度去定制。公共区摄像机吊杆的样式及尺寸需结合装修单位吊顶尺寸去定制。不同外部环境导致通信信号系统各类非标件定制难度变大。

4. 设计联络阶段管理思路

全过程工程咨询单位在设计联络阶段要充分发挥设计管理和项目管理的双重作用，既要保证设计联络阶段技术层面的可行性，也要保证设计联络流程的流畅性。通信信号系统设计联络持续时间较长，一般在 6 个月以上，全过程工程咨询单位在此期间，不仅要协调好内部设计咨询管理与项目管理服务工作，还要充分调动公司资源，为建设单位提供优质的服务。

针对设计联络阶段外部接口管理问题，建议从以下几点着手解决。

1）协助建设单位建立完善的接口管理体系。按照标准化管理原则，通过组织、流程和制度的标准化，建立起一个适应本项目且相对完善的接口管理体系，以解决管理职能不清晰、职责不明确甚至接口遗漏等问题。

接口管理组织标准化主要包括人员、职责标准化。人员标准化包括人员数量及人员专业程度配置；根据接口管理工作的需要，各参建单位必须配备接口管理负责人和接口技术工程师。职责标准化就是明确参建各方的职责。

2）协助建设单位制定标准化接口管理流程。

材料设备技术参数的确定，是影响通信信号系统内、外部技术接口设计的关键因素。因此必须通过加强与集成商的设计联络，来尽快明确设备材料的技术参数，以解决接口设计的困难。具体措施为：① 建议建设单位应尽量提前系统设备的招标工作，为设计联络提供足够的时间条件；② 编制接口矩阵表：包括接口分类、注明接口编码等内容；③ 编制接口细则：包括定义描述、明确责任、分工、配合、接口试验等。

3）针对非标件问题，全过程工程咨询单位应做好事前技术控制、过程控制及事后控制。

（1）事前控制：在设计联络阶段，要求同系统集成商明确非标件的种类、数量及相关参数，记录到会议纪要中。同时做好非标件生产厂家的调研工作，对厂家资质、生产经验、产能、质量及供货周期等做好全面调查，保证满足过程需求。

（2）过程控制：非标件生产过程中，督促工程监理部在必要时进行驻厂监造。对生产过程中非标件质量进行抽检，同时监督生产进度，以确保满足工程进度需求。非标件出厂时，做好出厂检验工作，确保现场到货符合设计要求。

（3）事后控制：非标件到达现场后，要求系统集成商做好自检，督促工程监理部做好平行检验工作。需要第三方检测的，督促工程监理部做好见证取样工作。待第三方检测机构出具检测报告，集成商完成材料报验后，方可进场使用安装。

16.2　通信信号系统出厂验收、到货管理

16.2.1　管理内容

1. 通信信号系统出厂验收管理内容

在完成通信信号系统设计联络会后，最终确定了通信信号系统各专业所需的设备数

量、规格型号及技术参数。为保证设备质量、性能、外观等满足合同及相关标准的要求，需要实地了解生产企业的资质情况、检查所生产的设备各项参数是否符合合同、技术规格书及设计联络会纪要的要求，全过程工程咨询单位在本阶段需组织建设单位、运营单位、设计单位及通信信号系统集成商，对具备出厂条件并计划出厂的设备按合同规定及设计要求进行严格的出厂检验，各项指标经检验合格并符合要求后，设备方可具备出厂条件。

2. 通信信号系统出厂验收各阶段管理内容

全过程工程咨询单位在设备出厂验收前要做好相关准备工作，以保证厂验工作的顺利开展。

1）出厂检验计划是对整个检验和试验工作进行的系统策划和总体安排的结果，全过程工程咨询单位在设备出厂前需要确定检验和试验方式、方法以及工作量，用以指导检验人员的工作。

2）根据实施合同文件规定的出厂检验节点，全过程工程咨询单位需提前要求通信信号系统集成商提交相关资料。

（1）集成商需提前三个月提交相应的出厂检验计划供全过程工程咨询单位及建设单位确认。提交的厂验计划包括但不限于检验程序、检验内容、检验标准和时间安排等内容。

（2）针对具体的某一设备的出厂检验，集成商应提前一个月提供出厂检验测试大纲向全过程工程咨询单位及建设单位确认。测试大纲应包括编制依据及目的、厂验组织工作、验收行程安排、测试项目、测试步骤、检查标准和要求达到的测试目标等内容，建设单位、运营单位、设计单位及全过程工程咨询单位如对测试大纲有异议，集成商应及时修改并提交。

3）厂验过程中需做好设备供应商资料审查工作。

（1）全过程工程咨询单位首先对设备供应商企业资质进行相关审查。资质文件审查相关文件均由厂家提供，主要涉及厂家生产资质、设备质量认证、相关试验报告、合格证及设备图纸等。相关文件需进行复印并加盖公章附在厂验报告后作为附件提交。具体资料和审查方法包括但不限于以下内容：

① 企业合法证明（营业执照、组织结构代码等有效）；

② 质量认证文件（是否通过权威质量认证单位认证，主要为质量管理体系、职业健康安全管理体系、环境管理体系，检查是否有本行业的特殊认证）；

③ 产品认证证书和型式检测报告（是否齐全有效）；

④ 出厂测试报告（是否齐全有效）；

⑤ 产品合格证（是否为定制）；

⑥ 产品说明书（是否齐全有效）；

⑦ 检测设备有效检验证明（是否通过相关检定单位的检定，是否在有效期内）；

⑧ 主要原材料进货证明及质量认证文件（原材料厂家出具的合格证明或第三方检测报告）；

⑨ 相关生产图纸及重要工艺标准文件（是否符合合同要求）；

⑩ 运输包装、存储方案相关文件等相关检查项目。

（2）需要做好对试验仪器、测量仪表的检查工作。厂验所用仪器仪表均由厂家提供。根据国家计量法的规定，厂家须对试验仪器仪表的检定周期进行检查，通常为一年一检，所用的仪器均应在检定周期范围内。

4）需要做好对设备的检查、测试检验等工作。

（1）外观、工艺质量出厂检验：主要包括外观及表面涂层、面板、侧板、门板安装、接地线、布线及线槽安装、部件、端子、接插件、出线圈及紧固件、整洁及残留物、依照图纸核对各部件安装情况及铭牌、标识是否正确等内容。

（2）设备性能检验：性能检验测试通过各类仪器对设备的各项指标性能进行测试，测试指标根据厂验大纲进行抽检或全检，保证试验指标达到测试大纲中的预期结果。在使用仪器仪表进行测试前，全过程工程咨询单位工程监理部需对仪器仪表的检定周期进行检查，是否为在资料检查时对应的规格、型号，另外检查是否在有效的检定周期内。

另外部分信号系统设备如电动转辙机、应答器等是通过测试平台对其进行测试，测试的各项指标一并出具。全过程工程咨询单位工程监理部只需对出具文件的内容比对测试大纲中预期达到的结果，即可判定是否符合要求，是否具备出厂条件。

5）须做好设备出厂验收总结会。

在完成资料审查、试验仪器仪表检查及设备性能测试后，全过程工程咨询单位要组织做好本次厂验的总结工作。对于在本次厂验过程中出现的问题在总结会议上一并提出，并落实整改意见和整改完成时间。最后参与出厂验收的人员最终确认本次厂验结论，设备性能指标和功能是否满足合同要求，是否同意设备出厂。另外建议在验收结论后增加"本次出厂检验合格的结论，不能免除制造商质量保证的责任"的不免责条款。

6）最后需做好厂验报告的整理及归档工作。

厂验报告可根据厂验大纲直接进行修改，在附件中添加签到表、盖公章的资质文件复印件及厂验照片，加盖项目章后便可保存在项目部，方便后续查验备用及归档。

3. 通信信号系统到货验收管理内容

设备在包装出厂后，运输至集成商／施工单位仓库或现场，全过程工程咨询单位需组织建设单位、系统集成商、施工单位和工程监理部做好设备到货检查、移交等工作。设备到货验收前建议系统集成商及施工单位做好开箱设备分类，如信号系统机柜、电源屏及UPS 等大宗设备，可在施工现场进行开箱检查及移交，既节省二次运输费用，又避免在二次运输过程中，对已开箱的机柜等设备造成损坏，避免由于责任界定不清晰导致集成商与施工单位推诿扯皮现象。其余重量较轻的机柜及小件设备可在集成商／施工单位仓库进行开箱检查及移交。在完成开箱检查及移交后，及时组织参与开箱的各单位填写到货单、开箱检查单、交接单及残损记录单等。另外货物开箱检查单、交接单及残损记录单份数至少保证参与各单位留有一份原件，避免原件缺失等情况发生。

16.2.2　管理重难点

通信信号系统设备出厂验收最重要的是工艺质量及性能测试验收。在检查设备外观材质、尺寸、颜色是否符合招标文件的要求后，着重对设备内配线进行规范性检查，要求走线美观，各类线材的弯曲半径符合布线规范要求。实际出厂验收过程中，个别带屏蔽层的网线因材质较硬，难以设置合理的弯曲半径；机柜生产厂家为做好配线，通常进行斜向弯曲布线，导致柜内布线美观性大大降低。另外，个别机柜嵌入式的工作站、多计算机切换器（KVM）等可操作性设备高度设置存在不合理情况，以某市域轨道交通工程信号系统机柜 KVM 设置为例，机柜生产厂家只根据信号集成商图纸进行生产，导致 KVM 设置高度距离机柜底部仅 800mm，导致参加出厂验收的人员只能以半蹲姿势进行操作。

通信信号系统设备到达现场后，施工单位务必在第一时间通知全过程工程咨询单位工程监理部，工程监理部再组织建设单位、系统集成商、施工单位及全过程工程咨询单位共同进行开箱，切勿施工单位独自开箱，若设备开箱后出现机柜损坏变形等情况，则无法界定集成商和施工单位的责任。例如，在某城市轨道交通 2 号线建设过程中，施工单位为赶进度，未通知监理工程师，擅自对机柜进行开箱，开箱后发现机柜已严重变形且内部部分板卡及电源模块已损坏；经建设单位、工程监理部到现场调研后通报，因为施工单位擅自开箱，承担设备损坏的主要责任，而系统集成商不承担相关责任，但需协助施工单位联系设备生产厂家进行设备采购及生产事宜。

16.2.3　管理思路

设备的出厂验收及到货管理是一个比较重要的阶段，是设备标的交接的一个过程，是设备归属风险转换的一个环节。设备达到施工单位仓库后，风险即转移给施工单位。由于城市轨道交通通信信号系统技术复杂、专业性强、设备精密程度高、制造成本大、不可控风险高，在设备出厂验收、到货管理阶段，全过程工程咨询单位更应严格按照合同规定及技术要求，严格把控质量，提高系统的可靠性、可用性及可操作性。

针对通信信号系统设备出厂验收时柜内布线及嵌入式可操作性设备的安装高度等问题，建议在审查设备出厂验收测试大纲时，着重对测试大纲中《** 设备工艺质量出厂检验记录表》进行审查，并提出合理化建议，内容可参考附表 2-10。对综合布线工艺，应扩大交换机与下方出线槽之间的间距，保证屏蔽网线在合理的弯曲半径内接入交换机。对嵌入式可操作性设备的高度设计，应从系统商内部设计抓起，在系统商设计时就需要考虑人体工程学，保证操作人员的操作便捷性，一般嵌入式 KVM 的设计高度为 1300～1400mm 之间。

针对施工单位擅自开箱检验，导致设备损坏的问题，应从下面几个方面着手解决。首先，明确开箱检验流程与各方责任，全过程工程咨询单位在本阶段组织做好对参与设备到货开箱检验流程的宣贯工作，保证系统集成商与施工单位负责人知晓流程与责任。其次，同集成商做好设备二次运输监督工作，保证设备在二次运输过程中，无重大磕碰事故。另外是要求系统集成商做好对施工单位搬运过程技术指导，由工程监理部做好见证。最后是在设备损坏事故发生后，要站在公平公正立场划分事故责任，并作出事件处理决定，明确赔偿责任。

16.3 通信信号系统施工管理

16.3.1 施工内容概述

城市轨道交通工程通信信号系统施工是个系统性极强的工程，工程范围包括车站、区间、控制中心、车辆段、停车场、试车线、维修中心、培训中心、变电所、公安分局及派出所等。同时通信信号系统施工安装的专业性极强，涉及复杂的配线作业、大量的熔纤作业及专业设备如转辙机、信号机等安装。另外，通信信号系统施工安装还具有施工周期长、设备数量庞大、作业空间有限、交叉作业繁多等特点。

1. 通信信号系统施工内容

1）通信系统工程施工安装涵盖全线车站区间各部位，施工内容包含基础桥架管线、系统设备、外场终端设备、区间线路工程等。为了便于施工管理，一般将工程施工内容按区域划分为轨行区管线设备安装、正线车站外场管线终端安装、正线车站机房设备安装以及场段中心设备安装施工等四部分。

2）信号系统工程施工安装按区域大致划分为室内设备安装、轨旁设备安装、终端设备安装及电缆敷设施工等四部分。

2. 通信信号系统施工流程

通信信号系统施工安装流程分为三部分，即施工准备阶段、施工阶段及验收阶段。

1）施工准备阶段包括设计联络、现场调查、图纸会审、设计交底、质量安全报监、设备材料准备、施工安全准备、工期进度计划编制及施工与系统集成商界面分工划分等工作。

2）施工阶段包括投资控制、质量控制、进度控制、安全管理、合同管理、信息管理及外部沟通协调等工作。

3）验收阶段包括调试配合、工程验收、档案移交及资产移交等工作。

3. 通信信号系统施工方案

1）施工总体部署

通信信号系统的施工总体部署需做到统筹安排、衔接紧密、分段施工和全线推进的原则。

（1）施工总体部署应满足全线工程各项施工衔接而设立的关键节点和总工期，确保按期或提前完成。对于可能进一步确立的新的关键节点，应留有一定余地，确保按期完成。

（2）充分考虑各专业接口界面的需求，确定各专业工序衔接时间，妥善处理各专业工程间的接口衔接关系，减少施工干扰，确保总体施工优质、安全、有序和高速地推进。

（3）具体工程现场施工中，需要及时全面掌握现场的施工条件，择机进场、穿插施工，一旦某一点、某一段或某一站的条件成熟，就快速组织施工、连点成线、连线成面，最终达到全线推进、全面展开。

2）施工方法

（1）车站施工跟随机电安装及装修工程进场施工，采用以点带面的施工顺序原则，先期配合设备区管线预埋，在公共区和设备区与车站风水电专业施工同步进行桥架、管线安装和线缆敷设；设备房移交后进行设备运输及安装、设备配线及线缆成端；车站外围设备安装与装修施工同步开展。

（2）车辆段、停车场室外地下管道安装须与土建地下管道同步，房屋室内暗埋管线配合房建同步埋设，设备安装及线缆敷设可与常规机电安装同步。

（3）区间施工应紧随轨道土建移交及铺轨进度进行支吊架打孔及安装，采用多点成线的施工顺序原则，根据区间隧道条件先期组织施工测量，待现场施工条件具备允许施工作业时，进行区间支吊架钢管安装、光电漏缆敷设和轨旁设备安装。

（4）根据系统设备安装情况提前联系组织设备厂家安装进行设备单机调试，随后按计划安排进行子系统单机调试和系统调试，为联调联试创造条件。

4. 通信信号系统施工接口界面及管理

1）与土建专业接口

（1）土建施工单位根据通信信号专业设计单位提资要求预留好车站结构孔洞；

（2）吊装口封堵不宜过早，尽可能满足通信信号区间内的漏缆、电缆、光缆的吊装下站；

（3）机房范围内不能有伸缩缝、诱导缝和结构楼板孔洞，做好防、排水处理，避免机房渗漏水；

（4）停车场、车辆段室外通信信号管道需根据通信信号设计单位提资要求连接贯通，界面位于电缆引入间内；

（5）车站出入口引入孔施工，一般土建施工单位负责车站红线内至出入口内侧挡墙孔洞及管道预埋。

2）与轨道专业接口

（1）通信信号专业设计单位提资的过轨管孔由铺轨专业施工单位在施工时预留，电缆过轨管数量符合设计提资要求。

（2）区间临时照明设施（线缆、支架、设备）有影响通信信号管线设备安装的，能拆除的需配合尽快拆除，不能拆除的需配合移位，以免影响通信信号区间线缆敷设及设备安装。

（3）轨道专业须严格按图纸要求，预留转辙机基坑位置、尺寸及深度，同时禁止转辙机基坑与排水沟联通。

（4）管理要求：

① 进入轨行区施工严格遵守轨行区管理制度（请、销点及防护），服从轨行区管理单位安排；

② 施工前对施工人员进行专项安全及技术交底；

③ 轨行区施工做好防烟、防尘及防异味的保护工作;

④ 做好对转辙机基坑的调查工作。

3）与机电安装及装修单位接口

（1）装修单位需向通信信号系统提供装修标高数据;

（2）施工期间站厅、站台及通信信号机房需提供足够的临时照明及临时用电;

（3）嵌入装饰面的终端设备（如摄像机、扬声器、紧急电话及 A/B 屏）需配合开安装检修孔或门;

（4）出入口引入孔位置装饰面需开检修孔;

（5）所有终端的预埋高度，根据设计要求安装，装修单位配合预留孔洞;

（6）通信信号各机房门、窗、净高、架空地板符合设计要求;

（7）通信信号各机房内灯具应安装在设备的前、后方，不能安装在设备的正上方;

（8）通信信号各机房内地面应平整、光洁、防潮、防尘，水泥地面应刷绝缘漆;

（9）一般禁止照明开关、插座从机房内混凝土垫层完成面上明敷，若因特殊情况的，必须沿机房墙边敷设;严禁从机房设备底座或线槽下穿越;

（10）通信信号机房的门应为防火门，至少有一个双开门，满足设备进入需求;

（11）机房内防静电地板高度应与装修单位确认，下走线的设备房应不低于 300mm，车控室应不低于 450mm，防静电地板最好在机柜安装和线缆布放完成后铺设;防静电地板需可靠接地;

（12）设备房移交时装修单位应提供离壁沟验收记录，避免后期设备房内反水或渗水;

（13）通信信号机房内的多联机及出风口不得安装在设备机柜正上方，防止灰尘和冷凝水进入设备;机房内不得有水管经过;

（14）机电安装专业负责为通信信号系统提供电源，若双切配电箱由机电单位提供的，安装前需共同核实开关容量，防止倒挂，安装位置由双方共同确定;

（15）机电安装专业负责为通信信号系统提供接地母线，接地电阻符合设计要求，四方验收确认后移交;

（16）车站通信桥架管线与通风、给水排水专业管线的施工在同一作业面，尤其是通风管道占用空间大，且易与通信桥架管线位置发生冲突，按照"小管让大管"的原则在其后进行施工，但其施工完成后可能已没有弱电桥架管线的安装位置，需要相互协调。由机电单位负责的综合桥架须保证不影响通信线槽整体连接贯通;

（17）机电及各相关专业为弱电系统提供涉及的相关控制设备和控制线缆的安装位置并明确对接方式。

（18）管理要求:

① 现场装修砌筑时及时核对需装修预留的部分孔洞，如有问题及时联系整改;

② 通信信号机房交接后由弱电专业管理，在机房内和机房门上张贴管理人员的联系方式，各施工专业进入机房施工应提前联系;

③ 禁止在机房顶面施工时利用机柜当梯子使用踩踏机柜顶部，注意成品保护;

④ 禁止在机房内切割作业。

4）与人防专业接口

（1）人防门单位需设计提资预留电缆孔洞；预留孔洞大小、数量、位置应符合设计要求；

（2）现场孔洞要做好标示，以防误穿；

（3）施工完成后，及时做好封堵；

（4）管理要求：门框浇筑完成后，门体应及时安装，尽量减少对弱电电缆敷设的影响。

16.3.2　施工管理重难点

1. 通信系统综合管线优化难度大

1）地铁车站设备区用房功能分区模糊松散，缺乏管线总体布局。造成在设备区的各种管线密集，无法满足管线敷设空间要求，不但施工安装和设备调试异常困难，而且没有检修维修空间。一旦发生管线故障，需要花费大量的时间和人工进行恢复。

2）车站吊顶内电缆桥架设置缺乏有效整合。各专业都需要在车站吊顶内架设电缆桥架。由于缺乏统一规划及空间合理分配，造成在设备区走廊、站台自动扶梯等结构空间紧张部位桥架问题尤为突出。

3）车站综合管线设置与土建专业脱节。在车站土建专业设计及施工时，由于车站设备还没有定标，设备专业（风、水、电）设计不细致、深度不够并且管线的规格尺寸不够准确，导致车站机电、系统专业很难向土建设计专业提出准确的空间使用要求。在后期机电系统单位进场后只能在土建现有条件下，协调管线矛盾。

2. 通信系统外围设备及支吊架安装难度大

通信系统类的外围设备，如乘客信息显示器、监视器及广播音响等大多被安装在位置较高处，实际建设中往往难以满足高度要求。因此在安装此类设备的过程中多采用特殊支架，而安装期间支架要通过大型管线，但是按当前技术水平支架很难被直接固定。每段轨道交通的整体风格、装修物料、站台与标段都不同，其安装方法也各不相同，部分车站应用的装饰墙由于难以承重，为支架的直接安装与固定带来了较大难度。

3. 通信信号系统光电缆敷设难度高

鉴于光电缆在通信信号系统中的重要性，光电缆铺设类施工质量将直接影响到项目质量与后期的通信信号系统安全。由于轨道交通工程的施工空间较小，在施工过程中会涉及诸多立体交叉情况和专业技术。而光电缆铺设工程具有较大的工作量，复杂性极强的立体交叉会严重制约通信信号专业施工进度与整体质量。

4. 通信信号系统孔洞封堵责任划分不明确

在通信信号系统施工完成后，需要对孔洞进行封堵。在实际施工过程，由于与接口单位的封堵责任不明确，导致部分孔洞封堵容易出现遗漏；以至于在后续施工中，通信信号单位常与接口单位发生推诿扯皮的情况。

5. 信号系统转辙机进水

国内城市轨道交通信号系统使用的转辙机防护等级普遍为 IP54 级，只能防止飞溅的水侵入。在大部分城市轨道交通正线道岔处，均以基坑为转辙机进行防护。但在实际施工中，经常会出现基坑深度过浅、基坑与轨道排水沟联通或是大量雨水倒灌的情形，导致转辙机长时间浸泡在水中，转辙机内进水会影响转辙机部件使用寿命及行车安全。

16.3.3　施工管理思路

1. 通信系统综合管线优化思路

1）综合共用电缆支架会涉及系统设计单位与工点设计单位的配合及图纸优化调整，同时涉及通信系统集成商与车站机电设备安装单位的工程量调整，须得到建设单位的支持。

2）建议由熟悉车站建筑结构形式的车站低压配电专业牵头，各系统专业配合，负责落实共用电缆支架外部尺寸、安装标高和内部空间划分等技术细节，把电缆桥架整合落实。

3）所有使用共用电缆支架的专业都应在施工图册中，有统一的共用电缆支架平面图、断面图。

4）共用电缆桥架应灵活方便、易于实施，在不同区段过渡时，应充分考虑土建空间特点和电缆弯曲半径要求。对于共用电缆支架形状、尺寸及支架内部空间划分，须有严格规定，细节清楚。

5）做好与车站结构、装修设计紧密配合。

2. 通信系统外围设备及支吊架安装思路

针对通信系统外围设备及支吊架安装，建议采用组合支吊架。组合支吊架在使用过程中具有较多优势，例如，在采用该类组合支吊架后，可适时优化管线的排布，为建筑工程保留多种装修设计的空间，提升项目整体的装饰、装修效果。利用组合支吊架还能合理分配管线空间，优化其实际走向，给管线的调试、维护与安装带来了极大帮助。当通信系统采用了组合支吊架后，其能综合布设各类管线，安装人员要注明各类标识，以加强装修效果的整体性与美观性。此外，利用组合支吊架还能提升建设项目的安全性，其整体刚度可采用双孔托底，有效连接混凝土底板与托底，确保通信施工的安全。

3. 通信信号系统光电缆敷设思路

在光电缆敷设施工前，通信信号施工单位应安排专业人员与轨道施工单位协商，确保施工时间与施工区域。在光电缆敷设期间，施工人员应高效整合轨道交通中机械、人工与放线车的牵引方式，在保证施工质量的同时尽量提高施工效率。在光电缆敷设期间，在轨道区域中若必须采用轨道车，则需集中力量开展突击施工，在最短的时间内放置各类光电缆，并进行临时性的安置与固定，再利用其他时间对光电缆进行固定。轨道区域类施工与光电缆铺设施工应尽量错开时间，保证各个项目的施工质量与安全，在进行施工时工作人员可尽量延展施工作业的面与点，从而改善施工作业的整体进度。

4. 通信信号系统孔洞封堵责任划分问题解决思路

针对通信信号系统孔洞封堵责任划分问题，建议全过程工程咨询单位组织建设单位、工程监理部、通信信号施工单位与相关接口单位在专题例会中，明确封堵界面划分并落实会议纪要。孔洞封堵责任划分界面可参考以下原则：

1）土建结构及人防预留的套管内封堵由各使用单位封堵，未使用的由机电装修单位负责；

2）过轨预留管孔由各使用单位负责封堵；

3）通信信号设备房内预留管孔由通信信号施工单位负责封堵；

4）通信信号系统桥架在设备区穿墙孔洞由机电装修单位负责封堵；

5）车站强弱电间井及通号电缆间由机电单位统一负责封堵；

6）场段各单体引入预埋管在单体内电缆间侧由通信信号施工单位负责封堵，在外场综合管沟侧由综合管沟施工单位进行封堵；

7）通信信号系统机柜内、外场箱盒等处由通信信号施工单位负责封堵。

5. 转辙机进水问题解决思路

1）转辙机基坑深度不满足设计要求时，要求信号施工单位暂缓接收该组道岔，并要求轨道施工单位整改后再次进行道岔移交。同时全过程工程咨询单位需协助信号施工单位与轨道施工单位、工程监理部及建设单位进行沟通协调，要求轨道设计单位按设计图纸进行整改。另外以工作联系单方式下发至工程监理部，要求其协助督促轨道施工单位整改。

2）转辙机基坑与轨道排水沟联通时，立即与轨道施工单位沟通，说明基坑与排水沟联通造成的后果，并要求其对排水沟与转辙机连接处整改。

3）汛期来临前，若转辙机顶部有吊装口未封闭的，组织建设单位、信号施工单位与土建施工单位进行沟通，明确吊装口封口计划。若在汛期来临时，吊装口无法封堵完成，则要求信号施工单位临时拆除转辙机电机，放置在较高位置并做好防护，防止雨水倒灌造成转辙机进水。

16.4　通信信号系统调试管理

16.4.1　信号系统调试管理

在基本完成信号系统室内及室外设备安装后，系统集成商开始进场调试，标志着信号系统进入调试阶段。系统调试是对信号系统设备功能、系统逻辑及系统功能的全面检查与测试，目的是测试、验证和调整系统及设备的相关参数，考核、确认和试验系统及设备的功能与状态，达到技术规格书及规范要求的系统功能和使用性能，确保信号系统在正式运营后能正常运行。

1. 信号系统调试管理内容

城市轨道交通信号系统调试大体上可分为单体调试、相关接口调试、车载调试和综合联调几个部分。

1）信号系统室内联锁模拟试验及室内外一致性试验

（1）调试前置条件

在系统集成商进场前，首先检查调试的前提条件，包括但不限于以下列举的条件：

① 系统集成商已完成调试计划、调试大纲及具体调试方案的编制，提交全过程工程咨询单位和建设单位审核。依据技术规格书及相关规范文件审查合格的，则同意系统集成商进场根据调试计划及方案进场调试；

② 施工单位完成室内机柜的安装及配线工作，且根据系统集成商提供的"车站安装检查表"完成校线工作；

③ 施工单位暂时不安装组合柜内的继电器，待完成模拟盘的功能项测试后再安装；

④ 施工单位提供完成配线、校线及符合联锁控区站型的模拟盘；

⑤ 施工单位提供满足设备上电启用的正式电或稳定的临时电；

⑥ 施工单位已完成设备接地，且提供合格的接地电阻测试报告；

⑦ 施工单位提供具有临时门窗的设备用房；

⑧ 施工单位完成调试用工作站搭建工作；

⑨ 系统集成商完成进场条件检查后，在满足条件的情况下正式进场，开启调试环节。若不满足进场条件，应立即提出整改要求，并将出现问题的原因告知施工单位，避免后续再出现。

系统集成商进场后，首先根据系统配线图纸、相关技术文件和标准等，对设备机柜内配线的完成情况进行检查与校核，以确保设备能够在上电后正常启用。避免出现配线错误或配线不牢固导致缆线不通的情形。联锁子系统在静态环境下要根据设计图纸及相关标准的要求，进行现场模拟试验。现场模拟试验包括联锁机工况测试、驱动／采集模块核对、主／备机核对、联锁逻辑测试、接口信息测试和故障报警核对等内容。

（2）调试组织

室内联锁模拟试验一般包括设备软件刷写、空分复用（SDM）测试、网络冗余测试、手动／自动切换测试及采集／驱动测试等。

室内外一致性试验按子系统分为四个部分测试，即 ATS、DCS、多媒体信息服务（MMS）和联锁子系统。ATS 子系统的室内外一致性试验包括信号控制及显示（临时限速、道岔及进路操作）、列车运行控制（跳停、扣车）、运行图／时刻表管理（加载时刻表、在线调整时刻表、列车实际运营图、运行图打印）、列车运行调整、报警功能、控制权切换、运营信息查询、故障管理及相关接口测试等；DCS 子系统的室内外一致性试验包括加电调试、无线网调试、有线网调试及信息安全系统调试；MMS 子系统的室内外一致性试验包括内部系统功能测试（集成商负责生产的子系统，例如，联锁、车载、ATS、DCS 等子系统）及外接口功能测试（集成商分包的子系统或由施工单位负责供货的设备，例如，电源监测、微机监测、缺口监测、防雷功能监测、信号机和发车表示器等）。联锁子系统的室内外一致性试验包括 IBP 盘一致性测试、进路室外一致性测试、站台门一致性测试、计轴一致性测试、动态信标接口测试、道岔一致性测试、信号机灯丝报警测试、熔丝报警测试、电源及零散报警测试、防淹门测试及站联测试等。

全过程工程咨询单位在室内联锁模拟及室内外一致性试验阶段要做好相关管理工作。因为涉及单位间的交接会引发较多问题，例如，配线错误率高、现场部分条件不具备影响调试等，引起施工单位与系统集成商之间的矛盾。全过程工程咨询单位应协调好施工单位与系统集成商之间的关系，集中力量共同解决面临的问题，提高调试进度与效率；另外要做好调试大纲及方案中的重点工作及参数审查，比对技术规格书及设计联络会纪要中的要求，避免出现参数错误的情形；审查调试大纲及方案的完整性，避免出现测试遗漏项目。

2）信号系统接口调试

城市轨道交通信号系统构成复杂，各个子系统之间，子系统与外系统专业之间接口数量较多，且多数接口之间的数据传输会影响行车安全和运营稳定，接口之间的安全管理在信号系统中占据着重要地位。

（1）接口调试前置条件

① 工厂测试的前置条件：信号系统与其他专业的系统供应商在接口设计联络会阶段完成相关接口技术规格书的签订，完成接口软件配置、设计及开发，并通过开发的软件版本在后台完成测试。

② 现场测试前置条件：信号系统与其他专业的系统供应商完成相关接口的设备、软件安装及单体调试，接口设备已正常运行。

（2）接口调试组织

接口调试一般由建设单位牵头，系统集成商负责具体组织与实施，由信号及相关专业的系统供应商、施工单位、设计单位以及全过程工程咨询单位等参与完成相关接口调试工作。若轨道公司已招标综合联调咨询单位，接口调试一般由综合联调咨询单位牵头、组织及实施。

（3）全过程工程咨询单位管理重点

根据项目工期节点要求，合理组织与安排调试计划，督促后台软件测试进度，提前完成单体调试。避免出现参加调试人员到达现场后，发现单体调试未作或出现设备未安装的情况，将会严重影响调试效率及调试进度。

信号与站台门的接口在全线车站都有接口，需要逐站进行。若有车站完成单体调试后，应及时沟通进场调试，避免出现多个站同时调试的情况，提高调试效率。

3）信号系统车载调试

（1）列车静态调试

列车静态调试是指在车辆段或停车场运用库的列车处于静止状态下进行的系列检测及调试。信号系统在车辆专业完成车辆相关调试作业后，取得列车的调试权限，系统集成商和工程监理部根据调试计划及方案对列车车载信号设备、缆线及软件等进行全面检测与调试，确保系统设备的正常运行与非必要损害，从而保证列车的安全稳定运行状态。

列车静态调试一般分为三部分。即车载设备的安装检查、导通性测试及加电状态下的测试。

信号系统车载静态调试首先进行车载设备的安装检查。检查的设备主要有列车外围的吊装件及列车内的安装设备两个部分。列车外围吊装件包括速度传感器、平板天线、车载接人单元（TAU）、多普勒测速雷达和应答器查询天线等设备；列车内设备主要包括车载机柜、列车司机显示器和综合承载交换机等设备。车载设备的检查安装主要是对结构件、线缆安装和外观检查。

（2）列车动态调试

列车动态调试一般包括三轮测试，即设计值测试、勘测值测试和回归测试。三轮测试过程中测试的重点各不相同，第一轮主要测试点式数据库、交界区域及基于通信的列车自动控制系统（CBTC），第二轮主要为勘测值数据库遍历测试、CBTC动车测试、集成测试及相关综合联调，第三轮为现场回归测试。

（3）管理重点

① 做好车载调试方案审核工作

方案审核应结合招标投标文件、设计联络后形成的技术规格书、与车辆、站台门等专业的接口技术规格书以及会议纪要等文件，并结合集成系统的特点，采取有针对性的审查。

② 做好车载调试计划的审核工作，合理安排车载调试工期

一般前两列列车需要的静调工期较长，大概需要20天，后续列车一般在5天左右可完成所有静调工作；动车调试需结合建设单位的整体统筹安排和集成商的动车调试计划，进行合理的调整，最大限度地为信号动车调试争取时间。

③ 做好岗前安全交底

每次车载调试前，由调试负责人对全部上车人员进行岗前安全交底并进行见证。要求岗前安全交底针对项目制定，且至少包括岗前检查、安全教育等内容。

④ 实时记录

参与调试的工程师应如实记录调试结果，对调试失败的项目重点标记，调试完成后对失败项目重点分析，找出原因。要求工程师提高责任意识，避免由于往复的调试导致遗漏项目，或将不合格项目误认为合格项目进行记录。

⑤ 做好集成商仪器仪表的检查工作

需要对调试用仪器仪表的生产合格证、年度检定合格证进行检查，查验合格后方可使用。

⑥ 重视请、销点工作安排

要求集成商安排专人负责请、销点工作，加强与临调所的沟通协调，避免影响调试工作。

4）综合联调

综合联调是各设备及系统之间的联合调试，是城市轨道交通工程由建设转向运营过渡

的重要环节，具有承前启后的关键作用。信号系统实施综合联调的前提是，信号系统需实现车站级与中央级控制权的交接，车站级控制具备相关操作功能，与其他相关子系统接口测试功能正常。

根据相关要求对各专业的分工，信号专业牵头的综合联调一般包括三项：信号与关联系统综合联调、信号与防淹门综合联调及列车最大运行能力综合联调。

2. 信号系统调试阶段管理问题及对策

1）区间设备定测牵头归属问题

在完成轨道铺设后，施工单位需根据区间设备定测位置来确定设备安装位置，是施工单位进场区间设备安装的紧前工作，关乎施工单位安装进度。往往因前置专业导致定测无法进行，影响施工单位进度。

管理对策：建议由施工单位主导定测作业，集成单位负责技术主导；施工单位和前置专业由工序衔接，沟通会更加畅通；施工单位更熟悉施工现场情况，对施工进度的掌控更准确。

2）调试用电电压不稳，存在调试过程中二级配电箱跳电的情况

管理对策：前期做好设计接口方面的对接，在设计阶段向低压配电与动力照明设计单位提供准确的用电荷载；调试用电的用量需求按照正式电需求进行申请，或者在调试前完成环网送电，利用正式电进行调试。

3）试运行期间设备房温度过高、灰尘过大，导致设备宕机板卡故障

管理对策：设备室环境作为前置条件反馈至前序专业，在设备调试前要求完成设备室静电地板及空调安装。

4）接地母线及接地线完成接续比较晚，影响设备安装调试节点

管理对策：提前沟通施工单位和属地进行线缆敷设，接地铜排的安装。

5）现场室内外一致性测试时，若施工单位临时接线，会导致存在错线和二次调试的风险

管理对策：后续严格按照工作流程进行现场调试，要求施工单位在联锁调试前完成正式线缆接续。

16.4.2　通信系统调试管理

通信系统为城市轨道交通工程的运营、维护和管理等工作提供通信、监控、广播和办公自动化等服务。

1. 通信系统调试内容

1）调试前置条件

（1）全线专用通信、公安通信等各个子系统功能完备；

（2）配套设备功能完备；

（3）相关系统（如车辆、供电、信号、建筑、综合监控、电力监控等）已具备接入条件；

（4）硬件与软件管理技术整备完善；

（5）为项目配备的测试仪器、仪表经第三方检定单位检定合格，确保测试数据的可靠性与准确性。

2）调试组织

（1）通信集成商负责与其他专业协调及各系统接口的协调工作。

（2）通信集成商专业技术人员组织对整个通信、票务系统进行调试，协调好与其他专业的关系，解决相互之间的接口问题，对所提供的接口协议做出解释。专业技术人员和设备供应商有关技术工程师无条件提供技术支持，并提供相互间的试验。

（3）在完成安装后，在建设单位和全过程工程咨询单位的参加下，按照标准完成所有安装设备、电缆、电线和光缆等检查和测试。

（4）设备外观检查（现场检查、据图核对）：机架、机柜、配线箱（架）、室内外设备漆层完好，清洁整齐；各种设备安装位置正确，固定及接地可靠。

（5）机架（柜）内部插盘检查（现场据图核对）：插盘整齐完好，安装位置正确，固定牢固。

（6）机房检查（现场观察）：机房内设备整齐，连接可靠；标志齐全清晰，绝缘接地符合要求；电缆桥架安装牢固，位置正确。

（7）电缆、光缆的施工质量及指标按有关标准逐项检查测试。

3）调试计划

调试分为安装测试和试验、完工检验、设备的单机通电调试、设备的系统联调。根据施工总计划和各系统的实际进度，制定切实可行的调试计划、方案，组织好人员、机具和相应的仪器仪表，并在合同规定的时间内将计划和方案报建设单位和全过程工程咨询单位审批。在建设单位、全过程工程咨询单位的指导下，按照已批准的计划和方案，完成安装测试和试验，配合设备供应商进行设备的单机启动调试和系统联调。

2. 通信系统调试管理思路

1）抓好调试方案的编制及审核

根据整体施工方案、系统方案的要求及现场实际情况，督促集成商编制符合实际情况的详细、具体的各子系统调试方案。

每个系统调试前，全过程工程咨询单位组织通信系统集成商、设备供应商、工程监理部、设计单位、建设单位等参加调试联席会议。由系统集成商汇报调试方案，与会人员对方案进行严格的评审，评审通过后付诸实施。

2）抓好调试前的准备工作

调试作业能否如期进行，认真抓好各项调试前的准备工作至关重要。为保证调试计划的落实，需要做好"三到位四落实"调试前准备工作，即调试人员、仪器仪表和材料机具到位；组织机构、调试方案、技术保障和后勤服务落实，确保调试工作万无一失。

3）抓好调试作业的现场管理

强化调试的现场组织指挥，是调试工作的可靠保证。因此，通信系统集成商、设备供应商、全过程工程咨询单位、设计单位和建设单位必须分工明确，有关人员全部到位。根据国家、部委有关验收标准进行，特别在联调过程中，各子系统接口的技术指标、功能等均要核对准确。

4）整理调试过程形成的测试资料

调试过程形成的测试资料是最真实的原始测试数据，主要包括工程厂检、入库检验及现场测试、自检测试、最终检验测试、单机测试、子系统调试、各系统之间联调和验收测试。整个工程涉及的测试内容将按建设单位的有关要求，进行整理、审查和归档工作。

16.5　通信信号系统其他管理内容与要求

16.5.1　通信信号系统等保管理

《中华人民共和国网络安全法》要求网络运营者按照网络安全等级保护制度 2.0 的要求，采取相应的管理和技术防范等措施，履行相应的网络安全保护义务。根据国家标准《信息安全技术 网络安全等级保护基本要求》GB/T 22239 规定的信息系统安全保护等级第 3 级要求，基于"一个中心三重防护"的整体解决方案思路，以保护信息系统与关键信息基础设施为核心，严格参考等级保护的思路和标准，网络安全建设采用主动防御、动态防御、整体防控和精准防护建设手段，综合采取多种安全技术，按照体系化、层次化、结构化的方式，对网络进行分级分域保护，并根据保护业务的重要性来执行不同强度的安全策略，满足信息系统在安全通用要求（技术与管理要求）与其他扩展安全需求；建立"可信、可控、可管"的安全防护体系，使得系统能够按照预期运行，免受信息安全攻击和破坏，全面提升用户网络的安全性，建成后的安全保障体系将充分符合国家等级保护标准，能够为用户网络稳定运行提供有力保障。

通信信号系统作为城市轨道交通不可或缺的系统，担负着指挥列车运行、保证行车安全、提高运输效率的重要任务。城市轨道交通通信信号系统一般基于纵深防御的分域安全防护与运维保障体系，能够满足信息系统等级保护（二级、三级）基本要求以及通信信号系统的特殊安全需求。

1. 通信信号系统信息安全保护等级

以某城市轨道交通 6 号线一期工程为例，通信信号系统信息安全保护等级设置详见表 16-6。

某城市轨道交通 6 号线一期工程通信信号系统信息安全保护等级　　表 16-6

专业	子系统	信息安全保护等级
信号系统	—	三级
专用通信系统	公务电话	二级
	专用电话	三级

续表

专业	子系统	信息安全保护等级
专用通信系统	乘客信息	二级
	视频监控	二级
	办公自动化	二级
	专用无线	三级
公安通信系统	公安视频监视	二级
	公安计算机网络	二级

2. 通信信号系统信息安全等级保护实施流程

城市轨道交通通信信号系统信息安全等级保护方案通常为一体化等保解决方案,即交钥匙工程。等级保护实施单位全程提供等保的一站式服务,包括协助建设单位做定级备案、找专家评审、进行等保实施交付、联系等保测评机构进行测评、整改实施、安全运行维护、协助用户应对监督检查等,以及安全保障、应急响应等一体化安全等保服务。通信信号系统信息安全等级保护实施流程见图 16-1 等保测评流程。

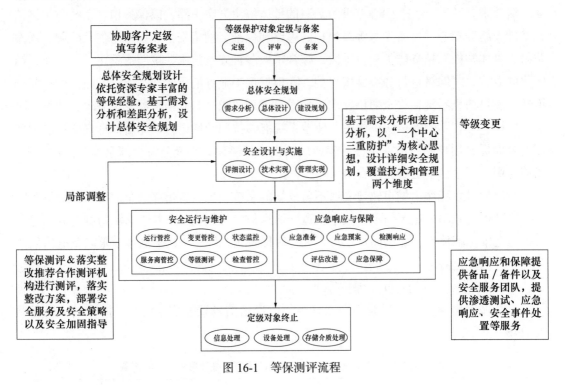

图 16-1　等保测评流程

16.5.2　通信系统第三方检测管理

城市轨道交通通信系统会根据建设单位和《城市轨道交通通信工程质量验收规范》GB 50382 的有关要求,招标一家第三方检测单位对专用通信系统、公安通信系统全部子系统及通信光缆线路、机房防电磁干扰测试，并将出具的检测报告作为通信系统验收资料的一部分。

1. 通信系统各子系统检测内容

专用通信和公安通信各子系统检测内容，详见表 16-7。

专用通信和公安通信各子系统检测内容　　　　　　　　　　　表 16-7

系统	子系统	内容
专用通信	传输系统	1. 检查传输设备光、电接口的性能指标； 2. 检查传输设备低速数据的端口端到端误码性能指标； 3. 检查传输设备音频接口的音频特性指标； 4. 检查传输系统端到端系统性能指标； 5. 检查传输系统以太网端到端性能指标； 6. 检查传输系统以太网功能； 7. 检查传输系统保护倒换功能； 8. 检查传输系统时钟同步及定时基准源倒换功能； 9. 检查传输系统网管功能
	无线通信系统	1. 电磁环境测试； 2. LTE 网络性能测试； 3. LTE 网络业务测试； 4. LTE 网络可靠性、可用性、可维护性测试
	公务电话系统	1. 检查公务电话系统局内、局间呼叫的接续故障率； 2. 检查公务电话系统局内、局间呼叫的计费差错率； 3. 检查公务电话交换机忙时呼叫尝试次数（BHCA）性能指标； 4. 检查公务电话系统基本业务功能； 5. 检查公务电话系统新业务功能； 6. 检查公务电话系统信令交换功能； 7. 检查公务电话系统计费功能； 8. 检查公务电话系统话务统计功能； 9. 检查公务电话系统网管功能
	专用电话系统	1. 检查专用电话系统主系统的冗余保护功能； 2. 检查专用电话系统模拟实回线冗余保护功能； 3. 检查专用电话系统接口性能； 4. 检查专用电话系统呼叫接续故障率； 5. 检查专用电话系统调度台功能； 6. 检查专用电话系统单呼、组呼、群呼、会议呼叫功能； 7. 检查专用电话系统紧急呼叫功能； 8. 检查专用电话系统通话保持、强插、强拆功能； 9. 检查专用电话系统的数字录音及冗余保护功能； 10. 检查专用电话系统网管功能
	视频监视系统	1. 检查视频监视系统软件平台整体功能性能指标； 2. 检查视频监视系统图像质量的主观评价指标； 3. 检查视频监视系统图像质量的客观测试指标； 4. 检查视频监视系统端到端系统性能指标； 5. 检查视频监视系统以太网端到端性能指标 6. 检查视频监视系统网管功能

续表

系统	子系统	内容
专用通信	广播系统	1. 检查广播系统话筒、语音、单选、自动、全开广播及广播编组设定功能； 2. 检查广播系统防灾、值班广播功能； 3. 检查广播系统状态显示功能； 4. 检查广播系统功放切换功能； 5. 检查广播系统优先级功能； 6. 检查广播系统广播区故障检测功能； 7. 检查广播系统网管功能
	时钟系统	1. 检查时钟系统一级母钟、二级母钟、子钟同步校时功能； 2. 检查时钟系统降级使用功能； 3. 检查时钟系统时间输出功能； 4. 检查时钟系统冗余保护功能； 5. 检查时钟系统网管功能
	乘客信息系统	1. 检查乘客信息系统图像分辨率、叠加的字幕色彩、中心图像存储容量、控制信道误码性能（低速数据通道）、10/100M 以太网通道单播性能和组播性能等； 2. 检查乘客信息系统热备份功能、实时直播情况下图像质量、录播情况下图像质量、故障定位性能检查、电源冗余设置验证、系统可靠性验证、直播／录播工作方式切换、网络安全性验证等； 3. 检查乘客信息系统整体系统功能； 4. 检查乘客信息系统网管功能； 5. 无线局域网（WLAN）场强覆盖性能检测； 6. 无线局域网（WLAN）服务质量检测
	办公自动化系统	1. 检查交换机光、电接口的性能指标； 2. 检查办公自动化系统端到端系统性能指标； 3. 检查办公自动化系统以太网端到端性能指标； 4. 检查办公自动化系统以太网功能； 5. 检查办公自动化系统网管功能
	电源系统及接地	1. 检查不间断电源（UPS）设备的输出特性； 2. 检查不间断电源（UPS）设备自动切换功能和旁路功能； 3. 检查不间断电源（UPS）的并机冗余保护功能； 4. 检查蓄电池组容量； 5. 检查电源系统网管功能
	集中告警系统	1. 检查集中告警系统数据采集准确性以及数据处理能力； 2. 检查集中告警系统告警响应时间、操作响应时间以及相关性分析和故障定位时间； 3. 检查集中告警系统网管的告警显示功能； 4. 检查集中告警系统网管的告警管理功能； 5. 检查集中告警系统网管的报表管理功能； 6. 检查集中告警系统数据存储和备份功能
	集中录音系统	1. 检查集中录音系统录音准确性以及录音处理能力； 2. 检查集中录音系统录音响应时间、录音查询响应时间； 3. 检查集中录音系统网管的告警显示功能； 4. 检查集中录音系统网管的报表管理功能； 5. 检查集中录音系统数据存储和备份功能
	主干光电缆系统（全测）	1. 区间主干光缆性能指标（光中继段长度、光中继段衰减、S 点最小回波损耗、光纤接续损耗、背向散射曲线测试）； 2. 区间主干电缆电气特性（环阻、绝缘电阻）

系统	子系统	内容
专用通信	电磁兼容测试	1. 车辆运行时整个轨道系统对外的发射限值及对各系统的影响； 2. 车辆运行时整个轨道系统对信号兼容性的影响（包括计轴器兼容性、应答器信号兼容性等）； 3. 工业、科学和医学信息频段（ISM）、通用移动通信技术的长期演进频段（LTE）工作设备对各系统的影响； 4. 信号（含电源室）、综合通信信号机房（含电源室）和公安通信机房（含电源室）内部的电磁环境测量
公安通信	公安传输系统	1. 光接口测试项目包括平均发送光功率、接收机灵敏度、接收光功率等。 2. 电接口测试项目包括输入允许频偏、2M 支路口的输入抖动容限、接口比特率等。 3. 以太网接口测试项目包括：1）吞吐量、丢包率、时延；2）透传功能、二层交换功能和以太环网功能；3）10GE/GE 光接口发送光功率、接收灵敏度测试。 4. 系统测试。测试项目：传输以太环网长期系统误码测试（包括主环和备环）、系统抖动性能测试、保护倒换时间测试（倒回时间）、关键板件 1＋1 冗余功能测试、时钟同步功能测试、时间同步等。 5. 网管功能测试。测试项目包括：1）一般性管理功能；2）故障（或维护）管理功能；3）配置管理功能；4）安全管理功能
	公安计算机网络系统	1. 交换机单机性能测试项目包括以太网交换机的吞吐量、丢包率、吞吐量下的转发时延等指标。 2. 系统性能测试项目包括数据网业务端到端的吞吐量、时延、丢包率等指标。 3. 网络交换机功能测试，包括：1）以太网交换机的流量控制功能；2）MAC 地址学习功能；3）MAC 地址学习时间老化功能；4）组播功能；5）地址过滤功能；6）虚拟局域网（VLAN）功能和访问控制列表（ACL）功能；7）交换机所支持的 VLAN 数量不小于交换机端口数量；8）以太网交换机的电源、系统处理器热备份功能符合技术规格书要求；9）设备接口卡具有热插拔功能；10）当现场软件版本更新时，设备能正常工作。 4. 网管测试，包括网管的配置管理、拓扑管理、故障管理、性能管理、路由管理、网络服务质量（QoS）管理、信息发布、报表统计、VPN 管理、流量采集分析功能、安全管理功能符合技术规格书要求
	公安消防无线系统	1. 性能测试 1）公安无线基站性能测试，测试项目：射频输出口功率、发射频率偏差等； 2）光纤直放站性能测试，测试项目：输出光功率、输入光功率、射频输出功率等； 3）测试射频同轴电缆、全向天线电压驻波比； 4）场强覆盖测试。 2. 功能测试 1）系统功能，测试项目包括登记、去登记、鉴权、漫游、语音单呼、语音组呼、组呼迟入、广播呼叫、紧急呼叫、优先呼叫、报警、插话、强拆、越区切换、通话限时、遥毙、遥晕、复活、动态重组、呼叫限制、状态消息、短消息、卫星定位信息传输、警用数字集群（PDT）系统之间的互联、繁忙排队、限定基站呼叫等； 2）故障弱化功能，测试项目包括：控制信道故障弱化；系统故障弱化； 3）录音功能，测试项目包括实时监控、录音、保存和回放、查询、录制时间等功能； 4）调度台功能，测试项目包括发起呼叫、被叫接听、监听、插话、拆线或强拆、通话录音、录音检索回放、发送短消息、电台定位等； 5）网管功能测试，测试项目包括轨道分局网管功能（故障管理、性能管理、配置管理、用户管理、安全管理等）

续表

系统	子系统	内容
公安通信	公安视频会议系统	1. 性能测试 1）网络通道性能； 2）音视频质量。 2. 功能测试 1）召开全网高清会议； 2）派出所、警务站自主召集多组会议； 3）支持多种会议召集模式，例如，即时会议、预约会议、分组会议、会议讨论等不同会议召集方式； 4）支持公开、封闭、密码、终端方式召集会议； 5）在视频会议应用中，支持多种会议控制方式：主席控制、导演控制、自动轮询以及语音激励，可根据会议的不同需要选择不同的会议控制方式； 6）多画面图像显示功能； 7）短消息通知通告功能； 8）数字横幅和字幕叠加功能； 9）会议录播与点播回放功能； 10）电视墙视频输出。 3. 网管检测 1）用户管理功能； 2）控制管理功能； 3）设备维护管理功能； 4）业务统计管理功能
	公安电话系统	1. 功能试验、性能指标测试、接口测试； 2. 模拟故障诊断、告警及冗余设备的自动切换试验； 3. 模拟开机自动启动试验
	公安电源系统	1.UPS 输入性能测试，测试项目包括输入电压、输入频率； 2.UPS 输出性能测试，测试项目包括输出电压、输出频率、市电电池切换、旁路开关切换； 3. 蓄电池测试，测试项目包括蓄电池单体浮充电压、蓄电池组浮充电压差等； 4. 交流配电柜功能测试，测试项目包括自动切换装置的延时性能、手动切换功能； 5. 电源集中监控系统测试，测试项目包括 UPS、高频开关电源、蓄电池远程状态监控、数据采集准确性、数据采集响应时延、时间同步、三遥功能、配置管理功能、故障管理功能、性能管理功能和安全管理功能； 6. 综合接地电阻测试

2. 通信系统第三方检测仪器仪表配置

第三方检测单位为满足项目检测需求配置的仪器设备均须经国家指定检定校准单位进行周期检定校准，仪器设备检测量值均可溯源至国家基准。能够满足轨道交通通信系统、铁路通信信号和电信运营商等行业提供通信信号系统设备的检测服务要求。以某城市轨道交通 6 号线专用通信专业为例，第三方检测单位仪器仪表配置如表 16-8。

某城市轨道交通 6 号线专用通信第三方检测仪器仪表配置　　　　表 16-8

序号	设备名称	单位	数量	备注
1	光时域反射仪	台	2	光缆
2	光回损测试仪	台	2	光缆

续表

序号	设备名称	单位	数量	备注
3	光源	台	2	光缆
4	光功率计	台	2	光缆、传输
5	传输综合分析仪	台	1	传输
6	光可光衰耗器	台	1	传输
7	高低速数据测试仪	台	1	传输
8	网络性能分析仪	台	1	传输、乘客信息系统
9	脉冲编码调制（PCM）分析仪	台	2	传输、公务电话、专用电话
10	信令分析仪	台	1	公务电话、专用电话
11	数字万用表	台	1	电源及接地
12	模拟呼叫器	台	2	公务电话、专用电话
13	蓄电池恒流容量测试仪	台	1	电源及接地
14	钳形电流表	台	1	电源及接地
15	高压差分探头	台	1	电源及接地
16	钳形接地电阻测试仪	台	1	电源及接地

3. 通信系统第三方检测管理思路

通信系统第三方检测管理会面临检测任务紧张、测试要求高和检测周期短等问题。尤其是线路长、车站多的市域轨道交通工程项目，施工和检测工作往往并行实施，给测试工作带来了很大的难度，严重影响到测试的进度和周期，使得检测质量及报告的可信度降低。

为了确保验收任务的正常完成，需要做好第三方检测单位管理工作。在子系统联调前，要协助建设单位审查测试计划、项目、方法等检验方案；在过程中要结合工程实际进度，要求检测单位合理投入人力、物力及精力，保证满足验收节点要求；严格要求第三方检测单位按照国家相关检测标准及规范进行通信系统检测工作，督促工程监理部全程跟踪见证，保证其检测流程的合规性、检测内容的完整性及检测报告的真实性。

第17章 绿 色 建 造

城市轨道交通工程绿色建造是指在绿色发展、高质量发展理念指导下，通过科学管理和技术创新，采用与绿色发展相适应的建造模式，节约资源、保护环境、减少污染、提高效率、提升品牌、保障品质，提供优质城市轨道工程建设产品，最大限度地实现人与自然的和谐共生，满足人民对美好生活需要的工程建造活动。

17.1 绿色城市轨道交通工程

17.1.1 绿色内涵

作为国民经济的重要支柱产业，建筑业为推动我国经济发展、造福社会、改善人类生存环境、提高人们生活水平作出了重要贡献，但是建筑业在快速发展的同时也消耗了大量的自然资源，排放了大量的废弃物，造成了一定的环境压力。面对资源供需紧张、环境污染严重、生态系统受损的严峻形势，建筑业必须大力推进绿色建造，促进建筑业转型升级。2020年9月，国家主席习近平在第75届联合国大会提出我国2030年前碳达峰、2060年前碳中和目标。绿色建造的意义更加突显，其中低碳、减碳将成为绿色建造未来发展的重要内容。

城市轨道交通是目前公认的绿色便捷、舒适高效的城市交通运输方式，绿色低碳即为"双碳"目标下城市轨道交通绿色建造。"绿色交通、低碳出行"的绿色发展理念已逐渐深入城市轨道交通领域。国内各大城市纷纷施行，积极探索并建立城市轨道交通绿色标准体系。

绿色城市轨道交通工程的内涵定位应基于当前的绿色建筑概念（含规划、设计、施工、运营和维护等），主要包括以下几个方面：

1）绿色建筑。在建筑的全寿命周期内，最大限度地节约资源、保护环境和减少污染，为人们提供健康、适用和高效的使用空间，与自然和谐共生的建筑；

2）绿色策划。应明确绿色建造总体目标和资源节约、环境保护、减少碳排放、品质提升、职业健康安全等分项目标，解决的是工程绿色建造总体规划问题；

3）绿色勘察。运用绿色理念指导地质勘察工作，通过树立资源整装勘查理念，开展综合勘察与评价，重视开采技术条件研究和注意对勘察区生态环境保护等；

4）绿色设计。在车站建筑的生命周期内，最大限度地节约资源（节能、节地、节水、节材）、保护环境和减少污染，为人们提供健康、使用便利的车站空间；

5）绿色施工。在保障质量、安全等基础要求的前提下，通过科学管理和技术进步，最大限度地节约资源，减少施工对周边环境的破坏与污染，实现"四节一环保"（节能、节地、节水、节材和环境保护）；

6）绿色运营管理及维护。在城市轨道交通工程的全寿命周期内，最大限度地节约资源，在实现高效、安全地运载乘客的同时，减少对环境的污染，为乘客提供舒适、健康、便捷的交通运输方式。

17.1.2 绿色成效

1. 节能效果显著

城市轨道交通在节约土地资源方面相较于其他交通方式具有更显著的效果。城市轨道交通大部分采用地下或者高架敷设方式，高架轨道单位占地宽度的线路运能远大于小汽车，地下线路则基本不占用土地，仅车站出入口、风亭等附属设施占用极少量土地，且很多可与城市建筑相结合。根据相关文献资料可知，估算在满负载情况下，城市轨道交通人均土地资源占用仅为小汽车的 1/200、公共汽车的 1/6、自行车的 1/36。

2. 节能减排成效突出

城市轨道交通与其他交通方式相比更节能，二氧化碳排放量也更低。根据相关文献资料可知，城市轨道交通的单位运输量的能源消耗量仅为公共汽车的 3/5、城市小汽车的 1/6。在满负载情况下，对应单位人公里排放的二氧化碳，城市轨道交通仅为小汽车的 19.3%、公共汽车的 45.6%；对应单位人公里的一次能源消耗，城市轨道交通仅为小汽车的 12.5%、公共汽车的 25%。按照城市轨道交通 39% 满载率、公共汽车 39% 满载率、普通小汽车 1.3 人 × 车的实载计算，城市轨道交通单位人公里排放的二氧化碳仅为小汽车的 13.1%、公共汽车的 46.4%；轨道交通单位人公里的一次能源消耗仅为小汽车的 12.5%、公共汽车的 44.4%。而且，客流密度越高、道路交通越拥堵，城市轨道交通的节能环保效果越明显。

3. 科技进步促进绿色发展

以移动互联网、物联网、5G、大数据、云计算、人工智能和新材料等为代表的新一代技术革命正在取得突破，为各行业的技术变革带来了新机遇。基于这些新技术推进城市轨道交通高效化和多种交通方式无缝衔接，在大幅提升效率的同时也极大促进节本降耗，提高了运营安全水平。

城市轨道交通信息化平台建设初具成效，实现了产业营利方式转型，提升工作效率、促进节能减排。例如，上海地铁通过车联网技术与数字图像处理融合，将列车检修周期由日检调整为 8 日检，较之前新线运营服务水平提升了 63.7%；广州地铁利用车载综合检测可减少 80% 的轨道巡检人工成本，道床异物等缺陷检出率可达 100% 等。同时，中国已经形成了集研发、设计、制造、试验和服务于一体的轨道交通装备制造体系。城市轨道交通装备是国家公共交通的主要载体，是中国创新驱动、智能转型、绿色发展的典型代表，是高端装备制造领域自主创新程度最高、国际创新竞争力最强、产业带动效应最明显的行业之一，近几年在高速、便捷、环保技术路线推进下取得了举世瞩目的成就。

17.2　绿色建造各层面探索

17.2.1　规划层面

1）制定科学合理的线网规划，合理选择系统制式，实现互联互通，确保线网运行效率。目前，我国城市轨道交通系统朝多元化方向发展，需要注重地铁、轨道交通快线、市域铁路、城际铁路等不同系统间的互联互通，通过市域枢纽节点转换和部分区段的跨线直通运行，实现多模式轨道交通系统之间的互联互补。

2）科学制订建设规划，合理控制建设规模、系统规模及投资规模，合理选择建设时机和制订建设计划，确保建设成效。建设规划需要把握好"适度超前"与"过度超前"的本质区别，城市轨道交通"过度超前"建设违背绿色发展理念，既不节能也不环保，而且会造成投资的极大浪费。

3）高度重视综合交通枢纽规划，实现城市综合交通一体化。通过与铁路、长途大巴、出租车、城市公交等多种交通方式，以及地下商业、社会停车等无缝衔接，不仅提高市民出行效率，而且大大降低公共交通设施的能耗等级，从工程建设的源头上开启"绿色建造"，带来巨大的环境效益。

4）积极推行 TOD 开发模式，实现站城一体化。以缩短市民出行距离，缩短以步行为主的轨道交通接驳时间，经济和环境效益显著。

17.2.2　设计层面

深入贯彻"绿色设计"理念，优化城市轨道交通工程各项设计，积极开展科技创新和采用"四新"技术，尽量节约资源，节省运营成本，减少对周围环境的影响。

1）车辆选型：采用牵引系统节能、车体轻量化技术、变频调速系统（VVVF）控制方式、再生制动、车载设备节能等新技术，减少列车牵引能耗。

2）线路：合理选择线站位，重视环保选线，减少对周围环境的影响；优化线形设计，尽量避免采用小半径曲线，采用节能坡设计；需要减振地段建议在隧道工法、线路纵坡条件允许的情况下适当加大隧道埋深。

3）行车组织：确定合理的速度目标值，重视行车交路设计和运营组织的灵活性，合理安排全日列车开行计划，提高列车满载率和车辆使用效率。建议重视各阶段客流预测工作，以及对运营后实际客流增长的预判，增强长、大地铁线路（包括市域快线、城际线等）运营组织的灵活性，停车线的设置尽量兼顾组织临时交路运行条件，例如，深圳地铁11 号线配线设置可组织多交路列车运行。

4）车站建筑：合理控制车站规模，重视换乘车站设计，力求便捷换乘。线网规划阶段就要创造有利的换乘条件，特别是同站台换乘车站。积极采用自然光、自然通风、太阳能、风力发电、雨水回收等多种节能环保技术。

5）土建工程：选择合理的施工工法和结构形式，确保施工安全，尽量减少对市民生活及周边环境的影响；尽量采用机械化施工，如盾构机、全断面硬岩隧道掘进机（TBM）；采用预制装配式结构；在城区尽量避免或减少采用"民扰大、风险高、工期长"的矿山法施工。图 17-1 为双护盾 TBM 设备及施工隧道。[①]

图 17-1　双护盾 TBM 设备及施工隧道

6）车辆基地：合理控制车辆基地规模，合理利用并尽量节约城市土地。城区土地资源宝贵的车辆基地尽量上盖物业开发，有条件采用双层布置以节约用地，并与周围城市环境形成"段城融合"，实现城市土地最大限度的集约化利用，车辆基地采用各种节能环保技术等。例如，青岛地铁 2 号线辽阳东路车辆段采用"半地下双层布置＋上盖物业"节约用地 $9.26hm^2$，深圳地铁 3 号线横岗地上双层车辆段节省占地 $10hm^2$，而且上盖物业经济效益十分显著。

7）设备系统：因地制宜选择合理的设备系统方案，积极推广节能环保新技术，采用高效节能的设备，加强节能控制。以成都地铁 3 号线一期工程为例，其通风空调系统年平均能耗仅约 85 万 kWh/（年·站），其中磨子桥站由于采用多项节能措施，通风空调系统年平均能耗仅为 34.2 万 kWh，低于国内地铁车站一般用电量 100～300 万 kWh/（年·站）。

8）环保：高度重视环保要求，采用先进的减振、降噪技术，确保环保达标。

9）积极应用各种绿色技术：积极利用隧道毛细管热泵系统、光伏发电、光导照明等技术。

10）积极应用建筑信息模型（BIM）技术：BIM 技术对于绿色轨道交通意义重大，可实现工厂预制化生产，节省耗材，实现现场无切割、无焊接的绿色安全施工，改善施工环境。

① 罗江胜，钟怀，柴家远. 城市轨道交通绿色发展探索与思考［J］. 低碳世界，2022，12（01）：145-147.

17.2.3 施工层面

倡导"四化—绿—提升"的新理念（即以信息化、标准化、规范化、装配化施工为导向，以绿色施工为原则，提升品质），通过规范管理和技术创新，把"绿色建造"贯彻到施工全过程中，最大限度地节约资源、减少对市民生活及周围环境的影响。

1）严格遵守安全文明施工准则，科学制订施工组织计划，加强施工安全风险管控，确保施工安全。

2）积极采用先进的施工技术、施工工艺，大力推广机械化施工，确保施工质量，如盾构机和 TBM 施工、CP Ⅲ 铺轨、设备安装运用 BIM 技术等。

3）创建绿色示范工地，应用自动喷淋系统、废水收集循环利用系统、雾炮机降尘、PM2.5 扬尘噪声在线监测、工厂化钢筋加工棚、定型钢模等技术。

4）现场混凝土、格栅拱架、钢筋网片、钢筋笼、预制管片等采用集中工厂加工、统一配送技术。

5）加强渣土运输管控措施，弃渣弃土运送至政府指定的堆积点或处置点。

17.2.4 运维层面

1）根据实际客流情况制订科学合理的行车计划，既要满足市民轨道交通出行需求，又要节约运营成本，减少列车"空跑"距离、提高列车满载率和车辆使用效率。

2）提高轨道交通运营管理能力及维护保养水平，确保轨道交通各种设备系统运行效率。

3）适时对耗能高的老旧设备进行节能改造。

4）加强对轨道交通设备系统能耗控制管理，积极运用能源管理系统等，尽量降低轨道交通电能消耗和运营成本，达到节能减排的目的。

第18章 信息技术咨询

信息应用技术是针对各种实用目的如信息管理、信息控制的信息决策而发展起来的具体技术，它们是信息技术开发的根本目的所在。信息技术在社会的各个领域得到广泛的应用，显示出强大的生命力，城市轨道交通工程代表了城市建设发展的前沿，其应用技术的先进性代表了城市建设的高质量与否，因此，全过程工程咨询必须站在国家发展战略的高度为工程项目高水平信息技术应用提供应有的铺底支撑。

18.1 BIM 技术咨询

18.1.1 主要咨询内容

1. 城市轨道交通工程 BIM 技术的实施原则

1）BIM 技术应用由建设单位主导，全过程工程咨询单位、施工单位和设计单位等各参与方配合，共同完成全过程的 BIM 技术应用。

2）BIM 技术应用系统化、持续化，涵盖城市轨道交通工程的全生命周期。

3）BIM 技术应用需要保持多维度，能够满足工程技术、建设管理和运营维护等不同维度的需求，在设计 BIM 模型相关属性方面应统筹考虑。

4）BIM 技术应用本着提高作业效率，降低劳动强度的原则来实施，应建立协同工作平台以提供标准构件库，如有必要，还可以进行软件二次开发或引进成熟的软件平台，以提高 BIM 技术应用水平。

5）BIM 技术应用采取循序渐进的分阶段实施方式，根据工程不同阶段的需求，提前规划，不断完善、深化 BIM 成果，并能为后续阶段 BIM 成果的应用提供基础数据。

6）BIM 模型的建立应根据不同工程实施阶段的需求进行逐步完善。BIM 模型中非几何信息的设计需要提前统筹规划，信息内容主要按照设计阶段、施工阶段和运维阶段分阶段来填充。BIM 模型中相同性质的模块属性在不同的阶段应具有继承性，以减少不同阶段模块应用中的信息再输入。

7）BIM 技术应用需要有标准化的和可复制的软硬件平台进行支持，并且此硬件平台还应具有按需进行扩展、融合的特性，满足工程不同阶段 BIM 技术应用的需求。

8）项目建设各参与方应成立专门的 BIM 应用工作组织，持续、系统性地推进 BIM 技术在工程全生命周期中的应用。

9）BIM 技术应用需要配套统一的工作流程和相应的管理办法，对 BIM 技术应用效果进行持续跟进、评估和考核。

2. 城市轨道交通工程 BIM 技术的应用优势

1）优化工程进度管理

通过 BIM 技术的应用，能够建立轨道交通工程的三维模型，将工程项目材料、工期和人员等相关数据与三维模型有机结合，形成包含多维信息的工程模型。项目建设各参与方能够从自身视角出发，应用 BIM 模型模拟工程建设全过程，并将模型与项目实际的施工情况进行对比分析，提前发现工程项目可能存在的问题，及时调整工程实际进度与预期数据存在的偏差。面对可能出现的问题，施工单位要及时调整项目的施工组织和进度计划，确保工程进度符合设计预期。此外，应用三维建模软件制作的工程模型能够进行碰撞检测，通过这一功能，建模软件能够对工程项目的建筑、结构和机电等专业进行碰撞点检测分析，及时发现设计图纸中存在的冲突，提醒工程设计人员及时修正，避免因等待设计变更造成的工期延误。

2）提升成本控制水平

轨道交通工程作为城市重大基础设施建设项目，在设计、材料和人工等成本不断上升的背景下，也面临着巨大的成本控制压力。通过 BIM 技术创建的工程三维模型，能够提供准确的工程材料数据，建设单位或全过程工程咨询单位能够在 BIM 工程数据的基础上，结合合理的损耗计算来制定物资采购计划；施工人员通过技术交底控制施工班组的材料使用情况，在施工一线降低材料损耗。BIM 技术的应用，有利于工程材料成本的控制，还能够实现对于项目成本的动态控制，项目预算分析透明直观。

3）确保施工安全和质量达标

对于任何工程建设项目，施工安全与质量控制都是建设管理工作的重点。在城市轨道交通工程中引入 BIM 技术，项目建设中所有重要信息数据都能够由三维立体模型直观地展示；通过三维动画视频交底，施工人员能够更加明确工作内容和技术重难点，及时向工程建设管理层反馈技术难点和安全风险；管理层能够及时接收工程一线人员的反馈信息，对关键技术点提前制定专项施工方案和安全防范措施，大大提升工程项目的整体安全系数和建设质量。借助工程信息模型还能够实现多维互动作业，在实际施工过程中实现施工方案的灵活调整，提升实际施工作业和工程设计之间的契合度。

3. 城市轨道交通工程 BIM 技术咨询内容

1）项目前期阶段

（1）规划符合性分析：是对城市轨道交通建设项目与周边环境和建（构）筑物的交通接驳关系、位置关系和车站换乘关系等进行分析，基于分析结果可以实现城市规划与轨道交通建设项目设计的协同。

（2）服务人口分析：通过连接城市人口信息库从而获得人口的性别、年龄和职业等信息，快速地统计车站周边一定范围内建筑物的人口信息，基于这些信息进行客流量和服务人口的预测与分析。

（3）景观效果分析：对城市轨道交通线路与周边环境进行模拟，并对城市轨道交通工程与周边环境结合的景观效果进行分析。

（4）噪声影响分析：结合噪声影响分析软件所输出的数据，在三维的场景中显示噪声所影响的范围，统计并分析城市轨道交通运行噪声影响范围内的建筑与人员等相关信息。

（5）征地拆迁分析：在场地模型中，针对城市用地规划、城市人口分布、建筑物产权单位、建设年代与建筑面积等信息进行集成，基于 BIM 数据集成与管理平台，分析特定的设计方案所需的拆迁数量与拆迁成本等。

（6）地质适宜性分析：对特定设计方案中轨道交通线路所穿越的地质情况进行分析，由此提高了分析和调整方案的效率。

（7）规划控制管理：结合城市的规划信息，构建包含完整环境模型信息的数字或智慧城市，进行设计方案审查或规划控制，由此实现了整个规划的动态管理。

（8）BIM 还可以进行投资估算分析、设计方案可视化和施工安全风险分析等其他方面的应用。

2）设计阶段

（1）可视化设计：基于 BIM 技术建立城市轨道交通建设项目的三维实体模型，能够从整体了解周边地上或地下的道路、管线、地形和建、构筑物等基本情况，快速、直观地分析车站的建筑主体以及附属建筑的建设规模。通过 BIM 模型，能够显著提高建设单位与设计单位之间沟通的效率与效果，即使是非设计专业人员也能够清晰了解项目建设后的基本情况和空间布局等，由此更快地发现城市轨道交通建设项目的设计问题，更有效地论证和优化设计方案。

（2）协同设计：基于 BIM 技术能够实现协同设计，即设计的不同专业（例如，建筑、结构、设备等）在统一的平台上进行设计工作，所有的设计人员能够共享所需的设计信息与设计文件，例如，BIM 模型的构成要素包括地质条件、特殊构筑物、管线、道路或桥梁，以及人口密度与组成、出行分布等海量信息。基于 BIM 平台，不同专业的设计人员对设计图纸的任何修改或补充，能够同步将修改或新创建的 BIM 信息自动添加到建筑信息模型的中心文件，相应地反映到其他图纸视图以及与模型有关的全部子项，实现了关联变更，从而即时地实现了设计信息的共享。因此，整个城市轨道交通建设项目中，在任何时间和地点，由任何一个专业所进行的设计变更，都能够确保其他专业的设计文件协调一致、并实时更新信息。

（3）优化设计：工程项目的设计需要经过持续反复的优化过程，才能得到最优的设计方案。城市轨道交通建设项目的投资较大，线网规划的合理性会影响到整个城市的交通组织、经济发展、人口分布等，优化设计就显得更加重要。基于 BIM 技术能够更好地实现设计的优化，即根据需要创建的图纸类型，在 BIM 的视图中直接添加平面、立面、剖面以及三维视图等不同的模型界面。在城市轨道交通的初步设计过程中，便可以利用 BIM模型，在不同的参与方之间进行交通影响范围和疏解方案、换乘方案模拟、管线改迁模拟、设计方案必选和施工工法模拟等；而在施工图设计过程中，可以基于 BIM 模型进行设计的三维管线综合、限界优化设计、管线碰撞检查、日照分析、建筑能耗分析、工程量统计和大型设备运输等其他应用，以获得最优的设计方案。以管线的碰撞检查为例，城市轨道交通建设项目的设计有几十个专业，对于机电安装的综合布线而言，车站内的吊顶管线多，各个专业之间协调配合的工作量非常大，因此，设计中的管线综合排布一直是繁杂而反复的工作；而基于 BIM 技术的碰撞检查功能，可以在 BIM 三维建筑设计的基础上，对机电安装专业的管线、桥架等走向进行优化、标高进行调整，并通过碰撞检查发现各个管线之间是否存在标高等问题，实现整体设计优化，并且能够节省管线排布所需的空间。

3）施工阶段

（1）深化设计：基于 BIM 技术能够显著提高城市轨道交通建设项目深化设计的出图效率、设计质量、设计进度以及降低出图成本。特别是对于机电安装工程而言，由于现场的施工环境复杂、操作空间有限、工作界面混乱、管线错综复杂，传统的城市轨道交通工程现场施工效率比较低，返工情况较为常见，各个专业之间的矛盾和冲突也比较多。基于 BIM 技术，可以实现机电安装管线的可视化深化设计，并进行碰撞检查与管线铺设方案的全方位比较、管线空间的优化与合理预留、预留孔洞与管线支架预埋位置的精确定位。

（2）施工场地规划：一般情况下，城市轨道交通建设项目的施工空间比较有限，特别是大部分的站点都设置在城市中心或人口密集的地区，周边的交通、建筑物或构筑物、地质条件等，都会影响现场的施工组织。而通过应用 BIM 技术，能够更好地进行场地布置和现场施工，模拟现场的实际施工过程与施工状态，提前采取预控措施以降低施工风险与施工成本。以塔式起重机的规划为例，基于 BIM 技术进行建模，针对现场的工程活动进行模拟分析，通过 3D 模型进行塔式起重机选型、设计行走路线、调整塔式起重机外形和状态等，并合理判断临界状态，以此为依据来制定最优的塔式起重机施工方案。

（3）施工仿真模拟：施工的仿真模拟技术是 BIM 技术在施工阶段应用的主要优势之一，基于模拟的实际施工状态，项目的参与方能够实现高效地沟通，评价施工方案的合理性，发现施工过程中的重点和难点，更有效地进行施工交底。例如，在城市轨道交通工程盾构施工时，根据预先制定的施工组织计划，在现有 BIM 模型的基础上添加设置时间参数，可以将施工现场静态的三维盾构施工模型变成四维的动态模型，基于该模型进行详细拆分并动态展示各个施工工序，由此发现施工中可能存在的时间和空间方面冲突，不断优化隧道区间盾构的施工工序。

4）运营阶段：在运营阶段，BIM 技术能够通过设计、施工阶段积累的海量模型信息，实现项目运营阶段的精细化管理。例如，基于 BIM 技术建立城市轨道交通设施的资产管理与运营维护管理系统，利用 BIM 竣工模型构建设施资产管理与设备运维管理的三维可视化集成平台，再结合物联网技术，把各个设备的使用情况纳入到运营系统的管理范围之内，实现远程控制管理，主要包括设备、设施等的资产管理、应急预案管理、维修记录以及行车日志等。

18.1.2　咨询目标及实现途径

1. BIM 技术应用的总体目标

1）实现系统性应用

实现 BIM 技术的系统性应用是指使 BIM 技术应用贯穿建设项目的全生命周期，覆盖项目管理的各个方面，且做到信息共享、数据传承。系统性应用的特征如下：

（1）统一性，即采用统一标准、统一管理和统一模型；

（2）延续性，即模型可沿用更新，数据可流转传承；

（3）全程性，即贯穿项目的全生命周期，包括项目的设计、建造和运维等阶段；

（4）全面性，即渗透到协同、投资、进度、质量、安全和信息等各方面的管理工作中；

（5）广泛性，即涉及建设、设计、施工、监理、咨询和设备供应商等多个参建单位。

2）实现平台化应用

将 BIM 技术应用与项目管理结合起来，建立 BIM 技术应用管理平台，使其在投资、进度、质量、安全和信息等方面真正发挥项目管理的作用。平台包含的模块及其功能如下：

（1）协同管理模块，负责计划、图纸及设计协同的管理；

（2）规划设计模块，负责路网规划、线路规划、管线综合和方案比选等；

（3）信息管理模块，负责标准体系、建模标准、应用标准、数据标准和构件库的管理等；

（4）投资控制模块，负责投资统计、概算、招标、竣工管理及验工计价；

（5）进度控制模块，负责控制总体进度、形象进度、实物量进度，以及进行进度模拟和偏差分析；

（6）施工管理模块，负责材料管理、交通导改和拆迁管理；

（7）质量控制模块，负责质量问题统计、追踪记录、资料管理和检验批管理；

（8）运维管理模块，负责资产管理、隧道监控，以及轨道、车辆和信号系统的检测维护等。

3）实现数字化、智能化建设与管理

利用大数据、云计算、物联网、地理信息系统（GIS）和虚拟现实（VR）等现代信息技术，对城市轨道交通 BIM 模型进行集成利用，推进城市轨道交通建设的自动化、智能化。

2. 目标实现途径

1）优化组织管理

对 BIM 技术应用的组织管理进行优化应遵循以下 4 个原则。

（1）统一领导原则。城市轨道交通项目的参建单位众多且职能各异，对 BIM 技术的认识水平、掌握程度、应用理解与实践经验差异较大。为实现有效管理，保证项目科学、有序地开展，须由建设单位作为主体责任方，负责统筹计划、组织和领导工作，从而有效控制项目进程，协调各参与单位的工作。

（2）领导决策原则。BIM 技术的各级应用部门需由建设单位主要领导直接负责，明确各方分工及职责并建立管理制度，及时沟通交流信息，汇报阶段进展，协商解决问题。

（3）分层管理原则。BIM 技术应用管理实行总公司和项目部二级管理。总公司负责基础性、整体性的 BIM 技术应用管理工作，包括总体协调、平台、接口、服务器、标准、培训以及常规技术支持等。项目部负责组织 BIM 技术应用实践，包括各阶段建模、方案比选、设计优化、投资优化管理、管线综合排布、技术交底、方案模拟、进度管理和运维管理等。

（4）专业指导原则。鉴于 BIM 技术的专业性，需要聘请 BIM 技术咨询单位或全过程工程咨询单位 BIM 咨询部门协助各级应用部门的组织管理工作并提供技术支持，其具体职责包括：编制 BIM 技术实施方案，为各方开展 BIM 技术应用制定统一标准、工作流程等，建立示范模型，提供培训支持，协助建设单位进行竣工管理及模型试运营等。

2）建设 BIM 技术标准体系

城市轨道交通 BIM 模型的创建和交付需要具有可操作性、兼容性强的统一标准和模型数据端口，以实现城市轨道交通工程参建单位在同一数据体系下的工作与交流，以及广泛的数据交换和共享。制定 BIM 技术标准需遵循以下原则：

（1）合规性原则，即符合国家或地方政策和标准的框架范围；

（2）实用性原则，即符合工程项目实施的具体情况和各个阶段需求重点；

（3）全面性原则，即满足项目全生命周期不同阶段、不同内容的系统性应用要求；

（4）可扩展性原则，即 BIM 技术标准能够在不改变原有框架体系的前提下不断进行补充完善；

（5）系统性原则，即对管理、数据、应用和模型创建等作出系统的规定。

3）完善 BIM 数据库管理

城市轨道交通工程在设计、建造和运维等阶段均会不断产生大量数据，而对数据进行有效的收集、管理和利用，是未来城市轨道交通建设的发展趋势，也是智慧轨道交通的核心技术。通过建立 BIM 数据库管理平台，可极大提高城市轨道交通企业的综合管理水平。BIM 技术所收集的数据包括三维模型数据，即构件、构件库和材料设备数据，管理过程中产生的时间进度数据，即成本造价数据和运营数据等。但这些数据大多是在不规范、不系统、不科学的数据基础上形成的，因此数据管理的首要任务是对数据进行标准化处理。数据的标准化应考虑不同 BIM 软件之间格式的标准化，以及对国家标准、地方标准的兼容性。

4）落实各阶段 BIM 技术应用点

BIM 技术在城市轨道交通的设计、建造和运维等不同阶段有不同的应用，应根据不同阶段的不同要求将其应用落到实处，具体如下：

（1）总体设计阶段，BIM 模型深度需达到细节级别 LOD100 级，主要应用方向有实景建模、GIS、三维线路及站位方案比选；

（2）初步设计阶段，BIM 模型深度需达到 LOD200 级，主要应用方向有三维管线搬迁、交通导改、三维地质、建筑设计及分析等；

（3）施工图设计阶段，BIM 模型深度需达到 LOD300 级，主要应用方向有协同设计、管线综合、装修效果可视化、大型设备检修路径复核、三维客流仿真和三维漫游等；

（4）深化设计和建设安装阶段，BIM 模型深度需达到 LOD400 级，主要应用方向有二维码应用与管理、可视化交底、施工场地管理、特殊工艺模拟、节点构造模拟、大型设备进场路径模拟、施工数据监测及可视化、三维激光放样、三维扫描质量复核、预制构件信息管理和计量支付控制等；

（5）验收阶段，BIM 模型深度需达到 LOD500 级，主要应用方向有数字化验收与移交、点云扫描对比、设备部件信息录入；

（6）运维阶段，BIM 模型深度需达到 LOD500 级，主要应用方向有工单管理、备品备件管理、漫游巡检、空间精确定位、设备运行监控、故障分析、模拟实景培训、安全防控、应急处理、虚拟应急演练、能耗管理与分析等。

18.1.3　各阶段具体实施的 BIM 应用点策划

1. 概述

BIM 技术应用点涵盖设计、施工和运维交接三个阶段，设计阶段完成规划三维总图模型、建筑结构详图模型、机电系统设计详图模型、装修设计模型和可视化设计交底；施工阶段完成现场三维扫描模型、机电系统施工模型、施工临时设施模型、装修施工深化模型、可视化施工管理和数字化竣工资料；运营交接阶段完成对运维管理系统的数字化移交，开展运维系统的开发和拓展，整个应用点的策划层层推进、各有重点。

2. 设计阶段应用点

1）总体设计阶段，搭建站点周边环境建筑、道路和地下管网的仿真模型。收集站点周边环境数据、地形图和航拍图像等基础资料，以便直观了解场地地形地貌和周边环境情况，结合车站模型的建立，可以直观展示车站主体、出入口、地面建筑部分与红线及周边建筑物等各类场地要素之间的相对关系，对于车站主体设计方案的决策起到了较好的辅助作用。场地仿真模型如图 18-1 所示。

图 18-1　场地仿真模型

2）初步设计阶段，细化完善车站出入口、风亭模型，检查地面建筑部分与红绿线、河道蓝线、高压黄线及周边建筑物的距离关系，出入口方案稳定后检查与绿化、建筑景观配合的外观效果。

3）土建施工图稳定后，完善车站公共区及设备区房间建筑结构模型，导出渲染的轻量化漫游模型，配合建设单位和总体检查车站设备区的设备机房和管理用房的合理性布局，如图 18-2 所示。

图 18-2　轻量化漫游模型

4）机电施工图设计阶段，在管线模型的基础上完成通用型设备族的占位建模，导出漫游模型检查设备与设备房布置的合理性。在建筑结构模型的基础上完成管线建模，并导出漫游模型，审查管线总体布局、检查建筑中板孔洞预留。在机电管线模型的基础上进行通用型号支吊架占位建模，为后续支吊架厂商深化提供基础。通用支吊架布置，如图 18-3 所示。

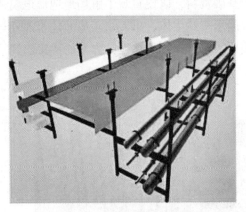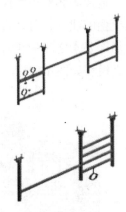

图 18-3　通用支吊架布置

5）机电施工图三维管线综合（以下简称管综）设计阶段，利用 BIM 的三维可视性和碰撞校核功能，各机电系统专业在同一个模型下进行协同设计、碰撞消除，对自动碰撞检查出的问题进行协调修改，完成无碰撞的三维管综模型。

6）土建施工开展前，进行构筑物预留预埋沟槽孔洞的冲突与完整性检查，通过模型复核结构中板预留孔洞土建施工图纸，确保土建施工中板孔洞预留无错漏。

7）机电施工图设计阶段，进行二维管综出图，利用调整后的三维模型出二维管综白图，组织会签，固化三维管综优化成果，会签后作为各专业出二维施工蓝图的指导。

8）装修设计阶段，在 BIM 模型中加入装修元素，例如，吊顶、广告牌、乘客信息系统（PIS）屏和监控摄像头等，检查装修构件与土建、机电模型的碰撞，通过云渲染技术直接生成装修设计的预期效果图。

9）设计交底阶段，利用三维模型直观可视化特点，完成传统二维设计图纸交底到三维模型交底的过渡，提高设计交底的质量。

3. 施工阶段应用点

1）机电施工前，对完工的土建结构进行三维激光扫描，将扫描点云模型和 BIM 理论模型整合，检查竣工车站的土建误差、预留洞口，对机电安装进行合理提前调整，避免问题带到现场处理。

2）机电施工前，根据施工图纸和现场的实际情况进行临边防护设计，包括临水、临电、临时防护、临时设备等，通过漫游布置的合理性，实现文明施工、可视化施工组织管理。

3）机电施工前，基于现场扫描的数据对模型进行调整后，对模型进行水暖电等管路深化、设备族库模型替换、综合支吊架深化，达到优化设计的目的（图 18-4）。

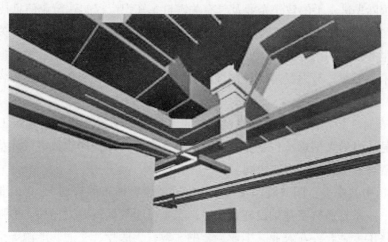

图 18-4　水暖电等管路深化模型

4）机电施工前，支吊架厂商完成综合支吊架的加工深化设计，并对管线进行优化排布，指导管线安装开展。

5）机电施工中、设备安装前，设备厂商提供产品真实尺寸及信息的设备族库，由施工单位替换设计模型中的通用设备，并完成线路、管线接入设备的深化。

6）装修施工前，装修施工的深化主要包括幕墙加工深化和布板加工深化，使模型中装修元素的细节部分与现场实际情况相一致。

7）机电施工过程中，将机电深化后的模型导入施工管理平台，在机电施工阶段对机电安装进行可视化的施工组织设计，进度协调以及施工调度。

4. 运营阶段应用点

1）机电施工完成后、试运营前，完成竣工模型并涵盖相关设备信息形成数字化竣工模型，移交运维。

2）运维阶段，开发基于 BIM 模型可视化技术的运营维保管理平台，对已有运维系统围绕 BIM 模型可视化进行功能升级。

18.2　数字化咨询

18.2.1　数字化咨询概述

1. 政策背景

2016 年 8 月 23 日，住房和城乡建设部印发《2016—2020 年建筑业信息化发展纲要》（建质函〔2016〕183 号），其发展目标要求，"十三五"时期，全面提高建筑业信息化水平，着力增强 BIM、大数据、智能化、移动通讯、云计算、物联网等信息技术集成应用能力，建筑业数字化、网络化、智能化取得突破性进展，初步建成一体化行业监管和服务平台，数据资源利用水平和信息服务能力明显提升，形成一批具有较强信息技术创新能力和信息化应用达到国际先进水平的建筑企业及具有关键自主知识产权的建筑业信息技术企业。

2019 年 3 月 15 日，国家发展和改革委、住房和城乡建设部联合发布《关于推进全过程工程咨询服务发展的指导意见》要求大力开发和利用建筑信息模型、大数据、物联网等现代信息技术和资源，努力提高信息化管理与应用水平，为开展全过程工程咨询业务提供保障。

2020 年 7 月 3 日，住房和城乡建设部发布《关于推动智能建造与建筑工业化协同发展的指导意见》引导大型总承包企业要提升信息化水平，加快构建数字设计基础平台和集成系统，实现设计、工艺、制造协同。

2023 年，中共中央、国务院印发《数字中国建设整体布局规划》，指出要夯实数字中国建设基础。一是打通数字基础设施大动脉；二是畅通数据资源大循环。加强推动数字技术和实体经济深度融合，在农业、工业、金融、教育、医疗、交通、能源等重点领域，加快数字技术创新应用。

当前各地政策及产业政策都在积极推动新基建和智慧城市、未来社区的建设，其本质是加速 5G、物联网、大数据、AI 等技术在工程建设、社区管理和城市治理等方面的应用，提升社会整体信息化水平、建筑业产业层次，加快传统产业的整合。

2. 总体思路

与传统工程相比，城市轨道交通工程的全生命周期通常无法由单一主体完成，需要各专业单位协同作业。解决城市轨道交通工程各阶段多源数据集成、三维展示和运维管理等问题，对其打破数据壁垒，实现数字化交付与信息化共享具有重要意义。

以智慧城市为蓝本，以数据运营为目标，以能力输出为方向，加速构建城市轨道交通工程数字化协同管理平台。

建立覆盖施工现场的工程管理系统，加强对轨道交通工程项目现场的集中化管控，实现风险预警、计划反馈与质量把控的可视化，完善管控手段，减少人员负担；完成轨道交通相关商业运营板块的搭建，通过个性化建立 TOD 综合开发项目商业运营管理子系统，推进商业运营效率提升、资产管理能力强化，为商业远航提速；同时启动轨道交通周边综合开发项目智慧社区的信息化运营建设。

建立运营 BIM，预设物联网（IoT），结合 GIS 定位，采集轨道交通工程建设的数据底座与物联网产生的活数据，通过数据积累、分析和预判，让数据释放出更多的内在价值，为实现智慧化、数字化运营提供数据理解，为智慧城市运营提供数据支撑。

1）顺应改革、增强调优。以全面深化运营管理、改革创新为契机，加强系统数据、流程和功能优化，推动管理流程再造，确保改革成果生根落地。

2）紧扣实际、注重实效。以满足网络化高密度运营、多线路高强度筹备为着力点，解决运营安全安保、行车调度、客运服务、设备维护中的实际问题，切实提升运营管理效能。

3）统筹规划、分步实施。以数据中心、标准体系和业务系统为主线，统筹规划线网运营生产管理信息系统架构，结合业务特点分步建设实施，逐步形成覆盖全部运营业务的信息化管理平台，提升线网运营标准化、规范化、智能化管理水平。

18. 2. 2 数字化协同管理平台建设规划

1. 建设思路

1）信息化战略规划

在深入研究城市轨道交通发展战略的基础上，制定适合发展规划的信息化愿景、使命、目标和战略，帮助将个别应用项目、基层部门的相互分离的业务处理应用统一成为一个整体，以实现对轨道交通项目建设与运营的强有力支撑。

2）信息化发展步骤

制定城市轨道交通信息化建设的具体指导方针，解决关键点问题。

3）信息化建设规划

城市轨道交通信息化建设包含业务架构、数据架构、应用架构和技术架构等相互关联的架构。

2. 建设原则

1）基于需求

规划要从城市轨道交通发展的实际需求出发，不断适应城市发展和社会责任日益提高的实际需求。有计划、有步骤地推进信息化建设，走低成本、高效益的信息化发展道路，积极发展实用高效的信息化系统。

2）统筹规划，资源共享

信息化建设要统筹规划，合理布局，突出重点，打破与上级部门、项目部、职能部门之间的条块分割，整合网络、信息资源，促进资源共享，推动信息资源的开发利用。

3）可扩展性

信息化规划应随着信息技术的发展与市场内、外部环境的变化进行相应调整，适应IT技术的快速发展和管理模式、业务模式的相继变更，要具有可扩展性。

4）实用性

信息化规划要处理好信息技术先进性和实用性之间的关系，要在保证先进性和系统性的基础上，让信息化规划按照计划能够得以有效实施。

5）安全性

信息化规划要从管理、技术和运维三个层面来保证信息化系统建设、运行和使用的安全性。

3. 重点建设内容

1）信息化建设内容

（1）信息化数字门户及展现

通过信息化数字门户将城市轨道交通系统信息以完整的体系框架有机地结合在一起，可以使用户便利地访问各个信息系统，系统会根据用户所拥有的信息系统进行界面配置，当用户选择其中的信息系统时能够迅速地获取信息，同时解决信息传递在区域上的局限性。

信息化数字门户能快速有效地将待办信息、审批信息、公告信息、工程进度信息、投资控制信息和运营管理信息等进行灵活管理、发布、收集、查询，借助移动应用门户可以方便用户随时随地访问信息化数字门户，了解相关信息资讯，确保获取信息的准确性、完整性、实时性。

（2）协同办公管理系统

① 系统定位

协同办公管理系统主要包括办公平台和移动手机办公平台，其功能特点是能进行树状分类，实现流程图形化、表单可视化和权限的精细化管理。协同办公管理系统一般需具有独立的工作流引擎，以保证系统流程的稳定和高效，利用全文检索技术使信息的搜索覆盖整个系统的绝大部分信息，并且搜索高效、准确；利用可扩展标记语言技术（XML）保证数据的完整描述，利用移动技术使应用延展到手机设备，并且具有与桌面端相似的使用感受。

② 功能框图及描述

通过协同办公管理系统可以解决因时间和地点而导致工作进度开展缓慢的问题，电子审批解决审批流程的繁琐问题，系统在对工作进行监管的同时员工可基于同一个平台进行交流沟通，更好满足城市轨道交通建设与运营方在不同的发展阶段、不同的管理层次、不同应用区域的需求。协同办公管理系统的基本功能包括公文管理、个人办公、通用办公、领导办公、督查督办、统计分析、公文考评和系统管理等，协同办公管理系统主要建设内容如图18-5所示。

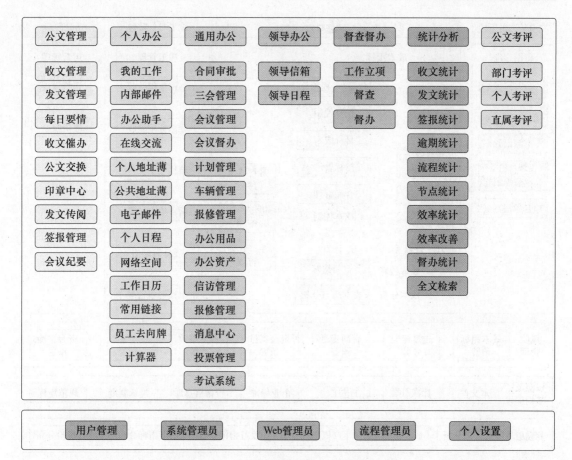

图 18-5 协同办公管理系统主要建设内容

（3）项目管理系统

① 系统定位

项目管理系统是多个群体参与、多项工作相互交叉，需要多种资源、实现多个具体目标的集合系统，它有一个共同的整体要求和目标，但同时又存在不同的认知、矛盾和冲突。

项目管理系统采取"一个中心、两级管控、三个集中、五控五管"进行建设，即以成本管理为中心，BIM 技术为载体，实现管理层和执行层分离，对数据、管理、决策集中，达到投资、进度、成本、质量和安全控制以及销售、合同、采购、资金和物资管理的目的。

② 功能框图及描述

项目管理系统是一种覆盖项目的立项与准备、项目实施、竣工交付及运营阶段，优化传统项目的管理手段，实现对众多条线路建设的组合管理和资源优化配置，将 ERP 系统中销售系统、成本系统、计划系统及投资收益系统与项目管理系统集成，使建设单位与运营单位的相关部门能有效地协同工作，降低项目实施的风险，提高项目实施过程的资源利用率。项目管理系统主要建设内容，如图 18-6 所示。

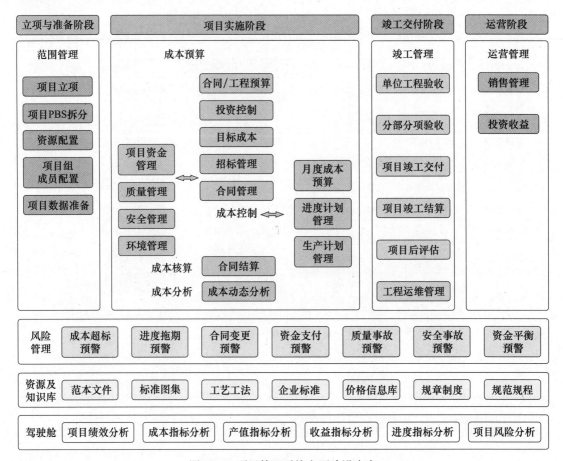

图 18-6　项目管理系统主要建设内容

（4）工程管理系统

① 系统定位

工程管理系统主要是依托系统实现项目部与项目管理系统之间的数据流动与集成共享，例如，领导层面应该能够获知项目的进度、质量、安全等信息，而项目也应可依托 BIM 平台获取通用的工法进行作业指导等信息，实现各类信息高度整合，形成面向工程建设阶段的信息化管理系统，避免数据的冗余、重复和冲突问题。

② 功能框图及描述

工程管理系统主要是管理工程建造阶段的信息化系统，包括设计管理、质量管理、安全管理、进度管理、计量管理及验收管理等，将项目现场建设单位、全过程工程咨询单位、施工单位、设计单位等各参建单位集成在统一工作平台中，作为项目部日常工作的实际业务系统，辅助项目实现标准化、统一化、集成化的项目管理工作方法。

智慧工地管理模块以施工过程管理为重点，基于互联网、物联网、云计算、大数据和移动终端等技术，构建云端大数据管理平台，实现信息数据互联互通、协同共享，实时监控管理，工地管理可视化、信息化、智能化以达到全方位提升工地施工效益水平的目的。

智慧工地管理系统主要建设内容，如图 18-7 所示。

图 18-7　智慧工地管理系统主要建设内容

（5）商业运营管理系统

① 系统定位

信息化系统运营管理与其建设模式息息相关，轨道交通 TOD 项目建设、运营和资源开发需从使用单位层面统一建设，实现各个部门数据、资源共享，最后移交给商业运营中心，直接形成运营资产管理的基础数据，同时将运营管理系统与项目管理系统、协同办公管理系统等相结合，增设相应的运营管理流程，有利于运营精细化管理的实现，为规划发展提供策划数据依据。

② 功能框图及描述

商业运营管理系统包括建设期的招商管理、合同管理、营运管理以及运营期的销售管理、运营管理、客户关系管理（CRM）、财务管理。

建设期的招商管理主要包括对潜在客户所具有的销售机会进行管理，商业管理不仅需要进行详细的资料登记，还需要通过跟进的方式，保证管理的动态性和实时性。合同管理主要包括对合同模板、合同续约、合同终止和合同状态等部分的管理，在客户成交以后，直接从系统内获取合同模板，无须重复录入就可将合同状态进行统计记录。在执行合同的过程中，系统可根据实际情况对合同进行变更、终止或续约等操作，并在合同中将操作结果进行实时地显示。营运管理主要包括项目竣工后的商铺交付及进度管理。

运营期的销售管理主要包括对销售活动进行管理，包括销售活动的调整如新增或删除、POS 机销售、促销推广等活动信息，查看促销活动效果分析情况。运营管理主要包括从投资者、决策者和管理者的角度对商铺进行优化管理分析，深层次挖掘管理背后的隐患，记录物业服务情况，保证服务持续增值，提升发展集团品牌竞争力。市场 CRM 主要包括客户关系管理，市场营销和客户服务是 CRM 支柱性功能，它包括触发中心和挖掘中心，实现自动化运营、市场营销以及自动化客户服务与支持、会员管理、客户群管理、一卡通管理、商机管理。财务管理主要包括对商业运营财务方面的信息进行管理，例如，结算管理、预付款管理、保证金管理、应收应付管理，可以通过财务管理模块进行项目结算与保证金管理操作，通过合同管理模块信息流转，在财务管理模块中查询并处理预付款项的流程审批，实时做到各项目应收应付管理。

2）信息化建设数据支撑系统

（1）CIM 技术支撑系统

CIM 数据至少包括时空基础数据、资源调查数据、规划管控数据、公共专题数据和物联感知数据等门类。

① 时空基础数据

时空基础数据包括行政区、电子地图、测绘遥感数据及三维模型数据四类数据，是对城市空间的真实现状的数字化描述，与资源调查数据一同组成 CIM 现状数据基础。

② 资源调查数据

资源调查数据包括国土调查、地质调查、耕地资源、水资源和城市部件等数据，是对非城市空间的自然资源现状的补充描述，并可考虑与国土空间基础信息平台、国土空间规划"一张图"实施监督信息系统等相关系统建设工作联动，补充 CIM 基础平台在自然资源现状数据的缺失。

③ 规划管控数据

规划管控数据是依据国土空间规划体系及土地利用总体规划、城市总体规划、控制性详细规划、专项规划等原有规划成果进行规划管控的依据，包括开发评价、重要控制线、国土空间规划、专项规划和已有相关规划数据。

④ 公共专题数据

公共专题数据包括社会数据、法人数据、宏观经济数据、人口数据、兴趣点数据、地名地址数据和社会化大数据。其中，民生兴趣点数据宜涵盖制造企业、批发和零售、交通运输和邮政、住宿和餐饮、信息传输和计算机服务、金融和保险、房地产、商务服务、居民服务、教育科研、卫生社会保障和社会福利、文化体育娱乐、公共管理和社会组织等内容。公共专题数据主要来源于区域经济发展年鉴及互联网大数据。

⑤ 物联感知数据

物联感知数据是指通过采用空、天、地一体化对地观测传感网或依托专业传感器感知实时获取的具有时间标识的实时数据，包括建筑监测数据、市政设施监测数据、气象监测数据、交通监测数据、生态环境监测数据和城市安防数据。通过传网或传感网实时获取感知数据的空间位置、影像、视频等信息。

（2）BIM 技术支撑系统

BIM 是以三维数字技术为基础的建筑工程项目各种相关信息的工程数据模型，是对该工程项目相关信息详尽的数字化表达。BIM 同时又是一种应用于设计、建造、管理的数字化技术，这种技术支持轨道交通工程的集成管理环境，可以使轨道交通工程在其整个进程中显著提高效率和大量减少风险。

开发基于 BIM 的应用管理系统，包括专业设计、施工管理、信息资源利用等平台，还涉及信息传输、管理和共享方式，建立统一 BIM 数据管理平台交互与交付标准、BIM 建模标准、BIM 应用标准、BIM 交付标准、设施设备分类与编码标准等。

（3）信息化系统建设标准体系

信息化标准体系可分为基础标准、通用标准和专业标准三个层次：基础标准规定信息化所涉及的术语、图形、文本、符号和分类代码标准；通用标准分为应用信息数据、信息交换与服务、软件工程、信息系统工程和文档信息管理；专业标准包括设计信息系统标准、施工信息系统标准、运维信息系统标准、BIM 标准和数据集成标准。

18.2.3　平台关键技术

1. 数据集成融合技术

平台建设需要整合基础地理数据、三维模型数据、地上地下管线数据、BIM 模型、物联网感知数据和互联网感知数据等，并在此基础上开展平台功能应用建设。高质量的数据集成融合是数字化协同管理平台功能应用支撑的重要保障。

1）地形数据融合

根据基础地形图资料、数字高程模型（DEM）和文档对象模型（DOM），对 DEM 进行加工优化，融合集成不同格网间距的数字高程模型数据，按照瓦片规定的尺寸和计算出的最大等级数，对 DEM 和 DOM 逐级进行切片，将不同等级的瓦片采用分层的方式存储在数据库中，建立三维大场景基础数据，更好地满足数据应用和浏览的需求。

2）倾斜摄像数据融合

倾斜摄影数据与模型的融合技术，可采用以倾斜摄影模型为基底，在与模型融合时隐藏、切换。

3）BIM 与 GIS 数据

BIM 与 GIS 数据集成融合平台建设的基础性、重点性工作之一。可基于 BIM 通用标准数据格式（IFC）与 3DGIS 通用标准格式——虚拟三维城市模型数据交换与存储的格式（CityGML）的语义模型之间的关系及差异，建立语义映射转换原则，筛选过滤提取 IFC 中语义信息并提取几何关系属性，根据映射对象的特征，采取一对一映射、一对多映射或间接映射方式，将 IFC 的几何信息转换为中间 LOD 映射算法并进行必要的语义信息增强，最后根据 LOD 表面模型生成算法，构建可代表 BIM 数据的多细节层次结构的 CityGML 模型，从而实现 BIM 与 GIS 数据的集成融合。

一方面基于语义信息特点将 CityGML 和 IFC相通的空间对象进行语义信息匹配，另一方面通过建立新的本体数据模型和语义信息，分别关联 CityGML 和 IFC 两者在语义、时空表达、数据存储、信息模型等方面的对象，使两者按照新的本体数据模型框架及语义信息层级进行转换，从而构建基于本体数据模型形式的空间对象，推动 BIM 与 GIS 的集成。

通过 GIS 平台提供的数据接口进行二次开发，建立数据转换插件将 BIM 模型转入 GIS 平台，或直接采用现有技术平台也可实现 BIM 与 GIS 数据导入及融合。

4）BIM 与 IoT 数据

IoT 作为实现数字化协同管理平台万物互联功能的重要支撑，其采集的感知数据与

BIM、GIS 数据的融合是平台功能进一步提升的重要基础。

目前国内物联网技术与工程领域的应用范围较窄，主要围绕施工进度管理、施工风险评估与预警、设备管理、设计与施工管理等方面开展研究及应用，缺乏对中大尺度下区域、城市乃至城市群范围内容的数据集成与融合应用的研究。但小尺度上的 BIM 与感知数据、感知设备的集成融合技术在一定程度上也能为未来广泛 BIM、GIS、IoT 数据的集成融合和多种尺度下的数据应用提供建设方向。

借助物联网射频识别技术（RFID）实现项目不同阶段信息的有效存储与检索管理，从而实现 BIM 与感知数据的融合应用。即在方案规划和设计阶段，根据编码系对每个 BIM 模型部品部件或单元随机生成唯一编码，并存储在 RFID 标签上。将 RFID 标签附着至不同阶段的部品部件实体上，通过扫描读写器获取部品部件位置、部品部件材料等相关数据，对获取到的数据进行筛选、处理后，根据唯一编码索引，将对应的数据更新至 BIM 模型部品部件或单元中，从而支撑建筑全生命周期活动管理与应用开发。同时，通过标签不断地智能识别、替换、更新及存储，形成实时感知数据库，实现与 BIM 模型关联挂接，从而推动 BIM 模型数据由静态向动态的转变。

2. 模型轻量化技术

BIM 模型数据作为数字化协同管理平台的重要数据基础之一，可提供丰富的模型几何信息、物理信息、属性信息等，也可作为信息载体，关联物理实体的时空信息、管理信息等。同时，基于 BIM 模型可实现以项目为单位的规划、设计、施工、运维全生命周期动态应用与管理，从而进一步提高平台对轨道交通系统精细建设管理的支撑能力。但通常 BIM 模型数据体量都较大，对计算机性能配置要求较高，可能会导致系统平台建设成本较大，平台浏览应用效果不理想等问题。为了实现在平台上快速展示及交互应用 BIM 模型，需对 BIM 模型数据体量进行轻量化处理，从而降低 BIM 模型数据体量，减少模型浏览应用对机器的负荷率，提高平台运行效率和模型动态展示效果。

目前 BIM 模型轻量化的方法主要可分为三种方向：一是通过对 BIM 模型的几何体进行简化；二是将 BIM 模型文件格式转换成图形引擎可识别和可解构的文件格式，并进行数据压缩；三是借助已有成熟的第三方公司的 BIM 图形引擎产品实现 BIM 模型数据的轻量化处理与高性能渲染。

3. 三维渲染技术

三维实时渲染技术是指采用明暗着色、光线追踪、深度贴图、材质纹理等多种手段对图形数据进行计算与输出，使其计算输出的最终图像尽可能地接近现实中肉眼观察的结果。其渲染技术主要是为了解决计算机系统资源的有限性与海量场景数据的可视化之间的矛盾，即在有限的平台计算资源下，采用多种组合的三维渲染手段对平台所需的场景图形计算输出效果最优化，从而兼顾可接受的渲染误差和良好的渲染效果之间的平衡。

4. 数据处理与分析技术

信息化背景下移动设备、社交媒体、交通出行设备、电子商务网站等每时每刻都在生产价值丰富、格式各异的交互数据，其蕴含的内在信息对国家社会发展、城市治理、居民生产生活等各个方面有着重要影响。通过运用大数据技术，深入挖掘大数据在规划、建造、交通、产业、人口、经济等多领域中城市运行发展的深层规律，并以此为基础，预测推演各行业未来发展趋势，实现以大数据赋能城市规划、建设、管理和运维全周期环节，提高城市治理能力和治理水平。

数据挖掘与分析是指从海量数据中提取出未知的、隐含的、有用的信息和知识。充分利用数据挖掘与分析技术，从海量的地理空间大数据中获取有价值的信息，为轨道交通项目建设与运营提供更加准确有效的决策服务。地理空间大数据挖掘与分析涉及概率论、空间统计学、规则归纳、模糊集、云理论、粗糙集、大数据计算、人工智能、机器学习、深度学习、回归分析、聚类分析、趋势分析、关联分析、空间分析、格局分析等理论和方法。

与传统的数据挖掘分析相比，地理空间大数据更加强调在隐含未知情形下对空间数据本身分析上的规律挖掘，例如，进行各地理要素统计分析、多源信息融合的组织机构空间分布格局分析、顾及时空非稳定性的地理加权回归分析、众源网络地理信息挖掘分析等。

此外，通过大数据与人工智能的融合技术，将很好弥补传统大数据分析对非结构化数据，如图像、视频、语音的处理能力，为人工智能大数据提供数据支撑。

5. 仿真模拟技术

仿真模拟即是外形仿真、操作仿真、视觉感受仿真，利用虚拟仿真技术（VR），通过实际操作，使参与者有身临其境般体会的一项技术。增强现实技术（AR）是虚拟现实技术（VR）的一个重要分支，是将计算机生成的虚拟信息叠加到用户所在的真实世界的一种新兴技术。目前关于增强现实的定义有两种：一种是将真实环境与虚拟环境放置在两端，其中靠近真实环境的叫增强现实，靠近虚拟环境叫增强虚拟，位于中间的叫混合现实；另一种是以虚实结合、实时交互、三维注册为特点，利用附加的图片、文字信息对真实世界进行增强的技术。

传统的二维 GIS、单体 BIM 模型等的局限性日渐突出，难以满足智慧城市发展需求。而携带大量数据信息的 BIM 模型、GIS 数据与 AR 结合，利用 AR 的实时跟踪和三维技术将虚拟的 BIM 模型与真实世界"混合叠加"，实现同一画面的实时交互查询，同时结合 GPS 与 GIS 技术，引入空间信息，将 BIM 模型与现实世界的真实坐标匹配，保证 AR 跟踪与定位准确性与精确性。

AR 技术主要包括实时交互、信息识别、虚实融合等功能。信息识别的任务是识别设备获取的标识信息，该特性直接影响增强现实系统能否精确地捕捉到特征信息，为接下来虚拟信息的三维注册提供所需的数据。三维注册的任务是通过设备姿态估计、空间坐标等信息将虚拟信息准确地映射到相应的位置上，与此同时不断刷新这些信息在显示器中位置。而虚实融合和实时交互需要在虚拟信息准确且与现实世界进行配准的基础上才能更好地实现。

18.3　基于 BIM 技术的模块化建造

18.3.1　模块化建造概述

1. 政策背景

我国正处在地下空间高速发展的时期，轨道交通沿线地下空间开发作为城市地下空间开发的生力军，占有绝对比重，其设计、施工也暴露出诸多矛盾和问题，特别是轨道站点地下空间建筑设计的问题更为突出：轨道交通站点地下空间功能布置混乱，建设缺乏前瞻性，地下基础设施建设未能实现智能化，地下空间信息的管理体制混乱、未能实现共建共享，地下空间工程造价高昂、工业化程度不足等问题亟待解决。

地下空间的模块化发展是建筑业工业化发展的重要组成部分，二十一世纪初，钱七虎院士就提出以工业化手段进行地下空间的开发。地下空间的模块化设计建造是城市可持续发展的重要手段，加快新型建筑工业化在城市地下空间中的应用，为城市地下空间发展提供关键技术，促进城市中心区地下空间与地上空间的同步发展。

最早在党的十八大报告里提到，要"坚持走中国特色的新型工业化道路"；接着，国务院办公厅转发的《绿色建筑行动方案》里提出要"推动建筑工业化"。

2014 年 5 月，国务院办公厅印发《2014—2015 年节能减排低碳发展行动方案》对建筑工业化的要求进一步细化，提出"以住宅为重点，以建筑工业化为核心，加大对建筑部品生产的扶持力度，推进建筑产业现代化"。

2020 年 7 月，住房和城乡建设部等部门发布的《关于推动智能建造与建筑工业化协同发展的指导意见》提出以加快建筑工业化升级、提升信息化水平等为重点任务，大力发展装配式建筑。

2020 年 8 月，住房和城乡建设部等 9 部门印发的《加快新型建筑工业化发展的若干意见》明确提出要加快新型建筑工业化发展，以新型工业化带动建筑业全面转型升级。

2020 年 7 月，浙江省住房和城乡建设厅召开了建筑业发展"十四五"规划编制工作专题会议，会议提出围绕实现"建筑强省"目标，找准问题短板，明确工作重点，着力在新型建筑工业化、转变发展模式、科技创新能力、标准技术体系、产业工人队伍、诚信体系建设等方面进一步谋深谋细谋实，努力实现绿色发展、转型发展、创新发展、品质发展、安全发展。

而建筑工业化发展离不开建筑部品部件的模块化设计和建造，模块化的设计和建造是建筑工业化发展的前提条件。

2. 模块化建造优势

1）促进地下空间紧凑集约式开发

城市中心区是资源最为集中、地下空间开发需求强度最高的地区之一，因此也是土地资源矛盾较显著，暴露问题较多的地方。通过模块化建造解决地下空间开发混乱孤立、地下空间功能不连续的问题，从而促进地下空间的紧凑集约发展，节约地下空间土地资源。

2）推进地下空间绿色化发展和精细化建设

地下空间的模块化设计和建造可以提升设计建造效率，缩短建设周期，提高工程质量，从而进一步推动地下空间绿色化和精细化发展。

3）推动地下空间智慧化发展

城市中心区轨道交通站点地下空间管理分散、信息化程度不足。利用 BIM 技术推进轨道交通站点地下空间的信息化和数字化建设，实现轨道交通站点地下空间的数字化全生命周期的管理，达到提高站点地下空间建设的经济性，提升站点地下空间的系统性和科学性，促进地下空间的智慧化发展。

18.3.2　轨道交通站点模块化设计

1. 设计原则 [①]

1）地下空间建筑模块应遵循模数化

地下空间由于其较强的封闭性，一旦发生灾害，所造成的损失要比地面空间大得多，这就要求地下空间内部功能的布置应尽量简洁规整，具有标准化的空间模式，避免产生复杂的流线。若要做到建筑内部功能空间规整有序，要求每种功能空间采用统一的模数。模数的统一也便于模块的生产加工和快速建造，有效减少设计和建造成本。

2）地下空间建筑模块应具有可组合性

站点地下空间是由多种功能空间组合而成，地下空间的功能模块间需产生一定联系，所以地下空间的功能模块需具有可组合性。可组合性是模块的基本属性，可组合性决定了地下空间功能模块化能否顺利进行，只有模块间具有可组合性，地下空间的模块化才有意义。地下空间模块的可组合性不仅要求构成站点地下空间每一功能内部的模块单元可组合，还要求各功能模块间具有可组合性。

3）地下空间建筑模块应具有独立性

地下空间的各模块应具功能的独立性，每一功能模块可以作为一个整体而独立存在，不受其他功能的影响，可以正常使用。其次地下空间内部模块应具有结构的独立性。站点地下空间各功能不同决定构成其模块的结构形式也不尽相同，不同的结构形式适用于不同的空间类型。每种模块应结合其功能选择最为合理的结构形式。

2. 模块化分解

模块化是系统的分解和整合过程，是解决复杂问题的一种有效方法，并早已为人所知。模块化不仅仅是一个系统所呈现的状态，也更是一个动态过程，也就是主体以若干模块来构筑一个复杂系统的过程，这个过程并非一个简单的线性结构或者一个树状结构，而是一种网状的层级结构，并包含了基本要素之间的相互关系。按照模块化观点，一个系统是由若干层次的若干模块所组成。因此，要实现标准模块化设计的总体思路在于必须将轨

---

① 张健鹏. 中心型轨道交通站点地下空间模块化建筑设计及 BIM 技术应用研究［D］. 西南交通大学，2021.

道交通站点地下空间系统按照一定的规则分解为若干模块，这个过程称为"模块化分解"；反之，则称之为"模块化组合"。

模块化设计的具体思路是在进行系统功能分析基础上，将整个系统的总功能分解为若干个层次较低的、可互换的、独立的基础单元模块，根据建设单位与使用单位提出的具体设计要求，通过对模块的选择与综合，快速设计出具有不同系列、不同性能、不同用途的各种新系统。在建筑设计的过程中，模块化设计强调对各类功能空间进行类型的划分，将具有相同功能的空间组织在一个单元内，通过单元模块化集成的组合方式来实现建筑从单元到整体的转变。

模块化设计理念是现代工程建设逐步发展衍生出的新型设计理念，构成站点地下空间的各功能的空间类型主要是复合功能的地下空间。复合功能的地下空间的建筑内部则是由多个单一功能的空间组合而成，如轨道交通站点一般是由站台功能、站厅功能、设备管理空间、附属空间等构成复合功能的地下空间，如若缺失某一功能则会对正常运营产生影响，甚至可能无法正常运营。[①]

根据轨道交通站点复合功能的使用性质将各大功能划分为三种类型：职能空间、交通空间、辅助空间。

1）职能空间是建筑内主要活动空间，是建筑的核心空间，在地铁站中则主要为地铁站厅空间、地铁站台空间。职能空间直接影响着地下空间能否满足人们的使用需求。

2）交通空间在建筑中起着交通集散的作用。在地铁站中则以出入口通道和连接站厅和站台的楼梯、扶梯及垂直电梯等。

例如，进站乘客的操作流程为：购票→进闸机→借助楼梯工具进入站台→乘车，而出站乘客的顺序则与之相反，两者具有逆向空间通行关系。进、出站全流程中，闸机发挥了重要的作用，其应当具备较强的处理能力。闸机的设计应充分考虑车站高峰人流情况。由工程经验可知，若闸机的工作能力较强，则站厅面积可减小，能预留足够的空间用于设置通道。

3）辅助空间，辅助空间是不作为主要功能使用的空间，但是缺少此类空间可能对主体功能的正常运营产生影响，甚至使主体功能无法运行。例如，轨道交通车站的卫生间、设备管理用房等。

例如，管理用房的模块化设计工作中需充分考虑功能、场地等多方面的要求：

（1）提高管理功能的集中度，将其整合至车站综合控制室内，避免单独设置防灾报警控制室，其优势在于布局更为紧凑，人员的沟通与管理效率随之提高。

（2）精简服务用房，可将该部分与同类用房合并，非特殊情况下可取消更衣室，配套多功能室，以满足会议、休息等多重需求。

（3）建议取消工作人员专用厕所，仅配备公厕，但需要调整公厕的布设位置，缩短乘客及工作人员通达公厕的距离，并在内部配置洗涤池。

---

① 张淑卉. 基于BIM技术的轨道交通车站模块化总控管理研究［D］. 广东工业大学，2022.

3. 模块化组合

模块化分解的目的是模块的组合，就是将各个相对独立的功能模块按设计意图与功能设置选择性组合成完备的站点系统的过程，也是通过标准块的输入实现多样化的输出的过程，形成功能空间尺寸与部品规格尺寸相协调的通用化功能空间模块系列。

在模块化设计中，设计人员从模块库中选择合适的模块进行拼装重组。模块的选择以及各模块间的协调设计是设计中的重点，根据具体站点类型的不同要求，模块的组合方式，以及组合后对模数、位置的调整，而且还要完成模块间结构的整体设计以及设备的协调设计，这样才能满足建筑设计个性化需求。与传统设计方法相比省去了功能模块内的重复性设计，在满足要求的基础上提高了设计效率。

轨道交通站点功能模块的基本组合形式有如下几种方式：并列、错动、旋转、分离和穿插。由模块的基本组合形式又可以衍生出其基本变形如层叠、竖立、串联和并联等多种形式。

根据城市轨道交通站点的总体设计，以客流集散需求为导向，形成顺畅、便捷的流线。乘客上车时，遵循"进站→购票→进闸机→从通道上站台→上车"的流程；乘客下车时，遵循"下车→站台→从通道到闸机→出闸机→出站"的流程。据此，车站功能模块化设计工作应重点围绕站台、通道、站厅、售票设备和闸机展开。车站不仅要面向乘客提供基础功能，还需维持列车及车站的稳定性。例如，设备管理用房需服务于信号、给水排水、供配电等系统的安装与控制，行车管理用房需服务于票务、站务等工作人员，为之提供日常工作及休息场所。在兼顾基础功能和各类辅助功能的前提下，为进一步提高车站的空间利用效率，还需合理布设便民设施。

地铁车站建筑在合理应用模块化设计理念后，可提升设备管理用房的设计水平，解决以往设备区弱电设计中的各类问题，以保证地铁车站各项功能正常运行为前提，适度压缩管理辅助用房的空间，整合相近功能的用房空间，以便创造更可观的车站空间利用率。通过模块化设计，可提高地铁车站的综合服务能力，使其在不同运营模式下仍稳定运行。

从车站公共空间的角度来看，功能模块化设计高度重视各区域的有机结合，例如，付费区、非付费区与站厅、室外空间相结合，以客流情况为导向合理配套车站售检票设施，提高乘客的疏导效率。紧密结合地铁车站的现场环境（交通状况、地质条件等），经系统分析后提出科学的功能模块组合方案，从而提高地铁车站建筑设计的整体效果，给地铁车站后续运营工作的顺利开展奠定良好的基础。

4. 基于 BIM 的模块化设计管理

1）建立 BIM 标准化部品部件库

BIM 技术可以助力部品部件的智能化生产，促进工业化与信息化深度融合。建立基于 BIM 的标准化部品部件族库是实现地下空间智能建造的基础。模块化建筑的部品部件在 Revit 软件平台是以"族"的形式展现，Revit 软件中的每一个族对应模块化中的每一个部品部件，所以实现模块化设计需建立基于 BIM 的标准化构建族库。

2）基于 BIM 的协同设计

基于 BIM 技术的模块化多专业协同设计的根本优势在于能够建立统一的三维建筑信息模型，通过三维的建筑信息模型将工程项目的信息分享给建筑、结构、机电暖通等相关专业的设计人员，进行同步分工协作，并有助于各专业设计人员尽早地参与到设计过程中。在协同设计过程中，各专业根据国家的标准和规范，对本专业设计图纸进行必要的修改，并通过 BIM 信息平台及时准确地反馈给其他的专业设计人员，从而使其他人员可以快速直观地分析评估并确定图纸修改的合理与否，进而能够更快地做出最佳的设计成果（图 18-8）。

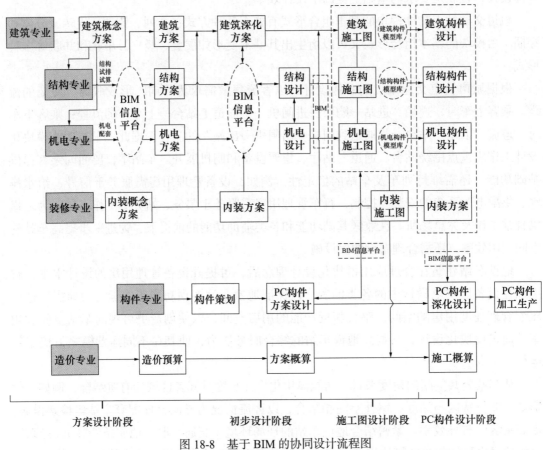

图 18-8　基于 BIM 的协同设计流程图

这种协同设计的方式，大大缩短了各专业设计之间的协调时间，并且设计人员能够更好地考虑其他设计专业的需求，尽可能地避免在传统设计模式中常出现的在施工现场进行设计修改或变更的现象。运用基于 BIM 的协同设计流程，将更注重整个项目中的多专业协同设计，这种方式可以更准时、更高质量、更高效地完成任务，并且能大大提高各设计专业（建筑、结构、机电暖通等专业）的成果质量。

3）基于 BIM 的部品部件深化设计

地下空间站点功能模块的部品部件工艺设计主要是建立建筑、结构、位置定位、输入相关属性等之后进行模型的拆分，包括建筑模型拆分和工艺模型拆分，确定各功能模块结构模型的拆分节点。形成预制化部品部件之后，进行部品部件的深化设计，包括模型的检查，部品部件形体的优化、部品部件间位置关系、预制部品部件碰撞等，进一步添加钢筋、预埋件等，形成较为完整的预制部品部件生产模型，最后出图、出报告、出物料清单等信息。

18.3.3 轨道交通站点模块化施工

1. 模块化预制

建筑工业化主要特征之一就是部品部件生产的自动化。在深化设计完成后，模块化模型便包含了功能模块的所有元素，其中有模块部品部件的尺寸、材质、质量、材料用量、线盒线管以及设备预埋等基础信息，而这些信息通过不同的数据格式进行导出、存储至项目的中心数据库。在模块化生产前，深化设计人员将每个模块的基础信息整合、归类传输至生产厂的生产管理系统。生产人员根据其中材料归类整合信息实现与其财务企业资源规划（ERP）系统的对读，从而实现对材料的统计、归类、采购和用量的精准控制。在功能模块部品部件的生产过程中，借助 RFID 技术以及计算机辅助制造技术（CAM）的自动化生产模式，将 BIM 模型中的信息直接导入工厂的中央控制系统，计算机系统按照设计要求规划生产周期，同时对生产设备进行控制与操作，完成对模块部品部件的自动化生产加工。此过程中，无需图纸、电子交付、人工二次录入等环节，实现设计与生产之间的信息共享，使得工厂生产成品的效率和质量有效提升，同时减少了对于人员的工作成本，实现生产高精尖以及精细化管理发展。

对于一些造型复杂的功能模块，应根据实际需要对模具进行设计，并在 BIM 软件中基于模型对组装的模具进行检查纠错，充分利用 BIM 模型的三维图像显示，使其更加地形象和直观，将大量复杂的脑力工作通过 BIM 技术的手段简单化，同时对模具的实际安装施工工序进行模拟，确保其合理性。

通过实现模型的深化设计、模块化分解和施工方案优化，预制厂可以根据分解后的深化设计模型准确生产，提高了预制模块部品部件的合格率，使生产资源配备更加精确，避免了预制部品部件供应不及时或供应较多占用场地的问题；根据施工方案布置机械设备，优化拼装方案。在降低人工成本的同时提高预制加工的精度。

2. 模块化拼装

通过对模块部品部件从生产、运输到现场拼装等过程中进行信息动态采集，对预制生产部品部件参数和管理要素进行集成。对功能模块并列、错动、旋转、分离、穿插等拼装方案进行模拟，并进行受限分析。各参与方可通过 BIM 信息平台更新数据，加强各参与方之间的沟通和协同，有效实现信息化施工和信息化管理。

通常在规划地铁车站施工区域时，除了工程主体占地外，还需要考虑工作人员的生活区、工作区以及材料堆放储存区域等，而这些区域会占到整个工程项目用地面积的10%~15%，如果能够减少用地面积则可以大大提高建设单位以及施工单位利益。而将模块化设计运用到地铁车站工程中，模块化部品部件将在工厂内完成预制加工，将大大减少材料堆放用地，也将大大减少现场工作人员的数量，从而减少生活区和办公区的面积。

利用BIM技术和RFID技术对模块部品部件从采购到进场拼装实时数据的收集，以BIM一体化模型作为信息的载体，实现信息施工，加强了材料供给单位、设计单位、施工单位、全过程工程咨询单位与建设单位之间的可视化沟通与协调。对整个施工过程中因材料供给、材料质量、部品部件参数值发生变化等因素引起的进度推迟进行实时监测预警，以此代替以往的碎片式人工管理方法，实现基于模块建设的智能化及可视化进度总控管理模式。

利用RFID技术对模块部品部件进行实时地追踪，监控预制部品部件安装的实际进程，以无线网络为媒介及时传递信息给BIM数据处理平台。同时将BIM与RFID相结合，可以使模块部品部件入场及安装过程中信息的传递更加快捷、准确，减少人工录入信息可能造成的错误，例如，在部品部件进场检查时，无须施工人员介入，直接设置固定的RFID阅读器，只要运输车辆速度满足条件，就可以进行数据采集。基于BIM思维的基础上，结合RFID技术的优势，可实现预制部品部件入场验收及现场安装施工的信息化管理，节省人力的前提下提高了工作效率。

建立基于BIM模型的三维施工现场的布置图，进行场地漫游细化现场场地布置的详细位置图，划分相应功能区，直观地反映施工现场状况，其中包括：设备安置、部品部件进场、实际道路、临时设施以及生活区等。在实际施工时严格按照场地布置图的位置堆放，避免二次搬运及安全事故的发生。

建筑施工是复杂的动态工作，它包括多道工序，其施工方法和组织程序存在多样性和多变性的特点，目前对施工方案的优化主要依赖施工经验，存在一定局限性，而模拟施工过程就是通过仿真手段，设计和优化施工方案，同时也可以发现实际施工中存在的问题或可能出现的问题。通过将虚拟现实技术运用到装配式建筑建设当中，对工程项目施工的全过程在虚拟可视化的3D场景里进行施工预演，是对施工方案、工艺的再验证，并进行细节优化，对施工过程中的重大方案进行完整且精细化的综合模拟。将BIM模型与施工进度计划链接，实现三维空间模型信息与时间信息结合，形成可视化的4D（3D＋Time）模型，对建筑整体施工全过程的实际施工步骤及时间安排进行直观反映。根据模拟和实际情况调整施工顺序，对存在时间、空间、流程、人员等方面的冲突进行修改，合理运用项目资源，在施工前对专项方案论进行三维预演，排除实际施工中的安全隐患，得到最佳施工方案，最终应用完善的三维施工模拟方式进行可视化技术交底，以指导实际的施工。

在现场施工过程中，根据实际施工进度，实时地录入现场进度状况，对计划周期与实际周期进行比对，项目的各参与方都可随时随地了解现场进度情况，查看工程是否按期进行，让施工的全过程透明化、直观化，并可根据实际情况对工期作出适时调整。部品部件在安装前必须进行查验，项目质检人员通过智能移动终端阅读器对部品部件进行扫描，确认部品部件信息后进行安装，并记载部品部件安装时间；部品部件装置就位后，相关人员核对安装的方向位置及有关细节，通过现场智能阅读器扫描部品部件芯片，记录部品部件施工完结，并记载部品部件竣工时间。将所有信息更新到BIM管理系统，实现无纸化和可视化辅作，也实现了施工过程的可记录、可查询、可追溯、可汇总的目标，提高了施工效率。

3. 基于 BIM 的模块管理

1）模块生产阶段

通过 BIM 技术能够完整的将建筑设计阶段的信息传递到部品部件生产阶段，设计阶段所创建的部品部件三维信息模型已经达到加工制造的精度，所以可直接为生产制造阶段提供有效数据的提取。同时考虑到，BIM 模型信息的时效性强，对部品部件生产所需数据能够及时更新。BIM 技术在精度和时效性这两方面的优势，让部品部件制造的精益生产技术更加容易实现。

进入部品部件生产制作阶段，通过 BIM 结合 RFID 技术，将部品部件置入 RFID 标签，每一个 RFID 标签内含有对应的部品部件信息，以便于对部品部件在生产、存储、运输、安装过程中的管理。由于 RFID 标签编码的唯一性原则，可以确保部品部件在生产、存储、运输、安装过程中的信息准确性。在部品部件的生产阶段，我们就通过手持设备将部品部件的信息从生产、质检、入库、出库这几个阶段扫描录入部品部件信息库。例如，在部品部件生产时，操作人员在手持设备上，将部品部件的产品类型、规格编号等信息填好，再扫描部品部件中的芯片 ID，通过网络上传到数据库，管理人员登录平台后，就可以在平台管理的界面中查看部品部件的各种信息。同样，在质检环节中，操作人员将检查出的问题（如部品部件边缘有毛刺、部品部件有裂缝等）通过手持设备传递到平台以供管理人员查看管理。之后部品部件在入库、出库等环节也遵循同样的操作模式，部品部件的全部生产信息就可以在平台上查看部品部件生产－施工－管理整个流程。将 BIM 与 RFID 技术的结合运用，有助于在建造过程中实现零库存、零缺陷的理想目标。根据实际施工进度，随时将信息反馈到生产管理子系统，以便及时调整部品部件生产计划，减少待工、待料情况的发生。

2）模块运输规划

运用 RFID 技术有助于实现在建造中零库存、零缺陷的理想目标。根据现场的实际施工进度，迅速将信息反馈到部品部件生产工厂以调整部品部件的生产计划，从而减少待工待料情况的发生。在生产运输规划中主要考虑三个方面的问题：

（1）根据部品部件的大小规划运输车次，某些特殊或巨大的部品部件单元要做好充分的准备。因为在建造过程中，湿作业减少。相应地，其对部品部件的依赖程度增大，而预制部品部件中经常会出现一些尺寸巨大的类型，运输这类部品部件往往受到当地法规或实际情况的限制，因而做好周密的计划安排很有必要；

（2）根据存储区域的位置规划部品部件的运输路线；

（3）根据施工顺序编制部品部件生产运输计划。利用 BIM 和 RFID 相结合，能够更早地对部品部件的需求情况作出判断，减少因信息不畅而产生的各种延误。同时，施工现场信息的及时反馈也可以对部品部件的生产起指导作用，进而更好地实现精益建造的目标。

3）施工阶段部品部件的管理

施工管理过程中，应当重点考虑两方面的问题，一是部品部件入场的管理；二是部品部件安装施工中的管理。在实际的施工现场中，很少会有不受场地范围限制的区域来存放部品部件，往往出现找不到部品部件或者找错部品部件的情况。要防止这种情况的发生，对于现场管理水平要求就比较严格。一般的工地现场，都是通过人工方式填写报告，整体速度慢，信息易发生延误。尤其是大批量的部品部件验收时，部品部件的不当放置，工作人员由于无法判断部品部件的真实状况，容易导致各种问题发生，会影响整体效率。

在此阶段，以 RFID 技术为主来追踪监控部品部件存储安装的实际进程，并以无线网络即时传递信息，同时配合 BIM 模型，可以有效地对部品部件进行追踪控制。在施工现场向制造工厂发出物流运输请求的同时，根据虚拟环境下构配件的物理信息对构配件提前在施工现场进行场布模拟，按照施工现场实际情况的部品部件存储进行预演，为下一步的部品部件进场扫清障碍，将粗放式的建筑工地向精细化管理迈进。

4）运营管理阶段

借助 BIM 和 RFID 技术搭建的运维信息管理平台，建立预制部品部件及设备的运营维护系统。例如，在发生突发性火灾时，消防人员可利用运维信息管理平台中的建筑和设备信息对火灾发生位置进行精准定位，并掌握火灾发生部位所使用的材料，实施针对性灭火。此外，运维信息管理平台可建立维修系统管理，可以自动对运维工单进行汇总，包括人员工时、备件耗材、使用工具等数据进行统计汇总。用户可以查看到历史阶段中已经完成的工单记录，以及每个工单对应的具体操作人员、备件耗材、使用工具等信息明细。

第 19 章　验收与移交管理

工程质量和工程整体竣工验收是工程质量和工程承包内容事后控制的主要环节，是承包单位向建设单位进行工程移交的一项重要内容。工程承包范围内的所有工作内容按照合同约定完成后，即可向建设单位办理移交手续，实现工程所有方的法律程序的转移。合同内容的符合性、完整性等，需要第三方即全过程工程咨询单位进行把关与评判。

19.1　工程验收管理

城市轨道交通建设工程验收分为单位工程验收、项目工程验收、竣工验收三个阶段。全过程工程咨询单位应协助建设单位制定各阶段的验收规章制度，明确各阶段验收组织程序和要求，并进行统筹谋划，积极调动联合各主管部门、参建单位，形成合力以推动各阶段验收规范化、流程化、标准化，提高城市轨道交通工程验收品质和验收质量。城市轨道交通工程分项、分部及单位工程质量验收用表应按附表 2-11～附表 2-15 执行。

19.1.1　单位工程验收

单位工程验收是指在单位工程完工后，检查工程设计文件和合同约定内容的执行情况，评价单位工程是否符合有关法律法规和工程技术标准，符合设计文件及合同要求，对各参建单位的质量管理进行评价的验收。单位工程的划分应符合国家、行业等现行有关规定和标准。

1. 验收程序

建设单位收到施工单位的单位（子单位）工程完工报告和验收申请后，全过程工程咨询单位应协助建设单位制定验收方案，组织勘察、设计、施工、工程监理部、第三方检测、第三方监测、第三方测量等单位项目负责人和建设单位相关部门进行单位（子单位）工程验收。验收工作由建设单位项目负责人主持，施工、设计、勘察单位以及全过程工程咨询单位工程监理部分别汇报完工报告、工程质量评估报告、设计质量检查报告、勘察质量检查报告，第三方单位汇报检测、监测、测量评估报告。验收组分为现场实体组和内业资料组，现场实体组分为实测实量小组和观感检查小组。现场实体组重点检查现场实体质量和观感质量情况，内业资料组重点查验施工、监理等的档案资料。检查核验后验收组讨论汇总问题整改项目，形成现场实体组意见和内业资料组意见，并最终形成单位（子单位）工程验收意见。单位（子单位）工程预验收应由全过程工程咨询单位工程监理部的总监理工程师组织，验收程序与正式验收程序相同。

2. 工作建议

1）单位（子单位）工程验收前，建设单位项目负责人、档案管理部门、验收统筹部门、总监理工程师应提前查验验收资料，资料齐全、完整、有效的方可组织验收，防止验收后无法及时形成验收档案资料。

2）单位（子单位）工程验收前应详细梳理缓验工程，并提交全过程工程咨询单位工程监理部、建设单位审批。

3）验收方案应包括实体检验方案，详细列明立柱、侧墙、中板等验收查验数量，验收时由现场实体组实测实量小组进行抽测。

4）单位（子单位）工程预验收，五方责任主体、第三方单位项目负责人可委托人员参会，正式验收五方责任主体项目负责人不可委托他人参会。

5）验收组应详细记录问题整改项目，由总监理工程师下发整改通知单督促整改，当验收检查发现渗漏水严重、混凝土修补不到位等严重质量缺陷时，验收组应否决本次验收，缺陷整改完毕后重新组织验收。

6）当一个单位工程由多个子单位工程组成时，为方便组织验收，建设单位可以组织单位工程验收，也可以将不同子单位工程分开组织验收，所有了单位工程质量验收合格，认为单位工程质量验收合格。当工程规模较大，需要分段移交其他单位进行后续施工的，建设单位可按移交范围分段组织验收，验收合格后方可移交。

7）因合同标段等因素影响，可将一个单位（子单位）工程的某个分部工程移入另一个单位（子单位）工程作为分部工程，或提升为单位（子单位）工程。

19.1.2 项目工程验收

项目工程验收是指各项单位工程验收后、试运行之前，确认建设项目工程是否达到设计文件及标准要求，是否满足城市轨道交通试运行要求的验收。

1. 验收程序

项目工程验收由建设单位组织，在验收前应制定验收方案上报市质量监督部门。建设单位成立验收委员会组织项目工程验收，验收委员会由五方责任主体单位、运营单位、第三方单位、验收专家、政府有关部门代表组成，验收委员会设置综合组、土建组、机电组、系统组 4 个专业验收组。验收委员会召开验收预备会，推选验收专家组组长，确定验收现场检查站点。验收委员会召开正式验收会议，听取建设、施工、监理、勘察、设计等参建方代表汇报，分组查验现场工程实体质量、开展功能性测试，审阅工程档案和相关技术资料，审查专项验收和联调联试情况，分组形成各组验收意见，汇总形成项目工程验收总体意见。

2. 工作建议

1）全过程工程咨询单位应协助建设单位成立验收工作领导小组，梳理各项验收前置条件，详细拟定项目工程验收前各类节点，制定验收考核办法。

2）项目工程验收前详细梳理不影响试运行安全及使用功能的缓验工程，由施工单位提出、设计单位和全过程工程咨询单位复核、建设单位确认后报请市质量监督部门审批。

3）项目工程验收，五方责任主体单位项目负责人必须参会，在项目工程验收总体意见上签字。

4）为保证验收质量，控制现场检查比例，车站工程和区间工程的现场抽查数量应不少于总数的 20%，车站土建、车站装饰装修、车站设备安装各不少于 2 个；系统设备工程各专业现场抽查数量应不少于站点总数的 10%，且不少于 2 个；主变电所、控制中心、轨道工程、车辆基地工程为必查。

5）项目工程验收后，针对验收提出的问题形成整改问题库，由全过程工程咨询单位协助建设单位组织参建各方召开会议详细制定整改措施、时限，督促参建各方整改。

19.1.3　竣工验收

竣工验收是指项目工程验收合格后、试运营之前，结合试运行效果，确认建设项目是否达到设计目标及标准要求的验收。

1. 验收程序

竣工验收由建设单位组织，在竣工验收前应制定验收方案上报市质量监督部门。建设单位成立验收委员会组织竣工验收，验收委员会由市相关行政主管部门、五方责任主体单位、运营单位、第三方单位、验收专家组成，验收委员会设置综合组、土建组、机电组、系统组 4 个专业验收组。验收委员会召开验收预备会，推选验收专家组组长，确定验收现场检查站点。验收委员会召开正式验收会议，听取建设、施工、监理、勘察、设计等参建方代表汇报，听取运营单位试运行情况汇报，分组查验现场工程质量、开展功能性测试，审阅工程档案、相关技术资料和试运行总结报告，复查项目工程遗留问题整改情况，分组形成各组验收意见，汇总形成竣工验收总体意见。

2. 工作建议

1）项目工程验收阶段的问题须整改完毕，应与整改前后照片对比。

2）缓验工程应全部结束，竣工验收前详细梳理不能完工的甩项工程，甩项工程由施工单位提出、设计单位复核、建设单位确认、组织专家开展缓验评估后报请城市建设主管部门审批。

3）建设单位和全过程工程咨询单位可牵头组织一次预审查，自查梳理存在的问题。

4）竣工验收抽查的工程应包括不少于 1 个且不超过 3 个项目工程验收检查的工程，对其遗留问题的整改情况进行抽查。

5）竣工验收，五方责任主体单位项目负责人必须参会，在竣工验收总体意见上签字。

6）针对永久性铭牌，验收前先制作样式；竣工验收合格后，开通运营前安装完成。

7）针对换乘车站同期实施的部分，建议同步开展竣工验收。

8）针对甩项工程建议具备条件后重新组织一次竣工验收，可不邀请专家参加。

19.2　工程移交管理

工程移交是城市轨道交通线路全生命周期管理的重要环节。城市轨道交通新线建设过程中，由建设单位承担新线建设过程中的全部责任，并对设计单位、勘察单位、全过程工程咨询单位、施工单位等参建单位进行管理，组织实施新线土建结构及装饰装修施工、设备设施安装、单系统调试、联合调试及演练、试运行、政府专项验收、开通前安全评估以及相应的问题整改等工作。这些工作完成后，线路满足试运营开通的基本条件时，建设单位向线路运营单位进行三权移交。三权移交包括属地管理权、设备使用权和调度指挥权。其中：属地管理权转移意味着车站、运营控制中心和车辆段的地盘管理不再由建设单位承担，而转由运营单位全面管理；设备使用权的转移意味着设备的使用、维护、检修等管理和责任移交至运营单位，此节点时间起设备开始投入正常使用，设备进入质保期；调度指挥权转移意味着线路区间的行车指挥和车站设备的综合运用开始由运营单位负责。

工程移交内容包含三个方面：实体移交、档案移交和技术培训。

1. 实体移交

实体移交是指可交付的一切项目实体或项目服务的移交，主要包括实体部分、调试部分和整改部分。实体部分的移交标准包括：站内临时设施已拆除完成；各专业已按照设计图纸和变更图纸的要求完成了工程实体，经验收达到了各专业工艺要求及运用使用功能要求；各专业管线及设备的标识工作已完成；消防设施及器材已配备到位；车站市政给水及排水已完成接驳，具备运营单位进驻车站工作的生活条件；车站地面恢复、地面导向牌、出入口飞顶等室外工作已完成；车站设备卫生及场地卫生已清理干净；区间所有收尾工作已完成；通风空调专业、给水排水专业、电气专业、智能建筑专业和屏蔽门专业等能满足正常运营要求。调试部分的移交标准包括：各系统已完成单机调试、系统调试；车站级联合调试已完成，并通过各方认可，在各种工况模式下运行正常，满足列车运行和运营管理的需要。整改部分的移交标准包括：验收时，运营单位所提出的施工质量问题、设计问题以及厂家设备问题等均已整改完成。

2. 档案移交

档案移交是指贯穿项目全生命周期的相关工程资料的移交，可以包括纸质文档和电子资料。工程竣工资料具备组卷移交条件，包括实体过程资料、材料报审材料、质量评定资料等符合验收移交标准。

3. 技术培训：移交内容按合同要求，给移交单位进行技术培训，并提供使用手册。

运营单位提前介入工程，有利于运营人员及时发现设计、准备以及施工阶段中的缺陷问题，从而与建设单位共同研究解决措施，纠正和改善工程中的不当之处，从整体上提高轨道交通的建设和运营水平；也有利于运营人员全面深入掌握轨道交通设备设施情况，了解轨道设备情况、隐蔽工程执行情况以及轨道专业设备的薄弱环节等信息，为运营期间设备的日常维护和管理打好基础；有助于提出一些与设计不一致但确实能对运营有利、有益的问题，一个问题往往可能影响若干年运营安全及服务质量。"三权"接管之后，因为线路设备等均需从建设状态转为运营状态，且接管线路、各项设备存在较多不稳定因素，故接管的运营管理存在较多特殊情况，须加强监控管理；同时，该阶段安排了大量的联调、演练以及工程整改，以使设备设施渐趋稳定。

第4篇

风险管理与咨询

　　风险管理与咨询是指全过程工程咨询单位在项目建设的全寿命周期内对可能导致工程服务质量偏离预定方向的若干影响因子加以识别和评价，并通过风险管理方法加以控制的行为。

　　本篇主要对城市轨道交通工程风险管理内涵进行概述，并围绕工程前期阶段、工程建造阶段、运营阶段等主要环节展开风险致因分析，接着从规划、可行性研究、勘察与设计、招标投标与合同签订、施工、运营等工程建设各阶段详细梳理风险管理的主要举措内容，最后针对典型的风险事故展开案例分析以及风险应对研究，重点论述了城市轨道交通工程有关风险管理咨询的内容。

第 20 章　风险管理概述

20.1　风险及风险管理

风险是指发生引起损害危险的概率及其损害的严重程度。在安全领域，风险指的是可能出现的影响安全的不确定因素。风险和危险不同，危险只是意味着一种坏兆头的存在，而风险不仅意味着这种坏兆头的存在，还意味着有发生这个坏兆头的渠道和可能性。因此，危险是事物客观的属性，是风险的一种前提表征。

风险是一种不确定性，是某一事件的预期结果与实际结果间的变动。不确定性的可能结果是多样的，难以度量，而风险是可以度量的。虽然个别风险事件很难预测，但可以对其发生的概率进行分析，并评估发生后的影响，利用分析预测结果为人们提供决策服务，以预防风险事件的发生和减少造成的损失。

工程项目建设期的风险管理内容主要包括：对工程自身可能造成经济损失以及意外损害的风险；因工程的工期延长或提前而需承受的风险；工程建设相关人员的安全和健康的风险；第三方的财产损失风险，主要针对邻近既有各类建（构）筑物，尤其是历史保护性建筑物、地表和地下基础设施的施工风险；第三方人员安全风险；周围区域环境分析，包括对土地、水资源、动植物破坏，及空气污染、辐射、噪声及振动等。根据项目建设的总体目标，从工程危险源入手完成风险辨识与评估后，以提高工程风险控制能力和降低风险潜在损失为原则，选择合理的风险管理处置对策。

城市轨道交通工程建设期的风险管理应贯穿于整个工程建设全过程，结合轨道交通建设实际情况，按照工程进度可划分为：规划阶段、可行性研究阶段、勘察与设计阶段、招标投标与合同签订阶段、施工阶段和运营阶段风险管理。

20.2　风险形成机理

1. 风险源

风险源是指那些可能导致风险状态、风险发生、风险后果的主客观因素或环境、条件。风险之所以形成并非毫无缘由，而是发源于风险源，否则将为无源之水。工程项目风险源按照形成方式可分为内部与外部，例如，外部政府、市场、社会、自然等因素及内部管理因素。在整个风险实现过程中，风险源至关重要。

2. 风险传导机制

从狭义上来讲，风险传导是指在整个系统中，由于不可避免地受到内部和外部不确定因素的干扰和影响，使得初始时刻在某一点的微小偏差或不确定性（即风险源），依附于各种传导载体，以各种形式（因系统活动中所产生的各种复杂的利益链）被传递和扩散到系统活动中的一系列的点及面，进而导致系统活动目标产生偏离或失败的一系列过程。风险源的存在是客观的，但风险却是一种概率事件，这表明风险源的存在是风险发生的充分条件，而非必要条件。其中涉及风险传导机制将风险源引入受体，而伴随风险源类型的相关因子与受体中的"引爆器"相结合来释放风险能量，并最终形成风险损失。风险源没有受到传导机制的作用将永远是存在发生概率的"风险"，而无法实现产生损失的既成事实，这对研究风险而言就缺乏现实意义。不同风险源所对应的风险传导机制存在差异性，可能会存在若干种风险源透过某一种机制来传导风险，例如，政府透过政策文件与行政指令来干预、影响、改变单位的日常运作，从而在体制上产生各种风险；也可能一种风险有若干种风险传导机制，例如，财务风险可以是财务体制的缺陷，也可是财务人员自身有意或无意的失误；还可能存在一种风险源随着环境与时空的改变具有不同的风险传导机制，即具有动态变化的特质。此外，对于一些特殊风险源也存在有其自身特殊风险传导机制，例如，自然灾害风险主要以自然界地质环境的变化来传导风险。

3. 风险受体

风险是会造成损害的，并总是有承担相应损失的主体，这个主体就称为风险受体。在分析风险机理时，不能忽视风险受体的作用。若无风险受体，风险能量将没有宣泄的渠道，风险将永远停留在理论上，而无法对实际生活产生影响。以自然灾害风险为例，地质运动是风险源，但这是客观与必然的，之后通过地震、火山爆发等形式将积蓄的能量释放出来，将风险从"地下"传导至"地面"，若此时震中位置或火山爆发涉及区域并无人员、房屋建设、工程设施，自然灾害引发的后果没有相应受体来承担，就不过是一种"自然现象"，而非"风险"，因此没有管理学进行研究的必要。

综上所述，风险源、风险传导机制及风险受体三位一体，缺一不可，是一般意义上风险的主要要素，不仅在理论上具有逻辑连续性，在实际中也较符合城市轨道交通工程风险形成的实际情况，其余风险要素亦或风险因子都是通过这三大要素衍生而来。风险有"源"始为初端，经由"传导"产生影响，落脚于"受体"方成后果，通过三要素的共同作用，最终形成完整意义上的风险。这就是风险形成的机理，也是风险治理的切入点。

20.3　风险管理流程

城市轨道交通工程的风险管理流程主要包括：风险识别、风险评估、风险控制和风险监测等环节。

1. 风险识别

风险识别是城市轨道交通工程风险管理的第一步，其目的是确定可能存在的风险点。

风险识别需要对项目的技术、财务、管理、环境等方面进行分析，确定可能存在的风险点。在风险识别过程中，需要充分考虑各种因素，例如，自然环境、社会环境、政策法规、工程本身等。

2. 风险评估

风险评估是城市轨道交通工程风险管理的第二步，其目的是确定风险的概率和影响程度，以便制定相应的应对措施。风险评估需要对风险进行分类、量化和分级，确定风险的概率和影响程度。

3. 风险控制

风险控制是城市轨道交通工程风险管理的第三步，其目的是采取措施控制风险。风险控制需要制定风险管理计划、加强项目管理、提高技术水平、加强安全管理等。

4. 风险监测

风险监测是城市轨道交通工程风险管理的第四步，其目的是及时发现和处理风险事件，确保项目的顺利实施。风险监测需要建立风险监测机制，及时收集和分析风险信息，制定相应的应对措施。

第21章 风险致因分析

21.1 前期阶段风险分析

21.1.1 土地征收因素

城市轨道交通工程需要大量土地用于建设，土地征收可能会遇到拆迁补偿问题、土地所有权争议等问题，从而导致项目进度延误和成本增加；土地征收成本高，需要支付拆迁补偿费用、土地征收费用等，可能会导致项目成本增加；土地征收时间长，需要进行拆迁、补偿、审批等程序，可能会导致项目进度延误；土地征收可能会遇到土地所有权争议、拆迁补偿问题等法律风险，需要进行法律风险评估和应对措施；土地征收可能会引起当地群众的不满和抵制，如拆迁补偿问题、土地利益分配问题等，需要进行社会稳定风险评估和应对措施。

21.1.2 财务因素

城市轨道交通项目建设资金需求多、筹措难度大，项目建设单位在前期工作中能够合理构建融资结构、科学有效使用各类筹资工具是保证项目顺利实施的根本前提和重要条件，对于项目前期财务风险缺少有效评估和控制预防将对项目的顺利实施产生不利影响甚至导致项目失败。城市轨道交通项目前期财务方面的风险主要包括融资失败、利率变化、偿债风险、财务结构不平衡等，处置不当会对项目建设单位的经营、偿债等造成巨大压力，大幅降低投资者预期收益，极大削弱项目财务可持续能力。由于融资方式、结构失当，项目预期收益难以平衡财务资金成本，部分项目建设单位必然面临支付压力、偿债违约风险增加等问题，很可能引发经营困难等一系列连锁反应。受叠加通货膨胀等不可控外界因素的影响，贷款利率突破预期范围使得资金成本不断增加，资产负债率相应加大，将进一步限制资金筹集能力，有可能使企业陷入现金流中断、经营难以为继，甚至破产清算的危险境地。

21.1.3 客流预测因素

客流预测风险是城市轨道项目建设最为重要的风险因素，每日每公里 0.4 万人次是政策明确的决定项目可否实施的重要控制指标之一，拟建地铁、轻轨线路初期客运强度分别不低于每日每公里 0.7 万人次。受现阶段分析手段和方法局限性影响，在工程前期阶段，针对客流的预测过分依赖目标城市人口规模，基于现状出行结构、方式预测未来客流需求、分布和规模，难以量化分析城市布局调整、经济社会发展、产业结构变动、交通方式竞争等因素对未来客运需求的影响，预测精度存在较大的不确定性和不可控性，工程实践中部分项目存在过分夸大客流量的现象，为项目决策和未来运营带来不可估量和无法控制的风险。客流量直接决定城市轨道交通项目收益，直接影响政府补贴金额和支出压力，合理评估、有效控制客流量风险事关重大，过分高估会导致项目运作效果不佳、浪费投资，过分低估会造成车站、线路、线网等能力不足而降低项目服务品质，均会使得项目最终难以满足实际需求。

21.1.4 政策因素

城市轨道交通建设项目从规划、设计、建设、运营至报废一般要经历几十年的漫长时间，期间国家宏观经济环境、产业政策等势必会发生或大或小的变化。与此相对应，国家用以调控经济运行的利率、税率、汇率等也将出现波动，给项目预期目标的实现带来影响。因此，城市轨道交通项目建设需要符合国家和地方政策法规，并针对政策变化可能会对项目进度和成本产生影响，及时进行调整和应对。

21.1.5 社会因素

城市轨道交通项目作为一项重大工程，在建设过程中必然存在一定的社会稳定风险，需要进行全面的社会稳定风险分析，保证项目的顺利实施。在项目规划和审批程序、房屋征收补偿、技术和经济方案适应性、生态环境影响、媒体舆论导向等方面，需要着重进行社会稳定风险评估和应对措施分析。

21.2 建造阶段风险分析

城市轨道交通项目工程建造阶段是将无形的规划、设计成果转化成为有形建筑的实施过程，同时也是风险因素可能酝酿、发展为风险事件的阶段，是城市轨道交通项目风险管理的重中之重。因此，建造阶段的风险涵盖了勘察设计、工程人员、机械、环境、监测、工艺、管理章程等多个因素而造成的风险。由于城市轨道交通项目施工任务多在地表以下开展，工程建造阶段风险具有以下几个明显区别于其他建设工程项目建造风险的特点：

1. 复杂性

城市轨道交通项目施工风险的复杂性包括多个方面的含义，不光是施工环境相对来说较复杂，采用的施工技术和机械设备种类也比较多，且对施工人员的专业技能具有较高的要求。

首先，我国的城市轨道交通项目大多数位于城市中心，毗邻建筑物、市政管线较多，施工时除了需要仔细研究建设区域内的地质水文条件，还需要对邻近建筑物、周边的道路交通、区域内的市政管线等因素进行通盘考虑。

其次，城市轨道交通项目是一个涉及多专业、多工种的大型建设项目，施工过程中涉及的技术工法多种多样，如土方开挖按工法可分为明挖顺作、暗挖逆作等，隧道施工又有盾构法、钻爆法等。在实际施工过程中，每个项目所面临的施工环境各不一样，采用的施工方法不一样，导致过程中的风险也不一样。此外，因涉及土建、设备安装、电气、市政配套等多专业交叉施工，工序较多。在地铁建设项目施工时，一般组织若干个作业面同时开展施工，各作业点位规模比较大，参与作业的人员、机械数量较多，众多因素互相影响、叠加，导致风险复杂性再次加大。

2. 危害性

城市轨道交通项目施工风险事件的后果严重性主要体现在影响范围广、经济损失大这两个方面。影响范围广是指城市轨道交通项目施工期间一旦风险事件发生，会对施工区域周边的水土环境、附近建筑物的安全性能、周边道路的通行、整个地铁线路的建设工期等多个方面都产生巨大的影响，甚至于造成人员伤亡，给当地造成负面的社会评价。经济损失大是因为相比其他市政建设工程，城市轨道交通项目的造价更高，相关资料显示，根据施工条件的不同，项目的综合造价可达到 5 亿～10 亿元 /km，一旦施工期间发生比较大的风险事故，对工程本身和邻近建筑物、周围环境带来实质性的影响，其所造成的直接和间接经济损失都将会是巨额的。

3. 高发性

资料显示，截至 2022 年底，我国共有 53 个城市开通运营城市轨道交通线路共计 290 条，运营里程 9584km，车站 5609 座；巨大的建设规模同时也意味着数量巨大的风险因素。加之我国的城市轨道交通建设起步较晚，不论在施工技术水准和经验上，还是在机械设备的先进性和可靠性上，都与世界顶尖水平有着一定的差距，这些客观因素决定了我国城市轨道交通建设项目仍然处于风险事故的多发期。

21.2.1　人员因素

人员因素主要包括：工作态度、身体健康状态、专业技能、安全意识以及心理素质等方面。

1）工作态度：主要表现为注意力不集中，工作满意感差，不公平感强烈，违反劳动纪律，不遵守劳动操作规程等；

2）身体健康状态：主要表现为人员身体健康状态、精神状态，以及工作时间长、工作负荷大、工作压力大引起的身体不适、身体疲劳等短期状态；

3）专业技能：主要包括知识文化程度，特殊技能水平，接受培训教育情况，技术不熟练、经验不足、规范施工程度等；

4）安全意识：酒后工作以及抱有侥幸心理冒险作业，使用不合理的安全防护用具，违反安全操作规程，违章作业等；

5）心理素质：在危险情况下是否能克服紧张情绪，特殊情况下能否完成施工操作。

21.2.2　环境因素

环境因素主要包括：地质条件、地下管线情况、周边建筑物影响、气候条件影响、现场生产环境、周边道路交通情况、工作场所条件以及现场安全防护措施等方面。

1）地质条件：包括地下水、溶洞、特殊的土质岩层，以及地面上的河流水系等；

2）地下管线情况：燃气管、污水管、雨水管等地下各种管线的影响；

3）周边建筑物影响：周边各种住宅、工业建筑等对基坑或者施工场地的荷载；

4）气候条件影响：施工期内雨、雪、风等天气情况的影响；

5）现场生产环境：其中包括气温、光照采光、空气湿度、空气质量、通风情况、噪声、振动等方面的缺陷；

6）周边道路交通情况：工作面上方以及周边道路交通的荷载和汽车振动；

7）工作场所条件：主要指工作场所布局不合理，工作面积混乱，作业空间狭小等；

8）现场安全防护措施：没有合理使用安全密目网，四口五临边防护措施不到位，出入通道或建筑物出口不符合安全规程等。

21.2.3　材料因素

材料因素主要包括：所用材料的质量、材料的存储状态、材料的整理状态、材料的适用性以及材料的有效性等方面。

1）材料的质量：质量是否合格；

2）材料的存储状态：现场堆放布局，易燃易爆等特殊材料的存储状态；

3）材料的整理状态：是否及时清理、整理；

4）材料的适用性：是否符合设计要求，强度要求；

5）材料的有效性：材料耐久程度，材料性能是否满足预期要求，是否只有部分性能发挥。

21.2.4　设备因素

设备因素主要包括：设备选型、设备运行性能、设备维修保养、零部件磨损和老化以及安全防护装置等方面。

1）设备选型：性能是否符合施工使用，机械强度能否满足；

2）设备运行性能：设备质量是否合格，设备运行是否出现故障、失灵，设备是否在非正常状态下运行；

3）设备维修保养：设备是否保持检修保养；

4）零部件磨损和老化：零部件在运转过程中是否出现不可避免的磨损和老化；

5）安全防护装置：是否配有设备安全防护装置，以及是否有效地起到保护作用。

21.2.5　管理因素

管理因素主要包括：施工组织设计管理、安全技术措施、安全教育情况、安全检查情况、安全技术交底、安全隐患整改以及应急预案等方面；

1）施工组织设计管理：施工方案是否合理，劳动用工分配是否合理，资源调度分配是否合理，安全组织机构是否健全，是否具有明确的安全管理目标，是否具有合理的责任和设置权限，是否具有科学的考核制度；

2）安全技术措施：运用工程技术手段消除物的不安全因素，增加改善劳动条件、预防职业病、防止事故发生和减少事故损失的安全技术措施，例如，防火防爆安全技术措施、安全用电技术措施、起重吊装技术措施、防高处坠落技术措施、防机械伤害技术措施等；

3）安全教育情况：包括班前安全活动，管理人员的安全培训教育，施工人员的三级安全教育，定期性的安全教育，特种作业人员培训等；

4）安全检查情况：安全检查主要检查施工现场的环境状态，现场安全隐患，施工现场的安全技术措施，安全防护设施，施工人员安全操作行为，安全责任制的落实情况等；

5）安全技术交底：包括施工过程中现场管理人员的安全技术交底，施工单位的技术交底制度，施工人员的安全技术交底，工程开工前工程技术人员的安全技术措施交底；

6）安全隐患整改：出现安全隐患时是否及时制定补救和防治措施；

7）应急预案：是否制定详细的应急预案，以及是否合理、完善。

21.2.6　技术因素

技术风险主要包括两个方面：技术方案的稳定性和成熟度，以及基础建筑设施的稳定性和可靠性。在可行性研究阶段、初步设计、施工图设计阶段，轨道线路走向存在着一定的不稳定性及局部调整的可能性，将对项目工期、工程投资、车站建筑、工程施工等产生影响。土建技术方案与实际项目情况有出入，如果未及时处理可能导致工程无法正常开展，甚至可能在施工过程中引发工程事故。就算风险被及时发现，在工程中进行技术方案更换，也会面临建设设备更换、技术人员与工人更换等情况，进而拖延工期，增加投资。加之建筑设备更新具有时效性，如果未提前考虑到这一点，将可能导致技术方案变更，两者皆可相互影响，最终都会导致工期延误，增加工程投资，而且在选用进口设备保障可靠性和选用设备国产化控制成本方面也存在一定矛盾。妥善化解技术风险，保证技术方案可行性、稳定性、可靠性，也可以避免给将来的建设运营留下隐患。

21.2.7　工期因素

工期风险因素众多，包括方案时效性与稳定性、勘测资料质量、项目建设单位的组织管理水平、资金到位情况、承建商的施工技术及管理水平等。另外结合当前国内各大轨道交通工程项目分析可知，城市轨道交通作为地方政府重点工程，普遍存在工期紧张的问题，要实现项目预定的工期目标存在一定的难度。同时，考虑项目融资风险的叠加效应，工期拖延势必引起工程投资的增加，使项目净收益减少。

21. 3　运营阶段风险分析

城市轨道交通系统是一个庞大复杂的系统工程，从建设施工到正式运营的整个过程中都存在着诸多的安全隐患。例如，在施工期间以及运营期间的供电系统、车辆系统、屏蔽门系统、售检票系统、通风、排烟系统、给水排水系统、通信、信号系统等方面都有可能出现危险因素。从城市轨道交通事故产生的基本原因来看，可以归结为人的因素、设备因素、管理因素和环境因素等。从我国的运营实践来看，管理原因和人为原因是诱发非正常事件发生的主要原因。对于运营时间较长的线路来说，客流压力较大，由车辆引起的故障较多；对于刚开通的线路，系统处于磨合阶段，车辆故障和信号故障较为频繁，这些都是设备因素对运营造成的影响。

21. 3. 1　设备因素

城市轨道交通是由一个个相互独立而又相互关联的子系统组成，由于运营阶段设备系统状况造成安全隐患的因素主要包括：

1. 土建系统因素

土建系统是城市轨道交通运营的基础设施，包含轨道工程、路基工程、桥梁与隧道工程、车站建筑以及其他附属设施等。城市轨道作为电客列车行进的载体，由于钢轨、道岔等钢轨部件功能失效，整体道床翻浆冒泥引起道床与基底脱空。线路鼓胀跑道均会导致轨道几何尺寸无法保持，直接危及行车安全；路基及桥梁、隧道结构是直接关系行车安全的基础结构设施，其结构功能破坏、失效，均会影响轨道状态，从而危及行车安全。

2. 车辆系统因素

车辆是城市轨道交通系统中的运载工具，车辆故障通常是影响线路运营的主要原因，其中以车门故障、主回路故障居多。此外还有列车制动故障、电气故障、列车出轨以及列车追尾等。

3. 信号系统因素

信号系统是城市轨道交通运营的行车指挥系统，信号系统的异常，会对城市轨道交通运营带来不良影响。由信号引起的故障以车载设备故障（主要是 ATO/ATP 故障）最为频繁，还有联锁故障、车地无线通信故障导致列车收不到速度码，计轴故障、中央 ATS 故障导致进路不自动触发等。出现联锁故障或大面积计轴故障后需用电话闭塞法行车，这在行车密度加大的情况下，对运营有较大影响。另外，新车载客运行后也会出现较多的信号故障。对于这些常见信号故障，调度员要对重点车站和重点设备重点监控，同时也要发挥车站的主观能动性，遇此类故障作及时调整由专业人员处理。

4. 通信系统因素

通信系统是运营管理和设备维修保障的前提条件，是传递各种信息、指令的重要手段。当通信系统出异常情况下，会造成中心级与车站级的通信中断以及相关业务〔如

CCTV、功率放大器（PA）、PIS、办公自动化（OA）、电话、无线通信、门禁、AFC、BAS、FAS、SCADA、信号］端口的数据中断，直接影响行车指挥及各专业的互联互通，行车指挥将受到较大影响，降低乘客服务质量。通信系统需要加强中心设备维护，加强网管的监控，确保及时发现故障，快速处理以减少故障影响范围。

5. 供电系统因素

供电系统是为城市轨道交通系统提供电能的设备，供电系统故障对运营的打击往往是致命的。供电系统包括电气元件及其线路连接，城市轨道交通的各类设施设备都要依靠电力来运行。接触网带的是高压电，一旦发生接触网断线或绝缘子损坏，接触到金属结构物就会使其带电，危及人身安全；由于电气设备损坏和使用不当常发生触电伤亡事故；变电所、配电室中的电气设备等由于短路、过载、接触不良、散热不良、照明、电热器具安置或使用不当、违章作业等均会引起电气火灾、触电事故；杂散电流会给城市轨道交通以外的金属管道、金属结构造成电蚀危害。列车内的高压电气设备的安全防护措施不当，可能引起人员伤亡事故。

6. 通风／排烟系统因素

在通风系统管理上的缺陷，例如，对风亭、风道设置不合理，会妨碍通风系统的正常工作。排烟系统对城市轨道交通的安全运营也相当重要，在城市轨道交通系统内，在地下隧道内发生火灾，不仅火势蔓延快，而且积聚的高温浓烟很难自然排除，还会在隧道、车站内蔓延，给人员疏散和灭火抢险带来极大的困难，严重威胁乘客、员工和抢险救援人员的生命安全。

7. 给水排水系统因素

给水排水管道的防腐效果不佳会发生泄漏；隧道内排水系统不完善，隧道防水设计等级过低，会导致涝灾或地表水侵入；地面车站的地坪高度低于洪水设防要求，排水系统设置不完善，污水乱排以及污水、垃圾的排放会影响运营环境。

8. 客运服务设备因素

城市轨道交通客运服务设备出现故障，对运营及服务也会造成较大影响。如车站地面材料防滑效果不明显会存在安全事故隐患；在自动扶梯运行中，可能发生梯级下陷、驱动链断裂、梯级下滑、扶手带断裂等故障，并对乘客造成伤害。据统计，由于电扶梯事故引发的客伤是最高的。

21.3.2 人员因素

人员因素是导致城市轨道交通运营事故的主要原因之一，控制人为差错的发生，可以减少安全隐患，从而减少事故的发生。影响城市轨道交通运营安全的人员包括从业人员、乘客、外部人员。

首先，城市轨道交通运营从业人员自身的素质不高是突发事件发生的主要原因之一。城市轨道交通运营从业人员的自身素质包括专业素质、心理素质和生理素质。专业素质中的不安全行为表现有无证上岗、专业知识不过关、操作不熟练、工作经验不足、教育培训不足、操作失误、临场应变能力差、应急演练不到位等。心理素质中的不安全行为表现有安全意识淡薄、警惕性差、注意力不集中、责任性不强、协调配合能力差等。生理素质的不安全行为表现有身体缺陷、带病上岗、超负荷作业等。

其次，乘客既是运营单位安全保护的对象，同时乘客也会对运营安全造成一定的干扰性影响。从乘客的角度来说，拥挤是车站安全事故的诱因之一；乘客不遵守相关乘车规定等不文明的行为，如抢门上下车等，有可能影响正常运营，造成安全隐患或引发事故。

最后，外部人员可包括周围居民及相关市民等。外部人员对运营安全产生影响，一般会形成人身伤害事故。在日常运营实践中，由于人员进入城市轨道交通线路区段，造成列车延误的事件屡有发生。

21.3.3 环境因素

不安全的环境是引起事故的物质基础，主要包括：① 自然环境的异常，即岩石、地质、水文、气象等的恶劣变异；② 生产环境不良，即照明、温度、湿度、通风、采光、噪声、振动、空气质量、颜色等方面的存在缺陷。以下针对部分自然因素进行说明。

1. 大风

大风，是指近地面层风力达蒲福风级 8 级（平均风速 17.2～20.7m/s）或以上的风。大风会毁坏地面、高架设施以及建筑物，从而对行车安全造成影响，特别是高架部分线路的破坏程度较高。例如，因大风造成树木侵入车辆运行限界，从而影响行车安全。

2. 雨雪天气

当发生雨雪天气时，从乘客进站时就已存在安全隐患，如摔倒，极易导致客伤；较大的雨雪还会影响驾驶员的正常瞭望，列车运行轨道湿滑，会影响正常运营。暴露在外的机电设备由于受冰雪冰冻影响，极易导致非正常事件的发生。

3. 水灾

城市轨道交通尤其是地铁工程的车站和隧道大多处于地面标高以下，一方面受到洪涝灾害积水回灌危害，另一方面受到岩土介质中地下水渗透浸泡危害。地下水或地表水进入地铁车站和隧道内，可以使装修材料霉变，电气线路、通信、信号元件受潮浸水损坏失灵，造成工程事故，并且危及行车安全。地下水积存，使地铁内部潮湿度增加，使进入车站的乘客感觉不舒适。

地下段因其位于地表之下，有很多设施出入地面，如车站出入口、风亭风井、中间竖井出地面电梯等，雨水容易从这些部位灌入地下段。特别是当城市因暴雨发生严重内涝后，也会殃及地铁车站被淹，线路停运。

21.3.4 管理因素

管理因素对运营安全的重要性主要体现在三个方面：第一，有助于提高运营系统内部人员、设备和环境的安全性；第二，具有协调运营系统内的人、机、环境之间关系的功能；第三，具有优化运营系统人、机、环境整体安全功能的能力。影响运营安全的管理因素主要有：组织（安全计划、安全因素、方针目标、行政管理）、技术（规章制度、作业标准）、信息（动态信息、信息流转、信息反馈）、教育（技术培训、职工技能培训）、资金。

城市轨道交通项目从建设到运营期间，都由专职人员进行专业管理，但是在管理过程中往往会出现各种失误或不负责任的情况，这都会成为安全事故发生的隐患。而管理因素与其他安全隐患同时发生，不但会提高安全事故发生率，而且会使得安全生产事故影响进一步扩大。事实上，每一次事故的发生并非偶然，通过事件倒查在各个环节上都可能存在疏漏。如果事故的发生难以避免，那就更应该注重日常管理人员的安全意识、素质提高，以减小事故发生的可能性，或降低事故的影响程度和危害性。

第 22 章　城市轨道交通工程各阶段风险管理

22.1　规划阶段风险管理

城市轨道交通工程规划风险管理是一项决策问题，需全面收集与工程建设风险相关的基础资料，系统了解工程所在区域的场地及周边环境，这既有利于实施风险管理，又有利于采取安全可靠、经济适用的风险控制方案。

城市轨道交通工程规划阶段进行有效的风险管理，对城市轨道交通工程的设计、施工及运营风险管理十分关键。规划阶段风险管理应针对提出的多种规划方案进行风险评估，探明各阶段（包括运营阶段等）中潜在的重大风险因素，规避和降低由于线位、站位和施工方法等规划方案不合理所引起的潜在风险。城市轨道交通工程规划阶段选定的方案可进行调整与修正，甚至可重新拟定方案，因此，风险管理应结合风险评估结果进行风险决策，风险控制应以"规避"为主，对选定的方案进行调整或优化，在工程经济、合理、可行和适用的原则下，规避重大风险因素，减少风险发生。

22.1.1　规划方案风险评估

规划阶段主要是拟定工程建设方案，选定工程线路，重点分析工程建设的线位与站位选址风险，分析拟定线路潜在的重大风险因素。城市轨道交通工程规划方案的制定，需充分调查和考虑与城市其他规划建设工程的相互关系，尤其是不同结构类型的地下工程，分析工程实施的先后顺序及投入运营后可能引起的建设风险。同时，重点分析评估与城市其他工程建设的相互影响风险，提出城市轨道交通工程建设引起风险的处置措施。

22.1.2　重大风险因素分析

在规划阶段可能存在的主要重大风险因素，应结合具体的工程进行逐项分析，确保重大风险因素不遗漏。需要对工程地质、水文地质、地下管线、暗渠、古河道以及邻近建筑等调查清楚，特别是在建筑密集、交通繁忙、地下管线众多而复杂的城区，详细查明重大风险因素的发生地点及预计时间。对于特殊设计的地下工程以及首次采用的新材料、新工艺和新设备等必须进行其可能引起损失的分析。

22.1.3　风险评估报告编制

城市轨道交通工程规划阶段应编制风险评估报告，报告要求内容全面、数据资料翔实、分析结论客观公正，提出的风险对比指标及风险评估结论具有可比较性，风险处置措施要有针对性和有效性。同时，编制的风险评估报告须通过专项评审，作为后续建设阶段风险管理的依据。

城市轨道交通工程规划阶段风险评估报告内容一般包括：概述；编制依据；风险评估流程与评估方法；各规划方案风险评估；规划方案综合对比风险评估；推荐方案重大风险因素分析；结论与建议。

22.2　可行性研究风险管理

城市轨道交通工程可行性研究风险管理中，需根据选定的线路方案和地下工程设计，由建设单位组织工程建设有关方开展现场风险管理调查。此阶段的风险管理对后续风险管理的实施十分重要，建设单位须高度重视开展现阶段的风险管理工作。

22.2.1　现场风险调查

现场风险调查需要结合规划阶段的风险评估报告、工程线路和图纸等资料编制现场调查计划，具体包括：待调查的地下工程信息，调查时间和方式，参与人员，现场记录及调查资料整理。由于工程建设前期开展调查实施难度大，线路现场复杂，根据目前各城市实施风险管理的现场经验，合理地划分调查单元，全面地开展现场调查对辨识工程建设风险十分必要。

现场风险调查计划一般包括对全线展开工程实地踏勘和环境调查，重点对工程中潜在的重大风险因素展开调查分析，避免工程资料与现场实际条件不符，并做好现场记录和拍照。

城市轨道交通工程一般在城市密集区内穿越，修建地下工程无疑会对周边环境造成影响或破坏，因此，应调查摸清工程影响范围内的交通情况、道路状况、地面建（构）筑物状况、军事区、涉密性的特殊建（构）筑物、古文物或保护性建筑的安全状况。必要时，需要建设单位进行专项补充调查和现状安全性评估。应着重核实和检查工程影响范围内的各类地下障碍物、地下构筑物、地下水、地下管线等的规模和安全状况。了解工程影响范围内需征地动拆迁的规模和当前使用状况，分析其对周边环境和建设工期的影响。明确工程建设影响范围内的噪声、空气、水以及生态等环境保护要求，参考规划阶段辨识的重大风险因素，进行全面施工环境影响风险调研。

22.2.2　风险评估

城市轨道交通工程施工方法与工期密切相关，合理地选择施工方法不但可节省工程建设投资，还能降低工程施工风险，保障合理的施工工期。结合具体地下工程实际情况，进行风险因素分析，优化可行性方案，规避和降低由于线位、站位和施工方法等可行性方案不合理所带来的风险，为工程设计、施工及工程保险作好前期准备。另外，城市轨道交通工程运营期间易对周边环境产生噪声或振动影响，同时，可能还会发生各类灾害（火灾、恐怖袭击）或运营事故，须针对上述因素进行分析，并开展专题试验与研究。

城市轨道交通工程可行性研究风险评估需要考虑工程建设规模、技术经济指标的合理性与环保影响风险，施工方法选择不当风险，技术方案的不确定性与变更风险等，评估建设风险因素引起的建设工期风险。重大关键工程节点一般是城市轨道交通工程建设的难点，需考虑工程潜在的重大风险因素，对各重大关键工程节点进行专项风险分析，必要时进行计算模拟分析与试验测试。另外，需结合地下工程的规模、施工方法及机电系统配置，合理安排建设工期，防止因工程建设工期紧张等引起的风险。

考虑城市轨道交通工程的建设工程规模、水文与工程地质条件、邻近地下及地面环境等因素，从施工方法的可行性、安全性、适应性和经济性、工期进度及对周围环境影响等因素，进行综合分析并选择合适的施工方法，避免因施工方法不适合所引起的工程建设风险。不同施工方法潜在的主要风险因素，如表22-1所示。

不同施工方法潜在的主要风险因素　　　　　　　　　　　　　　　　表 22-1

序号	施工方法	风险因素或事故
1	明挖法、盖挖法、沉井法	塌方、坍塌、涌水、大变形破坏、开裂、其他
2	盾构法	设备风险、进出洞及掘进风险、涌水、其他
3	沉管法	基槽疏浚、管段托运、沉放、防水、基础处理、其他
4	矿山法（包括钻爆法、浅埋暗挖等）	洞口失稳、塌方、瓦斯、流土、流砂、涌水、沉陷、大变形、岩爆、其他
5	顶管法	设备风险、进出洞及掘进风险、涌水、其他

城市轨道交通网络的建设势必会遇到较多的交叉点、换乘节点或近远期建设问题，不同线路的上穿、下穿、交叠或近距离平行施工等，如果考虑不周会对后期工程建设产生很大影响。为避免引起此类建设风险，应对这些相互影响进行充分的评估和处理，并需提前做好规划方案，做好不同期建设工程之间的衔接和预留。

22.2.3　风险评估报告编制

城市轨道交通工程可行性研究风险管理需编制风险评估报告，风险评估报告对后续阶段风险管理十分重要。

城市轨道交通工程可行性研究风险评估报告主目录包括：

1. 概述

2. 编制依据

1）采用的风险评估方法及标准；

2）编制依据文件和资料。

3. 工程总体风险评估

1）地质勘察风险；

2）地质灾害风险；

3）管线综合风险；

4）线路及车站选址风险；

5）动、拆迁风险；

6）周边环境影响风险；

7）建设工期风险；

8）交通组织风险；

9）其他风险。

4. 土建结构施工风险评估

1）明挖施工的地下车站，采用暗挖或盖挖施工的车站可参考拟定；

2）地下区间，应根据不同施工方法来考虑（以盾构法和矿山法为例，其他施工方法可参考拟定）；

采用盾构方法施工，主要内容为：

（1）盾构机选型与地层适应性风险分析；

（2）盾构制作、运输、组装调试和交货期风险分析；

（3）主要施工设备（盾构机和盾尾注浆设备等）风险分析；

（4）盾构进出洞施工风险分析（包括地基加固风险分析）；

（5）盾构推进阶段的施工风险分析；

（6）管片生产、运输和拼装风险分析；

（7）联络通道施工风险分析。

采用矿山法施工，主要内容为：

（1）矿山法适应性风险分析；

（2）线路不同埋深风险分析；

（3）超前地质预报风险分析；

（4）施工主要设备风险分析；

（5）进出洞施工风险分析；

（6）开挖方案及施工工艺风险分析；

（7）工作面稳定性风险分析；

（8）初次支护与衬砌施工风险分析；

（9）不良地层施工风险分析；

（10）平行隧道相互施工影响分析；

（11）隧道辅助施工方法风险分析。

3）联络通道；

4）附属工程风险分析（包括：通风井、车站出入口和变电站等）；

5）重大风险因素及关键节点工程风险分析。

5. 机电安装风险评估

1）供电系统风险分析；

2）通信系统风险分析；

3）信号系统风险分析；

4）通风和空调系统风险分析；

5）给水排水、消防系统风险分析；

6）防灾、报警与环境控制系统风险分析；

7）自动售检票等其他车站设备风险分析；

8）轨道及安全门风险分析；

9）设备联调风险分析。

6. 人员安全及职业健康风险评估

1）人员安全风险分析；

2）职业健康风险分析。

7. 工程施工环境影响风险评估

1）施工对周边建（构）筑物影响风险分析；

2）噪声污染风险分析；

3）水污染风险分析；

4）空气污染风险分析；

5）施工渣土污染风险分析；

6）生态环境影响风险分析。

8. 工程运营期风险评估

1）运营灾害风险分析；

2）运营事故风险分析；

3）运营生态环境影响风险评估；

4）其他运营风险分析。

9. 风险控制措施建议

10. 结论与建议

可行性研究风险评估报告还需要可行性方案的综合比选分析，施工方法适应性风险分析，推荐优化的风险可接受方案等内容。同时，需组织专家对可行性研究风险评估报告进行专项评审，并作为后续工程阶段建设风险管理的依据。

22.3 勘察与设计风险管理

针对城市轨道交通工程，结合前期风险管理资料，考虑本阶段实施内容和不同风险等级分别开展风险管理。由于这个阶段可通过工程勘察资料和设计计算获得大量的工程数据资料，可以为后续合同签订与工程施工提供风险管理依据。

我国城市轨道交通工程勘察与设计，具体可包括以下阶段：

勘察工作阶段一般有：可行性研究阶段勘察（简称可研勘察）、初步设计阶段勘察（简称初步勘察）、施工图设计阶段勘察（简称详细勘察）和施工阶段勘察（简称施工勘察）等，必要时，可结合工程具体需要进行专项勘察。将勘察工作阶段引起的建设风险降低到可接受水平。

设计工作阶段一般有：总体设计、初步设计和施工图设计。设计阶段对工程施工和运营风险影响很大，应以安全、可靠的工程设计文件，控制并减少由于设计失误或施工可行性差等因素引起的工程功能缺陷、结构损坏及工程事故等。

城市轨道交通工程勘察与设计风险管理的"分对象"主要是考虑建设各方及地下工程类型进行分类分析，建设单位需针对不同对象组织风险管理；同时，"分阶段"是要求该阶段建设各方考虑各项风险等级进行分析，要求提交的勘察与设计资料满足工程建设安全与风险控制要求。

22.3.1　工程勘察风险管理

工程勘察阶段风险管理，要注重调查潜在的不良水文地质和工程地质条件，查明不良地质作用及地质灾害，并在勘察中采取合适的措施，降低因勘察技术和勘察资料等原因引起的风险。另外，在对工程地质勘察与环境调查报告的过程审查和论证时，要注重对岩土工程勘察的数据分析与处理分析，控制因勘察遗漏、失误或环境调查不准、室内试验方法及参数获取失误等引起的工程设计与施工风险。城市轨道交通工程勘察中常见的地质风险因素，详见表22-2。

城市轨道交通工程勘察中常见的地质风险因素[①]　　　　　　　　　表 22-2

序号	类别	地质风险
1	人工填土	填土由于其松散性和不均匀性，往往给地基、基坑边坡和围岩的稳定性带来风险
2	人工空洞	城市地区浅表层受人类工程活动影响，易形成人工空洞。人工空洞对地下工程的施工带来潜在风险。容易形成空洞的地段一般包括：雨污水管线周边、深基坑工程附近、地下水位动态变化较大地段、原有空洞部位（菜窖、墓穴、鼠洞等）、管线渗漏地段、砂土复合地层结构地段等
3	卵石、漂石地层	卵石、漂石地层中的漂石会给围护桩施工、管棚和小导管施工以及盾构施工带来困难和风险；卵石、漂石地层的高渗透性也会给工程降水和注浆带来困难
4	饱水砂层透镜体	饱水砂层透镜体由于其分布的随机性，详细勘察阶段不容易被发现；施工时，隧道开挖范围遇到它会造成隧道涌水和流砂
5	上层滞水	上层滞水由于其分布的随机性和不稳定性，又因详细勘察距离施工的时间较长，造成其不容易被查清，给施工带来一定风险

① 《城市轨道交通地下工程建设风险管理规范》（GB 50652）

序号	类别	地质风险
6	岩溶和溶洞	在溶岩地区岩溶和溶洞的分布无规律，且不易勘察，易给后期施工带来难以预见的风险；饱水的大型溶洞还易造成施工中的地下水突涌
7	断层破碎带	在各断裂的断层破碎带之中，隧道在破碎地层中增加塌方风险，基坑开挖施工容易受到地质断裂带中沿岩石裂隙面滑动的滑动力不利影响，这种滑动也会带来很大的风险
8	活动的裂缝	在黄土地区存在的活动地裂缝上下盘升沉速率快，地裂缝内易涵养地下水（上层滞水或其他水层），对工程的影响较大，易造成后期的工程建设风险
9	高承压水、高压裂隙水	软土地层的高承压水易导致地下工程涌水和失稳等风险，岩石地层的高压裂隙水会造成地下工程的突水风险
10	有害气体	赋存于地层中的可燃或有毒气体易造成隧道施工中的爆燃或施工人员中毒等风险
11	膨胀围岩	膨胀围岩在开挖或遇水后的膨胀会造成地下结构受力和变形超标等风险
12	湿陷性地层	湿陷性地层在不同含水量时的承载能力和变形特性差异较大，其所采用的加固方法和措施方面具有风险
13	高灵敏度淤泥质地层	此类地层对工程活动的扰动敏感，稳定性差，易出现基坑等工程的失稳等风险
14	活动地震断裂带	活动断裂带活动变形风险
15	液化地层	液化地层中的城市轨道交通结构易在地震和列车运行振动作用下出现基底变形下沉风险
16	高地压地层	高地压地层（岩层）条件下易出现岩爆等风险
17	高硬度岩层	高硬度岩层在采用掘进机类设备施工时存在设备适用风险
18	粉细砂地层	含水的粉细砂地层易产生流砂等风险
19	不明水源	由于地下（废弃）水管、化粪池等渗漏引起的建设风险

工程勘察开展前，设计单位应根据地下结构类型和施工方法提出工程勘察要求；勘察单位需要结合工程地质和水文地质条件进行方案深化，编制工程勘察大纲，重点内容应包括与不良水文地质或工程地质相关的风险因素。建设单位在勘察前应组织设计交底，勘察后组织勘察成果交底，设计、施工、监理等参建单位应参加勘察成果交底。勘察成果交底需针对工程地质风险、环境风险处置建议进行专门介绍。存在无法探明的工程地质或水文地质情况时，需说明可能导致设计和施工风险的潜在因素。

勘察施工或环境调查过程中易发生操作不当引起的建设风险，例如，地质钻孔封堵不到位、地质钻孔卡钻导致钻杆拔不出等，也可能造成对邻近地下管线的破坏，引起区域停电、管道爆炸和火灾等，因此必须制定并实施有效的预防措施，做好人员及设备的防护。

22.3.2　总体设计风险管理

总体设计风险管理，应对全线总体技术标准、技术要求、工程规模、项目功能、线路敷设方式、配线、重难点车站及区间的施工方法、各系统专业的总体设计方案（例如，选择代表性工点、机电系统专业，提出典型方案布置）等进行风险评估。城市轨道交通工程总体设计风险因素应从地下工程自身以及周边环境等方面考虑。

总体设计风险管理，应在收集工程建设用地范围地质灾害危险性评估、地震安全性评价与环境影响评价等专题研究报告的基础上，复查评估结论，若发现不合理之处，需要进行专项风险评估。

地下工程自身的风险是指由于地下工程自身建设要求或施工活动所导致的风险，如深大基坑、大断面隧道等。自身的风险等级主要考虑地质条件、工程埋深、结构特性（地下结构层数、跨度、断面形式、覆土厚度、开挖方法）等风险因素。其中，明挖法和盖挖法可按地质条件、地下结构的层数或基坑深度作为分级参考依据；矿山法可以车站的层数和跨度作为分级参考依据；暗挖区间可以隧道的跨度、断面复杂程度作为分级参考依据；盾构法可以隧道相互之间的空间位置关系作为分级参考依据。

城市轨道交通工程环境影响的风险主要指建设活动导致周边区域的建（构）筑物发生影响或破坏，地下工程环境影响的风险等级需根据城市轨道交通地下结构与工程影响区范围内环境设施的重要性、位置关系、地下结构类型与施工方法等因素划分。

位于城市轨道交通工程影响区范围内的环境设施，按其重要性可划分为两类：重要设施和一般设施（表22-3）。

环境设施重要性分类   表22-3

环境设施类别	环境设施重要性类别	
	重要设施	一般设施
地面和地下轨道交通	既有城市轨道交通线路和铁路	—
既有地面建（构）筑物	省市级以上的保护古建筑，高度超过15层（含）的建筑，年代久远、基础条件较差的重点保护的建筑物，重要的烟囱、水塔、油库、加油站、气罐、高压线铁塔等	15层以下的一般建筑物；一般厂房、车库等构筑物等
既有地下构筑物	地下道路和交通隧道、地下商业街及重要人防工程等	地下人行过街通道等
既有市政桥梁	高架桥、立交桥的主桥等	匝道桥、人行天桥等
既有市政管线	雨污水干管、中压以上的燃气管、直径较大的自来水管、中水管、军用光缆、承插式接口混凝土管	小直径雨污水管、低压煤气管、电信、通信、电力管（沟）等
既有市政道路	城市主干道、快速路等	城市次干道和支路等
水体（河道、湖泊）	江、河、湖和海洋	一般水塘和小河沟
绿化、植物	受保护古树	其他树木

22.3.3 初步设计风险管理

初步设计方案风险管理中的重点是对设计参数及计算模型的风险分析，同时结合工程重大风险因素，分析结构设计形式的合理性和经济性风险，并对工程设计方案的变更风险进行规定，避免发生工程设计方案随意变化引起新的风险。

根据初步设计资料，初步设计风险分析单元的划分可包括：

1）建筑设计风险分析；

2）结构设计风险分析；

3）给水、排水设计风险分析；

4）动力与暖通设计风险分析；

5）电气、信号与设备监控系统设计风险分析；

6）主要设备、新材料或新技术应用风险分析；

7）防灾与报警系统设计风险分析；

8）环境保护设计风险分析；

9）工程运营风险分析。

初步设计风险管理中需考虑不同地下工程类型，结合拟采用的设计方案与施工方法建立风险评估列表进行风险管理工作。

22.3.4　施工图设计风险管理

城市轨道交通工程施工图设计风险管理可按照风险因素与风险的层状或树状结构关系进行列表分析（表22-4），表中列出部分主要风险，对于具体的城市轨道交通工程，需根据现场的地质情况、周边环境、结构类型和施工方法等，对其进行针对性的分析。

城市轨道交通工程施工图设计主要风险因素或事故 [①]　　　　　　　　表 22-4

单位工程	施工方法	分部工程	分项工程	主要风险因素或事故
车站基坑、附属工程（出入口、泵房、风井等）	明挖法 盖挖法 沉井法 矿山法 （包括钻爆法、浅埋暗挖等）	基坑围护	水泥土搅拌桩	坍塌、渗漏水、管涌、流砂、沉陷、开裂、周围建（构）筑物倾斜或开裂、内衬墙裂缝、不均匀沉降、地下结构上浮、突沉、土体滑坡等
			钢板桩	
			预制钢筋混凝土板桩	
			土钉墙	
			钻孔灌注桩（成孔、下钢筋笼、成桩）	
			型钢水泥土搅拌桩	
			地下连续墙（导墙、成槽、钢筋笼、成墙）	
			沉井制作、下沉和封底	
			工程防水	
		地基处理及降水、排水	注浆法	沉陷、开裂、周围建（构）筑物倾斜或开裂
			高压喷射注浆法	
			水泥土搅拌桩	
			人工地层冻结法	
			基坑明排水、轻型井点、喷射井点、电渗井点、疏干管井、减压管井	

---

① 《城市轨道交通地下工程建设风险管理规范》（GB 50652）

单位工程	施工方法	分部工程	分项工程	主要风险因素或事故
车站基坑、附属工程（出入口、泵房、风井等）	明挖法 盖挖法 沉井法 矿山法（包括钻爆法、浅埋暗挖等）	基坑开挖与回填	桩基工程（立柱桩、抗浮桩、逆作法桩）	渗漏、围护结构失稳破坏、坑底隆起、管涌、流砂、基坑内土体滑坡、机械倾覆等
			基坑开挖	
			支撑体系	
			倒滤层结构	
			土方回填	
		内部结构	模板	内衬墙裂缝、渗漏、不均匀沉降、地下结构上浮等
			钢筋	
			混凝土	
			防水混凝土	
			现浇结构	
			工程防水	
区间隧道及附属结构	矿山法	区间隧道	钻孔	塌方、失稳、流土、流砂、涌水、瓦斯、大变形、岩爆、渗漏水、开裂破坏、不均匀沉降、设备故障等
			爆破	
			土方开挖	
	暗挖法		支护	
	顶管法		工作井	坍塌、上浮冒顶、轴线控制不当、管片破损、渗漏水、开裂破坏、不均匀沉降、设备故障等
			进出洞施工与洞口防护	
			管节制作	
			管节顶进	
	盾构法		进出洞和洞口加固	掌子面失稳、刀头及刀具磨损、盾尾密封失效、隧道上浮、冒顶、轴线控制不当、管片破损、渗漏水、不均匀沉降、设备故障等
			盾构组装、解体	
			盾构推进及管片拼装	
			盾构刀具更换	
			管片制作	
			盾构掉头和过站等	
	沉管法		干坞	潮汐和暗流、沉放错位、水下连接失效、管节开裂破坏、不均匀沉降、设备故障等
			基槽浚挖	
			管段制作	
			管段沉放	
			管段基底及接头处理	
	矿山法 顶管法	联络通道	土体加固	土体加固失效、塌方（坍塌）、渗漏水
			土体开挖	

　　施工图设计阶段需再次核准初步设计的风险等级，根据不同的风险级别开展相应的设计风险分析与评估。对重大环境影响风险应开展工程建设风险专项设计，编制重大环境影响风险专项设计文件。文件的内容主要包括：风险分析评价、工程环境监测控制标准、工

程技术措施、环境影响保护设计措施和专项监控量测设计方案等，并满足施工图设计文件的深度要求。针对重大以下的环境影响风险，施工图设计文件中应包含风险分析评价和专项措施等专项内容，原则上可不再进行专项设计。同时，地下结构自身的风险控制各项措施和要求在施工设计文件中应体现。

施工影响风险分析，应分析和预测工程施工可能对周围环境和设施带来的相关影响，提出施工控制指标要求。施工影响分析通常采用数值模拟、反分析、工程类比等方法，预测分析地下工程施工对周边环境所造成的附加荷载和附加变形影响，判断施工方法、加固措施等能否满足工程环境所允许的限定承载能力和容许变形能力等。

施工图设计风险管理中对重大环境影响的区域，应明确现场监控量测要求，提出工程环境影响的风险预警控制指标，并建议实施信息化施工，开展风险预警控制工作。另外，需配合建设单位招标、投标和建设管理，编制工程现场施工注意事项说明及事故应对技术处置方案。

在工程施工图设计及工程施工期间，设计单位须充分注意施工配合工作，并向施工、监理等单位就设计意图、设计要求、设计条件等设计文件作设计交底，充分进行相关单位之间的风险预防沟通和交流。另外，配合监督施工单位在施工中是否落实风险控制措施。对在施工过程中发现的不落实情况或与设计条件不符的情况，设计单位应及时通知建设单位，并要求责任相关单位及时改正。

22.3.5　风险管理文件编制

城市轨道交通工程勘察设计风险管理应编制风险管理文件，同时可根据实际条件开展风险评估。编制的风险管理文件包括：辨识的风险清单、风险评估报告、风险控制措施、现场施工风险监控指标、重点及关键工程建设风险说明。城市轨道交通工程勘察设计风险评估报告内容一般包括：

1）概述；

2）编制依据；

3）风险评估流程与评估方法；

4）各单项风险评估；

5）关键节点工程风险评估；

6）专项风险控制措施；

7）结论与建议。

22.4　招标、投标与合同签订风险管理

城市轨道交通工程招标、投标与合同签订风险管理工作的目的是通过开展工程招标、投标文件编制风险管理，以法律文件形式明确工程建设风险管理要求，约定工程建设各方的参与分工和职责。同时，结合具体项目的施工方法、工程规模、建设管理模式等，通过

招标、投标文件的编制对前期完成的风险管理工作进行梳理，对重大风险或新辨识的风险进行再分析评估，并列举以往类似工程进行风险管理的典型工程实例及经验，为工程建设风险管理的实施提供参考。

22.4.1 招标、投标文件准备

招标单位需明确工程的风险管理目标，依据招标工程的规模、特点、性质及自身管理能力等，合理确定招标范围、招标方式、发包方式和投标时间限制，制定科学合理的工程标底和评标方法。

招标文件中需明确工程建设风险等级标准和原则，工程重点、难点，投标单位的风险管理内容、目标、费用、机构人员配置、资质资格要求和责任约束等相关内容。同时，对投标单位的标书进行约定。

投标单位需要根据招标文件，对招标文件中的各项条款进行详细研究，对施工现场及周围环境、工程地质、水文地质条件进行详细的调查，可以按照招标要求开展前期风险分析准备工作。投标文件各部分（包括技术、经济、商务和其他部分等）的风险管理方案和措施等均需符合招标文件要求。

22.4.2 合同签订风险管理

合同文件报价中，中标单位应按要求单独列出工程建设风险管理费用，同时，说明工程建设风险管理的计划投入及处置措施费用。这些费用在投标时应不低于国家规定的费率标准，不能作为降价让利的项目。中标单位承诺的工程建设风险管理费用要求及时到位，并做到专款专用。

目前，我国工程保险还处在试行与探索阶段，各城市轨道交通建设中，尤其是对复杂的地下工程（如穿越、邻近影响、超大结构等），都要求开展工程保险，各地区由于存在较大的经济水平差异，现阶段较难统一规定相应的保险费率，工程保险的内容及条款需针对具体工程进行编制，并说明投保双方的权利与责任，现场发生了符合保险规定的风险，保险公司须及时开展赔偿支付。

22.4.3 风险管理文件编制

工程招标、投标与合同签订应编制工程建设风险管理文件，记录招标、投标及合同签订过程中实施的风险管理内容。风险管理文件中需约定双方风险管理的权利、责任和义务，同时，说明风险管理计划、管理费用与管理职责分担，约定合同双方的风险承担责任与保险赔偿要求。

22.5 施工风险管理

城市轨道交通工程施工风险管理是工程建设风险管理过程的核心，也是工程建设风险

能否得到有效控制的关键阶段。随着工程施工进展，工程建设风险不断动态变化，各项风险的发生概率及其损失也将发生改变，而且，轨道交通工程建设易受外部天气和环境等条件的干扰，现场风险情况瞬息万变，因此，工程建设过程中建设各方必须实施动态风险管理。动态风险管理主要体现在风险信息的收取、分析与决策过程的动态，对风险的预报、预警与控制实施的动态。

目前，我国部分城市如北京、上海和广州等在轨道交通建设中已尝试开展了施工动态风险管理工作，由建设单位组织，以前期阶段完成的风险管理文件为基础，结合工程建设进度和周边条件，动态地对现场及未来工程建设潜在风险进行分析与评估；同时，通过现场施工风险记录资料，利用现场监测信息化手段，依据施工参数、环境监测反馈等信息对施工工程建设风险开展跟踪与反馈。上述技术措施的实施与开展，一方面保证了风险管理的连续性和有效性，同时，为工程进展中发生的新情况、新问题提供了预报、预警，为调整、优化、完善设计与施工方案，为及时处置、控制风险提供了保证。

城市轨道交通工程建设中无法完全消除或避免风险，加之外界影响或变化也会导致不可预见的风险，因此，需针对潜在的各类重大风险建立相应的健全事故呈报管理体系与制度，确保事故信息能及时、可靠地传递给相关建设各方，以方便开展事故抢险与救护。风险管理中针对辨识的重大风险需编制风险控制预案，包括现场监测预警标准及预告、风险抢险队伍与物资准备、事故处理应急处置决策等。同时，还要做好风险告示牌和风险记录，及时更新施工现场及参与人员等相关信息。

22.5.1 施工准备期风险管理

城市轨道交通工程施工准备期的风险管理，主要是在对项目进行结构分解分析后，根据项目施工组织方案以及周边的环境条件，参考勘察与设计阶段编制的风险记录文件，对辨识的风险进行逐项核实和分析，并编制现场风险事件核查表。

22.5.2 施工期风险管理

城市轨道交通工程施工中应注意在特殊及复杂条件下的风险，主要包括：

1）地下管线中的大口径管线（热力、电力、水管和通信等），穿越保护性建（构）筑物、军事区或重要设施是地下工程的重要风险点，一般宜采取事前调查、申报审核、合理施工保护等措施降低风险。

2）地下障碍物将直接影响正常的施工，通常情况应将地下障碍物预先清除，对于特殊情况下需在施工中直接切削穿越的，应制定有效的风险控制措施。

3）浅覆土层是指隧道覆土小于施工隧道直径1倍的工况。浅覆土层施工易造成开挖面失稳和隧道上浮等风险，并加剧土体的扰动和损失量，导致发生塌陷等事故。

4）小曲率区段是指隧道曲线半径小于施工隧道直径50倍的工况。小曲率区段对隧道轴线的控制存在一定风险，应加强对盾构机姿态的控制，合理选择管片型号，并提高管片的拼装质量。

5）大坡度段是指隧道轴线大于 30‰ 的工况。大坡度段施工易造成盾构机姿态控制和隧道内水平运输的困难，应合理地控制盾构机姿态和选取水平运输机具。

6）小净距隧道是指两隧道间距小于隧道直径 60% 的邻近施工。在施工时应严格控制参数，加强监测，并对两隧道之间区域实施地基加固措施。

7）穿越江河段是指所建隧道处在江河下的工况。穿越江河段施工时，易形成开挖面与江河贯通以及隧道渗漏的风险。通常可通过提高开挖面稳定性、改善隧道抗位移抗变形能力以及加强隧道防喷涌、防渗漏的风险控制措施。

另外，针对具体城市轨道交通工程建设，应考虑增加车站、基坑、复杂工程安装、联络通道、进出洞等单项工程的施工风险分析，由于地下工程建设存在大量的多工种、多专业交叉，应重视人员安全风险控制。

施工期建设风险管理需工程参建各方共同参与，与施工单位一起完成施工风险管理实施。

1）施工风险辨识和评估。根据工程条件、施工方法以及设备，按照工程施工进度和工序，对工程建设风险进行二次风险评估和整理，对工程的重大风险进行梳理和分析，确定工程建设风险等级，并对重大风险提出规避措施和事故预案，完成施工风险评估报告。具体包括：

（1）各分部工程的主要风险点；

（2）重大风险因素；

（3）风险等级及排序；

（4）风险管理责任人；

（5）风险规避措施；

（6）风险事故预案。

2）风险评估报告应以正式的文件发送给工程建设各方，并经讨论使工程参建各方对工程建设风险评估等级和控制对策达成共识。

3）施工对邻近建（构）筑物影响风险分析。地下工程的施工都可能会对邻近的各类建（构）筑物产生一定的影响。风险分析的目的是通过建立工程施工引起地层变形与邻近建（构）筑物损坏的费用损失之间的关系，完成施工影响风险分析的经济损失评估。风险分析内容与步骤建议如下：

（1）对既有建（构）筑物的现状调查，包括：结构形式、建造时间、重要性程度、服务年限与状态、与工程邻近距离及周边区域环境等；

（2）判断邻近建（构）筑物的破坏形式，用可以衡量的指标（例如，裂缝宽度、倾斜度、差异沉降等）定义各个破坏阶段；

（3）采用工程施工地层变形计算分析，结合现场监测数据，得到周围地面沉降值，并分析影响地层变形的因素；

（4）通过力学计算和统计分析，得到建（构）筑物发生破坏概率，计算建（构）筑物与破坏衡量指标的关系；

（5）建立建（构）筑物的破坏和损失之间的关系，将不同级别的破坏与建（构）筑物造价的损失比相对应；

（6）对不同施工工况下建（构）筑物的损失进行评估，提出工程施工风险控制对策与处置措施。

根据风险评估结果，在每个单项工程施工之前，建设单位可通过风险预告的形式，将其中的主要风险点通告施工单位。

施工单位需要提交专门的风险处置方案，上报建设单位，审批通过后方可施工。施工现场风险通告是工程建设风险管理中非常重要的环节，施工单位应该在工程现场设置风险宣传牌，对各个阶段的风险点和注意事项进行宣传和教育。现场风险通告一般包括以下内容：

1）主要风险事故；

2）风险管理实施责任人；

3）风险因素与风险等级；

4）施工人员注意事项；

5）事故预兆；

6）风险规避措施；

7）风险事故预案。

对于事故、意外、缺陷等问题，建设各方应认真、细致、充分、全面地分析，做到证据分析、过程分析、原因分析、责任分析，并保持客观、中立的态度，对定性、定责应公正、准确。调查还应查明发生的原因、过程、财产损失情况和对后续工作的影响，并提出处理措施和完善风险控制措施的建议。事故各相关单位应采取措施防止类似事故的再次发生，并对员工进行教育和培训。建设各方可根据施工现场情况和进度，跟踪风险动态变化情况，实施风险控制策略和措施。在出现风险征兆后应及时通报建设各方，跟踪风险征兆发展，及时启动应急预案措施。

现场监理工程师的主要风险管理职责是评估本身监理工作不到位或失察风险，并核查和监督施工现场风险管理的执行情况。为此，监理工程师应充分了解设计意图，根据设计要求重点对施工方案的可操作性进行分析，掌握施工中存在的风险及其应对措施，以保证施工能完全满足设计的要求。

为明确责任和保证监测质量，现场施工监测需要由专业的第三方监测单位承担。监测单位应根据设计要求，制定详细的现场施工监测方案，监测方案必须满足设计与监控要求，并与施工开挖工序一致。监测说明应明确量化各监测指标的预警值以及各级预警所应采取的应对措施。

监测指标的预警值应由监测单位和设计单位根据设计要求、工程经验、计算分析以及监测反馈分析共同确定。监测单位应把施工现场风险分析作为监测报告的一部分内容，采用月报、周报等提交监测报告，及时提交施工风险预警、预报。

22.5.3　车辆及机电系统安装与调试风险管理

城市轨道交通车辆及机电设备系统安装与调试阶段是风险易发阶段，由于系统处于组装与调试期，各设备与系统之间存在一定的衔接与协调，同时，各系统安装中也需要进行必要的防护和保护，通过该阶段的风险分析，辨识工程系统运营风险因素。

对城市轨道交通车辆与机电设备系统，需要考虑安装调试及运营后可能的风险类型及对建设工期、设备运营可靠性及设施等的影响风险进行分析，同时，分析机电设备的不适用或不配备风险。当现场机电设备规格和验收标准有重大变更时，应对安装与调试重新进行风险辨识与评估，并完成风险管理记录文件。

车辆及机电系统安装与调试中采用的新技术，需要通过试验研究并进行风险评估，对延长线、跨线或交叉的特殊线路，需与已运营线路进行衔接，并对其进行专项风险分析，避免对已运营线路造成严重的影响。

针对轨道、通信信号、供电、机电设备、车辆等机电系统，尤其是在电力及电气设备、大型设备的安装与调试中，应分别制定风险控制预案，包括设备供电、临电调试、车辆段接车调试等应急预案。现场一旦发生险情，及时采取措施控制。

22.5.4　试运行和竣工验收风险管理

在各分项系统完成系统安装与调试并确保各项技术指标合格的基础上应进行联合调试。联合调试风险管理应由建设、运营、施工、全过程工程咨询、设计及设备供应等相关单位参加，并编写风险记录文件。

试运行和竣工验收风险管理应结合现场资料和风险管理经验，采用风险检查表法实施，针对建设方面和运营方面分别进行风险评估，包括：

1. 建设方面风险分析

1）土建系统风险分析，包括：车站、区间、车辆基地和综合维修基地、轨道系统、预留线等；

2）机电设备风险分析，包括：供电系统、信号系统、通信系统、通风空调系统、给水排水和消防系统、防灾报警系统（FAS）、设备监控系统（BAS）、自动售票系统（AFC）、车站屏蔽门、安全门、自动扶梯及电梯、防淹门系统等；

3）车辆系统风险分析；

4）系统联调及试运行风险分析。

2. 运营方面风险分析

1）组织机构和人员配置及要求风险分析；

2）行车组织和客运组织风险分析；

3）线路运营备品备件风险分析；

4）相关技术资料配备风险分析；

5）资产接管风险分析；

6）试运营规章制度风险分析；

7）应急预案与演练。

试运行中针对轨道、供电、接触网、信号、通信、车辆、屏蔽门及调度指挥等系统需进行综合模拟运行，各相关系统的安全性、可靠性和适用性指标都要求达到运营线路的标准。另外，还需要对客运服务设施和通风空调、FAS、BAS及AFC等系统进行综合动态模拟运行。当联合调试季节符合冷源运行条件时，空调系统要求做带负荷综合效能运行。相关城市轨道交通设施应做到配合协调、联动迅速，功能达到设计规范要求。

22.6　运营阶段风险管理

22.6.1　表现特征

为应对日益增长的城市人口出行需求，城市轨道交通系统已经从最初的单线运行演变为系统化、网络化的多线运行，在提高出行便捷度的同时，运行风险因素也显著增加，对运营阶段的风险管控提出了严峻挑战。

1. 城市轨道交通工程运营风险的特点

1）事故后果的恶劣性。城市轨道交通车辆行驶大多数高速单向行驶在半封闭的地下空间，如果发生事故，没有得到有效的控制，就会造成交通瘫痪，一旦通风和照明不足，就会给救援带来极大的困难，甚至会影响到乘客的生命财产安全。

2）必然性。单个事故的发生是没有规律的、偶然的，但通过对收集到的城市轨道交通运营事故案例的统计分析，特定条件下运营过程中某些风险因素的产生是必然的。

3）综合性。城市轨道交通运营涉及的学科和工种众多，各个学科之间的交叉，各工种的工作的相互影响，使运营风险具备较强的综合性。

4）关联性。城市轨道交通运营存在较多的协同关系，使得运营过程中内部各个环节之间形成了较高的关联度，这种关联性导致风险在城市轨道交通运营期间进行传播，不同的风险有了组合在一起的可能性，也使得不同车站之间、不同线路之间，不同系统之间的关联度不断提高。当运营期间某一处发生突发事件，就会导致与其相关联的运营区域内传播，发生蝴蝶效应，影响当地整个城市轨道交通运营的安全，造成非常严重的后果。关联性无疑加大了城市轨道交通运营的安全管理工作的难度。通过近几年我国轨道交通的飞速发展，各个城市的运营线路的增加、车站的增加、换乘站的增加，使得整个城市轨道交通运营中各个环节的关联性不断加强。特别换乘站是多条线路连接点，客流量是整个环节中最大的，一旦发生异常情况，就会直接影响到与之相关联的多条线路，进而影响到整个城市的城市轨道交通运营。

5）高频性。由于生命周期较长，风险可能在城市轨道交通运营期间频繁出现，同一类型的风险也可能多次出现。

6）多样性和多层次性。城市轨道交通运营时间长、需要多个部门合作、涉及的专业多、涉及领域多，造成城市轨道交通运营期间内的风险种类多，而且之间也存在联系。当这些风险因素与周边环境接触到，从而导致城市轨道交通运营期间的风险具有多层次性。

7）易受环境的影响。城市轨道交通因其位置处于地下半封闭区域，因此自然环境对城市轨道交通的运营不可忽视，例如，水灾、火灾、地震、塌方等。

2. 城市轨道交通工程运营阶段风险管理的表现特征

1）运营风险存在许多不明确因素

城市轨道交通建设费用相对较大，而且具有技术性较强、工期较长等特征。在其项目建设过程中，由于参与建设主体较多，不同阶段的施工均会对后期的运营造成许多不明确的风险。在建设过程中的任何环节出现问题，都会给项目运营造成安全隐患。所以，想要控制风险，则要由运营单位开展风险管理。

2）运营环境具有特殊性

城市轨道交通运营环境基本位于地下，虽然对外界环境以及人为破坏具有非常强的防护能力，但在运营过程中存在庞大的客流量，如果在运营过程中出现事故，所造成的人员伤亡与损失会非常大，甚至会对整个城市经济以及社会稳定造成严重影响。

3）运营环境复杂

城市轨道交通系统往往在地下铺设，需要挖掘隧道、开通管道线路、连接电网设施等。地下环境虽然相对隐蔽，受外界环境与人为破坏因素的影响较小，但一定程度上加大了救援的难度。一旦发生火灾安全事故，庞大的客流量与复杂的逃生环境都是阻碍救援成功的因素。即便车厢内部配置了灭火设备，依旧难以应对严重的火灾风险。

4）硬件故障风险

城市轨道交通是一个复杂庞大的系统组织，需要依托大量专业化机器设备予以支持，只有将自动化技术应用其中，才能够维持正常运转。一旦其中某个子系统发生故障或出现问题，将极有可能引发"多米诺骨牌效应"，导致整个交通系统的安全出现故障，严重者甚至瘫痪。因此，硬件设施是城市轨道交通系统重要的安全风险因素。其中，车辆与轨道的安全风险最为突出。交通技术不断更新迭代，势必会发生新旧车辆同时出现在轨道交通系统运行过程中的情况。在投入运营初期，管理人员必须花费一定时间来摸索学习新车辆的运行机制与技术原理，掌握良好的管理技巧，这不仅增加了管理难度，而且一旦发生操作失误或者管理疏忽，管理者由于缺乏相关维护经验，难以及时排除故障，确定风险源头，从而无法尽快恢复车辆运行，导致造成严重的经济损失与社会影响。同时，为保证轨道交通的最大化利用，运营公司往往会缩短发车时间间隔，这会造成轨道基础设备或机械设施处于高强度运转下，磨损程度加重、安全隐患增加。

5）轨道交通运营设备接口与协调风险

轨道交通运营过程中，需要专业化强、自动化程度高的运营设备的支持。但在当前轨道交通运营中普遍存在不同领域间的接口问题，同时专业技术的不断创新给不同专业技术之间的协调工作造成了困难。加上在初期建设过程中所遗留下来的风险问题，给整个运营过程带来了安全风险。

6）轨道交通运营技术存在潜在的安全风险

轨道交通在经历多年发展之后，已经将各种先进的运营技术应用到不同的子系统中。从某种意义来分析，历史中所出现的轨道交通事故与运营所选择技术的先进性以及完善程度有着非常大的关联。高新技术在城市轨道运营中的应用，虽然可以为其提供便捷性，但也会增加运营过程中的风险。造成运营风险的因素主要表现在两个方面：

（1）技术方面。新技术的产生或多或少存在不完善之处，其技术的不完善极有可能给运营造成非常大的安全风险；

（2）操作方面。新技术的推广与应用需要有一个过渡期来熟练操作，在此期间存在操作不熟练或管理失误的问题，同样会对运营管理产生安全隐患。

22.6.2　管理策略

1. 组建独立、合理的风险防控部门

随着城市人口数量不断增加，城市轨道交通已成为推动城市经济发展、社会和谐稳定、提升大众生活幸福感的重要保障。而维护其安全运行与高效运转理应成为轨道交通管理的重要内容。对此，运营单位需高度重视运行风险问题，要组织成立专门的风险防控部门，合理分配相关管理人员与技术工作者，明确各自的工作职责，切实做好风险管理工作。同时，制定明确的风险管理目标，统筹安排风险评估判定、统计分析以及控制反馈等工作任务，从而有效提高风险管控水平。结合城市轨道运营特征，在组建风险控制部门时必须确保其部门结构的合理性和适用性，才能充分发挥出风险控制部门相关技术、人员的作用，做好具体的风险管理工作。当前我国城市轨道运营单位基本设置了安全生产管理委员会，并在其主导下形成了系统化的安全生产管理网络。为了体现出风险控制部门的适用性，不同城市轨道运营安委会根据其城市轨道运营特征设置了独立的风险控制小组。通过明确不同小组的工作职能及任务，更好地完成风险控制工作。此外，应该设立风险管理领导小组，为风险管理控制决策提供及时响应与决策。此领导小组必须由运营单位领导或者职能部门管理人员担任，并领导各个风险控制工作小组来开展实际的风险管理工作。领导小组中的风险管理人员制定风险查找、判断、统计、分析、登录、控制、总结的工作任务与工作流程。通过两者之间的结合实现风险控制时效性，提高风险管理工作质量，通过专业化、规范化的风险评估工作流程与技巧，为应对城市轨道交通运营风险管理工作提供强有力的支持。

2. 制定严格、有效的风险管理流程

风险管理工作应落实为详细的制度规范与管理流程，只有这样才能够有序开展管理工作，全方位统筹运营风险管理事务。为此，在开展风险管理工作前制定严格的风险管理流程，确保风险管理工作的实效性。合理化的风险管理流程有利于提高风险识别与评价的合理性。首先，做好运营信息的搜集整理工作，整合有关运营安全的各类信息，通过精准分析与判断，明确风险来源。其次，制定科学的风险评估方案，评估风险的形成机制、潜在风险，完善具体的评估要求。最后，落实管控措施，借助信息管理系统，协调相关人员，逐步开展风险排查、故障修复以及乘客安抚等工作，尽可能降低安全风险的外部影响，提高管理实效性。

例如，危险源识别流程、危险源评估程序、风险控制流程。危险源识别流程，即通过信息收集来识别、明确主要危险源，然后通过分析结果制定精准的识别规范。在明确危险源之后，汇总所有工作记录并进行危险源分类，为后续的危险源评估流程提供依据。在进入到危险源评估流程后，应该根据评估流程所反馈的结果，明确评估对象、评估要求等工作流程，并在风险控制领导小组的主导下制定合理的危险源评估方案，以分级危险源评估的方式开展工作。风险控制流程，即配合所制定的安全管理规范化流程，通过相关技术措施来开展实时的风险检查、风险跟踪、风险控制等工作。

在完成上述工作流程之后，针对危险源进一步分析，确保及时发现任何危险源，并采取具有针对性的控制措施。在深入分析过程中，建议选择"RAMS 指标"（Reliability 可靠性；Availability 可用性；Maintainability 维修性；Safety 安全性）来开展失效模式分析，让城市轨道风险管理工作更加具有定性和定量相结合的效果，促进工作顺利进行。此外，通过构建风险控制的信息管理系统来实现管理信息化。借助当前高速发展的信息技术，采用适用的安全管理软件来实施风险管理。有效利用软件的分析功能，将危险源植入软件系统进行分析，为制定具有针对性的风险控制措施提供依据和方便。同时，通过信息技术及时收集故障数据信息，包括每天的行车计划、列车运行状态等信息，避免设备故障引发事故的情况。不同城市的风险控制管理工作有所区别，结合以往的风险管理工作来开发适用的管理软件，通过结合运营单位实际情况，不断完善风险管理系统，促进城市轨道交通运营风险管理工作效率、实效性得到提升。

3. 健全与完善风险监管法规

为更进一步做好城市轨道交通运营风险管理工作，还应当积极响应与贯彻落实建设部门、交通部门在近些年来颁布和出台的法律法规、规范规程，在此基础上根据城市轨道交通运营的实际需求，研究和制定出适合本市轨道交通运营的规范和标准，例如，轨道交通运营的时间、间隔、票价、运输能力等，以此不断提升城市轨道交通的服务水平。

4. 进一步提升运营风险管理水平

1）与时俱进，优化轨道交通运营风险管理政策，明确风险管理内容。近些年来，在政府部门相继出台的《关于保障城市轨道交通安全运行的意见》（国办发〔2018〕13 号）以及《城市轨道交通运营管理规定》（中华人民共和国交通运输部部令 2018 年第 8 号）文件中明确提出：各地区应结合自身的实际情况制定轨道交通运营风险管理实施细则，加大轨道交通运营风险管理力度，从根本上保证轨道交通的安全运行。

2）总结经验，善于汲取周边城市轨道交通运行风险管理经验，促进自身风险经营管理工作的进一步提升。目前，有很多二、三线城市正在积极建设城市轨道交通工程，而如何更好地汲取一线城市在轨道交通运营风险管理工作中的经验，使其可以站在更高的起点上，还有待统筹考量、有序推进。

3）因地制宜，不同城市的轨道交通工程发展规模、发展速度不尽相同，作为城市轨道交通工程管理部门，应当根据本市的实际情况，合理选择风险管理的方法与模式，确保城市轨道交通工程风险管理工作的有效实施。

第 23 章　风险事故案例分析及应对

23.1　前期阶段风险事故分析及应对

23.1.1　可行性研究阶段风险案例

一般情况下，城市轨道交通项目可行性研究通过对项目的建设规划和相关论证进行分析研究，结合交通状况、客流预测、敷设方式、车站布置、行车组织及运营管理、工程风险评价、车辆选型、经济评价、节能、环境影响分析等内容进行系统研究。通过对建设方案的技术经济指标的比选论证，对项目效益进行预测，选择合理的建设方案，为建设单位决策进一步提供可靠的依据。

结合某地铁项目决策阶段可行性研究报告编制案例，全过程工程咨询单位面临的风险来源于两大方面：一方面是由于地铁项目可行性研究报告工作内容所产生的风险，主要是指经济、技术和组织等方面产生的风险，例如，对于地铁项目进度安排所产生的风险、组织风险、投资估算风险以及融资风险等；另一方面是外部因素对地铁项目可行性研究工作的影响，也就是在项目可行性研究工作程序中产生的风险源，主要是指由于报批报建管理中所产生的影响，例如，项目报批不顺影响项目开发总周期，增加项目建设成本。因此，除了可行性研究内部风险之外，还应该重视手续报批风险对地铁项目建设产生的影响。有些风险不一定会对决策阶段产生损害，但可能会对后期的地铁项目设计工作以及实施工作产生重大影响。

通过对工程可行性研究报告编制要点中存在的风险进行分析，找出可行性研究报告编制过程中存在的风险点，分别为：

1）项目选址风险，项目选址和配套条件比选论证不够充分。

2）客流预测风险，客流预测过程中依据的不合理、方法选用不正确以及相关资料的真实可靠性有待验证。

3）组织构建风险，构建的组织结构由于构建不合理影响后期指导工作。

4）沟通协调风险，未明确政府相关部门对工期的要求、地下管线迁改方案的可行性、征收补偿及安置方案的可行性。

5）工艺风险，不满足地铁建设相关技术标准、要求以及地铁线网中的功能定位，行车速度、运输能力、发车间隔、便捷性等不满足相关技术标准。

6）成本风险、方案比选风险，重大设计方案比选论证过程中由于未对方案进行技术经济比较论证，或者已经论证但相关依据、理由不充分、不科学。

7）进度风险、招标风险，地铁项目招标事项及采购方案论证不充分，导致对后期工作缺乏指导意义。

8）能源节约风险，节水、节能情况不符合耗能标准和节能规范；能源状况的耗能量、能耗指标计算不准确；项目节约土地情况做出的论证不够充分。

9）投资估算及融资风险，投资估算依据不合理、编制深度不够；采用估算指标不合理，存在漏项；工程量计算有误，计算准确；融资方案不可行；未提出资金落实情况的依据。

10）经济效益风险，对项目费用以及经济效益作出分析、估算不准确。

11）环境测评风险，未对项目有关环境影响做出测评，测评的详细程度不够；未提出有关治理措施；项目环境影响评价及批复情况的评审项目未得到环保部门相关意见。

12）财务风险，盈利、还贷能力分析估算不准确。

因此，全过程工程咨询单位在决策阶段应该对可行性研究报告的编制成果进行合理评审，将可行性研究的风险尽量降低，其评审的要点就是对可行性研究的关键风险点进行评审。例如，针对客流预测方面的评审，应确保预测依据有效真实、预测方法科学合理、相关支撑材料真实可靠；针对项目建设方案的评审，应着重关注重大设计方案比选论证的评审，对技术先进性、投资、风险等进行多方案评审，确保推荐方案的依据和理由充分合理；针对设备系统方案编制方面，确保主要技术方案阐述详细清晰，对重大设计方案的比选论证评审需要进行两个以上方案的技术经济比较和论证，且论证全面科学，推荐方案的依据和理由充分合理；针对投资估算与资金筹措方面，要确保估算依据准确、编制深度符合要求、估算指标选用合理、工程量计算无误，提出的项目融资方案要合理可行；针对工程建设条件编制方面，要科学全面地论证选址和配套条件情况。

23.1.2 设计阶段风险案例

设计阶段是分析处理工程技术和经济指标的关键环节，在整个建设阶段中影响较大，全过程工程咨询单位开展设计管理工作是有效提升工程价值和提高投资效益的重要手段。

结合某地铁项目设计阶段工程案例，地铁项目设计具有专业系统多、工作界面复杂、沟通协调量大、接口多等特点，不仅涉及项目之间、城市规划和建设之间、各系统之间、系统与工点之间的接口和技术问题，还需要和供电、市政、交通、规划等部门进行大量的沟通协调，与设计、建设、全过程工程咨询等参建单位做好协同工作。并且地铁项目的设计周期较长、不确定性因素多，期间可能出现设计边界条件改变、设计缺陷等引起的设计变更。

1. 方案设计

1）方案设计的周期应适当加长。某地铁项目的可研报告编制时间在 4 个月，时间太短无法保证充足地研究、论证。建议合理时间应该在 8～12 个月左右时间。

2）方案设计力量投入不足。由于可研编制费用不高等原因，目前某些设计单位在可研报告上的设计力量投入明显紧张，安排专职人员的数量也不足，个别专业也是临时"救火"，人员投入上很难保证，或者编制人员经验不足。所以，应当考虑适当提高可行性研究编制费用，要求设计单位加大对设计力量的投入。

3）现场周边用地协调。包括土建施工的临时占地、拆迁、交通导改、商业补偿、永久出入口、风亭设置方案、与周边开发项目结合等方面。工程案例在方案比选时对拆迁的难度估计不足，对占地及商业补偿、交通导改等因素考虑不周，未能作出一个正确合理的选择，也对整体工程建设造成了影响。一个好的设计方案应该是建立在与周边用地单位充分沟通的基础之上，分析了各种影响因素，经综合权衡后作出的判断。

2. 初步设计

1）规划及现状资料的需要全面落实。建设单位应作为总牵头，全过程工程咨询单位负责协调协助，委托和组织有关单位或部门，形成规划及现状资料的书面文件，并移交给设计单位作为设计依据。对于规划资料，在总体方案的基础上，对于沿线的规划用地、规划立交、道路、河湖、铁路等，尽可能全面、清楚地反映，协助设计单位做到有的放矢。现状资料包括沿线管线资料、建（构）筑物资料、初勘报告等，这些资料直接关系到车站、区间的设计方案。最后设计的成败，往往取决于对工程现场的掌握情况，如果对边界条件分析不清、调查不透，很可能到施工阶段会"翻车"。

2）涉及交通、园林、管线、用地等的全力协调，仅仅把规划、现状资料掌握清楚往往不够，还需花大量的精力进行协调。例如，交通导改，在初步设计阶段，明挖方案是否成立，除了设计单位的直观判断以及全过程工程咨询单位的审核把关，还应该组织就交通导改方案与交管部门提前沟通，若方案本身对交通影响很大，交管部门明确提出此交通导改方案实施的可能性很小，这种情况就应该着手研究盖挖、暗挖等方案进行比选，避免基坑开挖时再变更，不利于工程的实施。此外，园林、管线改移等存在同样的问题。在方案确定之前应该花时间多方沟通，以取得支持，才能得出最稳定、最具实施性的设计方案。

3. 施工图设计

功能完善是设计管理追求的目标。地铁工程也是一件产品，最终的用户是广大乘客，在控制投资规模的前提下，如何利用有限的费用，建造出一个结构安全、质量优良、换乘便捷、乘坐舒适的精品工程是最终目标。同时地铁建设又是一项不可逆转的百年工程，一旦建成无法修改。在设计文件最终形成前，作为设计管理方，应该站在功能的角度去判断方案的优劣，重点关注换乘功能、服务水平、空间效果、人性化设计，从乘客的视角去感受方案。在面临决策时，尽可能把功能实现放在首位。

不断提高设计人员主动服务、配合施工现场的意识。施工图完成后，施工现场配合是一项重要工作，但往往设计人员在这方面的表现不够积极，因此，就需要多引导。全过程工程咨询单位应要求和督促设计人员多去现场，察看现场是否在按设计文件、设计意图在施工，现场是否存在需要解决的设计问题，要有主动服务、积极配合的意识。

高度重视工程投资控制。当前，地铁工程的投资"水涨船高"，地下线路每公里造价已接近 10 亿元，在此情形下，要时刻提醒设计人员，严格按照标准设计、限额设计有关要求，注意投资控制。全过程工程咨询单位在设计单位管理方面，应要求总体设计单位做好全线标准的统一，在施工图总体审查过程中，认真检查设计单位的保守做法，杜绝设计浪费等行为，各工点设计单位对投资控制负主要责任。例如，像基坑工程的支护结构、永久结构的钢筋含量、暗挖工程的初支参数、各类注浆加固工程的范围等，建设单位和全过程工程咨询单位可以采取施工图预审的方式，听取设计单位关键部位的设计参数汇报，尽量统一全线标准，节省投资，也可以选用专家评审的方式进行设计文件的经济性审查。与此同时，地铁工程建设的安全形势十分严峻，确保安全施工十分重要，对于各类风险工程，要求设计单位进行专项设计，这类费用占工程投资的比例越来越大，因此，在专项设计方案审查时，要把工程投资审查放在首要位置，在确保安全的前提下，通过方案比选、论证、优化的环节，尽可能节省投资。

23.2　建造阶段风险事故分析及应对

23.2.1　起重吊装事故

1. 案例一：某地铁站工程履带式起重机倾翻事故

1）事故经过

2008 年 3 月 28 日上午，某地铁站工程现场内的一辆自卸车不慎滑入车站顶板上，11 时左右施工单位试图用一台 50T 履带式起重机将自卸车吊出，吊装过程中履带式起重机突然失稳发生倾覆，导致起重机司机被压，经抢救无效于当日 15 时左右死亡。

2）事故原因

（1）直接原因：履带式起重机司机在施吊前，未认真踏看场地，行走在松散的边坡位置，边坡受压，突然塌方，导致起重机倾覆。

（2）间接原因：

① 施工单位对专业分包队伍管理不到位，未真正落实安全生产责任制；

② 现场施工、监理人员安全意识淡薄，管理松懈，安全管理监控不到位；

③ 施工单位未对特种作业人员进行安全技术交底，导致起重机司机麻痹大意，在没有充分了解现场作业条件，也没有听从司索工指挥仍冒险作业。

2. 案例二：某地铁线路区间中间风井履带式起重机倾翻事故

1）事故经过

2011 年 5 月 30 日上午，某地铁线路区间中间风井风道工程围护结构（SMW 工法桩）施工过程中，分包单位违章使用履带式起重机拔除 ϕ650SMW 工法桩中的型钢，起吊过程中钢丝绳与连接的吊具损坏，导致履带式起重机在反作用力惯性下倾翻。

2）事故原因

（1）直接原因：起重机司机违反操作规程，起吊埋在地下的物件，导致起重机倾覆。

（2）间接原因：

① 总包单位重视程度不够，以包代管，对现场监管不力；

② 分包单位安全负责人未能履行自身职责及时制止现场违章作业；

③ 分包单位现场指挥人员及机械操作人员，违章指挥作业；

④ 监理单位未落实监理指令，现场监督不力。

3. 案例三：某地铁工程汽车起重机侧翻事故

1）事故经过

2014 年 8 月 3 日下午，某地铁工程为吊装抢险物资施工时，因受场地限制，土方车外运路线与起重机支腿位置相交，必须起重机收回支腿土方车方可通过。下午，起重机操作时（没有配重情况下），司机未将一侧支腿恢复打开就开始操作，当起重机大臂旋转角度与机身成 90 度左右时起重机重心失稳，造成起重机侧翻砸到施工单位临时活动板房，房中有一名施工人员在休息，造成其惊吓和表皮受伤。

2）事故原因

（1）直接原因：起重机支腿避让土方车后，司机未将一侧支腿恢复打开就开始操作，导致起重机侧翻。

（2）间接原因：施工生产负责人正负责现场抢险工作安排，现场施工员在安排吊装抢险物资外运前，对起重机状况未进行检查，无专人指挥。

4. 经验教训

1）加强现场特种设备安全管理和人员安全技术交底，落实责任制；

2）加强设备检查和维保，严禁带病作业；

3）起重作业特种作业人员必须持证上岗，确保司索工和指挥工各司其职；

4）起重作业前认真勘查现场，评估场地经试吊确定安全后方可施吊；

5）严格遵守"十不吊六不准"，杜绝违章、冒险作业；

6）加强现场管理，及时纠正违章作业，排除安全隐患等；

7）起重作业过程中工况发生改变后，必须重新检查。

23.2.2　管线改迁事故

1. 案例一：某地铁站工程电缆短路爆燃事故

1）事故经过

2009 年 6 月 5 日上午，某地铁站工程在交叉路口的位置进行 A10 区段基坑围护结构导墙沟槽开挖施工时，工人用风镐人工破除电缆管线区域导墙沟槽路面过程中导致一路 110kV 高压电缆线路短路而产生爆燃，致使该段电缆损毁，供电中断，一名现场作业工人腰部、右脚脚背及小腿烧伤，经济损失约 80 万元。

2）事故原因

（1）直接原因：现场设置了 110kV 电缆警示标志，但工人未引起重视，且在关键环节作业时无管理人员现场指挥，冒险施工，导致电缆线路短路。

（2）间接原因：

① 施工单位虽然对施工人员组织了岗前培训和技术交底，但是书面交底内容不具体、针对性不强；仅有导墙开挖交底，无管线具体交底；导墙开挖交底中仅有管线平面示意，无具体坐标和高程；仅对班组长进行了技术、安全交底，而未对一线实际操作作业工人交底；技术交底无安全施工保障措施；

② 施工现场管理松散，现场文明施工差，安全质量意识淡薄，安全生产责任制未真正落实等；

③ 监理单位监督缺位，存在方案审批程序化、执行空洞化现象，安全意识淡薄，关键环节和工序旁站不到位等。

2. 案例二：某地铁站燃气管泄漏事故

1）事故经过

2015 年 8 月 28 日上午，某地铁站项目部在施工过程中挖破直径为 300mm 的中压燃气管道，导致燃气泄漏，泄漏燃气约 4300m³，造成 4 个社区共 3257 户住户（商铺）燃气中断 6.5 小时、1150 余户居民（商铺）紧急疏散，事故未造成人员伤亡，直接经济损失约 2.3 万元。

2）事故原因

（1）直接原因：

① 施工单位违规施工。事故发生处的燃气管线需要经过两次迁改后设置于换乘节点盖板上方，要等第三次管线迁改施工结束后才能迁出施工范围。因此，施工单位在不具备施工条件的情况下，进行地下连续墙导墙的施工，造成了燃气管泄漏事故，是事故发生的直接原因。

② 施工单位工法选择不当。施工单位在探沟开挖过程中，未严格按照项目部的施工组织方案进行，在明知下方存在燃气管线的情况下，违规采用镐头机破除混凝土障碍物，直接导致了险情的发生。

（2）间接原因：

① 现场管理不善，风险意识不强。站点位于十字交叉路口，周边高楼林立，地下管线错综复杂，而现场管理人员仅依据险情点附近已探明的管线分布、埋深情况，未多方确认即认为燃气管道布设不会有较大的起伏，未考虑管线交叉铺设等非常规变化，充分暴露出现场管理风险意识不强的问题，未能全面、细致管理现场施工。在人工破除面层沥青发现混凝土盖板后，现场施工员未引起警觉，指挥镐头机司机直接进行破除，安全意识淡薄。

② 对外沟通不力。施工单位事发前一天在燃气管道南侧 4m 附近进行其他管线探查施工时，燃气集团巡线员在现场巡查。项目管理人员与巡查人员未能进一步确认燃气管线探查计划、管线位置，也未按要求及时与燃气集团进行沟通、交流信息，导致燃气巡线员未能及时在现场探查、指导施工。

③ 管线埋深突变。地铁站点施工范围的燃气管设计图纸和在其他部位开挖出的探沟

均显示管道埋深 1.2～1.5m，而在本次燃气管泄漏的部位管道埋深为 0.28m。经现场调查发现，该处燃气管为了避绕下面的自来水管，在该处高程上突变、抬升至地面下 0.28m。

3. 案例三：某地铁站路面塌陷事故

1）事故经过

2016 年 4 月 21 日下午，某地铁站周边道路发生塌陷，塌陷面积约 20m²。事故造成周边多条道路封闭、临时中断。经过各方积极努力，对塌陷形成的孔洞回填混凝土，在孔洞上部铺设型钢和钢板形成支撑，最后浇筑沥青混凝土面层，于次日恢复交通。事故未造成人员伤亡。

2）事故原因

（1）直接原因：

① ϕ600mm 雨水管迁改端头封堵不到位。因封堵施工质量控制不到位，在管内水头的反复作用下，堵头渗漏乃至失效，加上事发阶段雨水多，管内形成水流，带走砂土。此处废弃电力管沟也因同样的原因造成了部分土体流失。

② 道路施工或雨水管迁改时回填材料选择不当。据不完全分析、判断，塌陷处原有路面下部采用杂填土或粉砂土回填，可能是原有道路或雨水管迁改所致，加上回填时压实不到位，路面下方的土体在雨水反复作用下沿废弃雨水管、废弃电力管沟流失。

③ 车站施工时间长，基坑围护结构收敛变形较大，造成周边土体松动，加剧了土体流失。项目所处地层为淤泥性黏土，含水量高，基坑开挖收敛变形较大，而塌陷处上部回填材料为杂填土或粉砂土，收敛变形进一步加剧了地下连续墙外侧土体及塌陷区域土体的分层沉降和流失，形成了路面结构与下部土体的脱空，在长期车辆荷载的反复作用下，达到极限状态后瞬时间产生塌陷。

（2）间接原因：

① 对基坑开挖造成的收敛变形、粉砂土性质认识不到位、风险意识不足。施工单位对淤泥质土段深基坑施工的收敛变形、粉砂土容易造成土体流失的认识不到位，对临时迁改的管线端头封堵、道路回填等重要工序可能产生的严重后果缺乏正确判断，风险意识不足。

② 分包管理不到位。对临时迁改的雨水管线、道路临时恢复等分包单位的施工质量缺乏有效管理，特别是端头封堵、雨水管线迁改、基坑回填材料的选择及分层压实等存在的问题未及时发现和落实整改。

③ 日常巡查不到位。车站施工过程中安全巡查密度不够，导致险情没能在第一时间内发现并采取相应措施。

④ 监理单位过程中质量把关不严。监理单位工序质量把关不严，旁站不到位，对管线临时迁改的端头封堵、市政道路临时恢复的回填等重要工序的施工质量没有进行有效监理；同时在车站施工过程中安全巡查不够，没能在第一时间内发现险情。

4. 经验教训

1）加强责任制落实，认真做好管线改迁交底；

2）现场必须清晰标识管线，并绘制好详细平面图、管线走向分布图；

3）落实与管线产权单位衔接，确保交接准确；

4）严格执行管线交底制度，施工范围内的管线埋深、走向及分布情况必须交底至每一个现场施工作业人员。

5）认真实施管线改迁工作，重要管线必须先行探挖，严禁野蛮施工；

6）加强现场管理，施工单位要配备专人和产权单位人员一道实施现场改迁作业；

7）割接后的废弃管线必须认真处理或清除；

8）加强管线和地表沉降等监测，及时预警，并召开报警原因分析会，查明原因，研究对策，消除隐患。

23.2.3 高空坠落事故

1. 案例一：某地铁项目高处坠落事故

1）事故经过

2012 年 11 月 21 日下午，某地铁项目部作业人员在无任何安全防护的前提下随意翻越护栏，到 A21 段基坑内第一道支撑梁上整理降水使用的电线时，发生高处坠落事故，造成一人死亡，事故直接经济损失 42 万元人民币。

2）事故原因

（1）直接原因：工人违章冒险翻入基坑第一道未做临边防护的混凝土支撑上拖拽线缆，失稳坠落基坑。

（2）间接原因：

① 安全责任制未真正落实到位；

② 安全意识不强，麻痹大意，侥幸心理严重；

③ 安全管理松懈，存在漏洞，未能及时发现并制止。

2. 案例二：某地铁站项目基坑高处坠落事故

1）事故经过

2016 年 2 月，施工监测单位某测工在项目基坑北端进行 2 号土体测斜点量测时，违章蹲在防撞墙上面，（因基坑挖土，临边防护缺失）约 5 分钟后，某测工起身站立时身体重心失稳坠入基坑，头部撞到第二道钢支撑上面，因伤势过重抢救无效死亡。

2）事故原因

（1）直接原因：基坑临边防护缺失，施工监测单位某测工违章蹲在基坑防撞墙上是导致本次安全事故的直接原因。

（2）间接原因：

① 施工单位对监测分包单位的监管没有真正落到实处，节后复工后没有对其项目上的相关人员进行岗前培训、三级教育等；

② 施工单位专职安全管理人员配置数量虽然有 3 人，但仅有 1 人为专职，日常工地巡查频率、力度均不够，且当专职安全管理人员发现了基坑临边围护缺失后未采取任何有

效措施进行处置；

③ 监测单位人员未进行岗前培训、三级教育和考核等，就匆忙上岗作业，且购置使用"三无"产品安全帽，关键时候起不到安全保护作用；

④ 总监理工程师发现基坑北端头井临边防护缺失后未引起足够重视，没有及时提出相应整改要求，且对施工监测主要人员更换未能及时发现制止，疏于监管。

3. 经验教训

1）加强责任制落实和安全意识教育，牢固树立"安全第一"的生产理念；

2）加强临边防护，落实现场安全管理，责任到人；

3）加强安全巡查力度，及时发现并排出安全隐患；

4）规范生产作业，杜绝违章冒险施工。

23.2.4　基坑事故

1. 案例一：某地铁项目地下连续墙渗漏事故

1）事故经过

2008 年 8 月，某地铁项目南段西侧地下连续墙 W4～W5 幅接缝处出现渗漏，经过封堵后稳定。几日后，南端头井局部开挖到底，地下连续墙 E1～E2 幅、E4～E5 幅接缝处有漏水，地下水携带泥沙进入南端头井基坑内。对接缝进行封堵后，渗漏点向下转移，并从底板涌出。

2）事故原因

（1）直接原因：地下连续墙的接缝处夹泥，内外水压差大，在水压的作用下地下连续墙的四周形成了渗水通道，地下水击穿地下连续墙接缝形成渗漏，由于地层是粉质黏土夹淤泥质黏土，在水压作用下发生液化，不断涌入基坑。

（2）间接原因：

① 地下连续墙施工过程中刷壁存在瑕疵，未清理干净渣土，夹泥夹渣；

② 地下连续墙接缝处止水帷幕施工质量不佳，未封闭接缝；

③ 坑外降水效果不佳，未达到设计要求；

④ 日常巡查不彻底，未能及时发现渗漏隐患；

⑤ 安全应急准备不足，未能及时应急响应。

3）经验教训

（1）认真做好围护结构施工，落实技术交底；

（2）加强地下连续墙成槽期间质量管理，特别是垂直度、深度、刷壁等，确保接缝不夹泥夹渣；

（3）控制混凝土浇筑期间泥浆质量，确保混凝土浇筑连续，不出现断层或夹泥夹渣；

（4）做好地下连续墙接缝处止水帷幕施工质量，确保止水效果；

（5）做好基坑内外降水，确保降水效果满足设计要求；

（6）认真做好渗漏水应急演练，第一时间响应并能很好处理险情。

2. 案例二：某地铁站项目基坑土体坍塌事故

1）事故经过

2010 年 12 月，某地铁站项目部建筑劳务公司桩头破除班班长和辅助工被安排到基坑结构四段进行混凝土桩头钢筋切割工作。班长负责用气割枪割除混凝土桩头钢筋，辅助工负责查看周围情况并收集割下的钢筋。两人先从四段北侧开始切割桩头钢筋，并移至南侧继续切割桩头钢筋。辅助工发现基坑土方边坡处有一根钢筋露出，便去拽拉钢筋，在此过程中，约 1.5m³ 的松土从 2.5m 高边坡滑下。坍塌下的泥土瞬间压在他背部，致使其胸部以下被埋于土中。事发后班长立即打电话给公司负责人，5 分钟后救援人员开始扒土救援。半小时后，辅助工被送往附近医院救治，但因伤势过重抢救无效死亡。

2）事故原因

（1）直接原因：辅助工安全意识淡薄，未按相关安全技术交底规定"严禁用挖掘机破碎头凿除，或用人工、机械抽拔固定在桩头及土里的钢筋"进行作业，擅自拽拉埋在土里的钢筋，诱发边坡局部失稳，导致土方坍塌。

（2）间接原因：

① 施工单位现场安全管理不严，明知事发地点土质为淤泥质黏性土，自稳性差，且未经放坡处理，在未落实安全防护措施情况下仍安排作业人员在基坑内施工，对作业现场的安全检查和隐患排查不到位，未督促作业人员认真落实安全管理制度和岗位操作规程；

② 劳务公司对作业现场的安全检查和隐患排查不到位，对作业人员的安全培训教育未认真落实；

③ 监理单位未认真落实安全监理责任，对施工现场存在的安全隐患未及时发现。

3）经验教训

（1）落实安全生产责任，切实提高作业人员安全责任心；

（2）认真落实岗前培训和班前讲话；

（3）严格遵守作业规程，不得随意做与工作无关事项；

（4）加强现场安全管理，全过程安全监管；

（5）落实安全自查、巡查，及时消除安全隐患。

3. 案例三：某地铁站项目基坑涌水涌砂事故

1）事故经过

2015 年 11 月，某地铁站项目基坑开挖过程中，在东端头井端墙位置发生涌水涌砂事故，导致周边机动车道路面塌陷，部分管线损坏，并针对周边小区 139 人进行了疏散。经过各方积极努力抢险，坑内外采取反压、回填等措施，现场险情基本得到了控制，事故未造成人员伤亡。

2）事故原因

（1）直接原因：地下连续墙施工存在质量缺陷。事故涌水点位于 L6 与 A17 地下连续墙接缝处，这两幅墙位于东端头井端墙位置，深度为 40.8m，采用锁口管连接。施工地质条件复杂，上部杂填土含砖渣、碎石较多，地下水位高，中部为粉砂土含碎石夹层，下部为强风化、中风化安山玢岩。经初步判断，在地下连续墙成槽过程中槽壁不稳定，泥浆比重控制不佳、垂直度较差，地下连续墙接缝处刷壁效果不佳，导致地下连续墙接缝处存在夹泥现象，造成质量缺陷。

（2）间接原因：

① 基坑变形严重导致止水桩失效。虽然施工单位自行在端墙相邻地下连续墙接缝外侧增加了三根旋喷桩并进行双液注浆止水加固处理，但是在基坑开挖过程中由于基坑变形较大，导致止水桩与基坑围护结构之间形成了渗水通道，没有起到止水效果，未能阻止由于接缝夹泥、渗水通道的存在而导致涌水涌砂事故的发生。

② 地下水位未按要求降到位。事发时基坑开挖深度已达到地面以下19.5m，基坑深，内外水压差大，水土流失迅速反应至地面后，导致南侧污水压力管变形漏水，加剧了渗漏水流量并带走更多的泥沙，地面沉降量越来越大，从而导致道路塌陷及险情的扩大。

③ 施工单位思想上不够高度重视，风险意识不足。对江边的高水位、粉细砂土层深基坑开挖可能带来的凶猛性、突发性事故认识不足，经验缺乏。

④ 监理单位过程中质量把关不严。监理单位工序质量把关不严，旁站不到位，对地下连续墙施工过程中多次出现异常现象，未能采取有效措施如暂停施工或召开专家会议等研究并有效处理。

⑤ 分包单位经验不足，总包单位管理不严。

⑥ 设计单位对风险预估不足、图纸审查不严。

⑦ 工序安排不合理。发生事故当晚，施工单位安排挖掘机对东端头井位置土方进行裙边开槽及开挖施工，裙边开槽是为了能及时发现地下连续墙渗漏或其他质量缺陷，并立即采取措施。由于夜间光线不足，加上支撑密集，难以准确判断地下连续墙的渗漏情况。

⑧ 施工单位应急抢险体系有待完善。事故发生后，施工单位在抢险过程中出现应急物资欠缺的现象，现场引孔、注浆设备及聚氨酯等抢险设备、物资缺乏，造成险情的扩大。

3）经验教训

（1）基坑开挖要严格遵守"时空效应"原理，做到"分段、分层、平衡、对称、及时支撑"，控制无支撑暴露时间和基坑变形，同时实行"掏槽检缝"制度，发现渗漏及时封堵；

（2）监理单位要认真履行安全监理工作职责，认真审查地下连续墙、降水、基坑开挖等专项方案，严格落实工程施工旁站制度，督促施工单位严格落实施工组织设计和各项安全管理规定，严防冒险施工，确保安全生产；

（3）设计单位也要提高风险意识，根据工程水文、地质条件及周边环境，开展针对性设计，并严把审图关；

（4）涉及深基坑开挖、盾构施工的，要进一步加强施工应急管理，按要求储备应急物资、设备，完善应急预案。

23.2.5　盾构事故

1. 案例一：某地铁区间盾构始发洞门涌水涌砂事故

1）事故经过

2018 年 11 月，某地铁区间左线盾构始发时发生涌水涌砂事故，砂和水从出河环管片底下涌出，涌出的砂将盾构始发井坑淤平，部分泥沙已涌入负环洞内，地面出现裂缝，盾构井端墙往南 15m 处的隧道轴线上沉降量累计 32mm，洞内衬砌管片未发现异常。

2）事故原因

（1）直接原因：管片已安装 63 环，但二次注浆只到第 8 环，未能及时充填管片和土体之间的间隙，且管片底部卷帘板在盾构出洞时挤压变形，不能与管片有效密贴。

（2）间接原因：

① 施工单位责任心不强，技术交底及日常管理存在漏洞；

② 二次注浆未引起高度重视，未及时跟进和检查；

③ 盾构始发后洞圈封堵不彻底；

④ 对盾构施工不够重视，在盾构机停止检修期间，巡查工作不到位，未能及时排除隐患；

⑤ 近日连降大雨，地下水位上升，压力增大。

3）经验教训

（1）认真做好盾构始发端头井土体加固质量，特别是夹心层的高压旋喷加固效果不好，未落实现场监理旁站；

（2）认真做好降水措施，确保降水井达到设计预期效果；

（3）认真做好始发前的取芯及探孔检查，查看加固质量和降水效果；

（4）加强现场检查，及时排除安全隐患；

（5）认真做好应急抢险堵漏物资及设备储备和检查，并在始发前进行演练。

2. 案例二：某地铁线路节点盾构到达洞门涌水涌砂事故

1）事故经过

2014 年 7 月，某地铁线路区间在右线进洞洞门封闭施工过程中，4、7 号线节点洞门 7 点位置（管片与洞圈之间）出现漏水现象，20 分钟后出现涌水涌砂。经现场应急抢险，洞门渗漏水得到有效控制。

2）事故原因

（1）直接原因：

① 4、7 号线节点周边地层分布较复杂，进洞段主要分布地层为 3 砂质粉土、62 粉砂、71 砂质粉土，地层含水量较丰富，易出现洞门漏水现象；

② 进洞段位于河道正下方，易形成洞门与河底间的渗漏通道，导致洞门涌水现象；

③ 盾构进洞采用钢套筒接收施工工艺，在完成盾构接收施工及洞门注浆施工后需分块割除钢套筒连接环，并进行对应区域的洞门弧形钢板焊接封闭。由于钢套筒连接环与盾

构（管片）间存在间隙，在分块割除连接环时洞门可通过上述间隙通道产生漏水现象。

（2）间接原因：

① 在进行钢套筒连接环分块割除时，由于钢套筒与管片间存在一定间隙，若出现漏水现象，封堵施工将存在一定难度；

② 在进行钢套筒连接环分块割除时连接环内夹杂填土，给连接环割除带来一定难度，割除连接环施工作业时间较长。

3）经验教训

当采用钢套筒接收施工工艺时，在进行钢套筒连接环拆除时，由于连接环与管片间存在一定间隙，拆除施工存在一定的风险，在进行钢套筒连接环割除前应事先在靠近洞门处打设 2～3 道环箍，并在割除连接环前确认各区域环箍加固效果良好，无渗漏通道存在。

3. 案例三：某地铁线路区间盾构机铰接漏水漏砂事故

1）事故经过

2014 年 2 月，某地铁线路区间左线在掘进过程中由于盾构机铰接密封处发生严重渗漏，导致盾构机垂直姿态下沉约 50cm，地面（刀盘对应位置）沉降约 20cm，已拼装的管片纵向错台最大达 6cm，管片多处出现碎裂，受损严重。

2）事故原因

（1）直接原因：铰接部位密封损坏，油脂无法发挥作用，引起渗漏。

（2）间接原因：

① 盾构机维保不彻底，未及时更换铰接密封；

② 掘进过程中操作不当，损坏铰接密封。

3）经验教训

（1）根据地质条件及设计要求，合理选择主动铰接或被动铰接盾构设备；

（2）铰接盾构每次始发前应对铰接密封装置及油脂系统进行检查，及时更换损坏部件；

（3）掘进过程中，勤测量、少纠偏，避免急转弯损伤铰接装置。

23.2.6　地铁保护

1. 案例一：某地铁线路区间管片击穿事故

1）事故经过

2009 年 10 月，勘测设计单位在某地铁线路区间右线隧道 381 环正上方进行地质钻孔勘测，将已成型隧道顶部管片钻穿，随即出现涌水涌砂。此次事故无人员伤亡，但造成隧道内涌入泥沙约 180m³，地面沉陷深度达 2m 多，电力井、通信共用井各一座被损毁。

2）事故原因

（1）直接原因：未对所勘测位置周边地下构筑物进行详细调查了解就盲目钻孔勘测。

（2）间接原因：

① 勘测设计单位未按政府有关部门审批的范围进行作业，也未征得地铁集团、运营单位审批，擅自在保护区范围施工；

②勘测设计单位安全技术交底不严谨，存在漏洞；

③勘测设计单位以包代管，未安排专人现场管理；

④施工单位对已成形隧道日常巡查频率不够，未能及时发现制止钻孔勘探施工。

3）经验教训

（1）严格落实地铁车站 30m 内，隧道边线 50m 内的红线保护范围；

（2）任何单位在地铁保护范围内施工作业前，必须办理相关审批及备案手续；

（3）保护范围内施工作业，必须进行交底，落实专人现场监管；

（4）加强地铁保护范围日常巡查，及时发现制止未经审批备案的违规施工。

2. 案例二：某地铁项目隧道损伤事件

1）事故经过

某房地产项目的基坑开挖深度为 15.8m～18.7m，基坑东西方向（近乎平行地铁隧道走向）总长度约 245m，其中基坑东侧约 165m 长度范围距离某地铁项目区间下行线仅 7m 左右。

2013 年 3 月，某房地产项目基坑开始土方开挖工作，至 2013 年 10 月完成基坑所有区块的底板施工工作。受基坑开挖施工的影响，隧道道床累计沉降量达到了 -49.6mm，隧道收敛累计变形量达到了 42mm。某地铁项目区间下行线隧道有接近 150 环管片出现不同程度的裂缝，裂缝最大宽度达到了 1.29mm，个别管片出现了较为严重的破损现象。

2）事故原因

（1）直接原因：隧道变形量远远超出前期设计值的直接原因是邻近房地产项目基坑开挖施工相对较慢，项目施工单位再三调整基坑施工进度计划，致使基坑暴露时间较长（根据统计，每个区块的第四层土方开挖至底板浇筑至少要 2 个月的时间，坑中基底的暴露时间则达 3 个多月），加剧了地铁隧道变形。

（2）间接原因：邻近房地产项目基坑施工使相邻的地铁隧道产生了向基坑侧的水平位移，水平收敛隧道沉降等变形量随着基坑开挖深度的增加而不断增大。项目建设单位未能依据隧道内的变形监测数据快速调整施工方案，致使基坑长时间暴露未能及时封闭，从而导致了隧道变形的不断加大。

3）经验教训

（1）在严格落实地铁保护区范围内相关审批及备案手续的同时，在审批过程中尽量应增大安全保障系数，增大施工区域与地铁车站及隧道之间的安全距离；

（2）加强对地铁保护区施工方案审查力度，合理安排施工步骤。

23.3　运营阶段风险事故分析及应对

23.3.1　轨道交通故障

1. 故障种类

轨道交通故障可分为设备故障与运营故障两类。设备故障是指由于设备的异常状态所引起的故障。运营故障是指由于调度指挥、作业组织方面的人为失误，以及乘客违章等外部因素所引起的故障。故障往往引起列车运行延误和服务水平下降，严重的故障常常引起系统中断运行，甚至引发事故。

按故障对列车运行与运营安全的影响程度，轨道交通设备的故障可以分为完全故障与局部故障。完全故障是指由于某些设备产生故障，使整个系统失去完成规定功能的能力，例如，牵引供电设备故障使列车中断运行。局部故障是指虽然某些设备出现故障，但在采取一定的安全措施前提下，整个系统仍能有条件地完成规定的功能，例如，在 ATP 轨旁设备小范围故障时，列车在故障区间可以继续运行，但必须是人工限速驾驶并且故障区间只准一个列车占用。

按故障涉及的设备类型，轨道交通设备的故障可以分为车辆故障、列车运行控制（通号）设备故障、牵引供电设备故障和其他设备故障。车辆故障包括主电路故障、逆变器故障、车载 ATC 故障、车门故障和制动设备故障等。通号设备故障包括中央 ATS 故障、系统错排进路、ATP 设备故障、车站联锁设备故障、发车表示器故障和数据传输故障等。牵引供电设备故障包括变电所设备故障和接触网（轨）故障等。其他设备故障主要有道岔故障、AFC 设备故障和自动扶梯故障等。

2. 故障控制

设备是顺利完成生产活动的物资基础，是重要的生产要素。在轨道交通的故障中，设备故障占了 80% 左右，因此研究与控制设备故障对运营安全与防止事故具有重要意义。

1）设备故障规律：设备故障的出现频率与设备所处的使用时期有关，设备使用寿命期分为适应期、稳定期和老化期。

（1）在设备投入使用的适应期，由于设备自身需要磨合或者由于操作人员对设备不够熟悉及使用不当等原因，设备故障率较高。

（2）设备经过一段时间的使用后，原先引起故障的因素逐渐消除，技术性能趋于稳定，此时进入设备故障偶发的稳定期，这个阶段时间较长。

（3）设备经过长期使用后，技术性能逐渐下降，故障→维修→使用→故障的周期逐渐缩短，进入设备故障率最高的老化期。

（4）对引起故障的原因进行分析，直接原因主要是设备状态异常、人的不安全行为和人机系统设计不合理；间接原因主要是设计、运用和维修保养方面存在问题。

2）设备故障控制要点：对设备故障的控制应以人为主导，运用设备故障规律，重点做好以下预防性的安全管理。

（1）根据生产过程的特点做好设备的设计、选型，设备应具有故障导向安全的性能。

（2）安装调试、工作环境达到设备运行的技术要求，为设备安全运行创造良好的条件。

（3）通过技术培训使作业人员掌握设备技术性能和安全使用要求，配备达到岗位技术要求的作业人员，为设备安全运行提供人的素质保证。

（4）做好设备在日常运行中的安全检查、维修保养，合理确定设备的检修周期，使设备在使用寿命期内保持良好的技术状态。

（5）设置设备监控系统，如机电设备监控系统、电力监控系统等，对设备运行进行监视、诊断和控制等，确保在第一时间发现故障和有效防避、控制故障。

（6）建立设备故障应急预案。一旦故障发生，可按预案规定的故障处置原则与程序，迅速行动，排除故障，最大限度地降低设备故障对系统正常运行的不利影响，避免发生事故。

（7）制定保证设备安全运行的技术措施，如建立设备使用操作规程、安全管理制度，建立设备管理台账，以及做好故障调查分析等。

（8）根据需要，有重点、有步骤地对接近使用寿命期的老、旧设备进行更新或改造。

23.3.2　轨道交通事故

1. 事故种类

在轨道交通运营与非运营时间内，由于作业人员违章作业、人为差错，技术设备故障或其他内外部因素，造成人员伤亡、设备损坏、中断正常行车或危及行车安全的意外事件均可构成事故。

轨道交通事故通常分为行车事故、伤亡事故、火灾与爆炸事故三大类。按照行车作业的内容，行车事故分为列车事故和调车事故两类。按照伤亡人员的身份，伤亡事故分为职工伤亡事故和乘客伤亡事故两类。

根据轨道交通运营安全管理有关规定，按照事故造成的损失，以及对正线列车运行的影响程度，事故分为重大事故、大事故、险性事故和一般事故。

1）重大事故：客运列车发生冲突、脱轨、火灾或爆炸，造成下列后果之一时认定为重大事故。

（1）人员死亡三人或死亡、重伤共五人；

（2）客车中破一辆；

（3）正线行车中断 150min。

其他列车发生冲突、脱轨、火灾或爆炸，调车作业发生冲突或脱轨，造成下列后果之一时认定为重大事故。

（1）人员死亡三人或死亡、重伤共五人；

（2）客车大破一辆或中破两辆；

（3）内燃机车大破一辆或轨道车报废一辆；

（4）车辆报废一辆或车辆大破两辆；

（5）正线行车中断 150min。

2）大事故：客运列车发生冲突、脱轨、火灾或爆炸，造成下列后果之一时认定为大事故。

（1）人员死亡一人或重伤两人；

（2）客车小破一辆；

（3）正线行车中断 90min。

其他列车发生冲突、脱轨、火灾或爆炸，调车作业发生冲突或脱轨，造成下列后果之一时认定为大事故。

（1）人员死亡一人或重伤两人；

（2）客车中破一辆；

（3）内燃机车中破一辆或轨道车大破一辆；

（4）车辆大破一辆；

（5）正线行车中断 90min。

在进行重大事故、大事故认定时，对人员伤亡，人员的认定是事故发生时执行职务的作业人员和持有效乘车凭证的乘客，重伤的认定根据国家有关标准、规定进行；对客车、车辆和机车破损，大破、中破和小破的认定依据是车辆主管部门的有关规定；对行车中断时间，按从事故发生时起至客运列车恢复连续通行时止进行统计。

3）险性事故：凡事故性质严重，但未造成损害后果或损害后果不够大事故的列为险性事故。险性事故的认定依据是发生下列情形之一：

（1）行车有关：包括列车冲突、脱轨或分离；在进路未准备好的情况下接、发列车；未经许可，向占用区间发出列车或向占用站线接入列车；列车冒进信号；列车开错方向或进错股道；电话闭塞法行车时，未办或错办闭塞发车。

（2）客运有关：包括客车错开车门、运行途中开门或车未停稳开门；客车车门夹人夹物并造成后果。

（3）其他：包括列车运行中，客车齿轮箱或其他重要悬挂件脱落；列车发生火警；障碍物侵入车辆限界并造成后果。

4）一般事故：凡事故性质及损害后果不够险性事故的列为一般事故。一般事故的认定依据是发生下列情形之一：

（1）行车有关：包括调车冲突、脱轨；挤岔；因错误开放或未及时开放信号致使列车停车；应停站列车在车站通过或应通过列车在车站停车；因车辆故障或其他原因致使正线行车中断 30min；因行车作业人员出勤延迟、影响列车正点运行；调度命令漏发、漏传或错发、错传；错误办理行车凭证发车，或因此影响列车正点发车。

（2）其他：包括列车运行中，车辆部件脱落或货物装载不良刮坏技术设备；安全主管部门认定为危及行车安全的情形。

按照事故的责任承担，事故分为责任事故和非责任事故。责任事故是指由于有关人员的过失造成的事故，责任事故还可进一步分为全部责任事故、主要责任事故和次要责任事故等，以及分为肇事者责任和管理者责任等；非责任事故是指由于客观因素或外部原因造成的事故。

2. 行车事故处理

1）事故报告程序：在发生重大事故、大事故，或一时难以判定，但属于列车冲突或脱轨等严重事故时，应立即按规定程序报告。事故发生在区间时，由列车司机报告行车调度员；如果无法汇报，则报告最近车站的车站值班员，由其转报行车调度员。事故发生在车站或段管线内时，由车站值班员或车辆段运转值班员报告行车调度员。

2）事故报告的事项：包括发生时间，发生地点，列车车次、车组号，关系人员姓名、职务，事故概况及原因，人员伤亡及车辆、线路等设备损坏情况，是否妨碍邻线和是否需要救援等。

行车调度员接到事故报告后，应立即向值班调度主任、公司值班室以及有关基层段的值班室报告。值班调度主任应立即向公司经理、主管副经理和安全主管部门负责人，以及有关基层段段长和公安分局局长报告。

3）事故应急处置：在接到行车重大事故、大事故报告后，控制中心应立即采取应急处置措施，最大限度减少人员伤亡、降低事故损失和防止事故升级，尽快开通线路和恢复按图行车。具体的应急处置措施包括：

（1）在请求救援的情况下，应决定是从车辆段派出救援列车，还是由正线运行列车担当救援列车。如果是前者，行车调度员应向车辆段运转值班员下达出动救援列车命令；如果是后者，行车调度员应向担当救援任务的列车司机发布调度命令。正线运行列车原则上应先清客，后担当救援任务。

（2）关闭事故区间后方站的出站信号，阻止续行列车进入事故发生区间。如果已有列车进入事故发生区间，应采取措施使其退回后方站；在不能退回后方站时，应根据需要向列车司机发布撤离乘客的调度命令。

（3）根据需要，通知电力调度员切断牵引电流；向列车司机和有关车站发布撤离乘客的调度命令，调度命令应明确乘客撤离方向及注意事项。

（4）在接到救援命令后，救援列车和救援人员应在规定时间内到达事故现场，在救援现场指挥者的主持下确定救援方案，组织实施；所有救援人员必须服从命令、听从指挥，按照分工开展救援工作；在救援过程中，应保持通信的畅通、规范信息的披露。

（5）在事故造成人员重伤时，应急处置的基本原则是尽可能抢救伤员生命。如果发生在车站，应立即对重伤员采取包扎、止血等急救措施，并及时将重伤员送往医院；如果发生在区间，列车司机应通知就近车站组织抢救，并设法迅速将重伤员送往就近车站。

4）事故调查、分析与处理：事故调查、分析与处理是安全管理工作的重要内容。

（1）事故调查是掌握事故发生经过与基本事实的过程；

（2）事故分析在事故调查的基础上进行，重点是分析事故原因和分清事故责任；

（3）事故处理，除对事故责任单位、责任人作出处理决定外，还应提出防止同类事故再次发生的技术组织措施或进一步研究建议。

5）事故调查处理权限：特大事故由省、自治区或直辖市人民政府负责调查处理，重大、大事故和险性事故由运营公司负责调查处理，一般事故由事故发生单位负责调查处理。

6）事故调查：在事故调查过程中，应进行的工作有：

（1）事故发生后，立即指派专人保护事故现场和进行初步的物证、人证收集。

（2）勘查现场，详细检查车辆、线路及其他设备，形成文字、图像等调查记录；必要时，对设备及材料进行物理、化学性能的技术鉴定，或对作业过程、事故发生过程进行模拟试验。

（3）对事故关系人员进行调查，如作业情况、设备状态、事故发生经过，以及年龄、本工种工龄、技术等级、接受安全教育、事故记录等个人信息，取得经本人签字的书面调查记录。

（4）检查作业过程的书面和录音记录，检查有关技术文件的内容和执行情况。

（5）调查人员伤亡情况，了解有关部门对伤亡情况的诊断报告。

（6）在调查过程中，应注意是否有人为破坏的迹象，对有人为破坏嫌疑的事故，应及时移交公安部门调查处理。

7）事故分析：事故原因的分析包括直接原因分析和间接（本质）原因分析，在进行事故原因分析时，从事故的直接原因入手，找出事故的本质原因，对下一步制定事故预防措施具有重要意义。

事故的直接原因是指直接导致事故发生的因素，通常是设备的异常状态（故障）和人的不安全行为。

事故的间接原因是指事故直接因素得以形成的原因，又称为事故的本质原因，通常是：技术或设备上的缺陷，作业过程组织不合理，设备维修保养不良，规章或作业办法存在问题，技术培训和安全教育不够，以及作业监控、安全管理不到位等。

事故责任分析是在查明事故的直接原因和间接原因后，客观合理地分清事故有关各方的责任，以便作出适当处理，使有关各方汲取事故教训，改进安全工作。

8）事故处理：在完成事故分析后，安全主管部门应提交事故调查报告、认定事故性质和责任、提出事故处理意见、制定防止同类事故再次发生的措施。

如果各方面对事故的分析结论、责任者的处理不能达成一致意见，可提请上级有关部门、仲裁或司法部门裁决处理。

事故处理应坚持"四不放过"原则，即事故原因没有搞清楚不放过、事故责任人没有受到处理不放过、相关人员没有受到教育不放过、预防事故措施没有落实不放过。

23.3.3　事故应急救援

在日常运营中，一旦发生重大事故、大事故，必须迅速组织救援。及时有效的救援能减少人员伤亡、降低事故损失和防止事故升级。

应急救援工作是安全管理的重要组成部分，它包括救援基础工作和现场应急处置两个方面。

1. 救援基础工作

救援基础工作的核心是编制应急预案。应急预案是针对潜在的、可能发生的事故（故障、突发事件），预先编制一个如何应急处置的书面计划。编制应急预案的目的是防止事故扩大、升级，最大限度减少事故造成的危害损失。

应急预案的基本内容应包括：特定事故的定义，报警或报告程序，应急处置组织指挥，应急处置程序与措施，抢险抢修方案，现场急救医疗方案，以及通信、交通等内部保障条件和救护、消防、公安等外部支援条件。

应急预案一旦编制完毕，应下达到所有相关人员，应急处置指挥人员、参与应急处置人员、可能与事故直接有关人员，以及可能会受到事故影响的人员等。并且还应通过培训与演习来强化上述人员对应急预案的了解与掌握。

轨道交通的应急预案主要有故障应急预案、事故应急预案和突发事件应急预案三类。故障应急预案包括列车故障应急预案、供电设备故障应急预案等；事故应急预案包括行车事故应急预案、外部人员伤亡事故应急预案等；突发事件应急预案包括火灾、爆炸、投毒应急预案，车站大客流应急预案等。

围绕应急预案，应建立应急救援组织体系、配备救援设备器材、组织救援培训与演习等工作。

应急救援指挥机构一般由企业和有关职能部门的负责人组成，明确事故发生时应急救援的总指挥和现场指挥人。救援机构下设负责日常工作的办公室和执行各项救援任务的小组，各级人员均应职责分明。完整的救援组织体系还应包括外援单位，因此需要配备负责内外部协调和公共关系的人员。

配备救援设备器材，并确保它们经常处于技术良好状态，是成功进行救援必须具备的物资基础。在平时应有专人负责救援设备器材的保管、养护和维修。

组织救援培训与演习，其目的是使有关人员对救援知识和救援技术、应急预案内容做到应知应会。直接执行救援任务的人员必须定期参加演习，通过演习熟悉救援步骤和方法，掌握救援设备器材使用，以及了解如何进行自我防护等。

2. 现场应急处置

在发生事故时，应急处置的指导思想是：先控制、后处置，救人第一。现场人员应尽一切可能控制事故的扩大，以减少伤害损失，并应按规定程序及时向有关方面报告。

有关方面接到事故报告后，应根据应急预案和具体情况，迅速采取有效措施。对重大、大事故等应立即组织救援。在进行救援时，严禁违章指挥、冒险作业，避免在救援过程中发生二次事故，增加人员伤亡和财产损失。现场应急处置的重点是控制事故源头、危险区域，组织人员撤离和抢救受伤人员。

控制和切断事故源头是排除事故的关键。控制危险区域既是为了使救援工作不受干扰，也是为了避免无关人员或列车进入使事故扩大。

迅速组织危险区域内非救援人员撤离，直接关系到能否减少人员伤亡，因此是一项紧迫和重要的任务。在组织撤离时，救援人员应熟悉地形、明确撤离路线；同时应采取必要的防护措施，切断牵引电流、通风排烟方向与撤离方向相反等。

急救医疗人员应根据具体情况，采取各种措施对受伤人员进行紧急抢救和治疗。对重伤员，应采取有效措施抢救伤员生命，并及时安排专人送往医院救治。急救医疗小组应掌握重伤员的姓名、性别和受伤情况，送往医院和陪送人员等信息。陪送人员到医院后应尽可能详细、准确地说明重伤员的受伤原因，以便医院及时诊断和进行救治。

23.3.4 安全评价指标

为了全面、准确反映运营安全状况，需要建立安全评价指标。分析安全评价指标，有助于掌握事故发生规律，找出安全生产、安全管理的薄弱环节和存在问题，从而为进一步加强安全工作提供决策依据。

安全评价指标大体可分为数值指标和比值指标两类。数值指标侧重于从总量上反映运营安全状况。比值指标考虑了完成的工作量，更适用于安全状况的纵向或横向比较。

1. 数值指标

1）事故次数：统计时，按行车事故、其他事故分别统计，对行车事故，按列车事故和调车事故，以及按重大事故、大事故、险性事故和一般事故分别统计；

2）责任事故次数：统计口径与事故次数统计相同；

3）事故次数伤亡人数：按职工伤亡人数、乘客伤亡人数和外部人员伤亡人数分别统计，以及按死亡人数、重伤人数和轻伤人数分别统计；

4）责任事故直接经济损失：直接经济损失由人员伤亡费用、设备损坏的资产损失、系统中断运行的损失、救援及事故处理费用构成；

5）行车安全天数；

6）车辆故障次数；

7）列车故障次数；

8）中央 ATS 系统故障次数；

9）牵引供电故障次数。

2. 比值指标

1）列车事故率：平均每完成百万列车公里所发生的责任列车事故次数；

2）乘客伤亡率：平均每完成亿人公里因责任事故所造成的乘客伤亡人数；

3）职工死亡率：单位时间内，平均每千人职工因事故所造成的死亡职工数，或者是平均每完成百万单位工作量因事故所造成的死亡职工数；

4）职工重伤率：统计计算口径与职工死亡率相同；

5）车辆临修率：运用车平均每行驶千车公里所发生的临修次数；

6）列车故障下线率：客运列车平均每运行万列车公里所发生的因故障回库次数；

7）中央 ATS 系统故障率：中央 ATS 系统平均每运行千小时所发生的故障次数。

第5篇

运营管理与咨询

城市轨道交通工程的运营管理咨询，应当从主要运营管理模式的分析入手，通过监控各系统的运营过程状况，对所获取的数据进行多角度分析，一方面针对项目运营效果进行评估，另一方面检查各系统的工作运行状态是否正常，设备设施运行是否安全可靠。

本篇主要从运营组织、运营模式、运营综合效能提升、项目后评价以及资产管理咨询展开，重点论述了城市轨道交通工程运营咨询管理内容。

第24章 运营管理

24.1 运营组织

城市轨道交通线路建成通车后，安全运送乘客便是运营管理的中心任务，运营管理企业或机构大多在项目尚未建成前就应建立，以便根据建设进度充分熟悉和掌握每个阶段的技术特点，了解不同专业技术形成系统功能的内在联系。运营管理企业或机构根据不同的业务模块成立相应运营管理部门，不同的运营管理部门根据专业管理的具体要求开展工作，形成城市轨道交通运营管理体系。

24.1.1 运营单位组织架构

根据运营组织的工作内容、重要性、核心性，将所有业务分为三类：核心业务、保障性业务和日常性业务，运营单位的管理架构就是根据这三个业务模块来设立。其中，日常业务包括审计办公室、综合办公室、人力资源部、计划财务部、党群工作部和企业管理部；核心业务包括运营技术部、设施技术部、安全监察部、运营事业部、维修事业部及总调所；保障性业务包括后勤保障部。

1. 核心业务模块

1）安全业务部门

安全是城市轨道交通运营的首要关键，运营单位需设置专门的安全业务部门，按照"集中领导、统一指挥、逐级负责"的原则，负责建立企业内部包含决策领导层、管理监督层、执行落实层等多层次的安全生产组织机构和安全网络，负责各业务运作中的安全检查和监督、安全责任的鉴定与裁决、各系统危险源的识别与管理、应急救援系统的制定与运作、安全与应急的教育等。

2）运营策划业务部门

负责制订运营组织方案及行车计划、客流调查与统计分析、运营统计数据处理、乘客意见处理、与其他公交部门的协调联络。负责制定驾驶员及客运服务人员服务守则和操作手册，实施乘客引导设施的管理与更新开发。

3）调度指挥业务部门

调度指挥工作是城市轨道交通运营客运服务工作的载体。针对不同的管理职能，设置行车、电力、环控、客运调度、维修调度等岗位进行行车组织集中管理。根据行车调度控制范围，可以采用集中式、区域式和分散式运营控制中心的不同模式进行专业化管理，设立不同的管理层级、管理线网、按区域或单独某条线。

4）客运（站务）业务部门

客运业务和职能主要包括：为乘客提供乘车指引和疏导、提供售检票服务、与乘客服务相关的车站运作等，以自然车站为基本单位组织。岗位一般设置站务员、值班员岗位对活动进行水平方向分工，纵向上设置值班站长对车站进行管理。

5）乘务业务部门

乘务业务部门主要担负运营线路的列车运作、工程车运作、车场运作和工程维修、运输驾驶任务。针对车辆驾驶，乘务组织运作可以采用两种基本制式，即轮乘制和包乘制。可以按照区域或者线路分区管理，或者集中管理。设置乘务驾驶员岗位及调度与派班员等辅助性岗位。

6）票务业务部门

票务业务部门的职能主要包括票务策略的制定、车票管理、现金管理、票务安全管理、收益对账与清分、自动售检票系统功能管理等。售检票职责由车站客运服务岗位承担，票务管理其他职责可成立专门的部门或者单位管理，例如，在企业财务职能中管理，以实现管理与运作的分离，易形成检查和监督机制。

7）设备维保业务部门

设备维保业务部门主要负责车辆、机电系统、供电系统、工务系统、通信信号系统的日常维护保养、故障维修、抢修及管理工作。按专业设置车间和班组。

2. 保障性业务部门

物资管理是城市轨道交通运营单位十分重要的职能管理，保证城市轨道交通的维修组织、客运组织、行车组织、乘务组织、票务组织等核心业务提供日常运作的物资保障，同时直接影响运营管理成本。主要负责物资规划与计划管理、采购管理、库存管理及调配、物资信息管理体系与平台的建设。

3. 日常性业务部门

日常性业务部门是指非城市轨道交通运营单位中专门设置的部门，是所有企业中所共有的业务部门。主要有：办公室，负责企业日常行政办公和外事接待；人力资源部，负责公司人事管理、员工培训、劳动报酬与劳动力资源管理；党群工作部，一般负责党务、工会、团员等工作；企业管理部，负责企业标准化管理、网络管理和商业开发；财务部，负责公司财务预算管理、费用报销等；纪检监察，负责对内部业务进行监察、处理重要信访工作、组织案件调查审理等。

24.1.2　运营单位专业管理组成

城市轨道交通运营管理从狭义的角度来看，仅指城市轨道交通专业管理，从大类上来看，可分为线路运行管理和设施设备管理，具体来说可以分为行车管理、站务管理、票务管理、设施设备管理等。

1. 行车管理

行车管理是城市轨道交通运营管理的核心内容。运营单位根据线路客流时段分布特征，制订合理的运营计划，也就是确定运输任务；在此基础上编制列车运行图；在每天的行车组织监督和控制工作中，力争实现列车运行图，在必要时及时调整列车运行，保证按图行驶。行车管理主要分为编制运营计划、列车运行控制、行车组织过程控制和车场行车组织等内容。

1）运营计划的编制

运营计划是城市轨道交通系统日常运输组织的基础。运营单位应根据线路设计运能和客流量现状需求，结合设备技术条件编制运营计划，运营计划应明确线路里程、开行列车对数、运营时间、区间运行时分、列车停站时分、列车折返时分等技术参数，以及运行限速、列车运行交路等技术要求。

2）列车运行控制

列车运行控制方式根据信号设备所能提供的运行条件，一般分为调度集中控制、调度监督下的列车自动运行控制和半自动运行控制 3 种方式。在现代列车运行组织过程中，全线（单线）的列车控制为 3 级控制：中央级、车站／车场级、就地级。在单线条件下行车调度员（简称行调）承担全线的行车调度指挥工作；在网络化运营条件下，还需通过运营网络指挥中心协调各线行车调度工作，也就是在中央级上面附加了网络级控制。

3）行车组织过程控制

整个城市轨道交通的行车组织全过程的工作包括：运营前的准备、列车出入场作业、运营中的调度监督、运营结束后的收尾及施工前准备工作等环节。在首班车投入正线运营前，车站对线路情况、通信、信号、监控系统设备进行检查，核对当日运行图并掌握运用车使用情况，确保线路具备运营条件。出场列车由出库线进入正线运营，运营过程中，行车调度员需监督列车运行情况并及时处理各类突发性事件，确保安全。运营结束后，按运行图要求完成列车入库作业，完成当日各类数据统计分析、组织夜间施工作业，还可进行培训或演练。

4）车场行车组织

车场行车作业是整个城市轨道交通系统行车组织的重要组成部分之一，主要包括车场管理、站场行车组织和乘务组织管理。负责列车出入场作业、站内调车作业以及制订合理的乘务组织计划以保证运营线路的列车服务、工程车辆开行、列车调试等各类作业的需要。

2. 站务管理

城市轨道交通的站务管理内容包括车站行车指挥和行车组织的辅助协调工作，车站工作人员需密切注意车站乘客动态，发现危及行车和乘车安全的情况，及时与有关人员联系，进行处理。站台工作人员还需与乘务人员密切配合，是全线行车指挥和车站行车组织的必要支持和补充，共同确保列车运行安全和乘务安全。

车站日常客运组织主要包括出入口组织、售票组织、检票组织和乘降组织。车站日常客运组织工作需依据实际的客流状况进行实时调整以保证满足客流需求、提高通行能力并关注乘客安全。

3. 票务管理

票务管理是城市轨道交通运营管理企业票款收入的直接管理单元，票务管理主要包括票制、票价的确定和自动售检票系统及其运用、管理。票价的确定应考虑不背离价值的原则，同时兼顾公共交通的公共服务性质。票价方案应在政府相关部门的监管下制定基础票价，并规定乘客城市的基本准则，如时限、里程、票种选择性等。车站组织售检票工作，并负责设备的养护维修和运用管理，并根据客流情况对售检票系统（装备）的设置进行调整。由运营单位票务管理部门对全线的运量、运营指标等进行统计和进行财务、经济的核算、评价。

4. 设施设备管理

设备运营管理包括车站服务设施系统、通信及信号系统、票务系统、供电系统、环控系统、通风及排烟系统、防灾系统、给水排水及消防系统、自动扶梯及电梯运载系统等设施、设备的日常运用和养护维修管理。作为设备的运用周期，一般可分为正常状态下的日常运用、非正常情况下（故障运行）的运用及紧急情况时的运用与维修管理。对设备的维护管理水平往往在很大程度上决定了城市轨道交通系统的运营安全及服务质量，同时也对企业的运营维修成本及人工成本产生非常重要的影响。

24.2 运营模式

24.2.1 运营管理模式

轨道交通运营组织是运营单位为了有效完成乘客运输任务，通过计划、组织、指挥与控制等过程，运用人力、设备和运能等资源所进行的一系列活动。

运营组织的主要内容是客流分析、行车组织、客运管理、站段工作组织、票务管理、设备保养维修、运营安全管理、服务质量管理和成本控制等。其目标是提高运输生产效率，取得最佳服务水平与企业经济效益。

加强运营组织是轨道交通运营单位应该做好的工作。另外，轨道交通规划设计人员对未来运营组织方面的需求应有充分的重视、了解和预见，在规划设计阶段就应考虑未来运营组织如何做到合理性与经济性。

轨道交通具有明显的自然垄断特征和准公共产品特征。

1. 按经营权与所有权关系轨道交通运营管理模式

从经营权与所有权关系的角度，轨道交通建设运营管理主要有三种模式：

1）国有国营模式：即政府出资建设轨道交通设施，并指定政府下属机构、国有企业或国有控股公司负责轨道交通的运营管理。对运营管理中的亏损，政府通常采取财政补贴等措施给予补偿。模式的特点是提供的服务带有福利性，但运营效率较低。欧美国家采用这种模式较多，例如，巴黎、柏林、莫斯科、纽约等。

2）国有民营模式：政府出资建设轨道交通设施，并通过租赁等形式将轨道交通的经营权转交给民营股份公司。运营者的行为受到政府相关法规的约束，但政府不干涉企业的运营管理，也不对运营亏损进行补贴。模式的特点是有助于减轻财政支出和提高运营效率，但客流必须达到一定的数量级，例如，新加坡。

3）民有民营模式：民间资本出资建设轨道交通设施，民营股份公司负责轨道交通的运营管理。政府通过合同形式对轨道交通投资建设、运营单位股本结构、票价浮动范围等进行约束，但政府不干涉企业的运营管理，也不对运营亏损进行补贴。模式的特点是扩大了轨道交通建设资金来源，民间资本在控制成本方面有更大的动力，但轨道交通的公益性目标与民间资本的营利性目标难免存在冲突。例如，东京的部分地铁、泰国轻轨等。

2. 按运营与投资、建设关系、轨道交通运营管理模式

从运营与投资、建设关系的角度，轨道交通建设运营管理主要有两种模式：

1）运营与投资、建设合一模式：在政府的监督管理下，政府下属机构或专门组建的轨道交通总公司全面负责轨道交通的投资、建设和运营。模式的特点是体制内的矛盾容易协调，但也存在产权关系不明晰、缺乏市场竞争、效率较低等问题。在国有国营与民有民营时，采用这种模式较为常见。

2）运营与投资、建设分开模式：在政府的监督管理下，由轨道交通项目公司的建设公司和运营公司分别承担轨道交通投资、建设和运营的职责。模式的特点是引入竞争机制，实现市场化运作。在国有国营和国有民营时，采用这种模式的较多。

24.2.2 城市轨道交通的运营特性

1. 网络化运营

随着管辖线路里程和线路数量的不断增加，城市轨道交通系统将会由单线独立运营管理向多线综合运营管理的方向发展，由简单的单线系统逐步形成网络化系统，由单线运作模式逐步迈入网络化运营管理新时代。网络化运营随之也带来了许多新问题：网络化运营管理体制、换乘枢纽的管理、系统互联互通、设施设备资源共享、线路间运力协调、不同线路行车方案之间的协调与配合等。

1）网络结构复杂化，交通网络中有连通型的线路、城市环线、大型换乘枢纽、多线换乘等。

2）城市轨道交通形式、功能和制式多样化，分别服务于市域和市区、市郊功能的地铁线路、轻轨线路、市郊铁路、有轨电车等多种形式并存。

3）网络化运营带来的客运需求的高增长和波动性，使客流量增长迅速。

4）列车运行方式的多样化，列车共线运行方式、大小交路方式、分段交路方式，甚至复杂交路等。

5）故障会由单线向邻近线路蔓延，进而影响整个网络的稳定性和可靠性。

6）与其他交通方式衔接需求的多重性，如与未来常规铁路、高速铁路、城际城市轨

道交通、机场、高速公路等对外交通以及与地面公交的衔接配合等。

2. 系统联动

城市轨道交通系统建设和运营的目的是为乘客提供快速、安全、准时、舒适、便利的运输服务，使乘客能够便利地进站购票、安全而舒适地乘车、快速而准确地到达目的地，完成整个乘客运输过程。

完成这个任务需要行车安全、正点地按设定的列车运行图执行，并为乘客提供良好的服务。安全运行和优质的服务基础是：城市轨道交通各专业系统同时正常协调地运行，保障城市轨道交通30余项不同的专业设施、设备每天24h正常而协调地运行。

各种专业设施设备的运行均有各自的特点，动态的，如车辆；看似静态的，如供电、通信、信号、接触网、线路、隧道、车站等。各种设施设备之间在正常运行时具有相互依托的关系，要求设备之间有严格的技术配合流程。如列车和钢轨、列车和接触网、列车和信号、列车和通信、供电和通信信号、通信和信号、供电和自动售检票等。

可以说在列车运行时，系统中的各个设备之间互为联系，共同保证列车正常运行和良好的服务。任何一环出现故障都会不同程度地使列车的正常运行受到影响，严重的甚至造成列车停运。这些设施、设备系统在建设阶段和停运检修是各自独立的个体，一旦建成（修复）投入运行，它们就成为链轮和链条，共同维持城市轨道交通系统的正常运行。

3. 时空安排

城市轨道交通企业根据乘客的出行需要安排列车运行，营业时间多集中在 5:30-23:30 之间，市中心的旅行速度一般为 30~40km/h，市郊为 60km/h（线路最高行车速度可达到 100km/h 以上），最小行车间隔为 2min。

高速度、高密度的列车安全运行，形成了城市轨道交通运营单位和一般的制造业明显不同的时间和空间的概念。其产品是人的移动而不是物的加工，使时空概念变得尤为重要。其相应的时间和空间在城市轨道交通运营系统中不可储存，一旦失去势必造成列车运行晚点，严重的就会发生事故。

具体地讲：城市轨道交通系统在营业时间内要求安全、高效地运行，完成乘客运输任务；在夜间非运营时段，系统也是十分繁忙的，主要是安排试车作业或检修、维护作业。各专业进行检修都必须提前报计划经批准后才能进行，并根据规定的程序进行施工作业。由于夜间允许检修工作的时间又很短（一般为 24:00 至 4:00），需统一指挥，严格按照时间完成，否则就可能发生人员和设备事故或者影响列车正常运行。

有的设备检修只要单一专业就可以完成，而有些设备的维修需要专业之间相互协调，有关专业人员需同时到场联合作业，如车辆检查时，车辆通信、信号检修人员需要同时到场，并排定三者的作业程序。因此在城市轨道交通运营单位中，时间和空间的概念是必备的。

4. 统一指挥

城市轨道交通系统的正常运行需要多专业多工种联合运行，对于时间、空间概念要求非常高，需要严格的高效率的统一指挥。控制中心（调度所）就是为行车工作的统一工作而设置的。正常情况下，现代城市轨道交通的自动化系统均可根据设定模式运行，列车在驾驶员的监护及必要的操作下正常行驶。同时运行的信息如列车位置、列车间隔及是否偏离设定的运行图、供电及环控系统运行状态在显示屏上实时显示，调度员可随时监视、掌握列车及有关系统运行状况。调度员还可以利用有线及无线通信系统随时和有关人员（列车驾驶员及行车、供电、环控等系统工作人员）联系了解有关情况。

　　发生一般的问题，如列车晚点、供电设备故障，系统设备自动调整运行或自动进行设备切换运行。遇有重大事故，如列车故障停运或牵引供电设备故障停运等，则由各专业调度员按照预案或紧急抢修方案有步骤地指挥有关的列车驾驶员、车站行车值班员、牵引变电所值班员、环控值班人员、事故现场抢修人员等，采取必要的措施迅速进行抢修。有关车站按照指令进行客运组织工作，在确保乘客安全的前提下，尽快恢复设备和列车的正常运行。必要时一边抢修，一边组织行车作业，缩小事故影响范围，并疏散滞留乘客。因此，城市轨道交通系统必须遵循统一的原则，以保证指挥的严肃性和有效性。

第 25 章　运营综合效能提升

为加快我国节能减排的步伐、引导绿色技术创新、提高产业经济的全球竞争力，我国政府相继发布《关于完整准确全面贯彻新发展理念做好碳达峰碳中和工作的意见》和《2030 年前碳达峰行动方案》，制定了实现碳达峰、碳中和目标的总体战略和政策指引；对于交通运输行业，提出了加快推进低碳交通运输体系建设、推广节能低碳型交通工具、积极引导低碳出行的要求。

城市轨道交通作为用能大户，需站在实现"双碳"目标征程的前列。为此，建设智慧城市轨道交通势在必行。这一举措旨在推进智慧赋能，通过智能技术高效管理城市轨道交通建设、运营相关的核心业务，解决传统城市轨道交通运营过程中出现的短板，从而实现城市轨道交通网络化运营，达到降低运营成本及能耗、提高服务质量及运营综合效能的目标。

25.1　运营现状分析

城市轨道交通正常运行消耗的能源量相当大，但是按照同等运力计算，其仅为小汽车的 1/9，公共汽车的 1/2，加之其占地面积小、运营成本低，因此大力发展城市轨道交通对节能减排具有重要意义。[①]

然而，目前在推进城市轨道交通网络化、绿色发展的进程中，仍存在以下问题。

1）车站综合运营管理水平亟须提升。车站在城市轨道交通网络中发挥着重要的衔接作用，对其进行有效的监控与管理是城市轨道交通高效运营的保障，但目前其存在专业设备部署分散、信息资源共享程度低、业务流程协同效率不高、智能化综合管控难以实现、能源基础数据整合困难等问题。另外，城市轨道交通的内部运行设施也多种多样，主要有通信设备、通信装置、轨道机械设备、电子监控装置、消防器材和电力拖动装置等。虽然这些设备的基本工作方式为整体运转，但是如果某一设施设备发生了问题，就会影响其他设施的正常工作，并最终对城市轨道交通的正常安全运营产生影响。

2）能耗监测手段有待提高。城市轨道交通车站内仍采用传统方式统计能耗，数据更新周期长；冷却水、风机装置的运转目前采用定时任务模式，风水联动系统无法智能化联动，存在进一步优化空间；工作人员难以及时发现和处理电表、水表等发生的故障；人工

---

① 李樊. 面向"双碳"战略的城市轨道交通运营综合效能提升技术研究 [J]. 现代城市轨道交通，2022（8）：7-11.

抄表存在数据错漏、重复统计修正、无法实时统计和上报等问题。上述问题均导致运营过程中大量人力及资源的耗费。

3）乘客服务与引流措施仍需改进。目前从进站到出站的全链条式服务不完善，乘客"出行即服务"的精准性、个性化有待提高；特大城市的城市轨道交通线网对潮汐客流的引流、分流效果较弱，中小城市的城市轨道交通对乘客的吸引力不足。

4）运营制度不完善。随着我国城市建设水平的提升，城市人口的数量、密集程度、流通速度均处于不断提高的过程中，城市发展特点为城市轨道交通带来了更重的负荷。在这一新时代背景下，传统的轨道交通运营管理模式已无法满足城市居民的日常出行需求和城市生产活动的运输需求，难以缓解日渐沉重的交通压力。传统的城市轨道交通运营管理模式没有搭建起健全完善的运营管理制度体系，不同管理流程环节之间的逻辑关联未得以明确，方案章程制定不够精细化，对轨道交通运输中可能出现的安全隐患与风险问题考虑不够全面，没有做好紧急预案规划，导致城市轨道交通的运营管理面临着诸多困难与阻碍。

5）运营综合效能评价体系有待完善。目前，城市轨道交通运营相关的新系统、新设备层出不穷，智慧功能不断叠加。在这种情况下，缺乏一套行之有效的综合能效评价体系，对各系统、各功能的实际效能进行评估，难以依照现有应用场景和现实需求平衡成本、能耗、智慧化元素之间的关系。

6）为解决传统城市轨道交通运营中存在的数据孤岛、信息离散、能源综合管控能力弱等问题，应增强城市轨道交通运营管理的多态场景适应性，构建网络化运营管理、智能化能源监测与管控、全系统全要素资源优化配置等系统，实现设备维护、运营管理、乘客服务的安全化、高效化和绿色化。其具体途径就是以大数据、人工智能、物联网、云计算等新技术为基础，构建智慧能耗管理、智能线网运营调度等平台，对车站及线网的运营、调度、能耗等实施智慧化管理，以求在节能降耗的同时，提高城市轨道交通运营综合效能。

25.2　重点提升方向

25.2.1　提升车站运营效能

建设智慧车站以提升车站运营效能，是提高城市轨道交通运营综合效能的重要抓手。应秉持"安全可靠、需求导向、经济合理"的原则，在洞悉乘客、企业、政府等多元主体内在需求的基础上，根据车站功能需求和技术条件，实现各种智慧车站应用场景，打造人工与智能系统全方面协同联动的新型车站。智慧车站应具备智能客服、无感支付、全息感知、智能导向、一键开/关站、智能站务管理等基础功能，以及智慧安防、客流监测与预警、能源管理、电扶梯智能监控、乘客异常行为分析等拓展功能。智慧车站可依托采集到的数据，评估车站当前的运营效能、设备能耗情况，并据此自动更新升级车站内部管理机制及设备节能措施，增强城市轨道交通运营管理的多态场景适应性，改善传统车站运营中的数据孤岛、信息离散、平台封闭、响应被动等问题，达到节能降耗、减员增效、提高管理及服务水平的目的。

25.2.2　提升车站能耗管理效率

智慧能耗管理平台是城市轨道交通实现节能的重要系统。其可对城市轨道交通车站的耗能设备（如照明、空调等系统）进行管理，在采集、记录、分析各专业设备能耗量的基础上，结合车站内运营需求及政策要求制定合理的节能计划。其具体功能如下：根据城市轨道交通列车早/晚的发车/停运信息，结合车站客流预测、监测情况，制定和动态调整照明、空调等设备的能效管控策略，并控制上述设备执行相关节能措施；通过采集不同区域、不同设备的能耗数据，并据此分析各类各项能耗情况，为能效评估提供数据支撑，同时根据历史数据制定一段时间内的设备能耗计划，并在设备实际能耗超出阈值时进行报警，提示工作人员查看设备的运行状态，达到降低能耗的效果。此系统可以帮助车站管理人员更加全面深入地了解车站设备的能耗情况，通过分析能源供应的安全性以及设备运行能耗的合理性，评估设备节能效果，挖掘设备节能潜力，并提出节能策略，从而实现对能源从输配到消耗全过程、多方位的管理。

25.2.3　完善全出行链乘客服务

完善全出行链乘客服务是城市轨道交通运营效能提升的重要表现形式。其具体内容包括：对于新建综合客运枢纽中的各种运输方式，应集中布局、融合发展，打造一体化换乘环境；绘制全出行链的乘客画像，通过对乘客出行全链条服务需求的主动感知和精准分析，提供多样化服务并创新服务模式；开发涵盖智慧票务服务、站务服务、乘客服务等智慧化场景的解决方案并研发相关系统，在进站、安检、售票、检票、换乘、出站全过程中为乘客提供便捷、舒适、人性化、多样化的出行服务；通过客流监测、客流密度分析等方式完善城市轨道交通客流导向功能，提升线路、车站的客流疏导能力；运用碳积分等方式鼓励乘客选择城市轨道交通出行，提高城市轨道交通对客流的吸引力。

25.2.4　提升线网运营效能

提高城市轨道交通线网运能和运量的匹配度是实现其运营效能提升的核心，也是降低城市轨道交通运营能耗的关键。其具体内容包括：围绕网络化行车调度、线网应急指挥与协调、运行图自动编制、运能运量动态评估等核心业务，构建线网级智能运营调度平台，优化城市轨道交通运营方式和组织模式，建立覆盖车站—线路—线网的"点、线、面"3级运营体系，实现统一的运营组织、调度联动、应急指挥、运营策划、乘客服务，推进城市轨道交通网络化运营；围绕实际运营中的客流预测、运行图动态编制与调整等需求，采用多维度、多粒度城市轨道交通客流预测技术，以客流驱动线网运力运量的自动调整匹配，同时利用线网运能运量动态适应技术，辅助网络化运营的决策管理；通过线网互联互通以及共线、跨线运营组织，提高网络化运营效率，有效减小换乘站客流组织压力，降低列车空驶率，提升线网运输效能。

25.3　对策与建议

25.3.1　构建城市轨道交通运营综合效能评价体系

从改善乘客服务、提高设备管理水平、增强应急处理能力、打造车站智能站务、提升运营组织效率、实现智慧迭代等多个维度构建城市轨道交通运营综合效能评价体系。评价体系以提升城市轨道交通运营综合效能为总目标，以城市轨道交通各专业系统的稳定性、安全性、有效性、经济性和环保性为衡量指标，可运用关联分析法分析各因素的关联情况，为相关部门及企业提供有力的参考依据，从而保障智慧城市轨道交通规划蓝图和顶层架构的高质量落地实施。

25.3.2　完善城市轨道交通用能和节能标准体系

明确、量化及有针对性的用能和节能标准是评价城市轨道交通各专业节能降碳成果的重要依据。应根据城市轨道交通行业特点和发展预期，针对不同专业设备、系统，科学设定能效基准水平，建立相应的能耗评价标准及不同场景下的能耗关联指标体系；对于城市轨道交通车站，应分区域、分功能、分类别地确立精准化、差异化的能耗指标和监管原则，以优化车站的用能和节能措施。

25.3.3　充分利用智慧城市轨道交通相关建设成果

为对城市轨道交通运营综合效能提升、节能降耗提供全方位技术支撑，应充分利用智慧城市轨道交通建设成果，如智慧车站系统、综合能耗管理系统、精确匹配运能运量技术、多交路运营组织技术、通风空调智能调控技术等，并将节能增效与运营生产管理进一步紧密结合，制定科学合理的运营管理方案，推动智慧化技术在城市轨道交通领域的应用，促进城市轨道交通可持续、高质量发展。

25.3.4　有效控制城市轨道交通运营成本

1. 提高成本控制意识

城市轨道交通运营单位管理者应从思想上提高成本控制意识，在保障运营服务质量的同时，重视企业运营成本的管理和控制，从城市轨道交通规划与建设阶段开始，贯彻落实在整个运营过程中，对人工成本、能耗成本、设备维护成本和其他成本等进行全方位的监控。

2. 注重人工成本控制

在城市轨道交通运营过程中，人工成本是最主要成本，占全部运营成本的 50% 左右，应做到重点管理与控制。通过引进先进的技术手段，减少重复性人工机械劳动；分析各运营、设备岗位职能，核定岗位工作量，确保人岗匹配，梳理人员编制；加强培训教育，提升人员专业素养与职业能力，提高生产作业效率；完善薪资分配制度，推进绩效考核工作，合理控制薪资水平，以控制人工成本。

3. 加强能耗成本控制

城市轨道交通运营过程中，应加强能耗数据统计分析，采用先进的节能减排技术，减少能耗成本；完善节能减排工作体系与规章制度，制定相应的工作计划，并将具体任务分解到部门的具体责任人，并进行绩效考核；加强宣传教育，培养员工节能意识，鼓励员工建言献策，从日常做起，从身边做起，减少能源消耗。

4. 推动维修保养成本控制

推行设备设施的全生命周期管理，加强设备设施运行状态的数据研究与分析，实现设备设施运行状态预测，打破传统的定期维修与故障维修形式，减少维修保养的成本；优化维修流程与相关管理制度，开展相关人员的维修技能培训，有效利用维修保养资源，提升维修保养效率；加强科研工作力度，研究与采用先进的维修保养技术，推动维修保养成本控制。

5. 开拓其他领域成本控制

根据城市轨道交通车站客流水平，合理配置站务人员、安检人员、保洁人员等的数量，提升人员综合素质，减少人力资源消耗；综合运用税务政策，确定合理征收模式，依法降低运营成本。

第26章　项目后评价

城市轨道交通建设是城市发展的必要条件，也是城市化过程中的主要瓶颈之一。城市轨道交通建设相对其他市政项目更加复杂，涉及面广，专业多，通过后评价能够梳理城市轨道交通建设项目特点，总结城市轨道交通建设中的经验和教训，从城市功能目标出发，体现相应的高度、深度和广度，形成系统完整的后评价方法及指标体系，使得城市轨道交通建设项目形成全过程的闭环管理，最终提高城市轨道交通建设项目决策的科学化水平。

根据城市轨道交通项目后评价的概念、作用和我国的实际情况，城市轨道交通建设项目后评价一般可选择在项目投入运营一定时间后（含试运营）进行。此时城市轨道交通项目已经通过竣工验收，客流基本稳定，经营活动基本上步入正轨，初步取得了经济效益和社会效益，同时积累了各项后评价指标所需要的数据资料，基本具备了后评价的条件。

26.1　项目后评价内容

项目后评价是从项目评价延伸而来的，由于理论研究者和实际工作者的出发角度不同，对项目后评价的理解也有所不同，也就给出了不同的定义，所以目前国内外对项目后评价的定义还没有一个统一的定论。一般来说，项目后评价是在项目投资建设完成并运行一段时间后，即在项目的后评价点，运用各种评价方法和技术经济手段，对项目的建设和运营过程、经济效益、社会和环境影响以及可持续性等内容进行客观评价，以检验项目的各项指标是否达到了预期值，在多大程度上实现了预期目标，项目是否合理有效；通过分析总结成功的经验和失败的教训，及时有效地进行信息反馈，提出解决问题的方案已达到提高投资效益的目的，同时为未来新项目的投资决策和运营管理提供参考。

城市轨道交通建设项目后评价是在对项目全过程回顾和分析的基础上，将项目实际达到的效果和影响与项目决策时确定的各项目标进行对比，找出差距，分析原因，总结经验教训，提出相应对策建议，反馈给决策部门，从而达到提高投资决策水平和项目效益的目的。城市轨道交通建设项目后评价包括过程评价、效果评价、目标与可持续性评价，城市轨道交通建设项目后评价指标体系如图26-1所示。

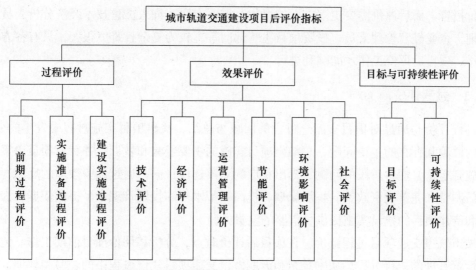

图 26-1　城市轨道交通建设项目后评价指标体系

26.1.1　项目后评价与项目前评价的区别

项目后评价是相对于项目前评价（项目可行性研究）而言的，二者最大的区别是评价时点和评价目的不同，在评价方法和原则上区别不大。

项目前评价（项目可行性研究），是指在决定对项目投资之前，通过调查研究和科学的论证分析，评价建设项目的技术可行性、经济合理性以及项目建设带来的社会、环境等方面的影响的过程。通过分析论证，为建设项目投资决策提供科学的判断依据，进而确定项目是否可以立项。

后评价则是在项目建成并投入运营之后，对项目的前期准备、建设实施、运营以及项目影响等内容进行评价，目的是总结项目成功的经验和失败的教训，为改进决策和管理服务提供依据，同时根据后评价时项目的实际状况重新预测项目的发展前景。与项目前评价相比，项目后评价的特点包括：

1）现实性。项目后评价是在项目建设完成投入运营一段时间后，根据其运营状况，对项目实际效果进行评价；而项目前评价是在立项之前，根据历史经验性资料得出项目预测数据，作为分析研究的依据。

2）全面性。在进行项目后评价时，既要分析其投资建设过程又要分析其运营过程。不仅要考虑项目的经济效益，而且要考虑项目的社会影响、环境影响以及可持续性。与前期评价相比，项目后评价对整个项目的分析更全面。

3）反馈性。项目可行性研究和项目前评价的目的在于为投资决策提供依据；而项目后评价要根据项目的实际情况向有关部门反馈信息，发现问题并提切实可行的提出改进措施，为今后项目管理、投资计划和投资政策的制定积累经验，并用来对投资决策正确与否进行检测。

4）合作性。项目前评价一般是评价单位与投资主体间的合作，由专职的评价人员提出评价报告。而后评价需要更多方面的合作，需要专职咨询人员、技术经济分析人员、项目经理、企业经营管理人员、投资项目主管部门等，较为复杂且难度很大，只有各方面相互合作，项目后评价工作才能顺利进行。

26.1.2　过程评价

过程评价是通过对项目实施全过程的回顾与总结，找出项目实施过程中发生的变化、变化的原因和存在的主要问题，总结出项目实施的主要经验和教训，并针对项目决策、建设实施到运营管理各阶段的问题，提出相应的对策建议；同时通过经验教训的反馈，为主管部门调整和完善投资政策、发展规划、提高决策水平和投资管理水平提供依据，为在建项目和待建项目的建设实施提供可借鉴的宝贵经验。

城市轨道交通项目过程评价，在项目后评价时点，分析和评价项目前期工作、建设实施和运营管理的执行过程，从中总结和汲取轨道交通项目建设过程中的经验和教训，以提高投资效益和未来项目管理水平。实践表明，项目实施过程的好坏对项目的成败起着决定性的作用，通过对项目过程的评价，揭示项目在前期决策、勘察设计、建设施工、运营等方面的实际效果是否达到了预期的目标，以便总结各方面成功的经验和失败的教训，为未来项目的建设提供建议。城市轨道交通项目过程评价主要包括前期工作评价，建设实施评价和运营管理评价三个方面。

1. 前期工作评价

项目前期工作的评价中，重点是对项目决策、项目准备阶段的效果进行评价，主要包括项目决策评价、融资方案评价、勘察设计工作评价。

1）项目决策评价。项目决策评价主要是对项目建议书、项目可行性研究报告、项目评估报告以及项目的审批文件，根据项目实际的产出、效果和影响，分析决策内容，检查决策程序，分析决策成败的原因，对项目的决策作出客观合理的评价，从而探讨更加科学合理的决策理论和方法。

2）融资方案评价。城市轨道交通项目的建设需要投入巨大的资金，而且其运营成本也很高。各大城市的地铁项目大多由政府财政投资建设和运营，在这种模式下，城市轨道交通的运营项目大多亏损。在投融资结构中，项目的投资可由承建公司的投入、政府出资、受益人等的投资共同组成。目前，我国城市轨道交通建设属于快速发展时期，但从融资角度来看还处于初级阶段。在其他行业和领域"多元投资，商业运作"的模式已经得到人们的认可，城市轨道交通项目的投融资也在摸索中。我国城市轨道交通的融资模式主要有 PPP 模式、BOT 模式、BT 模式、融资租赁模式等。融资方案评价主要是对项目的融资模式、投资结构、资金选择和存在的风险等进行评价。

3）勘察设计工作评价。勘察设计工作评价主要是通过对勘察设计的质量、技术水平和服务进行分析评价。后评价过程中还应该进行两个对比：一是该阶段项目内容与前期立项所发生的变化；二是项目实际结果与勘察设计时的变化和差别。并且要分析产生变化的原因，重点是项目建设内容、投资概算、设计变更等。

2. 建设实施评价

城市轨道交通项目实施过程后评价是对项目从开工建设到项目竣工验收交付使用全过程工作质量和管理水平的后评价，从施工质量、投资控制、施工进度和工期三个方面对其进行评价。

1）施工质量。工程项目的质量形成于施工阶段的全过程，包括适用性、寿命、可靠性、安全性等。施工质量评价主要是比较工程的实际质量与设计或合同文件规定要达到的目标之间的差异，即核查产品符合目标质量要求的程度。

2）投资控制。施工期投资控制是指在施工过程中将工程项目的实际投资控制在批准的投资限额内，主要包括审核分部分项工程量清单和单价、审核拨款计划、做好预付款和工程结算的控制。投资控制评价主要是评价工程款的到位和使用控制情况。

3）施工进度和工期。施工进度控制是指在施工过程中定期检查实际进度与计划进度的差别，并分析原因，及时采取措施调整工程进度计划。施工进度会直接影响到工期目标的实现和工程效益的发挥。施工进度评价主要将实际进度与计划进度进行比较，考察项目进度是否合理，是否在合同工期内完成。

3. 运营管理评价

项目运营后评价的目的是通过项目竣工运营后的实际经营情况和投资效益，分析和衡量项目的实际经营状况和投资效益与预测情况的偏离程度及其原因，以系统地总结项目投资的经验教训，并为进一步提高项目的投资效益提出切实可行的建议。项目运营管理评价是评价项目自正式投产到后评价时点这期间的生产运营情况，主要包括运营管理机构评价和运营效果两个方面的内容。

26.1.3 影响后评价

影响后评价是在过程评价的基础上，对项目实施效果作出全面的分析评价，并为项目目标与可持续性评价提供依据。评价内容包括技术评价、经济评价、运营管理评价、节能效果评价、环境影响评价、社会评价。

1. 环境影响后评价

环境影响后评价，是指在建设项目运营活动正式实施后，以环境评价工作作为基础，以建设项目运营的实际情况为依据，通过评估开发建设活动实施前后污染物排放及周围环境质量变化，全面反映建设项目建设运营对环境的影响，分析项目实施前一系列预测和决策的准确合理性，找出问题的原因，评价预测结果的准确性，提高决策水平，为改进建设项目管理和环境管理提供科学的依据，是提高环境管理和环境决策的一种技术手段。

城市轨道交通环境影响评价主要包括震动和噪声、空气污染和城市景观三个方面。

1）震动与噪声。由于城市轨道交通地面线路和高架线路的噪声与震动影响较大，需对其进行评价。其中，居住小区、学校、办公楼等地对噪声和震动影响较为敏感，因此一般选取城市轨道沿线的居民区、学校和办公楼作为主要的评价区。

2）空气污染。与其他机动交通工具相比较，城市轨道交通对城市空气的污染要小很多。城市轨道交通作为一种出色的绿色交通工具，安全、舒适、低能耗、低污染，为减轻现阶段由于城市污染造成的城市生态环境恶化的程度、改善城市居民生活环境将作出巨大贡献。

3）城市景观。城市轨道交通项目对城市景观的影响，是指轨道交通项目对与城市美感有关事物的作用。美感是人们对环境质量，从耳朵、鼻子、眼睛感官开始，通过各种心理要素的相互作用，综合而成的一种心理感受状态。一些基本性质，如清新的空气、色彩和尺寸的协调等，对多数人而言都有一种比较一致的评价标准。因此，城市轨道交通对城市景观影响的后评价主要评价已建轨道交通项目造型与原有景观的协调与否。

2. 社会影响后评价

城市轨道交通项目是具有公益性的准公共物品，作为一项具有战略意义的大型基础设施建设项目，在催生沿线经济，为微观个体带来利益的同时，在宏观上也对规划区域的政治、文化及环境将产生深远的影响。特别是当前以轨道交通为骨干的综合交通系统日益成为支撑整个城市空间布局的框架，对城市的布局和发展走势发挥着巨大作用。城市轨道交通项目的社会后评价主要从以下三个方面进行论述。

1）群众满意度，即公众评价。从社会公众的角度对已建城市轨道项目进行评价，公众以其自身的感受和体验评价项目的运营安排是否合理，是否为乘客的出行节约时间，提高了舒适度。

2）促进社会和谐。城市轨道交通建设前期会涉及一系列社会敏感问题，例如，土地购置、拆迁、安置等，这将对沿线居民的生产生活以及社会心理产生很大影响，导致人口与就业分布的变化。随着城市轨道交通运营后，城市区域区位条件将发生改变，各种经济活动在沿线也将活跃起来，投资环境的改善可创造出大量就业机会，同时商业利润的增长带动居民收入增加。就业问题得到一定程度的缓解，收入水平得到提高，有助于减少社会不稳定因素的根源，缓解社会矛盾，建立以人为本的和谐社会。协调发展的地区环境，又会吸引人力资本流入和增加土地开发利用，为城市交通的进一步发展奠定物质基础，开拓市场需求空间。

3）影响城市发展。城市轨道交通的建设一方面能够改善城市交通状况，完善城市交通结构；另一方面还能提高城市形象，加快城市发展。城市轨道交通在方便人们出行，提供空间位移服务的同时，加强了城市区域之间资源、人员、信息、文化等方面的交流与联系。通过引导集中人口流迁、促进区域交流等途径，轨道交通使地区间发展更协调，城市的空间结构不断拓展优化，城市化水平得以不断提升。

26.1.4　目标与可持续后评价

随着社会发展观的进步，可持续性后评价逐渐被人们所认识和认同。可持续性后评价是可持续发展理论在项目后评价中的具体应用，是项目后评价体系中一项全新的内容。

1）目标评价是对项目目标实现程度的评价，以及对项目目标适宜性、项目实施必要性的评估，为之后其他类似项目决策积累经验，并为政策制定、完善提供参考依据。评价内容包括项目目标的适宜性评价和实现程度评价。

2）可持续评价是对城市轨道交通项目后续运营能力的评估。城市轨道交通项目运营时间较长，后续服务水平、维修养护等问题较多。开展可持续评价，对完善长期管理制度，确保效用长期发挥具有重要意义。评价内容包括对影响项目可持续运行的内部因素评价和外部条件评价。

城市轨道交通项目的可持续性，是指在项目的生命周期内，保持稳定的可持续能力，持续地发挥其社会、经济和环境效益，协调三种效益的相互适应性，使之达到动态平衡。城市轨道交通项目具有公益性和盈利性双重特性，不仅能够获得较好的社会效益和经济效益，而且对环境的影响较小，具有较高的可持续水平，对城市交通系统和城市整体的可持续发展都具有极为重要的意义。对影响项目可持续评价的因素，应从内部因素和外部因素两个方面进行定性分析。

1. 内部因素

内部因素，即从项目自身考虑，对项目的可持续性产生影响的因素。项目自身的可持续性是指在项目投资建设完成之后，项目是否可以持续地运营发展下去，能否实现既定目标；项目是否具有可重复性，即是否可在未来以同样的方式建设同类项目。城市轨道交通项目自身的可持续性因素主要包括：规模因素和技术因素。

1）规模因素，即项目是否有经济规模、经济效益，竞争力如何。城市轨道交通具有典型的规模经济的特点，只有当轨道交通形成一定的规模和网络体系时才具有很好的竞争力和经济效益。

2）技术因素，即项目所采用的技术的创新性、发展性和竞争性。

2. 外部因素

外部可持续发展因素主要包括项目所处的社会环境和运营所需资金。

1）社会环境因素，主要是指项目所在城市的经济发展和城市规划对项目的影响，是否会促进城市轨道交通项目向规模化发展，是否会增加车辆的上座率。

2）资金因素，项目正常运营、维修所需资金有没有可靠来源，资金能否按时到位，这些都会对项目的可持续发展产生至关重要的影响。

26.1.5　项目经济后评价

项目的经济后评价是指对已建成项目的国民经济和财务效益指标（内部收益率、净现值等）进行计算，通过比较确定是否与项目前评估时测算的经济指标相一致，并从中发现重大变化的原因及涉及的问题。

1. 国民经济评价

国民经济评价是从国民经济整体利益出发，站在国家的整体角度，根据国民经济的长远发展目标和社会需求，用系统的、综合的观点，从经济、技术、政治、军事和社会等方面，计算工程项目对国民经济整体的贡献，评价项目的经济合理性，达到全面分析和综合评价。

城市轨道交通是城市基础设施的一部分，是具有社会公益性的准公共物品，其国民经济评价的结果将直接关系到项目的可行与否。因此，在经济效益评价方面，城市轨道交通应重点进行国民经济评价。国民经济评价的指标主要有经济内部收益率和经济净现值。

1）经济内部收益率（EIRR）

经济内部收益率是反映项目对国民经济所作净贡献的相对指标，它是使项目计算期内的经济净效益流量的折现值累计等于零时的折现率。一般情况下，当项目的经济内部收益率大于或等于社会折现率时，表明其对国民经济的净贡献能力超过或达到要求的水平，此时认为项目是可以接受的。

2）经济净现值（ENPV）

经济净现值是反映项目对国民经济所作贡献的绝对指标。它是用社会折现率将项目计算期各年的净效益流量折算到建设期初的现值之和。当经济净现值大于零时，表示国家为拟建项目付出代价后，除得到符合社会折现率的社会盈余外，还可以得到以现值计算的超额社会盈余。一般情况下，经济净现值大于或等于零的项目，应认为是可以考虑接受的。

3）效益费用比（EBRR）

效益费用比是运用等值原理将项目的收益和支出分别换算成现值，然后计算二者的比值，从而判断该项目合理与否。如果项目的 EBRR > 1，则项目合理；EBRR < 1，则项目不合理。

2. 财务评价

城市轨道交通项目财务后评价与前评价指标基本相同，不同之处在于后评价所用的数据是项目运营的实际数据。具体指标如下：

1）财务内部收益率（FIRR）

财务内部收益率是指项目在计算期内各年净现金流量现值累计等于零时的折现率。

2）财务净现值（FNPV）

财务净现值是指项目按设定的折现率（i_c）将各年的净现金流量折现到建设起点（建设期初）的现值之和。

3）投资回收期（p_t）

投资回收期是以项目的净收益抵偿全部投资（包括固定资产投资和流动资产）所需的时间。也就是说，为补偿项目的全部投资而要积累一定的净收益所需要的时间。它是反映项目财务上投资回收能力的重要指标。

这里需要说明的是，从目前国内外城市轨道交通和轻轨的运营情况来看，大多数地铁公司处于亏损状态，需要政府财政的补贴支持。在国内，只有香港地铁公司是个特例，港铁公司公布的资料显示，香港地铁仅凭票务收入就能实现盈利。所以，现阶段对城市轨道交通的经济评价主要是比较其运营的经济状况与预期的差别。

26.2　项目后评价机制

1）管理机制。研究城市轨道交通项目后评价的管理机制运行特点及规律；分析其管理组织结构及其功能；探讨其工作程序以及实施方式。

2）运行机制。针对城市轨道交通的特点分析其后评价客体和时机的选择；提出完善城市轨道交通项目后评价的运行机制，提高其开放性及层次性的建议；研究城市轨道交通项目后评价运行机制的主体、平台以及保障机制的建设所存在的问题及对策。

3）反馈机制。分析项目后评价的反馈机制并构建城市轨道交通后评价的反馈机制，以优化投资决策机制、提高投资决策水平。重点研究：基于决策支持系统的轨道交通项目后评价信息反馈机制。决策支持系统（DSS）是辅助决策者通过数据模型和知识，以人机交互方式进行半结构化或非结构化决策的计算机应用系统。它是管理信息系统（MIS）向更高一级发展而产生的先进信息管理系统。它为决策者提供分析问题、建立模型、模拟决策过程和方案的环境，调用各种信息资源和分析工具，帮助决策者提高决策水平。城市轨道交通项目后评价决策支持系统结合这类项目后评价的特点，引入数据库技术，利用系统工程、决策科学模糊数学和神经网络等理论，给决策者提供信息、咨询、决策、评价等方面的全面支持。

第27章　资产管理与咨询

在我国传统固定资产管理中，通常把资产成本作为重点进行管理，其中包含初期建设成本、中期建设成本和定期维护管理成本。对于轨道交通行业来说，在固定资产投资方面数额比较多，并且分布在全线网各个区域，使用时间长、维护成本高。固定资产设备根据专业分为地铁车辆、轨道系统、机电动力设备、通信设备、信号设备、供电设备等，诸多设备为进口设备，专业化水平比较高。

27.1　全生命周期资产管理

1. 规划设计阶段

在固定资产采购前期准备过程中，根据产品功能、供货价格对比分析，到最后采购完毕并使用的整个流程中所承担的成本数额进行可控预算的过程，也就是固定资产规划设计阶段。在此阶段中，需要确定好所采购资产的分配方式、投入与产出数量、种类、使用要求等，这些可以确定预期采购固定资产的投资数额与成本。并且，固定资产采购、安全、维护管理、报修报废处理等成本投放通常是根据以往相似产品数额参数和市场价格来确定，从而得出的结果也只是对固定资产整个过程进行概预算，在后期应用或者运行环节中可能会出现不同状况，使得管理人员需要结合实际情况进行数据修改，从而保证数据的真实性和完整性。在规划设计环节中，通过对全生命周期成本预算和比较，能够获得真实、准确的数据。

2. 资产采购阶段

在固定资产采购环节中，应重点做好规划设计环节对成本科学预测的工作，根据预测结果制定招标计划书，通过公开招标方式完成设备采购工作，这样不但可以更好地满足生产经营要求，同时也能以最少的全生命周期成本进行固定资产采购。在固定资产采购过程中，采用公开招标投标方式的意义在于公开方式招标，无形间对设备供应商提出严格要求，形成良好的竞争关系，指定品牌或品质相近的品牌以最低价中标方式减少采购成本。在拟定招标书过程中，保证设备初期投入成本与设备可靠性之间均衡，设备型号和设备检修管理平衡，设备参数与维修过程中使用的替换件成本之间平衡，甚至设备综合性能和当前功能需求及技术更新之间的平衡，这些需要在招标投标文件中进行展现。

3. 安装组建阶段

根据设备提供的既定说明、型号参数，把采购设备的安装控制在科学规划中，同时把现有设备和当前工作环境充分结合，让其处于良好的运行状态，这也是固定资产安装组建的重要内容。在安装建设过程中，通常也是出现问题最多的环节，如投入使用初期的相关参数和实际情况不符，并且在设备安装调试过程中所需时间和消耗的成本之间存在正比关系，固定资产的全生命周期成本参数将会发生一定变化。在设备安装调试过程中，需要把可能产生问题所支付的成本进行计算，减少突发事件带来的损失。针对这种状况，提前向供应商咨询安装及调试要求和重难点，制定可行性工作计划。

4. 投运使用阶段

固定资产的投运使用也就是让处于可使用状态的固定资产投放在对应生产经营活动中，让企业完成生产经营任务的过程。在此过程中，企业需要对设备进行维护和管理，出现问题时及时安排专业人员负责维修，或者在运行中根据对应业务需求，实现功能改造升级。在实际中，设备运行可靠性、设备维修状况、日常维护和功能升级所需成本需要重点采集相关资料，深入分析设备运行成本、运行风险。如果产生设备维修成本，做好设备故障风险控制工作，及时找到设备运行中存在的问题并提出处理方案，从可控角度入手进行管理，减少设备故障发生率，将设备停运带来的损失降至最低，达到提高效益的目标。

5. 报废处置阶段

固定资产报废阶段是指固定资产因为达到使用期限以后不能正常使用，或者因为技术问题而不能满足企业经营发展要求，或者因为维修数量比较多，已经不能再维修等，固定资产已经无法给企业创造效益，或者不具备使用价值而处于报废状态的过程。在固定资产报废处理中，应该对报废原因具体调查分析，从环境、操作、固定资产自身等多方面入手提出延长固定资产使用期限的方式，完善固定资产调剂管理体系，实现固定资产的二次利用，让固定资产在全生命周期中发挥实际效能，确定固定资产报废要求，规范报废处理流程，明确人员工作职责，保证将其落实到位。

27.2　资产管理重难点分析

27.2.1　竣工决算周期滞后，影响固定资产价值管理

城市轨道交通项目的竣工决算与实物资产交付是行业普遍存在的难点环节。项目竣工决算是办理交付使用资产手续的重要依据，也是生产经营单位对新增资产数量与价值进行正确核算的重要基础环节。根据财政部《基本建设项目竣工财务决算管理暂行办法》（财建〔2016〕503 号）要求："基本建设项目完工可投入使用或者试运行合格后，应当在 3 个月内编报竣工财务决算，特殊情况确需延长的，中小型项目不得超过 2 个月，大型项目不得超过 6 个月。"然而由于建设所需资金规模较大，而且建设周期较长，导致轨道交通类工程竣工决算时面临着诸多挑战。

在面临大规模基建投资任务情况下，企业重"投资目标与任务"轻"资产决算"，竣

工决算流程不够完善，往往导致投资项目竣工决算滞后。现阶段，城市轨道交通工程项目建设周期长，且竣工决算复杂、资产数量多、交付工作量大、合同清单明细多，缺乏固定资产识别标准，给经营期带来过大的管理成本。此外，还存在交付资产清单不完整、备品备件库存积压、决算编制基准日界定缺乏统一标准等问题，这都会在一定程度上对企业成本控制、运营效能评价和政府投资绩效评价等产生不利影响。

27.2.2　固定资产价值管理缺乏统一标准，影响价值准确性

竣工决算进度缓慢，后续在建工程结转固定资产和折旧计提工作也会受到不利影响。一是对于基建项目，应将试运行期满之日，还是试运行开始之日作为竣工决算日尚存在争议。二是试运行时间应设置为 24 个月、12 个月，还是 6 个月也存在不同说法。行业标准的缺乏导致各企业在建工程结转固定资产的时间节点存在差异。

固定资产分类、预计使用年限、残值率、折旧计提方法缺乏统一标准。应采用年限平均法，还是工作量法计提折旧；应遵循企业会计准则的规定对所有符合条件的固定资产计提折旧，或是考虑行业特殊性仅对部分固定资产计提折旧；运营期的折旧摊销是否应当全额费用化处理计入成本费用；大中修支出应直接费用化或计入长期待摊费用逐期摊销，还是计入固定资产原值等。以上固定资产价值管理政策和方法的差异直接影响固定资产的价值，会降低其可比性和准确性，不利于企业间的沟通交流和行业协同发展。

27.2.3　资产管理牵涉面广，管理难度大

运营阶段的资产管理牵涉地铁公司、地铁建设单位、知识产权局、审计单位、保险公司、资产评估公司、运营单位内部各个部门等，考虑到涉及外部单位众多，内部组织架构层级多，协调难度大，导致资产全寿命周期管理难度大。

1. 资产移交与建设单位相联系

建设单位将资产移交给地铁运营单位时，因为资产移交过程中会出现差错，加之合同执行过程中会发生变更，资产移交信息与实物信息、合同信息等三者之间经常会出现差异，加之地铁项目承建单位众多、移交资产数量众多更加放大了这个问题，如何保证资产移交信息、合同信息、实物信息的一致性，是每个地铁公司面临的难题。

2. 资产管理与其他外部单位相联系

知识产权由于涉及专利申请、专利许可、专利转让、专利保护等专项工作，需要对接知识产权局。为防范和转移可能因自然灾害和意外事故造成的损失，各个地铁公司均会对所管理的资产投保财产险，在资产发生保险公司承保范围的损失时，需要对接保险公司进行理赔。资产转让、捐赠会影响企业的账面价值，因此需要对接资产评估单位确定资产的价值。地铁资产属于国有资产，资产交易、资产更新改造都需遵循相应的政策文件，从而保证流程的合规合法，因此需要接受国资委、审计单位等的监督与检查

3. 实物资产管理与设备管理相联系

设备的维护维修、更新改造过程中会有旧部件的拆卸、新部件的安装，进而改变资产

的组成，因此维修维护、更新改造后需要同步对资产的组成进行更新。

4. 资产的价值管理与财务管理相联系

根据目前大多数公司的会计管理原则，固定资产在预计使用年限内、按不同的计算方法按月计提折旧，无形资产在预计使用年限内分期平均摊销，低值易耗品与原材料通常是一次计入成本费用，以简化核算。资产维护维修、更新改造、报废转让、无偿划转、捐赠等资产管理行为均会改变资产的账面价值，需要同步进行账务处理。

5. 资产管理与物流（物资）管理相联系

资产的购置计划的确定需要物资管理单位提供库存数据、在途物资数据、物资使用统计数据等。资产的配置与发放与物资管理中的出、入库数据等相联系。

27.2.4 工程结算复杂、资产价值管理滞后

资产组资是指投资建设形成的实物资产完成资产移交后，根据合同结算清单、概算回归报告等竣工结算资料，按照资产分类形成具有准确价值的固定资产的过程，因此在竣工决算前无法开展资产的价值管理工作。但是，一条地铁线路建设涉及各类大小工程数百个，加之竣工决算工作复杂，各类工料、机械设备及管理费用分摊都需要在竣工决算时进行最后的经济审核，而且竣工决算涉及建设单位、运营单位、审计单位等，因此一般需要约近一年的时间。地铁建设周期长（工期一般需要 3～5 年）、竣工决算工作滞后且花费时间久，因此资产的价值管理工作严重滞后。因此会出现部分资产已经处于报废的技术状态，但是竣工决算仍未开展的情况。

27.2.5 地铁建设模式多样化导致资产管理灵活性差

近年来，由于新的融资模式的引入，地铁投资建设模式日趋多样化，PPP 项目模式、BT 模式、BOT 模式。地铁运营工作专业度要求高，因此需要大量的专业人员及团队，项目公司虽然拥有地铁资产的产权，但通常不具备、也不会花费精力去组建相应的团队。地铁线路修建完毕后，项目公司通常通过委托管理协议的方式将地铁线路的运营权委托给地铁运营单位。根据国家的相关政策文件，资产的处置权都是建立在对资产拥有所有权的基础之上。诸如 PPP 模式修建的地铁线路，对资产进行直接管理的地铁公司对资产没有所有权，因此在日常管理上有诸多的掣肘。委托管理协议中通常会对后期的管理有相应的约定，但是日常管理中会出现很多具体事项会超越协议的范畴，于是需要请示与审批，由于环节长、时间久，因此管理欠缺灵活性。

建设单位与资产使用单位缺乏有效的沟通机制，建设单位不能有效的考虑后期运营管理的需要，或者建设单位出于商业目的对移交资料中的敏感信息（如价格信息）等进行修饰，导致资产信息与市场上信息不对称，从而导致后期管理困难。

27.2.6 地铁运营单位管理的资产时间跨度长、流程复杂

目前各个地铁单位在资产管理上均追求全寿命周期管理。资产的全寿命周期管理涵盖

资产的规划、调研、采购/建设、验收、使用、维修（技改）、报废、处置等环节。对地铁运营单位而言，资产管理涉及资产接收、日常使用、维护、更新改造直至报废处置等环节，不同的资产，使用年限不同。短则几个月，长则十几年，时间跨度最大。加之地铁资产种类多、分布广的特点，加剧了资产管理的难度。

地铁资产属于国有资产，其处置流程需要合规合法，因此需要层层审批。以固定资产的报废及转让为例，资产使用保管单位需要梳理拟报废固定资产基本信息、进行报废技术鉴定、内部审议审批流程，之后是转让的立项流程、审批流程、资产评估、转让方案的编制与审批流程。转让的实施，简化的流程是通过公开的招标、比询价等方式来进行，根据国资委相关政策文件，当转让的资产达到一定的价值，则需要进场交易。

27.2.7 地铁资产账实管理

资产台账是指地铁运营单位为掌握资产基本信息和管理情况而设置的登记账簿。资产台账内容包括但不限于资产编码、资产名称、型号规格、品牌厂家、计量单位、价格、数量、出厂编号与日期、管理单位、位置、使用保管人、合同号、合同名称、资产属性、资产分类、资产来源、来源线路、应用线路、开始使用日期、资产状态、承包商等多个字段。由于资产台账字段多，而且资产应用线路、使用单位、使用保管人在资产的使用过程中不断变化，尤其是一些可移动的、各专业通用的资产，其管理难度非常大。例如，手持台、对讲机、办公电脑、打印机等。资产台账层级多，各级账账核对、账实核对困难。资产台账若未形成规范化管理，资产台账建账之时关键信息（规格型号、位置信息、管理单位、保管人员等）不全或错误，或因资产位置信息改变、资产保管人换岗、离职等原因不及时进行信息更新，均可能导致资产无法追溯。

27.2.8 资产信息化管理

资产信息化管理平台很好地解决了资产管理过程一些问题。信息化平台的数据库，保证了资产信息的使用者均使用统一的信息源，减少了账账核对的难度。资产的移交、调拨、借用、盘点、丢失损坏、报废、封存启封、信息变更、资产转让等环节均纳入信息化平台管理，线下业务流程与线上业务流程同步，系统内人员的权限设置与公司管理人员的审批权限保持一致，既提高了工作效率，又让信息可以有效的追踪。

资产信息化建设是一个漫长而细致的过程。一方面，资产管理中各环节的逻辑性需要合理、科学地设置，任何一个环节设置错误，都可能导致信息流向错误，进而导致错误信息。另一方面，资产管理工作需要全员参与，参与人员具备良好的责任心，以保证信息的准确性，因此建议地铁运营单位配置专职的资产管理人员。但是，信息化平台并不能从根本上解决账实核对的问题，资产实物信息与信息化平台内信息的对应还是需要人工进行最终确认。

27.3　车辆与设备维护管理

27.3.1　设施设备维护管理

1）设备维修维护包括日常保养、定期检查和故障维修。设备维修维护管理的目标是保证设施设备安全、平稳地运行，提供社会化服务，保障乘客安全出行。

2）特种设备的管理。特种设备泛指与轨道安全运营息息相关的设施设备，如扶梯、直梯、水泵、消火栓等，还包括其安全附件。除特殊设备的日常维护外，还应定期进行强制性检查。单位应定期进行强制性检验，及时确定安全等级。对不符合安全要求的专用设备进行更新，对不符合安全要求的专用设备进行关闭或销毁，确保专用设备安全运行。

3）消防设备设施的检修。大多数地铁站均是地下建筑，是人口密集的地下空间，虽然灭火器的使用频率不高，但灭火系统和装置在事故中起着非常重要的作用。因此，在维护过程中应考虑地下消防设备和设备的安全性和可靠性，对灭火系统进行维护，考虑对火灾报警系统、自动灭火系统等灭火系统进行测试。

27.3.2　车辆维护管理

1）基础维护和针对性维护。城市轨道交通车辆的保养方法有很多种。基本的维护管理主要对车辆进行定期检查，保持车辆正常运行，及时发现错误，维修更换，从而防止车辆故障造成安全隐患；维护管理针对车辆的故障进行维修，通过维修使车辆恢复到良好的运行状态；完善维修管理，对车辆进行整体改进，车辆通过维护和升级提高其性能。有针对性地维护，主要指对车辆损坏或交通事故，有针对性的应急抢修技术管理。养护方法应根据车辆的不同状况确定；基本保养主要是对车辆进行定期的预防性保养，消除安全隐患，防止安全问题给人民的生命财产造成损失；目标维修和维护没有固定的时间，是随机维修工作。

2）按维护周期分类。城市轨道交通车辆的维修管理可以按时间周期进行分类。车辆运行的日常维护和检查主要对损坏部件进行检查和更换，车辆保养周期三个月时，进行汽车零部件的清洗、保养、检测和更换，车底的清洗和除灰以及易磨损的汽车零部件和发动机油的更换。

3）车辆重要零部件的保养。电机、空调机组、制动系统及转向架的清洗、功能测试、检查、维修、部件更换等。

4）对车辆进行全面检查。整车及其零部件的清洗、保养、检查、更换、维修、调试，是对整车进行全面、系统的大修。

27.4　设备管理模式与机制

27.4.1　建立完善的轨道交通设备管理机制

加强城市轨道交通设备管理，是城市轨道交通系统安全运行的关键。为了保证城市轨道交通系统可以安全、规范、稳定地运行，需要建立相对应的设备管理机制，以制度为准则，规范设备管理活动，从而全面促进城市轨道交通系统设备管理活动的良好开展。首先，应该结合具体情况，构建高效的组织管理部门，实施逐层次负责制度，对每个部门、岗位的职责进行规范，保证管理活动的良好开展。其次，要建立相应的内部监督、考核机制，要全面加强轨道交通系统设备管控，不仅要考虑设备的经济性，同时还需要考虑设备的可靠性、安全性，从而全面提升城市轨道交通系统设备的价值。最后，需要从管理策略、管理人员等方面对城市轨道交通系统设备管理进行优化，坚持先规划、先制度的原则，全面贯彻落实城市轨道交通系统设备管理机制，打造全员维修、全员管理、全员监督的设备管理环境，实现城市轨道交通系统设备管理活动的高效开展。

27.4.2　加强设备技术管理

在城市轨道交通系统设备管理工作中，应该全面加强设备技术管理活动。首先要做好技术资料管理工作。技术资料是保证城市轨道交通系统设备稳定运行的基础，在具体的设备管理工作中，要以设计、施工、设备制造、维修等技术资料为依据，对此，设备管理人员必须全面做好资料制作、收集、保管、分发等工作。由于城市轨道交通系统设备管理需要系统化长期化进行，因此技术资料管理工作也需要持续进行。为了有效地提高其工作效率，可以安排专门的技术人员负责资料收集、完善等工作，然后由设备管理部门开展资料保管、分发等工作。其次要全面做好质量控制工作。质量是城市轨道交通系统设备运行的关键，在开展设备管理工作中，必须结合具体的管理架构、运行标准、技术标准等建立科学的质量控制体系，明确每位工作人员的职责。对于安全要求比较高的设备，还需要建立多重质检体系，从而保证设备的正常使用。

27.4.3　创新设备管理模式

新时代下，伴随着城市轨道交通线路的复杂化发展，设备的种类、型号也越来越多，因此对城市轨道交通系统设备管理的要求越来越高。在实际工作中，必须注重设备管理模式的创新、改革，通过全新的管理方法保证设备的高效运行，进而促进设备管理效果的提升。一是加强与设备生产企业之间的合作与交流。城市轨道交通设备管理的关键是对现有的设备运行情况进行维护、保养、管理，其对设备的研究存在一定的局限性，所以城市轨道交通系统设备管理活动的开展，应该与设备生产企业结合起来，利用设备生产企业的开发、生产技术优势，对设备进行更加专业化的管理，以此提升设备管理质量。二是加强与相关科研单位的合作。相关科研单位是研究设备技术的关键，如果城市轨道交通系统设备管理活动可以与相关研究单位进行深入融合，就可以全面加入新技术、新设备在城市轨道交通系统领域中的应用，这不仅提升了城市轨道交通系统的现代化水平，同时也可以为旧设备的更新、改造提供技术支持。三是及时学习行业新知识、新技术。对于城市轨道交通系统运营单位而言，其虽然具有十分丰富的设备、优良的工作条件，但是其在管理上也存在一定的不足，所以还需要全面加强与国内外同行业的合作与交流，从而有效地提高自身的管理水平。

27.4.4 设备安全管理

在城市轨道交通系统设备管理工作中，安全管理是最为重要的一个组成部分，也是其他管理工作无法代替的工作内容。因此，在实际中，城市轨道交通系统运营单位须全面加强设备安全管理控制。具体来说，可从以下几个方面进行。

1）事前控制。这是设备安全管理工作的核心，主要通过制定相应的措施来达到安全预防。在这一阶段，企业必须做到防患于未然，要建立严格的规章制度、科学的组织管理机构对设备安全管理工作进行组织、管控，同时要明确每一位设备管理人员的职责，出现安全问题后，由主要负责人承担责任。

2）技术防范。主要是通过设备预防性测试、录音录像遥测遥控等手段，对设备运行状态的安全性进行分析。

3）人工预防。主要是相关安全管理人员按照相应的安全管理制度，通过日常抽检、周期性检查等工作，对设备的安全运行状态进行分析、管理。在实际中，要全面加强安全教育培训工作，提升全体工作人员的安全意识，保证其可以安全、规范地开展相关管理工作。

4）节能管理。在当今社会中，绿色节能已经成为社会发展的主题，对于城市轨道交通系统，其建设的主要目的之一就是为了实现社会发展的绿色节能，所以在城市轨道交通系统设备管理活动中，必须做到节能管控，要充分了解设备的用电情况，掌握其能耗环节，通过合理的手段对其进行能耗控制。

27.5 资产管理与咨询提升策略

27.5.1 前置工程资产管理

1）要注重在工程招标、建设施工、验收移交环节提升工程资产前期管理能力，通过匹配快速发展的建设进度、满足精细化管理需要，提升资产移交工作的精细程度、结果质量和速度效率。

2）要根据实物和价值双链条管控资产在建设期的变动，在满足建设期合规管理要求基础上，塑造完整的闭环资产管理环境，有效辅助对资产各项信息的精准把控，从而无缝衔接后续工作，满足对信息准确度、安装匹配度和层级细度的要求。

3）要以实物资产管理为核心，围绕保值增值目标，设置在建资产与合同管理、计量支付、资产移交等连接关键点，引入采购库与安装库双库并行联动方式，将 2 种库存分别对应甲供、乙供两类合同，提高在建资产和资产移交的信息化程度，为经营期管理提供高质量信息、奠定扎实基础。

27.5.2　完善竣工决算

要将竣工决算编制工作贯穿建设过程始终，完善工作流程、制定工作计划、组织好各方参与、协调配合共同完成决算工作。线路竣工决算是城市轨道交通项目资产管理的关键节点，应统一竣工决算日，并在规定的时间内完成决算工作。

要根据资产分类编码和目录，由资产使用单位及部门专业人员按合同进行资产分类，保证资产分类的准确性；使用部门根据日常管理需要确定最小资产单元；资产管理部门要根据管理需求确定其所属层级。整合分类后的资产清单价作为资产的基础表以及其他待摊费用的分摊基础。待摊投资应以项目概算为基准，按照合同组价清单、制定的统一标准进行分摊。

竣工决算完成后交付给使用单位的各项资产可分为固定资产、流动资产和无形资产。实物资产的交付表格应予以标准化，根据资产全生命周期管理需要，交付表格应包含合同、概算、资产属性、数量、位置等信息。其中，合同信息主要为合同编号与合同单价号，通过表格内的信息可以使实物资产回溯到建设采购合同，方便竣工财务决算价值匹配工作；概算信息主要为概算代码，可识别相关资产或工程建设是否超过概算情况；资产属性主要为名称、规格型号、设备编号以及资产目录，资产名称要按照固定资产分类目录标准所规范的名称与说明填写，最终根据结算后的合同清单组合成分类目录中的固定资产。

27.5.3　统一价值管理

城市轨道交通项目应统一结转固定资产的时间，并结合国家标准制定出适合的固定资产分类标准，即固定资产目录。规范的固定资产目录是资产全生命周期管理信息化的统一口径标准。城市轨道交通行业应根据企业会计准则和相关规定，结合自身特点，制定统一核算标准，以规范固定资产价值管理，明确固定资产分类、预计使用年限、残值率、折旧计提方法等。

27.5.4　确立管理合作模式

1. 与政府的合作

政府是进行社会管理的职能部门，城市轨道交通系统的设备管理企业想要得到良好的社会效益与经济效益，主要依靠政府主管部门的政策和精神支持。在进行城市轨道交通系统的设备管理时，企业应当制定各方面的技术审核和生产标准用于监督和指导，不仅需要企业内部如此，同样也需要各种来自企业外部的监督，达到提高生产质量和降低成本的最终目标。而这些外部监督就需要通过与政府部门合作来实现，有了政府部门和各级职能部门的监督和指导，城市轨道交通系统设备管理企业将会发展得越来越稳定。

2. 与金融的合作

企业的日常活动时时刻刻都需要资金支持，大多数企业都会在实际运营中产生各种各样的资金问题。因此，城市轨道交通系统的设备管理单位需要与金融界的各类机构共同合作，保证企业在运行项目的同时能够获得稳定的资金来源。当企业有大型设备的管理或大型项目启动运营时，资金状况往往决定了整个设备管理维护的成败和项目整体质量与进度的优劣。城市轨道交通系统的设备管理单位不能够仅依靠自身的资产经济水平支持，还可以通过发行股票的方式在证券市场中筹募资金。这时企业与金融机构进行合作，不仅可以得到金融机构的专业指导，更会对企业自身的设备管理起到很大作用。

3. 与设备生产企业的合作

轨道交通运营单位要能够使用和维护各类现有设备，但其对各类设备技术细节的研究是有限的；而设备生产企业作为各类设备的开发生产者，他们对设备非常了解。因此与设备生产企业有效的合作，对于维护好设备、降低设备故障率具有重要意义。

4. 与科研机构的合作

科研机构是领导技术更新发展的主要力量。如果运营单位能与相关机构良好合作，可以加快新兴技术在轨道交通领域的合理应用，提高运营单位的技术含金量。此外，随着设备使用年份的增加，更新换代是不可避免的。运营单位同样也需要他们为旧设备更新改造提供有力的技术支持。

另一方面，运营单位与高等院校及专业学校的合作也很重要。这些机构是培养专业人才的主要部门，他们能为企业提供所需的各类人才。相互保持良好的联系可以缩小院校教育与实际应用之间的差距，提高专业人员在企业工作中发挥的效用。

5. 与国内外同行的合作

新兴的运营管理企业尽管拥有先进的设备和较好的工作条件，但往往会缺少一些经验。因此要加强与国内外同行的合作，共同提高管理水平。不仅如此，中国加入 WTO 后，对于国内的运营单位，掌握国际通行标准和规则，了解当今世界先进企业的管理方式，这都将有助于提高企业的市场竞争力，尤其是在面临国际性挑战时处于有利地位。

27.5.5　完善保障措施

要结合城市轨道交通行业特点，明确企业经营管理目标，建立符合企业运营规模和发展需求的组织架构和管理模式，并借助技术手段，加强信息化建设，提高资产管理效益。在城市轨道交通全生命周期的规划设计、施工建设、运营维护各阶段统一协同运用 BIM 技术，建立翔实准确的设备设施信息数据库，使项目全生命期信息能得到有效的组织和追踪，保证信息从一个阶段传递到另一个阶段时不会发生"信息流失"，减少信息歧义和不一致。BIM 技术在线路规划、建设、运营全生命周期的一体化集成应用能实现设计、采购、生产、建造、交付、运行维护等阶段的信息互联互通和交互共享，提高资产管理能力和全生命周期资源配置效率。

1. 城市轨道交通建设中资源与规划的动态管理

目前，城市轨道交通项目管理复杂，资源种类繁多，过去的规划和资源管理活动主要采取二维计划的形式进行，是轨道交通项目空间信息综合展示的一部分。在施工管理中，资源定位和优化规划无详细的依据，可以建立三维模型，使轨道交通项目的各个施工过程周期更加直观地体现。项目中的每个组件都可以用时间参数的形式表示，每个组件的开始、结束时间和持续时间都可以作为属性与模型关联。在此基础上，给出构件、试验方案和跟踪方案之间的逻辑关系，形成四维建筑信息模型。利用 4D 建筑信息模型和虚拟设计水平对现有的工作水平进行检查和优化，与传统的建筑规划方法相比，这个方法更加准确和有效。4D 建筑信息模型在建筑资源动态管理中的应用可以是任意时刻节点的数量，根据现有的 4D 建筑信息模型，可以自动计算工作级别及相关人员、设备、材料。

我国轨道交通项目建设中的差错多为过失造成，常在建设或后续阶段发现并纠正，主要原因为缺乏有效的控制手段，只能通过审核图纸确定实施的可行性，在城市轨道交通工程图纸中分布在十多个狭窄的空间中，每个系统都需要绘制图纸。如果在施工过程中出现问题，就会重新开始施工，导致资源的浪费，建筑信息模型技术可以重建传统的管理模式，在设计师提交正式的建筑效率图前，由 BIM 顾问进行虚拟施工和验收。设计完成后，对建筑表面进行监测，在正式施工前的各种工作模式中，提前发现和解决施工中可能出现的问题，使出现问题的可能性大大降低，缩短施工时间。

2. BIM 运维系统

BIM 维护和操作系统采用 C/S（client/server）架构，包括固定客户和移动客户。固定客户端主要用于系统功能，移动客户端主要用于设备维护和数据处理。服务级别执行其他数据处理，包括数据集成、数据分析和数据报告。BIM 系统可以分为数据层、业务层和应用层。数据层主要负责测试数据的采集和存储，状态维护层主要完成 BIM 维护和操作系统功能，包括维护模块、状态识别等。BIM 系统还提供网络传输和门禁系统，客户与 BIM 模型数据库、设备评估数据库、设备数据库之间可以进行网络加密，保证数据安全，访问控制可以控制不同级别之间的访问限制，提高管理效率，规范操作流程。

3. BIM 运维系统功能设计

1）数据集成处理。在城市轨道交通设施的维护过程中，不同的部门以不同的格式、尺寸和内容提交不同的测试数据，数据传输的主要问题为传输速度慢和数据格式不一致，不完整的数据管理和处理可能导致不完整的数据或不一致的记录。BIM 维护和操作系统可以将收集到的数据整合到维护过程中，对不同的数据类型进行编码，自动生成文件类型代码和时间序列。BIM 系统采集的数据按照流程进行标准化处理，进行归档、验证、审批、上传等一系列操作。

2）设备维护模块设计。BIM 维护和操作系统可以提供更换维护、预防性维护和建议，并进一步建立每日、每周、每月及其他定期维护计划，确保设备设施的正常运行。BIM 维护系统采用集成 BIM3D 模型，实现维护过程可视化。执行维护任务前，可以模拟 BIM 任务中的工作步骤，加快维护任务的执行。在设备评估过程中，BIM 维护和操作系统可以实现个性化的维护过程，生成二维码，粘贴到相应的设备上。维护人员通过扫描二维码可以了解设备详细的维护步骤和历史运行细节。

第6篇

工程案例

　　本篇选取了国内、国外已经完工和正在实施的若干项城市轨道交通建设项目作为案例，进行深入剖析、复盘，对其工程咨询和管理服务的实施情况、创新举措、取得成效、实践总结及经验教训等进行重点论述。通过对不同城市新建线路项目的不同阶段、不同专业、不同区间的咨询管理成效和经验教训的总结，使读者更加深入地了解各类城市轨道交通建设项目工程咨询的实施方法、工作重点及改进方向，有助于在实际运用中发挥全过程工程咨询的作用。

第28章　国内工程案例

28.1　某城市轨道交通 9 号线工程

28.1.1　项目概况

某城市轨道交通 9 号线全线设 QCD 车辆段和 BJS 停车场，QCD 车辆段定位为 7、9 号线车辆大架修段，位于滨海医院站东北侧；BJS 停车场隶属于 QCD 车辆段管理，位于梅林东站东南侧。车辆段和停车场工程概算投资额约 27.6 亿元。工程实行"投融资＋设计施工总承包"的 BT 模式，全部工程中包括 BT 工程和非 BT 工程，管理模式新颖，接口协调的工作量大。工程咨询服务范围为车辆段和停车场范围内包括管线迁移（含恢复工程，不含110kV 及以上的电力工程，下同）、交通疏解（含恢复工程）、土建施工、防水施工、接地网施工、白蚁防治、常规设备安装、建筑装修等工程施工阶段、保修阶段的项目管理。车辆段、综合办公楼、联合检修库、维修综合楼以及停车场的效果图（图 28-1～图 28-6）。

图 28-1　车辆段全貌

图 28-2　综合办公楼

图 28-3　联合检修库

图 28-4　维修综合楼

图 28-5　停车场鸟瞰图

图 28-6　停车场地面图

1. 段址及场址

1）QCD 车辆段段址

QCD 车辆段选址位于白石路、侨城东路、滨海大道、红树林路围成的地块内，距滨海医院站约 760m。选址地块长约 1000m，宽约 240m，总用地面积约 24.1hm²。

2）BJS 停车场场址

BJS 停车场选址在 BJS 公园内，为全地下停车场。选址西侧为皇岗路、南侧为笋岗西路、东北侧为福田河，地块长为 1060m 左右，宽为 120m～200m 左右，呈南北走向，与正线几乎呈正交布置，尽端式布置。选址现状及规划均为公园，地下停车场建成后需恢复地面绿化及休闲设施，出入停车场方便快捷。

2. 工程地质及水文地质，见表 28-1

工程地质及水文地质情况　　　　　　　　　　　　　　　　　　　　　　　　　　　　表 28-1

	QCD 车辆段	BJS 停车场
地形地貌	QCD 车辆段为滨海滩地及平原区，地面起伏较小，后经人工改造，地势稍有起伏，地面高程一般在 3.7m～23.0m 之间	选址现状及规划均为公园，地下停车场建成后需恢复地面绿化及休闲设施；出入线穿越居民区、北环大道以及 BJS 丘陵，与正线交接。BJS 停车场地貌为台地及低丘陵，地面起伏较大，地面高程在 6.0m～97.5m
地层岩性	（1）填土层（Q4ml） 分为 2 个亚层，分别为素填土及填石层。 （2）冲洪积层 共分为 3 个亚层，分别为淤泥及淤泥质土层、黏性土层、中粗砂层。 （3）残积土层（Qel） 由燕山期花岗石风化而成。根据残积土的状态和密实程度，分别划分为二个亚层，可塑及稍密的残积土层为 <6-1>、硬塑及中密的残积土层为 <6-2>。 （4）花岗石全风化带，代号为 <12-1>（γ53（1）） 岩性：褐黄色、褐红色，岩石风化剧烈，组织结构已基本破坏，岩芯呈坚硬土状，遇水易崩解。	（1）填土层（Q4ml） 素填土，代号为 <1-1> 土性：褐黄色、褐红色、灰黑色等，湿，松散，局部稍经压实，主要由黏性土及砂土组成，局部含有碎石或填石。 （2）冲－洪积层（Q3+4al+pl） 共分为 4 个亚层，分别为淤泥及淤泥质土层、黏性土层、粉细砂层、中粗砂层。 （3）残积土层（Qel） 主要由震旦系混合岩风化而成。根据残积土的状态和密实程度，分别划分为二个亚层，可塑及稍密的残积土层为 <6-1>、硬塑及中密的残积土层为 <6-2>。 （4）混合岩全风化带，代号为 <11-1>（Z） 岩性：褐黄色，岩石风化剧烈，组织结构已基本破坏，岩芯呈坚硬土状，遇水易崩解。

续表

QCD 车辆段	BJS 停车场
地层岩性	（5）花岗石强风化带，代号为 <12-2>（γ53（1）） 岩性：褐黄色、褐红色，岩石风化剧烈，组织结构已基本破坏，岩芯呈坚硬土状，遇水易解； （6）花岗石中等风化带，代号为 <12-3>（γ53（1）） 岩性：肉红色、灰白色，粗粒状结构，块状构造，岩石风化裂隙发育，岩芯呈碎块状、扁柱状，局部呈短柱状，结构部分破坏，锤击声不清脆，较易击碎，岩石质量指标 RQD 约为 <10%，岩体较破碎，属于较软岩，岩体质量等级为Ⅳ级。 （7）花岗石微风化带，代号为 <12-4>（γ53（1）） 岩性：肉红色、灰白色，粗粒状结构，块状构造，有少量风化裂隙，岩芯呈短柱—长柱状，结构基本未变，锤击声较清脆，较难击碎，岩石质量指标 RQD 约为 80%，岩体较完整，属于较硬岩，岩体质量等级为Ⅲ级	（5）混合花岗石强风化带，代号为 <11-2>（Z） 岩性：褐黄色，岩石风化强烈，组织结构已部分破坏，岩芯呈半岩半土状或土状夹少量碎块状，土状强风化岩遇水崩解。 （6）混合岩中等风化带，代号为 <11-3>（Z） 岩性：青灰色、灰黑色，粗粒状结构，块状构造，岩石风化裂隙发育，岩芯呈碎块状、扁柱状，局部呈短柱状，结构部分破坏，锤击声不清脆，较易击碎，岩石质量指标 RQD 约为 <10%，岩体较破碎，属于较软岩，岩体质量等级为Ⅳ级。 （7）混合岩微风化带，代号为 <11-4>（Z） 岩性：青灰色、灰黑色，粗粒状结构，块状构造，有少量风化裂隙，岩芯呈短柱—长柱状，结构基本未变，锤击声脆，难击碎，岩石质量指标 RQD 约为 80%，岩体较完整，属于较硬岩，岩体质量等级为Ⅲ级
地下水	（1）地下水位 地下水位的变化受地形地貌和地下水补给来源等因素控制。地下水稳定水位埋深 2.30m～16.80m，标高 -0.06m～12.30m。 地下水位的变化与地下水的赋存、补给及排泄关系密切，每年二月起随降雨量增加，水位开始逐渐上升，到六月至九月处于高水位时期（丰水期），九月以后随着降雨量减少，水位缓慢下降，到十二月至次年二月处于低水位期（枯水期）。 （2）地下水的腐蚀性 地下水对混凝土结构具有微—中等腐蚀性，对钢筋混凝土结构中的钢筋在长期浸水的条件下具有微腐蚀性，在干湿交替的条件下具微—弱腐蚀性	（1）地下水位 BJS 停车场地貌台地及低丘陵，地面起伏较大。场地揭露第四系地层为人工填土层，冲洪积层及残积层，基岩为震旦系混合岩。地下水位的变化受地形地貌和地下水补给来源等因素控制。勘察期间揭露地下水稳定水位埋深 0.70m～6.50m，标高 6.43m～27.25m。 地下水位的变化与地下水的赋存、补给及排泄关系密切，每年二月起随降雨量增加，水位开始逐渐上升，到六月至九月处于高水位时期（丰水期），九月以后随着降雨量减少，水位缓慢下降，到十二月至次年二月处于低水位期（枯水期）。 （2）地下水的腐蚀性 BJS 停车场地下水对混凝土结构具微腐蚀性，对钢筋混凝土结构中的钢筋在长期浸水的条件下具微腐蚀性，在干湿交替的条件下具微腐蚀性
不良地质	QCD 车辆段场地范围内及附近均无滑坡、危岩、崩塌或泥石流等地质灾害。不良地质作用主要表现为饱和砂土的液化问题，特殊岩土分别为场地内发育的软土、人工填土及风化岩和残积土	BJS 停车场两场地范围内及附近均无滑坡、危岩、崩塌或泥石流等地质灾害。不良地质作用主要表现为饱和砂土的液化问题，特殊岩土分别为场地内发育的软土、人工填土及风化岩和残积土

3. 总平面布置

1）QCD 车辆段总平面布置

（1）QCD 车辆段总平面布置方案采用倒装式。总征地面积 24.1hm²，围墙内占地面积 21.8hm²。

（2）运用库由停车列检库、月检库和不落轮镟库组成，呈尽端式，布置在车辆段的东南部。

（3）联合检修库位于段址西部，与车辆段运用库通过牵出线连接。

（4）物资总库设置于联合检修库内的西南部。

（5）工程车库设置于运用库咽喉区，与出段线直接相接，出、入段作业方便。

（6）洗车线设于入段线的南侧，由于用地限制采用往复式洗车，列车经清洗后可从端咽喉道岔区进入停车库。

（7）材料堆场位于调机库与联合检修库道岔区之间，堆场的东边设有材料装卸线 1 条，并可供新车吊装使用。

（8）试车线位于车辆段的北部，长 940m，沿白石路南侧敷设。列车可通过联合检修库东侧的牵出线上线试车。

（9）车辆段厂前区设在车辆段的西端，为便于人员和车辆进出，车辆段主出入口与百石路相连。考虑到厂前区的位置及地块形状，综合楼按功能要求分列成 3 栋楼房，分别设有综合楼 1 幢，食堂公寓 1 栋，维修综合楼 1 栋，综合楼由后备控制中心、培训中心、档案中心以及车务部、票务部、车辆部、维修工程部办公用房组成。维修综合楼由工建车间、机电车间、供电车间、通信车间、信号车间、AFC 车间和生产及设备用房组成。食堂 / 公寓位于综合楼的南侧，公安派出所为独立建筑，位于食堂公寓楼房的南侧。

（10）污水处理站设置在出入段线的北侧，联合检修库、综合楼与出入段线包夹的地块内，附近还设有汽车库、杂品库以及供道岔信号培训使用的场地。

（11）主变及牵引降压混合所设置在运用库咽喉区南端的空地上。

（12）空压机站设置于联合检修库东侧的空地上。

（13）车辆段的出入口设两处，主出入口与白石路连接，次出入口与红树林路连相连，段内外高差小，道路衔接条件好，便于人员进出，同时也有利于新车入段的输送。段内道路呈环状布置，主要生产、办公房屋周围均设有环形道路，能够满足生产、生活和消防要求。

（14）为使车辆段与周边景观协调，除厂前区及联合检修库以外，车辆段上部均设置了绿化平台，返还给市民使用，总面积约 13.87 万 m²，平台的东部考虑了红树林保护区管理处及边防武警六支队用房、用地的复建，其中红树林保护区管理处总占地面积约 5.6 万 m²。

　2）BJS 停车场总平面布置

（1）停车场由运用库、综合运转用房、辅助生产用房、设备区、材料备品区及司机休息区、洗车区、工程车停放区、咽喉区等分区组成。BJS 停车场临时征地面积 8.37hm²，其中临时占地面积 7.31hm²，永久征地面积 1.06hm²。

（2）运用库自西向东由运转综合用房、双周 / 三月检库、停车列检库组成。

（3）在停车场的西部设有长 150m，宽为 9m 的单层辅跨，辅跨从南往北分别设有停车场办公区、各系统专业设备区、综合维修工区。

（4）在辅跨的北侧设有司机休息区，按双层设计，共计 24 个房间。司机休息区设有一处中庭，直通地面，可满足区域通风采光要求，以改善区域环境。

（5）在咽喉区与辅跨之间设有材料备品库及工具车停放区，材料备品库按普通货架仓库设计，并设有电子电器存放间，在材料备品库的北侧设有牵引降压混合所、洗车机控制室及污水处理站。

（6）洗车区位于入段线的西侧，为节约用地，采用往复式布置。

（7）在咽喉区的东侧设有工程车停放线1股道。停车场的出入场道路设两处，主出入口与皇岗路连接，次出入口与笋岗西路连接。场内道路围绕主要生产区域呈环布置，能够满足生产、生活和消防要求。

4. 线路

1）车辆段线路配备及布置

车辆段线路应根据车辆段的功能和车辆检修工艺要求，以满足生产的需要。车辆段各种线路的配备和布置如下：

（1）出入段线：出入段线共设2条。

（2）洗车线：设1条，供列车外部清洗作业使用。根据总平面布置方案，洗车采用往复式，洗车机前后各有1列车以上的有效长度。

（3）停车列检线：设停车线10股道，线路长度按1线2列位设置，停车能力为20列；远期预留6股道共12列位。

（4）双周检线：设2条，每线设1列位，股道按高架设置。

（5）三月检线：设1条，每线设1列位，股道按高架设置。

（6）定修线：设1条，股道按高架设置。

（7）静调线：设1条，按1线1列位设置。

（8）临修线：设1条，与定修线合库，按1线1列位设置。

（9）不落轮镟线：供列车定期镟轮作业使用，要求不落轮镟床前后各有1列车以上的有效长度。

（10）调机停放线：设2条，停放车辆段内调机车。

（11）工程车停放线：设2条，停放维修中心各种轨道车、平板车等。

（12）材料装卸线：设1条，供上线维修及段内材料装卸使用，兼作新车吊装使用。

（13）牵出线：供段内调车作业使用，设1条，有效长度不小于165m。

（14）试车线：长度约940m，最高试车速度约70km/h，列车全速度试验考虑在正线进行。

2）停车场线路配备及布置

（1）出入场线：设出入场线各1条。

（2）洗车线：设1条，按往复贯通式布置，设置在入段线一侧，其有效长为洗车设备前后各1列车长。

（3）停车列检线：设11条，1线2列位，按尽端式布置。

（4）三月检/双周检线：设2条，1线1列位。

（5）工程车停放线：设1条。

5. 车辆段、停车场主要工程数量，见表28-2、表28-3。

车辆段主要工程数量 表 28-2

序号	项目名称			单位	工程数量
1	土石方	填方	A、B、C组填料（土方）	m³	293358
			中粗砂（夹土工膜）		149694 夹土工膜 160537（m²）
			小计		443052
		挖方	土方	m³	1682864
			小计		1682864
2	铺轨	车场线	50kg/m	m	12737
		试车线	60kg/m	m	940
3	房屋	车辆段与综合基地新建房屋总面积		m²	212621
		拆迁房屋总面积		m²	80548
4	道路	22cm厚C35混凝土道路（路宽7m）		m²	26012
		30cm厚6%水泥石屑基层（路宽7m）		m²	29728
		20cm厚C35混凝土道路（路宽4m）		m²	2809
		30cm厚6%水泥石屑基层（路宽4m）		m²	3511
		平交道		m²	2665
		路缘石（C20）		m²	375
		人行道（人行道砖）		m²	11236
		路槽开挖土方		m³	5404
5	附属工程	混凝土		m³	37338
		钢筋		t	4537.28
		水沟挖方		m³	9724
		水泥土搅拌桩长度（φ600m）		m	64037
		液压喷播植草		m²	9370

停车场主要工程数量 表 28-3

序号	项目名称	单位	工程数量
1	土石方开挖	万 m³	76.8236
2	填方	万 m³	13.9553
3	混凝土	m³	255381.70
4	钢筋	t	30098.05
5	2.5mm厚聚氨酯防水涂料	m²	92757
6	纸胎油毡隔离层	m²	70662
7	1.5mm高分子自粘胶膜防水卷材	m²	88732
8	自粘改性沥青防水卷材	m²	2984

28.1.2 项目特点与重难点分析

1）车辆段及停车场工程是地铁工程中的独立大型综合性工程，它占地面积大、综合性能强、涉及专业多。其主要特点可概括为施工准备阶段征地拆迁、管线迁移、交通疏解、绿化迁移困难，外部协调工作量大；施工过程中各专业相互渗透、干扰严重，内部协调工作量大；工程后期设备安装调试、系统联动、试运转工作频繁；竣工验收工作量大。

2）工程重难点分析如下：

（1）前期征地拆迁量大、协调难度高

车辆段现状场地内西侧为汽车城、中部南侧为武警支队用房、东侧为红树林管理处、红树林保护区公安派出所用房，需拆迁面积为 80548m²。车辆段范围内绿化迁移面积为 32912m²。停车场绿化迁移的面积约等于围挡占地的面积，约 19.91 万 m²。根据实地了解，BJS 公园内部分绿化为私人所有，需政府介入尽早与对方商谈，加快推进绿化迁移工作。

（2）车辆段及停车场土石方工程量大

车辆段及停车场土石方填方数量大，土方外运工程量大，受弃土场收纳能力影响大。车辆段挖方量为 168 万 m³，填方量为 29 万 m³；停车场工程的主要特点是土石方工程量大，挖方量为 76.82 万 m³，填方量为 14 万 m³。土方外运工程量大。场地运输道路、渣土弃放、雨天影响等问题，都使土石方施工周期变长，将直接影响工程关键工期。

（3）地基处理、桩基础施工安全控制难，工期影响大

（4）房屋结构工程量大，工法多，技术含量高，质量控制难

（5）地域性施工特征明显

由于施工城市地处沿海，四季气候温和，属于南亚热带季风气候，全年降水丰富，雨季明显，施工现场又紧邻靠海，其梅雨、雾天、暴雨、台风等不良施工因素较多，会给施工造成一定的困难，如何确保施工质量和工期也是工程特点之一。

（6）工程项目多，涉及专业广、专业性强，对项目管理的综合能力要求高

工程项目繁多，内容庞杂，施工专业多，工序衔接紧，互相干扰大是其重要特征。涉及软基处理、房屋建筑、轨道工程、常规设备通风空调、给水排水及消防、动力照明安装工程、导向安全标识系统工程、绿化与景观工程、站场及站场构筑物工程等多个专业，故而要求项目管理单位具有综合性的从业资质、丰富的管理经验、强大的专业实力和高度的协调能力。

（7）常规设备安装调试任务重，与系统工程接口多、专业性强、技术标准高

工程常规设备安装工程调试往往需要与建设、设计、供货商及系统工程各承包商等多单位配合；与系统工程接口多，涉及范围广，与其他专业项目接口较多，专业性强，系统的安装调试复杂，技术标准要求高，对质量控制工作提出较高要求。

（8）接口协调管理要求高

工程各专业间需交叉作业，必然存在着各专业之间的相互干扰，需要进行内部协调；除了做好各专业之间的接口协调工作外，还应加强对建设、设计、施工的接口、配合工作，并对各种接口进行严格的控制。因此，积极主动地把接口协调工作作为项目管理工作重点来抓，这是本工程的最突出的特点之一。

（9）关键里程碑工期不变，工期紧迫

车辆段具备接车及列车调试条件和全线车站 400V 电通，这两个关键里程碑工期是确保全线按期开通试运营的必要条件，关门工期不变。

但受前期征地拆迁等工程的影响，承包单位要做好车辆段及停车场工程场地移交有可能要推迟，总工期和接车条件等关键工期不能改变的准备，及时调整施工计划，并在施工组织中采取有效的措施，除按总工期要求完成工程项目外，还必须保证对建设单位提出的里程碑工期节点按时完成。

（10）车辆段和停车场建设完毕后场地绿化景观恢复要求高、施工面积大

车辆段毗邻红树林保护区，为使车辆段与周边景观协调，除厂前区及联合检修库以外，车辆段上部均设置了绿化平台，返还给市民使用，总面积约 13.87 万 m^2，平台的东部考虑了红树林保护区管理处及边防武警支队用房、用地的复建，其中红树林保护区管理处总占地面积约 5.6 万 m^2。地下停车场场址现状及规划均为公园，建成后需恢复地面绿化及休闲设施。

（11）安全文明施工、环境保护要求高

工程 QCD 车辆段毗邻红树林保护区，BJS 停车场位于 BJS 公园内，均位于市区内，社会影响大。一旦施工中发生任何安全事故、不文明举措以及施工机械排放的废气和噪声等对周围环境造成污染，都将会影响建设、监理、咨询及施工单位的企业形象，因而对安全生产及文明施工要求很高。

28.1.3 项目管理创新举措及成效

1. 将海绵城市、还绿于民的设计理念引入车辆段和停车场

BJS 停车场位于 BJS 公园内，为全地下停车场。停车场建成后将地面恢复成高标准体育公园，还绿于民，同时给市民提供开放式休闲运动场所。车辆段平台上部考虑 1m 的覆土，以种植小型乔木为主，上盖平台总面积 13.465hm^2，其中盖上的红树林自然保护区还建用地面积约 4.75hm^2，盖上的市政绿化公园面积约 8.2hm^2，平台上盖绿地率达到 80%，返还给市民使用。海绵城市设计理念。

2. 智能供热供水系统技术

车辆段采用"太阳能＋空气源热泵供热水系统"，屋顶绿化对雨水进行重复利用，节能又环保（图 28-7）。

图 28-7　智能供热水系统

28.1.4　项目实践总结和经验教训

某城市轨道交通 9 号线建设期间，虽然经过各参建单位的共同努力实现了 9 号线提前两个月顺利通车试运营，但是在管理过程中仍有下列问题需要探讨、改善。

1. 装修甲供材管理

基于国内装修材料质量参差不齐，为把控地铁装修材料质量，借鉴国内地铁建设经验，9 号线装修材料为甲供，主要包括公共区天花、墙面装修材料、地面砖。在工程实施过程中，由于地铁三期工程三条线接近同时实施车站装修，甲供装修材料的下单、备料、生产、运输受制于 BT 承办方的工程计划及材料厂家的生产能力，甲供材是否足额、按时供应已严重制约了工程进展，同时，大量的协调工作也加重了建设单位管理压力。鉴于目前国内装修材料的产业化发展市场已经成熟，在今后的轨道交通建设中将装修材料纳入乙购范围，建设单位仅提供装修材料的技术标准及要求，以便施工单位统筹把控材料的下单、采购、供货，有利于推进工程进展。

2. 迁改工程管理

在早期的地铁施工中，由于各类管线权属不同，专业性强的特点，通常都是采用一体化建设，由管线权属单位代建地铁工程涉及的其管辖范围内的管线迁改工程，协调难度大。在 9 号线建设过程中，根据法规要求，对建设涉及的管线迁改工程采用招标投标确定施工单位，虽然开放了管线迁改市场，但是由于处于市场转型期间，且管线迁改前必须向权属单位申办施工许可，同一场地内多种管线需相互配合实施，无疑更加加大了现场协调难度。

当前的地铁承办方多为国家大型央企，其资质及实力足以完成管线迁改工程，且央企具有资金力量强、综合协调管理能力强的优势，故为了减少接口，提高工作效率，下一步应把非垄断行业、专业性不强的管线迁改工程与主体工程统一招标，有利于解决前期与主体工序转换的整体把控，同时也可以将建设单位从大部分协调工作解放出来，更加注重现场的安全、质量、进度及投资管理，垄断行业也应向市场化方向改良。

对于燃气迁改这种特殊的管线迁改工程，由于其行业的安全需要及燃气碰口技术的专业性，在采用单独招标确定合同单位的合同管理过程中存在部分行业专有收费项目结算审计困难的情况，对于这种前期工程应直接委托产权单位代建，工程建设之初就将代建费用一次性支付产权单位，可以确保此种特殊的前期工程顺利推进。

3. 拆迁工作

地铁建设期间不可避免要对施工范围内的部分周边建构筑物进行拆除，而征地拆迁工作能否如期完成，直接制约工程是否可以如期开工，就 9 号线而言，前期征地拆迁滞后是工程开工延误的最大问题，地铁工程建设伊始，如何策动政府相关部门全力推进地铁征拆工作，按时提交场地，为地铁工程保驾护航是地铁建设项目正常开展的前提工作；同时，工程完工后对拆迁区域进行原标准恢复，由于涉及的恢复项目资金来源不同，9 号线在征拆恢复工作中遇到了很大问题，也需在今后地铁建设招标投标管理中明确此类项目的资金来源及实施单位，减少后期审计风险。

4. 人才培养

历经大规模的地铁线路建设，建设单位管理人员却并无大规模扩张，主要原因是在建设单位主导下，工程咨询单位在实践中锻炼了一批适应地铁建设的管理团队，如此既有效减轻建设单位在大建设时期的管理压力，又能调动参建各方主动作为的积极性，培养建设团队协作、和谐发展，实现良性互动，齐心协力又快又好建成地铁项目。

28.2　某城市轨道交通 14 号线工程

28.2.1　项目概况

1. 工程范围及建设模式

城市轨道交通 14 号线工程采用施工总承包模式，主要包括主体工程，前期交通疏解、给水排水、燃气、绿化工程、零星及恢复工程，投资估算约 285 亿元。其中，AE 车辆段及 GYN 停车场工程建设范围为：GYN 停车场、AE 车辆段、1 号主所、2 号主所、3 号主所、银海主所改造工程及上述主所对应的电缆通道工程、轨道、接触网工程；投资概算约为 57.04 亿元。

2. 车辆基地功能及规模

AE 车辆段：设置 5.5 列位大架修，14 号线 2.5 列位，为 21 号线预留 3 列位。

GYN 停车场：设置 32 列位停车列检，14 号线 20 列位，为 11 号线提供 12 列位。

3. 工程位置及环境

AE 车辆段位于 SH 高速公路以北，秀沙路以西，淡水河南侧，占地面积约为 40.73hm²，车辆段预留上盖物业开发条件，主要包含大架修库及定临修库、运用库、物资总库、咽喉区、综合体等 18 个盖内外单体建筑，总建筑面积约为 33.26 万 m²，结构形式为框架结构。

GYN 停车场位于中心公园内，为全地下停车场。

4. 总平面布局

1）AE 车辆段：设置自动化区与非自动化区。车辆段房屋分为两大区——库区和附属房屋。依据线路布置的情况，将库区布置在车辆段西侧和北侧。在整个车辆段北侧设有材料棚、蓄电池间、易燃品库、主变电所、运用库、物资总库、定临修库、大架修库，基地的南侧为洗车库、污水处理站、牵引变、工程车库、试车用线房、镟轮库、冷冻站及垃圾房、培训中心、综合维修中心、综合楼、人才公寓、空压机房。车辆段的综合维修中心及生活配套用房集中布置在基地南侧，由西向东依次为人才公寓、综合楼、综合维修中心、培训中心。AE 车辆段总平面布置图，如图 28-8 所示。

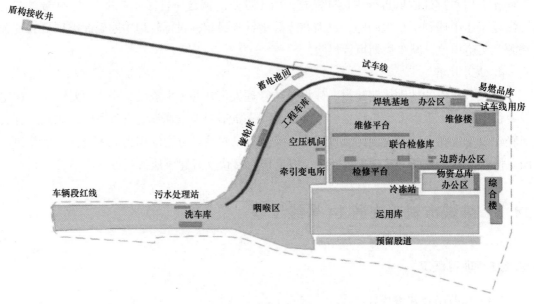

图 28-8　AE 车辆段总平面布置图

2）GYN 停车场：设置自动化区与非自动化区。用地现状及规划均为公共绿地，地下停车场建成后需恢复地面绿化及相应设施。GYN 停车场以运用库为主体，南北向布置，南北长 983.52m，标准段东西宽 172.35m。停车场的出入场道路设两处，分别与皇岗路和福华路连接。场内道路围绕运用库呈环状布置，能够满足生产、生活和消防要求。GYN 停车场总平面布置图，如图 28-9 所示。

5. AE 车辆基地上盖物业开发

1）上盖物业开发分为 6 大区域：运用库区域、定临修库区域、大架修库区域、物资总库区域、咽喉区（开发区域、非开发区域）；

2）物业开发建筑面积（含车库层）：470586m²；

3）物业开发建筑面积（不含车库层）：349063m²。

AE 车辆基地上盖物业开发示意图，如图 28-10 所示；AE 车辆段竣工全貌图，如图 28-11 所示。

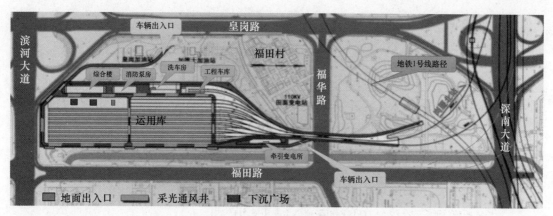

图 28-9　GYN 停车场总平面布置图

图 28-10　AE 车辆基地上盖物业开发示意图

图 28-11　AE 车辆段竣工全貌图

6. 工程地质与水文地质情况，见表 28-4

工程地质与水文地质情况
表 28-4

内容	AE 车辆段	GYN 停车场
工程地质构造	根据区域地质资料，拟建场地无断裂穿过，本次勘察亦未发现断层构造，拟建建筑物场地构造稳定性总体较好	根据区域资料显示场地无断裂构造发育，本次本段勘察在钻探过程中未揭露有断裂构造。拟建场地构造稳定性总体较好
环境条件	北侧为低丘，植被覆盖，局部分布有鱼塘，养殖场，软土分布。场地南侧主要为 AE 居民小组，多为民宅，建筑物密集，层高 2～7 层。区域存在燃气、给水、污水、电信等市政管道	福华路以南、滨河大道以北、皇岗路以东、福田路以西
工程地质条件	丘陵地貌，地形起伏较大，场坪面以下地层主要为第四系人工填土层、第四系全新统冲洪积淤泥质黏性土、粉质黏土、中砂层、残积粉质黏土层、全-中等风化含砾砂岩。淤泥质黏性土层结构松软，承载力低，具高压缩性、触变性和不均匀性，工程性质差，属不稳定土体；残积粉质黏土呈可塑—坚硬状态，承载力相对较高	冲洪积地貌单元，施工方法为明开挖，地层自上而下依次为：第四系全新统人工填土层（Q4ml）、第四系全新统冲洪积层（Q4al＋pl）、第四系残积层（Qel）、燕山期（γ53）花岗石
水文地质条件	淡水河及其支流位于车辆段北侧及西北侧，最近处距离不到 100m，车辆段范围内零星分布有水塘及水渠。场地地下水主要有第四系地层中的松散岩类孔隙潜水和基岩裂隙水，孔隙潜水主要赋存于第四系人工填土层、冲洪积中砂层、残积粉质黏土层中；基岩裂隙水主要赋存于块状强风化、中等风化带中，略具承压性	地下水类型主要为冲洪积砂层、残积土层中第四系松散岩类孔隙潜水和基岩裂隙水，地层渗透性弱～强，赋水性一般
特殊性岩土与不良地质作用	1. 特殊性岩土：填土、软土、残积土与风化岩。 2. 不良地质作用：场地范围内土岩层基本稳定，未揭露到采空区、岩溶、地裂缝、地面沉降等不良地质作用	1. 特殊性岩土：填土、软土、残积土与风化岩。有球状风化（孤石）分布，厚度 2.00m，埋深 32.00～34.00m。 2. 不良地质作用：本场地无砂土液化及软土震陷问题
总体评价	场地整平高程处地基土局部为第四系人工填土层，填土层主要以黏性土、碎石为主，水平及垂直方向土质分布不均匀，综合分析工程地质及水文地质条件，可采用强夯、强夯置换、挤密碎石桩复合地基等单一处理或多种联合处理方法，对于变形控制较严格的部位可以采用预应力管桩。 车辆段需进行上盖物业开发，上部荷载大，采用钻孔灌注桩基础，施工过程中应注意采取适当措施防止成孔过程中塌孔或漏浆	使用明挖法以及地下连续墙加内支撑的支护形式，并在坑内布置适量降水井，中等、微风化花岗石爆破开挖时应控制爆破震动

7. 工程内容、项目种类及主要数量

1）前期工程

前期工程包括征地拆迁、绿化迁移、管线迁改及恢复、交通疏解等（表 28-5～表 28-8）。

征地拆迁工作量
表 28-5

序号	名称	用地面积	拆迁面积	拆迁内容
1	AE 车辆段	506421.27m²	216571m²	拆除居民房屋、工业厂房、绿地
2	GYN 停车场	107000.00m²	409m²	拆除公园、绿地、植被

绿化迁移工作量

表 28-6

序号	名称	迁移面积	拆迁内容
1	AE 车辆段	268509m²	各种树木、地被
2	GYN 停车场	56000m²	各种树木、地被

管线迁改及恢复工作量

表 28-7

序号	名称	管线名称	规格（mm）	与段场关系	迁改或保护方案
1	AE 车辆段	电缆、箱变等		围挡范围内	拆除迁改
		雨水管	DN150～800	东侧	废除或迁改
		给水管	DN50～200	东侧	废除或迁改
		污水管	DN150～600	东侧	废除或迁改
		路灯及管线		围挡范围内	迁改
		燃气	中压 DE200	围挡范围内	迁改
2	GYN 停车场	电力管线	110kV	北侧横跨出入线、西侧	悬吊、迁改
			10kV	主体范围内、西南端	悬吊、迁改
		雨水管	DN600～1650	皇岗路东侧、福田村现状道路下、停车场出入口上方	改变路由、迁改
		雨水箱涵	4500×2800 3500×2800	南侧、出入线上方	迁改
		通信光电缆	72 条	主体范围内	迁改
		路灯及管线		围挡范围内	迁改
		污水管	DN400～800	出入口上方	迁改
		给水管	DN600～1200	南侧滨河大道右转辅道、东侧福田河西岸巡河道	迁改
		燃气（中压）	DE215～315	横跨主体、与围挡冲突	迁改及恢复

交通疏解工作量

表 28-8

序号	位置	内容
1	AE 车辆段	主要施工车辆段进出场线，围挡占用秀沙路非机动车道。 交通疏解方案采用局部道路疏解方案。利用 SH 高速排水沟以北围挡以南段，修建永久道路，方便村民进出
2	GYN 停车场	第一阶段交通疏解（施工北侧主体） GYN 停车场一阶段围挡施工场地面积 9333m²，施作停车场福华路北侧公园内的基坑主体结构，施工围挡占用福华路北侧机动车道及人行道，工期约 12 个月
		第二阶段交通疏解（施工车站南侧主体） 二阶段围挡施工场地面积 126097m²，施作施工停车场福华路南侧公园内的基坑主体及附属结构，施工围挡占用福华路机动车道和福田新村福华路处一个出入口，工期约 24 个月
		第三阶段交通疏解（恢复阶段） 福华路按现状恢复

2）土建工程

（1）车辆段房屋建筑及结构

车辆段房屋建筑主要包括运用库、大架修库、物资总库、咽喉区及内部的小库、上盖物业开发部分。单体建筑包括综合楼、人才公寓、易燃品库、材料棚、蓄电池间、培训中心、综合维修中心、污水处理站、试车线用房、门卫等。房屋建筑面积及结构形式表，详见表28-9。

房屋建筑面积及结构形式表　　　　　　　　　表28-9

序号	称名	栋数	建筑面积（m²）	结构形式	基础形式
1	大架修及定临修库	主库	72884.74	框架结构	桩基
		边跨3F	8583.90		
2	运用库	主库	43665.47	框架结构	桩基
		边跨2F	4481.98		
		区域内大盖	3355.93		
3	镟轮库	1	499.2	框架结构	桩基
4	洗车库	1	1108.62	框架结构	桩基
5	污水处理站	1	609.29	框架结构	独立基础
6	蓄电池间	1	849.02	框架结构	独立基础
7	垃圾处理站	1	142.56	框架结构	独立基础
8	工程车库	主库	1794.00	框架结构	桩基
		边跨2F	1093.30		
9	综合楼	1	22529.31	框架结构	筏板基础
	其中	地上：9F	17958.22		
		地下：1F	4571.09		
10	材料库	1	688.00	框架结构	桩基
11	综合维修中心	4F	8484.48	框架结构	桩基
12	物资总库	主库	4680	框架结构	桩基
		边跨2F	1577.18		
		区域内大盖	8846.21		
13	易燃品库	1	269.08	框架结构	独立基础
14	空压机间	1	272.36	框架结构	独立基础
15	培训中心	1	2130.00	框架结构	桩基
16	试车线用房	1	218.12	框架结构	独立基础
17	牵引变电所	1	1093.68	框架结构	柱下独立基础+防水板
18	人才公寓	地上：29F	52709.5	框架-核心筒结构	主楼：筏板基础；地下室外扩部分：柱下独立基础+防水板
		地下：-2F	7971.0		

续表

序号	称名	栋数	建筑面积（m²）	结构形式	基础形式
19	门卫室一	1	26.30	框架结构	独立基础
20	门卫室二	1	26.30	框架结构	独立基础
21	冷冻站	1	272	框架结构	独立基础
22	咽喉区	扣除盖下小库后面积	98812.78	框架结构	桩基
23	场地天桥	1	338.10	框架结构	桩基
合计	—	23	总建筑面积（含大盖区域）：350012.40；总建筑面积（不含大盖区域）：238997.49	—	—

（2）GYN 停车场房屋建筑及结构

GYN 停车场为全地下停车场，地下一层（局部二层或设置夹层），埋深 2m。主要由运用库、综合楼、调机库、主变电所、消防泵房及水池、洗车库、废水处理站、牵引变电所等单体组成。停车场主体围护结构采用 $\Phi1000mm@1600mm$ 钻孔咬合桩围护形式，基坑局部采用 800mm 地下连续墙围护形式（85 轴～97 轴）。支撑以混凝土撑为主，局部采用管径 800mm、壁厚为 16mm 钢管支撑。主体结构采用现浇整体式框架结构。停车场建筑面积及结构形式见表 28-10。

停车场建筑面积及结构形式表　　　　　　　　表 28-10

序号	建设内容	指标
1	停车场类型	明挖一层、局部二层
2	停车场形式	地下矩形框架结构
3	停车场总长	983.52m
4	停车场总宽	172.35m
5	轨面标高	−5.500m
6	出入口数量	13 个
7	消防电梯数量及提升高度	11.69m
8	停车场楼梯总数量	13 个
9	风亭数量	21 个
10	运用库及边跨	59309.57m²
11	综合楼	3858.06m²
12	消防水池及泵房	1278.46m²
13	洗车库	2198.81m²
14	废水处理站	271.00m²
15	工程车库	865.86m²

序号	建设内容	指标
16	牵引变电所	1945.69m²
17	出地面楼梯与电梯间	755.03m²
18	风井	3111.87m²
19	下沉广场	468.20m²
20	停车场总建筑面积	123184.05m²
21	停车场占地面积	106214.97m²
22	停车场顶板覆土厚度	2.000m

（3）1号主所、2号主所、3号主所及银海主所改造工程

① 1号主所：位于GYN停车场内，主变电所土建及建筑装修、通风与空调、消防均由停车场统一建设。新建钢筋混凝土电缆暗沟，埋于人行道地砖或绿化带下。内空尺寸为1.4m×1.7m，电缆沟侧壁及底板均采用C25混凝土浇筑，采用预制钢筋混凝土盖板。

② 2号主所：地址位于深汕公路与锦绣西路交口西侧绿地内，现状场地为市政绿地，变电站用地红线为规则矩形，地面设2处出入口和2组风亭。变电所主要由地上一层及地下三层组成。变电所总建筑面积3889m²，其中地上227m²，地下3662m²。变电站基坑宽26.6m，基坑深约17.1m。围护结构选用厚1000mm地下连续墙＋内支撑的围护结构形式。采用明挖法顺作进行施工。主体结构采用矩形框架箱体结构。

③ 3号主所：位于车辆段内，作为预留。

④ 银海主所改造工程：银海主所1号、2号主变更换及35kV配电装置、SVG设备扩建。工程不改变原有站内总平面布置及竖向布置，仅在站址东侧，35kV电缆沟靠近围墙两侧空地上新建两台SVG基础。

3）线路布置内容，见表28-11

线路布置内容   表28-11

序号	名称	具体内容	
		车辆段	停车场
1	停车列检线	停车列检20线40列位（其中6线12列位为预留），位于运用库内，采用平行横列式布置	停车列检16线32列位，位于运用库内，南北向布置
2	大架修线	3条，位于联合检修库内，采用横列尽端式布置	—
3	定修线	3条，位于联合检修库内，采用横列尽端式布置	—
4	双周/三月检线	4条，位于运用库内，采用平行横列式布置	2条，位于运用库内，南北向布置
5	牵出线	1条，位于咽喉区西侧，有效长为228m	1条，与牵出线连通，牵出线有效长度为218m
6	调机线	2条，位于联合检修库西南侧，与特种车线组成工程车库，库长60m	2条，布置于运用库西侧调机库内。库长37.18m

续表

序号	名称	具体内容	
		车辆段	停车场
7	特种车线	2 条，位于联合检修库西南侧，与调机线组成工程车库，库长 60m	—
8	试车线	1 条，位于车辆基地最西侧，长度 1.2km	—
9	吹扫线	1 条，位于联合检修库内，采用横列尽端式布置	—
10	静调线	1 条，位于联合检修库内，采用横列尽端式布置	—
11	临修线	1 条，位于联合检修库内，采用横列尽端式布置	1 条，位于运用库内，南北向布置
12	镟轮库线	1 条，设于试车线走行线西南侧，为尽端式，库前后有效长为 203m	—
13	洗车线	1 条，采用往复式布置，设置于咽喉区东侧，位于洗车库内，长度 60m	1 条，洗车线采用往尽端式布置，设置于停车场最西侧，洗车库长度按 60m 设计
14	修竣线	1 条，布置于工程车库与试车线走行线之间，有效长为 213m	—
15	待修线	1 条，布置于工程车库与试车线走行线之间，有效长为 213m	—
16	卸料线	1 条，位于联合检修库西南侧，有效长为 100m	—
17	平板车停放线	1 条，利用预留停车列检线咽喉区布置，设于 16 号道岔尾部，有效长为 100m	—
18	刚性接触网维护教学线	1 条	—
19	洗车线牵出线	2 条，洗车库前牵出线有效长为 223m，库后牵出线有效长为 213m	—

28.2.2 项目特点与重难点分析

车辆段、停车场工程特点是地铁工程中的独立大型综合性工程，它占地面积大、综合性能强；施工过程中各专业相互渗透、干扰严重，内部协调工作量大；工程后期设备安装调试、系统联动、试运转工作频繁；竣工验收工作量大。工程的主要重难点如下：

1. 占地面积大，实施对地铁场段建设的组织和管理、工期控制以及安全管理等方面带来了相应的难度

由于施工城市地处沿海，四季气候温和，属于南亚热带季风气候，全年降水丰富，雨季明显，其梅雨、雾天、暴雨、台风等不良施工因素较多，会给施工造成一定的困难。由于工程 AE 车辆段、GYN 停车场施工场地面积大，上盖汇水面积大，工程集中，施工周期长，地下停车场是长、大基坑，施工难度大，安全管理难度大。因此，在施工中，应合理安排施工组织，有效控制各节点工期，尤其是关键里程碑工期尤为重要。

2. 采用自动化无人驾驶模式，自动化车场对项目管理工作提出新要求

全自动驾驶系统利用高效、集成、智能化列控系统替代线路司机的工作，以行车为核心，信号与车辆、综合监控、通信、场段工艺等多系统深度集成，提升自动化水平。列车在上电、自检、段内／正线区间行驶、车站停车及发车、端站折返、列车回库、休眠断电、洗车等全过程自动化控制。因此，对项目管理工作提出新要求，应进一步研究、学习自动化车场的设计标准、方案等，确保管理工作的顺利开展。

3. 控制性管线改迁数量多

存在控制性管线改迁困难，工期风险大。GYN 停车场大型雨水箱涵、110KV 电力管线、中压燃气管线、AE 车辆段中压燃气管线等需改迁，上述管线迁改难度大耗时长，尤其是燃气管线碰口更是时间难以控制。

4. 拆迁及绿化迁移工程量大

车辆段地址主要占用部分工业厂房、民房和绿地，停车场主要占用中心公园绿地。工业厂房和民房拆迁量大，而场地内数目繁多的树木、植被迁移需相关单位逐项、逐点协商登记苗木的名称、数量、大小，做好苗木登记表，审核后再进行迁移，工程量巨大。

5. 大规模的软基处理和基础工程，质量控制难度大，工期影响大

车辆段场坪面积共约 50 万 m^2，软基处理面积大，工程量巨大，工法多，有强夯、水泥搅拌桩复合地基加固以及局部采用挖除换填、抛石挤淤等工法；投入机械设备多，各种工法交错施工、工期紧张。

车辆段桩基础施工，结合场地情况需要同时上很多台桩机。同时，桩基检测耗时较长，需解决好桩基施工设备与施工场地匹配及桩基检测时间的匹配问题，避免影响主体施工进展。

6. 大体量、大面积高支模施工，安全质量控制难度大

工程上盖结构约 24 万 m^2，主要柱截面尺寸为直径 1000mm 的圆柱，1200mm×1200mm、1000mm×1000mm 型钢混凝土柱，主要梁截面尺寸为 600mm×1800mm、600mm×1700mm 混凝土梁，1000mm×1500mm、1000mm×1800mm 型钢混凝土梁。整个上盖结构皆为高大模板工程，采用满堂支架形式施工，安全质量控制难度大，也是安全风险控制的重难点。

7. 大规模起重吊装施工，安全问题突出

车辆段、停车场总建筑面积（35 + 12.3）万 m^2。受建筑形式、场地、工期条件制约，需大量使用塔式起重机作为垂直运输工具，群塔施工属于重大危险源，且分布广、安装、拆卸次数多，安全问题特别突出，是风险管控中的重中之重。

8. 常规设备安装调试任务重，与系统工程接口多、专业性强、技术标准高

工程常规设备安装工程调试往往需要与建设、设计、供货商及系统工程各承包商多部门配合；与系统工程接口多，涉及范围广，与其他专业项目接口较多，专业性强，系统的安装调试复杂，技术标准要求高，对质量控制工作提出较高要求。

9. 安全文明施工、环境治理水平和环境污染防治要求高

地铁工程施工占地、取土，停车场的大量土石方开挖将破坏部分城市地表植被、绿地；开挖的弃土、建筑材料的堆放会给城市生态及景观带来一定的负面影响；开挖弃土清运车辆走行市区道路，不但给沿线地区增加车流量，造成交通拥挤，还给四周环境带来污染，运输车辆的跑、冒、滴、漏等也会给道路环境卫生带来污染；临时堆渣场遇风雨天气，带来扬尘污染或道路泥泞，有可能影响排水管道或地面水体；在前期工程管线改移，占用道路施工，打乱了城市正常交通秩序，给沿线部分地区的居民工作、生活带来不便。

28.2.3　项目管理创新举措及成效

1. 推行一体化工期统筹管理，强化过程管理

1）细化轨道工程施工组织，减小土建对轨道工程的影响

针对土建工程进展情况，进行超前的系统策划、周密部署，确保各工作面施工进度；对轨道项目开工前的轨行区验收、移交、断面测量、调线调坡设计、下料口预留等前期工作进行重点推进和有效协调；重视车站站台板、轨顶风道、区间联络通道、人防门施工等土建附属结构施工对站后工程的影响，结合轨道工程施工安排，对车站及区间附属结构施工进行统筹安排。

2）常规设备、系统设备安装提前介入，全面推进

在土建工程施工阶段各轨道、常规设备安装、系统设备安装单位提前进场对现场的实际情况进展掌握，合理布局站后工程的施工组织安排，对各工点具备站后工程移交条件的场地进行分段、分片移交，对移交滞后工点需要重点督促加快施工进度以满足站后工程施工进度，逐步推进全线土建工程向站后工程工序转换的进度。

选定部分车站为全线常规设备安装样板站，通过样板站各项分部分项工程的先行实施，发现并解决问题，对各种材料集中封样确认，通过样板站的实施加快全线常规设备安装的进度，提高全线常规设备安装的质量。

2. 分段热滑为全自动无人驾驶提供条件

城市轨道交通 14 号线为一次性开通的全自动无人驾驶线路，全自动无人驾驶新增了大量的调试场景，有效调试时间比传统成熟的 CBTC 线路增加 3～6 个月，本着"保调试、保开通"目标合理策划，提出分段热滑、分段调试的管理思路。

以"AE 车辆段及出入段线"作为试验段，为动车调试和车辆存放提供条件，并合理选择试验段的保护区段，进行调试区段和施工区段的物理隔离。施工单位组织各工区优先保证试验段工期，并为试验段动车调试提供轨行区行车调度、电力调度、安全保卫等系列服务和平台搭建工作。除试验段外的其他线路稳步推进工程进度，保证工期节点，为全线全自动无人驾驶提供条件。

3. 针对城市轨道交通 14 号线全地下线、长区间多、全预制板道床结构等工程特点，进行施工技术、工艺、管理创新

1）新型施工设备应用

根据工程特点、工艺要求及目前行业新技术发展情况，轨道专业配置先进、高效、安

全稳定的施工设备。配置新型轮胎式铺轨车、轮胎式混凝土罐车及新能源轨道车等提高施工效率，提升工程质量，降低安全风险。

（1）新型轮胎式铺轨车：在预制轨道板道床施工方案中，采用新型轮胎式铺轨车铺轨，取消安装临时轨道工序，既提高了施工效率又消除了走行轨垮塌风险，且不需要在管片上打孔有利于保护隧道成品。

（2）新型轮胎式混凝土车：引进新型轮胎式混凝土罐车替代传统的轨道车载平板混凝土罐车＋料斗方案，相对传统方案，新型轮胎式混凝土罐车可自行至作业面直接灌注混凝土，减少料斗二次倒运工作，提高功效，消除了料斗倒运安全风险。

（3）新能源轨道车：响应国家和地方要求，在地铁铺轨施工中引进环保性能可靠的能源轨道车（图28-12）。

图 28-12　新能源轨道工程车

2）新轨行区安全调度系统

为满足城市轨道交通 14 号线轨行区管理要求，在多个铺轨基地以及 E 出入站线铺轨基地设置轨行区安全调度系统（图28-13）。

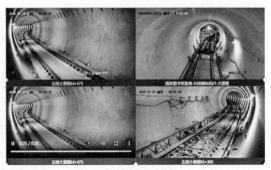

图 28-13　调度中心

由铺轨基地地面接入 100M 商用光纤宽带引入地下站内，用于无线基站的外网接入在轨行区内定点安装无线网络通信基站，实现整个轨行区内的网络覆盖，满足通信需求和调度系统各项数据回传。

4. BIM 应用

站后阶段将全面采用 BIM 技术，配合设计单位进行综合管线设计，解决管线交叉碰撞；施工过程中利用 BIM 技术进行综合管线排布，重点解决管线密集、设备集中区域，充分应用 BIM 技术实现施工现场 "零加工"。

车辆段自动喷淋管网是基于 BIM 技术进行装配化施工。AE 车辆段运用库自动喷水灭火系统，建筑面积 53055m²，库内喷淋管网呈格支状分布，全部采用 BIM ＋预制化＋装配式施工技术进行喷淋管网施工（图 28-14）。

图 28-14　基于 BIM 深化的车辆段库内喷淋管网平面图

5. 先进技术应用

在安装装修工程中，全面引进了冷水机房装配化、风管预制工厂化、车站管线集成化等先进技术。机房装配化效果，如图 28-15 所示。

图 28-15　机房装配化

6. 打造智慧工地

工程建设阶段全面使用一体化信息管控平台建设，集成安全监测与风险管理子系统、施工监控子系统、BIM 云平台、工程项目管理及移动 APP 平台等系统；实现施工全过程 BIM 建模、站前站后工程建筑信息无缝对接；采用物联网和云技术，应用 RMES 管理软件生产系统，打造钢筋集中加工配送管理平台，用最新信息成果打造"智慧工地"。智慧工地一体化信息管控平台，如图 28-16 所示。

图 28-16　智慧工地一体化信息管控平台

28.2.4　项目实践总结和经验教训

城市轨道交通 14 号线在建设过程中，项目管理团队在建设标准高、周边环境复杂、施工风险大、工期紧张等情况下，迎难而上，认真执行相关验收规范标准，及时有效解决现场各种问题，确保了项目高质量、高标准提前 2 个月顺利开通运营，为实施"东进战略"，促进区域经济发展注入了强劲动力。

为了适应地铁建设的新常态，工程咨询单位也要适应地铁建设管理新模式的需要。

1. 做好自身能力建设

1）做好建设单位的"顾问"，合理策划，服务全面；

2）对外，要积极主动协调相关单位（街道办、城管局、各前期专业的产权单位等），为施工创造良好外部环境；

3）对内，要把主体单位和各前期单位整合成一个有序合作的"大团队"，主体单位对前期单位要提出明确具体的要求，前期单位要积极配合主体工程推进；

4）要充分协调好站前站后一体化的接口工作，工点配合好系统单位组织的限界检查、冷滑、热滑、联调联试工作。

2. 做好前期工程管理工作

1）前期管理工作内容

考虑到前期工程复杂且关键，工程咨询单位的协调工作尤为重要。

（1）绿化迁移。监督施工单位查清需要迁移的绿化数量、种类、位置。摸清绿化迁移的去处、报批手续、对接部门。做到不漏不重、台账清晰、手续齐全。

（2）管线改迁。明确设计改迁原则，监督承包单位展开管线探测，分类查清管线路由、数量及改迁方案，纸上推演改迁后的管线布置，避免改迁后管线"打架"，发现问题及时向设计反馈。重点查清改迁后的位置与前期其他工程、主体工程施工范围相互关系，按设计原则改迁，避免重复。施工过程严格监督承包单位按图施工，各类管线排布必须统一服从指挥，不得随意占用其他管线位置。

（3）交通疏解。需要重点关注疏解工程范围与主体工程实施范围的关系；临时用地是否包含在内；临时交通疏解范围内管线是否遗漏；在困难地段不能满足疏解设计原则时，需要准备处理措施，包括与交通部门对接沟通；还需要对疏解设计方案结合现场实际情况进行优化，有利于减少倒边过程对主体、疏解的影响，简化政府部门申请手续，利于现场施工管理，促使工程连续推进。

2）前期工作把控重点

（1）厘清前期工程的关系。结合现场根据急缓需要，对前期各专业协调难易程度做到心中有数，参考相似工程经验，优化配置各专业的协调力量、确立各专业协调责任人、牵头人。

（2）树立起牢固的地盘概念。督促施工单位早日"占领"施工地盘，开展围挡搭设工作。

（3）掌握行政许可办理程序。针对错综复杂、种类繁多的前期工程专业，相应的政府部门办理手续也不尽相同，需要提前掌握各专业的行政许可办理手续，协助并督促施工单位高效地办理，减少重复，节约时间。

（4）建立良好的邻里环境、避免或及时处理投诉问题。前期工程点多、线长、零碎，与工程周边有关的居民、商铺、企业众多，施工对其干扰大，相应诉求千差万别。因此，需要与其建立良好的邻里关系，由工程咨询单位发挥协调与缓冲作用。

（5）能根据主体工程实施需要因地制宜编制前期工程考核节点，协调各专业之间关系，监督落实各节点的完成，及时顺利移交工作面。

3. 做好主体工程管理工作

1）把控好主体施工阶段重大风险源

在地铁密集建设期间，工点建设力量会有所薄弱、工期压力大，因此安全保障就显得尤为重要。要做好安全监督管理工作，及时提醒、制止潜在安全隐患，为安全施工保驾护航更为重要，主要存在以下几项重大风险源：

（1）大型施工机械设备安全；

（2）施工临时用电安全；

（3）高支模支架安全；

（4）深基坑施工安全（雨季施工尤其要重点关注）；

（5）矿山法隧道及盾构法隧道施工安全；

（6）高边坡的安全（雨季施工尤其要重点关注）。

2）把控好主体施工阶段文明施工管理

良好的施工环境，和谐的周边关系，有利于树立良好的项目形象：

（1）临建设施的布置合理、美观；

（2）场内道路的清洁，交叉路口的指引导向清楚；

（3）临时管线科学合理布置，走向清晰；

（4）出场泥头车的冲洗、登记制度；

（5）建筑材料分类堆放、标识清晰；

（6）雨天排水、晴天降尘设施完善、有效。

3）抓好主体施工阶段技术管理工作

技术方案、设备数量、人员到位是保证施工正常进行的先决条件，需要提前督促施工单位进行方案编制、报审、必要时组织专家审查，并开展定期核查。

4）抓好工序衔接，加强细节管理

主体工程桥、洞通后，项目管理工作更加繁杂。站前、站后单位的工序衔接、场地移交、交叉作业需要提前谋划、合理组织，可以事半功倍。

5）做好工程进度策划及纠偏工作

工程开工前，需要认真审核工程总体工期策划，并报建设单位审批。要求施工单位根据建设单位批准的工程总体工期策划编制年度工期策划、季度工期策划、月度工期策划，下一级策划一定要满足上一级工期策划中对关键工期节点的要求。要对施工单位进度进行动态监控，发现进度滞后的情况，应立即组织施工单位查找原因，要求其提出纠偏措施，赶上进度计划的要求。

6）做好安装装修阶段协调

进入安装装修阶段，风、水、电等多工种同时聚集在同一场地内进行施工。在抢工状态下都需要有个相对宽敞的作业面，多家承包单位、多个工种在狭小的空间交叉作业，经常会因施工擦碰、物料堆放、垃圾清运等发生口角，既影响施工进度，也影响相互间的和谐，因此需要工程咨询单位进行统筹和协调。

7）抓好验收管理工作

检验批、分部分项工程、子单位工程、竣工初验、竣工验收的组织既要科学合理安排，更要抓好整改落实工作。

8）做好试运营前整改销项工作

运营前整改销项工作量巨大，需要协调参与的单位较多。因此，工程咨询单位需要进行统筹协调管理，建立整改销项台账，并及时督促相关责任单位完成运营问题的整改销项工作。

28.3 某地铁 12 号线项目

28.3.1 工程概况

某地铁 12 号线项目线路全长约 40.56km，全线采用地下敷设方式；共设站 33 座，均为地下站，其中换乘站 18 座，最大站间距 1.949km，最小站间距 0.747km，平均站间距约

1.242km。全线设一段一场，JCD 车辆段位于机场道与 107 国道交叉口东南角，CW 停车场位于 CW 山西南角。车站采用明挖顺作法、盖挖逆作法或铺盖法施工，围护结构为地下连续墙或排桩（咬合桩）结构。区间以盾构法、矿山法施工为主，局部采用明挖（盖挖）施工；联络通道及泵房等采用矿山法施工。

地铁 12 号线 12502 标段工程内容包括：12 号线 TY 站、TY 站—NTGC 站区间、NTGC 站、NTGC 站—ZSGY 站区间、ZSGY 站、ZSGY 站—TL 站区间、TL 站（四站三区间）；纳入 12 号线同步建设的综合管廊及其他市政工程；地铁车站及区间自然形成的地下空间开发工程；与工程相关的地铁其他线路的改造或远期预留工程。

1. 车站

1）TY 站

站位：车站位于 TY 路与 NS 大道交叉路口处，沿 NS 大道布置，地下三层侧式车站，与地铁 1 号线 T 字换乘。周边建筑物：车站西侧有医院，东侧主要有老干部中心、酒店、教育信息大厦等建筑。TY 站站位示意图及站址环境，如图 28-17 所示。TY 站效果图，如图 28-18 所示。

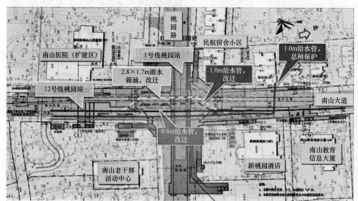

图 28-17　TY 站站位示意图及站址环境

图 28-18　TY 站效果图

2）NTGC 站

站位：位于 NS 大道与 SN 大道交叉口处，沿 NS 大道南北布置，地下三层岛式车站，站前设小交路折返线与停车线，与规划线路 T 字换乘。周边建筑物：车站西侧主要有文体中心、公共事业综合楼、办公大厦等；东侧有大量住宅小区等；北侧为 SN 大道、天桥（主体结构上方，拟桩基托换）等建筑。NTGC 站站位示意图及站址环境，如图 28-19 所示。NTGC 站效果图，如图 28-20 所示。

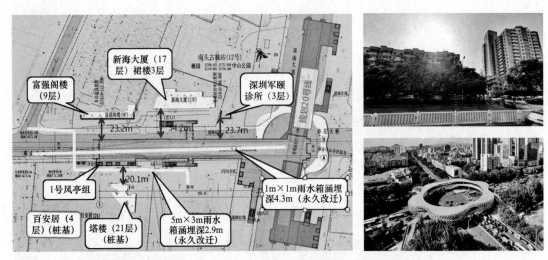

图 28-19　NTGC 站站位示意图及站址环境

图 28-20　NTGC 站效果图

3）ZSGY 站

站位：车站位于 NS 大道与 YQ 路的交叉路口，沿 NS 大道南北方向布置，地下二层岛式车站，与规划线路 T 字换乘。周边建筑物：车站东侧为住宅小区，西侧为加油站、汽车服务店铺、街区及住宅区、书城等建筑。ZSGY 站站位示意图及站址环境，如图 28-21 所示。ZSGY 站效果图，如图 28-22 所示。

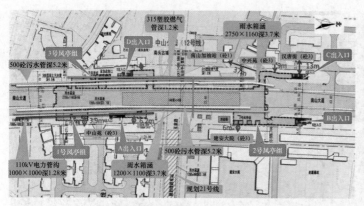

图 28-21 ZSGY 站站位示意图及站址环境

图 28-22 ZSGY 站效果图

4）TL 站

站位：车站位于 QJ 路与 PN 铁路相交处西北侧地块，呈东西向敷设，南侧为前进路，东南侧为 PN 铁路以及 NP 快速路，地下三层岛式车站，与规划线路通道换乘。周边建筑物：车站周边建筑物较少，南侧为高压电塔，东侧远端为铁路线。TL 站站位示意图及站址环境，如图 28-23 所示。TL 站效果图，如图 28-24 所示。

2. 区间

本标段共含 3 个区间，即：TY 站—NTGC 站区间、NTGC 站—ZSGY 站区间、ZSGY 站区间—TL 站区间，均为地下区间隧道，具体线路走向如下：

1）TY 站—NTGC 站区间

本标段区间起点为 TY 站，出站后线路沿 NS 大道向北敷设，侧穿某小区、下穿雨水方沟（4m×4m×2m）等建筑物后，在 NS 大道与 SN 大道交叉口设 NTGC 站，并与规划线路 T 字换乘。

2）NTGC 站—ZSGY 站区间

出 NTGC 站后线路下穿天桥，沿 NS 大道向北敷设，在 NS 大道与 YQ 路交叉口设 ZSGY 站，并与规划线路 T 字换乘。

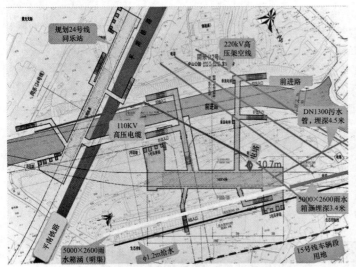

图 28-23 TL 站站位示意图及站址环境

图 28-24 TL 站效果图

3）ZSGY 站区间—TL 站区间

出 ZSGY 站后线路沿 NS 大道北行，侧穿服装批发中心、下穿过街人行隧道，北环立交后转向西北方，下穿农批市场、PN 铁路、规划 PN 铁路（地下）及侧穿某地块桩基到达 TL 站，与规划线路通道换乘。

3. 工程地质

1）TY 站

车站范围内自上而下的地层有素填土填砂、杂填土、黏土、砾质黏性土、全风化花岗石、强风化花岗石。车站底板主要位于砾质黏性土层、全风化花岗石层。

2）NTGC 站

车站底板为砾质黏性土，基坑开挖深度为素填土、粉质黏土，围护结构部分入岩。

3）ZSGY 站

车站底板为砾质黏性土，局部全风化岩，基坑开挖深度为素填土、粉质黏土，砾质黏性土。

4）TL站

车站底板为强—微风化岩，基坑开挖深度为素填土、粉质黏土、含有机质砂，中砂，砾质黏性土，全—微风化岩。

5）TY站至NTGC站区间

地面以下地层为第四系粉质黏土、中砂层、含砾黏性土、砾质黏性土；侧壁地层为第四系粉质黏土、中砂层、含砾黏性土、砾质黏性土；隧道底板地层为砾质黏性土—全风化粗粒花岗石。

6）NTGC站至ZSGY站区间

地面以下为素填土、粉质黏性土，局部区域有粗砂，基坑开挖深度为素填土、粉质黏土，隧道底板地层为强风化花岗石。

7）ZSGY站至TL站区间

顶板地层为砾质黏性土—强风化粗粒花岗石；侧壁地层为砾质黏性土—微风化粗粒花岗石；底板地层为砾质黏性土—微风化粗粒花岗石。

28.3.2　项目管理模式

地铁12号线项目采用施工总承包管理模式。项目咨询团队的组建充分考虑12502标段工程规模大、结构形式多样、影响工程的环境因素复杂、拟采用的施工工法多、工程接口和需协调工作量大等特点。为满足专业齐全，利于协调管理原则，包含土建工程、前期工程、装修及机电安装工程等，配备的咨询工程师的专业应包含岩土、隧道、土建、低压配电及照明、给水排水、环境控制、消防、设备管理、机电、机械、造价、安全、测量等多个专业。

28.3.3　项目特点与重难点分析

1. 12502标工程主要特点，见表28-12

12502标工程主要特点　　　　　　　　　　　　　　　　　表28-12

序号	工程特点
1	工点道路狭窄、交通量大、管线繁多，交通疏解、征地拆迁及管线迁改难度大
2	工程项目多，涉及专业广，专业性强，对监理综合能力要求高
3	沿线周边既有建（构）筑物多，穿越施工风险大
4	常规设备安装调试任务重，与系统工程接口多、专业性强、技术标准高
5	BIM平台及信息化管理平台的接入
6	换乘车站多，车站改造难度大
7	车站规模大、开挖范围广、周边影响大
8	同步实施工程多，周边环境复杂，实施难度大

续表

序号	工程特点
9	列车采用全自动运行系统，安装调试难度大，工期风险高
10	全市施工围挡统一标准，环保治理与文明施工要求高

2. 轨行区的管理与协调重难点见表 28-13

轨行区的管理与协调重难点   表 28-13

序号	重难点项目	重难点分析
1	土建后期阶段	1. 轨行区主要施工项目为隧道土建整改、堵漏与轨道铺设工程。重点协调好土建工程施工单位与轨道工程施工单位占用轨行区的时间与空间。 2. 大部分标段土建工程都存在不同程度滞后，轨行区未能按计划交付给轨道工程施工单位进行铺轨作业，直接影响了轨道工程的铺设进度
2	设备安装调试及装修阶段	1. 工程施工项目众多，由于轨行区作业时间和空间极为有限，既要满足各项工程施工对轨行区占用的要求，又要满足行车的要求，因此施工与行车计划的协调难度很大；各标段的安装装修工程进度不一致，难以对同一类别的工程作出统一的安排，调度工作往往处于被动的局面。 2. 各项轨行区工程施工安排以及安全防护工作必须考虑到接触网带电情况，极容易引致安全事故发生。设备运输任务繁重，行车密度较大。 3. 严格规章制度，严肃轨行区工程施工作业纪律，紧紧围绕"轨通""电通""冷滑""热滑"四大目标开展各项工作，确保上述目标实现
3	列车上线阶段	保证列车上线调试对轨行区占用时间，为列车上线调试工作创造最优越条件。做好列车上线调试安全防护工作，确保列车上线调试行车安全

3. BIM 技术应用重难点见表 28-14

BIM 技术应用重难点   表 28-14

序号	重难点项目	重难点分析
1	BIM 模型的建立	BIM 技术实现的基础是模型。目前 BIM 技术处于刚起步阶段，能熟练建模的工程技术人员不多。土建工程建模时一般的梁、板、柱模型相对简单，实现难度不大。但对于一些复杂的结构模型、机械设备模型，目前还没有很好的解决办法，精细程度尚有待提高
2	BIM 平台的接入及应用	1. BIM 平台的选择和统一是首先要解决的难点。目前市面上的 BIM 平台较多，各参建单位常用的软件也不一致，需要选择兼容性较好、性能稳定的平台。 2. 可开发性、接口及后续升级维护是 BIM 系统使用中的难点。 3. 各单位 BIM 技术人员的投入和培训需要占用一定的资源和费用

4. 安全文明施工现场管理重难点见表 28-15

安全文明施工现场管理重难点   表 28-15

序号	重难点项目	重难点分析
1	地下管线、设施保护	项目前期及土建工程施工阶段经常会发生施工机械挖断燃气管道、给水管、电力电缆、通信光缆等，造成巨大的损失和社会影响。施工过程中对地下管线、设施安全保护难度大、安全风险高。CK11＋700 处下穿 ϕ800 高压燃气管、ϕ500 高压燃气管、ϕ400 石油管道等高危管线，需重点保护、控制

序号	重难点项目	重难点分析
2	深基坑施工	1. 不良地质和地下水影响，土体自稳降低； 2. 基坑周边动荷载变大，破坏土体结构或支撑结构； 3. 强降水天气，造成大量汇水； 4. 基坑周边防护条件差，人员、设备、交通工具临近基坑通过； 5. 标段 TL 站大里程端处于 220/110KV 高压线下方，基坑范围内电线离地高度约 20m，基坑施工过程中需采取防电措施
3	高支模施工	1. 支架的强度、刚度、稳定性和基础承载力不足，排水不畅； 2. 支架搭设完毕后未验收，未支架预压或预压荷载不能满足设计要求； 3. 模板安装时支撑不牢固造成倾倒伤害； 4. 模板、支架拆除时混凝土强度不足； 5. 模板、支架安装拆除时高处坠落
4	盾构区间	1. 盾构始发时盾构姿态不正，洞口止水处理不到位； 2. 不良地质掘进，土仓内进、出土不平衡； 3. 砂土、混合花岗石地层掘进； 4. 换刀开仓，掌子面失稳； 5. 强降水、强台风天气； 6. 起重吊装
5	矿山法施工	1. 特种作业人员未持证上岗； 2. 施工机械设备进场未检查验收，未按要求做好隧道通风； 3. 隧道开挖后支护不及时或初期支护结构质量差； 4. 隧道涌水时处理不及时； 5. 断层破碎带、软弱地层未超前预注浆加固； 6. 爆破施工时炸药量控制不当，未按要求做好警戒； 7. 二衬施工时支架未按方案搭设
6	机械伤害 泥头车运输	钻孔桩机等机械设备未按操作规程操作；机械设备带病作业；多台设备同时作业未制定安全保证措施等因素引发机械伤害事故；各种运输机械（如泥头车）的行走，证件不全、超载、违章行驶引发交通安全事故
7	防火安全	临时板房电源短路或其他明火作业以及现场的易燃物品，存在较大的安全隐患
8	爆破工程	爆破是一种高危作业，容易发生事故且后果严重。对爆破器材在购买运输、储存、发放和使用全过程实施安全管控，保证人员、建（构）筑物、管线和设备安全
9	起重作业	明挖车站、明挖区间、竖井工程大量采用各类起重机械，特别是施工场地狭窄，施工材料堆放以及施工设施密度较大，是安全管控的重点和难点
10	文明施工	环境影响：钻孔桩施工泥浆排放及施工机械排放的废气和噪声等对周围环境造成污染，都将会影响建设、监理及施工单位的企业形象，因而对安全生产及文明施工要求很高
		文明施工：地铁施工位于市政道路上，需封闭施工，临时围闭很重要；现场材料、构配件、设备等临时堆放，都将影响文明施工的建设，管理难度大

5. 前期工作重难点，见表 28-16

前期工作重难点　　　　　　　　　　　　　　　　表 28-16

序号	重难点项目	重难点分析
1	征地拆迁	标段共 TY 站、NTGC 站、ZSGY 站、TL 站 4 座车站，征地范围主要是地铁车站、区间建设必需的永久及临时用地，其中 ZSGY 站永久征地面积 2611m²，临时用地面积 37742m²，拆迁总面积 78m²，拆迁工程量不大，但征地拆迁各部门的协调量较大

续表

序号	重难点项目	重难点分析
2	绿化迁移及恢复	1. 绿化迁移范围广、外部协调难度大，根据对标段各站点、区间周边环境的调查，绿化迁移范围主要包括 NS 大道人行道外侧的行道树及绿篱、中间绿化带等； 2. 因绿化迁移和恢复由市城管部门负责组织实施，地铁建设单位配合。绿化迁移和恢复工程进展能否满足地铁建设需求，也是外部协调的难点
3	交通疏解、管线改迁	项目线路跨越 NS 大道交通繁忙地段；道路两侧地下市政管线众多，错综复杂，交通疏解、管线迁改实施难度很大。 1. 交通疏解工程位于 NS 大道等主干道，其交通疏解量较大，交通疏解受沿线征地拆迁工作进度制约； 2. 重大管线改迁。需迁改或悬吊的管线有：燃气、通信、给水、电力管沟、雨水管、污水管等，如 NTGC 站横跨基坑 4m×4m（埋深 11.5m）的雨水箱涵、ZSGY 站车站西侧 D315 的燃气管线等管线需改迁； 3. 交通疏解、管线改迁施工单位多、管理难度大。交通疏解、管线改迁施工报审、审批协调部门多、手续繁琐，是制约工期的重要因素。交通疏解、管线改迁施工安全风险高、施工过程中投诉多：① 施工安全风险主要来自于：交通疏解、管线改迁施工过程中易造成对周边重要管线的损坏，特别是燃气管、通信光缆、电力电缆、给水管等，交通设施的不完善易造成交通事故。② 施工过程中投诉主要来自于：噪声、环境卫生、道路破损、路灯破损、标志破损、出行不方便等事由的投诉； 4. 在燃气、110KV 及以上的电力管线改迁具体实施过程中，需加强与相关的监理、施工单位协调、沟通； 5. 在管线改迁具体实施过程中，往往还会发现一些不明管线，判定不明管线的用途及产权单位难度大

6. 区间工程重难点分析

标段区间含 TY 站—NTGC 站区间、NTGC 站—ZSGY 站区间、ZSGY 站—TL 站区间 3 个区间，全部为地下区间，主要采用盾构法、矿山法、明挖法施工，区间工程重难点分析如表 28-17 所示。

区间工程重难点分析　　　　　　　　　　　　　　表 28-17

序号	重难点项目	重难点分析
1	盾构机的资源配置和选型	区间盾构施工，盾构机的配置必须根据工程条件、地质特点选择相适应的盾构类型，要求盾构机对各种地质条件有很好的适应性；标段投入 4 台盾构机。若处理不当，直接影响盾构机按期始发和管片按期供应，影响全线"洞通"里程碑的实现
2	管片预制	管片是盾构隧道主要受力构件及防水屏障，其施工质量直接关系到施工安全及地铁工程运营安全和使用功能，应作为盾构施工主要控制重点
3	盾构进、出洞盾构端头加固	盾构进洞、出洞容易引起盾构洞门失稳、地面沉降大或塌陷，控制重点：洞门结构施工的质量控制；盾构进出洞时洞门外土体加固的质量控制
4	区间隧道与既有建筑物	隧道施工过程中，多次穿越高架桥、市政管线、立交桥及房屋等，盾构掘进易引起地面下沉，从而对周边建（构）筑物造成影响，保证安全是工程控制重点与难点。 1. CK11＋602.01、CK11＋885.34 处下穿过街人行通道，竖向最小净距 15.7m； 2. CK11＋812 处侧穿北环立交桩基础，水平向最小净距 2.1m； 3. CK11＋950—CK12＋200 处下穿农批市场建筑群，竖向最小净距 25m； 4. CK11＋700 处下穿 ϕ800 高压燃气管、ϕ500 高压燃气管、ϕ400 石油管道等高危管线； 5. CK12＋336—CK12＋391 处下穿铁路线，竖向最小净距 9m

序号	重难点项目	重难点分析
5	地表沉降控制	区间线路长，沿线环境复杂，对地表的沉降（隆升）控制是隧道施工始终如一的重要任务，如何选择合理的掘进参数和科学的工序组织，进而控制地表沉降是工程控制的重点和难点。盾构掘进产生的地表沉降主要原因是地层损失，主要表现在： 1. 开挖面土体的移动； 2. 土体挤入盾尾空隙； 3. 盾构推进方向的改变、盾尾纠偏、仰头推进、曲线推进都会使实际开挖面形状偏大于设计开挖面。盾构轴线与隧道轴线的偏角过大，则对土体扰动和超挖程度及其引起的地层损失也越大； 4. 其他因素：盾壳与地层间的摩擦和剪切作用、土体受施工扰动的固结作用以及隧道衬砌产生变形，都会增大地层损失； 5. 矿山法施工产生的地表沉降（隆升）主要原因是围岩变形、失水、塌方、注浆等
6	盾构穿越不良地层	1. 盾构隧道在复杂地层掘进施工，容易造成盾构发生偏转或被卡住，造成隧道管片位移、地面塌陷等影响； 2. 标段区间盾构穿越主要地层为砾质黏性土、全风化花岗石等，其中 NTGC 站—ZSGY 站区间部分地段隧道上部存在砂层。软弱地层段易发生渗漏水、造成沉降； 3. ZSGY 站—TL 站区间 YCK12＋300—YCK12＋420 段穿越上软下硬地层，盾构机易抬头或偏位，刀具易磨损，盾构姿态控制是重点
7	盾构隧道防水	盾构隧道渗漏水容易出现在环片自身小裂缝、环片的接缝、注浆孔和手孔等，其中以环片的接缝处渗漏水较多，因此盾构隧道防水主要解决环片本身的防水和环片接缝的防水问题
8	矿山法施工	标段矿山法施工主要为区间联络通道等。 1. 矿山法隧道位于残积土及全、强风化岩段、中风化岩段，地质成分具有"两头大，中间小"特点，容易产生管涌、流土； 2. 施工监理控制重难点主要有：隧道开挖、初期支护、隧道二次衬砌、隧道结构防水、硬岩爆破施工安全防范等； 3. 根据断面尺寸，按照设计要求采用台阶法、中隔壁法（CD）、交叉中隔壁法（CRD）施工，控制开挖步距等参数； 4. 矿山法隧道施工，必须严格执行十八方针，"管超前、严注浆、短开挖、强支护、快封闭、勤量测"
9	盾构套筒接收	钢套筒接收通常使用在地下管线较多、周边环境复杂等不具备端头加固条件的盾构机吊出端，盾构机到达后直接进入钢套筒内。 1. 套筒体积较大，需要在现场进行半幅焊接，占用场地空间； 2. 钢套筒内灌入大量中砂，接收时筒内压力较大，存在安全风险，对拼装工艺要求高
10	测量	测量交桩、竖井投点、轴线复测、控制点复核、盾构隧道线路坐标计算和复核、重要结构及关键工序放线、贯通误差等是质量控制重点
11	监控量测	监测数据及时、正确反馈施工是工程控制的重点；隧道穿越重要建（构）筑物时，建议实行自动化监测，保证 24 小时自动化监测，并及时反馈施工，矿山法施工环境差，受施工影响，监测点易受损坏。监测点埋设的及时性、合理性以及监测行为的规范性是控制的重难点

28.3.4 项目管理创新举措及成效

1. NTGC 站盖挖逆作法质量控制的重点

1）盖挖逆作法结构施工中，顶板与内结构、顶板与内侧墙、层间底板与内侧墙、层间底板与中柱之间的连接是质量控制的重难点。

2）主体结构中间立柱的施工为整个盖挖顶板的控制工序，中柱的准确定位和成孔是质量控制的重难点。

3）边墙狭小空间内钢筋绑扎的质量控制。

4）盖挖逆作法施工中基坑开挖出土，混凝土浇筑、材料运输应预留合理的运输通道。

5）支撑体系的受力验算和架设的检查验收。

6）结构防水的质量控制。

7）施工过程中对地表的沉降控制，并采取合理的降水和排水措施。

8）对顶板受力转换过程的安全监测。

2. 管理措施

1）要求施工单位结合现场场地条件、交通疏解情况，编制盖挖逆作工法专项施工方案，由全过程工程咨询单位组织专家会审。

2）结构各部分的连接情况要重点检查

（1）底板和侧墙的连接可以按常规施工方法，靠底板钢筋伸入边墙，并采用分步浇筑解决；

（2）顶板（或层间板）与边墙的结合处要特别处理：在采用土模法浇筑顶板（或层间板）前通常在土模边缘边墙的设计位置，向下挖出浅槽，以便在顶板浇筑时形成边墙顶部的加腋，同时按设计要求在槽内向下层土体内插入竖向钢筋，作为顶板（或层间板）与边墙的预留连接钢筋；

（3）在浇筑边墙时，边墙的竖向钢筋要自下而上绑起，并和顶板（或层间板）下伸的预留钢筋可靠连接。为便于混凝土的浇筑，边墙模板顶部要做成多个向外倾斜排列的簸箕形下料斗，施工时向分段浇筑，以保证空气能自由排出、混凝土能充满边墙顶部和顶板（或层间板）下延部位之间的空间；

（4）为避免混凝土收缩出现缝隙，用于浇灌边墙最上部分的混凝土材料，需要采用特别配制的无收缩混凝土或微膨胀混凝土。

3）中柱的准确定位、成孔灌注混凝土控制重点检查

（1）钢管柱的加工应选具有资质和经验丰富的单位进行，使钢管柱的制作安装符合设计施工规范要求；

（2）安装定位器是钢管柱施工关键工序，在通过工程桩承载力检验合格后，方能进行钢管柱施工，必须做到安装前放线，安装后重新复核；

（3）钢管柱定位完成后，为保证混凝土浇筑过程中钢管柱体不产生位移，施工过程中要从上至下进行加固，加固位置为钢管柱顶部及钢管柱两个连接法兰处，加固处采用四周对顶，加固采用顶丝杆；

（4）钢管内混凝土采用微膨胀混凝土，施工中按照高抛要求施作，保证钢管柱与柱内混凝土密贴。

4）盖挖施工必须坚持信息化监控测量管理

（1）通过监测了解盖挖法施工过程中基坑周边水、土压力的变化规律和土体的稳定

性，指导施工，保证结构的顺利完成；

（2）通过监测及时掌握支护结构的受力和变形状况，控制和调整支护方案，保证结构安全和人身安全；

（3）通过监测判断盖挖法施工对周边建筑物和地下管线的影响程度，加强环境保护，避免不必要的损失。

5）防水工程管理

（1）组织做好防水设计的图纸会审工作，未经会审的图纸不得施工。

（2）要求施工单位编制防水工程施工方案，重点审查防水混凝土、防水层及施工缝、变形缝等施工工艺及技术措施是否可行。防水施工队伍必须是经审查批准的具有专业资质，且须在市住房和城乡建设部门备案，操作人员必须经专业培训且持证上岗。

（3）强调结构自防水为本，需要认真审查供应商提供的混凝土配合比，必须符合抗渗及防裂的技术规定，浇筑混凝土过程中，要求监理人员全过程旁站监督，实测混凝土温度、坍落度，严格控制混凝土的入模温度，监督混凝土的浇筑及振捣工艺。

（4）防水混凝土终凝后立即进行养护，养护时间不少于 14 天，控制合理的施工段长度，改善侧墙外侧围护结构表面平整度。

（5）防水材料选择原则必须符合设计要求，并见证取样送检。

（6）主体结构防水工程控制重点：围护结构质量、混凝土结构自防水、变形缝、施工缝、隐蔽验收等。

6）基坑回填土管理

（1）基坑回填应在车站结构顶板达到设计强度以后进行。

（2）回填应对回填土进行试验，确定最佳含水量，并做压实度试验，回填碾压的密实度应满足规范和地面工程设计要求。

（3）回填应分层、压实，分层厚度不大于 300mm，用机械碾压时，搭接宽度不小于 200mm，人工、小型机具夯压时，夯与夯之间重叠不小于 1/3 夯底宽度。

（4）结构顶部以上 0.5m 范围内以及地下管线周围应采用人工使用小型机具夯填。

28.3.5　项目实践总结和经验教训

前期工程是地铁施工的重点和难点，地铁工程的选址一般都在城市中心区，周边房屋密集、人员和交通流量大、地下管线复杂、施工场地狭小。因此，前期工程的推进需要工程咨询单位付出大量的协调工作。

前期工程分包队伍多，总承包单位的管理及技术力量略显薄弱，则导致各家分包队伍各自为战，没有统一组织和领导；考虑到分包队伍现场管理人员素质较差，地铁施工经验匮乏，地下管线损坏事件时有发生，易造成严重的社会负面影响。因此，前期工程分包队伍的协调管理也是咨询管理工作的关注重点。

总承包单位项目部的安全质量管理体系不易落实，安全管理人员不足，施工现场安全隐患较多，对于监理单位发出的整改指令落实不到位；现场技术人员质量意识较差，人员管理水平参差不齐，对设计图纸不熟悉，往往凭借经验进行主观性施工作业。因此，现场监督管理人员应熟悉掌握施工图纸和设计规范，加强现场安全及质量巡视力度，严格把关。

车站主体施工过程中，由于总承包单位项目部施工组织不力，资源投入不足，导致个别站点施工进度缓慢，无法满足建设单位制定的关键节点工期，则需要工程咨询单位通过开会协调、约谈、协商调整施工组织及施工工序等方式，以确保节点工期顺利实现。

个别盾构区间地质情况较复杂，例如，存在沙层、上软下硬等特殊不良地层等。施工单位抱有侥幸心理，凭借以往的盾构施工经验，未做好充分的前期地质补勘工作，就盲目掘进施工，导致下穿房屋过程中出现沉降超限等险情；盾构渣土运输设备日常保养不到位，导致出现运渣车辆溜车伤人事件，造成不良的社会影响；这些事故和经验教训，反映出项目管理工作存在的问题，同时也需要在日常工作中引起重视，早发现早克服。

28.4 某城市轨道交通 11 号线二期工程

28.4.1 项目概况

某城市轨道交通 11 号线二期工程，共设 3 座车站 3 个区间，包含 GSB 站（不含）—ZDBY 站—HQN 站—HLN 站、FX 停车场出入线，JCB 停车场扩容改造以及全线系统升级改造工程。

某城市轨道交通 11 号线二期工程线路长约 4.39km，线路起自 GSB 站，出站后分别下穿 1、2、14 号线出入线、河道和中学图书馆。在 FH 路—HQN 路交叉口西侧设 ZDBY 站；出站后沿 NY 路向东行，在 FH 路—HQN 路交叉口东侧设 HQN 站与 7 号线接驳换乘；出站后沿 NY 路下穿 6 号线二期工程，在 JH 街与 HL 路交叉口东侧设终点站 HLN 站，道路两侧为某地产城市更新地块，与 9 号线接驳换乘，车站为地下岛式，采用站后折返形式，预留延伸条件。

JCB 停车场扩容改造工程面积约 5.1hm^2，规划为机场用地。原 11 号线停车场预留用地进行上盖，并与 20 号线车辆段上盖平台整体开发，提高土地利用的集约性和高效性。工程范围包括扩建既有停车库和新建运用库的土建工程、安装装修工程、轨道、接触网和系统设备工程。JCB 停车场扩容改造工程 BIM 全景图以及新建库、扩建库的 BIM 模型图，如图 28-25～图 28-27 所示。

1. 扩建停车库

扩建停车库建筑面积 12634m^2，扩建停车库总长约 196.8m、宽约 65.8m，高约 9m，设 12 个停车列位，采用钢筋混凝土框架结构，共有管桩 1432 根、钻孔桩 30 根、承台 114 个、框架柱 118 根，1～23 轴地基基础形式采用管桩、24～28 轴地基基础采用钻孔灌注桩。地基基础、桩基设计使用年限 50 年，设计等级为丙级。其中管桩采用预应力高强混凝土管桩 PHC400AB，混凝土强度 C80，单桩竖向承载力特征值 900KN，静压桩桩底持力层为全风化混合花岗石，桩端进入持力层不少于 2D，且桩长不小于 23m；钻孔灌注桩采用摩擦桩，桩径 1200mm，单桩竖向承载力特征值 1650KN，桩的持力层为全风化混合花岗石，最短桩长为 31m，进入持力层不小于 2 倍桩径。主体结构施工时，共搭设满堂支架 129993m³，模板 28872m²，绑扎钢筋 1436t，浇筑混凝土 11064m³。现场扩建库管桩施工及立柱支架模板，如图 28-28、图 28-29 所示。

图 28-25　JCB 停车场扩容改造工程 BIM 全景图

图 28-26　扩建库 BIM 模型

图 28-27　新建库 BIM 模型

图 28-28　扩建库管桩施工

图 28-29　立柱支架模板

2. 新建运用库

新建运用库位于两条既有地铁线路车辆段之间，单体总长约 390.8m，宽约 85.0m，地上一层，局部二层；盖体高度约 9.2m，为单层钢筋混凝土框架结构（局部两层），共分为 4 个区，盖体 A 区、盖体 B 区、盖体 C 区、盖体 D 区。盖下西北角设两层运转办公楼（地下室为牵引变电所），长 63.9m，宽 19.65m，与盖体共用基础和屋面。盖下西侧中部设镟轮间，长 63.9m，宽 19.6m。建筑物的 ±0.000 对应绝对标高＋4.38m；地基基础、桩基设计使用年限 50 年；设计等级为乙级；采用钻孔灌注桩，桩径 1200mm，单桩竖向承载力特征值 11000KN，工程桩为嵌岩桩，桩的持力层为中等混合花岗石或微风化混合花岗石，最短桩长为 44m；桩端全断面进入持力层不小于 2m。±0.000 以下基础、承台、地梁等结构构件均采用 C40 抗渗等级 P6，预应力高强度混凝土管桩 C80；±0.000 以上框架梁、板采用 C40，框架柱采用 C60，构造柱、圈梁、过梁 C30，垫层 C20。屋面采用 25cm 厚钢筋混凝土结构，防水等级为 I 级，采用 3‰ 结构找坡，单向排水，考虑实施上盖物业开发，预留柱头。新建运用库建筑面积 33218m²，共有管桩 1408 根、钻孔桩 874 根，承台 335 个、框架柱 357 根。主体结构搭设满堂支架 286749m³，模板 69816m²，绑扎钢筋 6421t，浇筑混凝土 35748m³。现场搅拌桩加固以及主体结构钢筋工程情况，如图 28-30、图 28-31 所示。

图 28-30 现场搅拌桩加固

图 28-31 主体结构钢筋工程

3. 装饰装修

盖体装修主要包括：环氧树脂自流平地面、金刚砂地面、混凝土地面；盖体女儿墙、盖体立柱及内外墙腻子；坡道、地面硬化混凝土浇筑等；盖体内外墙抹灰，检查坑涂饰；钢梯、登车梯、外墙砌筑、外挂装饰、外立面窗户及建筑局部装饰墙。

单体装修主要包括：混凝土地面、地面砖等；单体墙面抹灰、腻子；单体卫浴、钢质门、木门、防火门、防火窗、普通窗等；栏杆扶手、门窗套件等；单体墙面涂饰，饰面砖铺贴。

4. 轨道

轨道线路全长约 5.751km，50kg/m，单开道岔 11 组。实施范围包括 JCB 停车场（库内线、库外线）、与 20 号线联络线、材料线轨道工程。其中碎石道床（含整碎过渡段）1.276km，一般整体道床 2.926km，柱式检查坑整体道床 1.355km，壁式检查坑整体道床 0.194km。标准轨距为 1435mm；车场线最小曲线半径 150m。小半径曲线地段轨距需加宽，按 A 型车构造要求及曲线平面半径 R 设置加宽值。250 ＞ R ≥ 200 时，加宽值 5mm；200 ＞ R ≥ 150 时，加宽值 10mm；轨距加宽值应在缓和曲线范围内递减，无缓和曲线时，在直线地段递减。递减率不宜大于 2‰。通过调整扣件实现轨距加宽。整体道床现场情况，如图 28-32 所示。

图 28-32　整体道床现场图

轨底坡按 1：40 设置，道岔间不足 50m 地段不设轨底坡。

普通钢轨接头采用接头夹板。库外线采用减振接头夹板，绝缘节位置采用绝缘接头夹板。钢轨接头：50kg/m 钢轨接头的工作边采用《43kg/m～75kg/m 钢轨接头夹板订货技术条件》TB/T 2345 规定的 50kg/m 钢轨标准接头夹板，非工作边采用 50kg/m 钢轨减振接头夹板。采用混凝土枕道岔；50kg/m 钢轨 7 号道岔。

库内整体道床地段采用无缝线路，以消除钢轨接头处的轮轨冲击，减小轮轨振动和噪声。

5. 常规设备

扩建库不设置舒适性空调系统，不设置排烟系统。采用自然通风系统。

新建库双周／三月检库双月／三周检线及临修库设置 21 台岗位空调。岗位空调选用移动式工业冷气机。其空调负荷按 1kW/m 进行计算，送风管至各检修平台，排风设置集中排风管将热风排至室外，风管末端设置排风机辅助排风。

镟轮库的值班室、机加工办公室及镟轮坑设置分体空调。

运转办公楼设备管理用房采用变频多联空调系统提供冷源，系统分区设置。一层共设 4 套空调系统，其中两套为舒适性空调系统，一套为新风系统，一套为工艺性空调系统。室外机设置于运用库外道路绿化带内。通信设备室、通信电源室、跟随所等设备用房与办公用房空调系统独立设置，且按照 50% 的冷量设置两套多联机系统。新风送风机放置于走道吊顶内。送风口采用双层百叶风口送入房间。新风管采用双面彩钢板复合风管。冷媒管在离心玻璃棉管壳保温外包 0.5mm 铝皮护套。冷凝水管采用镀锌钢管，保温应采用不小于25mm厚的不燃A级离心玻璃棉管壳保温。

各房间均优先采用开窗自然通风,办公楼走道设置机械排烟系统,划分为4个防烟分区。防烟分区采用吊顶下500mm的挡烟垂壁划分,挡烟垂壁使用防火不燃材料制作。共设置两台排烟量为24000m³/h的高温轴流排烟风机,设置于专用排烟机房内,采用自然补风。

运用库内置机械排烟兼排风系统,分为8个防烟分区,防烟分区采用顶板下不小于1700mm高的梁划分。给水排水专业设置高大空间喷淋,每个防烟分区排烟量为110000m³/h。两个相邻防烟分区设置一个排烟系统,每个排烟系统共设置4台排烟量为34680m³/h的高温轴流排烟风机,共设置16台排烟风机。排烟风机设置于专用机房夹层内,通过夹层排风道排出室外,平时通风开启E(Y)-1-03、05、07、11、13、15即可满足平时通风,送风采取自然补风。

运用库下方消防车通行道路设置消防加强措施,设置机械排烟系统。消防车通行道路划分为4个防烟分区,两个相邻防烟分区设置一个排烟系统,每个排烟系统共设置4台排烟量为34680m³/h的高温轴流排烟风机,排烟风机设置于运用库内专用机房夹层内,通过夹层排风道排出室外。

跟随所设置平时通风兼气灭后通风系统,当发生火灾时,关闭平时排风风机及送、排风管道上的防烟防火阀,待气体灭火结束后,系统负责排除室内废气。弱电设备室、通信电源室设置气灭后通风系统,平时采用自然通风,当发生火灾时,待气体灭火结束后,系统负责排除室内废气。卫生间均设置独立的排气扇通过竖井或风管排出室外。咽喉区及库外道路不设置排烟设施。

对扩建库施工有影响的DN200消防管道及室外消火栓进行拆除,管道两边在管道井内采取封堵的方式处理。生产用水从既有室外低区市政给水管网就近接引供水,市政管网压力约为0.30MPa。室内生活管网按枝状布置。

整个基地的室内、室外消火栓均采用临时高压系统,共用一套消防泵组和DN200mm环状管网,由既有综合楼水泵房内消防水池及消防泵联合供水。室外消火栓环管沿消防车道边按环状管网布置,室外地上式消火栓按间距不大于120m,保护半径不大于150m,室内消火栓系统采用临时高压给水系统。系统初期消防用水量及平时管网中的水压由设置于综合楼屋顶的消防水箱(有效容积为18m³)供给,并设一套消火栓增压稳压设备。火灾持续时间内的消防用水由消防水池及消火栓泵联合供水。

新建运用库上部为上盖物业开发,盖下新建运用库除不宜用水扑救的场所外,均按中危I级设置自动喷水灭火系统,室内每层均设置组合式消火栓箱,每个箱体内设一个DN65减压稳压型消火栓,一条DN65衬胶龙带(L=25m),一支QZ19mm型直流水枪,DN25消防卷盘、手提式磷酸铵盐干粉灭火器及报警按钮。

消火栓给水加压泵由消防联动装置启动,并可从消防控制中心直接开启消火栓泵。消防水泵应由消防水泵出水干管上设置的压力开关、高位消防水箱出水管上的流量开关,或报警阀压力开关等开关信号直接自动启动消防水泵。消防水泵房内的压力开关宜引入消防水泵控制柜内。消火栓泵在消防泵房内和消防控制中心均设手动开启和停泵控制装置。消火栓备用泵在主泵发生故障时自动投入工作。库内生产废水由管网在库内汇集后重力排至室外废水管网，再引至污水处理站处理。

改造工程新建 35kV/0.4kV 变电所一座，变电所内设有两台 1000kVA 的变压器。变电所 0.4kV 低压侧采用单母线分段的主接线方式，两段母线分别由两台变压器供电，两段母线间设置母联断路器。两段母线上设置三级负荷母线，通过三级负荷总断路器与之连接。正常运行时母线分段断路器断开，每段各带一半负荷同时独立运行。

库内主要通道设应急照明与疏散指示。库内正常照明均纳入智能照明控制系统控制，库顶照明采用回路控制。疏散照明、应急照明回路等消防负荷采用 WDZB1N-YJY-0.6/1kV 无卤低烟阻燃 B 级铜芯交联聚乙烯绝缘聚乙烯护套电力电缆和 WDZB1N-BYJ-450/750V 交联 B 类无卤低烟耐火阻燃电线；线路采用电缆沟、桥架与穿管敷设相结合的方式敷设，出桥架、电缆沟的照明线路穿管沿壁墙、地面、顶敷设，在墙面、检查坑和地面的管线采用暗敷设，屋面顶板、柱子的管线采用明敷设。内径不小于 DN60 的电气配管及配重 150N/m 的电缆梯架、电缆槽盒、母线槽设置抗震支吊架。

现场消防管改造、综合支架安装、一期既有消防泵房改造和风管安装，如图 28-33～图 28-36 所示。

图 28-33　消防管改造

图 28-34　综合支架安装

图 28-35　一期既有消防泵房改造

图 28-36　风管安装

28.4.2 项目管理模式

某城市轨道交通工程 11 号线二期工程是由施工总承包联合体承建，工程范围包括：全线所有车站、区间、场段、出入场线、电缆通道、设备采购（不含甲供设备）、常规设备及系统设备安装工程（含站台门安装和 AFC 安装）、建筑装修装饰工程、轨道工程、预留预埋工程、同步建设换乘节点工程、同步实施代建项目及一并招标的其他地铁工程项目，主体及前期工程的建筑安装工程一切险及第三方责任险。合同共分为 6 个部分，A 部分（主体工程 38.76 亿元）、B 部分（交通疏解 1.64 亿元）、C 部分（给水排水改迁 2.24 亿元）、D 部分（燃气改迁 1724 万元）、E 部分（绿化迁移 176 万元）、F 部分（零星拆迁暂定 3000 万元）。施工总承包单位设置联合体项目部，负责工程建设的统一管理和协调，并按施工范围划分为 11131-1、11131-2、停车场、轨道、系统设备安装 5 个工区。

28.4.3 项目特点与重难点分析

1. 滨海地带，软基处理任务繁重

JCB 停车场工程地质条件属复杂类型，软弱地基覆盖停车场全区域，需要大面积进行软基处理，施工工期长，对其他工序作业影响大，软基处理直接影响上部工程的质量，是控制的重点和难点。软基处理工作需要与基础工程穿插同步实施，场内设备调运及施工互相干扰，安全风险加大。

复杂地质条件下水泥搅拌桩的施工工艺复杂，工艺技术要求高，需要精心施工，如果在施工过程中对水泥浆的用量、钻杆的提升速度、注浆压力等控制不到位，就可能会影响成桩的质量，最终影响到软基处理的效果。雨季回填土方的含水量不易控制，对填土的碾压密实带来困难，含水量过大时，易出现"弹簧土"现象，且密实度难以达到规范要求标准，土方换填处理在雨季施工是质量控制的难点。

2. 改扩建工程接口协调复杂

JCB 停车场扩容改造工程所涉及专业涵盖面广，包括既有线路运营、轨行区作业、机场航道管控、河道管理、城市规划、土木工程、机电设备、自动化控制、信息技术等多领域，各专业技术接口多，技术要求高、管理的难度大。

城市轨道交通工程的施工具有明显的阶段性，一般可以划分为四个阶段：土建主体结构施工阶段，常规设备、工艺设备安装及装修施工阶段，系统设备安装阶段，系统调试阶段；各阶段之间紧密衔接是接口管理的重难点。工程的内部协调、外部协调涉及的单位多、相互之间的关系复杂，协调管理的难度大；接口协调管理贯穿整个实施的全过程，管理时间跨度大，需要投入大量精力。

3. 大体量深基坑作业，安全防护压力大

JCB 停车场扩容改造工程共需完成承台 449 个，开挖深度 3~5m，属于深基坑范围，项目采用钢板桩支护，加内支撑，共设深基坑 6 道，基坑外围安装临边护栏，坑内设上下通道、集水坑。

基坑围护结构完成后，挖去表层土方，下基坑内凿除桩头，然后绑扎钢筋，施工承台。过程中多种机械设备穿插施工，需要特别注意作业安全。开挖过程中还需要对管桩进行保护，不能损坏（轨道道床基础）。基坑旁边设运输材料通道，车辆通行会对钢板桩造成一定的侧压力，雨季时土体含水量增大，容易导致钢板桩变形，变形监测是深基坑作业的必要条件。新建库基坑支护及雨期施工钢板桩变形情况，如图 28-37、图 28-38 所示。

图 28-37　新建库基坑支护　　　　　　图 28-38　雨期施工钢板桩变形

28.4.4　项目管理创新举措及成效

1. 利用时间换空间，合理布置钢筋加工场

JCB 停车场扩容改造工程场地狭小，没有多余的土地可用于布设钢筋加工场，周边也没有可以租借的场地。

为解决这一难题，通过研究和策划，在扩建库所有管桩完成后，将钢筋加工场设置在扩 - 4 区，并留设运输通道保证新建库及扩建库其他区域的钻孔桩、承台、主体结构钢筋加工。在主体结构工程完成 80% 后，拆除钢筋加工场并移到盖下，完成扩 - 4 区的主体结构和其他剩余钢筋混凝土结构。扩建库端头钢筋加工场，如图 28-39 所示。

2. 全面采用盘扣式脚手架，提高安全系数

项目结构净空高度 9.2m，需搭设满堂架共 41.6 万 m^3，属于超过一定规模的危险性较大的分部分项工程。满堂架搭设和拆除是项目的安全管控重点，若采用扣件式钢管架，其搭设效率较低、管材锈蚀弯曲质量参差不齐，而且损耗大、搭设风险大；因此，在综合对比后全面采用盘扣式钢管脚手架。

盘扣式脚手架采用热浸镀锌工艺，镀锌层附着力强大，使用寿命长，不易锈蚀；管材韧性高，载荷可到 200KN，在每个连接点处可挂设斜杆，整体稳定性好；盘扣式脚手架不存在传统脚手架活动零配件易失、易损坏等问题，而且安装拆卸简单，只需要一把锤子就可以完成安装拆卸全过程。盘扣式满堂架现场搭设情况，如图 28-40 所示。

图 28-39 扩建库端头钢筋加工场

图 28-40 盘扣式满堂架

3. 管理工作精细化，杜绝安全质量隐患

项目管理和监理工作的开展力度在一定程度上决定着项目的安全质量状态。为了提高安全质量管理水平，项目管理部和监理部从进场开始，就严抓标准化和精细化，带头遵守各项规章制度，对质量工作绝不敷衍，对安全工作绝不忽视。

在各参建单位的不懈努力下，克服各种影响，JCB 停车场扩容改造工程顺利完成安全、质量、进度目标。荣获 2021 下半年"市级建设工程安全生产与文明施工优良工地"、2022 年上半年"省级房屋市政工程安全生产文明施工示范工地"。

28.4.5 项目实践总结和经验教训

1. 提高智慧化工地建设水平

城市轨道交通工程建设由于规模大，专业工序多，导致作业人员频繁调整，对工地规范化管理，技术交底和安全施工带来很大的困难。准确统计作业面上的人数显得尤其重要，需从人员进场登记入手，严格执行人员进出场管理制度。部分工地采用的刷卡入场制度存在一定的弊端，存在借用、人卡不一致的情况。建议在人员进场教育时，对应录入指纹、脸型信息，与进场卡口连接，只有完成进场教育的人员才允许通过卡口进场作业，人员进出场信息能够同步准确录入系统。对施工、监理单位管理人员采用手机 APP 考勤自动定位技术，使建设单位能够准确掌握工地上的管理人员在位情况，不用逐个工地搞突击检查。而且借用软件能够用数据分析管理人员的出勤数量和出勤率，作为考核的参考评价指标。

提高智慧化工地建设水平，实现视频监控全覆盖，AI 自动分析违章违规行为，切实减轻现场管理人员的负担，提升工作效率。

2. 严格控制钻孔桩空桩长度

对于钻孔灌注桩，除了严格控制沉渣厚度、入岩深度、泥浆指标外，还要严格控制桩顶标高。桩顶标高低于设计标高，会导致桩长不够，需要开挖基坑后进行接长，作业难度存在安全风险，还会增加额外成本；桩顶标高高于设计标高，会导致桩长超高，最后的桩头凿除量超过合理的界限（0.8m），凿除高大构筑物需要进行支撑，而且风险大、难度大、成本高。因此，无论是从安全、成本还是进度角度，严格控制桩顶标高，都是最优的选择，不可忽视。

3. 确保测量数据的准确性

场段工程体量大，测量放样工程量十分庞大，施工放样必须要作业组人员配合，监理工程师进行严格复核，确保数据不出错，不返工。

1）标高控制：以轨面标高为目标去控制，到土建施工完毕，在铺轨道前必须对整个控制网进行联测。

2）结构工程：重点控制立柱、立壁限界放样及设备基础（对转轮盘、镟轮库等）结构尺寸和地脚螺栓位置；门式天车牛腿和预埋钢板位置要精确放样，确保所有牛腿标高正确一致。

28.5　某地铁 7 号线项目

28.5.1　项目概况

某地铁 7 号线项目是连接市南部主要居住区与就业区的局域线。线路长度约 30.173km，设 28 座车站，均为地下站，换乘站共 11 座。其中二层站 17 座，三层站 10 座，四层站 1 座。最小站间距约为 0.580km，最大站间距约为 2.034km，平均站间距约为 1.086km。车站主要结构形式有地下两层单柱双跨结构、地下三层单柱双跨结构、地下两层双柱三跨结构、地下三层双柱三跨结构。全线区间 27 个，车辆段、停车场出入线各 1 个，区间优先采用盾构法施工，个别区段采用矿山法施工。地铁 7 号线项目新建 SY 车辆段及 ATS 停车场，并设有三座主变电所。7 号线列车采用 A 型车，初、近、远期由 6 辆车编组，初期、近期、远期分别配属 40 列、58 列、72 列。机车取流方式采用直流 1500V 接触网受流方式，隧道内采用刚性架空接触网，地面线及车场线暂采用柔性架空接触网。地下车站设置全封闭屏蔽门。工程造价总额（不含远期换乘节点、交通疏解、管线切改；房屋拆迁及物业开发、市政配套工程费用）为 2402064.8 万元，其中 BT 范围内工程费用约 197 亿元。

其中，某地铁 7 号线项目 7206 标段全长 5.107398km，包括 5 站 5 区间。车站长度合计 1.06km，区间单线延米长约 7.606km。5 个区间除 BGL—HLB 区间无叠线隧道外，其余区间均存在叠线隧道。

1. HMG 站

HMG 站位于某立交桥下，沿南北向布置。属于台地地貌，地面高程一般为 18.97～24.22m。线路正上方为立交桥，东侧为体育大厦及城市主干道，西侧为立交下环形通道、医院，南端临近中学。与规划地铁 14 号线 HMG 站在此形成同向通道换乘。车站总建筑面积 12152.53m²，站厅层面积 5108.39m²，负二站台层面积 4109.64m²，负三站台层面积 2934.5m²。HMG 站现场概况，如图 28-41 所示。

图 28-41 HMG 站现场概况

2. HMG 站—BGL 站区间

HMG 站—BGL 站区间线路设计起点为 HMG 站，沿 NGX 路东侧辅道和绿化带穿行，主要下穿某体育馆足球场、篮球场及立交桥南端。在 YDK24＋440.393 处设置一联络通道，北主变电所电缆通道接入区间。区间采用盾构法施工，左右线均从 BGL 站始发 HMG 站接收，近 HMG 站端为叠线。区间右线长 880.401m，左线长 902.243m。盾构机外径 6.28m，管片环宽 1.5m，外径 6.0m，内径 5.4m，厚度 0.3m，楔形量 38mm。

3. BGL 站

BGL 站与后续建设的 6 号线 BGL 站通道换乘；东端处于两街区之间。BGL 为地下二层车站，车站主体外包总长为 279m，车站标准段外包总宽 19.4m 和 20.55m，施工阶段在中部设有轨排吊装口。车站采用明挖顺筑法施工，下穿 BG 路采用局部盖挖顺筑法施工。车站总建筑面积 14678m²，其中主体建筑面积 12628.2m²，附属建筑面积 2049.8m²。站厅层公共区面积 2961m²，站台层公共区面积 1412m²。BGL 站概况及右线盾构机下井情况，如图 28-42 所示。

4. BGL 站—HLB 站区间

BGL 站—HLB 站区间线路起点为 BGL 东端，沿 BG 路从西往东敷设，接 HLB 站西端。左右线盾构机均从 BGL 站始发，在 HLB 站站内采用钢套筒接收，左线投入一台海瑞克 S-428 土压平衡盾构机，右线投入一台海瑞克 S-875 土压平衡盾构机完成盾构掘进和管片拼装任务。区间右线长 805.974m；左线长 805.969m。结构形式为单线单洞结构，管片外径 6m，内径 5.4m。区间隧道基本呈直线布置，右线最大线路纵坡为 −25‰，左线最大纵坡为 −25‰。

图 28-42　BGL 站概况及右线盾构机下井

5. HLB 站—SG 站区间

HLB 站—SG 站区间位于 HLB 路与 BAB 路之间，向东自 HLB 站到达 SG 站，区间于 HLB 站后设渡线，HLB 站后渡线段由大部分明挖＋部分矿山过 LY 路口，矿山法隧道右线长 45.15m（里程 DK26＋116.00—DK26＋161.150），盾构法区间起点里程为 DK26＋161.150—DK26＋499.144，长 337.644m，隧道埋深 14m 以下，区间右线在 DK26＋165.05 处设置单挂式泵房一处。

区间左 DK26＋024.800—左 DK26＋079.800，右 DK26＋024.800—右 DK26＋116.000 为明挖段区间，位于 LY 路与 MY 路交叉口西侧。明挖区间为地下三层区间，由上到下分别为顶板、下一层板、下二层板、底板。区间主体基坑宽度 10.95～23.8m，基坑深度为 22.34～23.47m，明挖顺筑法施工。围护结构采用 1000mm 厚地下连续墙，内支撑体系布置：基坑开挖阶段采用第一、第三道混凝土支撑＋第二、四、五道钢支撑；回筑阶段在第四道与第五道支撑之间加一道钢支撑换撑。钢支撑均采用 Φ609 钢管支撑。

矿山法施工是自明挖施工区间的东端往东掘进，断面采用马蹄形断面，采用喷射混凝土初支＋模筑混凝土二衬的复合衬砌形式，浅埋暗挖法施工。盾构区间由 SG 站始发，左线盾构由明挖段端头接收并吊出，右线盾构由矿山法洞内接收，空推至渡线明挖段内吊出。

6. SG 站

SG 站位于 BAB 路与 MY 路十字交叉路口以东，车站于 MY 路下呈东西布设。车站西北侧为 SG 片区中心绿地广场，东北侧为办公大厦，车站西南侧为某食品公司仓储地，东南侧为道路周边绿地。车站总建筑面积为 14511.6m²，建有 A（垂直电梯）、C1、C2、D、E 共 5 个出入口和 2 组风亭，其中 D 口因征拆纠纷暂未开通。SG 站概况及区间隧洞，如图 28-43 所示。

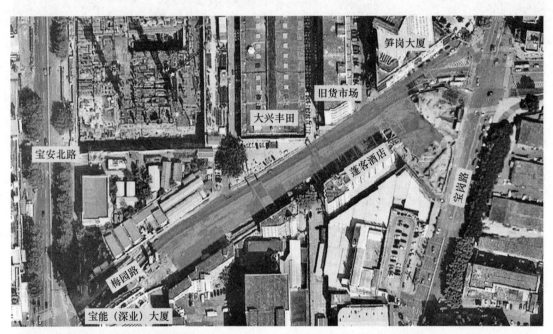

图 28-43 SG 站概况及区间隧洞

7. SG 站—HH 站区间

SG 站—HH 站区间沿梅园路向东敷设，左右线（上下重叠）出 SG 站后在梅园路下方穿行，穿彩虹桥引桥 14 根桩（进行桩基托换），然后向东依次下穿铁路站场 26 股轨道、北站路和洪湖西路，接着穿越布吉河和洪湖后叠线到达 HH 站。采用盾构法施工，左右线均从 HH 站始发，SG 站接收。SG 站—HH 站区间右线长 1054.091m，左线长 1053.29m。本区间采用盾构法施工，HH 站始发，SG 站接收。盾构机外径 6.28m，管片环宽 1.5m，外径 6.0m，内径 5.4m，厚度 0.3m。SH 区间桥桩基托换以及下穿洪湖公园水域，如图 28-44、图 28-45 所示。

图 28-44　SH 区间桥桩基托换　　　　图 28-45　SH 区间下穿洪湖公园水域

8. HH 站

HH 站呈东西向布置，为地下三层站，侧式叠线车站，站台宽 10.4m，由上到下分别为站厅层、右线站台层（负一层）、左线站台层（负二层），标准段结构形式为地下三层框架结构，其中站厅层采用无柱大跨、左右线站台层采用单柱双跨钢筋混凝土框架结构，站厅层在北侧设有外挂，外挂为一层、局部设电缆夹层的多跨钢筋混凝土框架结构。HH 站的总建筑面积为 14695.9m²，站厅层面积为 8196.69m²，车站外包长度 168m，标准段宽度 16m；设有 A、B、C1、C2、D 共五个出入口，3 组风亭。车站主体结构采用明挖顺作、局部盖挖顺作法进行施工。HH 站概况及区间消防水管道安装情况，如图 28-46 所示。

9. HH 站—TB 站区间

HH 站—TB 站区间线路出 HH 站后重叠 186m 沿 TB 路北侧辅道东行，然后左右线路逐渐分开，回到 TB 路下继续东行，最终平行到达 TB 站。

区间左线线路长 551.348m，右线线路长 552.888m。右线隧道埋深 10～18m，左线隧道埋深 17.5～18.5m。采用盾构法施工，TB 站始发，HH 站接收。盾构机外径 6.28m，管片环宽 1.5m，外径 6.0m，内径 5.4m，厚度 0.3m。

区间左右线路上下重叠出 HH 站 186m 后，左线以 500m 半径左转，右线以 800m 半径左转，沿 TB 路向东敷设，接近 TB 站约 200m 处，左线以 3000m 半径左转，右线以 1000m 半径左转，线间距逐渐加大，以水平净间距 9.22m 进入 TB 站。

图 28-46　HH 站概况及区间消防水管道安装

10. TB 站

TB 站为 7 号线和 3 号线换乘站。为地下三层站，双柱三跨结构，有效站台长 140m，12m 宽岛式站台，线间距 15.2m，由上到下分别为站厅层、设备层（负二层）、站台层（负三层），局部设电缆夹层。车站主体结构采用明挖顺作法进行施工，车站主体外包总长约为 166m。TB 站的总建筑面积为 12725.2m²，设有 A、B、C 共 3 个出入口，3 组风亭。TB 站概况及区间隧道，如图 28-47 所示。

图 28-47　TB 站概况及区间隧道

28.5.2　项目管理模式和组织架构

某地铁 7 号线项目主体工程以 BT 模式承办，BT 承办方通过项目公司实现项目融资和建设期项目管理职责，对工程工期、安全、质量、文明施工、施工风险等进行直接管理，并向设计、施工等单位依照合同支付工程款。

某地铁 7 号线项目 BT 工程范围主要包括：车站和区间（包括车站及区间附属结构、出入线、联络线）的土建工程、轨道工程、常规设备安装工程和建筑装饰工程、车辆段及停车场工程、主变电站工程、人防工程、与市政合建的人行过街通道工程、与既有线接口的改造工程，以及区域地下空间开发等；地铁实训基地工程；与 7 号线同步实施工程：110kV 主变电站的围护结构及土石方工程、车辆段停车列检库预留股道建设工程等，BT 范围合同金额约 168.5 亿元。某地铁 7 号线项目 BT 工程的里程碑节点共分三个：全线隧道双线贯通完成日期、全线车站 35kV 电通日期、全线开通试运营日期。

某地铁7号线项目非BT工程主要为对项目后期运营质量和安全影响巨大的常规设备、系统设备和重要材料、征地拆迁、管线迁改等前期工程等。

建设单位委托某工程咨询单位对全线的BT项目和非BT项目进行统一管理。负责7号线工程全线施工阶段、保修阶段的项目管理和监理；负责对全线各监理单位的"四控两管一协调"工作进行管理和考核；检查监督全线进度、安全质量及文明施工；负责接口协调工作；参与并配合建设单位开展全线测量监理、第三方监测及监管信息化等标段的管理工作；负责全线计划、统计等工作。

28.5.3 项目特点与重难点分析

1. 项目特点

1）任务重、工期紧

标段包含5站5区间，任务量非常大，总工期目标为48个月通车运营，洞通工期为27个月，总工期内还含工程前期的拆迁、交通疏解等施工准备工作，工期非常紧张。

2）施工工法多，施工组织难度大

工程包含5个车站、4个盾构区间及1个矿山法＋盾构区间，车站施工方法包括明挖法、（半）盖挖顺筑法及盖挖逆筑法，区间施工方法包括盾构法（叠线隧道多）和矿山法（有9种断面形式、采用三种开挖工法）。尤其是HMG站，采用三种工法，且在立交桥旁边或下侧，环境复杂，施工难度大。

3）管线改移工作量大，且迁改时间长

标段内车站需拆迁大量电力、电信、燃气管线、路灯照明、雨污管等，各种地下管线特别多。HLB站（9号线组织施工，提供BGL—HLB区间盾构始发场地）及HLB—SG区间有一个大雨水箱涵（宽8.6m×高4m），需要改迁后才能施工，改迁量大、时间长达一年以上；拆迁、管改工作量和难度都非常大，对工期有较大制约。

4）施工条件复杂、施工场地狭小

标段5座车站有2座位于城市立交桥下、3座位于次干路上，站位管线众多，周边工业区、商铺较多，施工条件复杂、施工场地狭小，尤其是作为盾构始发的车站。

5）车站施工期间交通疏解难度大

HMG站处于立交桥下侧，场地狭窄，道路交通流量大，周围建筑物多，HMG站需进行5次交通疏解；HH站处于城市立交桥北侧，场地狭窄，道路交通流量大，周围建筑物多，HH站进行5次交通疏解，交通疏解难度非常大。

6）石方爆破工程量相对较大

标段内工程有较大的石方爆破量，特别是BGL站、SG站、HH站及TB站石方施工，由于处在闹市区，人口密集，爆破作业受到很大限制，不能实施快速爆破开挖，对进度、工期要求有较大影响。

2. 工程重难点

1）盾构区间叠线线路长，下线隧道大多在上软下硬地层中盾构区间穿越市区的老城区，隧道距离两侧建筑房屋近，隧道顶部分布各种管线；标段 5 个区间有 4 区间有叠线隧道，共有 5 处计 1357m；叠线隧道左线在下、右线在上，左线隧道大部分在上软下硬岩层中穿过。保证隧道安全、顺利掘进是项目工程难点之一。

2）桥梁桩基托换工程量大、施工复杂

HMG 站立交桥和 SH 区间彩虹桥两处桩基托换，HMG 立交桥托换 1 处 4 根桩基，CH 桥托换 0 号桥台、1 号、2 号、3 号桥墩共 4 处 16 根桩基。HMG 立交桩基托换处两侧架设钢便桥、施工场地狭小，CH 桥桩基托换处两侧为 7～11 层民房、施工场地狭小。

3）矿山法区间断面跨度大、类型多，施工工法多

SH 区间矿山法段有 A1、B2～B8 断面类型，最大 B6 断面跨度 14.525m、高度 10.366m，施工工法有台阶法、中隔壁法、双侧壁导坑法。

4）结构防水质量控制

防水施工涉及面广，薄弱点多。在防水施工中，外包防水搭接、接口、缝面处理，防水层保护，混凝土裂缝控制，提高混凝土自防水能力，是防水施工的主要因素。防水施工是地铁车站最重要的环节之一。在结构受力模型变化区域，设置结构沉降缝，存在防水接口施工，包括外包防水接口施工、沉降缝面止水带封闭施工。

5）SH 区间下穿铁路 SG 站（货站），穿越铁路线 26 股道，其中有 4 股高速列车道，行车密度大，保证铁路安全运营是难点。

6）HH 站、TB 站临近立交桥、TB 站紧邻小学等，基坑内大量的石方爆破，施工时间长，产生的爆破飞石、震动和噪声控制是项目工程难点之一。

7）由于隧道在 BG 河位置覆土浅，且河底为淤泥层，下穿河道时的防漏水、防上浮是难点。

28.5.4　项目管理创新举措及成效

1. 做到全过程文明施工

在城市中进行大型施工，难免对周边环境产生噪声、交通等干扰，为将影响降至最小，项目采取一系列措施，做好文明施工，争创文明城市。包括对泥头车进行两牌两证、出土票管理，监督弃往指定渣土场；施工过程中做好裸土覆盖；改造现有设备，减小噪声干扰；调整施工时间，切实做到不扰民，少扰民。现场泥头车管理以及裸土临时覆盖情况，如图 28-48、图 28-49 所示。

2. 严格管理，加大投入，做好环境保护

地下车站围护结构通常采用连续墙或者钻孔桩，在成槽成孔过程中需要大量用到护壁泥浆，施工中若对排放控制不当，不仅会堵塞市政管网，还会对环境造成污染。项目采用泥浆净化设备对护壁泥浆进行处理并循环使用，在控制泥浆指标的同时，产生的渣土还具备外运条件，既满足了施工质量要求，还节约了资源，更加环保。现场泥浆分砂机以及薄膜式泥浆净化设备，如图 28-50、图 28-51 所示。

图 28-48　泥头车管理

图 28-49　裸土临时覆盖

图 28-50　泥浆分砂机

图 28-51　薄膜式泥浆净化设备

3. 采用新设备，确保隧道掘进安全

叠线隧道施工，安全风险大，应按照"先下后上"的原则合理组织盾构施工。对夹持土层进行注浆加固，在盾构管片上预留额外的注浆孔，从注浆孔中插管注浆，浆液采用水泥浆。注浆完成后应预留后续注浆条件，根据监测结果决定是否跟踪注浆。

项目重叠隧道段当上层隧道掘进时，在盾构机下方的下层隧道内设置移动台车支撑盾构管片，以确保下层隧道的安全。支撑范围为盾构机及其前后 10m 范围。项目部分车站端头不具备盾构机接收加固条件，因此采用钢套筒新工艺进行接收，确保了隧道掘进的安全。叠线隧道施工移动式支撑台车以及盾构机钢套筒接收，如图 28-52、图 28-53 所示。

图 28-52　叠线隧道施工移动式支撑台车

图 28-53　盾构机钢套筒接收

通过各参建单位在技术和管理上的不断努力创新，某地铁 7 号线项目顺利达成合同目标，并提前 2 个月实现通车运营，同时荣获中国土木工程"詹天佑奖""国家优质工程金奖"。

28.5.5　项目实践总结和经验教训

1. 对分包队伍进行准入审核

为顺利实现工程建设目标，需选择实力强、信誉好、经验丰富的分包队伍承担施工任务；因此针对分包队伍进行准入审核，有效防止无基本技术能力、无足够劳务资源、管理混乱的分包队伍进场作业，为正常施工和管理提供最基本、最关键的条件。

2. 推行精细化管理，发挥样板工程作用

施工过程采取标准化的管控措施应体现精细化管理的要求，注重细节、立足专业、科学量化。提倡日常管理精、准、细、严，要以建设精品工程、推行精细化管理、开展精细化控制为载体，促进参建各方把粗活做细、把细活做精，保证局部和细节都满足技术要求。

推行首件验收制度，每个分项工程的第一个检验批都要求施工单位认真组织实施，由监理单位严格把控，做出样板，总结经验，并在后续施工中按照同样的标准来执行。在首件验收的基础上，进行样板工程推广，以确保工程质量的连续和稳定，防止首件样板一个标准，后续实施另一个标准。

实施精品工程激励机制，同时在全线大力宣传和树立标杆，设立质量奖励基金，并在信誉评价中予以加分，对施工、监理单位采取同样的措施，鼓励共同争创优质精品工程。

3. 对盾构隧道实施空洞探测

地下隧道工程施工造成地面坍塌的事故时有发生，社会影响大，后果严重。为了防止此类问题发生，确保地铁建设影响范围和周边邻近区域安全可控，需对矿山法、盾构法的施工地面进行空洞探测，具体内容主要有：

1）制定检测方案：认真编制空洞探测方案，方案须报监理单位和全过程工程咨询单位审核；

2）落实处置措施：地层空洞探测完成后，对每一处存在空洞、软弱地层的地段制定专门处置方案，并及时完成空洞处置，由监理单位对空洞处置过程实施旁站监督；

3）限时推进工作：对已完工的工点，限时完成空洞探测。正在施工的盾构遇到停机、开仓、喷涌等特殊情况时，必须派人每日加强地面巡查，发现异常要及时报告和处理。全部空洞探测报告须经监理单位和全过程工程咨询单位审核确认后交建设单位备案；

4）规范资料管理：施工单位将探测成果报告及空洞处理资料（含影像资料）进行全面整理，报监理单位和全过程工程咨询单位审核确认后归档组卷交建设单位资料管理部门留存。

通过采取空洞探测措施，有效降低安全事故的发生，减少地铁建设造成的不良社会影响。

28.6 某城市轨道交通工程 6 号线 CZ 车辆段工程

28.6.1 项目概况

某城市轨道交通工程 6 号线 CZ 车辆段位于光明新区。南北长约 1280m，东西长约 240m，设计总用地面积为 24.61 万 m²，总建筑面积为 23.57 万 m²。

CZ 车辆段定位为车辆大架修段，承担地铁 6 号线车辆的大修及架修、定修任务，承担车辆停放、整备、运用、检修以及各种运营设备保养维修并承担物资保障等任务；设计停车能力 54 列位（含远期预留 10 列位）。主要分为盖体及盖内外单体；车辆段内盖体设有咽喉区、停车列检库、检修主厂房；盖内单体有调机工程车库及镟轮间、污水处理站、牵引降压混合变电所、维修车间、运转办公楼等单体建筑；盖外单体有物资总库、机加工间、蓄电池间、易燃品库、洗车机棚、综合楼、员工公寓及公安派出所等单体建筑。CZ 车辆段全景图，如图 28-54 所示。

图 28-54 CZ 车辆段全景图

1. 盖体建筑

盖体建筑共分 3 个区，其中 A、B 区建筑高度为 9.3m，C 区建筑高度为 10.3m。

站场基础为桩基础，其中咽喉区（A 区）、停车列检库（B 区）及检修主厂房（C 区）桩基为直径 1000mm 冲（钻）孔灌注桩，盖体为地上一层建筑，结构形式为框架结构，主体结构设计使用年限 50 年。

1）咽喉区为地上一层，结构形式为框架结构，火灾危险性分类为戊类单层厂房，耐火等级为一级，主体结构设计使用年限 50 年，抗震设防烈度 7 度，建筑面积：72513.3m²，建筑高度 9.3m。

2）停车列检库为地上一层，结构形式为框架结构，火灾危险性分类为戊类单层厂房，耐火等级为一级，主体结构设计使用年限 50 年，抗震设防烈度 7 度，建筑面积：43395.8m²，建筑高度 9.3m。停车列检库，如图 28-55 所示。

3）检修主厂房为地上一层，结构形式为框架结构，火灾危险性分类为丁类厂房，耐火等级为一级，主体结构设计使用年限 50 年，抗震设防烈度 7 度。建筑面积：37008.4m²，建筑高度 13.8m。检修主厂房，如图 28-56 所示。

图 28-55　停车列检库　　　　　　　　　图 28-56　检修主厂房

2. 盖内单体建筑

1）盖内单体牵引降压混合变电所位于咽喉区盖体中部，结构为地下一层（电缆夹层）和地上一层，结构形式为框架结构，主体结构设计使用年限为 50 年，抗震设防烈度 7 度，抗震等级为三级（框架柱为二级），建筑面积为 1681.68m²。层高 5m，建筑高度 5.6m。

2）污水处理站位于咽喉区盖体中部，地上一层，结构形式为框架结构，主体结构设计使用年限为 50 年，抗震设防烈度 7 度，总建筑面积为 276.64m²，层高 6.1m。

3）维修车间位于咽喉区盖体中部，结构形式为框架结构，结构为地上两层。主体结构设计使用年限为 50 年，抗震设防烈度 7 度，抗震等级为三级，建筑面积为 2301.85m²。建筑高度为 9m。

4）调机工程车库及镟轮间位于咽喉区盖体北侧，结构形式为框架结构，主体结构设计使用年限为 50 年，抗震设防烈度 7 度，抗震等级为二级，建筑面积为 3110.16m²。调机工程车库建筑高度为 11m，镟轮间为 9m。

3. 盖外单体建筑

盖外单体物资总库位于车辆段盖外东侧，地上一层，局部含夹层，结构形式为框架结构，主体结构设计使用年限为 50 年，抗震设防烈度 7 度，建筑面积为 5216.27m²，建筑高度为 12～13m。盖外单体物资总库，如图 28-57 所示。

图 28-57 盖外单体物资总库

1）易燃品库位于车辆段盖外东侧，地上一层，结构形式为框架结构，主体结构设计使用年限为 50 年，抗震设防烈度 7 度，建筑面积为 212.74m²，层高 3.9m。

2）机加工间位于车辆段盖外东侧，地上三层，结构形式为框架结构，主体结构设计使用年限为 50 年，抗震设防烈度 7 度，总建筑面积为 1568.12m²，层高 15.9m。

3）蓄电池间位于车辆段盖外东侧，地上一层，结构形式为框架结构，主体结构设计使用年限为 50 年，抗震设防烈度 7 度，总建筑面积为 276.64m²，层高 6.1m。蓄电池间，如图 28-58 所示。

图 28-58 蓄电池间

4）洗车机棚及控制室位于车辆段盖外，地上一层，局部二层，结构形式为框架结构，主体结构设计使用年限为 50 年，抗震设防烈度 7 度，建筑面积为 935.73m²，层高 8.4m。

5）盖内外单体装饰装修主要包括：各单体基层，混凝土（部分为金刚砂）面层、地面砖等；单体墙面抹灰、腻子；单体钢质门、木门、防火门、防火窗、普通窗等；单体格栅吊顶，栏杆扶手、门窗套件等；单体墙面涂饰，饰面砖铺贴。

6）盖体装修主要包括：停车列检库、检修主厂房、调机工程车库环氧树脂自流平涂饰等；盖体女儿墙、盖体立柱腻子，真石漆涂饰等；盖体（B区）格栅制作、喷涂、安装等；坡道、地面硬化混凝土浇筑等；盖体外墙抹灰，检查坑涂饰；外墙砌筑、外墙装饰、外挂装饰、外立面百叶窗及建筑局部装饰墙。

7）综合楼区域包括：15层员工公寓（建筑高度为49.5m，建筑面积34078m²），两层员工公寓裙房（建筑高度为9.3m，建筑面积为8265m²），以及25层综合楼（建筑高度为99m，建筑面积29646m²），两层多功能厅（建筑高度为9.3m，无地下室），一座天桥（连接综合楼与主厂房盖体，与盖体设缝脱开，建筑高度为13.5m），单层地下室（地下室地面标高为−5.35m，高度4.15~4.9m，建筑面积11480m²），均含有砌体工程，砌体量约1.2万m³。综合楼及员工公寓楼，如图28-59所示。

图28-59 综合楼及员工公寓楼

4. 轨道、接触网及常规设备

轨道工程线路全长18.03km，道岔50组。主要包括库外有砟道床、库内普通整体道床、墙式检查坑整体道床及立柱式检查坑整体道床、试车线墙式检查坑整体道床及平过道道床、有砟道岔、信号标志、出入段线过渡段有砟道床，以及出入线、试车线、库内线无缝线路，其中整体道床10.54km，碎石道床7.49km，以及46组50kg/m钢轨7号碎石道床混凝土枕单开道岔，2组60kg/m钢轨9号碎石道床混凝土枕单开道岔，2组50kg/m钢轨7号交叉渡线混凝土枕道岔。整体道床及碎石道床，如图28-60所示。

接触网供电系统采用简单链形悬挂接触网供电安装。共有停车线23股道、检修库8股道、主要工程包括链型悬挂承力索架设20210m、接触线20527m、架空地线架设11710m、电缆43.36km、电动隔离开关24处、手动隔离开关23处。试车线通电热滑及场段内电客车热滑，如图28-61所示。

图 28-60　整体道床及碎石道床

图 28-61　试车线通电热滑及场段内电客车热滑

　　CZ 车辆段分盖体、盖内单体及盖外单体三部分，分别设置独立的通风系统。其中在盖体下运输救援通道区域采用排风兼排烟系统，设置 9 台排风兼排烟风机；停车列检库采用排风兼排烟系统，设 50 台消防柜式离心风机［E（Y）-1～E（Y）-50］通过排风管接至土建风道集中排至盖外；调机工程车库及镟轮间主要采用机械排风（兼排烟）系统，办公区通过设置低噪声壁式轴流风机、换气扇用于通风换气，库区设 4 台［E（Y）-1～E（Y）-4］消防柜式离心风机作为加强措施；污水处理站设置低噪声壁式轴流风机、换气扇通风换气。牵引变电所采用低噪声温控轴流风机通风换气，开关柜式、变压器室设置变频多联空调降温措施；维修车间采用低噪声温控轴流风机通风换气物资总库采用变频多联空调供暖降温；机加工间采用低噪声温控轴流风机通风换气；洗车机控制室采用低噪声温控轴流风机通风换气；蓄电池间采用低噪声温控轴流风机通风换气；易燃品库采用低噪声温控轴流风机通风换气；单体内办公室设置分体式空调。冷却塔安装及冷冻机组安装调试，如图 28-62 所示。

图 28-62　冷却塔安装及冷冻机组安装调试

CZ 车辆段给水水源采用市政自来水双水源供水。分别从东长路和科裕路分别引入一根 DN250 给水管与段内 DN200 室外消防环网和 DN150 室外给水管网相连接。室外消火栓、室内消火栓及喷淋给水系统与生活、生产给水系统分开设置，各成独立系统，消防给水与生活生产给水分开计量。市政给水管网的供水压力为 0.28MPa。消防水泵安装及生活泵房，如图 28-63 所示。

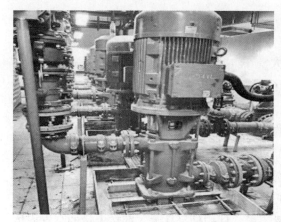

图 28-63　消防水泵安装及生活泵房

CZ 车辆段共设有三个 0.4KV 低压开关柜室，分别位于牵引降压混合变电所、综合楼负一层跟随所、检修主厂房跟随所。变电所 0.4KV 开关柜采用单母线分段的主接线方式，两段母线分别由两台变压器供电；两段母线间设置母联断路器，两段母线上设三级负荷母线，通过三级负荷总断路器与之连接。当变电所一路电源失电时，对应进线断路器跳闸，两段母线上的三级负荷总断路器随之自动跳闸，然后母联断路器合闸，由另一路电源负担全部一、二级负荷。当电源恢复时，母联断路器断开，系统恢复正常运行方式。其中排烟兼排风风机、疏散照明、应急照明、变电所用电为一级负荷；正常照明插座、轴流风机为二级负荷。检修插座为三级负荷。

应急照明负荷供电电缆采用低烟无卤阻燃耐火交联铜芯电缆 WDZBN-YJY-1KV，其余电缆均采用无卤低烟阻燃交联铜芯电力电缆 WDZB-YJY-1KV。照明动力配电线缆穿镀锌焊接钢管沿墙、地、顶暗敷或桥架敷设；动力管线采用 SC 管，消防相关、防爆区域和潮湿场所的所有电力管线均采用 JDG 管。SC 管为热镀锌焊接钢管，JDG 为套接紧定式镀锌钢管。

35kV 电通，如图 28-64 所示；全段电通，如图 28-65 所示。

图 28-64　35kV 电通　　　　　　　　　　图 28-65　全段电通

28.6.2　项目特点与重难点分析

1. 分项工程众多，接口复杂，协调难度大

工程包含项目众多，包含土建、道路、桥梁、通风空调、给水排水、动力照明、消防、电（扶）梯、供电、通信、信号、轨道、接触轨等专业，专业众多，接口多；各专业间接口的施工组织及协调复杂，与其他工程的配合和管理，特别是与上盖物业开发的预留和衔接需要重点预控。

2. 平面展开型工程，大面积上盖大平台施工

工程占地面积 28 万 m^2，为平面展开型工程，其施工组织与正线区间不同，场地的交通组织和临时场地排水策划尤为重要。结构梁、板、柱构件尺寸大，存在大量的高支模体系施工。

主体结构阶段现场布设 20 台塔式起重机机械，并用汽车式起重机辅助解决材料的平面和垂直运输问题，确保主体结构阶段钢筋、模板、木方、架体的供应和运输满足要求。高度重视交通组织和临时排水，场地内临时道路与永久道路相结合，在永久道路上布置临时道路的主干道，提前埋置过路的排水管道、管井等，确保雨季时期现场的道路畅通和及时有效的排水。

3. 混凝土质量控制难度大

CZ 车辆段盖体施工面积 16.65 万 m^2，分咽喉区、检修库、停车库三个区域，工程规模大，作业面积宽，是车辆段最主要的工程。梁板施工采用支架现浇方式，施工中由于浇

筑面积宽、混凝土浇筑体积大而容易产生裂纹；由于后期上盖物业施工时间的不确定性，对上盖平台防水质量要求较高；梁板施工质量控制，防止梁板开裂及上盖平台防水质量控制是工程管理的难点。

将梁板浇筑按 1500～2500m² 面积划分为 76 个作业单元，既有利于施工组织，也能有效防止施工裂纹，梁板作业单元按照规模适度、尽量垂直主梁、充分利用设计沉降缝、后浇带的原则划分，按照排定的施工流水顺序组织施工。

4. 场地面积广，作业类型多，安全管控力度大

大平台施工及盖外单体建筑物施工大量采用起重吊装作业；平台施工采用支架现浇法施工，施工支架面积超过 16 万 m²，高度超过 13m，支架承受荷载较大，对大面积高支模施工管理是安全管理的难点。

28.6.3　项目管理创新举措及成效

1. 采取绿色施工，减少环境影响

在保证质量、安全等基本要求的前提下，通过科学管理和技术创新，最大限度地节约资源并减少对环境负面影响的施工活动，实现节能、节地、节水、节材和环境保护。

选用高性能、低噪声、少污染的设备，采用机械化程度高的施工方式，减少使用污染排放高的各类车辆；施工区域与非施工区域间设置标准的分隔设施，做到连续、稳固、整洁、美观；易产生泥浆的施工，实行硬地坪施工；所有土堆、料堆须采取加盖防止粉尘污染的遮盖物或喷洒覆盖剂等措施；施工现场应设密闭式垃圾站，施工垃圾、生活垃圾分类存放；生活区设置封闭式垃圾容器，施工场地生活垃圾应实行袋装化，并委托环卫部门统一清运；节约使用水、电，大型照明灯采用俯视角，避免光污染。作业区域喷雾抑尘及生活区雨水回收情况，如图 28-66、图 28-67 所示。

图 28-66　作业区域喷雾抑尘

图 28-67　生活区雨水回收

2. 推广定型化工具、工装，提升工程质量安全标准

项目临边孔洞较多，为保证作业人员安全，全面投入定型化梯笼、移动脚手架、护

栏、盘扣式脚手架等先进的工具、工装。其结构强度高、整体稳定性好、使用寿命长、拆装效率高，确保了作业环境可靠、可控。移动式脚手架以及定型式梯笼，如图 28-68、图 28-69 所示。

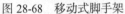

图 28-68　移动式脚手架　　　　　　　　图 28-69　定型式梯笼

3. 大型起重设备管理专业化，提高安全生产等级

全过程工程咨询单位工程监理部管理人员要全程参与每一台塔式起重机的安装、顶升、拆卸全过程。起重吊装设备必须设有变幅指示、超高、力矩、起重量限制器，吊钩保险装置，以及各种指示仪表齐全完好；经检验合格方可使用，安装后未经验收或检验不合格的不准使用；司索工、指挥、起重工必须执证上岗；作业前应做好起重吊装设备检查工作（包括：制动器、钢丝绳、液压油位、连接螺栓、各种安装装置和各指示仪表等）。现场塔式起重机安拆交底培训以及第三方机构进行塔式起重机维保，如图 28-70、图 28-71 所示。

图 28-70　塔式起重机安拆交底培训　　　图 28-71　第三方机构进行塔式起重机维保

在各参建单位的不懈努力下，克服各种影响，CZ 车辆段顺利实现既定通车运营目标。荣获省级建设工程优质奖、国家优质工程金奖。

28.6.4　项目实践总结和经验教训

1. 加强对钢筋机械连接工艺的管理

钢筋加工是城际铁路车站主体结构、围护结构施工的重要环节，特别是要求采用机械连接的受力主筋，其连接质量直接关系到结构的安全性能。目前施工单位通常将钢筋加工和绑扎的劳务进行外委发包，导致机械连接的加工水平良莠不齐，给工程质量管理带来很大难度。影响机械连接加工质量的因素，首先是设备，其次是操作水平。

1）剥肋滚丝前必须对钢筋端头进行平切，以保证钢筋端面与母材轴线方向垂直，确保两个丝头能完全对顶。目前市面上的小型平口切断机种类较多，有些并不能保证切断后的平口整齐，也不能保证切断后的端面与母材的轴线垂直，因此对此类简易设备应禁止进场使用，有条件的建议采用整体式的钢筋滚丝加工床，或者有夹持功能的平口切断机。

2）剥肋滚丝加工必须严格执行完整的工艺流程，少做漏做任何一个步骤，都会导致加工的质量不合格，因此对新进场的工人必须经培训合格后才允许上岗，并制定奖罚考核制度，定期进行抽检，确保工艺流程合格。

3）各施工单位应按照规范要求统一采购钢筋加工设备，并制定完整的钢筋加工操作规程，对钢筋工进行严格的培训和管理，确保钢筋加工合格，提升整体工程质量。

2. 提升一体化信息管理平台效率

通过信息管理平台对工程信息的收集整理和组织分析，把分散无序的信息加工为系统的、有序的信息流，提高建设单位、设计单位、勘察单位、施工单位、监测单位、全过程工程咨询单位、政府相关职能部门的管理工作效率，减轻工程管理和技术人员的劳动强度。

但是在使用一体化平台中应减少重复录入和不必要的信息录入，提高信息化水平，减轻参建单位的使用负担，建设单位在平台管理中应避免无意义地重复打卡、抽查在岗、权限控制等行为，真正起到辅助工程管理的作用，激发使用积极性。

数控锯切套丝生产线以及一体化管理平台应用，如图 28-72、图 28-73 所示。

图 28-72　数控锯切套丝生产线

图 28-73　一体化管理平台

3. 避免不适宜的地材、工艺工法

例如,某些地区已禁止开采石料多年,石块原料较难寻找;劳务市场上具备这项技能的技术工人非常稀少;石块自重较大,人工难以搬运,只能采取挖机协助堆码,难以避免将土体掺入砌体内;由于浆砌片石施工较慢,一次性需要砂浆量较少,只能采用现场人工拌和,质量控制难度大;再加上现场作业的安全风险(上下通道、临边防护等),因此在某些地区应尽量避免浆砌片石工艺,以及类似的不适宜地材和工艺工法,提高工程质量,确保施工安全。

28.7 某轨道交通3号线一期机电安装及装饰装修01标工程

28.7.1 项目概况

某轨道交通3号线一期机电安装及装饰装修01标工程为一条南北向骨干线,北端起于XD站,止于LH高速公路北侧的规划科技园区。线路总长约18.13km,设站16座,工程总投资135.26亿元。车站均为地下站,其中换乘站4座。线路平均站间距为1.19km,最大站间距2.04km,最小站间距747m。车站装饰装修以"科技创新"为切入点,以"科技蓝"为线路色,融合地域特色,展现当地创新、活力、科技城市形象。建成车站现场情况,如图28-74所示。

图28-74 车站现场

28.7.2 咨询服务范围

某轨道交通3号线一期机电安装及装饰装修01标工程咨询服务范围包括8站7区间的通风空调工程、给水排水与消防工程、动力照明及低压配电工程和建筑装修工程(包括:站台及站厅公共区、设备及管理区、地面四小件、景观绿化、车站艺术品、声屏障、玻璃幕墙)。包括设备采购、合同谈判、设计联络、生产监造配合、工厂试验、供货管理、合同管理、施工安装装修、材料设备管理、单体调试、系统调试、与相关系统联调、综合联调、单位工程验收、试运行、运行监管、竣工验收、试运营、竣工结算、审计、缺陷责任期满全过程的工程监理和技术咨询服务等工作。01 标工程线路区间图，如图 28-75 所示。

图 28-75　01 标工程线路区间图

28.7.3　项目特点与重难点分析

1. 项目特点

1）社会影响大

项目是当地一条南北向的骨干线路，覆盖其市区东北和西南客流走廊，引导促进两大新区的发展，开通后实现三线并网，全市地铁运营里程达 64 公里，连通市区商业、人居、公园、公共设施、交通等各个重要城市节点，为城市的交通动脉注入新鲜血液，拉近城市的距离，串联起市民的出行地图。线路的建成使用将大大改善城市交通环境，满足城市日益增长的交通出行需要，促进地区经济发展，提高当地人民生活水平和质量。是政府形象工程、民心工程，参建单位多，涉及专业广泛，工程投资庞大，建筑安装质量要求有别于一般民用建筑，并且群众关注程度高，社会监督力度非常大。

2）地铁车站系统工程多、安装接口多

地铁车站工程涵盖多个专业工程、系统工程的施工，是一个综合性的公共交通工程。具有功能多、设备多、专业多、系统多的特点。常规机电工程的施工除了自身的风、水、电等专业接口，还涉及土建结构工程的接口（例如，预留孔洞、套管、水泵基坑等）、系统机电施工接口（例如，公共区管线综合、系统设备供电、常规机电设备控制调试）和轨道系统工程施工接口，各工程施工单位、专业工种之间交叉作业多，协调、配合要求高。

2. 项目难点

1）安全管理难度大

项目标段划分分散，权责不明确。面对多专业、多系统、总投资大、建设复杂的轨道交通项目，建设单位不仅对施工单位进行施工总承包和专业分包的形式，同时监理单位或工程咨询单位的选择也是采取多专业、多标段的形式进行选择。但是未对各监理单位或工程咨询单位之间形成统一管理，导致现场管理经常出现真空地带。

此外，项目范围涉及常规机电安装和建筑装饰工程，虽然已经进场施工，但是主体结构工程仍有大量施工任务，还有盾构、铺轨、牵引系统、电力监控、车站设备监控、防灾报警、自动售检票、屏蔽门等专业分包单位同时进场施工，各类专业工种交叉作业频繁。施工总承包单位未能行使有效的管理职能，给现场安全管理工作带来许多不可预见性。例如，现场多次出现楼梯段临边防护栏杆安装后被拆除的现象，经询问得知土建单位运输材料时拆除，多次协调施工总承包单位，仍无恢复栏杆的迹象。而施工总承包单位因此项内容不在本项目合同约定范围，对现场安全管理不作为，造成类似安全隐患经常出现，导致项目现场安全管理工作难度增大。

再者，因为轨道交通工程的特殊性，各站之间相距一定距离，施工区域多，项目跨度大，而且项目上各种机械设备、施工人员随着施工进度而不停流动，不安全因素多变，监督、管理难度大，从而增加了项目安全风险。

综上所述，虽然项目不包括危险性较大的分部分项工程及Ⅰ类危险等级的危险源，但是结合建设单位管理组织架构、工程分包管理形式、项目特点和项目部的角色定位等因素，现场安全管理工作是项目难点之一。

2）统筹管理难度大

项目机电安装工程包括通风空调系统、给水排水系统、消防水系统、动力照明系统，涉及30余个专业，同时施工点最多达到80余个。在对常规机电安装工程进行现场管理的同时，还要对地铁牵引供电系统、接触网系统、通信系统、信号系统、自动售检票系统、轨道系统、扶梯系统、火灾自动报警系统、气体灭火系统、环境监控系统、电梯工程等分包单位进行全面协调与配合。在施工过程中存在着大量的施工交叉，充分协调好各专业间的配合，是工程的一个难点。主要专业工程，如图28-76所示。

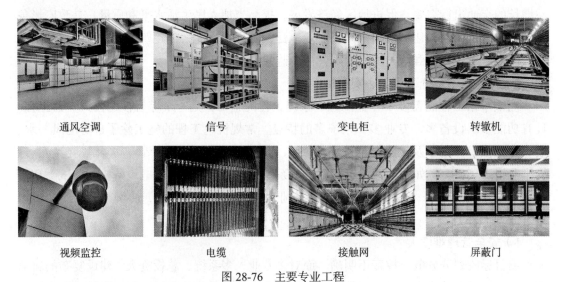

| 通风空调 | 信号 | 变电柜 | 转辙机 |
| 视频监控 | 电缆 | 接触网 | 屏蔽门 |

图28-76　主要专业工程

3）综合管线布置密集，作业空间小

车站设备机房一般包括多个专业设备和管线布置、敷设和安装，特别是车站设备区通道内通常都有桥架、风管、给水排水管、消防水管，管线布置相当密集，作业空间小。在狭小的空间内，要想保证管线布置既合理又美观，是工程控制的难点。从管线布置原则考虑，到施工工序安排，再到施工过程的跟踪协调，每一环节都要积极组织施工单位多次商讨，以找到最优方案，保证综合管线施工满足合理、美观的要求。

环控机房及电缆引入情况，如图 28-77、图 28-78 所示。

图 28-77　环控机房　　　　　　　　　　　　图 28-78　电缆引入

28.7.4　项目管理创新举措及成效

1. 创新举措

1）BIM 技术全方位引入

作为一个综合性公共交通工程，车站内涉及接触网、信号系统、电动扶梯、车站设备监控、防灾报警、自动售检票、屏蔽门、防淹门等项目管线，各专业工种交叉作业频繁，各专业队伍间的施工配合协调要求高。

标段积极引入 BIM 技术，在公共区、设备区的重要机房等区域均有应用，应用范围达到了 99%。一个站点通过 BIM 模拟就可以解决多达约 240 个碰撞点。BIM 应用可以直观有效的模拟施工工序，引导现场施工顺序，合理调配各专业施工，从而保证施工顺序和施工质量。设备区管线优化前后对比情况，如图 28-79 所示。

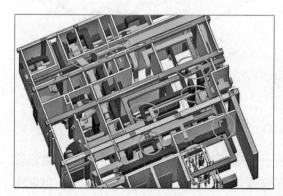
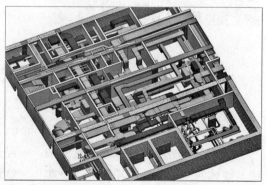

图 28-79　设备区管线优化前后对比

2）模块化拼装技术应用

冷冻机房是通风空调专业的"中枢神经"，冷冻机房主要设备含有冷水机组、水泵、自动清洗装置、综合水处理器、分集水器等。

项目部在冷冻机房内采用先进模块化拼装技术，利用 BIM 技术先绘制"设备族"及"部件族"标准化，各族尺寸均与实物尺寸一致，误差 ＜ 1mm；再确认管线排布方案，确保各设备，阀门的检修位置，操作空间，人员通行需求；根据现场实际要求进行管道分段；厂家在工厂按照分段详图预制后整段运输至现场；最后现场进行拼装。模块化拼装技术应用，如图 28-80 所示。项目部总结了一套全新的施工工艺，由传统施工方法先主干后接口更改为先接口后主干，在机房施工中，三个车站的机房一星期内管线全部安装完成，现场管线几乎无更改，一次成型，技术引领使工期提前约 20 天／站。

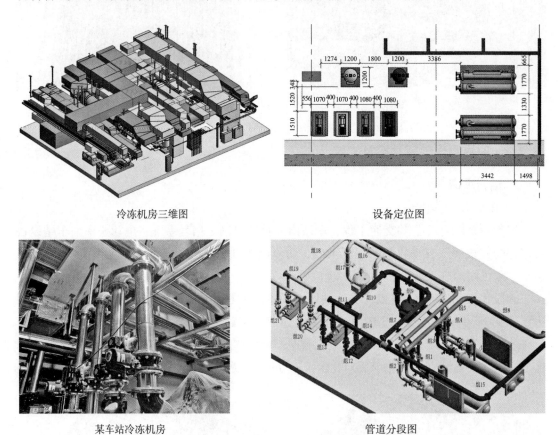

冷冻机房三维图　　　　　　　　　　　设备定位图

某车站冷冻机房　　　　　　　　　　　管道分段图

图 28-80　模块化拼装技术应用

2. 新技术应用

1）管线综合布置技术

地铁项目所涉及专业较多且复杂，不经过合理规划布置极易产生管线之间的碰撞或管线与墙体的碰撞，从而导致返工、费工、临场修改。通过管线综合布置技术，能使得现场更加美观，更能体现各个系统的路由，方便日后排查整改。管线综合布置技术应用效果，如图 28-81 所示。

图 28-81 管线综合布置技术应用效果

2）金属矩形风管薄钢板法兰连接技术

金属矩形风管薄钢板法兰连接技术，代替了传统角钢法兰风管连接技术。采用薄钢板法兰连接技术不仅能节约材料，而且通过新型自动化设备生产使得生产效率提高、制作精度高、风管成形美观、安装简便，相比传统角钢法兰连接技术可节约劳动力 60%，节约型钢、螺栓 65%，而且由于不需防腐施工，减少了对环境的污染，具有较好的经济、社会与环境效益。现场金属风管法兰连接作业，如图 28-82 所示。

图 28-82 金属风管法兰连接作业

3）管道工厂化预制技术

项目冷水机房采用 100% 管道工厂化预制技术，实现了同时同地进行管道预制施工，可最大限度地缩短施工工期；实现了质量控制目标；实现了资源共享的目标，即便是不同项目的管道预制任务都可以在工厂同时进行预制，设备使用率高；同时管道预制可实现统一管理，节约了人力、物力、生产成本，经济效益好。

4）薄壁不锈钢管道卡压连接

卡压连接是一种较为先进的薄壁不锈钢管道施工方式，操作也较简单，但需配备专用的且规格齐全的压接机械。连接时管子的切口端面与管子轴线保持垂直，并去除管子的毛刺，然后将管子插入管件到底，再用压接机械将薄壁不锈钢管与管件压接成一体。此种连接方法是利用管件凸缘内的橡胶圈来实施密封的。

28.7.5 项目实践总结和经验教训

项目自 2021 年开通以来，运营安全、平稳。列车正点率接近 100%，运行图兑现率 100%。实现了"安全舒适、绿色环保、科技领先、人文和谐、协同高效"的建设目标。项目成功的背后，建设过程中也会产生一些问题，有一些实践总结与经验教训，主要如下：

1. 项目为机电安装及装饰装修阶段，虽然未涉及危险性较大分部分项工程，但是人员的意外伤害事故（例如，物体打击、机械伤害、高处坠落等）尤其突出，而这类事故的发生多数是由于施工人员违规操作、安全意识差以及安全管理不到位等因素所致。项目针对此类安全隐患特点，采取针对性措施，着重加强事前安全教育培训制度和过程中的安全责任人制度，让管理人员在意识上重视安全管理，作业人员从思想上惧怕违规操作带来的后果，加强日常安全巡视频率，出现的安全隐患及时落实整改，现场取得了较好的效果。

2. 地铁项目作为市级重点工程及公共市政工作，对部分进度节点要求严格。但因其复杂程度，建设过程存在极大的不确定性，对工程进度的控制带来极大的挑战。特别是在盾构、出入口开挖、风亭建设等阶段的结构工程施工，经常不能按照既定进度目标完成任务，但是通电调试、子单位工程验收等关键工期不能调整，迫于无奈，会压缩站后机电安装工程和装修工程施工进度，在如此繁重的进度任务下，各方参建单位，从人员、材料到设备、机械的投入都会加大，无形中增加了企业成本，同时会在一定程度上影响工程质量。所以，在地铁项目规划初期，项目工程咨询单位、建设单位应当提高土建施工阶段困难程度预期，合理增加地铁工程建设周期，以进一步提高工程质量，减少运营期的维修、整改。

28.8 某轨道交通 4 号线 PPP 工程

28.8.1 项目概况

1. 建设背景

目前，K 市的城市发展规模已经达到环境容量的临界，主城区交通压力巨大。某轨道交通 4 号线 PPP 工程在 K 市城市功能组团发展中具有重要地位，支持城市主要发展轴线的完善和可持续发展，将更有利于发挥 K 市轨道交通线网整体网络功能的发挥，其建设将极大缓解城市西北—东南向主城区与新区之间的客运供需矛盾，更好地为构建 K 市"一核、两轴、两带、多中心"的都市发展区总体结构提供有力支撑。

2. 工程概况

该轨道交通4号线PPP工程起于K市西北部JCL站，止于KMN站，全长43.422km，均为地下线。全线共设车站29座，设换乘车站14座，分别与运营地铁1、2、3、5、6号线，规划地铁7、8、9号线、东西快线、南北快线换乘。最大站间距3.295km，最小站间距0.772km，平均站间距1.54km。全线设1个车辆段，2个停车场和3座110kV主变电站。项目总投资约303亿元。

28.8.2 咨询服务范围

根据全过程工程咨询服务委托合同，工程的咨询服务包括协助建设单位对建设过程进行管理、审核造价咨询成果和对工程监理及第三方服务单位进行管理等方面内容。

1）建设管理：编制项目工程建设进度总控制计划、项目前期报建工作计划，审查设计供图计划和里程碑工期节点计划，审查关键工期的调整及工程变更，对初步设计批复后的建设标准、建设规模和工程范围变化的重大技术方案进行审查；协助建设单位对设计咨询、施工图审查、工程监理、第三方测量/检测/监测和造价咨询等进行管理，参与某轨道交通4号线PPP工程的中间验收、试运行和竣工验收；协助解决参建单位在建设和运营过程中出现的争议；并对建设质量开展监督检查。

2）造价咨询审核：对前期迁改阶段及施工阶段的工程造价成果进行审核和把控。

3）工程监理及第三方服务单位管理：协助建设单位对管理界面范围进行划分，对工程质量、进度、生产安全、文明施工、合同履约和验收等方面进行全面把控和管理。

28.8.3 项目管理模式和组织架构

某轨道交通4号线PPP工程是K市首批PPP项目、财政部第二批PPP示范项目，采用PPP模式进行投资、建设、运营、移交，投资建设总体划分为A、B两个相对独立的部分。A部分主要包括土建工程部分的投融资、工程建设、A部分项目设施的运营维护、项目移交、资产租赁；A部分工程量主要包含：车站、区间（含土建和装修），轨道（含区间疏散平台），动力照明（含区间），通风、空调与供暖，给水排水及消防，车辆段及停车场（不含工艺设备与厨房相关设施设备），人防及防淹门系统等。B部分主要包括投融资、工程建设、系统设备、车辆及项目的运营维护管理和项目移交，并负责4号线全线的客运服务、非客运服务业务经营等；B部分工程量主要包含：通信、信号、车站辅助设备、供电、综合监控、火灾报警、环境与设备监控、安防及门禁、自动售检票、运营控制中心、车辆段及停车场等系统设备，以及车辆、主所及外部电源工程。

项目全过程工程咨询服务机构的组织架构如图28-83所示。

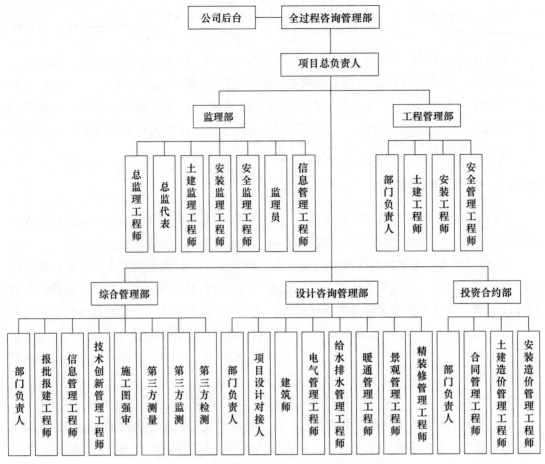

图 28-83　全过程工程咨询服务机构组织架构图

28.8.4　项目重难点分析

1. 工程重点

1）加强征拆管理，确保工程按期开工

工程区域广、线路长，永久征地、房屋拆迁分别达 84.4 万 m^2、31.7 万 m^2，管线迁改约 300 余处，绿化迁移约 2.2 万 m^2。尤其是某些站点和停车场出入线需要拆除住宅区、商铺，征拆难度大；部分站点与米轨铁路伴行，需要停运和拆除米轨铁路；还有个别站点位于村民苗圃区、大棚区，协调难度大。

2）加强设计管理，确保施工图供应

工程的设计周期短，并且有 6 家单位参与施工图设计，一方面要保证初步设计达到应有深度，确保施工图设计能按初步设计确定的方案、标准执行，保证工程的功能、寿命、安全和环保等要求；另一方面要实现设计与施工的有效衔接，保证施工图设计满足施工需要。

3）加强管片生产供应管理，确保盾构作业正常进行工程的盾构隧道单线总长为 72913m，共计 60761 环管片。自 2017 年 3 月起至 2018 年 4 月，管片需求将进入高峰期，平均每月需要管片约 4100 环，个别月份达到 4900 环。K 市地区管片厂有 3 家，每家生产能力约 900 环 / 月，3 家合计约 2700 环 / 月，而根据施工安排，即使不考虑其他项目管片供应，仅某轨道交通 4 号线 PPP 工程每个月供应缺口约 1400 环，持续时间达 14 个月。

4）做好盾构施工组织，确保"洞通"目标实现

工程共计盾构区间 30 个，总长度 74094 单线延米，拟投入 30 台盾构机施工。K 市地区现有盾构机 6 台，其余 24 台需新进，进场组织等方面需加强管理；在 12 家盾构施工单位中，有 8 家单位是首次进入 K 市地区施工，对盾构地质的适应性有一个熟悉过程；某轨道交通 4 号线 PPP 工程线路长、穿越地质复杂，盾构数量多，在盾构选型方面较复杂。所以做好盾构施工组织管理，确保按期贯通是项目的重点。

5）确保车辆段按期接车，实现车辆段功能

某轨道交通 4 号线 PPP 工程 DYT 车辆段的建筑面积为 91274m²，建设规模大；施工范围内涉及供电局房屋 7300m²、1 座 220kV 铁塔、7 座 110kV 铁塔、3 座 35kV 铁塔，迁改费用高、难度大。

6）做好工期筹划，确保按期履约

根据工期计划安排，某轨道交通 4 号线 PPP 工程应在 2019 年 8 月实现洞通，需要做好总体工期筹划和各类专项策划，并认真执行、及时纠偏，保证按期履约是项目的重点。

2. 工程难点

1）米轨铁路停运或拆除协调

米轨铁路停运或拆除涉及费用高、影响大、困难多。某轨道交通 4 号线 PPP 工程路中共计 10 站，约 11.7km 为米轨铁路伴行段，并且根据施工组织安排，多条关键线路位于米轨铁路伴行段。

2）深基坑施工

线路中有三个站点为地下三层岛式车站，尤其 HCB 站为地下四层岛式车站，长 345m，标准段宽 25.7m，基坑开挖深 36.8m，均采用明挖法施工，HCB 站的效果图如图 28-84 所示。控制基坑变形，防止周边建（构）筑物变形、开裂甚至破坏以及确保连续墙成槽质量是项目的难点之一。

3）半盖挖车站场地狭窄，施工组织困难

某些站点位于交叉路口或单行道路上，考虑到街道狭窄、车流量大，设计为半盖挖车站。在交通疏解、材料进场、出渣等方面受限制条件多，施工组织困难，而且行车动载和车辆静载对车站基坑施工安全威胁大。

4）穿越岩溶地区

根据初勘资料揭示，部分盾构区间存在岩溶发育。盾构施工过程中，容易造成突水、突泥及盾构机陷落等工程事故，若不及时处理，可能导致地下水位下降，影响周边建筑物安全。因此采取科学、可靠的技术措施，保障盾构施工安全是项目的难点之一。

5）重叠隧道施工

XCY 站—HCB 站—BML 站区间分别有 160m、80m 的重叠隧道，位于第四系圆砾层，地下水丰富，上、下行隧道最小垂直净距仅 2m，XCY 站—HCB 站重叠隧道上行隧道需下穿运营的轨道交通 2 号线，最小垂直净距仅 1.46m，下穿点距离 HCB 站约 50m（图 28-84）。重叠隧道示意图，如图 28-85 所示。确保既有线运营安全，保证区间顺利贯通是项目的难点。

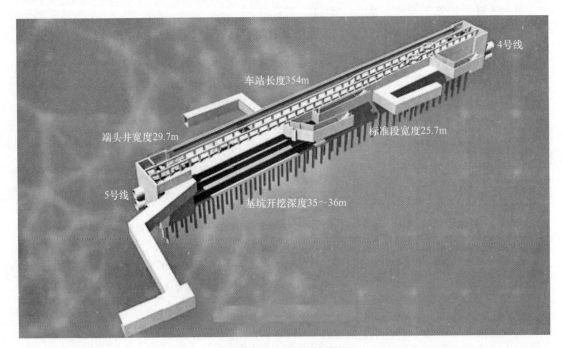

图 28-84　HCB 站效果图

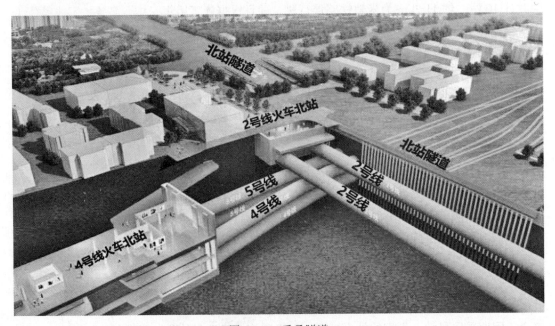

图 28-85　重叠隧道

6）下穿 KS 铁路、GK 铁路

JH 站—HDY 站区间盾构下穿 KS 铁路、GK 铁路，且区间隧道紧邻 KS 铁路桥墩桩基。在施工过程中由于地层扰动、排水失水，导致应力改变或重建，易引起铁路路基沉降、铁路桥梁桩基倾斜开裂，危及铁路行车安全。盾构掘进期间严格控制铁路路基及桥桩沉降是项目的难点。

7）近距离下穿既有结构物

线路经过 K 市主城区，沿线地面的建筑群密集且地下管网交错繁多，多处施工紧邻或穿越主要建（构）筑物，特别是存在停车场出入线盾构下穿居民住宅区的情况，区间隧道覆土厚度最小处仅 5m；HTL 站—XT 站盾构区间下穿 JK 高速，距离桥梁桩基最小净距仅 1m；在施工过程中由于地层扰动，易引起周边建（构）筑物沉降、开裂甚至破坏。因此，在施工期间尽量减小地层扰动对周边建（构）筑物的影响是项目的难点。

8）长距离盾构区间掘进的设备管理

线路中双线长度超过 1500m 的区间有 6 条，最长的区间达 2777m，长距离掘进对后期设备机况，尤其是对刀具、盾尾刷密封效果考验严峻，造成施工组织难度增大。因此保持盾构机机况良好，保障盾构施工进度是项目的难点。

28.8.5 项目管理创新举措及成效

1. 咨询管理创新措施

1）项目策划

全过程工程咨询单位根据轨道工程相关管理经验、施工许可文件、地勘资料以及项目总体建设目标，结合国内地铁工程建设的综合进度技术指标和施工单位的综合施工能力制定合理的进度指标，编制项目工程建设进度总控制计划、项目前期报建工作计划，作为项目施工进度计划编制的依据。根据工程总目标的要求，审查各总承包单位的阶段节点工期目标，结合该轨道交通 4 号线 PPP 工程实际情况及各站点的铺轨节点工期，对土建结构工程阶段节点工期目标予以明确，后期机电安装各阶段节点工期目标在专项策划中予以明确。

（1）全过程工程咨询单位在 2015 年 12 月中标并签订合同后，立即成立了全过程工程咨询现场服务机构，并组织人员了解项目的基本情况及全过程工程咨询的服务范围，完成了组织架构图、职能分工、拟派项目人员配备情况、工作职责、工作依据、工作原则和分阶段工作部署等职责。

（2）与建设单位进行资料及工作交接。全过程工程咨询现场服务机构成立后，立即与建设单位进行了前期手续办理，设计管理，前期技术服务管理，准备进行的设计、勘察、工程总承包合同管理等资料及工作的交接。

（3）根据项目目标编制完成各类工作计划。组织编制完成项目总控制计划、项目前期工作计划和项目建设年度计划等，并上报建设单位审定执行。根据审定的总控制计划督促各单位完成各自范围内的工期节点计划，结合部分规模、技术标准和范围等有重大变化的情况，再适时进行补充修订。

（4）根据项目特点及管理需求编制完成相关管理制度。为明确全体参建单位的职能分工，促进互相间高度紧密配合，提高参建单位的责任意识，约束参建单位全面履行合同约定的各项义务，确保工程建设期间工程的各项管理工作有序、规范地进行，真正实现对项目建设全过程、一体化、专业化的管理，达到资源最佳配置、投资效益最大化的预期项目目标。全过程工程咨询单位协助建设单位结合工程实际，依据相关法律、法规及规范的要求，编制了《项目管理手册》《轨道交通工程 PPP 项目设计及施工安全质量管理办法》《生产安全事故报告和调查处理规则》《地铁保护工作管理办法》《计量管理办法》《重大隐患排查治理"双报告"制度》《安全生产标准化建设工作实施细则》《职业卫生安全管理办法》《遏制重特大事故构建双重预防机制的实施方案》以及《监理及第三方咨询服务单位管理办法》等工作文件，作为项目建设期间指导、规范全体参建单位及参建人员日常建设行为的纲领性文件。

（5）建立风险管理制度。组织并建立风险管理体系，制定了《质量安全风险监督检查及考核评估管理办法》，明确各层次管理人员的风险管理责任，并通过建立《安全质量风险源辨识清单》减少项目实施过程中的不确定因素对项目的影响。正确地识别风险并提出合理回避风险、减少损失的建议，主要针对轨道交通 4 号线 PPP 工程的地下区间、高架区间和车站等部位进行风险辨识及处置，根据风险来源划分为工程自身风险和工程环境风险，然后编制风险源清单列明风险名称、位置、风险因素、初始风险等级、风险控制措施和剩余风险等级等。

（6）充分发挥 EPC 工程总承包模式的优势，凸显设计在整个工程建设过程中的主导地位，加强设计管理，确保施工图供应。轨道交通 4 号线 PPP 工程的施工图设计紧跟初步设计开展，两个阶段的设计周期短，要求设计与施工充分互动，确保设计方案与施工技术方案协调一致。通过全过程工程咨询单位和设计单位对整体方案的不断优化和把控，有效避免了各参建单位在设计、采购、施工过程中的相互制约和相互脱节的矛盾，实现了项目建设各阶段工作的合理衔接。

2）总控计划

轨道交通 4 号线 PPP 工程计划从 2016 年 12 月 31 日开工到 2020 年 6 月 30 日完工，主要包括车站、区间、车辆段、停车场、出入线的土建工程、轨道工程、动力照明、通风空调与供暖、给水排水与消防。以"土建贯通、轨通、全线安装装修完成，配合联调联试、试运行"为主线，总体顺序按照"前期准备→土建→轨道→设备安装与装修"四个阶段进行。在场地具备进场条件后，土建施工单位立即进场组织施工，后续的铺轨、设备安装与装修等在土建具备移交条件前 2～3 个月进场准备，移交后立即进场分专业组织施工。

（1）设计进度计划：2016 年 3 月底完成初步设计；2016 年 7 月提交 29 座车站地下连续墙及车站降水施工图设计；2016 年 8～10 月提交车站主体结构施工图设计；2016 年 8 月提交盾构区间及区间明挖段施工图设计；2016 年 7 月提交车辆段和停车场施工图设计。

（2）施工进度计划：2016 年 1 月土建试验段开工；2019 年 8 月全线"洞通"；2019

年 10 月全线 "轨通"；2019 年 11 月车站装修完成；2019 年 12 月设备安装完成，达到受电条件；2020 年 6 月工程完工。

3）前期工作管理

根据项目前期工作计划，编制了前期报批工作指导书和前期报批人员工作量化管理细则。前期报批工作以周计划、周总结的方式动态管控。在报批报建过程中，积极与各个建设审批主管部门进行事前沟通，协调设计工作。前期报批报建工作取得了丰硕的成果，为项目按计划实施创造了条件，为项目有序推进提供了保障。

4）设计管理

全过程工程咨询单位主要针对项目设计的平面布置、客流组织和节点换乘等方面进行了仔细审核，提出了大量专业的、合理的优化设计建议，并收集建设单位及相关客户的需求意见，督促设计单位修改完善，使得项目设计工作在紧促的时间内取得了有效的成果，为后续其他工作提供了保障。另外，针对各阶段的设计进度及限额设计方面进行全过程的动态控制，确保了项目施工与设计的衔接，做到不因设计原因而影响到施工进度，确保在满足使用需求的前提下使设计阶段的投资控制在批复投资总额内。

（1）加强对设计工作的统筹管理，运用组织措施、技术措施、经济措施和合同措施等，协调各设计单位按设计进度计划推进各阶段工作，为各参建单位的良好合作创造条件。

（2）全过程工程咨询单位设计管理部负责人、AB 包总工程师为相应单位设计工作牵头人，上下联动，全面推动设计工作。设计的人性化决定了项目的使用功能是否满足项目需求；设计的合理性又决定了资金投入的多少。所以在充分了解建设单位和运营单位需求的基础上，充分运用相关专业知识，对项目的设计严格把关，从使用功能上满足各项需求，从资金投入上做到合理使用，尽可能地为建设单位节约成本。

（3）根据设计工作的统筹管理要求，分阶段提前明确供图计划并严格落实，保证图纸供应。

（4）积极协助设计单位解决设计过程中遇到的困难。针对初步设计文件中存在的错误、遗漏或与现场实际情况不符时，施工图设计单位认为需对初步设计文件错误作出修正或变更时，则应及时向全过程工程咨询单位填报《施工图设计修改／调整初步设计内容审批单》，落实对初步设计的修改提资；经各方确认需要修正、调整初步设计文件时，由 AB 包项目管理部协调初步设计单位出具正式设计变更，作为施工图设计单位开展施工图设计的依据。

（5）严格执行设计例会制度，及时解决施工过程中的设计问题。施工图设计文件经各方审批后即作为现场施工、验收及结算的依据，任何一方不得擅自修改。因现场条件变化等客观原因导致在实施过程中需发生设计变更时，施工图设计单位应及时填写《工程设计变更审批单》报各审批方审批，经审批同意后方可正式出具施工图设计变更，未经各方一致审批确认的施工图设计变更均属于擅自变更，为无效文件，造成损失由施工图设计单位承担。但针对工期紧急的施工图设计项目，为保证现场施工进度，可在阶段性施工图设成果完成后分阶段办理报审。

（6）建立对设计单位的激励约束考核机制，提高设计人员的工作积极性。施工图设计单位对施工图的设计质量负责，应严格按规范、合同及本制度明确的设计原则开展施工图设计。各方审查不免除施工图设计单位作为设计主体的责任，建设单位在任意时间发现施工图设计文件存在违规行为的，均有权将视情况要求施工单位全面返工整改或结算时加倍扣除差价或执行经济处罚等方式处理，相关责任及造成的损失仍由施工图设计单位承担。

5）进度管理

主要是采用动态控制，及时对比计划和实施情况并分析偏差原因以及对各类目标的影响，提出调整措施和方案；事前协调好各参建单位、部门之间的矛盾，使之能顺利地开展工作；定期或按需与建设单位共同召开各类协调会议。

（1）积极推进施工准备，尽量缩短准备时间。加强与政府相关部门的沟通，取得政府部门的支持，确保征地拆迁、交通疏解等按期完成，以便于早日满足工程开工的需要。加强与施工单位、设计单位的联系，确保设计图纸及时到位、施工方案最优，以便于工程施工。督促各标段的管理人员及施工队伍快速进场，尽快做好施工准备工作，按期开工。

（2）强化过程控制，实行工期动态管理，确保工期总目标及里程碑节点的实现。运用Project软件，认真编制切实可行的总工期、年、月施工计划，严格按计划检查施工进度。做到以月保季、以季保年，以年度保总工期，定期召开工程进度分析会，以关键工期为纲要，及时对网络计划进行修正，做到"一次调整，全盘优化"，动态管理各项工程，保证施工进度按时推进。

（3）合理配备相关资源。一旦工程达到开工条件，对于施工周期长且能形成多个工作面的工序（例如，围护结构、土方和车站结构等），需要求配备充足的施工资源，力争提前完成该道工序，为后道工序留足施工周期，以保证工期目标的实现。

（4）工期调整及赶工措施。定期检查施工计划安排是否合理，施工生产组织是否均衡。若因重大设计变更、自然灾害或其他原因而影响计划施工工期，需合理地增加施工机械设备、料具和劳动力，以保证工期目标的最终实现。

6）质量安全管理

为保证项目质量、安全目标的实现，建设单位成立了某轨道交通4号线PPP工程安全质量管理委员会，全过程工程咨询单位组织编制了《轨道交通工程PPP项目设计及施工安全质量管理办法》《生产安全事故报告和调查处理规则》等文件，要求各参建方专业人员根据实践经验并结合工程特点，制定各工程项目的质量控制措施，严格控制施工质量。

（1）建立、健全安全保障体系

安全质量管理委员会，是两级组织的安全生产领导机构；各标段项目经理部均设安质环保部，是两级组织的安全生产执行机构，配备与项目安全管理相适应的专职、兼职安全管理人员。各标段经理部成立以第一责任人为组长的安全生产领导小组，设置安全生产管理职能部门，配置专职安全生产管理人员，并赋予安全生产管理人员的安全生产一票否决权。

（2）制定安全管理制度

AB 包项目部、各标段经理部结合项目特点，制定相关安全生产管理制度。以严格的制度来规范每一个职工的行为。人人重视安全，全员、全方位、全过程进行安全生产管理，创造良好的施工条件和作业条件，使施工生产安全化、最优化，减少或避免事故发生，保证职工的健康和安全。

（3）加强安全教育

由安质环保部牵头，成立专门的安全教育与培训组织机构，负责对全体参建人员进行安全教育与培训。各标段项目经理部设工地夜校，负责对标段内部的安全管理人员、关键岗位人员、特殊工种、技术工人、普通工人和进城务工人员等进行教育与培训。

（4）落实安全措施

各标段经理部坚持做到"五同时"，计划、布置、检查、总结、评比生产和安全工作；坚持"四不放过"原则，对发生事故原因分析不清不放过，事故责任者和群众没有受到教育不放过，没有落实防范措施不放过，事故的责任者没有受到处理不放过。成立事故隐患排查治理领导小组，组织项目安全生产风险预评估和项目安全管理策划，对事故隐患进行定性分析，确定事故隐患等级，制定防范措施和治理方案，建立排查治理档案。将重大事故隐患在施工现场进行公示，各类重大事故隐患未得到及时治理前，有安全风险的工点采取局部停工或全部停工措施，严禁冒险蛮干。

（5）加强安全检查

全过程工程咨询单位定期开展安全检查。着重抓好施工准备安全检查、季节性安全检查、节假日前后安全检查、专业性安全检查和专职安全人员日常检查。

7）竣工验收及档案移交管理

（1）负责建立验收交付标准化管理体系，组织制定和修订相关验收管理规章制度、管理办法并组织实施；

（2）负责组织编制和审核验收交付、竣工验收工作方案与行动计划，督办检查和考核计划执行与落实的情况；

（3）协助建设单位组织单位工程质量验收和"三权"移交工作；

（4）协助建设单位组织协调开通试运行、初期运营前安全评估及运营筹备工作；

（5）负责协助政府各主管部门组织开展专项验收工作；

（6）负责指导、协调及督办建设工程项目验收中所发现问题的限期整改工作；

（7）负责监督工程全过程的档案收集整理移交工作，保证在工程竣工验收备案后一个月内，收集、整理、汇编和移交工程建设档案、文件资料及库存物品，确保归档文件材料的完整、准确和有效。

8）工程结算管理

（1）编制结算管理原则

为加强轨道交通 4 号线 PPP 工程建设竣工结算编制及审核工作的管理，规范结算工作、防范结算风险、确保资金安全，统一工程结算编制及审核的原则、方法、标准、格式，保证工程结算编制及审核工作按时、保质完成，结合项目的实际情况，特制定《轨道交通4号线PPP项目建设工程竣工结算管理办法》。

（2）制定结算工作流程

结算工作原则上应在合同工作内容完成，经验收合格，并签发相应的验收证书后进行。

① 由施工单位编写并提交由全过程工程咨询单位工程监理部审查签字的竣工结算支付申请资料，造价咨询部审核，建设单位审定，政府审计批复，移交存档。

② 竣工结算支付申请资料包括：含竣工结算移交清单、竣工结算审批表、竣工结算报告等。

③ 施工单位编写支付申请资料：在所有建设工程工作内容完成后的规定期限内，施工单位应编制完成《竣工结算报告》，装订成册，加盖单位公章，并附相应的验收证书送全过程工程咨询单位工程监理部进行审核。

④ 全过程工程咨询单位工程监理部在审核过程中有较大分歧，应召集施工单位、建设单位及有关单位，协商达成一致意见。

⑤ 全过程工程咨询单位工程监理部在收到施工单位提交的《竣工结算报告》后，应在规定期限内完成审核，签字盖章确认《竣工结算报告》后，由施工单位报送全过程工程咨询单位造价咨询部，审核结算资料的完整性、真实性和有效性，对申请人提出的结算事项、合同内承包工作内容、实际完成数量、履约完成时限、工程签证、工程变更、监理人签认数量（如果有）以及结算金额等进行审核，签字确认，提出审核意见。

⑥ 在与相关单位充分沟通，达成一致后，按时出具造价咨询结算审核报告。造价咨询报告书应包括审核口径（原则）、设计施工主要变更情况、审核结论、核增核减情况分析、有关工期质量及履约情况的处理说明、存在主要问题、有关建议以及处理结果等内容。

⑦ 造价咨询报告应采用对比表形式，并区分签约合同价和重新组价部分，重新组价的要附综合单价计算表和主要材料表或组价依据。

⑧ 审核过程中，应作好相关审核记录、建立台账。对结算过程中需进一步补充明确的问题，应以书面方式提出，并报全过程工程咨询单位备案。相关来往文件应纳入审核资料，存档备查。

⑨ 全过程工程咨询单位负责复核结算资料的完整性、真实性和有效性，对申请人提出的结算事项、合同内承包工作内容、实际完成数量、履约完成时限、工程签证、工程变更以及工程数量（如果有）等进行复核，经办人及其部门负责人签署意见后转交建设单位审批。

⑩ 按规定或合同约定，结算价款需经政府相关部门审定或备案的项目，在结算审核完成建设单位审批后，由全过程工程咨询单位牵头报政府相关部门审定或备案，相关单位和部门做好配合工作。

（3）明确时间要求、资料保管及归档

① 施工单位应在合同规定期限内提交由全过程工程咨询单位工程监理部完成审核的

结算资料。当合同没有规定时，应在合同工作内容完成后，90天内提交。

② 全过程工程咨询单位造价咨询部完成结算审核报告时间：5亿元（含）以上项目，不超过120天；3亿元（含）～5亿元项目，不超过90天；1亿元（含）～3亿元项目，不超过75天；1亿元以下项目，不超过60天。

③ 各单位、各部门在编制和审核过程中，应确保资料存放于安全的地点，安排专人妥善保管，防止遗失和损坏，资料移交应办理交接手续。

④ 结算资料归档由业务部门牵头，全过程工程咨询单位和相关参建单位配合办理。

⑤ 资料归档：根据建设单位档案室要求办理。

2. 咨询管理成效

1）投资节省功能优化

（1）某轨道交通4号线PPP工程采用节能设计，全国首创全新地下车站隧道通风模式，助力实现碳达峰、碳中和，节约建设成本1540万元，减少通风空调、动照、综合监控等专业的设备配置约400万元/站；全线减少工程投资1.16亿元，降低后期运营能耗2400万元/年；科技成果评价达到国际领先水平，入选国家"十三五"重点研发计划。全线地下车站隧道通风模式，如图28-86所示。

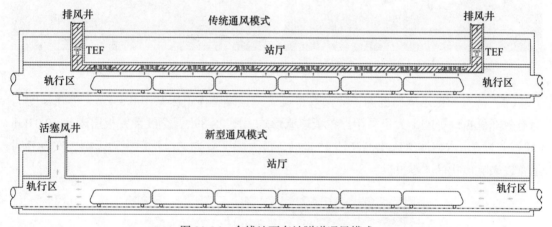

图 28-86　全线地下车站隧道通风模式

（2）省内首次采取DC1500V接触轨制式，解决了既有线DC750V供电存在的牵引变电所布点长度短、牵引损耗大的弊端，牵引所数量由28座减少为14座，减少工程投资2.84亿元，降低后续牵引损耗386万t标准煤/年。DC1500V接触轨制式，如图28-87所示。

（3）车站装饰面板采用增强水泥纤维板，由回收材料制作加工而成（图28-88）。面板成品无石棉、无放射性、生产过程无污染物排放，轻质高强，真空挤压成型，尺寸稳定，力学、耐候性能优越；使用企口链接、卡扣固定的安装方式，安装快捷便利，极大地缩短了工期；多种花色图案与表面涂装颜色任意组合，色彩丰富，图案多样，可充分实现设计效果；各项性能指标均能满足规范要求。

图 28-87　DC1500V 接触轨制式

图 28-88　车站装饰面板

（4）特殊减振道床比例高，降噪效果显著，全线整体道床共 108.83km（单线长度），为有效降低振动影响，大量采用浮置板道床形式（图 28-89），全线浮置板道床共 39.01km（单线长度），占整体道床比例高达 35.84%，最大限度减少了运营期振动影响，实现开通运营以来噪声扰民"零投诉"。

图 28-89　浮置板减振道床

2）进度控制成效

（1）轨道交通 4 号线 PPP 工程合同约定：计划开工日期：2016 年 12 月 31 日；计划完工日期（全线设备系统总联调完成之日）：2020 年 6 月 30 日；合同工期总日历天数（从开工日期起至全线设备系统总联调完成之日止的期限）1826 天。

（2）在质量及进度总控目标下，以项目总体实施策划为指导，开展了项目前期报批报建、初步设计管理及审查、施工图设计管理等工作，协助建设单位快速地梳理各类事项，运用系统科学的观点、理论和方法对项目实施进行组织、计划和协调控制，将开工日期提前至 2015 年 12 月 30 日。

（3）里程碑节点目标均按期完成：

① 全线车站主体结构封顶时间：2019 年 8 月 12 日；

② 全线"洞通"时间：2019 年 8 月 30 日；

③ 全线"轨通"时间：2019 年 10 月 30 日；

④ 全线"电通"时间：2019 年 12 月 31 日；

⑤ 首列车下线时间：2019 年 10 月 20 日；

⑥ 通信传输系统完成调试启用时间：2020 年 3 月 15 日；

⑦ 信号系统动车调试完成时间：2020 年 4 月 30 日；

⑧ 全线限界检测、冷滑、热滑完成时间：2020 年 4 月 18 日；

⑨ 自动售检票系统整个系统联调联试完成时间：2020 年 5 月 22 日；

⑩ 综合监控系统整个系统联调联试完成时间：2020 年 8 月 30 日；

⑪ 项目工程验收完成时间：2020 年 5 月 29 日，以试运行条件专家确认方式通过项目工程验收；

⑫ 试运行开始时间：2020 年 5 月 30 日；

⑬ 工程竣工验收完成时间：2020 年 9 月 4 日；

⑭ 开通初期运营时间：2020 年 9 月 23 日。

3）质量管理成效

（1）工程质量管理

① 质量目标。工程开工伊始就明确了质量管理目标：单位工程一次验收合格率 100%，质量评定优良，创建中国建设工程"鲁班奖"（国家优质工程）。

② 质量创优小组。项目制定了《轨道交通 4 号线工程质量创优规划》，成立了质量创优小组。建设过程按照《省优质工程奖评选办法》《中国建设工程鲁班奖（国家优质工程）评选办法》要求，周密策划、精心施工、过程把控。

（2）施工过程控制

① 制度创新。始终秉承"科技创新，过程精品"的理念，制定工程质量创优目标，建立思想、组织、技术、施工、制度"五位一体"的质量保证体系，超前编制《工序控制要点》《质量通病、常见病防治手册》等系列文件，全面推行质量标准化管理。

② 样板引路。严格执行"样板先行"制度，在施工开始之初即在现场设置主体结构、

消防、装修、安装等实体质量展示区，起到样板引领的作用。结构、安装质量标准展示馆，如图 28-90 所示。

图 28-90 结构、安装质量标准展示馆

（3）管理成效

① 地基与基础。全线 82 个单位工程、1020 个分部工程全部一次性验收通过，6266 个分项工程、32556 个检验批全部验收合格，合格率为 100%，全线 12390 根桩基，I 类桩占 97.5%、无 III 类桩，高于国家标准要求；完成基底验槽 140 次，地基承载力均符合设计及规范要求，合格率 100%。现场基坑围护情况，如图 28-91 所示。

图 28-91 基坑围护

② 主体结构。采用钢筋卡具、组合三角大模、盘扣支架等措施控制，结构尺寸准确，内实外美，不渗不漏。60000 余环盾构区间管片无渗漏、无破损，接缝平顺，错台均控制在 3mm 以内，高于国家标准要求。主体结构情况，如图 28-92 所示。

③ 防水工程。车站及区间地下防水工程采用整体外包防水＋混凝土自防水；车站、区间全部按照一级防水标准施作，结构不渗不漏；防水材料用量 1089749m²，检测合格率 100%。车站结构施工缝、后浇带等位置无渗漏，盾构区间管片环纵缝、管片表面无渗漏，总体防水质量达到一级防水标准，如图 28-93 所示。

图 28-92　主体结构

图 28-93　防水工程

④ 轨道安装。铺设无缝线路 66km，轨距、高程、水平等项目满足验收标准。钢轨焊接接头平顺，减振效果满足环评要求，如图 28-94 所示。

图 28-94　轨道安装

⑤ 停车场及出入段线。停车场场地平整，标高符合设计要求；桥梁混凝土采用定型模板，墩柱及梁板线型顺直，表面光泽；框架梁护坡框架横平竖直，植被生长茂盛。如图 28-95 所示。

图 28-95 停车场及出入段线

⑥ 装修、设备及设施工程。车站墙面饰材，干挂平整；地砖铺贴，缝格平直；吊顶龙骨，安装牢固，装饰装修精美；消音器安装整齐牢固；低压柜、环控柜等设备安装整齐；各种管线分布均匀、安装整齐一致；售票机安装整齐，门禁系统调试运行正常，电扶梯运行平稳如图 28-96 所示。

图 28-96 装修、设备及设施工程

⑦ 信号系统。以综合运行管理平台调试验证中心和车站一体化车控室为基础，建立了信号、综合监控、通信等弱电系统综合运营管理平台，打造了集成电调、环调、行调为基础的综合运行平台管理系统，实现综合自动化运营。

4）技术创新及科研成果

某轨道交通 4 号线 PPP 工程积极开展技术攻关，推广"四新"技术，应用"建筑业10 项新技术"中 9 个大项、31 个子项，全面推广和应用地铁运输调度及轨行区管理系统、深基坑智能降水、二维码＋互联网云、人员定位等新技术；大直径钢筋直螺纹加工及连接、地下连续墙施工抓铣结合等新工艺，承插型盘扣式脚手架、定型钢模板、玻璃纤维筋等新材料；天宝机器人放样工具、金属带锯床、数控弯箍机、泥浆分离器和净化装置、锚杆孔位定位器等新设备。

不断形成具有自主知识产权的新技术、新工法。列入住房和城乡建设部城市轨道交通工程创新技术指南新技术 1 项；取得省级建设工程工法 6 项；取得授权发明专利 1 项、实用新型专利 48 项、软件著作权 1 项；取得国家级 QC 成果 8 项（一等奖 2 项、二等奖 3 项、三等奖 1 项、优秀奖 2 项）、省部级 QC 成果 48 项（一等奖 5 项、二等奖 23 项、三等奖 12 项、优秀奖 8 项）；公开发表期刊论文 101 篇。

28.8.6 项目实践总结和经验教训

1. 实践总结

对于政府投资项目，通过引进全过程工程咨询单位，不仅可以弥补建设单位管理人员的不足，而且能够充分发挥全过程工程咨询单位丰富的同类项目管理经验，从而提高管理效率与建成品质。全过程工程咨询单位通过全过程一体化项目管理将建设各阶段的要素有机地整合为一体，对项目建设的全过程进行系统优化。通过设计管理，即站在建设单位的角度应用项目管理理论与技术，为完成预定的建设工程项目设计目标，对设计任务和资源进行合理计划、组织、指挥、协调和控制的管理过程，能为项目的统筹管理、前期决策、报批报建管理、技术管理、进度管理以及投资管理等提供重要依据；通过工程管理，即以丰富的现场管理经验进行建造阶段的工程质量、造价、进度控制，对合同、信息进行管理，对工程建设相关方的关系进行协调，并履行工程安全生产管理法定职责的服务活动，为建设单位提供更高质量的现场管理服务；通过造价管理，即对项目建设全过程的工程造价进行控制，在整体投资控制和过程把控中起到了重要作用。全过程工程咨询不同服务范围之间可以相互融合、互相弥补，为建设单位提供更高质量的工程咨询服务。

2. 经验教训

1）工程建设经验

（1）西南地区复杂地层车站基坑开挖深度最大

HCB 站为 2、4、5 号线换乘车站，是建设规模最大、明挖深度最大的重点枢纽车站。车站范围内主要为富水圆砾地层，并广泛分布圆砾胶结层，周边环境复杂，建（构）筑物较多，单体施工难度国内罕见。

为加快施工进度，解决高压富水圆砾地层条件下超深（＞70m）超厚（1.5m）地下连续墙快速成槽防坍塌问题，提出了一种以聚丙烯酸钠作为增黏剂的圆砾地层泥浆配置方法、一种适用于圆砾地层深大基坑支撑系统（伺服系统）组合方式和一种深基坑施工降水井快速封井方法，确保了基坑支护体系施工安全、快速，形成的科研成果"富水圆砾地层地铁车站超深基坑明挖施工关键技术"经鉴定评价达到国际先进水平。

（2）区间穿越 KM 市断陷湖积盆地，地质构造复杂

4 号线自西北向东南穿越整个 KM 市断陷湖积盆地，沿线分布普渡河—西山断裂黑龙潭—官渡断裂、一朵云断裂等 8 个断裂带，全线 28 条双线盾构区间穿越泥炭质淤泥质等

各类软土、砂层、硬岩／超硬岩软岩、软硬不均、膨胀性岩土等复杂地层且伴随砂土液化、岩溶、软土震陷、活动断裂、夹层水、有害气体等不良地质，地层多变、地质情况十分复杂，对盾构设备适应性要求高，选型困难。

解决措施：开工伊始即组织开展全线勘察设计交底会，全面掌握全线不良地质、复杂地层情况，作好充分的调查研究工作；施工前期准备阶段，强制推行盾构机适应性分析制度，每个区间均开展了详细的机型分析、刀盘选型、配套设备论证等工作，预先做好充足的技术准备；施工开始前，组织对盾构机进行机况检查评估，评估合格后方可组织设备进场；施工过程中，组织全线具有丰富盾构施工经验的骨干人员成立专业突击组，对各工点出现的螺旋输送机用水、刀盘固结泥饼、富水区管片上浮、开仓换刀等问题，集中专业力量逐个突破、解决问题，确保了盾构施工全过程安全受控。

（3）四线隧道上下叠落、左右并行下穿运营线

XCY 站—HCB 站区间地处金沙江水系滇池流域区，地层主要为稍密砾砂、中密圆砾，局部夹可塑粉质钻土、稍密粉土，地下水位 -3m 左右。受城市主干道 BJLB 站隧道地下桩基等影响，早期建设的 2 号线对应区间下穿区域未预留加固处理措施，利用北站隧道第二段箱涵无桩基区域，以双线隧道上下重叠、4 号线与 5 号线左右并行的方式连续下穿北站隧道和运营 2 号线，隧顶距离运营 2 号线最小净距 3.5m，上、下行线双线之间竖向净距 1.8m，施工风险高、沉降控制难度大。

从室内试验和现场掘进两个角度，对盾构下穿试验段地层变形分析，通过渣土改良、盾构掘进参数控制、掘进过程中盾体预填充、同步注浆以及二次注浆加固等方式，有效遏制了富水圆砾地层中的盾构掘进"喷涌"现象，节约工期 6 个月，运营 2 号线迄今为止竖向变形累计小于 3mm，预防了运营地铁 2 号线柔性区间隧道结构线性变形，形成的科研成果《富水圆砾地层上下叠落盾构隧道近距离下穿运营线掘进关键技术》经科技成果评价达到国际领先水平，直接经济效益 1.25 亿元，推广应用取得经济效益 3.13 亿元。

（4）高富水条件下隧道穿越超深盾构风井

轨道交通 4 号线 TM 站—DN 站区间全长 2971m，设置区间风井，风井埋深 32.5m，为地下四层钢筋混凝土结构，盾构隧道洞门位置位于含承压水的圆砾层，围护结构采用地下连续墙，地下连续墙最深达 64.358m。基坑共设置 8 道水平支撑，开挖深度较大，盾构机穿越风井的地层位于承压水层中间，地下水丰富，地层透水性较大，接收与始发均存在涌水风险。

为了减小盾构接收和始发的涌水风险，提高工程质量，根据现场实际条件，打破常规盾构施工穿越风井先主体后穿越的施工方式，首创先隧道后主体的施工工法，避免了盾构机接收与始发等复杂施工工序，显著提高了工程质量，形成的技术成果《区间风井围护结构闭合工况下先隧道后主体施工工法》被评为省级工法，为后续同类条件下施工项目提供借鉴经验。

2）工程建设存在的问题和不足

自运营各专业工程介入至 2020 年 9 月 23 日开通初期运营以来，共计发现缺陷问题 6

万余条，主要为施工类问题，占比90%，产品质量类问题占比9.4%，设计类问题占比0.6%。

（1）车辆段工期滞后不具备接车条件

电客列车于2019年10月30日已抵达，但DYT车辆段因受高压线未迁改、岔沟施工未开展影响，造成车辆段不具备接车条件；BLT停车场虽具备接车条件，但受公路限高影响，现场不具备把电客列车从公路运输至BLT停车场条件，但根据工期计划，电客列车必须在12月底到停车场进行静调。

经调研，4号线与CG支线有联络线，同时CG支线线路限界满足4号线B型车运输条件，将电客列车从既有线转运至4号线的方案可行。经与运营单位协调，最终从既有线转运了10列车到BLT停车场，满足了工期要求。

（2）XH区间受地质影响工期滞后电通节点不保

XCY站—HCB站区间有2个联络通道、1个外挂泵房，因受地质影响，需采用冷冻法进行施工，施工周期为3个月（2019年12月—2020年2月），施工期间区间轨道不能贯通，35kV电缆不能敷设，影响北段35kV电通目标的实现。

经多次现场调研，采用临时敷设35kV电缆进行过轨、后期进行电缆割接的方案，同时对电缆进行多重防护，确保土建施工、铺轨施工不会对35kV电缆的造成损坏及引起触电等安全问题，顺利实现了2019年12月底35kV电通目标。

（3）因全线土建、机电建设滞后，实行分段电通、分段热滑

在2019年10月，全线29站1段2场，受到岔沟修建（2020年1月15日）、XCY站—HCB站区间联络通道施工（2020年3月28日）、HDY站轨排井封堵（2019年12月30日）、GW停车场施工（2020年5月）影响，全线不能一次性热滑、动车调试，从而难以实现2020年5月30日试运行目标。

经调研，采用分段送电（分2段），分段热滑方式（分4段）进行分段动车调试，全线一次性进入试运行的方案，顺利实现2020年5月30日试运行目标。

（4）主变电所按时送电时间不可控

① CY主变电所110kV停电涉及3座110kV变电站同时停电，停电范围广，协调难度大。为了能保证CY主所扩容改造工程能按时投产送电，项目成立了专门协调小组，多次深入现场调研，确定具体停电方案。组织多方会议协调停电相关工作，对涉及停电的工作进行梳理，安排专人负责跟踪，每天进行反馈，出现问题及时解决，在供电部门、运营单位及相关部门大力支持下，停电工作得以顺利开展。

② MJ、CY主变电所外电源线路长、工期短，需各区行政部门审批，手续繁琐、协调量大。根据施工工作量和竣工节点，通过倒排计划制定送电关键节点，然后将进度目标分解并按照节点目标来把控进度。每日通报施工进度，每周召开一次工程推进会及不定期召开现场协调会，及时解决施工中遇到的各种困难，通过合理安排工序、合理组织劳动力和加班赶工、采用合适的工艺工法以及采取必要的抢工措施等，在短短9个月时间完成全长33公里（全线跨越6个区）的绿化迁移、道路开挖、排管及拖管、电缆井制作、电缆敷设、混凝土浇筑、道路开挖及绿化恢复等，比既有线外电工期缩短约一年。

第 29 章　国外工程案例

29.1　英国伦敦大都会铁路一期工程

29.1.1　线路概况

世界上第一条客运公交地铁线路——英国伦敦大都会铁路（Metropolitan Railway），于1863 年（清同治二年）1 月 10 日正式开通运营。其一期工程从当时伦敦城西北角的主教路（Bishop's Road）开始，一直延伸到接近市中心的法灵顿街（Farringdon Street），全长约6km。这条线将西部铁路公司（Great Western Railway）、西北铁路公司（Northwest Railway）和北方铁路公司（Great Northern Railway）三大铁路公司位于伦敦北部边界的三大火车站——帕丁顿火车站（Paddington Station）、尤斯顿火车站（Euston Station）和国王十字车站（King's Cross Station）连接在一起，并引导客流直达城市中心区（图 29-1）。[①]

线路开通运营的第一天，人们就在法灵顿街车站排起了长队，见证这个新"奇迹"。这条线路开通两个月后，每英里轨道的客流量就达到了约 275 万人次；在前六个月中，平均每天约 26500 人次使用它。列车的发车间隔为 10 分钟，在那个年代是非常了不起的成就。

29.1.2　英国铁路的发明及意义

铁路是第一次工业革命的标志性成果之一；英国是第一次工业革命的发源地，第一次工业革命为铁路在英国的发明提供了重要的准备工作。在 18 世纪末和 19 世纪初，工业革命以英国为中心迅速展开，这一时期出现的技术进步、经济繁荣、社会变革以及政府支持和立法措施共同推动了铁路的兴起和发展。

[①] Christian Wolmar. 2009. The Subterranean Railway: how the London Underground was built and how it changed the city forever. Atlantic Books Ltd.

John Robert Day, John Reed. 2005. Story of London's Underground. Capital Transport Publishing.

Jiping Fang. 2022. Modelling Passenger Distributions on Metro Platforms Based on Passengers' Boarding Strategies. Ph.D. thesis, University College London, London, UK.

Jiping Fang, Taku Fujiyama, and Howard Wong. 2019. Modelling passenger distribution on metro platforms based on passengers' choices for boarding cars. Transportation Planning and Technology, 42(5), pp. 442-458.

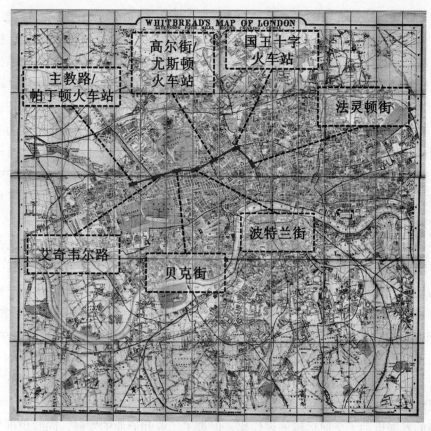

图 29-1　英国伦敦大都会铁路一期

　　首先，工业革命带来了一系列的发明和创新，如纺织机械、蒸汽机、铁制机械等，这些技术的发展为蒸汽机车的设计和建造奠定了基础。蒸汽机的应用使得蒸汽机车成为可能，同时也提供了动力源，推动火车行驶。其次，工业革命催生了工业和商业的迅猛发展，促使大量商品和原材料的运输需求增加。铁路的快速运输和大容量特点使其成为满足这一需求的理想选择。投资者和企业家们意识到铁路的潜力，并积极投资铁路建设。此外，工业革命期间的社会变革也为铁路的发展提供了支持。城市化和人口迁移导致了城市和农村之间的联系变得更加紧密，对高效的交通运输方式提出了需求。铁路的出现使得人们能够更快速、便捷地旅行和运输货物，推动了社会的互联互通。最后，政府的支持和立法措施也为铁路的发展创造了有利条件。政府采取了一系列的政策来推动铁路建设，如发放特许状和资金补助；此外，立法也加强了铁路建设的法律框架和规范，确保了安全和可靠性。

　　具体到铁路的发明，乔治·斯蒂芬森（George Stephenson）是其中最关键的人物之一，并被尊称为"现代铁路机车之父"。他的贡献主要体现在他对蒸汽机车的发展和应用方面。在 19 世纪初期，蒸汽机车的发展仍处于初级阶段，斯蒂芬森通过自己的努力和创新，使蒸汽机车从一个实验性的装置转变为实用的交通工具。斯蒂芬森最著名的成就是他在 1825 年设计和建造了斯托克顿至达灵顿铁路（Stockton and Darlington Railway），这条线路被认为是世界上第一条现代化铁路。他的设计包括了一台具有改进结构的蒸汽机车，名为"火车头"（locomotive）。斯蒂芬森的火车头使用了许多创新的技术和构想。首先，他改进了蒸汽机的设计，使其更加高效和可靠。他使用了自己设计的多管锅炉，提高了蒸汽的产生和利用效率。此外，他还设计了一个具有更好牵引力和稳定性的车轮系统，使火车能够更好地行驶在铁轨上。在火车头的控制方面，斯蒂芬森引入了一种叫作"斯蒂芬森连杆机构"（Stephenson's link motion）的创新机制，用于控制活塞运动和轮轴转动之间的关系，使火车能够更灵活地运行和操控。通过这些创新，斯蒂芬森的火车头成为当时最先进和高效的蒸汽机车之一。1829年，他的火车头"火箭号"（Rocket）在利物浦至曼彻斯特铁路（Liverpool and Manchester Railway，世界上第一条城际铁路）开通的竞赛中获胜，证明了蒸汽机车的实用性和可靠性。利物浦至曼彻斯特铁路的成功启示并激发了世界其他地区开始大规模建设铁路网络，以满足工业革命的需求，是铁路发展的里程碑。

另一位铁路的奠基人是著名的铁路、桥梁、船舶工程师——伊桑巴德·金德姆·布鲁内尔（Isambard Kingdom Brunel）。他设计并建造了众多的重要工程项目，其中包括西部铁路的建设，铁路成为英国西部与伦敦之间的重要交通干线。他还设计了一些著名的桥梁，其中包括克里夫顿悬索桥（Clifton Suspension Bridge）和皇家阿尔伯特桥（Royal Albert Bridge），这些桥梁在当时的工程界享有很高声誉。此外，他还建造了一系列创新的蒸汽船，其中包括著名的"大西洋号"（SS Great Western）和"大不列颠号"（SS Great Britain）。这些船舶在技术和设计上都具有突破性，为海洋航行带来了重大变革。他塑造了英国现代化基础设施的发展，被誉为英国工程史上的一位伟大人物。

铁路的发展推动了交通运输的现代化，促进了工业和商业的发展，同时也催生了许多技术创新。它不仅仅是第一次工业革命的产物，更是促进世界工业进一步发展，引发第二次工业革命的"催化剂"。

传统的交通工具无法满足工业革命时期的快速发展和需求，而铁路的出现填补了这一空白。铁路提供了高速、大容量的运输通道，使人们能够更快速、便捷地旅行和运输货物。它将城市与城市、城市与农村地区紧密相连，促进了人员和商品的流动，促进了城市化的进程。同时，铁路为人们提供了更广阔的就业机会和更丰富的文化交流，吸引了大量的人口流动，形成了现代城市的格局。

铁路的发展也为工业和商业的繁荣奠定了基础。铁路提供了一种廉价、高效的方式来运输原材料和制成品，铁路连接了城市与城市、港口与内陆，打破了地理限制，加速了产品流通和市场扩展。工厂能够更方便地获得原材料，并将产品销售到更广阔的地区。铁路网络的建立推动了工业和商业的发展，促进了经济的增长和繁荣。同时，铁路的发展也催生了许多技术创新。蒸汽机车的发明和改进为动力源提供了可靠和高效的选择，使得铁路能够以更快的速度行驶。铁路工程的设计和建设推动了土木工程和工程技术的发展。铁路轨道的设计、桥梁和隧道的建设都需要先进的工程技术和创新，这些技术创新不仅推动了铁路行业的进步，也为其他领域的发展奠定了基础。

最后，铁路在军事和战略方面也发挥了重要作用。它使得军队能够快速调动和集结，加强了国家的防御能力。铁路还促进了国家之间的联系和交流，为战争的准备和战争后的重建提供了便利。总之，铁路作为工业革命的重要成果，对经济和社会产生了深远的影响。19 世纪后半叶，英国开始探索利用铁路这一当时全新交通技术的优势，来解决城市内的交通问题。

29.1.3　19 世纪伦敦市交通存在的问题

19 世纪的伦敦人口经历了显著的增长。在这个时期，伦敦成为世界上最大、最繁忙的城市之一，吸引了大量的人口迁徙和移民。1801 年的人口普查显示，伦敦的人口为 100 万左右。随着工业革命和城市化的推进，人口增长迅速。到了 1851 年，伦敦的人口已经增长到了 250 万，几乎翻了 2 倍。这一增长主要是由于内部迁徙和大量的移民，尤其是来自英国农村和其他国家的移民。1841 年和 1851 年的人口普查数据显示，仅在这十年期间，就有额外的 33 万移民涌入伦敦，占城市总人口的六分之一以上。

居民人口和乘火车来伦敦通勤的人口增加，产生巨大的市内交通需求，每天有将近 25 万人涌入伦敦市中心工作。道路上大量的私家车、出租车、公共汽车和马车导致了严重的交通拥堵。

公共交通的价格也很高。出租车自不必说，不是普通人的日常通勤选择。公交车票价也让普通人只能望而却步。例如，从帕丁顿（Paddington）到英格兰银行单次的公交车票价是 1 先令，这个价格只对富有的通勤者有吸引力。相比之下，三十五年后的大都会铁路提供的工人列车服务，其一周通勤票，票价也是 1 先令。另外，出租马车也价格昂贵，每英里要花费 8 便士（相当于 0.75 先令），而且不太舒适。驾驶员还会选择绕路来增加收入。因此，每天平均有 20 万人（将近总人口的十分之一）选择步行至伦敦市中心上班。

不仅如此，马车还存在安全隐患、污染环境等问题。马车需要依靠马匹作为动力源。马匹的健康状态对交通的可靠性会产生巨大影响。马匹一旦受惊，容易四处乱跑，危害行人安全、造成交通混乱。他们还可能会生病、疲劳或者受到其他因素的限制，导致交通中断或受到影响。此外，马匹产生的马粪还会造成严重的环境问题。据统计，在 19 世纪 30 年代，英国城镇每年需要处理大约 300 万吨的马粪。而且这些马粪对农业生产来说也价值很小。因此，它们被倾倒在城镇边缘贫困地区，危害城市的环境与卫生状况。马路上风干的马粪被马匹再次踩踏，会产生大量粉尘，进一步造成空气污染、危害居民的健康。

总之，随着 19 世纪伦敦市人口的快速增加，导致了市内交通量激增。既有的交通方式既不能满足交通需求，造成市内交通拥堵，又存在安全、环保方面的问题。使得大量的普通居民只能步行通勤。因此，亟须一种新的交通方式来解决当时的问题。而铁路作为一种运量大、廉价、高效的交通方式，自然成为解决伦敦市交通问题的理想选择。然而，将铁路引入伦敦市却也面对着很多阻力。

29.1.4　伦敦建设铁路的阻力

拆迁成本高、经济收益小和技术难度大，是在伦敦修建铁路和地铁的三大主要阻力。

首先是拆迁成本高的问题。19 世纪 40 年代中期，是英国建设铁路"狂热期"。当时，伦敦市的城市铁路线路和终点站的规划就不少于 19 个。如果这些规划都实现了，会导致大规模拆迁和交通混乱。即使在极力主张政府不干预商业的维多利亚时代，很多人也无法容忍这种事情发生。与此同时，铁路拆迁已经是一个政治问题了。在伦敦以外相对贫困的地区，既有的铁路拆迁可以保护较富裕地产主的财产不受侵害，对普通居民却并非如此。当时，铁路经常被媒体描绘成贪婪、不负责任的怪物，破坏了乡村的宁静，强迫城镇和城市居民接受铁路的存在。铁路越接近城镇，它们就越需要为土地付费，也越有可能触碰伦敦的大地主们的利益。因此，皇家委员会拒绝了 19 个规划提议中的 17 个，仅仅批准了 2 个在泰晤士河南岸修建延伸线路的规划，例如，伦敦格林威治铁路公司（London & Greenwich Railway）在伦敦桥（London Bridge）南侧设置的终点站及配套线路。1846 年，皇家委员会颁布法令，禁止在伦敦中心区（泰晤士河北岸）的地面修建新的铁路线路或车站。

其次，与早期的铁路相比，1840 年以后的许多铁路项目并没有为投资者带来足够的回报，尤其是在像伦敦这样的城市。虽然这些项目对社会大有益处，但对企业家和股东来说，这并没有任何用处，他们无法从这些社会效益中获利。

最后是技术问题，主要有两个。第一是隧道挖掘技术有待改进。当时的工程师虽然已经掌握了在野外修建隧道的能力，然而，当时修建城市隧道的先例还很少，机具并不成熟，同时还需要保护既有建筑。在伦敦昂贵的房产下方修建隧道，即使出现轻微下沉也会引发高额的索赔。第二，地铁列车的动力来源是一个棘手的问题。由于隧道内的通风条件有限，当时的蒸汽机车无法在隧道内正常行驶，需要对蒸汽机车进行改进，而这一技术尚未成熟。

面对这些阻力，以查尔斯·皮尔逊（Charles Pearson）为代表的地铁先驱们，提出了世界上第一条地铁线路——英国伦敦大都会铁路的规划方案。

29.1.5 大都会铁路的规划

澳大利亚活动家戴维·因洛特指出："城市是人类为实现最大交换量和最小交通量的创造物"。铁路可以提供高速、大容量的运输通道，一定可以被用来解决伦敦的交通问题，进一步促进伦敦城市的发展。既然不能在伦敦地面修建铁路，那为什么不把铁路修在地下呢？在 19 世纪 30 年代，就有人提出过一个从国王十字路口（King's Cross）到斯诺山（Snow Hill）的地下铁路计划。皮尔逊是伦敦当时的城市律师（City Solicitor），在市政府中担任法律顾问的职位，他对"将铁路修建在地下"的想法很是赞同，在接下来的 25 年里，他借助自身的影响力一直在推动伦敦地下铁路的建设。

19 世纪 40 年代后，很多人都建议在伦敦修建铁路。1851 年，北方铁路公司正在伦敦北部市郊的国王十字路口建造永久终点站——国王十字车站，西部铁路公司正在伦敦西北部的帕丁顿设置终点站。尽管帕丁顿车站离伦敦中心区较远，但西部铁路公司依然希望找到接近市中心的机会，于是皮尔逊提出修建一条从霍尔本山（Holborn Hill），位于新法灵顿街与弗利特街（Fleet Street）交会处到国王十字车站的道路，宽 100 英尺（约 30.5m）。这条道路将被建立在一条隧道的拱顶上，隧道足够宽，可容纳 6 条标准轨和 2 条宽轨的铁路轨道。后者旨在争取西部铁路公司（西部铁路公司运营的铁路采用宽轨）的支持。皮尔逊的计划提议将新建地下铁路的一端设在距离国王十字车站以北约四分之一英里（约400m）的地方，并与北方铁路公司的线路连接，线路的另一端则直接设于既有的伦敦城市火车终点站（the City Terminus），处于伦敦中心区。干线铁路的车站将建在法灵顿街的两侧，并且将设置一个专门为短途旅客提供服务的车站。政府成立的一个委员会对皮尔逊的"铁路终点站和城市改进计划"进行审查，经过皮尔逊和他朋友们的有力游说，委员会批准了计划，并提交给了市政厅，后者也予以了批准，然而，干线铁路公司对此计划并不感兴趣，皮尔逊及其合作伙伴们只能继续想办法维持住自己的计划。

与此同时，其他的铁路公司也对皮尔逊的计划产生了兴趣。贝斯沃特，帕丁顿和霍尔本桥铁路公司（Bayswater Paddington & Holborn Bridge Railway）就希望修建地下铁路，把西部铁路公司和北方铁路公司在伦敦的终点站——帕丁顿站与国王十字车站连接起来，并与皮尔逊计划的线路在国王十字车站处相连，从而让西部铁路公司的旅客也可以直接到达伦敦中心区。贝斯沃特，帕丁顿和霍尔本桥铁路公司计划将这段地下铁路建在当时全新建造的一条道路以下（道路名称就叫新大道 New Road），以大大降低城市拆迁的成本。利用宽阔且相对笔直的新大道建设地下铁路线路的成本，估计不到皮尔逊计划的线路的一半，尽管它的长度要比皮尔逊的路线更长。

为了证明修建地下铁路的必要性，皮尔逊还进行了英国首次的交通量统计。他任命了交通统计员，对上午 8 点至晚上 8 点进出伦敦市所有主要道路的人员进行了统计。结果显示，有约 20 万人步行进入伦敦市区，约 4 万 4 千人乘坐公交车，约 2 万 6 千人乘坐马车或者出租车。可见，伦敦人有大量的进城交通需求没有被满足。满足这些出行需求，则可以为新建的地铁线路带来可观的收益。另外，伦敦泰晤士河南岸的伦敦格林威治铁路公司（London & Greenwich Railway）的案例，则证明了有大量通勤客流希望通过火车直接接近城市中心。

英国的议会为皮尔逊的计划组织了审查委员会。专家们对皮尔逊的方案进行纠正性"手术"，"切除"了方案东端的伦敦城市火车终点站部分，并对线路作了调整，以便为总邮政局（General Post Office）提供服务，从而获得总邮政局的支持。议会中虽然还有反对意见，但罗兰德·希尔（Rowland Hill）代表总邮政局表示支持皮尔逊的计划。同时，委员会中著名的铁路、桥梁工程师伊桑巴德·金德姆·布鲁内尔（Isambard Kingdom Brunel）也对皮尔逊的计划表示了支持。加上皮尔逊与他的支持者们在英国议会中不遗余力的推广，议会最终于 1854 年颁布了一项法案：批准成立大都会铁路公司（Metropolitan Railway）并修建地下铁路项目。项目由帕丁顿与西部铁路公司、北方铁路公司、伦敦与西北铁路公司，以及总邮政局共建。

约翰·福勒（John Fowler）担任大都会铁路公司的机车总工程师，约翰·哈格雷夫·史蒂文斯（John Hargrave Stevens）担任线路建造总工程师，项目预算为 100 万英镑。

29.1.6 大都会铁路的融资

伦敦的大都会铁路项目是由公共和私人部门的资金共同支持的。以下是大都会铁路的出资方及其出资金额：大都会铁路公司出资 80 万英镑，伦敦市政府出资 20 万英镑，英国政府提供了 20 万英镑的贷款，其他地方政府和个人出资约 20 万英镑。

在项目建设初期，正值克里米亚战争，资金紧张，需要想办法筹集初期建设资金。首先，大都会铁路公司承诺会修建宽轨线路，作为回报，西部铁路公司提供了 17 万 5000 英镑的投资。皮尔逊和大都会铁路公司还积极游说伦敦市政府，政府最终同意认购价值 20 万英镑的公司股票。此外，公司还在微调大都会铁路的选线，以降低成本。不再修建从科克罗斯街（Cowcross Street）到邮局的路段，以将线路的成本降至 95 万英镑；不再修建通往普雷德街（Praed Street）终点站的支线，修建成本又节省了 10 万英镑。

29.1.7 大都会铁路的建设

资金到位之后，大都会铁路正式开工建设。建设项目承包给了两个建设公司。尤斯顿广场（Euston Square）以东的线路由约翰·杰伊公司（John Jay）承包。广场以西的线路由史密斯与奈特公司（Smith & Knight）承包。双方都采用了"明挖法"的施工方式。约翰·杰伊公司的线路段需要穿过流量不小的弗利特河（Fleet River）。而史密斯与奈特公司的线路段需要面对一段长度不短的卵石层。

为了尽量避免对沿线的房产造成干扰，施工方尽可能利用了既有的街道。大都会铁路隧道的大部分挖掘主要在普雷德街（Pread Street）、玛丽波恩路（Marybone Road）和尤斯顿路（Euston Road）等既有街道下进行。在街道下面，已经存在包括水、煤气和电报的大量管道。在隧道开挖前，所有的管道都被移走。

根据协议，西部铁路公司和北方铁路公司的火车都可以使用大都会铁路的轨道。因此大都会铁路采用了混合轨距，即：西部铁路公司采用的宽轨距（2134mm），北方铁路公司及大多数英国铁路公司采用的标准轨距（1435mm），两种轨距共用靠近站台的轨道。该线路上有三条轨道处于中间的第三条内侧轨道采用标准轨距。使用宽轨距意味着大都会铁路的覆盖式隧道必须有 28 英尺 6 英寸的宽度（约 8.7m）。车站站台宽度约为 10 英尺（约 3m）。之后大都会铁路的扩建线路只使用标准轨距，覆盖式隧道因此只需 25 英尺宽（约 7.6m），站台宽度也得到增加。隧道的顶部为 28 英尺 6 英寸（约 8.7m）跨度的椭圆形砖拱，并与侧壁相连，侧壁支撑在 4 英尺（约 1.2m）宽的基础上，基础深埋于铁轨以下。排水管道埋设于轨道下方 6 英尺（约 1.8m），其直径为 18 英寸（约 0.5m）。在埋深浅时，工程选择用铸铁梁替代砖拱。

工程初期，地面被挖掘开的宽度为 33 英尺 6 英寸（约 10.2m，包括砖墙），隧道的深度约为 20 英尺（约 6.1m），砖墙用木材支撑。在工程后期，在隧道建设时常使用 6 英尺（约 1.8m）宽的沟渠作为侧墙的基础，然后将侧墙设在距离沟底约 10 英尺（约 3m）高的位置。这种方法一般先开挖出略宽于车道沟槽，然后在沟槽两边建立支撑结构以支撑土层，最后将下方的土层取走。挖掘机器取走足够的土层后，就可以在两边的支撑结构之间修建拱顶，从而完成隧道建设。这种方法比起先挖深坑再修隧道的方法要更为经济。而且，这种方法对线路两侧的土壤造成的干扰较少，从而减少了相邻建筑物的下陷或开裂，以及相应高昂的修理费用。大都会铁路公司最著名的董事长之一——爱德华·沃特金爵士（Sir Edward Watkin）曾告诉股东，为修复一座因为项目施工受损的伦敦小教堂，花费了 1.45 万英镑（当时 1 英镑可以买到约 6.7 克黄金），十分昂贵。

项目建造过程中也发生过一起重大事故。1862 年 6 月，一条直径为 10 英尺（约 3m），建在旧河床碎石上的轻型砖制下水道突然决口，导致砖石挡墙被冲破，淹没了正在修建的克拉肯韦尔隧道（Clerkenwell Tunnel，深度在 29 英尺到 59 英尺变化，即：8.8~17.9m）。这是整个工程唯一的一次重大事故。

29.1.8　设计新型蒸汽机车

大都会铁路的机车设计是一个重大难题。因为传统的蒸汽机车在隧道内无法正常运行，有些人曾建议采用缆索牵引或者气压系统。但这两个想法都没有实现。

在 1854 年的一次听证会上，大都会铁路公司的机车总工程师福勒表示他已经有了改进传统机车推进动力的方法。他依然采用普通的机车，但不再需要火炉。其方法是：使用"简单的圆柱形，卵形末端的锅炉"，在铁路线的两端充满高压水和蒸汽。这样，机车就能够轻松完成一次单程旅行。通过实验，他发现：只要起步时蒸汽充足，即使是没有火源也没有改造过的普通机车，也能够拖着一列火车走完整条线路。西部铁路公司的机车总工程师——丹尼尔·古奇爵士（Sir Daniel Gooch）也做了相同的试验，得到了相同的结果。著名的伊桑巴德·金德姆·布鲁内尔（Isambard Kingdom Brunel），也在会上支持了福勒。

于是，福勒继续推进着他的无火机车计划，并于 1860 年末委托纽卡斯尔的罗伯特斯蒂芬森公司（Robert Stephenson & Co）制造了一台原型机车。这台机车有一个小的火炉，火炉桶内是一个存放有一大块耐火砖的燃烧室。其运行机制为：机车在露天路段以普通方式运行，并烧热耐火砖，将其作为热能储存器；而在隧道内，机车火炉减弱火势，利用耐火砖释放热能，继续制造蒸汽，推进机车。汽缸排出的蒸汽被导入一个装有空气泵的喷射冷凝器中，使蒸汽冷却成水，从而不让蒸汽进入隧道。产生的水排入排水管。在满负荷、装满燃料和水的状态下，这辆机车重 32t。

1861 年 10 月，这台机车在西部铁路公司的线路上进行了试验。它先作为普通的机车行驶了 7.5 英里，然后关闭火炉，测试运行情况。但是很不幸，这次试验以失败告终。试验只持续了 12 分钟，冷凝装置变得非常热，导致空气泵出水管混合着沸腾的水喷出蒸汽。与此同时，锅炉压力骤降。而耐火砖表面被完全烧黑，不再能发挥任何功能。即使将冷凝器中的水导入锅炉，水分也被耗尽。另外，耐火砖的热量足以导致锅炉爆炸。福勒他们还在国王十字车站和艾奇韦尔路（Edgware Road）之间的隧道里进行了另一次试验，但也不成功。

最终，大都会铁路公司邀请西部铁路公司的机车总工程师——丹尼尔·古奇爵士进一步改进机车。他决定增大机车的火炉加热面积和供水箱体积，还改进了冷凝箱，让冷凝箱可以储存 420 加仑（约 1590L）的水。1862 年 10 月，改进的机车试验成功，机车本身重 38t。这台机车拉着 36t 的列车从法灵顿街到帕丁顿仅用了 20 分钟，速度更是比公共马车快了约 50%。

大都会铁路一共采购了 22 辆西部铁路设计的新型机车。其车厢采用大西部铁路的"长查利（Long Charleys）"八轮车厢。这种车厢在当时使用空间舒适，容量也非常大，并且所有车厢都安装了煤气灯。

29.1.9　线路验收与通车

1862 年 8 月 30 日，大都会铁路公司的股东们组成检查团，查看他们的投资成果。当时，考察团主要乘坐的是一种开敞式车厢，而不是"长查利"车厢。检查团对新建的大都会铁路非常满意。

此时，大都会铁路已准备好接受检查，于 1862 年 12 月，交通委员会指派了专业人员对大都会铁路进行了验收。除少量的信号问题外，大都会铁路运行良好，成功通过了验收。

最后的检查于 1863 年 1 月 3 日进行，而全面的试运行从 1 月 4 日持续到 1 月 8 日。最终，大都会铁路于 1863 年 1 月 10 日开始正式运行。

在正式运行的前一天，350 名嘉宾和约 250 名董事、股东和其他相关人士在法灵顿街举行盛大的宴会，庆祝这一历史时刻。但是很可惜，皮尔逊并未来得及见证自己创造的奇迹，他已于 4 个月前去世了。

截至线路竣工，大都会铁路一共耗资 130 万英镑，虽然比 10 年前的预算增加了 30%，但是公司的股东们并没有抱怨，他们一致认为，从未来和发展的角度来看，大都会铁路是一次非常成功的商业投资。线路运行的第一年，就有近 1200 万人次乘坐了大都会铁路，股东们获得了可观的股权红利。

29.1.10　通车后遇到的困难

大都会铁路的建设虽然很成功，但是通车后依然遇到了不少问题。

首先，大都会铁路公司很快意识到，西部铁路公司的短途公交服务并不好。他们更关注中远途直通列车的运营。因此，西部铁路公司希望逐渐脱离了大都会铁路公司。但脱离的过程并不让人愉快。西部铁路的秘书查尔斯·桑德斯（Charles Saunders）甚至与大都会铁路公司的副主席约翰·帕森（John Parson）发生了激烈冲突。桑德斯还写信宣称：自 9 月 30 日之后，西部铁路公司将不再运营地铁线路，而且明确表示不会将正在运行于该线路的机车和客车卖给大都会铁路公司。大都会铁路公司的解决方案是从北方铁路公司租用机车和车厢，直到自己的设备准备好。但是，地铁的列车服务不得不减少。公司的运营进入到一段困难时期。最终，大都会铁路公司的机车总工程师福勒以西部铁路公司的机车为模型，进一步改进了北方铁路公司的机车，帮助大都会铁路走出了困境，福勒改进的机车，在地铁电气化之前，一直是英国地铁的主力机车。

另外，地铁通风不良也是乘客们一直在抱怨的问题。于是，大都会铁路公司在波特兰路站（Portland Road）安装了一台风扇。后来，为了进一步改善通风，部分隧道顶部的道路被重新挖开。在 1871～1872 年间，从艾奇韦尔路到国王十字车站之间隧道顶部的道路上开了一系列的洞口（最初是皮尔森的想法）。这些洞口在列车通过时会突然喷出空气、蒸汽和烟雾，据说会对路上的马匹造成很大的干扰。在以后的延伸线建设中，车站尽可能地建在了开阔区域。在可能的情况下，车站之间还会设有露天的开放区域。这些设计一直沿用至今。

29.1.11　本节小结

地铁对城市的发展有着重要的意义。首先，地铁是高效、快速、便捷的城市交通工具，为减少交通堵塞，缓解交通压力，提高人们的出行效率发挥着重要的作用。不仅如此，地铁还能够改善劳动力市场的流动性，促进经济活动和城市发展，甚至发挥引导城市规划。此外，与汽车和 19 世纪常用的马车相比，地铁是一种更加高效和环保的交通方式。

因此，英国伦敦大都会铁路作为人类历史上第一条地铁线路，开辟了世界城市交通发展建设的新道路。不仅如此，大都会铁路还是一项成功的商业项目，是公共和私人部门合作的一次成功案例。尽管在项目规划、设计和建设的过程中，以及实际运营中，大都会铁路都遇到了重大的困难。但是以查尔斯·皮尔逊和约翰·福勒为代表的地铁先驱们，坚持不懈，不惧困难，勇于创新，这才建成了大都会铁路这一历史性的项目。

截至 2023 年，伦敦地铁（London Underground）运行 11 条线路，272 个车站，线路长度达 402km，是世界第 11 长的地铁系统，也是中国以外第二长的地铁系统。它还是欧洲最繁忙的地铁系统之一，2019 年客运量达 13.8 亿人次，排名欧洲第三。2022 年的客运量已恢复至 2019 年的约 70%。伦敦地铁还一直在深化和细化乘客的出行与乘车行为的研究，并建立了前沿的分析模型，包括地铁站台乘客分布模型、地铁列车停站时间模型和地铁站台出入口优化模型等，用以进一步提高地铁载运能力，减少列车延误，是世界各地地铁建设和运营的典范。

29.2　俄罗斯莫斯科地铁

莫斯科地铁（Московский метрополитен）的全名是"莫斯科列宁勋章和劳动红旗勋章列宁地铁"（Московский ордена Ленина и ордена Трудового Красного Знамени метрополитен имени В.И. Ленина），它是俄罗斯首都莫斯科及莫斯科州（Моско́вская о́бласть）的克拉斯诺戈尔斯克（Красногорск）、列乌托夫（Ре́утов）、柳别尔齐（Люберцы）和科捷利尼基（Коте́льники）等邻近城市的地铁系统。①

截至 2023 年，莫斯科地铁公司（俄罗斯国有企业）拥有 15 条线、258 个车站，线路

---

① составитель Павел Ракитин. 2005. Московский метрополитен метро. Интеррос.

Волынский В.Я. 1932. Московский метрополитен. МОСОБЛИСПОЛКОМА.

Кузнецов Сергей, Змеул Александр, Кагаров Эркен. 2016. Скрытый урбанизм: Архитектура и дизайн Московского метро 1935-2015. Dom.

长度为 461.5km（不包括主要建于地上的莫斯科中央环线 Московское центральное кольцо 和莫斯科单轨列车 Московский монорельс），是世界第 8 长的地铁系统，也是中国以外最长的地铁系统。它的线路规划布置形式采用辐射式，大部分线路从莫斯科市中心径向延伸至郊区（图 29-2）。环线（Кольцева́я ли́ния，5 号线）形成一个长达 20km 的环，方便乘客在市中心旅行。地铁系统主要位于地下，最深处为 84m，位于胜利公园站（Парк Победы），是世界上最深的地铁站之一。莫斯科地铁使用 1520mm 的俄罗斯宽轨距，与其他俄罗斯铁路相同。它还是欧洲最繁忙的地铁系统，2019 年客运量达 25.6 亿人次，是排名第二、第三的巴黎地铁（14.9 亿人次）和伦敦地铁（13.8 亿人次）年客运量的将近 2 倍；不但如此，莫斯科地铁在列车运行频率方面是世界领先的。2023 年 2 月，莫斯科成为全球首个将地铁列车间隔缩短至 80 秒的城市，另外，莫斯科地铁的很多车站有"地下宫殿"的美称，40 多座车站被评为俄罗斯的文化遗产。莫斯科地铁也有新的线路正在建设中。

图 29-2　莫斯科地铁线路图

莫斯科地铁早期（1931～1955 年）的规划和建设是苏联时期俄罗斯城市建设的巨大成就，对莫斯科这个城市产生了深远的影响和重大的贡献。

在城市发展方面：莫斯科地铁成为莫斯科向现代化和工业化城市发展的重要推动力（替代了莫斯科之前广泛使用的马车）。地铁线路的扩张和建设带动了城市的规划和发展。地铁沿线地区得到了开发和规划，促进了城市的经济增长。

在交通运输方面：它为居民提供了快速、高效、安全的交通方式。地铁的运营极大地缓解了道路交通压力，减少了交通堵塞问题，提高了交通效率。

在城市形象与文化方面：莫斯科地铁宏伟的地下建筑和精美的装饰充分展示了俄罗斯的艺术风格和设计理念。许多地铁站被视为建筑艺术的杰作，具有独特的美学价值。这些地铁站不仅为城市增添了壮丽的景观，还成为莫斯科城市形象和文化的一部分，吸引了大量的游客和艺术爱好者。

在社会影响方面：莫斯科地铁站在战争状态下可以作为人们的避难所，提供了安全的庇护所。

29.2.1　莫斯科地铁早期（1931～1955 年）发展过程

1. 建设背景

1）20 世纪初莫斯科的人口和交通状况

在 1900 年，莫斯科人口约为 118 万人，每位居民平均每年使用公共交通出行约 56 次。25 年后，人口已几乎翻倍，增长到约 200 万人，每位居民平均每年使用公共交通出行 218 次。与此同时，1922 年 12 月 30 日，俄罗斯、乌克兰和外高加索联邦共同签订《苏联成立条约》，苏维埃社会主义共和国联盟正式成立。苏联在莫斯科的郊区相继建立了新的工厂，卡加诺维奇第一轴承厂、卡拉博夫斯基机器厂、自由机器厂、斯大林汽车厂、电力工厂等，这些工厂的建立大大增加了居民的流动性。到 1931 年，人口数量已达约 360 万，每位居民平均每年使用公共交通出行达 500 次。更重要的是，作为社会主义国家，当时莫斯科的公共交通实行统一票价，居民乘坐公共交通的成本要比资本主义国家的电车低得多，这也大大刺激了居民的出行量，每天莫斯科的有轨电车运送乘客约 500 万人次。

虽然地面公共交通已经比较发达，但城市公共交通系统仍然无法满足城市居民的出行需求。各种车辆（有轨电车、马车、大型汽车以及轿车）混行，地面交通极其拥堵，居民出行时间长。因此，有人提出将地面上的有轨电车轨道拆除，在地下建立全新的大运量轨道交通系统，以满足莫斯科的交通需求。比照英国伦敦，其人口数量达约 250 万人时（1851 年），也已开始规划建设地铁线路。自此，世界上的大城市纷纷效仿伦敦的做法，通过建造地铁解决城市交通问题。也有其他国家尝试通过不同方式解决交通问题，例如，美国曾建设高架铁路。然而，铺设高架轨道让附近的街道变得拥挤不堪，还产生噪声，破坏了街道美观。基于此，莫斯科仍决定修建地铁来解决城市的交通问题。

2）1931 年之前的地铁规划方案

莫斯科地铁的建设提议最早可追溯到 1875 年。当时有人提出从库尔斯克火车站（Ку́рский вокза́л）经过卢比扬卡广场（Лубянскую）到玛琳娜罗什查区（Марьиной Рощи）的线路，项目遭到了教会的反对。教会在当时具有很大的影响力，他们认为："一个以上帝形象和样式创造的人，不应该屈辱自己进入地下世界"。

1902年，两位工程师P. I. 巴林斯基（П. И. Балинский）和E. K. 克诺尔（E. K. Кноppe），提出了一个估计耗资1.55亿卢布的地铁项目。项目计划扎莫斯科河畔区（Замоскворечье）与特维尔斯卡亚·扎斯塔瓦广场（Тверской заставой）相连，方案遭到了工厂主、商人、马车车主和神职人员的反对，有轨电车利益集团也提出异议（他们为国库贡献了相当大的利润，有相当大的影响力）。同时，城市议会既没有足够的资金，也没有地铁建设的经验，他们还认为，将建设这项利润丰厚的工程交给外国人是可惜的，因此，城市议会拒绝了巴林斯基和克诺尔的计划。

1913年，莫斯科市议会制定了自己的地铁项目，包括三条线路，将莫斯科铁路车站相连接，后来也未能够实施。

1917年十月革命后，无产阶级掌握了俄国政权，莫斯科的工人在选举中，往往会将建设地铁列为重要议题。1918年，根据弗拉基米尔·列宁（Влади́мир Ильи́ч Ле́нин）的指示，开始制定莫斯科的第一个重建计划，并支持了建造地铁的想法。1922年，地铁建设项目被制定出来。与以前的项目不同，这个项目考虑到了首都劳动者的利益，计划通过辐射线和环线连接莫斯科的七个区，这个设计与当时莫斯科的城市道路布置相辅相成（图29-3）。然而，由于当时的国家经济困难、工业基础不足和缺乏合格人员等问题，使得地铁建设计划再次搁浅。

图29-3　1930年莫斯科市区道路图

1923 年，德国的西门子建筑联合公司开始谋划莫斯科地铁项目，估算耗资 3000 万卢布，以特许权形式经营。后来仍然由于没有足够的资金，项目只停留在了纸面上。

分析以上地铁建设计划没有实现的主要原因有：宗教思想束缚、既得利益者阻碍、资金、工业基础不足和缺少专业人才等。

直到 1931 年，莫斯科地铁建设方正式启动。

2. 莫斯科第一批地铁线路规划

与伦敦地铁的建设不同，莫斯科地铁的建设主要由政府主导。

1928 年，苏联开始实施第一个五年计划，以国家能力推进工业化的进步和城市的改造。期间，莫斯科的石子路面被柏油路面取代，社区也变得更加整洁，这也为地铁的建设打下了工业基础。如果没有工业化的推进，苏联就没有足够的原材料来建设地铁项目，工业化使得苏联可以生产足够的钢材用于地铁的建造。

1931 年 6 月 15 日，根据莫斯科市党委第一书记拉扎尔·卡加诺维奇（Ла́зарь Моисе́евич Катано́вич）的报告《关于莫斯科城市经济和苏联城市经济的发展》中的提案，苏联共产党的中央委员会批准在 1932 年 1 月开始建设莫斯科的第一条地铁线路（电气化铁路），为此苏联政府还为建设地铁专门成立了国家级的特殊组织——地铁建设公司。

1931 年 11 月，地铁建设公司在鲁萨科夫斯卡娅街（Русаковская улица）上建造第一个实验场地。在设计过程中，关于未来地铁站的类型以及它们应该具有的站台类型是岛式还是侧式进行了讨论，最终选用了岛式站台；同时，莫斯科工程师 V.L. 马可夫斯基（Маковский, Вениамин Львович）为在莫斯科复杂土壤条件下铺设深层隧道的可能性和必要性进行了论证。

1932 年 5 月 25 日，苏维埃政府通过决议："将地铁建设视为最重要的国家建设项目，并确保其获得木材、金属、水泥、交通工具等必需物资，作为全联盟重要的突破性建设项目。"

1933 年 3 月 21 日，苏联政府批准了一项 10 条地铁线路的计划，线路总长为 80km，线路的规划根据地面有轨电车客流量，以及城市居民区、工业区的长期规划制定。地铁建成后，有轨电车、公共汽车和地铁不会像在资本主义城市那样相互竞争，而是共同分担运输任务，以提供最大限度的便利和服务给人民。在地铁网络完全发展起来后，地铁将主要承载出行距离较长的乘客，主要是朝向市中心和通过市中心的方向；公共汽车则在市中心运输短途乘客；有轨电车主要在市中心外行驶。

莫斯科地铁的建设工程师在 1936 年与伦敦地铁的同行进行了磋商，并聘请了英国建筑师查尔斯·霍尔登（Charles Holden）和伦敦地铁行政官弗兰克·皮克（Frank Pick）担任莫斯科地铁系统的顾问。

3. 建设投资、设备与动员

在莫斯科建设一个庞大的地下交通网络是一项极其艰巨的任务，解决这个问题需要大量资金。当时，一条隧道的建设成本就达到每公里 1.5 亿卢布，在第二个五年计划期间（1933～1937 年），需要投入不少于 500 亿卢布用于地铁建设，这笔资金中约 70% 用于建筑材料、设备和交通工具，约 30% 用于工人和员工的工资。

由于当时苏联还不能生产控制系统和扶梯等设备,这些设备需要从国外进口。此外,还需要从国外引进具有长期地铁建设经验的高素质专业人员。同时,项目需要动员 70000 名工人和 5000 名工程师和技术人员参与建设。动员的主要动机之一是超越西方并证明社会主义地铁可以超越资本主义。从乌克兰和西伯利亚煤矿工人到马格尼托哥尔斯克的钢铁厂、第聂伯河水电站和中亚铁路的建筑工人,各个地区的专业人才都被吸引来参与工作。地铁建设使用的材料包括来自西伯利亚库兹涅茨克的铁,来自俄罗斯北部的木材,来自伏尔加地区和北高加索的水泥,来自巴库的沥青,以及来自俄罗斯加里尔、克里米亚、高加索、乌拉尔和苏联远东的大理石和花岗石等。

4. 地铁建设

1）莫斯科水文地质概况

莫斯科地铁沿线的土层具有极高的多样性和不稳定性。其中上层为人工填土或建筑垃圾,厚度达到 2m 或更多,另外还需要考虑地面建筑物、构筑物、道路和地下设施等的影响;人工土层下方是冰川时期的沙子和黏土,这些土层大部分含有水分,厚度为 15～18m;第三层为干燥坚固的侏罗纪黏土层,侏罗纪黏土是铺设隧道最有利的地层,但要完全在侏罗纪黏土中铺设隧道,需要在隧道上方和下方保留 2～3m 厚的黏土层。由于隧道直径设计最小为 7m,侏罗纪黏土层至少应达 12m 厚,地铁沿线只有少数路段的侏罗纪黏土层达到这个深度。在莫斯科地区,上层地下水位深约 3m 或更多,距离地表较远,且地下水中含有少量的硫酸,尽管酸性比较低,但随着时间的推移,会对隧道产生破坏作用,因此施工需要使用耐酸水泥。

2）莫斯科街道概况

当时的莫斯科街道网络延续着沙俄时代街道狭窄曲折的特点,莫斯科最重要的干道之一,也是首先建设地铁的地方——米亚斯尼茨卡娅大街（Мясницкая улица）,在某些地方的宽度不超过 16m,地铁隧道勉强能够容纳在路面下方;与此同时,由于街道弯曲,地铁有时还需要穿过建筑物的地下空间。大多数莫斯科建筑物的基础并不够深且牢固,如果在这些墙体附近进行挖掘施工,容易出现墙体开裂;莫斯科街道下埋有各种管道和地下设施,供水管道、污水管道、排水系统、燃气管道、电报、电话和其他电缆等,在建设地铁时,需要对它们进行重新布置或保护。

3）隧道施工方法

莫斯科地铁采用了明挖法（当时在苏联也被称为柏林法）、竖井法（巴黎法）和盾构法（伦敦法）等多种施工方法修建隧道,从索科利尼基站（Сокольники）到共青团站（Комсомо́льская）和从列宁图书馆站（Библиоте́ка и́мени Ле́нина）到文化公园站（Парк Культу́ры）的路段采用明挖法施工,亚历山大公园站（Алекса́ндровский сад）和斯摩棱斯克站（Смоленская）之间的隧道采用了竖井法施工,猎人商行站（Охотный ряд）到卢比扬卡广场（Лубянская площадь）的深层区段中使用了盾构法。当时苏联还没有制造盾构机的能力,也缺少操作盾构机的人才,盾构主要从国外采购。隧道挖掘中,也需要请国外专业人员作指导。

4）莫斯科早期地铁建设的四个阶段

（1）莫斯科首条地铁线路于 1935 年 5 月 15 日上午 7 点向公众开放，全长 10.6km、设有 13 个车站、运行 12 列列车，据统计，首日有约 28.5 万人乘坐地铁，开通的地铁线路平均时速为 47km/h，最高时速为 80km/h。相比之下，当时纽约市地铁列车的平均时速仅为 40km/h，最高时速为 72km/h。最初的线路连接了索科利尼基站（Сокóльники）和猎人商行站（Охотный ряд），然后分岔至文化公园站（Парк Культу́ры）和斯摩棱斯克站（Смоленская）（图 29-4）。1937 年 3 月，后一段线路向西延伸至基辅站（Киевская），同时建设了莫斯科第一条穿越莫斯科河的地铁桥（图 29-5）。

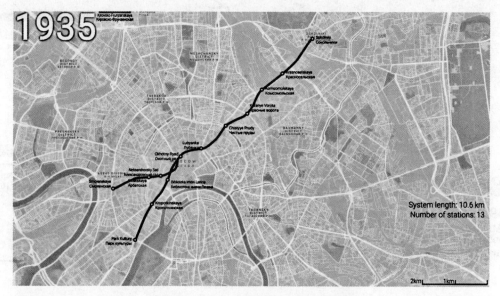

图 29-4　1935 年莫斯科第一条地铁线路

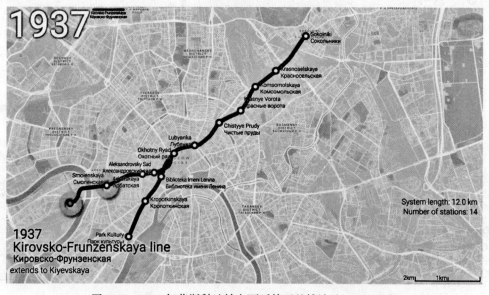

图 29-5　1937 年莫斯科地铁向西延伸至基辅站（Киевская）

（2）第二阶段工程在第二次世界大战（1939 年 9 月～1945 年 9 月）爆发前完成。1938 年 3 月，基辅站至猎人商行站的分支被拆分并延伸至库尔斯克站（Курская），现在是粗线表示的阿尔巴特—波克罗夫卡线（Арба́тско-Покро́вская ли́ния，3 号线）（图 29-6）；1938 年 9 月，莫斯科河畔线（Замоскворе́цкая ли́ния，2 号线）在隼鸟站（Со́кол）和剧院站（Театра́льная）之间开通（图 29-7）。车站建筑设计融合了社会主义主题，同时建造了第一座深层圆柱形车站——马雅科夫斯基站（Маяковская）。

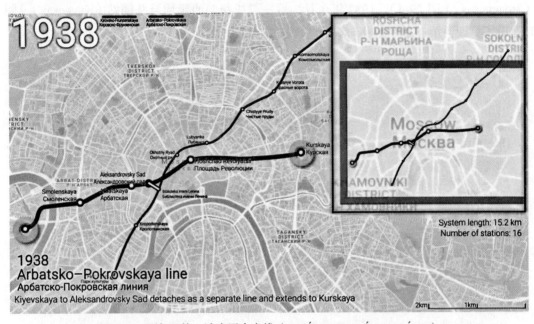

图 29-6　阿尔巴特—波克罗夫卡线（Арба́тско-Покро́вская ли́ния）

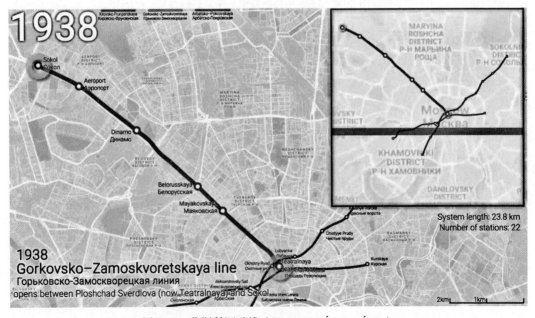

图 29-7　莫斯科河畔线（Замоскворе́цкая ли́ния）

（3）第三阶段的建设在二战期间被推迟，但没有中断。莫斯科河畔线新建三座车站，延伸至汽车厂站（Автозаво́дская），并于 1943 年开通（图 29-8）；阿尔巴特—波克罗夫卡线新建四座车站，延伸至游击队站（Партизанская），并于 1944 年开通（图 29-9），这些车站的建筑设计采用了战争主题。1941 年秋冬莫斯科保卫战期间，地铁站被用作防空洞；苏联国务院把办公室搬到了马雅科夫斯基站的站台上，斯大林在那里多次发表公开演讲。在卫国战争期间，成千上万的莫斯科居民为躲避空袭，藏身于地铁中。

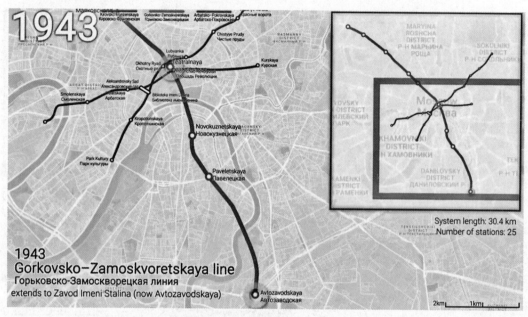

图 29-8　莫斯科河畔线延伸至汽车厂站（Автозаво́дская）

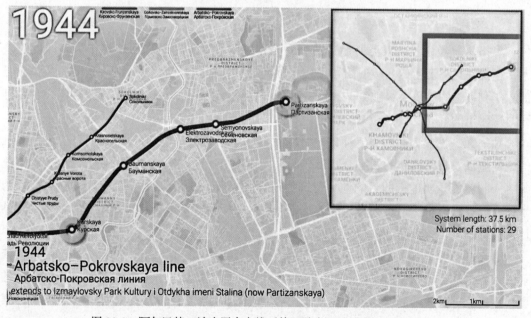

图 29-9　阿尔巴特—波克罗夫卡线延伸至游击队站（Партизанская）

（4）1945年二战结束后，莫斯科地铁第四阶段的建设开始，主要是建设环线（Кольцева́я ли́ния，5号线），并于1954年完工。战后，新建的地铁站设计时考虑了潜在敌人可能使用原子弹、化学武器和细菌武器等大规模杀伤性武器，地铁通风井配备了过滤器，在隧道以及地铁站出口处建造了密封门，它们能够承受爆炸的冲击波，还能够防止洪水淹没车站和隧道；在城市停电的情况下，地铁内预备了柴油发电机组，以维持照明和通风（图29-10）。

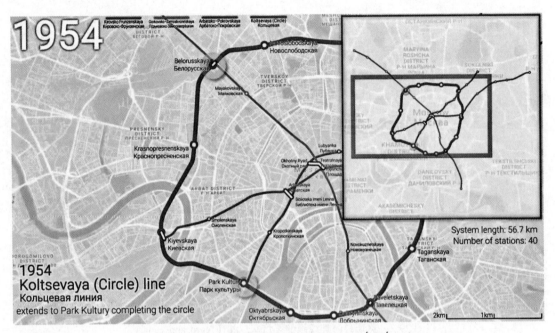

图29-10　1954年完工的环线地铁（Кольцева́я ли́ния）

5）车站建筑

黑格尔曾经说过，人类所建造的第一个建筑物是地下建筑，而建筑作为一门建筑艺术，正是在地下诞生的。政府给予了建筑师们题材和材料，让他们在地下世界里发挥自己的才华和创造力。莫斯科地铁站装饰的奢华程度超过了几乎所有已知的地下建筑，它是苏联时期建筑的巅峰之作。

独一无二性成为一项设计原则。针对每个车站，建筑师们都开发了独特的照明装置、门的类型以及石材瓷砖的图案，城市当局真诚地相信，地铁建筑设计的任务之一，就是让乘客一眼就能认出他们的目的地。建筑师同时被要求让地铁车站"避免地下的感觉"。为了使人们在缺乏自然通风和日光的地下空间中的短暂停留不那么压抑，工程师们增加了站厅的设计高度，这种高度在当时的西方是无法想象的。

著名的苏联建筑师伊凡·福明（Ива́н Алекса́ндрович Фоми́н）使用深红色的格鲁吉亚大理石镶嵌红门站（Красные Ворота）的柱子（图29-11）。他在设计和建造第二阶段的剧院站时，苏共政治局谢尔戈·奥尔忠尼启则（Площадь Свердлова）为他购买了一台"泰斯曼"式的美国石材加工机，用它可以雕刻成整体有凹槽的柱子（图29-12）。

图 29-11　红门站（Красные Ворота）　　　　　　图 29-12　剧院站（Театра́льная）

政府在莫斯科郊区的多罗戈米洛夫（Дорогомилове）建立了一座石材切割和抛光工厂，在这个工厂中，他们处理的不仅是从采石场开采的方形石块，还有从基督救世主主教座堂（Храм Христа Спасителя）的残骸中获得的大理石，被毁的东正教堂成为地下社会主义宫殿的原材料基地，以它们的壁画为装饰，做成了新库兹涅茨克站（Новокузнецкая）的长椅（图 29-13）。

地铁的建设者们不仅拥有石材加工厂，当建筑师阿列克谢·杜什金（Алексе́й Никола́евич Ду́шкин）考虑使用不锈钢来装饰马雅可夫斯基站的拱门时，他得到了从事航空器研发的图波列夫设计局（Туполев）的支持，航空钢、半宝石石英和名为"萨达赫洛"的深灰色大理石相结合，用于镶嵌柱子（图 29-14）。

图 29-13　新库兹涅茨克站（Новокузнецкая）　　　图 29-14　马雅可夫斯基站
　　　　　　　　　　　　　　　　　　　　　　　　　　　　（Маяковская）

马雅可夫斯基站天花板上的马赛克是由列宁格勒（现圣彼得堡）的艺术学院（Императорская Академия художеств）制作的，学院曾负责为圣以撒主教座堂（Исаа́киевский Собо́р）和滴血救世主教堂（Храм Спаса на Крови）制作马赛克，马雅可夫斯基站的马赛克是由施釉彩瓷制成的（图 29-15）。

图 29-15　马雅可夫斯基站（Маяковская）的马赛克装饰

在新村庄站（Новослободская），阿列克谢·杜什金使用了曾经安装在一座哥特式教堂中的彩色玻璃，来装饰站厅（图 29-16）。

在基辅站，德米特里·切丘林（Дми́трий Никола́евич Чечу́лин）采用了更传统的科林斯柱头，并在下部设计了穗与星星之间的装饰。柱头是在列宁格勒的罗蒙诺索夫瓷器厂（Императорский фарфоровый завод）制作的，在那里，切丘林对金色柱头的颜色进行了很多实验，带有金色纹路的"达瓦卢"大理石与上部柱子温暖的玛瑙石巧妙搭配，与墙壁上的凸起瓷砖相呼应，切丘林还在天花板砖上安装了反射光线的球形碗（图 29-17）。

图 29-16　新村庄站（Новослободская）

图 29-17　基辅站（Киевская）

20 世纪 50 年代末和 20 世纪 60 年代，新地铁站的豪华建筑风格被尼基塔·赫鲁晓夫（Никита Сергеевич Хрущёв）下令坚决停止，他更喜欢一种实用主义的设计风格，类似于原始主义风格。1955 年，他开启了名为"反对建筑过度奢华"的广泛运动，运动倡导廉价但易于大规模生产的建筑物。赫鲁晓夫时代的车站设计简单、风格朴素，墙壁覆盖着几乎相同的方形瓷砖，一种被称为"蜈蚣"的浅挖地铁站布局（设计中有 40 根混凝土柱）被用于几乎所有的新车站，这些车站的建筑外观几乎相同，仅在大理石和瓷砖的颜色上有所不同。

与此同时，约瑟夫·斯大林（Ио́сиф Виссарио́нович Ста́лин）在地铁车站中的各种形象、标语也在这一时期被移除。在库尔斯克站，斯大林的雕塑被移走，刻在檐口上的国歌词被改写；在新村庄站，……变成了一只飞翔在祖国母亲雕像上方的鸽子。此后，地铁被视为交通工具，而不再具有意识形态宣传的功能。

29.2.2　本节小结

与世界上第一条地铁线路——英国伦敦大都会铁路相比，早期莫斯科地铁具有以下特点。

1. 政府主导

伦敦大都会铁是公共部门和私人合作完成的，莫斯科地铁的建设主要由政府主导。由于地铁项目投资巨大，与英国相比，沙俄时期俄国资产阶级力量较为薄弱，因此，需要等到苏联建立后，充分发挥社会主义国家集中资源、人力的优势，才能完成莫斯科地铁的建设。

2. 技术先进

伦敦大都会铁路建成于 1863 年，莫斯科第一条地铁线路建成于 1935 年，相隔 72 年。莫斯科地铁充分发挥了后发优势，技术更先进、功能更丰富。

1）伦敦大都会铁路属于浅埋地铁线路，采用了明挖法修建隧道和车站；莫斯科地铁引入了当时世界先进的地铁建造技术，采用多种施工方法（明挖法、竖井法和盾构法）建设地铁隧道和多个深埋地铁站。

2）伦敦大都会铁路最开始使用的是蒸汽机车，到 20 世纪初才逐渐开始实现地铁的电气化；莫斯科地铁直接采用了电气化铁路。

3）莫斯科地铁自建设之初就被设计为民防设施，在紧急情况下可以作为居民躲避空袭的避难所。

3. 建设目的更多元

伦敦大都会铁路的建设目的主要是解决城市地面交通拥堵，莫斯科地铁的建设目的不仅包括解决城市交通问题，还包括展示社会主义国家优越性和俄罗斯的文化，具有宣传的功能。因此，莫斯科地铁车站的建设十分豪华，是苏联时期建筑的巅峰之作。

总的来说，早期莫斯科地铁建设充分发挥了社会主义国家的优势，采用了当时先进的地铁建造技术，建造了美轮美奂的"地下宫殿"；同时，莫斯科地铁在城市发展、交通运输、城市形象与文化以及社会生活等方面都对莫斯科这座城市产生了重要的影响和贡献。它不仅改善了居民的交通状况，还推动了城市的现代化和经济发展，成为莫斯科城市的重要地标和文化遗产之一。

附 录

附录 1　城市轨道交通工程划分

附录 2　全过程工程咨询用表

附录1　城市轨道交通工程划分

1. 单位（子单位）工程

建设单位招标文件确定的每一个独立合同应为一个单位工程。

当合同文件包含的工程内容较多，或工程规模较大，或由若干独立设计组成时，宜按工程部位或工程量、每一独立设计将单位工程分成若干子单位工程。

总包单位进行工程分包时，每一个分包合同应视为子单位工程。

地下结构部分按其功能和部位的不同，将左右线、出入口通道、风道和风井、盾构工作井、联络通道和泵房、折返线等划分为若干个子单位工程。地上部分按其工程种类的不同，将路基、桥梁、涵洞、道路、建筑物、站房等分别划为子单位工程。

2. 分部（子分部）工程

分部工程依据单位工程中的结构部位或特点、功能、工程量来划分。

分部工程的规模较大或工程复杂时宜按材料种类、工艺特点、施工工法等，将分部工程划为若干子分部工程。例如，基础分部工程中既有明挖基础又有钻孔桩基础，可分为两个子分部工程。

3. 分项工程

分项工程按工种、工序、材料、施工工艺来划分。分项工程可由一个或若干检验批组成。

4. 检验批

检验批是工程验收的最小单位，是分项工程乃至整个工程质量验收的基础。检验批是施工过程中条件相同并有一定数量的材料，构配件或安装项目，由于其质量基本均匀一致，因此可以作为检验的基础单位，并按批验收。

检验批质量检验记录反映工程质量的过程控制，是施工质量检验的基本单元。例如，地下车站地下连续墙围护结构，划分顺线路方向分割多个幅，在施工质量检验时，可将每一幅或每施工段为一个检验批。

城市轨道交通工程单位（子单位）、分部（子分部）、分项工程划分（附表1-1）。

446

城市轨道交通工程单位（子单位）、分部（子分部）、分项工程划分表　　附表 1-1

单位工程	子单位工程	分部工程	子分部工程	分项工程
明挖车站	车站主体	围护结构	地下连续墙	导墙、地下连续墙成槽、地下连续墙钢筋笼制作与安装、地下连续墙混凝土
	风道		钻孔灌注桩（咬合桩）	钻孔灌注桩护筒、钻孔灌注桩泥浆护壁成孔、钻孔灌注桩套管成孔、钻孔灌注桩钢筋笼制作与安装、钻孔灌注桩混凝土、桩间网喷混凝土填充与整平、导墙
			劲性水泥土搅拌桩墙（SMW桩）	水泥土搅拌桩（SMW桩）、型钢插入与拔除（SMW桩）
			止水帷幕	钻孔搅拌桩、高压旋喷桩、高压注浆止水
			冠梁（抗浮梁）	模板与支架制作和安装、钢筋原材料与加工、钢筋骨架制作与安装、结构混凝土、模板与支架拆除
	出入口	地基基础与土石方	钻孔灌注桩（抗拔）	钻孔灌注桩泥浆护壁成孔、钻孔灌注桩钢筋笼制作与安装、钻孔灌注桩混凝土
			基坑开挖与回填	降水井、钢支撑制作与安装、土方开挖、土方回填
			地基处理	换填、钻孔搅拌桩、高压旋喷桩、高压注浆、混凝土垫层
		接地装置		接地网安装（隐蔽）
		防水工程		卷材防水、涂料防水、水泥基结晶渗透涂料防水、特殊部位防水
	通道	结构工程	主体结构	模板与支架制作和安装、钢筋原材料与加工、钢筋骨架制作与安装、结构混凝土、模板与支架拆除、混凝土设备基础、钢管柱安装、钢管柱混凝土、地模
			抗浮梁	模板与支架制作和安装、钢筋原材料与加工、钢筋骨架制作与安装、结构混凝土、模板与支架拆除
明挖车站（暗挖法施工部分）	风道	土层加固		钻孔搅拌桩、高压旋喷桩、高压注浆、水平搅拌桩、水平旋喷桩、土层冻结
		超前支护		管棚注浆超前支护、小导管注浆超前支护、土层锚杆
	出入口	洞身开挖		降水井、暗挖法土方开挖
		初期衬砌		钢筋格栅、网片加工与安装、型钢钢架制作与安装、喷射混凝土
	通道	防水工程		高压注浆止水、卷材防水、特殊部位防水
		二次衬砌		模板与支架制作和安装、钢筋原材料与加工、钢筋骨架制作与安装、结构混凝土、模板与支架拆除

单位工程	子单位工程	分部工程	子分部工程	分项工程
盾构区间	钢筋混凝土管片制作	管片制作		钢筋混凝土管片钢模、管片钢筋骨架制作与安装、管片混凝土配合比与浇筑、钢筋混凝土管片、钢筋混凝土管片试拼装、钢筋原材料与加工
	区间左线	进出洞土层加固		钻孔搅拌桩、高压旋喷桩、高压注浆
	区间右线	盾构主体		钢筋混凝土管片外涂层与防水密封条、钢管片、盾构掘进、管片拼装、壁后注浆、隧道防水
		端头井接头		模板与支架制作和安装、钢筋原材料与加工、钢筋骨架制作与安装、结构混凝土、模板与支架拆除、特殊部位防水
	盾构工作井及风井	围护结构	地下连续墙	导墙、地下连续墙成槽、地下连续墙钢筋笼制作与安装、地下连续墙混凝土
			钻孔灌注桩（咬合桩）	钻孔灌注桩护筒、钻孔灌注桩泥浆护壁成孔、钻孔灌注桩套管成孔、钻孔灌注桩钢筋笼制作与安装、钻孔灌注桩混凝土、桩间网喷混凝土填充与整平、导墙
			劲性水泥土搅拌桩墙（SMW桩）	水泥土搅拌桩（SMW桩）、型钢插入与拔除（SMW桩）
			止水帷幕	钻孔搅拌桩、高压旋喷桩、高压注浆止水
			冠梁（抗浮梁）	模板与支架制作和安装、钢筋原材料与加工、钢筋骨架制作与安装、结构混凝土、模板与支架拆除
		地基基础与土石方	钻孔灌注桩（抗拔）	钻孔灌注桩泥浆护壁成孔、钻孔灌注桩钢筋笼制作与安装、钻孔灌注桩混凝土
			基坑开挖与回填	降水井、钢支撑制作与安装、土方开挖、土方回填
			地基处理	换填、钻孔搅拌桩、高压旋喷桩、高压注浆、混凝土垫层
		接地装置		接地网安装（隐蔽）
		防水工程		卷材防水、涂料防水、水泥基结晶渗透涂料防水、特殊部位防水
		结构工程	主体结构	模板与支架制作和安装、钢筋原材料与加工、钢筋骨架制作与安装、结构混凝土、模板与支架拆除、混凝土设备基础、钢管柱及定位器安装、钢管柱混凝土、地模
			抗浮梁	模板与支架制作和安装、钢筋原材料与加工、钢筋骨架制作与安装、结构混凝土、模板与支架拆除
	联络通道及泵房（暗挖法施工部分）	土层加固		钻孔搅拌桩、高压旋喷桩、高压注浆、水平搅拌桩、水平旋喷桩、土层冻结
		超前支护		管棚注浆超前支护、小导管注浆超前支护、土层锚杆支护
		洞身开挖		降水井、暗挖法土方开挖

单位工程	子单位工程	分部工程	子分部工程	分项工程
盾构区间	联络通道及泵房（暗挖法施工部分）	初期衬砌		钢筋格栅、网片加工安装、型钢钢架制作与安装、喷射混凝土
		防水工程		高压注浆止水、卷材防水、特殊部位防水
		二次衬砌		模板与支架制作和安装、钢筋原材料与加工、钢筋骨架制作与安装、结构混凝土、模板与支架拆除
明挖区间	区间正线	围护结构	地下连续墙	导墙、地下连续墙成槽、地下连续墙钢筋笼制作与安装、地下连续墙混凝土
			钻孔灌注桩（咬合桩）	钻孔灌注桩护筒、钻孔灌注桩泥浆护壁成孔、钻孔灌注桩套管成孔、钻孔灌注桩钢筋笼制作与安装、钻孔灌注桩混凝土、桩间网喷混凝土填充与整平、导墙
	区间通道		劲性水泥土搅拌桩墙（SMW桩）	水泥土搅拌桩（SMW桩）、型钢插入与拔除（SMW桩）
			止水帷幕	钻孔搅拌桩、高压旋喷桩、高压注浆止水
	区间风井		冠梁（抗浮梁）	模板与支架制作和安装、钢筋原材料与加工、钢筋骨架制作与安装、结构混凝土、模板与支架拆除
	联络线	地基基础与土石方	钻孔灌注桩（抗拔）	钻孔灌注桩泥浆护壁成孔、钻孔灌注桩钢筋笼制作与安装、钻孔灌注桩混凝土
			基坑开挖与回填	降水井、钢支撑制作与安装、土方开挖、土方回填
			地基处理	换填、钻孔搅拌桩、高压旋喷桩、高压注浆、混凝土垫层
		接地装置		接地网安装（隐蔽）
	区间折返线	防水工程		卷材防水、涂料防水、水泥基结晶渗透涂料防水、特殊部位防水
		结构工程	主体结构	模板与支架制作和安装、钢筋原材料与加工、钢筋骨架制作与安装、结构混凝土、模板与支架拆除、混凝土设备基础、钢管柱安装、钢管柱混凝土、地模
			抗浮梁	模板与支架制作和安装、钢筋原材料与加工、钢筋骨架制作与安装、结构混凝土、模板与支架拆除

附录 2 全过程工程咨询用表

施工／材料设备开标情况汇总表　　　　　　　　　　附表 2-1

项目名称					
招标范围					
评标时间		投标人数量		投标人数量	
标底		万元	是否审定	核减率	%
投标限价	万元				
评标办法					
评分权重	技术 ＿＿＿%；资信 ＿＿＿%；商务 ＿＿＿%				
基准价计取方式					
商务分计算方式					
	单位名称	投标品牌（材料设备）		投标报价（万元）	下浮比例
第一中标候选人					
第二中标候选人					
开标及资格后审异常情况：					
技术资信标评审异常情况：					
商务标评审异常情况：					
第一、第二中标候选人的人员及业绩核查、公示情况： 　　□ 未要求提供人员及业绩　　　□ 人员及业绩已核查、公示，无异议 　　□ 人员及业绩存在问题：					
其他问题：					

现场原始测量单

工程名称： 编号：

事项描述：			

施工单位	工程监理部	全过程工程咨询单位	建设单位
签字：	签字：	签字：	签字：
日期：	日期：	日期：	日期：

设计单位过程履约质量考核表

附表 2-3

项目名称：　　　　　　　　　　设计单位：　　　　　　　　　　考核周期：

序号	考核内容	考核评分标准	自评	全过程工程咨询单位	建设单位
1	设计文件质量控制（25分）	设计结构安全、经济合理，满足建设单位所要求的功能及使用价值，符合设计任务书要求（4分）			
		设计人能充分了解建设单位及建设单位需求，能据此开展针对性设计，无因此导致的返工修改（3分）			
		设计文件无违反国家强制性标准的设计错误（3分）			
		设计文件中无指定或变相指定材料品牌、厂家等违反国家法律法规的行为（3分）			
		在满足建设单位要求的前提下，优先选用推荐性标准工艺、材料、设备（3分）			
		设计方案切合现场实际，具备施工可操作性，有利于施工进度及投资控制（3分）			
		设计参数表述清楚、完备，设计图纸表述清晰（3分）			
		不同专业之间设计交圈协作良好，图纸对应接口正确匹配，无因此导致设计变更、返工等现象（3分）			
2	设计工作进度控制（25分）	阶段性成果文件出图进度符合设计合同要求（5分）			
		设计进度控制合理，设计工作有秩序、有节奏、专业出图进度合理搭接，过程控制到位（5分）			
		能根据现场实际需要合理调整并加快出图进度（5分）			
		设计变更出具及时，需设计审批类文件能及时审批反馈，无因设计工作不及时影响施工进度现象（5分）			
		施工过程中需设计单位处理的问题均能按规定时限处理完毕，必要时能按要求及时到达现场（5分）			
3	设计文件投资控制（25分）	充分利用设计方案的技术经济定量分析、限额设计、价值工程优化设计等先进设计手段主动落实设计投资控制（5分）			
		设计估算表格式齐全、内容完备、签章有效（5分）			
		设计概算表格式齐全、内容完备、签章有效，且设计过程中切实控制设计概算不超过设计估算（5分）			
		设计文件及变更文件均能同步提交估算或概算，同时设计方案体现良好的经济性，方案及设备、材料选型上准确把握项目档次定位（5分）			
		设计变更出具严谨，变更原因均有清晰交代且理由依据充分，严格把关审批工程变更，意见清晰（5分）			
4	各项配合及服务质量（25分）	根据现场需要及时到达现场处理设计问题，能配合现场施工进度需要及时提供全面配合工作（5分）			
		派赴现场设计代表专业能力满足工程需要、处理问题准确及时，针对不称职现场代表及时调换（5分）			
		及时做好设计交底及图纸会审等应尽工作（5分）			
		设计过程中能与参建各方紧密配合，配合现场完成的有关审查、审批工作能及时高质高效完成（5分）			
		能严格遵守设计管理制度及合同约定，积极主动做好其他各项配合工作（5分）			
总计得分					

工程变更报审表 附表 2-4

工程名称： 编号：

施工单位		全过程工程咨询单位 （工程监理部）	

致： （工程监理部）
由于 原因，兹提出 工程作下列变更
（内容见附件），请审批。
　　附件一：工程变更申请表（变更原因、内容、相关说明材料）
　　附件二：工程变更增减造价估算（工程量、单价及依据、金额）

项目经理： 施工单位（章） 年 月 日

工程监理部审查意见：

专业监理工程师： 总监理工程师： 项目监理机构（章） 年 月 日

设计单位审查意见：

专业负责人： 项目负责人： 设计单位（章） 年 月 日

全过程工程咨询单位审核意见：

专业负责人： 项目负责人： 全过程工程咨询单位（章） 年 月 日

建设单位审批意见：

专业负责人： 项目负责人： 建设单位（章） 年 月 日

深化设计修改／调整内容审批单　　　　　　　　　　　　　　　附表 2-5

工程名称：　　　　　　　　　　　　　　　　　　　　　　　　　编号：

致：＿＿＿＿＿＿＿＿＿＿＿＿＿＿＿（工程监理部）

　　由于（□ 深化设计规范要求　□ 现场技术条件改变　□ 深化设计文件合理优化　□ 原设计文件存在的错漏
□ 针对工程紧急抢险需要　□ 其他：＿＿＿＿＿＿＿＿＿）的原因，我司拟对本项目招标阶段给出的深化／专业
设计方案作一定修改／调整，本次修改调整的具体内容、原因及依据、因此带来的造价增减变化等详附件，请给
予审批。

　　附件：1.深化／专业设计修改调整具体内容、原因及依据（按报告格式）
　　　　　2.本项调整对比投标报价的造价增减对比分析（按清单格式）

　　　　　　　　　　　　　　　　　　　　　　　　　　项目负责人：＿＿＿＿＿＿＿＿＿
　　　　　　　　　　　　　　　　　　　　　　　　　　日　　　期：＿＿＿＿＿＿＿＿＿
　　　　　　　　　　　　　　　　　　　　　　　　　　深化设计单位（公章）：

全过程工程咨询单位（工程监理部）审查意见：

专业监理工程师：　　　　　项目总监：　　　　　日期：　　　　　单位（章）：

原设计／主设计单位审查意见：

专业工程师：　　　　　项目负责人：　　　　　日期：　　　　　单位（章）：

全过程工程咨询单位（项目管理部）审查意见：

专业工程师：　　　　　项目总咨询师：　　　　　日期：　　　　　单位（章）：

建设单位审查意见：

专业负责人：　　　　　项目负责人：　　　　　日期：　　　　　单位（章）：

铺轨前的车站／区间主体结构的防水质量验收关键节点条件验收现场检查／资料检查意见书

附表 2-6

序号	检查内容	检查意见
1	堵漏施工方案经审批，堵漏施工队伍资质及现场堵漏材料、工艺符合要求	
2	防水堵漏工程已经完成，效果满足工程设计及施工规范要求（连续观察期至少 7 天）	
3	已有第三方复核的限界测量资料，侵限处理方案已经工程设计、监理、建设单位同意	
4	隧道结构或轨行区主体结构初验合格，并清理干净	
5	其他项目	

项目整改清单（可附页）：
1.
2.

验收小组人员全体签名：

日期： _____ 年 ___ 月 ___ 日

地下段及地面轨行区移交前验收条件

附表 2-7

序号	验收条件	内容	验收要点
1		工程验收	验收范围（以里程桩号表示）内的轨行区主体结构已经施工完成，初验合格，且初验提出的问题已经整改闭合完成
2		限界确认	第三方测量单位已完成限界测量，工程设计单位根据测量数据已完成调线调坡报告，施工单位已完成侵限整改，并经工程设计、监理单位复核确认轨行区移交范围满足限界要求
3	主控条件	观察期	经初验合格后连续观察至少 7 天，满足工程设计及规范防水等级要求
4		堵漏情况	堵漏施工方案经审批，堵漏施工队伍资质及堵漏材料符合要求，主体结构堵漏已完成，轨行区范围无明水、漏水、湿渍等。堵漏过程未使用聚氨酯堵漏材料，无烘烤现象
5		轨行区清理	轨行区范围已清理干净，底板无杂物、无浮浆、无积水
6		其他	—

说明：1. 最小验收单元：对于不存在道岔的，为单线一站（包括轨行区、站台板、轨顶通道等）一区间（包括正线隧道和联络通道）；对于存在道岔的，为双线一站一区间；
2. 验收或范围：等于或多于最小验收单元的车站和区间区域范围。

高架段轨行区移交前验收条件　　　　　　　　　　　　　　　　　　　　附表 2-8

序号	验收条件	内容	验收要点
1	主控条件	工程验收	移交范围内的主体结构轨行区已经施工完成，分部工程验收合格，验收提出的问题已经整改完成，不影响后续子单位工程施工
2		限界确认	第三方测量单位已完成限界测量，工程设计单位根据测量数据已完成调线调坡报告，施工单位已完成侵限整改，并经工程设计、监理单位复核确认轨行区移交范围满足限界要求
3		工程要求	1. 梁端泄水孔位置准确、排水通畅，上游梁端排水孔要封堵完毕； 2. 梁面应急泄水孔位置准确，排水通畅； 3. 伸缩缝装置按要求完工，并完成施工验收，满足要求； 4. 梁端挡水台相对于梁面高度符合工程设计要求； 5. 预埋筋位置准确，布置合理，缺失部分按要求补齐，锈蚀严重的已处理干净
4		轨行区清理	轨行区范围已清理干净，底板无杂物、无浮浆、无积水

整体道床轨道施工前验收条件　　　　　　　　　　　　　　　　　　　　附表 2-9

序号	验收条件	内容	验收要点
1	主控条件	工程设计文件	施工图工程设计文件满足现场施工要求
2		施工方案	施工方案编审、审批齐全有效
3		轨行区移交	已经过轨行区移交前验收，交接双方合有关单位签字
4		基底	基底凿毛到位、无积水、无杂物、无浮浆
5		分包管理	分包队伍资质、许可证等资料齐全，安全生产协议已签署，人员资格满足要求
6		作业人员	拟上岗人员安全培训资料齐全，考核合格；特种作业人员类别和数量满足作业要求，操作证齐全。施工和安全技术交底已完成
7		混凝土质量	混凝土配合比符合工程设计要求，试块强度和抗渗等性能指标合格，输送距离能确保不出现离析
8	一般条件	其他材料及配件	质量证明文件齐全，复试合格
9		设备机具	进场验收记录齐全有效，特种设备安全技术档案齐全。安装稳固，防护到位
10		风水电	施工通风、供水、供电满足施工需求
11		应急准备	应急物资到位，通信畅通，应急照明、消防器材符合要求

** 设备工艺质量出厂检验记录表

项目名称：某市域轨道交通工程信号系统项目				
设备名称：** 设备			型号规格：	
批次：			设备编号：	
检查地点：			检查时间：　　　年　　月　　　日	
检测依据：国家相关技术标准及采购合同				
序号	检验项目	检验方式	检验内容	是否合格
1	外观及表面涂层	材质证、合格证	机柜材质均使用冷轧钢板	□ 合　格 □ 不合格
		尺寸测量	机柜外形尺寸、安装尺寸符合图纸要求。正线集中站、场段监测站机柜尺寸为 600×800×2250	□ 合　格 □ 不合格
		劳尔色卡（RAL）比对	表面处理均采用粉末喷涂、机柜主体颜色为 RAL 7047 Telegrey 4，门锁颜色为黑色	□ 合　格 □ 不合格
		目测	金属零部件表面应有喷涂防护层，外部零部件无表面缺陷	□ 合　格 □ 不合格
		目测	涂层应均匀、连续、色泽一致，无夹杂外来物，无缩孔、起泡、针孔、开裂、剥落、粉化、颗粒、流挂、露底等缺陷，无特殊纹理要求时不能出现橘皮现象	□ 合　格 □ 不合格
		手动检查	螺钉连接和铆接处应牢固，不应松动	□ 合　格 □ 不合格
		目测	设备按图纸要求上架，机柜符合布置图要求	□ 合　格 □ 不合格
		目测	机柜上的产品规格型号、说明功能的文字符号应清晰，中文字体采用微软雅黑，数字、英文字体采用黑体，字高 36mm，字体颜色 RAL 5010 Gentian Blue	□ 合　格 □ 不合格
		目测	未配板卡的槽位安装补空板，面板四周间隙均匀	□ 合　格 □ 不合格
		检查	外购设备（顾客财产）的测试报告、说明书及合格证齐全	□ 合　格 □ 不合格
2	组装	目测	机柜柜体、门体平整，无变形，门体与柜体装配缝隙均匀，配合良好；锁及把手齐全，开启灵活，无卡阻，把柄与锁体无碰伤现象，铰链颜色与门锁保持一致	□ 合　格 □ 不合格
3	质量	手动检验	装配过程中紧固件须紧固良好，无松动	□ 合　格 □ 不合格
		手动检验	设备组装件、接插件的紧固螺钉齐全，固定良好，无松动，紧固件的使用整齐一致	□ 合　格 □ 不合格
		目测	柜体内清洁，无散落的紧固件、线头、焊渣、铁屑等杂物	□ 合　格 □ 不合格
		目测	安装板、面板与柜体装配缝隙均匀，配合良好	□ 合　格 □ 不合格

续表

序号	检验项目	检验方式	检验内容	是否合格
3	质量	材质证、合格证	机柜内所有紧固件均使用同种型号，材质为不锈钢或者镀镍铁	□合　格 □不合格
		目测	器件、部件、模块规格型号与图纸要求一致，安装位置正确	□合　格 □不合格
4	电气配线	尺寸测量	机柜尺寸符合相关标准规定的铁路信号箱、架外形基本尺寸的要求	□合　格 □不合格
		目测	两根线及以上必须用尼龙压扣扎紧，尼龙压扣根据实际情况绑扎，绑扎整齐，间隔均匀，松紧适度	□合　格 □不合格
		对照接线表校对	配线（配线包括电源线和通信线）应正确无误，走线合理、整齐，每条线不得有中间接头及绝缘破损现象；插到线排端子的线要插紧、牢固，不得有接触不良现象；电源线、电缆线、光纤两头应贴好相应的标识；接地处须有明显的接地标记	□合　格 □不合格
		目测	绝缘导线应有带标识的套管，其套管位置、方向一致	□合　格 □不合格
		目测	一个配线端子宜连接一根导线，特殊需要不得超过三根	□合　格 □不合格
		目测	所有导线在捆扎固定前要有圆弧自由过渡，以保证应力释放	□合　格 □不合格
		目测	网线捆扎固定时要保证大圆弧盘绕，防止弯折现象出现，布线无交叉挤压	□合　格 □不合格
		目测	机笼后侧跨线均经由线槽布线，导线无交叉	□合　格 □不合格
		目测	采用压接工艺的配线，应符合端子压接工艺守则的要求，所有压接端子压接正确，绝缘上端不露铜丝	□合　格 □不合格
		目测	电源插头、串口线转接口固定牢固，通信线自紧固牢固可靠	□合　格 □不合格
5	设备供电	目测和万用表测试	确认电源接线正确，准备进行上电。使用万用表测试 AC220V 电压正常	□合　格 □不合格
		目测和万用表测试	依次顺序闭合系统总空开，模块电源空开等设备空开，各设备电源指示灯点亮，运行指示灯正常。使用万用表测试各设备电压正常	□合　格 □不合格
		目测	各设备运行正常，系统正常启动	□合　格 □不合格
6	采集分机供电	目测	依次闭合各层采集机笼空开，各层采集分机的板卡电源灯长亮，运行指示灯闪烁，通信指示灯规律点亮	□合　格 □不合格
检查结论：				
测试验收人员签字：				

分项工程质量检验记录 附表 2-11

单位工程名称			子单位工程名称			
分部工程名称			子分部工程名称			
分项工程名称			检验批数量			
施工单位			项目经理		技术负责人	

序号	检验批		施工单位检验评定结果	全过程工程咨询单位（工程监理部）验收意见
	表号	顺序号		
1		～		
2		～		
3		～		
4		～		
5		～		
6		～		
7		～		
8		～		
9		～		
10		～		
11		～		
12		～		
13		～		
14		～		

材料、试件、配件等试验结果统计：

检查结论		验收结论	
项目技术负责人： 年　月　日		监理工程师： 年　月　日	

分部（子分部）工程质量检验记录　　　　附表 2-12

工程名称			分部（子分部）工程名称	
施工单位			项目经理	
技术部门负责人		质量部门负责人	项目技术负责人	

序号	分项名称	检验批数	施工单位检查评定	验收意见

质量控制资料	
安全和功能检验（检测）报告	
外观质量验收	

验收单位	施工单位	项目经理：	年　　月　　日
	分包单位	项目经理：	年　　月　　日
	勘察单位	项目负责人：	年　　月　　日
	设计单位	项目负责人：	年　　月　　日

全过程工程咨询单位（工程监理部）验收结论	总监理工程师： 　　　　　　　　　　　年　　月　　日

单位（子单位）工程质量检验记录 附表 2-13

工程名称		开工时间		竣工时间	
施工单位		技术负责人		项目经理	

序号	项目	验收记录	验收结论
1	分项工程	共 分部，经查 分部 符合标准及设计要求 分部	
2	质量控制资料核查	共 项，经审查符合要求 项 经核定符合规范要求 项	
3	安全和主要使用功能核查及抽查结果	共核查 项，符合要求 项 共抽查 项，符合要求 项 经返工处理符合要求 项	
4	外观质量验收	共抽查 项，符合要求 项 不符合要求 项	
5	综合验收结果		

参加验收单位	建设单位	全过程工程咨询单位（工程监理部）	施工单位	勘察单位	设计单位
	（公章） 单位（项目） 负责人： 年 月 日	（公章） 单位（项目） 负责人： 年 月 日	（公章） 单位（项目） 负责人： 年 月 日	（公章） 单位（项目） 负责人： 年 月 日	（公章） 单位（项目） 负责人： 年 月 日

单位（子单位）工程安全与功能检验资料核查及主要功能抽查记录　　附表 2-14

工程名称				施工单位		
序号	项目	资料名称	份数	核查意见		检查人
1	隧道、车站高架桥混凝土结构及建筑	沉降观测记录				
2		混凝土抗渗性能试验报告				
3		管片检漏试验				
4		防水功能检查记录				
5		…				
1	给水排水与供暖	给水管道通水试验记录				
2		暖气管道、散热器压力试验记录				
3		卫生器具满水试验记录				
4		消防管道、燃气管道压力试验记录				
5		排水干管道球试验记录				
6		…				
1	整体道床轨道	通车试运行				
2		…				
1	碎石道床轨道	通车试运行				
2		…				

结论：

施工单位项目经理：　　　　　　　　　　　　　　　　　　　年　　月　　日

　　　　总监理工程师：
　　　（建设单位项目负责人）　　　　　　　　　　　　　年　　月　　日

单位（子单位）工程外观质量检查记录　　　　　　附表2-15

工程名称			施工单位			
序号	项目	资料名称	质量评价			
			好	一般	差	
1	隧道、车站、高架桥混凝土结构及建筑	隧道混凝土墙面				
2		隧道混凝土伸缩缝衔接				
3		隧道变形缝				
4		管片拼装				
5		墩柱、帽梁、梁体混凝土表面				
6		支座安装				
7		伸缩缝				
8		室内、外墙面				
9		室内顶棚、地面				
10		楼梯、踏步、护栏、门窗				
11		整体线形				
1	给水排水与供暖	管道接口、坡度、支架				
2		卫生器具、支架、阀门				
3		检查井、扫除口、地漏				
4		散热器、支架				
1	整体道床轨道	轨道方向、直顺、圆顺				
2		轨床表面				
3		排水沟底面平顺、流畅				
4		短轨枕外露高度				
5		钢轨里、外侧扣件				
1	碎石道床轨道	轨道方向、直顺、圆顺				
2		轨枕线形、道砟密实				
		固定钢轨扣件及其他部件连接				
检查结论	施工单位项目经理： 　　　　　　　　　　　　　　　　　　年　　月　　日 总监理工程师： 　　（建设单位项目负责人）　　　　　　　　　　年　　月　　日					